KB165803

최신 **발달심리학**

최신 **발달심리학**

2020년 1월 4일 초판 1쇄 발행
2023년 11월 8일 초판 4쇄 발행

지은이 송현주·권미경·기쁘다·박다은·박혜근·성지현·송경희·이새별·이윤하·진경선
펴낸이 권현준
책임편집 임현규
편집 최세정·이소영·엄귀영·정세민·김혜림·정용준
디자인 김진운
본문조판 토비트
마케팅 김현주

펴낸곳 (주)사회평론아카데미
등록번호 2013-000247(2013년 8월 23일)
전화 02-326-1545
팩스 02-326-1626
주소 03993 서울특별시 마포구 월드컵북로6길 56
이메일 academy@sapyoung.com
홈페이지 www.sapyoung.com

최신 발달심리학

송현주·권미경·기쁘다·박다은·박혜근·성지현·송경희·이새별·이윤하·진경선 지음

사회평론아카데미

서문

　　발달심리학은 아동 연구 분야의 전공자뿐만 아니라 많은 일반인들도 관심을 갖는 학문 영역이라 할 수 있다. 상당수의 사람들이 성인 발달 과정에서 부모가 되는데, 부모가 되면 자녀의 성장 과정을 이해하고 돕기 위해 발달에 자연스럽게 관심을 가지게 된다. 아이들이 언제부터 말을 하고 걷게 되며, 친구는 언제부터 사귀게 되는지, 엄마 이외의 다른 양육자가 아기를 키우는 것은 괜찮은 것인지, 조기 교육은 바람직한 것인지, 아이들에게 스마트폰을 보여 주는 것은 괜찮은 것인지 등에 대해 현대를 살아가는 부모들은 매우 궁금해한다. 자녀가 없는 사람들도 아동의 귀여운 행동과 말에 대해 경이롭게 느끼거나 자신이 어린 시절부터 성인기까지 어떻게 성장해 왔는지 궁금해하면서 발달에 관심을 가지곤 한다. 최근 어린 아동을 양육하는 과정을 다루는 TV 프로그램이 인기를 누리거나 발달에 대한 과학적 지식을 다루는 다큐멘터리가 꾸준한 관심을 받는 것은 인간 발달에 대한 보편적인 관심을 반영한다고 볼 수 있다.

　　많은 학자들이 발달 연구에 흥미를 느끼고 매진하는 이유는 무엇일까? 인간에 대한 탐구에 있어 발달과정에 대한 지식이 인간의 능력 및 성향의 기원에 대한 중요한 단서를 제공해 주기 때문이다. 예를 들어, 인간의 사고나 언어가 어떻게 작동하는지 알기 위해서는 인지 및 언어 능력이 아동기에 어떻게 발달하는지 아는 것이 매우 중요하다. 성인기에 여러 사람들과 맺는 인간관계는 어린 시절 자신의 주양육자와 맺은 애착의 발달과정과 깊은 관련이 있을 수 있다. 이러한 발달에 대한 과학적 기초 지식은 이상발달에 대한 연구의 기본 틀을 제공하고, 교육이나 양육 장면 등에서 대두되는 여러 이슈의 해결 방향을 제시하며, 정부의 정책 마련에 기여할 수도 있다. 이 책은 이러한 과학적 연구 분야로서의 발달심리학에 대한 기초 지식을 제공하는 데 목표가 있다. 이 교과서는 심리학, 아동학, 교육학, 간호학, 사회복지학 등의 전공 분야에서 아동기를 중심으로 발달에 대한 입문서로서 활용될 수 있을 것이며, 타 전공 학생들에게도 발달과정에 대한 과학적이고 실용적인 지식을 전달할 수 있는 교재로 활용될 수 있으리라 기대된다.

이 책의 저자들은 발달심리학, 이상심리학, 뇌과학, 아동학 등의 전공자들로서 각 분야에서 발달에 대해 활발한 연구를 진행하고 있는 연구자들이다. 수년 동안 대학에서 인간 발달을 연구하고 강의해 온 경험을 살려 발달심리학의 주요 이론과 연구 결과 및 실용적 함의점에 대해 처음 입문하는 학생들이 쉽게 이해하고 관심을 가질 수 있도록 저술하였다.

발달심리학은 인간 발달 과정에 대한 매우 광범위한 주제를 다루는 학문 영역이므로 이 책도 13개의 장을 통해 발달의 다양한 주제에 대해 소개하고자 하였다. 우선 제1장 '발달 연구의 개관'은 발달심리학 연구에 대한 전반적인 소개를 하는 장으로서 발달을 연구하는 이유, 발달의 영역과 시기 구분, 주요 쟁점과 이론적 접근, 연구방법과 연구 윤리를 다루고 있다. 제2장 '두뇌 발달'에서는 태내기 때 신경세포의 발달과 대뇌 주름 구조의 형성부터 시작해 영아기, 아동기, 청소년기에 걸쳐 두뇌가 발달하는 과정과 유전 및 환경의 역할을 소개하고 있다. 생소한 내용이 많아 낯설고 어렵게 느껴질 수 있으나, 빠르게 발전하는 뇌과학 분야의 최신 연구 성과들을 조금이라도 접할 수 있는 기회가 될 것이다. 제3장 '신체 및 감각 발달'은 영아기의 신체적 성장을 개괄하고 시각, 청각, 촉각 등 감각 기관의 발달과 아동의 지각에 대해 다루고 있다. 제4장 '인지발달: Piaget와 Vygotsky의 이론'에서는 두 학자가 바라 본 아동 인지능력 발달의 과정과 기제를 설명하고 그 의의를 서술하고 있다. 제5장 '인지발달: 정보처리 관점'에서는 기억과 주의, 실행기능 등 정보처리 기능을 중심으로 인지 기능이 어떻게 구성되고 변화하는지를 다룬다. 제6장 '언어 발달'은 태아와 신생아의 언어 선호와 지각, 옹알이에서 시작해 단어와 문장을 말하게 되는 발달 과정, 아동 언어 학습의 특성에 대해서 논하고 있다. 제7장 '지능'은 지능을 어떻게 측정하며 지능지수를 어떻게 해석해야 할지를 논하고, 지능에 영향을 미치는 요인들을 다루었다. 제8장 '정서 발달'은 아동의 정서 표현과 이해, 조절 능력의 발달을 다루고 애착과 기질에 대한 이론을 설명한다. 제9장 '자기개념과 성 역할 발달'은 아동의 정체성 발달을 다루는 장으로서 자기개념 및 성 정체성의 형성을 중심으로 자기존중감, 자기통제, 성 역할, 성차 등 관련 주제들을 설명하였다. 제10장 '도덕성 발달'에서는 인지 요인, 정서 요인, 행동 요인으로 나누어 도덕성이 발달하는 과정을 고찰하고 아동의 도덕적 감정과 판단에 대해 논하고 있다. 제11장 '발달과 가족'에서는 발달의 중요한 환경 요인인 가족에 대해 이론적 고찰부터 시작해 가족 관계가 미치는 영향, 다양한 가족 형태와 발달의 관계를 서술하고 있다. 한편 제12장 '발달과 사회환경'에서는 가족만큼이나 중요한 또래관계와 학교의 영향을 설명하고, 최근 점점 영향력이 높아지고 있는 미디어가 아동의 발달에 미치는 효과와 의미를 고찰하였다. 제13장 '이상발달'에서는 발달 경로와 관련된 주요 개념들을 논한 후, 발달의 위험요인과 보호요인, 아동기에 흔하게 나타나는 주요 장애들을 소개하였다.

이 책을 통해 대학생, 대학원생들이 발달심리학에 대한 지식을 쌓을 뿐 아니라 인간발달 과정에 대한 지적 호기심이 향상되고, 미래의 연구 프레임에 대해서도 생각해 볼 수 있는 기회를 가질 수 있었으면 한다. 4차 산업혁명, 기후변화, 새로운 바이러스의 출현 등 급격한 환경 변화를 맞닥뜨린 새로운 세대의 발달 과정은 기존 발달 연구 패러다임의 변화를 요구할 수도 있다고 본다. 그러한 요구에 부응하기 위해서는 수 세기 동안 쌓여 온 인간 발달의 기초적 지식에 대한 습득이 필수적으로 요구된다. 그와 더불어 과거의 지식을 현재와 미래의 문제 해결에 어떻게 활용할 수 있을 것인가에 대한 진지한 고민도 필요할 것이다. 이 책이 변화의 시대가 요구하는 미래 발달 연구 창출의 마중물이 될 수 있기를 소망해 본다.

2020년 12월
저자 대표 송현주

차례

세부 차례

참고문헌
※ 참고문헌은 사회평론아카데미 자료실(t.ly/8ptX)에서 다운로드 받으실 수 있습니다.

" 사람은 사람이다.
그들이 아무리 작다 하더라도 **"**

— 닥터 수스 Dr. Seuss

발달 연구의 개관

1

당신은 신생아를 본 적이 있는가? 피부가 쭈글쭈글하고 작고 힘없어 보이는 신생아에게 어떤 것을 할 수 있는 능력이란 존재하지 않는 것처럼 보이기도 한다. 그런데 젖을 빨거나 울거나 트림하는 등 제한적인 행동만 하던 신생아가 생후 12개월이 되면 '엄마', '까까' 등 첫 단어를 말하고, 아장아장 걷기 시작한다. 2~3세경[1]에는 능숙한 모국어 화자가 되고, 재빠르게 뛰어다니거나 발끝으로 걸어 다닐 수도 있다. 영아기에는 주 양육자와의 관계

---

1   이 책에서 언급되는 연령은 모두 만 나이를 가리킨다.

가 주된 인간관계이지만, 성장하면서 가족이나 또래, 이웃, 교사 등과 복잡다단한 관계를 맺으며 주변 사람의 마음을 읽고, 다른 사람을 돕거나 자신의 자원을 나누는 등 이타적인 행동도 보인다. 인간은 어떻게 언어 및 운동 능력을 획득하고, 세상에 대한 새로운 사실들을 학습하며, 다른 사람과 적절하게 상호작용하는 법을 배울까?

발달심리학은 다음과 같은 연구 목표를 추구한다. 첫째, 인간이 성장하는 과정에서 일어나는 인지, 정서, 운동, 사회 발달적 변화를 파악하고 기술한다. 둘째, 이와 같은 변화가 일어나는 원인과 과정, 즉 변화의 기제(mechanism)를 발견하고자 한다. 이 장에서는 이러한 인간 심리 발달의 주요 기제에 대한 이론들을 간략히 살피고, 발달심리 연구자들이 이론과 지식을 발전시키기 위해 사용해 온 방법론을 개관할 것이다.

1. 발달 연구의 목적

우리는 왜 발달에 대해서 관심을 가지고 연구하는가? 발달 연구, 특히 아동을 대상으로 한 연구의 주된 동기는 아동에 대한 호기심일 것이다. 아동은 그 자체로 신비롭고 흥미로운 대상이다. 아기들은 매우 귀여운 존재일 뿐만 아니라, 놀라운 속도와 수준으로 성장하여 어른들을 깜짝 놀라게 만드는 존재이다. 옹알이를 하던 아기가 몇 년 안에 유능한 모국어 화자가 되어 어른과 대화를 나누기도 하고, 공룡에 대해 어른을 뛰어넘을 정도의 지식을 자랑하기도 한다. 이러한 경이로운 발달이 어떻게 이루어지는지 알고 싶다는 지적 욕구는 발달을 과학적으로 연구하는 중요한 동기이다. 그 밖에도 발달을 연구하는 다양한 목적이 존재한다.

첫째, 인간의 본성을 탐구하기 위해서이다. 생애 초기 영유아에게서 발현되는 특징을 보고 인간의 타고난 본성에 대해 추론할 수 있다. 과학자, 철학자, 교육학자 등은 수 세기 동안 '인간의 본성은 선한가?', '인간은 생득적인 지식을 가지고 태어나는가?', '인간은 타고난 호기심을 가지고 있는가?' 등과 같은 인간 본성에 대한 질문을 던져 왔다. 이러한 질문에 대한 해답의 실마리를 발달과정 속에서 찾을 수 있다.

둘째, 성인기에 나타나는 행동의 원천을 찾기 위해서이다. 상담이나 심리치료, 교육 현장의 전문가들은 성인기에 나타나는 정신 건강 문제나 비행, 범죄 등 반사회적 행동의 근원이 많은 경우 아동기에 있다고 본다. 또한 사람들은 창의적인 예술가나 성공한 기업가, 훌륭한 학자에 대해 그들이 어떻게 성장하였기에 그런 뛰어난 성과를 이루었는지 궁금해하곤 한다. 성인기에 나타나는 대다수 행동은 아동기에 뿌리가 있는 경우가 많으며, 아동을 대상으로 한 발달 연구는 그러한 행동의 생애 초기 근원을 밝힐 수 있다.

셋째, 아동이나 성인이 보이는 발달 문제의 원천을 밝혀내고 적절하게 개입하여 해결하며 효과적인 예방법을 찾는 데 필요한 과학적 토대를 마련하기 위해서이다. 예를 들어, 최근 청소년이나 성인의 도덕성 문제 등이 중요한 사회적 이슈로 대두되고 있다. 이때 도덕성 발달의 기본 과정을 이해함으로써 발달 시기별로 도덕성 발달을 저해하는 요소를 어떻게 통제할 것인지, 도덕성 발달을 향상시키는 요인을 어떻게 제공할 것인지를 파악할 수 있다.

넷째, 인간 발달에 대한 과학적 지식을 바탕으로 우리 사회가 아동·청소년을 좀 더 잘 보호하고 양육할 수 있도록 하기 위해서이다. 발달에 대한 연구들은 어린이집, 유치원, 학교에서 연령에 따라 교육 프로그램을 어떻게 구성해야 하는지, 가정에서 어떻게 훈육해야 하는지, 학교에서 따돌림이나 폭력에 어떻게 개입해야 하는지, 빈곤이나 재난 등으로 열악한 환경에 처한 아동·청소년들을 어떻게 도울 수 있는지, 스마트폰 등 미디어에 어느 정도까지 노출시켜야 하는지 등에 대한 과학적 근거를 제공해 줄 수 있다.

발달에 대한 과학적 연구를 이해하기 위해서는 발달이론 및 연구의 주요 주제와 쟁점들을 파악하고, 각 이론의 주장과 근거를 아는 것이 중요하다. 발달 연구자들은 이러한 과학적 이론 및 연구들에 근거하여 가정, 교우관계, 학교 등의 장면에서 아동·청소년이 잘 적응하고 성장할 수 있도록 돕는 방법에 대해 끊임없이 탐구하고 있다.

다음 문장이 맞는지 틀리는지 ○, ×로 표시하시오.

1 (　　) 아동발달에 대한 연구 자료는 성인기에 나타나는 심리행동적 특성의 기원에
대한 설명을 제공해 줄 수 있다.

2 (　　) 발달심리학 연구는 주로 발달장애나 품행 문제의 발달 과정에 초점이
맞추어져 있다.

2. 발달의 영역과 시기

개인의 발달을 이해하기 위해서는 매우 광범위하고 학제적인 정보가 필요하다. 연구자들은 이렇듯 복잡한 인간의 발달 과정을 분석하기 위해 인간 발달을 신체 발달, 인지 발달, 사회정서적 발달이라는 세 영역으로 세분화하여 연구해 왔다.

또한 연구자들은 시기에 따라 다양한 영역에서의 심리적 특성이 어떻게 발달하는지에 관심을 가져 왔다. 각 발달 시기에 새롭게 획득하는 능력과 그러한 시기별 발달 특성에 적절한 발달 환경은 학계뿐만 아니라 아동 보육과 교육 현장에서도 매우 중요한 이슈이다.

1) 발달의 영역

연구자들은 발달을 세 가지 주요 영역으로 세분화하여 각 영역에서 발달을 연구해 왔다. 발달이 영역 특정적으로 이루어지는가, 아니면 각 영역을 포괄하는 일반적인 기제가 있는가는 발달심리학의 주요한 질문이다.

신체 발달　생후 영아의 신체적 능력은 매우 제한적이다. 신생아들은 목을 가누기도 힘든 만큼 스스로 자신의 신체 운동을 조절하기 어렵고, 주로 반사

행동을 보인다. 시간이 지나면서 영아들은 점차 뒤집고, 앉고, 기고, 걷고, 달릴 수 있게 된다. 그러다가 종이를 접고, 가위질을 하고, 글씨를 쓰는 등 섬세한 소근육 운동 능력도 발달한다. 신체 발달(physical development)의 연구 주제는 다양한 신체적 능력의 발달이 언제 어떻게 이루어지는가이다.

인지 발달 인지 발달(cognitive development)의 연구 주제는 사고, 기억, 언어 능력 등의 발달이다. 사고 발달에서는 세상에 대해서 이해하고 추론하며 지식을 축적해 나가는 능력의 발달을 연구하며, 크게 물리적 추론과 심리적 추론으로 연구 주제가 나누어질 수 있다. 기억 발달에서는 의미 기억이나 일화적 기억 등의 유형별 기억 발달과 기억 책략의 발달 등을 다룬다. 언어 발달에서는 말소리 지각, 단어 학습, 문법 학습, 의사소통 능력의 발달 등을 다룬다.

사회정서적 발달 사회정서적 발달(socio-emotional development)과 관련해서는 인간의 기질이나 정서 경험 및 표현의 발달, 아동이 성장하면서 타인과 사회적 관계를 맺고 다양한 사회적 역할을 획득하는 과정에 대한 연구가 이루어진다. 애착(attachment)은 사회정서적 발달 영역에서 대표적인 연구 주제이다. 도덕성 발달, 학업 성취의 발달, 성(gender)의 발달, 나아가 발달의 맥락으로서 영향을 미치는 가족·또래·문화 등도 사회정서 발달의 연구 주제에 포함된다.

위의 세 영역은 서로 독립적으로 발달하지 않고, 상호 영향을 주고받으면서 발달한다. 예를 들어 신체 발달이 또래보다 빨라서 키도 크고 운동도 잘하는 아동에게는 학교 운동경기 등에서 자신의 능력을 보여 줄 수 있는 기회가 더 많이 주어지고, 그러한 기회는 아동의 자존감 및 또래관계에 영향을 주어 사회정서 발달에 긍정적으로 작용할 수 있다. 기질이 온순하고 안정적 애착이 형성된 아동은 자기조절 능력이 양호하고 주의집중력도 높아서 인지 발달에 필요한 학습을 좀 더 용이하게 할 수 있고, 부모와 교사로부터 받는 긍정적 평가 등 인지 발달을 촉진하는 여러 환경적 상황을 접할 수 있다.

2) 발달의 시기

인간의 발달은 출생이 아닌 모의 태내에 수태되는 시점부터 시작된다. 앞서 살펴보았듯 발달은 다양한 영역에서 진행되는데, 이를 좀 더 체계적으로 이해하기 위해 특정 연령을 기준으로 시기를 구분하여 연구가 이루어져 왔다. 많이 통용되는 시기 구분 방식 중 하나는 태내기, 영아기, 초기 아동기, 중기 아동기, 청소년기, 초기 성인기, 중년기, 노년기로 나누는 방식이다.

태내기 태내기(prenatal period)는 모(母)의 자궁 내에서 수태가 되는 시점부터 출생할 때까지 약 9개월의 기간이다. 단일 세포에서 시작해 신체의 기본 구조와 기관이 형성되고, 적응을 위한 주요 신체 기능이 발달하는 등 전 생애 중 가장 빠른 속도로 발달이 일어나는 중요한 시기이다. 태내기는 발아기(germinal period), 배아기(embryonic period), 태아기(fetal period)로 세분화된다.

영아기 영아기(infancy)는 생후 2년 동안의 시기이다. 이 시기에는 신체 및 뇌의 발달이 급격하게 가시적으로 이루어진다. 생후 1년까지를 영아기, 생후 1년부터 2년까지를 걸음마기(toddlerhood)라 하기도 한다. 그리고 영아기의 초기인 생후 한 달까지의 아기를 신생아(newborn)라고 한다(Kail, 2002). 영아기에 아기들은 걷고, 언어를 발화하며, 양육자 및 주변 사람과 친밀한 관계를 맺기 시작한다. 점점 영아에 적용 가능한 새로운 연구방법이 개발되면서 영아의 지각, 인지 발달의 주요 특성들이 많이 밝혀지고 있다.

초기 아동기 초기 아동기 또는 유아기는 2세부터 5세까지의 시기를 가리키며, 학령전기(preschool period)라고도 한다. 이 시기의 어린이는 자신의 생존에 필요한 기본적인 자조 기술(스스로 밥을 먹고, 혼자서 옷을 벗고 입을 수 있는 능력)을 익히고, 읽기와 쓰기를 비롯하여 또래와 함께 보내기 등 초등학교 교육을 받기 위한 준비를 한다.

중기 아동기 중기 아동기(middle childhood)는 6세부터 11세 말까지의 시기로, 학령기라고도 부

발아기 수정부터 2주까지의 기간. 수정란이 세포 분열을 하며 자궁 내에 착상하는 때이다.
배아기 대략 3주부터 8주까지의 기간. 호흡기, 소화기, 신경 등 신체기관이 형성되는 때이다.
태아기 9주부터 출생까지의 기간. 새로운 기관이 형성되기보다는 이미 형성된 기관들이 성장하는 때이다.

른다. 초등학교에서 읽기, 쓰기, 수 기술을 터득하며, 학교 및 일상생활에 관련된 다양한 규칙뿐만 아니라 또래와 지내는 법을 익힌다.

청소년기 청소년기(adolescence)는 아동기 이후부터 성인기 이전까지의 시기이며, 10~12세에 시작하여 성인기의 시작인 18~21세에 끝난다. 청소년기는 신체 발달이 급격하게 일어나는 사춘기 변화로 시작되어, 직업 및 결혼과 같은 성인 역할을 습득함으로써 끝난다. 체중과 키가 크게 증가하고, 1차 및 2차 성징이 진행된다. 논리적·추상적·이상주의적 사고를 보이며, 성격 및 자아가 발달하여 부모로부터 독립을 추구한다.

초기 성인기 초기 성인기는 약 18~21세부터 40세까지의 시기를 주로 일컫는다. 20대 초반은 신체적 능력과 활력이 정점에 이르며, 대부분의 감각, 인지 능력이 가장 민감하고 원활하게 작동하는 시기이다. 26~30세 사이에는 이러한 신체적, 정신적 능력의 쇠퇴가 시작된다. 대부분의 사회에서 초기 성인기 성인들은 직업을 찾고, 인생의 배우자를 찾는 과업에 매진하게 된다.

중년기 약 40세 이후부터 65세까지의 시기를 말한다. 시력과 청력의 쇠퇴를 체감하며, 인지 처리 속도나 기억의 저하를 경험하곤 한다. 자신의 전문 영역에서의 지식과 경험이 축적되어 전문성이 정점에 이르러 직업 만족도가 매우 높아지기도 하지만, 사회 문화적 요인으로 인해 비자발적인 실직을 경험할 경우에는 신체 및 정신 건강에 많은 문제가 생기기도 한다.

노년기 약 65세 이후의 시기를 말하며, 기대 수명의 증가와 더불어 노년기는 매우 긴 인생의 단계가 될 수 있다. 신체 및 지적 기능이 쇠퇴하기는 하지만, 노인들은 자신의 에너지와 주의를 중요한 활동에 집중하고 다른 활동들은 포기하는 등의 전략 등을 사용하면서 노화에 성공적으로 적응하기도 한다. 지혜가 성숙하고 자아 통합이 발달하는 시기이며, 노년기의 배움은 인지 기능의 노화를 지연시킬 수 있다.

다음 문장이 맞는지 틀리는지 ○, ×로 표시하시오.

1 ( ) 신체, 인지, 사회정서 각 영역의 발달 과정은 타 영역의 발달과는 관계없이 독립적으로 이루어진다.

2 ( ) 영아기는 주로 생후부터 만 2세까지의 시기를 가리킨다.

3 ( ) 애착은 인지 발달의 주요 연구 주제이다.

3. 발달 기제에 대한 주요 쟁점

발달심리학에는 다양한 쟁점이 존재하지만, 여기에서는 다음과 같은 세 가지 주요 논쟁점에 관해 살펴보고자 한다. 첫째, 발달은 천성에 의해서 결정되는 가, 아니면 양육 환경에 의해서 결정되는가? 둘째, 발달 과정은 연속적인가, 비연속적인가? 셋째, 발달 경로는 문화 보편적인가, 문화 특정적인가?

1] 천성 대 양육

동일한 부모의 자녀들끼리도 매우 다른 성격과 행동을 보이는 경우가 많다. 예를 들어 어떤 아동들은 사람들이 많은 자리에서도 노래가 나오면 신나게 춤을 추기도 하지만, 어떤 아동들은 수줍음을 많이 타서 사람들이 많은 장소에서는 고개를 드는 것조차 매우 어려워할 수 있다. 이와 같이 현격하게 다른 아동들의 성향에 대해 사람들은 종종 부모에게 "저런 성격은 누구를 닮았어요?" 또는 "어렸을 때 특별한 경험이 있나요?"라고 물어보곤 한다.

이처럼 사람들은 독특한 개인차가 왜 생겨났는지를 궁금해하고, 그러한 개인차의 원인을 유전적 소인에 기반한 타고난 특성이나 환경에서의 후천적 경험에서 찾고자 한다. 사람들의 다양한 특징이 타고난 것인지 학습된 것인지는 비단 심리학자뿐 아니라 대중에게도 관심 있는 주제이다. 학구열이 높은 우리나라에서 부모들은 아이의 학업 성취도(공부를 잘하는가 못하는가)와 관련된 특성의 근원을 궁금해한다. 어떤 부모는 아이들이 공부를 잘하고 못하고는 다 타고난 것 같다고 탄식하면서 말하기도 하고, 어떤 부모는 아이들이 공부를 잘하는지는 부모하기 나름이라고 믿으면서 열성적으로 학업에 개입하기도 한다. 과연 학업 성취도와 같은 아이들의 특성은 유전적으로 결정되는 것일까, 아니면 부모의 개입과 같은 환경에 의해 결정되는 것일까?

이러한 질문을 심리학에서는 천성 대 양육 논쟁(nature vs. nurture debate)이라고 부르는데, 이는 발달심리학의 주요 이슈이다. 오늘날 대부분의 심리학자들은 인간의 여러 특성이 천성과 양육의 상호작용으로 나타나며, 생득적인 요인과 양육 환경 모두의 영향을 받는다고 믿는다. 학업 성취도의 경우에도 물론 지능이 기여하는 바도 있지만, 부모나 교사의 칭찬과 같은 환경적 요인으로 형성되는 학업 동기가 매우 큰 기여를 하는 것으로 알려져 있다. 그러므로 발달 연구에서는 천성 대 양육 논쟁보다 생득적인 요인과 환경적인 요인이 어떻게 상호작용하여 한 개인의 여러 특성이 발달하는가 하는 질문이 더 중요하다.

2] 연속성 대 비연속성

아기가 성인과는 매우 다른 능력과 행동을 보인다는 것은 자명하다. 영아기부터 성인기까지의 많은 변화들은 어떤 과정을 거쳐서 나타나는 것일까? 이 질문에 대해서는 두 가지 상이한 이론적 관점이 존재한다. 발달적 변화가 비연속적이고 급진적인 방식으로 이루어진다고 믿는 발달심리학자들도 존재하고, 발달적 변화가 연속적이고 점진적인 방식으로 이루어진다고 보는 학자들도 있다.

역사상 가장 유명한 발달심리학자인 Jean Piaget가 했던 세 산 과제(three mountain task)의 예를 들어 보자. 세 개의 산 모형이 놓여 있는 테이블의 한쪽에 4세 아동을 앉게 하고, 다른 한쪽에는 인형을 둔다. 세 산 모형에는 나무, 집, 교회 등이 있고, 앉은 위치에 따라 다른 것들이 보인다. 아동에게 각 방향에서 본 사진들을 제시하며 테이블 반대편에 앉은 인형이 보고 있을 세 산 모

그림 1-1 **세 산 과제를 수행하는 장면**

형의 사진을 고르라고 하면, 아동은 인형이 아니라 자신에게 보이는 세 산 모형의 사진을 고른다. 이러한 반응은 Piaget의 세 산 과제 실험에서 7~8세보다 어린 아동들에게 전형적으로 나타나는데, 이는 타인의 시각적 경험이 자신의 시각적 경험과 동일할 것이라고 믿는 자기중심성을 드러낸다. 하지만 7~8세 이상의 아동들은 성인과 마찬가지로 이러한 자기중심적 반응을 보이지 않고, 자신에게 보이는 세 산 모형의 모습이 아닌 인형이 앉은 쪽에서 보이는 사진을 고를 수 있다.

이러한 연령 간의 차이는 왜 나타나는가? 타인의 조망을 수용하는 능력에서 어린 아동과 좀 더 나이 든 아동의 사고는 질적으로 상이하여 비연속적으로 발달하는 것일까? Piaget는 이러한 사고의 발달이 질적으로 다른 단계를 거치는 비연속적인 과정이라고 보았다. Piaget 이외에도 발달 단계를 지지하는 다른 이론가들은 인지 발달뿐만 아니라 사회정서 발달도 비연속적 발달을 거친다고 보았다.

하지만 발달의 연속성을 지지하는 연구자들도 존재한다. 이들은 다른 연령대 아동들의 수행을 비교했을 때 매우 상이한 반응이 관찰되는 것이 비연속적인 발달을 지지하는 증거처럼 보일 수 있지만, 사실은 점진적으로 일어나는 발달적 변화를 탐지하기 어렵기 때문이라고 생각한다. 앞의 세 산 과제에서 7세보다 어린 아동들은 대개 타인의 조망 수용에 어려움을 겪고 자기중심적인 반응을 보였다. 그러나 이후 연구자들이 세 산 과제보다 좀 더 친숙하고 인지적 부담이 적은 과제로 변형하자, 7세보다 어린 아동들도 자기중심성을 극복하고 타인의 시각적 조망을 잘 수용할 수 있었다. 예를 들면 카드의 한 면에는 개의 그림이 있고 다른 한 면에는 고양이의 그림이 있을 때, 3세 아동들도 자기가 보는 카드 그림과 반대쪽에 앉아 있는 상대방이 보는 그림이 다르다는 것을 이해한다(Masangkay et al., 1974). 연구자들은 이렇듯 유사한 연령의 아동이 인지적 부담을 적게 주는 과제에는 성공하지만 인지적 부담이 큰 과제에는 실패하는 결과가 인지적 계산 능력의 양적 차이에서 기인한다고 본다. 즉, 아동의 사고 능력은 연령에 따라 질적으로 변화하는 것이 아니라 연속적으로 발달하는 것이라는 사고 발달의 연속성을 지지하는 증거로 간주한다.

3) 보편성 대 특수성

인간의 발달과정은 문화를 초월해 보편적인가, 아니면 문화에 따라 특수성을 지니는가? 우리는 "아이들은 어디를 가나 다 비슷하다"라는 말을 듣곤 한다. 아기는 태어난 후에 양육자와 애착을 형성하고, 돌 전후로 걷기 시작하며, 3세 전후로는 유능한 모국어 화자가 된다. 아이들은 소꿉놀이와 같은 가상놀이(pretend play)를 즐기고, 재미있는 이야기를 듣는 것을 좋아하며, 무언가를 그리거나 만들면서 노는 것을 좋아한다.

이처럼 발달에는 보편적인 측면도 있지만, 문화마다 다소 다른 측면도 있다. 예를 들어 어떤 나라에서는 아동이 어린 나이부터 일을 하거나 물건을 파는 등 경제 활동에 일찍 투입된다. 이러한 문화를 가진 나라의 아동과 성인기 초반까지 의무교육을 받으면서 경제 활동에 참여할 기회가 매우 적은 문화를 가진 나라의 아동은 발달 양상이 다를 수 있다. 극단적인 예로 분쟁 지역에서 자라는 아동의 발달과 안전하고 풍요로운 선진국에서 자라는 아동의 발달을 생각해 보자. 어린 시절부터 끊임없이 폭력에 노출되고 자신의 종교나 지역

공동체가 다른 사회 집단에 의해 파괴되는 것을 접하는 아동의 사회정서 발달은 이를 경험할 필요가 없는 아동의 사회정서 발달과는 다른 경로를 거친다. 이렇게 다양한 사회문화적 맥락이 개인의 인지 및 사회적 능력의 발달, 자신과 다른 사람에 대한 감정의 발달 등에 영향을 미칠 수 있다.

개념 체크

다음 문장이 맞는지 틀리는지 ○, ×로 표시하시오.

1 (   ) Piaget의 인지발달이론은 인지 발달 과정의 연속성을 가정한다.
2 (   ) 인간 발달 과정에는 문화 보편적인 발달 과정과 문화 특정적인 발달 과정이
            함께 존재한다.

빈칸에 적절한 말을 써넣으시오.

3 발달이 생득적인 요인에 의해 결정되는지, 아니면 양육이나 교육 등 환경적인 요인에
   의해 결정되는지에 대한 학문적 논쟁은 .... 논쟁이라고 한다.

---

4. 발달에 대한 다양한 이론적 관점

발달 연구는 발달적 변화의 본질을 기술할 수 있는 이론을 필요로 한다. 발달에 대한 이론은 다음과 같은 중요한 기능을 한다. 첫째, 발달과 관련된 여러 정보들을 체계적으로 통합할 수 있게 한다. 둘째, 인간의 행동에 대한 검증 가능한 가설을 도출할 수 있게 한다.

발달 분야에는 발달 영역에 대한 다양한 질문들을 서로 다른 관점에서 다루는 여러 이론들이 존재한다. 여기에서는 발달에 대한 주요 이론적 관점으로서 정신역동적 관점, 행동적 관점, 인지 발달적 관점, 동물행동학적 관점, 생태학적 관점 등을 설명한다.

1) 정신역동적 관점

정신역동적 관점(psychodynamic perspective)은 의식적이거나 무의식적인 심리적 동인들의 관계를 통해 인간의 행동과 감정을 설명하려는 관점으로서, Sigmund Freud가 창안해 Alfred Adler, Car Jung, Melanie Klein 등을 통해 다양한 분파로 발전하였다. 여기에서는 정신역동적 관점 중 발달과 관련성이 높은 Freud와 Erikson의 이론을 소개한다.

(1) Freud의 정신분석이론

Freud는 사람의 성격이 사회적 경험을 통해 형성되며, 이러한 기제는 보편적으로 적용된다고 생각했다. 특히 생애 초기 경험이 전 생애 발달에 결정적인 영향을 미친다고 보았다. Freud는 성격이 원초아(id), 자아(ego), 초자아(superego)의 세 요소로 이루어져 있다고 분석했다. 원초아는 출생 시에 존재하는 원초적인 본능으로, 원하는 것의 즉각적인 해소를 추구한다. 생후 약 1년간은 원초아만 존재하는데, 자신이 원하는 것을 항상 얻을 수는 없다는 것을 경험하면서 자아가 생겨난다. 자아는 성격의 합리적이고 이성적인 부분으로, 원초아의 충동을 적절한 방법으로 해소할 수 있도록 돕는다. 생후 3~4년경이 되면 부모와의 상호작용과 사회적 경험을 토대로 도덕적 판단 및 양심의 기능을 하는 초자아가 생겨난다. 예를 들어 한 아이가 자신의 사탕을 동생과 나눠 먹어야 하는 상황에 놓였다고 가정해 보자. 원초아의 본능으로 인해 사탕을 동생과 나누지 않고 자신이 모두 먹고 싶은 충동이 들 수 있다. 하지만 초자아는 그 행동이 도덕적으로 옳지 못하다고 경고할 것이다. 이때 자아는 원초아의 원초적 충동과 초자아의 도덕적 규범 사이에서 어떻게 행동할지를 정한다. Freud는 이렇게 세 성격 요소의 상호작용 및 관계가 개인의 기본 성격을 결정하게 된다고 생각했다.

Freud는 인간이 보편적인 심리성적 발달 단계(psychosexual developmental stage)에 따라 발달한다고 생각했다. Freud는 성적 에너지가 집중되는 성감대에 따라 발달 시기를 구분하였는데, 구강기(출생~1세), 항문기(1~3세), 남근기(3~6세), 잠복기(6~11세), 성기기(청소년기 이후)가 이에 해당한다. 인간은 각 시기마다 다른 성감대를 통해 쾌락을 추구하고 긴장을 해소하며, 다음 시기로 넘어가기 위해서는 각 단계마다 경험하는 특정 갈등을 해소해야 한다.

Freud 이론의 가장 중요한 기여는 무의식에 대한 고찰을 통하여 인간이 항상 의식적으로 자신의 동기를 추구하는 존재가 아님을 밝혔다는 것이다. 또한 생애 초기 발달에 부모의 영향을 강조한 최초의 이론이며, 이러한 관점은 현대 심리학의 이론에 큰 영향을 미쳤다. 하지만 성적인 부분을 지나치게 강조했다는 점에서 후대 이론에서 비판의 대상이 되었다. 성격의 세 요소를 비롯해 심리성적 발달 단계를 객관적으로 검증하기 어렵다는 점 역시 큰 한계라고 할 수 있다.

(2) Erikson의 심리사회적 발달단계이론

Erik Erikson은 신프로이트 학파(Neo-Frendian school) 중 가장 영향력 있는 심리학자로서, Freud의 이론을 토대로 심리사회적 발달이론(psychosocial development theory)을 정립했다. Erikson의 심리사회적 발달 단계는 기본적 신뢰 대 불신(출생~1세), 자율성 대 수치심 및 회의(1~3세), 주도성 대 죄책감(3~6세), 근면성 대 열등감(6~11세), 정체감 대 역할 혼미(청소년기), 친밀감 대 소외(초기 성인기), 생산성 대 침체(중간 성인기), 통합 대 절망(노년기)의 8단계를 따른다. Erikson은 각 시기마다 개인이 반드시 성취해야 할 개인적이고 사회적인 과제가 있으며, 이 과제를 성공적으로 성취하지 못할 경우 위협을 경험하게 된다고 생각했다. 예를 들어 청소년기의 주요 과제는 정체감 형성이다. 만약 이 시기에 정체감을 형성하지 못하면 역할 혼미를 경험하게 되고, 이후 단계의 발달 과제를 원만하게 수행하는 데 어려움을 겪는다. 청소년기 발달에 대한 Erikson의 관점은 현대 심리학에 큰 영향을 끼쳤다.

생애 초기부터 청소년기까지의 발달 단계를 제안한 Freud의 이론과 달리, Erikson의 이론은 전 생애에 걸친 발달 단계를 제안했다는 점에서 발달심리학에 큰 공헌을 했다. 또한 성적인 부분에 지나치게 치중한 Freud의 이론과 달리, 개인이 살면서 경험하는 다양한 사회적 갈등과 딜레마를 탐구하였다는 점에서 장점을 지닌다. 그러나 여전히 그가 제안한 개념들을 실험으로 검증하기 어렵다는 한계도 존재한다.

표 1-1 Freud와 Erikson의 발달 단계

연령대	Freud	Erikson
0~1세	구강기	기본적 신뢰 대 불신
1~3세	항문기	자율성 대 수치심 및 회의
3~6세	남근기	주도성 대 죄책감
6~11세	잠복기	근면성 대 열등감
청소년기	성기기	정체감 대 역할 혼미
초기 성인기		친밀감 대 소외
중간 성인기		생산성 대 침체
노년기		통합 대 절망

2) 행동적 관점

행동적 관점(behavioral perspective)은 보이지 않는 정신 내면의 작동 기제에 주목하기보다는 자극과 반응이라는, 눈으로 확인하고 측정할 수 있는 자료에 근거해서 인간의 행동을 연구하는 관점이다.

(1) 행동주의

행동주의(behaviorism)는 직접 관찰 가능한 행동의 학습 과정에 관심을 둔다. 행동주의의 창시자라 할 수 있는 John B. Watson은 아동이 깨끗한 석판(tabula rasa)과 같은 백지상태로 태어난다고 보았던 철학자 John Locke의 주장을 받아들였다. 또한 그는 러시아의 생리학자 Ivan Pavlov의 고전적 조건형성(classical conditioning) 실험에 영향을 받았다. 고전적 조건형성이란 아무런 반응도 끌어내지 않는 중립 자극(neutral stimulus)이 특정 반응을 이끌어내는 무조건 자극(unconditioned stimulus)과 반복적으로 연합하면서 무조건 반응(unconditioned response)을 유발하는 과정을 뜻한다. Pavlov는 개에게 중립 자극인 종소리와 무조건 자극인 음식물을 연합시켰다. 종소리 다음에는 음식물이 따른다는 것을 반복적으로 학습한 개는 더 이상 음식물을 주지 않았음

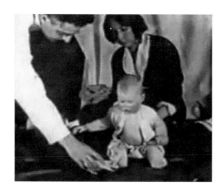

그림 1-2 **어린 알버트 실험의 한 장면**

에도 종소리만 듣고도 음식물이 제시될 때와 비슷한 침 흘리는 반응을 보였다. Watson은 아동도 고전적 조건형성을 통해 학습할 수 있는지 확인하고자 역사적으로 아주 유명한 실험인 어린 알버트 실험(Little Albert experiment)을 했다. Watson은 중립 자극으로 흰 쥐를 사용하였다. 11개월이 된 알버트는 처음에 흰 쥐에게 아무런 반응도 보이지 않았다. 하지만 Watson은 공포를 유발할 수 있는 아주 큰 소리를 무조건 자극으로 선택해, 이를 흰 쥐와 함께 반복적으로 제시하였다. 그 결과 알버트는 흰 쥐만 봐도 공포를 느끼고 울기 시작하였다(Watson & Rayner, 1920). 이 실험은 아동이 고전적 조건형성을 통해 특정 행동을 학습할 수 있다는 것을 보여 준 심리학 역사상 중요한 실험이었지만, 오늘날 윤리적 비판의 대상이 되기도 한다.

행동주의에서 중요하게 다루는 또 다른 학습 기제로 Burrhus Frederic Skinner의 조작적 조건형성(operant conditioning)이 있다. Skinner는 행동 결과에 따라 그 행동의 학습 여부가 결정된다고 생각했다. 칭찬이나 새 장난감 등 강화물(reinforcement)이 따르는 행동의 빈도는 증가하고, 꾸중이나 부모의 벌 등 처벌(punishment)이 따르는 행동의 빈도는 감소한다는 것이다. 예를 들어, 아동이 공격적 행동을 보일 때마다 그 아동을 다른 가족으로부터 일정 시간 격리하는 타임아웃(time-out) 처벌을 주면 아동의 공격적 행동은 감소한다(Patterson & Capaldi, 1991). 조작적 조건형성은 아동의 문제행동을 수정하기 위한 많은 응용 프로그램에서 활용되고 있다.

(2) 사회학습이론

Albert Bandura는 사회학습이론(social learning theory)을 발전시켰다. 그는 조건화, 보상, 처벌과 같이 행동주의의 주요 개념들을 받아들였지만, 이 개념들이 아동의 모든 학습 과정을 충분히 설명할 수 있는지 의문을 가졌다. 그리고 직접적인 보상이나 처벌 없이 관찰하는 것만으로 행동이 학습될 수 있다고 생각했다. 그는 보보인형이라는 큰 인형을 사용해 이 주장을 입증하는 흥미로운 실험을 설계하였다. 일부 아동들에게는 성인이 보보인형을 공격적으로 다루는 모습을 보여 주고, 다른 아동들에게는 성인이 이 인형을 부드럽게 다루는 모습을 보여 주었다. 그다음 아동들을 보보인형이 있는 방으로 데리고 간 뒤, 이들이 보보인형에게 어떤 행동을 하는지 관찰하였다. 그 결과 성인의 공격적 행동을 관찰한 아동들이 그렇지 않은 아동들에 비하여 보보인형을 더 공격적으로 다루는 것을 발견했다(Bandura, Ross, & Ross, 1961). Bandura는 이 실험을 통해 특별한 보상이나 처벌 없이 관찰하는 것만으로도 행동이 학습된다는 것을 증명하고, 특정 행동을 관찰하여 모방할 수 있는 아동의 사고 능력을 강조하였다.

발달에 대한 학습이론적 접근은 현대 심리학이 추구하는 과학적 연구방법을 사용해 객관적으로 검증 가능한 행동을 연구했다는 데 의의가 있다. 또한 학습이론적 접근의 많은 개념은 현재까지도 임상적 장면이나 교육적 장면에서 활용되고 있다. 하지만 발달의 기제를 지나치게 단순화했으며 개인차에 대한 고려가 부족했다는 점에서 한계를 지닌다.

3) 인지 발달적 관점

인지 발달적 관점(cognitive-developmental perspective)에 따르면 인간은 적극적으로 정보를 처리해 환경에 적응하는 주체이다. 인간 정신의 내면 기제와 변화 과정을 설명하려 했던 인지 발달적 관점의 대표 학자로는 Jean Piaget 와 Lev Vygotsky가 있다.

(1) Piaget의 인지발달이론

현대 심리학에 큰 영향력을 미쳤다고 평가받는 Piaget는 아동의 인지 발달에 관심을 가졌다. Piaget는 그의 두 가지 관심사였던 생물학과 철학을 바탕으로 인지발달이론을 정립했다. 이론의 기본 원리는 조직화(organization)와 적응(adaptation)이다. 그는 아동이 발달함에 따라 세상에 대한 이해가 조직화되고, 마음의 구조가 환경에 맞게 적응해 간다고 생각했다. 따라서 Piaget는 아동을 적극적으로 자신의 세계에 대한 지식을 쌓아 나가는 존재라고 보았다.

즉, 아동은 동화(assimilation)와 조절(accommodation)을 통해 세상을 이해하는 자신만의 방식인 도식(scheme)을 구성해 나간다는 것이다. 예를 들어, 어린 아동이 네 발이 있고 꼬리가 있으며 "야옹"하고 우는 동물을 고양이라고 학습했다고 가정하자. 이 아동은 이전에 본 고양이와는 다르게 생겼지만, 똑같이 네 발이 달리고 꼬리가 있는 동물을 고양이라고 부르려 할 것이다. 이를 동화라고 한다. 하지만 만약 이 동물이 "야옹"이 아니라 "멍멍"하고 짖었다면, 이 아동은 자신의 도식을 조정하고 바꿀 필요가 있다고 느낄 것이다. 그리고 부모의 도움을 받아 "멍멍" 하고 짖는 동물이 강아지라는 것을 배우게 된다면 이는 조절이다.

Piaget는 모든 아동이 질적으로 다른 4단계의 인지 발달 단계를 거쳐 발달해 나간다고 생각했다. 이 단계는 감각운동기(출생~2세), 전조작기(2~7세), 구체적 조작기(7~11세), 형식적 조작기(11세 이후)로 이루어진다. 감각운동기 아동들은 엄마의 목소리를 듣고, 엄마의 손을 만져 보는 등 감각기관과 운동 능력에 의존해 세상을 배워 나간다. 전조작기 아동들은 언어를 학습하기 시작하면서 상징을 통해 마음 속에 표상(representation)을 형성할 수 있게 되지만, 인과관계에 대한 추론 등 논리적 사고에는 한계를 보인다. 구체적 조작기에는 구체적인 사건에 대한 논리적 사고가 가능해지고, 마지막 단계인 형식적 조작기에서는 추상적인 사건에 대해서도 논리적 사고를 할 수 있게 된다.

Piaget의 인지발달이론은 아동을 능동적인 학습자로 간주하고 아동의 사고를 연구대상으로 진지하게 다루면서 어른의 사고와 어떻게 다른지 규명하려고 했다는 점에서 현대 심리학에 큰 공헌을 하였다. 하지만 아동의 인지 능력을 너무 과소평가했다는 점과 아동의 여러 수행 능력이 개인적 경험이나 문화적 배경, 과제의 속성 등에 따라서 달라질 수 있다는 점을 간과했다는 한계도 지적된다.

(2) Vygotsky의 사회문화이론

Piaget가 세상을 이해하려는 아동 자신의 인지적 능력에 초점을 둔 인지발달이론을 정립했다면, Vygotsky는 아동의 사회문화적 환경이 인지 발달에 미치는 영향에 초점을 둔 사회문화이론(sociocultural theory)을 제안하였다.

Vygotsky는 아동이 능동적으로 지식을 구성할 수 있다는 Piaget의 관점에 동의하면서도, Piaget와는 달리 아동이 성인이나 다른 아동들의 도움을 받으면서 발달 과업을 수행하는 사회적 매개 과정을 인지 발달의 핵심 기제라고 보았다. 아동이 스스로 관찰하고 지식을 구성하는 것만으로는 인지 발달에 한계가 있으며, 지식이나 경험이 많은 성인이나 나이가 더 많은 아동들과 상호작용하며 도움을 받음으로써 점차 독립적으로 사고하게 된다는 것이다. 아동은 이러한 '전문가'들과의 상호작용을 통해 자신이 속한 사회문화 공동체 내에서 의미 있고 적절한 행위가 무엇인지 이해하게 된다. 그리고 이 과정에서 일어나는 타인과의 의사소통은 아동의 사고에서 주요한 요소가 된다. 다시 말해 아동은 타인과의 대화를 내면화하면서 내적 언어를 사용하고, 자신의 사고와 행동을 조절하며 새로운 기술을 터득하게 된다.

이러한 사회문화이론은 문화적 다양성이 발달의 중요한 맥락임을 부각시켰고, 성인들이 전수하는 문화 특정적 가치, 믿음, 관습 등이 아동의 발달에 미치는 영향에 대한 연구들을 산출시켰다. Vygotsky 이론에 영향을 받은 이러한 연구들은 서로 다른 문화권의 아동들이 각자 독특한 강점들을 가진다는 것을 보여 주었다. 서구나 우리나라와 같이 고도의 산업화가 이루어진 문화권에서는 읽고, 쓰고, 추상적인 수학적 상징을 이해하며, 컴퓨터를 사용하고, 운전과 같은 능력을 터득하는 것이 중요하다. 하지만 원시부족 사회에서는 바구니를 짜고 짐승을 사냥하며, 높은 나무에 달린 열매를 채취하는 것이 중요한 기술이 될 수 있다(Greenfield, Maynard, & Childs, 2000).

이러한 Vygotsky의 이론적 접근은 아동의 인지적 역량을 측정하는 새로운 방법을 제공하였고, 읽고 쓰는 법이나 수학적 사고와 같이 사회적으로 요구되는 기술들을 교육 현장에서 어떻게 가르쳐야 하는지에 대한 새로운 관점을 제공했다. 하지만 Vygotsky의 사회문화적 맥락에 대한 강조는 뇌 발달이나 유전적 소인의 역할 등 발달의 생물학적 측면을 간과하였다. 최근에는 사회문화적 요인이 아동의 발달에 영향을 미칠 뿐 아니라 아동 역시 사회문화적 환경에 영향을 주고 때로는 환경을 변형시킨다고 보고, 이러한 아동과 환경의 능동적인 상호작용을 탐색하는 연구들이 진행되고 있다(Rogoff, 2003).

4) 동물행동학적 관점

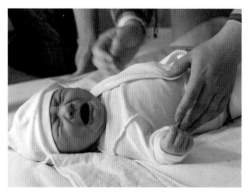

▶ 동물행동학적 관점에 따르면 아기의 우는 행동은 양육자의 돌봄을 유발함으로써 아기가 생존할 수 있도록 한다.

동물행동학(ethology)은 Charles Darwin의 진화론에 뿌리를 두고 동물 행동의 적응적 기제를 탐구하는 학문이다. 동물행동학적 관점(ethological perspective)을 취하는 발달심리학자들은 발달 과정에서 발현되는 인간의 행동들은 그 행동이 발현된 특정 맥락 안에서 이해되어야 하며, 그러한 행동은 적응적이고 생존에 유리한 가치를 지니고 있다고 주장한다. 동물행동학적 관점은 문화에 상관없이 보편적으로 나타나는 영유아들의 행동을 설명하는 데 크게 기여하였다. 예를 들어 울기(crying)는 모든 문화권의 영아들에게서 보편적으로 나타나는 행동인데, 아기가 울면 양육자는 아기가 배고픔이나 불편함 등 욕구가 충족되지 않은 상황을 겪고 있는지 살펴보고 돌봄을 제공한다. 동물행동학적 관점에 따르면 영유아의 울기는 이처럼 양육행동을 촉진하는, 명백한 생존적 이점을 지닌 행동이다.

애착이론(attachment theory)을 제안한 것으로 유명한 심리학자 John Bowlby 역시 동물행동학, 특히 Konrad Lorenz의 각인행동 관찰에 많은 영향을 받았다. 각인(imprinting)이란 동물의 새끼가 어미 가까이에 머무르며 먹이를 받아먹고 위협으로부터 자신을 보호하는 행동으로서, 특정 종류의 아기 새들에게서 나타나는 생애 초기의 따라가기 행동이다(Lorenz, 1952). Bowlby는 각인행동을 인간의 영아-양육자 간 애착관계를 이해하는 데 적용하였다. 그는 영아기부터 나타나는 미소, 옹알이, 울기와 같은 행동이 양육자의 돌봄 행동을 유발하기 위한 영아들의 타고난 사회적 신호들이라고 주장하였다.

동물행동학적 관점은 유전적으로 프로그램된 인간의 행동들을 설명하는 데 공헌하였다. 하지만 생물학적으로 타고난다고 보이는 행동들이 경험과 환경을 통해 바뀌기도 한다. 예를 들어 아동은 때로 행복하지 않을 때에도 웃음을 통해 자신의 감정을 숨기는 것을 배우기도 한다(La Freniere, 2000).

5) 생태학적 관점

생태학적 관점(ecological perspective)에서는 인간의 발달이 성장하고 있는 환경적 맥락과 분리될 수 없다고 본다. 생태학적 관점에 근거한 이론 발달에 가장 많은 기여를 한 Urie Bronfenbrenner는 발달에 영향을 미치는 환경과 맥락이 여러 층의 체계로 구성되었다고 제안하였다. 그가 제안한 환경체계(environmental system)의 범위는 아동의 가족이나 친구 집단과 같이 아동의 경험에 직접적이고 즉각적인 영향을 미치는 환경부터, 아동이 살고 있는 사회의 가치나 법적 시스템같이 아동과는 멀리 떨어진 환경까지 포함한다.

Bronfenbrenner가 제안한 체계모델에서 가장 안쪽에 있는 층은 미시체계(microsystem)로서 아동이 살고 있는 가정 환경, 아동이 상호작용하는 사람들, 그리고 보육센터나 학교처럼 아동과 가까이에 있는 기관들로 구성된다. 두 번째 층인 중간체계(mesosystem)는 미시체계 간의 상호관계로 이루어진다. 미시체계의 여러 구성원들은 독립적으로 아동의 발달에 영향을 미치기도 하지만, 상호작용하면서 아동의 발달에 영향을 준다. 예를 들어, 아동이 가정에서 부모와 경험하는 관계는 유치원에서 친구 혹은 선생님과 경험하는 관계에 영향을 미칠 수 있다. 세 번째 층인 외체계(exosystem)는 아동의 발달에 영향을 주기는 하지만, 대부분 간접적인 영향을 주는 환경들로 이루어진다. 부모의 출퇴근 시간, 근무 일수, 휴가의 빈도 등은 아동의 양육에 영향을 미칠 수 있기 때문에 부모의 직장은 외체계에 속한다고 볼 수 있다. 마지막으로, 가장 바깥쪽에 위치하는 층인 거시체계(macrosystem)는 문화, 법률, 관습 등 아동으로부터 가장 멀리 떨어진 환경들을 의미한다. 이 네 개의 체계들은 시간에 따라 끊임없이 변화하는데, 이 시간적 차원을 시간체계(chronosystem)라고 한다. 시간이 흐르면서 아동과 그를 둘러싼 환경은 변화하며, 이 변화는 사춘기나 심각한 질병처럼 개인의 안에서 발생하기도 하고, 동생의 탄생이나 부모의 이혼처럼 외부세계에서 발생하기도 한다. Bronfenbrenner는 변화하는 환경과 아동의 상호작용이 아동의 발달을 이루어 낸다고 생각했다.

다음 문장이 맞는지 틀리는지 ○, ×로 표시하시오.

1 (   ) Freud의 정신분석이론에서 제안하는 심리성적 발달 단계는 경험적으로 검증이 가능하다.

2 (   ) 조작적 조건형성은 아동의 문제행동들을 수정하기 위한 많은 응용 프로그램에서 활용되고 있다.

빈칸에 적절한 말을 써넣으시오.

3 Piaget는 아동들이 .... 와 .... 을 통해 세상을 이해하는 자신만의 방식인 도식을 구성해 나간다고 생각했다.

4 Bandura의 사회학습이론에서는 직접적인 보상이나 처벌 없이 .... 만으로 행동이 학습될 수 있다고 본다.

5 Bowlby의 애착이론은 동물의 각인행동을 인간의 영아–양육자 간 관계를 이해하는 데 적용하였다. 이 점에서 Bowlby의 애착이론은 발달에 대한 이론적 관점 중에 .... 에 가깝다고 볼 수 있다.

5. 발달의 연구방법

발달에 대한 이론들을 뒷받침하는 근거는 어떻게 수집되고 분석되었을까? 발달 관련 지식 및 이론의 타당성을 검증하기 위해서는 어떠한 방법을 통해서 가설을 입증하고 결론을 도출했는지 파악해야 한다. 예를 들어, 스마트폰으로 인해 아동들의 주의집중력이 약화되었다는 연구 결과를 전하는 뉴스 보도가 있었다고 하자. 이 뉴스를 신뢰하려면 해당 연구에서 아동의 주의집중력을 어떻게 측정했는지, 어떠한 연구설계를 사용했는지 등 연구방법의 측면을 검토해야 한다.

특히 아동기 발달에 대한 연구의 경우, 성인을 대상으로 한 연구와는 다른 방법이 필요한 경우가 많다. 미숙한 언어 능력을 가진 아동에게 자기보고법을 사용하여 심리상태를 측정하는 것은 불가능하다. 또한 성인에 비해 아동은 여러 가지 미묘한 요인들에 더 많은 영향을 받는 경향이 있다. 주변 소음 등에 쉽게 주의가 분산될 수 있고, 낯선 사람이나 환경, 자극을 사용한 과제를 이해하는 데 어려움을 겪을 수 있다. 그렇기에 발달심리학 연구에서는 어떤 방법을 썼는지에 따라 결과가 달라질 수 있고, 시기별로 발달 양상에 대한 해석이 달라지는 경우들도 존재한다. 따라서 발달 연구의 타당성과 신뢰성을 평가하기 위해서는 연구방법에 대한 지식이 반드시 요구된다.

1) 자료의 수집

연구자들은 앞서 설명한 발달심리학의 주요 연구 질문들에 대한 해답을 찾기 위하여 다양한 과학적 방법을 사용하여 자료를 수집한다. 연구자들이 어떤 방법을 통해 개인에 대한 자료를 수집하는지 알아보도록 하자.

(1) 관찰법

연구자들은 특정 행동에 대한 연구를 위해 연구대상의 행동을 관찰할 수 있는데, 이를 관찰법(observation method)이라 한다. 관찰법 중에서 집 또는 유치원, 학교 등을 직접 방문하여 일상적인 상황에서 연구대상이 보이는 자연스러운 행동을 관찰하고 기록하는 방법을 자연관찰법(naturalistic observation)이라고 한다. 자연관찰은 연구대상의 특정 행동을 자연스러운 상황에서 직접 관찰할 수 있다는 것이 큰 장점이지만, 연구자의 존재로 인해 다음과 같은 한계가 나타나기도 한다.

첫째, 관찰자가 있기 때문에 연구 참가자가 평소와 다르게 행동할 가능성이 있다. 이러한 현상을 관찰자 영향(observer influence)이라고 한다. 한 연구에서는 연구자가 아동의 집에 방문하여 아동과 부모가 상호작용하는 모습을 관찰하였는데, 아동의 부모가 자신들이 관찰당하고 있다는 것을 알고 있을 때 부정적인 행동을 억제하는 모습을 보였다(Collins & Russell, 1991). 연구자들은 관찰자 영향을 최소화하기 위하여 아동과 부모의 행동을 숨겨진 카메라로 녹화하는 방식을 사용하기도 하고, 관찰자가 아동 및 부모와 친숙해지는 시간을 충분히 가진 뒤 관찰을 시작하는 방식을 사용하기도 한다. 둘째, 관찰자가 자신이 원하는 방식으로 관찰 자료를 수집하고 해석하는 관찰자 편향(observer bias)이 나타날 수 있다. 아동의 공격적인 행동을 관찰하는 목표를 가진 연구자는 다소 중립적인 행동도 공격적 행동으로 판단하여 편파적으로 해석할 가능성이 존재한다. 이러한 관찰자 편향을 없애기 위해서는 연구의 목적을 알지 못하는 관찰자가 자료를 수집하는 방법을 사용할 수 있다. 셋째, 연구자가 연구대상을 관찰하는 조건을 체계적으로 통제할 수 없기 때문에 관찰 당시의 여러 상황에 따라 특정 반응을 나타낼 기회가 달라질 수 있다. 예를 들어 자연관찰법을 사용하여 아동의 공격적인 행동을 관찰하고자 할 때, 아동의 신체 상태가 어떠한지 또는 주변에 존재하는 또래 아동이나 성인이 누군지에 따라 아동이 공격적 행동을 보일 가능성은 매우 달라질 수 있다.

연구자들은 자연관찰이 지닌 이러한 문제점을 보완하기 위하여 구조화된 관찰법(structured observation)을 사용한다. 구조화된 관찰이란 관찰하고자 하는 행동을 유발할 수 있는 실험 상황을 설계하여 그 상황 속에서 연구대상의 행동을 관찰하고 기록하는 방법으로, 모든 연구 참여자가 특정 반응을 나타낼 기회를 동일하게 갖는다. 한 연구에서 연구자는 3세 아동의 거짓말 행동을 관찰하기 위하여 아동에게 장난감을 몰래 엿보지 말라고 지시한 뒤 실험실을 비웠다. 그 후 연구자는 반투명 거울로 아동이 장난감을 몰래 엿보는 것을 관찰하였고, 다시 실험실로 돌아가 아동이 장난감을 엿본 행동에 대해 사실대로 말하는지 거짓말을 하는지 관찰하였다(Lewis, Stranger, & Sullivan, 1989). 이렇게 구조화된 관찰은 모든 연구 참여자의 조건을 동일하게 통제하여 연구하고자 하는 행동을 관찰할 수 있지만, 관찰이 실험실에서 이루어지기 때문에 일상생활에서 나타나는 자연스럽고 전형적인 행동을 관찰하기는 어렵다. 또한 구조화된 관찰에서도 자연관찰과 마찬가지로 관찰자 영향과 관찰자 편향이 나타날 수 있으므로 이를 줄이거나 제거하기 위한 장치를 마련해야 한다.

(2) 면접법

연구자들은 관찰법을 통해 연구대상에 대한 정보를 수집하기도 하지만, 연구대상에게 직접 질문하고 구두로 답하도록 하는 방식을 취하기도 한다. 이러한 방식을 면접법(interview method)이라고 하며, 질문 방식에 따라 크게 두 가지로 나뉜다. 연구대상의 감정이나 동기 등을 알아보고자 다소 자유로운 형식으로 질문하는 방식을 임상적 면접(clinical interview)이라고 한다. 다음은 Piaget가 임상적 면접을 통해 3세 아동에게 꿈에 대해 질문한 내용이다.

Piaget 꿈은 어디서 생기니?

아동   잠을 잘 자면 꿈을 꾸게 돼요.

Piaget 꿈은 우리 몸 안에서 생기니, 아니면 밖에서 생기니?

아동   밖에서요.

Piaget 네가 꿈을 꿀 때 꿈은 어디에 있니?

아동   제 침대 이불 속이요. 잘 모르겠어요. 만약에 꿈이 제 배 속에 있으면 뼈 때문에 잘 안 보일 것 같아요.

Piaget 배 속이 네가 잘 때 꿈이 있는 곳이니?

아동   네, 꿈은 침대 속 제 옆에 있어요.

— Piaget(1926/1930), pp. 97-98

임상적 면접에서 연구자는 모든 연구대상에게 첫 질문으로 동일한 질문을 하지만, 그 뒤로는 연구대상의 응답에 따라 유동적으로 질문을 선택한다. 따라서 임상적 면접은 연구대상에 대한 깊이 있는 정보를 얻을 수 있게 해 준다. 하지만 이렇게 개별화된 질문을 하면 연구대상 간의 비교가 불가능하다는 단점이 존재한다.

반면 질문의 순서와 내용이 모두 표준화되어 있어 연구자가 모든 연구대상에게 동일한 순서에 따라 동일한 질문을 하는 방식을 구조화된 면접(structured interview)이라고 한다. 구조화된 면접은 단시간에 많은 양의 정보를 얻을 수 있고 연구대상 간 비교가 용이하다는 장점을 지닌다. 하지만 임상적 면접에 비해 연구대상에 대한 깊이 있는 정보를 얻기는 어렵다.

(3) 설문지법

연구 참여자가 설문지에 주어진 문항에 대해 특정한 반응을 선택하는 방법이다. 사회과학 연구에서 가장 많이 사용되는 방법이지만 아동을 대상으로 한 발달 연구에서는 다소 제한적으로 사용된다. 대부분의 학령전기 아동들은 언어 능력의 제약으로 설문지법을 실시하기가 어렵기 때문이다. 하지만 문해력 등 언어 능력이 어느 정도 발달한 학령기 아동 및 청소년이나 성인을 대상으로는 많이 사용하는 연구법이다. 설문지법의 장점 중 하나는 짧은 시간에 비교적 적은 노력을 들이고도 많은 양의 자료를 수집할 수 있다는 것이다. 연구 참가자들에게 동일한 문항을 주고 동일한 방식으로 응답하게 하므로 연구 참가자들 간의 비교 분석도 용이하다. 다만 각 개인 특유의 깊이 있는 자료를 수집하기가 어려우며, 부정확한 응답이 산출될 수 있다는 단점이 있다.

(4) 정신생리학적 측정법

앞서 살펴본 관찰법과 면접법은 발달을 연구하는 데 효과적인 연구 방법이다. 하지만 갓 태어난 영아를 연구할 때는 효과적인 방법이 아닐 수 있다. 영아들은 자신의 생각을 언어로 표현할 수 없고, 신체 능력도 아직 미성숙해서 의지대로 움직일 수 없기 때문이다. 이러한 영아를 연구하기 위해 연구자들은 정신생리학적 측정법(psychophysiological method)을 사용한다. 정신생리학적 측정법이란 심박수, 혈압, 호르몬 수준의 변화 등 생리학적 반응과 행동 간의 관계를 측정하는 연구법으로, 영유아들의 감각, 인지 및 정서 반응을 추론하는 데 유용하다. 특히 심박수는 심리 상태에 따라 매우 민감하게 반응하는 수치이다. 영아가 시각적 또는 청각적 자극에 주의를 기울이면 심박수가 기저선(baseline)보다 낮아지며, 주의를 더 이상 기울이지 않을 때는 심박수가 기저선 수준으로 회복된다(Richards & Casey, 1991; Porges, Stamps, & Walter, 1974; Porges, Arnold, & Forbes, 1973).

뇌 기능의 변화를 관찰하는 것 역시 영유아를 비롯한 다양한 발달 시기의 특성을 연구하기에 유용한 방법이다. 뇌파검사(electroencephalogram, EEG)는 두피에 전극을 부착한 뒤, 뇌의 전기적 활동을 측정하는 것이다. 뇌파검사를 통해 실시간으로 달라지는 뇌파 패턴을 분석하여 자극에 대한 참가자의 반응을 연구할 수 있다. 그리고 사건관련전위(event-related potentials, ERPs)는 특정 자극에 대한 뇌파 활동의 반응 패턴을 확인하는 것으로, 이를 통해 자극에 대한 참가자의 정보처리 양상을 추론할 수 있다. 한 연구에서는 자폐 스펙트럼 장애(autism spectrum disorder)가 있는 아동의 얼굴 인식 능력을 연구하고자 다양한 얼굴 자극을 제시하고 사건관련전위를 측정하였다. 그 결과 정상발달 아동과 자폐 아동은 익숙한 얼굴과 익숙하지 않은 얼굴을 볼 때 활성화되는 뇌 영역에서 뇌파 패턴에 차이가 있음이 관찰되었다. 이를 토대로 연구자들은 자폐 아동이 비장애아와는 다른 얼굴 인식 처리를 보임을 밝혔다(Dawson et al., 2002).

기능적 자기공명영상(functional magnetic resonance imaging, fMRI)은 혈류량과 산소대사량을 측정하여 특정 자극을 처리할 때 활성화되는 뇌의 부위를 정확하게 탐지할 수 있는 기법이다. 뇌를 촬영하는 동안 연구대상은 자기장을 발생시키는 터널 모양의 장치 안에서 움직이지 않고 가만히 누워 있어야 한다. 따라서 검사 중에 가만히 누워 있지 못하거나, 폐쇄된 공간에 혼자 있으면 공포를 느낄 수 있는 어린 아동에게 사용하기에는 한계가 있다.

정신생리학적 측정법은 다양한 발달 시기에 나타나는 심리적 반응과 생물학적 반응의 관계를 탐구하는 데 아주 유용하다. 하지만 이 방법 역시 다른 연구법들과 마찬가지로 제한점이 있다. 먼저, 자극 이외에도 많은 변수들이 연구대상의 반응에 영향을 줄 수 있다. 예를 들어 뇌파검사의 경우 실험을 위해 제시하는 자극 이외에도 연구대상이 느끼는 피곤함, 배고픔, 지루함 등이 뇌파 패턴에 영향을 줄 수 있으며 이를 완벽히 통제하기는 어렵다. 특히 영유아들의 경우 검사 장치에 거부감을 나타낼 수도 있다.

2) 변수 간 관계를 검증하기 위한 연구설계

연구자는 자신이 관심을 가진 변수들 사이의 관계를 검증하기 위해 연구를 한다. 연구설계에 따라 검증할 수 있는 관계가 다른데, 상관관계를 검증할 수 있는 상관연구와 인과관계를 검증할 수 있는 실험연구로 나뉜다.

(1) 상관연구

형제자매가 있는 아동들이 타인의 마음을 더 잘 이해할까? 부모의 언어 능력이 뛰어날수록 아동의 언어발달이 빠르게 이루어질까? 이 질문들처럼 많은 발달 연구는 개인의 특정 경험이나 능력이 다른 경험이나 능력 또는 외부의 다른 요소들과 일정하고 체계적으로 연관되는지를 알아보는 데 흥미를 두고 있다. 이렇듯 변수의 조작 없이, 자연상태에서 두 개 이상의 변수들 간의 관계를 알아보는 방법을 상관연구(correlational research)라 한다.

상관연구에서는 일반적으로 변수들이 어떤 관계를 가지고 있는지를 알려 주는 지수인 상관계수(correlation coefficient)를 계산하며, 상관계수는 −1과 +1 사이의 값을 가진다. 상관계수의 부호는 변수들 간 관계의 방향성을 뜻하며, 상관계수의 값이 양수이면 하나의 변수가 증가할 때 다른 변수 역시 증가함을 의미하고, 음수이면 하나의 변수가 증가할 때 다른 변수는 감소함을 의미한다. 부호를 제외한 숫자는 관계의 강도를 뜻하는데, 숫자가 클수록 변수 간의 관련성이 높음을 의미한다. 한 연구에서는 3~5세 아동들의 마음이론(theory of mind) 발달에 영향을 미치는 변수들을 탐색하였다(Jenkins & Astington, 1996). 마음이론을 측정하는 전형적인 과제 중 하나는 틀린 믿음 과제(false-belief task)이다. 틀린 믿음 과제에서는 어떤 물체가 원래 있던 위치에서 다른 위치로 이동하는 것을 아동은 목격하고 다른 사람은 목격하지 못했을 때 그 다른 사람은 물체의 위치에 대한 틀린 믿음을 갖고 있을 수밖에 없다는 것을 아동이 잘 파악하고 있는지 측정한다(Baron-Cohen, Leslie, & Frith, 1985). Jenkins와 Astington(1996)의 연구에서 일반적 언어 능력과 틀린 믿음 이해 간의 상관은 +.64였으며, 가족 크기와 틀린 믿음 이해 간의 상관은 +.46이었다. 이러한 결과는 일반적 언어 능력이 뛰어나고 형제자매가 많은 아동일수록 틀린 믿음 이해 능력이 높다는 것을 보여 준다고 해석할 수 있다.

하지만 이처럼 단정적으로 해석하기에는 조심스러운 부분이 있다. 상관연구에서는 변인들 간의 관계가 역방향으로 작용하거나 제3의 변인이 존재할 가능성이 있기 때문이다. 예를 들면 틀린 믿음 이해 능력이 뛰어나서 언어 능력이 향상된 것일 수도 있고, 형제자매의 수가 아니라 더 많은 자녀를 부양할 수 있는 부모의 경제력 덕분에 아동의 틀린 믿음 이해 능력이 높아진 것일 수도 있다. 이렇듯 살펴보고자 하는 변수 이외의 다른 변수들을 통제할 수 없기 때문에 인과관계를 설명하지 못한다는 것이 상관연구의 치명적인 한계

마음이론 타인의 마음이 자기 자신과는 다를 수 있음을 이해하는 능력을 말한다.

이다. 다음의 실험연구는 이러한 상관연구의 한계점을 해결할 수 있는 연구법이다.

(2) 실험연구

실험연구(experimental research)란 연구자가 변수들을 조작하고 둘 이상의 처치 조건에 연구대상을 무선할당(random assignment)하여 변수들 간의 인과관계를 도출하는 방법이다. 연구자는 실험에서 다른 변수에 영향을 줄 것이라고 기대되는 독립변수(independent variable)와 독립변수로부터 영향을 받을 것이라고 예측되는 종속변수(dependent variable)를 설정한다. 그리고 독립변수와 종속변수의 인과관계를 검증하기 위하여 연구대상을 각기 다른 처치 조건에 배치한다. 연구대상을 배치할 때에는 독립변수 이외에 종속변수에 영향을 줄 수 있는 혼입변수(confounding variable)를 제거해야 한다. 이를 위해 연구대상을 각기 다른 처치 조건에 무작위로 할당하여 혼입변수의 영향을 각 처치마다 동일하게 만들어 주는 무선할당을 실시하거나, 혼입변수 수준이 높거나 낮은 연구대상을 각 처치에 동일한 비율로 할당하는 매칭(matching) 방법을 사용한다.

앞서 소개한 Bandura의 보보인형 실험설계의 예를 들어 보자. Bandura는 아동이 성인의 행동을 관찰하는 것만으로도 그 행동을 학습할 수 있다는 것을 실험을 통해 보여 주고자 하였다. 아동들은 성인의 공격적 행동을 관찰하는 공격 집단, 비공격적 행동을 관찰하는 비공격 집단, 아무런 행동도 관찰하지 않은 통제 집단으로 할당되었다. 이때 각 아동의 공격성 수준을 미리 측정한 뒤 공격성이 높은 아동과 낮은 아동을 각 처치 집단에 같은 수로 배치하는 매칭 방법을 사용하여, 아동이 본래 지니고 있는 공격성 수준으로 인해 집단 간에 차이가 나타날 수 있는 가능성을 방지하였다. 실험 결과, 공격 집단의 아동들은 비공격 집단과 통제 집단에 할당된 아동들보다 더 높은 공격성을 보였다(Bandura, Ross, & Ross, 1961). 이 연구에서는 매칭 방법을 사용했기 때문에 이러한 집단 간의 차이가 아동들의 공격 행동 수준의 개인차에 의한 것이 아니라 실험 조작에 의한 것이라고 결론 내릴 수 있다.

3) 연령 비교를 위한 연구설계

우리의 현재 성격은 우리가 어린아이였을 때의 성격과 같을까 다를까? 다들 한번쯤 이러한 생각을 해 보았을 것이다. 이 질문처럼 발달 연구의 주요 관심사 중 하나는 시간에 따른 개인의 발달적 변화를 탐구하는 것이다. 연구자들은 시간의 흐름 속에서 개인의 발달을 효과적으로 연구하기 위하여 여러 연구법을 사용한다. 지금부터 그 방법들을 하나씩 살펴보도록 하자.

(1) 종단연구법

종단연구법(longitudinal method)은 연구대상의 행동이나 특성에 대한 변화나 안정성을 탐구하기 위해 한 연구대상을 수개월 혹은 수년에 걸쳐 연구하는 방법이다. 예를 들어 Eisenberg와 동료들(1999)은 종단연구를 실시하여 아동의 친사회성 기질(prosocial disposition)이 발달 과정에서 일관적인지 변화하는지를 알아보았다. 연구자들은 연구대상이 4~5세경일 때부터 시작하여 23~24세가 될 때까지 20여 년간 수차례에 걸쳐 자발적인 나눔 행동과 타인 지향적 동기를 지닌 행동 등에서 드러나는 친사회성을 반복 측정하였다. 그 결과 학령전기 아동의 친사회적 행동은 성인기의 친사회적 행동을 예측하는 것으로 나타났다. 즉, 아동기의 친사회적 기질이 성인기에도 일정 부분 유지됨을 밝힌 것이다.

종단연구는 발달상의 변화나 안정성을 연구할 때 매우 효과적인 방법이다. 하지만 몇 가지 제한점 역시 존재한다. 첫째, 시간과 비용이 많이 든다. 둘째, 종단연구의 특성상 긴 시간에 걸쳐 연구대상의 특정 행동을 측정해야 하는데, 그 과정에서 연구 대상자의 선별적 감소(selective attrition)가 일어날 수 있다. 연구 참가자가 이사를 가거나 병에 걸리거나, 단순히 연구 참여에 대한 의욕이 사라져서 더 이상 참여하지 않기도 한다. 셋째, 편파적 표집(biased sampling)이 발생할 수 있다. 오랜 기간 지속되는 연구에 자발적으로 참여하고자 하는 사람들은 우선 시간적·경제적 여유가 있는 사람들인 경우가 많다. 또한 심리학에 관심이 많거나 자신의 성격이나 행동에 문제가 있어 이를 검사하고 싶어 하는 등 특별한 성격을 지니고 있을 수 있다. 따라서 이들로부터 얻어

• 종단연구: 같은 집단을 다른 시점에서 추적 관찰 또는 측정함

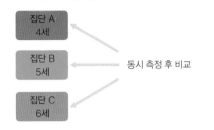

• 횡단연구: 다른 연령 집단을 한 시점에서 동시에 추적 관찰 또는 측정함

집단 A
4세

집단 B
5세   ← 동시 측정 후 비교

집단 C
6세

그림 1-3 종단연구와 횡단연구의 비교

낸 연구 결과를 일반화하기 어려울 수 있다. 넷째, 연습 효과(practice effect)가 나타나기 쉽다. 일반적으로 종단연구에서는 같은 측정법을 반복해서 사용하기 때문에 측정된 결과가 연습으로 인한 결과일 수 있다. 다섯째, 동시대 집단 효과(cohort effect)의 문제가 발생할 수 있다. 종단연구에서는 같은 시기에 태어나 그 시기만의 고유한 문화적·역사적 조건에 영향을 받으며 발달을 경험한 동시대 집단을 연구한다. 따라서 특정 시기에 영향을 받은 집단을 연구한 결과는 다른 시기에 태어난 집단에 적용되지 않을 수 있다. 예를 들어 스마트폰이 대중적으로 보급되기 이전에 태어난 세대와 이후 세대는 가족이나 또래관계 등 사회적 관계의 발달이 다르게 나타날 가능성이 있다.

(2) 횡단연구법

횡단연구법(cross-sectional method)은 동시에 다른 연령 집단을 연구해 연령 집단 간 발달적 변화를 검증하는 방법이다. 예를 들어, 진경선, 황지현, 송현주(2019)의 연구에서는 거짓말에 대한 판단과 관련해 아동의 이해가 어떻게 발달하는지 알아보기 위해 4세와 5세 두 연령 집단으로부터 동시에 자료를 수집하였다. 두 집단의 아동들에게 친구 또는 낯선 사람의 과오를 덮어 주기 위해 거짓말을 하는 내용의 이야기를 들려주고, 그런 거짓말이 착한지 나쁜지를 판단하게 하였다. 5세 아동은 친구의 과오를 덮어 주기 위한 거짓말을 낯선 사람의 과오를 덮어 주기 위한 거짓말보다 도덕적이라고 평가했지만, 4세 아동은 거짓말의 맥락에 따라 도덕적 판단이 영향을 받지 않았다. 이는 거짓말을 판단할 때 상황적 요소를 고려하는 능력이 4세에서 5세 사이에 발달함을 보여 준다.

횡단연구는 동시에 여러 연령 집단을 연구할 수 있기 때문에 종단연구보다 시간이 더 적게 걸린다는 장점이 있으며, 측정하고자 하는 것을 단 한 번만 측정하기 때문에 선택적 손실 및 학습 효과로 인해 연구 결과가 오염될 가능성 역시 적다. 하지만 횡단연구의 한계도 존재한다. 첫째, 개인의 발달적 변화에 대한 정보를 제공하지 못한다. 앞의 진경선 등(2019)의 연구는 4세 때 거짓말의 상황적 요인을 고려하지 못한 아동이 5세가 되었을 때 그러한 능력을 보이는지에 대한 경험적 자료를 제공할 수 없다. 둘째, 연령 집단 간의 차이가 큰 경우에는 횡단연구에서도 동시대 집단 효과가 나타나 연구 결과를 일반화하는 데 어려움이 있다. 횡단연구에서 연령 집단 간의 차이는 각 연령 집단의 개인들이 서로 다른 시대나 역사적 시기에 성장했기 때문일 수 있다.

4) 연구윤리

인간을 대상으로 연구를 진행할 때 연구자들은 연구 참가자의 신체적·정신적 안녕에 주의를 기울여야 하는데, 이를 연구윤리(research ethics)라 한다. 특히 아직 자신의 생각을 명료하게 표현하고 연구 참여에 대해 판단할 능력이 부족한 아동을 대상으로 하는 아동발달 연구는 더욱 엄격하고 세심한 연구윤리를 따를 필요가 있다. 우리나라에서는 2013년 2월부터 「생명윤리 및 안전에 관한 법률」 개정안이 시행되었다. 이 법률의 "인간 대상 연구를 하려는 자는 인간 대상 연구를 하기 전에 연구계획서를 작성하여 기관위원회의 심의를 받아야 한다"(제15조 1항)라는 규정에 따라 모든 인간 대상 연구는 기관생명윤리위원회(Institutional Review Board, IRB)의 심의를 통과해야 하며, 특히 아동은 취약한 피험자로 분류되어 반드시 기관생명윤리위원회의 정규심의를 거쳐야 한다. 또한 「아동복지법」에 따라 만 18세 미만의 아동을 대상으로 한 연구는 법적 보호자의 서면 동의 취득이 반드시 요구된다. 이처럼 아동 대상 연구에 요구되는 윤리적 기준은 매우 엄격한 편이다. 연구 참가자의 권리를 보호하기 위해 고려하고 준수해야 하는 사항들은 다음과 같다.

사전 동의(informed consent) 연구 참가자에게는 연구 참여 의사를 자발적으로 결정할 권리가 있다. 따라서 연구자들은 연구 참가자에게 실험의 목적과 절차를 상세하게 설명한 후 연구 참여에 대한 사전 동의를 받아야 한다. 만약 연구 참가자가 너무 어려 실험의 목적과 절차를 이해하고 이를 바탕으로 참여 의사를 결정하는 데 어려움이 있다면, 참가자의 부모 혹은 법정후견인에게 동의를 구해야 한다.

해악으로부터 보호(protection from harm) 사전 동의를 받아 연구가 시작되었다면, 연구자는 연구 참가자를 해악으로부터 보호하여야 한다. 연구에 참여하는 모든 사람들은 연구 과정에서 어떠한 신체적·정신적 위협이나 손상을 겪어서는 안 된다. 만약 연구 도중 예기치 못한 위험이 발생할 경우 연구자들은 즉각 연구를 중단해야 한다. 연구 참가자들 역시 사전 동의를 했다 하더라도 언제든 연구를 중단할 권리가 있다.

유익한 처치(beneficial treatments) 연구에 참여하는 모든 사람은 다른 참가자들이 받는 유익한 처치를 동등하게 받을 권리가 있다. 예를 들어, 아동의 외국어 학습을 위한 프로그램의 효과를 증명하기 위한 연구가 있다고 가정하자. 이때 통제 집단에 할당되어 해당 프로그램을 경험하지 못한 아동들은 연구가 종료된 후에 실험 집단의 아동들이 경험한 것과 동일한 프로그램을 경험할 권리가 있다.

결과 안내(knowledge of results) 연구가 종료되었다면, 연구 참가자들은 연구결과를 안내받을 권리가 있다. 연구자는 연구 참가자들이 이해할 수 있도록 연구결과를 상세하게 설명해 주어야 하며, 아동의 경우 아동 눈높이에 맞는 언어로 설명해 주거나 부모에게 구체적으로 설명해 줄 필요가 있다.

사생활 보호(privacy) 연구에 참여한 모든 사람은 자신의 사생활을 보호받을 권리가 있다. 따라서 연구자들은 연구가 진행되는 동안은 물론 종료된 이후에도 연구 참가자에 대한 개인 정보를 철저하게 보호해야 한다.

발달에 대한 연구를 계획할 때는 사용하고자 하는 연구방법의 유용성이나 효율성뿐만 아니라 위에 열거된 연구윤리의 충족 여부도 반드시 검토해야 한다. 연구 참가자의 안전과 권리에 대한 원칙을 고려할 때 특정 연구들은 주제의 중요성과 별개로 비윤리적인 연구가 될 수도 있다. 예를 들어 가정폭력이 아동의 폭력적 행동의 원인이 될 수 있는지 알아보는 실험연구를 하기 위해서는 아동들을 무작위로 폭력적 가정 조건과 비폭력적 가정 조건에 할당하는 절차가 필요하다. 하지만 이러한 실험적 조작은 누구에게나 비윤리적으로 인식될 것이며, 따라서 실시 불가능한 실험연구이다. 특히 아동을 대상으로 하는 경우가 많은 발달 연구는 과학적 자료에 대한 요구와 참가자 보호에 대한 요구 사이의 균형을 고려하면서 행해져야 한다.

개념 체크

다음 문장이 맞는지 틀리는지 ○, ×로 표시하시오.

1 (　　) 아동발달 연구에서는 항상 아동으로부터 직접 서면 동의를 취득해야 한다.

2 (　　) 동시대 집단 효과(cohort effect)는 종단연구에서는 문제가 되지만,
　　　　 횡단연구에서는 고려할 필요가 없는 문제이다.

빈칸에 적절한 말을 써넣으시오.

3 질문의 순서와 내용이 모두 표준화되어 있어 연구자가 모든 연구대상에게 동일한
　질문 순서에 따라 동일한 질문을 하는 연구방법을 .... 이라고 한다.

4 자연관찰법에서 관찰자의 존재로 인하여 연구대상이 평소와 다르게 행동하는 현상을
　................. 이라고 한다.

5 .... 는/은 변수의 조작 없이, 자연상태에서 두 개 이상의 변수들 간의 관계를
　알아보는 방법이다.

요약

- **발달 연구를 하는 이유**
  - 발달 연구는 인간 심리적 특성의 본질을 파악하고, 성인기에 발현되는 행동의 발달적 근원을 탐색하며, 발달장애나 문제행동의 발달 과정을 과학적으로 이해하는 토대를 마련한다.

- **발달의 영역과 시기**
  - 발달은 크게 신체 발달, 인지 발달, 사회정서적 발달의 세 영역으로 나뉘어 연구되어 왔다.
  - 전 생애에 걸친 발달적 흐름의 변화 추이를 보기 위해 태내기, 영아기, 초기 아동기, 중기 아동기, 청소년기 등으로 발달 시기를 나누어 각 시기별로 새롭게 획득되는 능력이나 기존 능력의 변화를 추적하고, 각 시기마다 영향을 주는 여러 요인을 탐구한다.

- **발달 기제에 대한 주요 쟁점**
  - 발달 기제에 대해서는 천성 대 양육, 연속성 대 비연속성, 보편성 대 특수성이 주요 쟁점이 되어 왔다.

- **발달에 대한 다양한 이론적 관점**
  - 발달에 대한 정신역동적 관점, 행동적 관점, 인지발달적 관점, 동물행동학적 관점, 생태학적 관점을 통해 다양한 이론들이 도출되고 발전되어 왔다.

- **발달의 연구방법**
  - 발달 연구의 타당성과 신뢰성을 평가하기 위해서는 연구방법에 대한 지식이 반드시 요구된다.
  - 인지, 언어, 신체, 사회적 능력이 미숙한 아동을 대상으로 한 연구에서는 성인을 대상으로 한 연구와는 다른 독창적인 연구법들이 요구될 때가 많다.

  - 대표적인 자료 수집 방법으로는 관찰법, 임상적 면접법, 구조화된 면접법, 설문지법, 정신생리학적 측정법 등이 있다.
  - 변인들 간의 관계를 검증하기 위해 기존에 존재하는 집단에 어떠한 조작도 하지 않고 자료를 수집하는 방법을 상관연구라고 한다. 상관연구의 한계는 변인들 간의 인과관계를 추론할 수 없다는 점이다. 반면 변인을 조작하여 피험자들을 두 개 이상의 다른 집단에 무선할당하는 방식을 사용하는 실험연구에서는 변인들 간의 인과관계 추론이 가능하다.
  - 시간에 걸쳐 나타나는 발달적 변화를 측정하는 방법 중 가장 보편적으로 사용되는 설계는 횡단연구법이다. 횡단연구에서는 같은 시점에 다른 연령대의 피험자들로부터 자료를 수집하여 연령 간 자료를 비교한다. 하지만 횡단연구에서는 한 개인의 변화를 측정할 수는 없다. 반면 종단연구법에서는 같은 연구대상을 장기간 여러 시점에 걸쳐 측정하여 발달적 변화를 추적하기 때문에 한 개인의 변화 측정이 가능하다. 하지만 종단연구법은 시간과 비용이 많이 들고 시간이 지나면서 참가자가 누락될 수 있다는 문제로 인해 횡단연구만큼 많이 사용되지는 않는다.

- **연구윤리**
  - 인간을 대상으로 연구를 진행할 때 연구자들은 연구 참여 대상의 신체적·정신적 안녕에 주의를 기울여야 하는데, 이를 연구윤리라 한다.
  - 「생명윤리 및 안전에 관한 법률」에 따르면 아동은 취약한 피험자로서 상해로부터의 보호 등 연구윤리 원칙이 엄격히 지켜져야 하며, 아동 대상 연구는 반드시 기관생명윤리위원회의 정규심의를 거쳐야 한다.

1. 다음 중 발달 연구에 대한 기술로 옳은 것은?

① 발달 연구는 주로 인간의 천성이 무엇인지를 파악하는 데 초점이 맞추어져 있다.

② 발달 연구는 주로 영아기 사회 및 인지 발달에 초점이 맞추어져 있다.

③ 발달 연구는 주로 청소년의 사회 및 정서 발달에 초점이 맞추어져 있다.

④ 발달 연구는 신체 발달, 인지 발달, 사회정서적 발달 등의 영역으로 구분되기도 한다.

2. 다음 발달 시기 중 가장 빠른 발달적 변화가 이루어지는 단계는?

① 태내기
② 영아기
③ 아동기 초기
④ 아동기 중기

3. 발달의 연속성을 지지하는 이론적 관점에 해당하는 기술은?

① 영아의 심리적 속성과 청소년의 심리적 속성은 질적으로 다르다.

② 발달은 단계적 변화를 통해 이루어진다.

③ 아동과 성인은 다른 사람의 마음에 대해 유사한 방식으로 이해한다.

④ 인지 발달 과정은 애벌레가 성충으로 변화는 과정과 유사하다.

4. 발달심리학자인 김 교수는 발달이 주로 천성에 의해 결정된다고 믿는다. 이러한 김 교수의 의견에 해당하는 것은?

① 저소득층 아동 등 고위험군 아동에 해당하는 집단에는 조기에 발달적 개입이 필수적이다.

② 발달에서 환경적 변화는 무시할 수 없는 요인이다.

③ 아동의 언어 발달 환경은 매우 다양하지만, 어떤 언어를 획득하든지 아동의 언어 발달은 매우 유사한 발달 과정을 통해 이루어진다.

④ 부모의 양육 태도는 아동의 발달에 결정적인 영향을 미친다.

5. Freud의 심리성적 발달에 대한 주요 비판 중 하나는?

① 영아기를 중요시하지 않았다.
② 임상적 면접법의 가치를 인정하지 않았다.
③ 경험적으로 검증할 수 없는 개념들에 치중되어 있다.
④ 종단연구법으로 수집된 자료만을 인정하였다.

6. 다음 중 발달에 대한 Skinner의 조작적 조건형성이론의 관점에 해당하는 것은?

① 단순 관찰만으로도 아동은 행동을 학습할 수 있다.
② 발달은 비연속적 과정이다.
③ 아동의 특정 행동은 강화가 수반될 때 빈도가 증가한다.
④ 아동의 사고에서 발달의 기본 원리는 조직화와 적응이다.

7. 연구자는 연구의 목적을 알고 있기 때문에 참여자의 실제 행동보다 자신이 기대하는 방식으로 행동을 해석하고 기록할 가능성이 있다. 이러한 현상을 무엇이라고 하는가?

① 관찰자 영향
② 관찰자 편향
③ 동시대 집단 효과
④ 이중 맹검

8. 다음 중 횡단연구법의 한계점에 해당하는 것은?

① 선택적 탈락으로 인해 편향된 집단으로부터 자료를 수집할 수 있다.
② 연습 효과에 따른 문제가 나타날 수 있다.
③ 개인의 고유한 발달 과정에 대한 자료를 얻을 수 없다.
④ 연령별 언어 발달 수준 차이에 대한 자료를 구할 수 없다.

9. 아동 발달에 영향을 미치는 환경과 맥락이 여러 층의 체계로 구성되어 있고, 아동과 그를 둘러싼 환경은 시간이 흐르면서 변화하며, 변화하는 환경과 아동의 상호작용이 발달의 주요 기제라고 보는 Bronfenbrenner의 이론은 어떤 이론적 관점에 속하는가?

10. 발달심리학자인 이 박사는 아동의 도덕 판단 연구에서 임상적 면접법 대신 구조화된 면접법을 사용하기로 하였다. 이 박사는 왜 구조화된 면접법을 선택했을까? 그리고 염두에 두어야 할 구조화된 면접법의 한계점은 무엇일까?

" 우리 자신의 뇌에 대한 연구보다
더 필수적인 과학 연구는 없다 **"**

― 프랜시스 크릭 Francis Crick

두뇌 발달

2

인간 태아는 성인 뇌의 25% 정도인 350g의 뇌를 가지고 세상에 나온다. 이렇게 작은 뇌는 생후 첫 1~2년 사이에 급속하게 성장하여 생후 3년이면 그 크기가 처음의 3배에 달하고, 청소년기를 시작하면서 성인 뇌 무게인 1,300~1,500g에 도달한다. 작은 태아의 두뇌 역시 성인과 마찬가지로 크게 대뇌, 소뇌, 간뇌, 중뇌, 뇌교, 연수의 총 6개 영역으로 구성되어 있다. 대뇌는 호두 과육과 같은 모양을 가진 좌우반구가 뇌량이라는 거대 신경섬유 다발로 이어져 있으며, 긴밀한 상호 신호전달 체계를 가지고 있다. 소뇌 역시 좌우 한 쌍으로, 대뇌의 기능을 보조하여 자발적 운동을 조절하고 신체 평형을 유지한다.

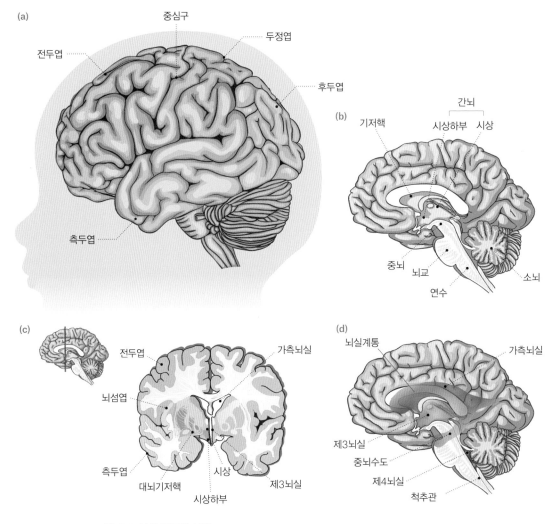

그림 2-1 **뇌의 구조와 부위**

(a) 대뇌피질 구분: 대뇌피질은 중심고랑/중심골을 중심으로 전두엽과 두정엽으로 나뉜다. 그 외에 시각 기능을 담당하는 후두엽, 청각과 언어 기능과 관련된 측두엽이 있다. (b) 두뇌 시상면: 변연계를 구성하는 시상과 시상하부, 기저핵을 확인할 수 있다. (c) 두뇌 관상면: 뇌실과 기저핵, 뇌섬엽의 위치를 확인할 수 있다. (d) 뇌실계통을 구성하는 가측뇌실, 제3뇌실, 중뇌수도와 제4뇌실이 보인다.

간뇌는 시상과 시상하부로 이루어져 있는데, 시상은 후각을 제외한 모든 감각 기관으로부터 오는 신호를 대뇌피질의 각 영역으로 선별하여 보내는 중요 정보 전달 통로이고, 시상하부는 식욕이나 성욕과 같은 행동을 관장한다. 중뇌는 소뇌와 함께 신체 평형과 안구 운동, 동공 반사를 조절하며, 연수는 호흡과 심장 박동, 소화 운동을 조절하고 대뇌와 척수를 연결하는 신경 다발이 통과하며 신경의 좌우 교차가 발생하는 장소이다.

신체 각 영역에서 전달되는 감각 신호는 척수와 연수 그리고 간뇌를 거쳐 대뇌피질에 전달되어 지각, 기억, 언어, 의사결정 등의 고위 정보처리를 위한 입력 정보로 사용되고, 그 결과가 다시 신체 말단의 근육기관을 통해 행동으로 발현된다. 이 과정에서 대뇌는 감각과 수의 운동 그리고 모든 고위 인지기능의 중추 역할을 한다. 대뇌피질은 말 그대로 대뇌의 겉껍질로서, 대부분의 대뇌 기능을 담당할 뿐 아니라 크기도 가장 커서 전체 뇌 중량의 82%를 차지한다. 860억 개의 뉴런과 850억 개의 뉴런이 아닌 세포로 구성된 대뇌피질은 인간의 모든 지적인 행동과 문화의 발생지이며, 동시에 가장 많은 연구가 진행된 두뇌 부위이다(Azevedo et al., 2009). 화석 증거에 따르면 지난 200~300만 년간 인간 두뇌의 부피가 500cc에서 1,500cc로 세 배 정도 증가하였고, 그 변화의 대부분이 대뇌에서 일어났다고 한다. 그러나 이렇게 커진 두뇌는 직립보행으로 인해 크기가 제한된 모체의 골반을 통과하기 어려웠고, 장고한 진화의 시간 속에서 아직 다 자라지 않은 미성숙한 뇌를 가진 아이를 출산하는 인류만이 살아남았다. 결국 인간 태아는 25%만 완성된 두뇌를 갖춘 채 태어나게 되었고, 그를 기반으로 환경과의 복잡한 상호작용을 통해 나머지 75%의 두뇌 성장을 완성해야 하는 과제에 직면하게 된 것이다. 이 장에서는 인간의 인지, 사회정서 정보처리의 중추이며 가장 많은 연구 결과가 축적된 대뇌피질을 중심으로 태내 발달과 생후 변화를 살피고, 미성숙한 태아의 두뇌가 어떻게 성인 두뇌의 구조를 갖추고 기능을 습득하는지 논의해 보도록 하겠다.

1. 태내 발달

인간의 두뇌는 태내에서 극적인 발달적 변화를 경험한다. 태아 때부터 출생까지 두뇌에서는 신경세포(neuron)[1]가 생성되고, 생성된 세포가 표적장소(세포가

----

1   신경세포는 원어를 살려 '뉴런'이라고도 하는데, 이 장에서는 맥락에 따라 신경세포와 뉴런이라는 단어를 모두 사용한다.

최종적으로 자리 잡고 기능하는 위치)로 이동하며, 세포들이 상호 연결을 통해 신경망을 형성하고, 호두 과육 형태의 주름구조가 만들어진다. 두뇌의 성장과 분화는 영역에 따라 시기와 속도가 다르며, 이에 따라 기능의 분화 역시 상이한 시기에 상이한 방식으로 이뤄진다. 그리고 분화된 기능이 다시 구조 분화에 영향을 미치는 양방향 상호작용이 관찰된다.

1) 인간의 두뇌

인간의 두뇌는 평균 860억 개의 뉴런과 비슷한 수의 뉴런이 아닌 세포로 구성되어 있다(Azevedo et al., 2009). 뉴런은 두뇌에서 발생하는 전기화학적 정보처리의 기본 단위 세포로, 그 형태와 크기, 기능이 다양하다. 이런 뉴런 간의 연결을 통해 운동, 정서, 감각, 사고 등 특정 정보처리를 담당하는 신경망이 구성되고, 보통 한 개의 신경세포가 1,000개 이상의 다른 신경세포와 연결을 생성한다. 이때 두 신경세포 혹은 신경세포와 비신경세포가 만나는 지점을 시냅스(synapse)라고 하며, 아이가 태어나서 겪는 경험에 의한 학습 결과에 따라 시냅스의 수가 조절되어 효율적인 세포 간 신호전달 체계가 완성된다.

뉴런은 신체 내 다른 세포에 비해 길이가 길고 크기가 커서 육안으로도 확인이 가능할 정도인데, 세포체(cell body)와 세포체에서 뻗어 나오는 섬유인 수상돌기(dendrite) 및 축삭돌기(axon)로 구성되어 있다. 수상돌기는 나무의 가지처럼 보이는 짧은 섬유 다발로, 뉴런의 세포체에서 뻗어 나와 다른 뉴런으로부터 받아들인 전기화학신호를 신경세포체에 전달하는 역할을 한다(그림 2-2 회색질 부분에 존재). 반면 축삭돌기는 장거리를 뻗어 나가 다른 뉴런의 수상돌기와 연결을 형성하고 전기화학신호를 전달한다(그림 2-2 백색질 영역에 존재). 인접하는 영역에 존재하는 다수의 뉴런에서 나온 축삭돌기들이 다발을 이루면 장거리로 신호를 전달하는 신경망이 생성된다. 장거리 신호전달을 담당하는 축삭돌기는 지방 성분의 수초(myelin)에 둘러싸여 있고, 이는 절연을 통해 전기신호의 전달 속도를 높인다. 흰색의 수초로 인해 두뇌의 축삭섬유 경로 역시 흰색을 띠어 백색질 혹은 백색질 경로(white matter tracts)라고 불린다.

백색질 경로 시상-피질 경로나 뇌량의 교련섬유와 같은 장거리 신호전달을 담당하는 수초화된 축삭 다발의 신경전달 경로

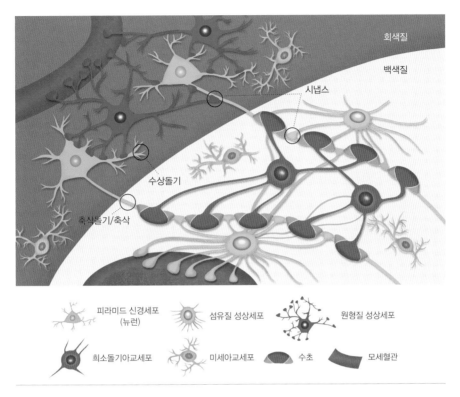

그림 2-2 **성인의 대뇌피질 구성**

백색질 영역: 피질의 안쪽 부분으로, 축삭이 수초로 싸인 것(밝은 보라색 부분. 실제로는 흰색임)을 관찰할 수 있다.
수초와 연결된 희소돌기아교세포에서 수초를 만들어 신경전달의 속도를 높인다. 피질의 중간중간에 존재하는 섬
유질 성상세포는 뉴런에 영양을 공급하고 시냅스 활동을 조절한다.
회색질 영역: 피질의 바깥 부분으로, 뉴런의 세포체와 수상돌기가 많이 보인다. 뉴런과 뉴런 사이, 뉴런과 원형질
성상세포 사이에 시냅스가 연결되어 신경신호를 전달한다. 회색질과 백색질에 공통으로 존재하는 미세아교세포
는 잔해물을 청소하고 시냅스를 재구성하는 역할을 한다.
(그림에서는 구분을 명확히 하기 위해 실제 세포의 색과 달리 다양한 색으로 표시하였다.)

성인의 두뇌는 이랑(나온 부분, gyrus)[2]과 고랑(들어간 부분, sulcus)[3]으로 구
성된 주름구조를 띤다. 이 주름구조로 인해 표면적이 넓은 뇌도 작은 두개골
안에 들어갈 수 있다. 인간의 두뇌는 환경에 적응하기 위해 극적으로 커졌지만
큰 두뇌는 출산의 위험을 증가시킨다. 따라서 인류는 아마도 덜 발달된 두뇌와
작은 두개골을 가진 채 태어나는 방향으로 진화했고, 두개골이라는 제한된 공
간 안에서 최대한의 표면적을 유지하기 위한 전략인 주름구조가 발생한 것으

2   한자로는 '회(回)'이다. 그래서 'frontal gyrus'를 '전두회'라 하기도 한다.
3   한자로는 '구(溝)'이다. 그래서 'central sulcus'를 '중심구'라 하기도 한다.

로 보인다. 주름구조는 피질의 표면적을 넓혀 주어 더 많은 산소를 수용할 수 있고, 이로 인해 더 많은 신경세포의 신호전달이 가능해지기 때문이다.

인간 두뇌에서 중요한 정보처리는 크기가 가장 큰 대뇌 신피질(neocortex)과, 피질과 다른 영역 사이의 정보전달을 중개하는 피질하핵(subcortical nuclei) 영역에서 발생한다. 대뇌피질은 2~5mm 두께의 대뇌 겉껍데기 층으로, 간뇌나 소뇌 등의 다른 두뇌 영역에 비해 진화적으로 가장 최근에 발달하였기 때문에 신피질이라고도 부른다. 대뇌피질의 구조는 단일해 보이나 실제로는 영역마다 서로 다른 구조와 기능을 갖고, 발달의 순서와 양상 역시 다르다. 이처럼 분화된 피질 영역은 서로 다른 종류의 뉴런으로 구성되어 있으며, 처리하는 입력 정보의 종류는 물론 다른 영역들과 연결 방식도 다르다. 피질하핵 혹은 피질하 구조물은 두뇌와 다른 신체기관 사이의 신호전달이나 대뇌 각 영역 간의 신호전달을 중개하는 센터의 기능을 하며, 이름처럼 대뇌 하부에 존재한다. 신피질과 피질하핵 모두 뉴런의 세포체를 포함하고 있으므로 흰색의 축삭 다발과 달리 회색으로 보여 회색질이라 부른다.

두뇌의 가장 안쪽에는 뇌실계통(ventricular system)을 이루는 서로 연결된 다수의 빈 공간이 존재하는데(52쪽 그림 2-1 참조), 이곳은 뇌척수액(cerebral spinal fluid)이라고 불리는 체액으로 가득 차 있다. 이 뇌척수액은 하루에도 여러 번 전체 뇌실계통을 순환하며 뇌에 부력을 제공해 뇌의 무게 부하를 30배 정도 감소시키고, 중추신경계에 있는 혈관과 신경에 대한 압력을 낮춤으로써 뇌를 지탱한다. 뇌척수액은 뇌의 노폐물을 제거하고 호르몬을 비롯한 물질을 전달하는 기능도 한다. 한편 뇌실 영역(venticular zone)은 신경전구세포(neural progenitor cell)가 분화하여 새로운 뉴런이 생성되는 두뇌 발달의 시작점이기도 하다.

뇌실계통 뇌실계통은 좌우측 뇌실, 제3뇌실, 제4뇌실의 네 개의 뇌실로 구성되어 있으며, 뇌척수액을 생산한다. 뇌척수액은 물리적 충격으로부터 뇌를 보호한다. 그림 2-1(d) 참고.
뇌실 영역 세포 증식과 신경세포의 분화가 일어나는 장소로서, 뇌실하 영역과 함께 '세포 증식 영역'이라고 불린다.
신경전구세포 다분화 능력을 가진 미분화세포로서, 중추신경계를 구성하는 뉴런이나 성상세포 또는 희소돌기아교세포로 분화할 수 있다.

2] 신경세포의 분화와 이동

두뇌의 발달은 배아기에 시작된다. 배아기 동안 신경정보 전달의 기본 단위인 뉴런이 뇌실 영역에서 생성되고 이동하여 두뇌의 기초 구조, 특히 중추신경계의 주요 부분들이 형성된다. 이후 태아기 동안 방사상(radial, 중심에서 바깥쪽으로 뻗어 나가는 것) 및 접선상(tangenital, 표면과 평행하게 수평으로 뻗어 나가는 것)으로 이동을 하며 신피질의 6층 구조가 발달한다.

(1) 배아기

배아기(embryonic period)는 수정 후 3~8주까지의 시기로, 인체의 주요 기관이 형성되며 두뇌가 본격적으로 발달하는 시작점이자 기형 유발인자에 민감한 시기이다. 예를 들어, 수정 후 30일경에 신경관이 닫히는 과정에 문제가 생기면 무뇌증, 뇌류, 뇌수막류 등 다양한 장애가 발생할 수 있다. 배아기에 발생하는 두뇌 발달의 중요한 지표는 신경세포의 발생과 이동, 그리고 이후 대뇌피질 구조의 시초가 되는 피질판의 형성이다.

① 수정 후 5주: 신경세포의 발생과 이동

수정 후 5주, 원시적인 뇌실 영역에서 대칭적 분열을 하던 전구세포[4]가 비대칭적 분열을 하기 시작한다(Iacopetti et al., 1999). 그림 2-3(58쪽)에서 보듯이 대칭 분열은 한 개의 전구세포가 수직 방향으로 분할되어 두 개의 동일한 전구세포를 만드는 반면, 비대칭 분열은 수평 방향으로 분할되어 한쪽에서는 전구세포를 만들고, 다른 한쪽에서는 신경세포(뉴런)를 생산한다. 이때 분화된 전구세포는 뇌실 영역에 남아 계속 분열하면서 새로운 뉴런을 만들거나 두 개의 전구세포로 분열되어 뇌실 영역을 계속 수평 방향으로 확장시키고, 분화된 뉴런(새로운 세포를 생산하지 않는 신경세포)은 최종 정착하여 기능을 수행하게 될 표적장소로 이동한다(Haydar et al., 2003; Pontious et al., 2008). 세포의 개수가 활발하게 증가하는 뇌실 영역과 뇌실하 영역(subventicular zone)을 세포 증식 영역(proliferative zone)이라 부른다. 증식 영역에서 분화된 피라미드뉴런(pyramidal

뇌실하 영역 두뇌 세포로 분화하는 기저방사신경교세포와 중간전구세포들이 거주하는 세포 증식 영역이다. 뇌실 영역에 비해 비교적 늦게 분화되며 국소 회로(모듈)를 담당하는 신경세포와 교세포가 주로 여기서 분화된다. 해마와 함께 성인기에도 신경세포와 교세포가 증식하는 유일한 장소이다.
피라미드뉴런 대뇌피질을 구성하는 뉴런의 약 80%를 차지하는 가장 일반적인 형태의 뉴런이다. 세포체의 모양이 삼각형이라 피라미드 뉴런이라 불린다.

....

4   여기서는 방사신경교세포를 가리킴. 이름이 교세포일 뿐 실제 기능은 전구세포이다.

cell)은 방사상신경교세포에 타고 올라 안(뇌실층)에서 바깥쪽(두뇌 겉쪽)으로 방사상 이동을 하여 6개 층으로 이루어진 피질구조(그림 2-3 참조)를 형성하기 시작한다(Raybaud et al., 2013). 신경세포는 외부 환경 자극의 영향 없이 유전자에 프로그램된 방식으로 배아기에 생성되기 시작한다. 임신 중반기까지는 생성 속도가 점차 빨라지다가 28주 이후부터는 차차 느려져 출산 전에 신경세포의 생성이 대부분 완료된다. 그러나 신경세포의 발생(neurogenesis) 및 이동(migration) 시기와 속도는 대뇌피질의 영역에 따라 다르다. 감각 운동 영역의 신경세포들이 더 빨리 분화되고 이동하며, 언어와 연합적 사고 등 고차 인지 영역의 신경세포들은 더 늦게 분화되고 이동한다.

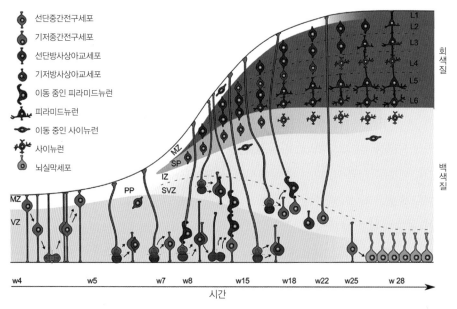

MZ(marginal zone): 가장자리 영역, VZ(ventricular zone): 뇌실 영역, PP(preplate): 전판, SVZ(subventricular zone): 뇌실하 영역, IZ(intermediate zone): 중간 영역, SP(subplate): 하부판

그림 2-3 **신경세포의 발생과 이동**
임신 4~5주까지 대칭적 분열(동일한 종류의 딸세포 2개 생성)을 주로 하던 뇌실 영역의 전구세포가 임신 5주를 지나면서 비대칭 분열(서로 다른 종류의 딸세포 생성)을 통해 신경세포를 생성하기 시작한다. 생성된 뉴런은 방사신경 교세포에 올라타 피질 영역으로 이동하여 표적장소에 안착한다. 먼저 생성된 뉴런이 가장 안쪽 피질층에 자리를 잡고, 가장 나중에 생성된 뉴런이 가장 바깥쪽 층에 자리를 잡으며, 시냅스가 생성되면서 방사상, 접선상으로 신경세포 간 연결이 확장된다.
출처: Budday, Steinman, & Kuhl(2015).

② 임신 7주: 피질판의 발달

뇌실층과 뇌실하층에서 방사상으로 이동하는 신경세포에 의해 피질판(cortical plate)이 발달하기 시작한다. 초기 피질판은 가장 바깥쪽의 얇은 가장자리 영역(marginal zone)과 아래쪽의 하부판(subplate)(그림 2-3 참조)으로 나누어진다. 뇌실 영역에서 발생한 신경세포들이 이동하여 피질판의 가장 바깥쪽에 도착하면 접선상으로 이동하면서 가장자리 영역을 형성하고, 더 이상 다른 세포들이 가장자리 영역을 넘어서 이동하는 것을 막는다(Rakic & Zecevic, 2003).

가장자리 영역은 최종적으로 피질의 가장 바깥층인 피질 1층(L1)이 되고, 새로 생성된 뉴런은 가장자리 영역과 하부판 사이에서 안쪽부터 바깥 방향으로 차곡차곡 쌓아 올려진다. 먼저 발생한 뉴런은 하부판 바로 위, 즉 피

> 하부판 피질구조가 완성될 때까지만 존재하다가 사라지는 이행 영역을 가리킨다.

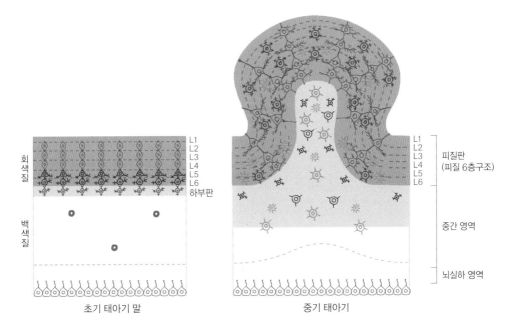

그림 2-4 피질 6층 구조와 대뇌 주름의 형성
신경세포 연결은 안(피질 6층, L6)에서 밖(피질 2층, L2)으로 증식한다. 신경세포 연결을 통해 발생하는 접선상의 피질 성장은 피질 표층의 형성에 영향을 미치고 이랑과 고랑을 형성한다.
출처: Budday, Steinmann & Kuhl(2015).

질 구조의 가장 안쪽에 자리 잡고 늦게 발생한 뉴런은 바깥쪽으로 쌓아 올려지면서 안에서 밖으로 자라는 피질구조가 형성된다.

뇌실층과 피질판 사이에 존재하는 세포가 적은 공간을 중간 영역(inter-mediate zone, IZ)이라 부르는데, 최종적으로 대뇌피질과 피질하 영역을 연결하는 축삭들로 구성된 백색질 조직이 된다. 피질판이 방사형 팽창을 시작하는 동안 세포 증식 영역도 여전히 방사형/접선형 팽창을 지속하며 새로운 신경세포를 만들어 낸다(Budday, Steinmann, & Kuhl, 2015).

(2) 태아기

배아기(수정 후 3~8주) 이후 출생 전까지의 임신 시기를 태아기(fetal period)라 부른다. 태아기에는 세포 수준의 변화를 지나 태내 신경계 거대 구조의 변화, 즉 신경 연결 발생(synaptogenesis)이 시작된다. 임신 16주에 이르면 각 신경세포에서 시냅스가 활발히 생성되어 다른 신경세포와의 연결이 증가하고, 임신 막바지에 이르면 축삭과 그를 둘러싼 수초로 구성된 장거리 신호전달 경로인 신경섬유 주사 경로가 거의 완성된다. 임신부의 우울이나 약물 남용 등 태내에서 태아가 경험한 환경적 영향에 의해 변형된 신경 연결은 출생 후 신경심리 장애의 중요한 원인이 될 수 있다(Matthews & Fair, 2015; Uddin et al., 2010).

① 초기 태아기(임신 9~18주)

신경세포가 이동하면서 대뇌피질의 두께가 증가하기 시작한다. 뉴런의 연령은 안에서 밖으로 자라는 피질의 성장 방식으로 인해 피질 심층부에서 표층부로 향할수록 점점 어려지며, 연령에 따라 형태와 기능도 다르다(Bayer & Altman, 1991; Bystron et al., 2008; Sidman & Rakic, 1973). 피질 심층부에 자리 잡은 성숙한 뉴런은 피질 표층부의 젊은 뉴런보다 먼저 다른 신경세포와의 연결을 형성한다. 즉, 일찍 생성된 뉴런이 형태적으로도 먼저 성숙하고, 먼저 이동하며, 다른 신경세포와의 연결을 먼저 형성하여 더 일찍 기능하기 시작한다.

임신 13~15주 사이에 뇌실 영역(58쪽 그림

중간 영역 뇌실층과 피질판 사이에 존재하는 세포가 적은 공간을 말하며, 최종적으로 백색질 영역으로 바뀐다.

2-3 참조)에 있던 상당수의 세포들이 바깥쪽으로 이동하면서 뇌실 영역의 두께는 점점 얇아지는데, 이는 새로운 신경세포의 생성 속도가 감소함을 의미한다(Sidman & Rakic, 1973). 이 시기에 피질판의 중간층(L3~L4)으로 이동해야 하는 뉴런들이 이동을 마친다.

임신 18주에 이르면, 6층으로 구성된 성인과 같은 방사상 구조의 신피질을 관찰할 수 있다(59쪽 그림 2-4 왼쪽). 수평 방향 피질 내부의 신경세포 간 연결은 아직 관찰되지 않는다(Noctor et al., 2001). 6층으로 된 대뇌피질 구조의 형성과 함께 피질판과 하부판도 방사상 확장을 하는 반면, 세포 증식 영역은 쇠퇴하기 시작된다.

② 중기 태아기(임신 19~34주)

중기 태아기에 접어들면서 뇌실 영역의 세포 증식 속도는 지속적으로 감소하고, 25~27주에 이르면 뇌실 영역의 부피가 한 세포 두께(2~4μm)로 감소한다. 반면 뇌실하 영역(SVZ)은 여전히 증식을 계속하여 피질 뉴런을 생산한다(Zecevic et al., 2005). 하부판(SP)은 이 시기에 가장 두꺼워졌다가 얇아지기 시작한다(Kostović et al., 2002).

28주에 이르면 피질 1층(가장 바깥쪽, 예전 가장자리층)의 발달이 완성된다. 피라미드뉴런이 가장자리층 바깥으로 이동하는 것을 막았던 초기 세포들은 사라지고(Raybaud et al., 2013) 뉴런의 이동이 완료되면서, 뉴런 이동을 위한 구조물의 역할을 하던 뇌실하층의 방사신경교세포(radial glial cells) 역시 사라지거나 성상교세포(astrocytes)로 변환된다(Misson et al., 1991).

임신 24~34주 사이에 축삭이 성장하고 수초로 감싸지는 수초화가 진행되면서, 피질판과 뇌실층 사이에 세포가 상대적으로 적었던 중간 영역이 백색을 띠기 시작한다(Holland et al., 2015).

(3) 신경세포의 생장을 조절하는 다른 요소

신경세포의 생장에 관여하는 요소는 매우 많다. 여기에서는 축삭의 수초화를 지원하는 희소돌기아교세포(oligodendrocytes)와 세포의 예정된 소

희소돌기아교세포 신경아교세포의 한 종류로, 축삭 주위에 수초를 형성하여 활동전위(전기신호)의 전달 속도를 높인다.

멸을 뜻하는 세포자멸사에 대해 간략히 살펴보고자 한다.

임신 10주 정도에 첫 번째 희소돌기아교전구세포(수초를 생성할 수 없는 세포)가 뇌실 영역과 뇌실하 영역에서 생성되기 시작하고, 임신 30주 이후부터 성숙한 희소돌기아교세포가 중간 영역에서 드물게 보이기 시작하다가 임신 40주 이후 급속도로 전 영역에서 증가한다. 본격적인 수초화는 주로 출생 이후에 발생하고 청소년기까지 지속되는데, 이로 인해 아동기에 정보처리 속도와 효율성이 급속하게 증가한다고 여겨진다. 수초화로 신경전달 속도가 빨라지는 것은 사람들이 손에서 손으로 물건을 전하는 것보다 간격을 두고 서서 물건을 던져서 전할 때 더 빠르게 전달할 수 있는 것에 비유할 수 있다. 마찬가지로 수초가 없는 축삭이 확산을 통해 느리게 전기신호를 전달한다면, 수초화된 축삭은 수초와 수초 사이를 도약하여 더 빠르게 전기신호를 전달할 수 있다.

또한 많이 사용하는 축삭일수록 수초화가 더 활발히 진행되어 정보처리 속도가 빨라진다. 신경세포가 활성화되어 축삭을 통한 전기신호 전달이 많아지면 축삭의 수초화가 촉진된다(Diemel et al., 1998). 이는 두뇌의 구조 분화가 기능의 분화를 가져온다는 전통적인 구조-기능 일방향 가설을 넘어, 기능의 활성화로 인해 구조의 분화 역시 촉진된다는 구조와 기능 간의 양방향 상호관계 가설을 지지한다. 수초화가 가장 활발히 진행될 때 희소돌기아교세포는 하루에 자기 무게 3배가 넘는 수초를 만들어 낸다(McLaurin & Yong, 1995).

세포자멸사는 유전적으로 프로그램된 세포의 자살로, 세포의 생성과 함께 대뇌피질의 발생을 조절하는 중요한 기전이다. 두뇌 발달 기간 중 모든 종류의 세포들이 세포자멸사를 통해 제거되며, 전체 두뇌에서 생성된 신경세포의 약 50% 정도가 이를 통해 제거된다. 세포자멸사는 세포 증식이 활발한 장소와 시기에 많이 관찰된다. 즉, 임신 초기에는 세포 증식이 활발하게 일어나는 뇌실과 뇌실하 영역에서 세포자멸사가 많이 관찰되고(Rakic & Zecevic, 2000; Simonati, Rosso, & Rizzuto, 1997), 임신 중기 이후에는 하부판과 중간 영역에서 주로 관찰된다. 세포자멸사를 통해 두뇌 발생 초기에 세포 증식 영역에서 세포 이동이 일어나기 전부터 여분의 세포들이 선택적으로 제거된다(Blaschke, Weiner, & Chun, 1998).

3) 신경세포의 연결

표적장소로 이동한 신경세포는 주변 세포들과 연결을 형성하기 시작한다. 신경세포 간의 연결이 발달함에 따라 축삭은 더 많은 가지를 형성하고 확장되어, 최종적으로 한 개의 뉴런이 수천 개의 다른 뉴런들과 연결된다(Raybaud et al., 2013). 인간 두뇌에서 가장 두드러진 세포 연결구조는 대뇌 좌우반구를 연결하는 뇌량(corpus callosum)으로, 약 2억 개가 넘는 축삭 다발로 구성되어 있으며, 뇌량의 일부나 전체가 소실되는 경우엔 심각한 지적 장애가 발생한다(Palmer & Mowat, 2014). 뇌량은 임신 8주 정도에 발달하기 시작하여, 임신 20주 정도가 되면 성인과 같은 형태를 보인다(Achiron & Achiron, 2001). 두뇌의 모든 연결(wiring)이 태내에서 초기 형태를 완성하여, 주요 백색질 경로가 출생 전에 이미 형성되는데(Gilmore, Knickmeyer, & Gao, 2018), 이는 신경세포 연결이 외부 환경 자극의 영향 없이 유전자와 세포 내 환경의 상호작용으로 발생한다는 강력한 증거이다.

신경세포의 이동과 마찬가지로 신경세포 간 연결 역시 방사상으로 뻗어나가며 동시에 피질층 면을 따라 접선상으로도 형성된다. 방사상 연결의 순서를 살펴보기 위해 피질의 6층 구조(59쪽 그림 2-4 참조)를 다시 떠올려 보자. 초기에 발생하여 가장 성숙한 뉴런이 피질 6층에 자리잡고, 가장 늦게 발생하여 미성숙한 뉴런이 피질의 바깥쪽 2, 3층에 자리 잡는다. 세포 간 연결 순서 역시 가장 성숙한 피질 6층 뉴런이 임신 17주 정도에 처음 기저핵(basal ganglia)의 회색질과 연결을 시작한 후, 임신 중기에는 피질 5층 뉴런이 뇌간, 척수와 방사상 연결을 형성하고, 임신 22~27주 사이에 피질 4층 뉴런이 시상-피질 연결(64쪽 그림 2-5 A 아래쪽)을 형성하기 시작한다. 마지막으로 임신 28~30주 사이에 피질 3층과 2층의 뉴런이 양반구간 맞교차 연결(그림 2-5 B 아래쪽)과 피질 간 접선 연결(그림 2-5 C 아래쪽)을 형성하기 시작한다(Raybaud et al., 2013).

피질 6층과 5층의 피질 심층부에 존재하는 뉴런은 주로 하나의 축삭을 뻗는 반면, 피질 4, 3, 2층의 표면 영역과 하부판에 존재하는 뉴런은 피질 외

기저핵 두정엽 아래 시상의 양 바깥쪽에 자리 잡고 있다. 대뇌피질과 시상, 뇌간 등과 연결되어 있으며 수의 운동의 조절, 절차 학습, 습관, 눈 움직임, 정서조절 등의 기능과 관련된다. 기저핵의 중요 구성물로는 선조체, 꼬리핵, 조가비핵, 창백핵, 편도체 등이 있다.

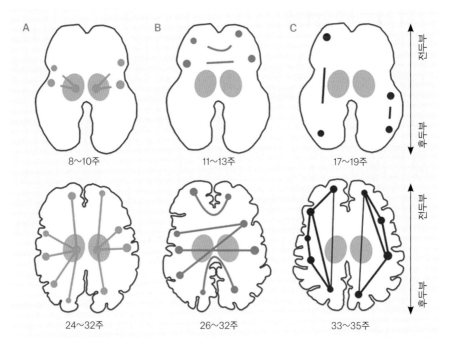

그림 2-5 태아기 주요 백색질 경로의 발달 과정

A: 수정 후 8~10주 때 피질-척수 경로의 확장을 보여 준다. 대뇌피질이 피질하구조 혹은 말초기관과 연결되는 시상-피질 주사섬유(projection fibers)는 임신 24~32주 사이에 표적장소에 도달한다.

B: 좌우 대뇌반구를 연결하는 뇌량의 백색질 섬유 다발인 교련섬유(commissural fibers)는 임신 11~13주 사이에 관찰된다. 26~32주 사이에 교련섬유가 피질까지 확장된다.

C: 같은 쪽 뇌의 서로 다른 영역을 연결하는 연합섬유(association fibers)는 그 종류에 따라 발달 시기가 다르다. 대뇌피질의 앞과 뒤를 연결하는 신경망의 초기 형태는 수정 후 17~19주 사이에 나타나기 시작하지만 장거리를 연결하는 연합섬유는 33~35주 정도 되어야 발달한다.

출처: Keunen, Counsell, & Benders(2017).

부(주로 피질하구조)로부터 들어오는 입력신호를 전달하는 다수의 신경섬유와 시냅스를 형성한다. 이처럼 다수의 입력신호를 받아들이는 대뇌피질 신경세포의 존재는 분산되어 표상된 정보를 다시 통합하여 처리할 수 있는 인간 대뇌의 정보처리 특성을 보여 준다.

피질구조 형성에 연이어 본격적으로 시냅스 형성(synaptogenesis)과 가지치기(synaptic pruning)가 진행된다. 한 신경세포에서 발생한 신경전달물질을 다른 신경세포로 전달하는 시냅스는 임신 27주 이전에 형성되기 시작하지만, 주로 출생 후 축삭

시상-피질 주사섬유 대뇌피질과 피질하구조 혹은 말초기관과 연결하여 신호를 교환한다.
교련섬유 좌우 대뇌반구를 연결한다.
연합섬유 같은 쪽 대뇌피질의 서로 다른 영역을 연결한다.

과 수상돌기의 신장, 그리고 피질하 백색질 영역 축삭의 수초화와 함께 발달한다(Huttenlocher & Dabholkar, 1997). 시냅스 형성은 다음과 같은 세 단계의 과정을 거쳐 이루어진다. 1) 축삭과 수상돌기 사이에 신경전달물질을 전달하지 못하는 휴지상태의 미성숙한 시냅스 형성, 2) 성숙 과정을 거치면서 휴지상태에서 활성화 상태로 변화, 3) 생성된 시냅스 중에서 불필요한 시냅스의 제거이다. 최종 단계인 시냅스 제거 과정을 시냅스 가지치기라고 하는데, 이를 통해 각 신경회로 안의 신경세포 연결이 효율적으로 변화한다(Craige et al., 2006).

시냅스 가지치기는 출생과 함께 시작되고 2차 성징이 완료될 때 끝난다. 이 과정은 외부 환경과 상호작용하는 경험에 의해 강한 영향을 받는다. 즉, 아동이 태어나서 후천적 경험에 의해 발생하는 학습이 시냅스 가지치기에 영향을 준다(Craik & Bialystok, 2006). 이렇게 시냅스 형성은 후천적 영향을 받는 반면, 신경세포의 총량은 신생아가 성인으로 자라며 두뇌 크기가 약 5배로 성장하는 동안에도 거의 변하지 않는다. 즉, 출생 이후 두뇌 성장은 주로 축삭의 수초화와 시냅스 연결의 증가로만 이루어진다고 볼 수 있다. 특히 인간이 다른 동물에 비해 훨씬 많은 시냅스를 가지고 있는 것으로 보아, 인간 두뇌의 우수한 학습과 적응 능력은 시냅스의 성장과 조절로 인해 가능한 것으로 볼 수 있다(Preuss et al., 2004).

4) 대뇌 주름의 발생

대뇌피질의 주름구조는 인간 두뇌의 중요한 특징이다. 대뇌피질의 주름 자체는 다른 포유동물에서도 발견되지만, 수많은 고랑과 이랑으로 복잡하게 구성된 대뇌피질 구조는 돌고래를 제외하고는 인간에게서만 발견된다. 이 주름구조는 한정된 크기의 두개골 안에서 최대한의 대뇌피질 면적을 확보할 수 있도록 하여, 더 효율적으로 산소를 공급받고 더 많은 신경세포가 활성화되면서 신호를 주고받을 수 있게 한다. 인간 두뇌의 주름구조 발달은 임신 중반기인 20주쯤에 시작되어 출생 후 1.5년까지 지속된다. 그림 2-4(59쪽)의 오른쪽은 임신 후반부, 6개의 피질층 형성이 완료된 이후에 발생하는 두뇌의 주름구조 형성을 보여 준다.

임신 23~24주경이 되면 편평하던 대뇌 표면이 움푹 말려들어 가면서 두정-측두고랑(parietal-temporal sulcus)과 중심고랑(central sulcus) 등 주요 1차 고랑이 형성되기 시작한다(Takahashi et al., 2012). 이후 1차 고랑 주위에서 동심원 방향으로 2차 고랑이 확장되어 나가고, 출생 후에 3차 고랑들이 발달하기 시작하여 영아가 1.5세가 될 때까지 계속된다. 대뇌 주름구조를 발생시키는 주요 원인으로는 크게 세포 분화와 생장에서 영역 간 속도 차이, 전체 대뇌 성장에서 내·외부 성장 속도의 차이가 거론되고 있다.

우선 세포 수준의 변화를 살펴보자. 주름구조는 동일한 영역이라 할지라도 이랑에 있는 세포와 고랑에 있는 세포들의 분화와 이동 속도가 다르기 때문에 발생한다고 여겨진다. 예를 들어, 주름이 많은 부분의 뇌실하 영역 세포 개수가 주름이 적은 부분에 비해 훨씬 빠르게 증가하였다(Lukaszewicz et al., 2005). 그중에서도 이랑이 자라는 곳의 뇌실하 영역 두께가 고랑이 발달하는 장소의 뇌실하 영역 두께보다 훨씬 더 두껍게 관찰되었다(Kostović et al., 2002, 59쪽 그림 2-4 오른쪽 뇌실하 영역). 특정 뇌실하 영역의 두께가 두껍다는 것은 그 영역의 성숙과 새로운 신경세포의 증식이 다른 곳에 비해 빠르게 진행된다는 것을 의미한다. 즉, 이랑이 될 곳에서의 세포 증식이 빠르기 때문에 부풀어 오르고, 상대적으로 세포 증식이 느린 곳은 옆에서 받는 압력으로 인해 아래로 접혀 들어가게 된다. 이런 양상은 세포가 생성되는 증식 영역뿐 아니라 생성된 세포가 이동하고 최종적으로 자리 잡는 하부판과 피질에서도 관찰되었다. 즉, 이랑의 하부판과 피질 두께가 고랑보다 더 두껍다. 게다가 세포자멸사 역시 고랑이 발달하는 장소에서 지속적으로 발생하여 고랑 영역의 세포 밀도와 이랑 영역의 세포 밀도 간 상대적인 차이를 유지하는 데 중요한 역할을 한다(Smart & McSherry, 1986).

최근 물리학자들은 두뇌 주름구조의 발생에 대한 매우 흥미로운 이론을 제시하였다. 기존의 생물학적 접근은 성인 두뇌의 이랑과 고랑에서 발견되는 세포의 상대적 밀도와 성장 속도의 차이를 관찰하고 이를 주름구조의 원인으로 추론하였다. 반면, 새로운 이론은 대뇌 주름이 생성되기 전 태아 두뇌에 존재하는 심층구조와 표층구조 간 성장 속도의 차이로 인해 발생하는 물리적 압력이 주름구조를 발생시킨다고 본다(차등생장이론). Tallinen과 동료들(2016)은

그림 2-6 젤 모형으로 모사한 대뇌피질의 주름 형성

Tallinen 등(2016)은 주름구조가 발달하기 이전 태아 두뇌(가장 왼쪽)를 닮은 모형을 제작한 후 내·외부 성장 속도의 차이를 설정하고, 그로 인해 외부 껍질이 저절로 접혀 들어가는 과정을 젤리 형태의 모형을 사용해서 구현해 내었다

주름이 형성되기 이전 태아 두뇌를 꼭 닮은 젤리 모형을 만든 후, 그 모형이 태아 두뇌와 마찬가지로 외부(겉껍질-대뇌피질)는 빨리 팽창하게 하고, 내부(피질하 영역)는 천천히 성장하게 하였다. 그 결과, 내부와 외부의 성장 속도 차이로 인해 발생한 물리적 힘의 불균형을 해소하기 위해 외부 껍질이 접혀 들어가는 현상을 관찰하였다(그림 2-6 참조). 이때 접혀 들어간 모양과 방향, 그리고 주름구조의 분포 양상이 실제 태아 뇌에서 발생한 주름구조와 매우 흡사한 모양을 가지고 있었다(Tallinen et al., 2016). 이 이론의 관점에서 보면, 앞에서 설명한 이랑과 고랑 영역 간 세포 생장에서 양과 속도의 차이는 주름구조를 만든 원인이 아니라 물리적 힘에 의해 발생한 주름구조의 결과물일 수 있다. 대뇌 주름구조는 인간 두뇌의 형성이 유전자의 작동에 의한 생물학적 원인뿐 아니라 그에 수반하는 물리적 힘의 작용에 의해서도 영향을 받는다는 것을 보여 준다.

5) 기능의 분화

지금까지는 태내에서 발생하는 두뇌 형태 변화의 양상을 기술하고, 그 기저에 있는 세포 수준의 변화를 살펴보았다. 인간의 두뇌는 외부 환경으로부터 유입이 없이 태내에서 수많은 구조적 변화를 거치는 것은 물론, 준비된 구조를 토대로 신경신호를 주고받는 활동을 시작한다. 최근 기능적 자기공명영상(fMRI)과 뇌자도(MEG) 등 두뇌영상 촬영기술의 발달로 자궁에 머무르는 건강한 태아의 두뇌 활동을 실시간으로 촬영하면서 태내의 두뇌 기능 활성화에 대한 증거가 활발하게 제시되고 있다(van den Heuvel et al., 2018). 그러나 성

인이나 생후 영유아 연구와 달리 태아에게는 실험자가 조작한 자극을 제시할
방법이 거의 없기 때문에, 자극에 의한 활성화보다는 외부 자극이 거의 없는
상태에서 발생하는 휴지기 두뇌의 활성화 패턴 분석이 주로 이용되고 있다.

(1) 신경망의 자동활성화

인간 두뇌에서 사용되는 에너지의 상당 부분은 외부자극에 의한 활동(예:
시각 정보를 보는 것, 청각 정보를 듣는 것)뿐 아니라 두뇌의 효율성을 유지하고
증진하기 위해서도 사용된다(Ames, 2000). fMRI를 활용한 연구를 진행하던 연
구자들은 실험 자극이 제시되기 전 가만히 기다리던 실험 참가자들의 두뇌에
서 서로 다른 영역 간 시간적으로 일치되고 고도로 조직화된 활성화 반응을
관찰하였다. 이를 휴지기 연결망이라 한다. 이 반응은 조직적이고 일종의 규
칙을 가지고 분화되어 있었으며, 놀랍게도 각각의 활성화 패턴이 이후 실험
참가자들에게 시각이나 청각 자극을 제시하거나 손가락을 움직이게 요구하였
을 때 발생하는 기능적 연결망(functional comectivity) 패턴과 거의 동일하였
다. 그 외에도 기본상태연결망(default mode network)이라는, 참가자가 능동적
으로 자극을 처리하거나 의사결정을 할 때는 활성화되지 않고 목적 없는 공
상을 하거나 눈을 감고 가만히 있는 경우에만 활성화되는 연결망을 관찰하기
도 하였다. 이는 두뇌가 외부 자극이 없어도 신경망의 유지와 변화(가소성)를
위해 자동적으로 활성화된다는 증거이다.

발달 초기 두뇌의 자동 기능은 1960년대 조산 영아들의 뇌파 분석을 통해
처음으로 측정되었다(Dreyfus-Brisac, 1964; Ellingson, 1960). 당시에는 두뇌영
상기술이 발달하지 못해 태아의 두뇌 기능을 연구할 방법이 없었기 때문에, 조
산 영아의 두뇌 연구를 통해 태내 발달을 유추하였다. 조산 영아의 EEG 패턴
은 영아들이 수면상태일 때와 깨어서 혼자 놀고 있을 때 활성화 양상이 서로
다름을 보여 준다(Scher, 2004). 또한 조산 영아들의 월령이 증가하면서 뇌파의
형태도 비규칙적인 불연속 뇌파에서 규칙적인 리듬을 가진 교류성 뇌파(trace
alternant)로 변화한다(André et al., 2010). 물론 조
산 영아들의 주변 환경은 태내 환경과 매우 다르
고 외부 자극의 유입을 완벽하게 통제할 수도 없

기능적 연결망 시각정보, 청각정보, 자기인식 등
특정 유형의 정보를 처리할 때 동시에 활성화되는 뇌
영역을 가리킨다.

다. 그러나 조산 영아의 두뇌 관찰을 통해 매우 제한적인 입력을 가지고도 두뇌의 기능적 활성화가 이미 발생하고 변화한다는 것을 확인하였다. 이는 두뇌의 신경가소성(neuroplasticity)이 경험에 의해서만 결정되는 것이 아니라는 첫번째 증거이다.

최근에는 두뇌영상 기술이 발전하면서 실제 임신부의 자궁 안에서 발달하고 있는 태아의 두뇌 활동을 직접 측정하고 있다. 임신 36주 이후의 태아에게서 관찰되는 MEG 신호는 조산 영아의 뇌파신호 변화 양상과 마찬가지로 그 이전에 비해 더 연속적이고 규칙적으로 변화하고(Rose & Eswaran, 2004), 태아의 심리 상태에 따라서도 변화한다(Haddad et al., 2011). 즉, 임신 주수가 증가할수록 불연속적인 활동 패턴이 감소하고 연속적인 패턴이 증가하지만, 태아가 조용히 자거나 무의식 상태와 같이 덜 활동적일 때에는 여전히 불연속적인 활동 패턴이 관찰되었다. 이는 연속적이고 규칙적인 두뇌 활성화 패턴이 태아의 의식 발달과 연관이 있을 것이라고 여겨지는 이유이기도 하다.

MRI를 이용해 두뇌 심층부에서 발생하는 신호전달을 측정하게 되면서 태아의 두뇌에서 일어나는 기능적 연결망의 출현과 변화를 더 잘 이해할 수 있게 되었다(van den Heuvel & Thomason, 2016; Rosazza & Minati, 2011). 앞에서 소개한 휴지기 fMRI 연구를 통해 기능적 연결망에 대한 연구가 활발히 진행되었고, 그 결과 성인보다 미숙한 형태이기는 하지만 주요 기능적 연결망이 생애 초기에 이미 존재함이 확인되었다(Doria et al., 2010; Fransson et al., 2009; Gao et al., 2009; Gao, Alcauter, Elton, et al., 2015; Gao, Alcauter, Smith, et al., 2015; Lin et al., 2008; Smyser et al., 2010).

두뇌 구조 변화와 마찬가지로 기능적 연결망 역시 시각연결망이나 청각연결망과 같은 1차 감각 영역의 연결망은 어린 나이에도 성숙한 형태를 띠는 반면, 고위 인지기능과 관련된 연결망의 형태는 덜 조직적이고 파편화된 양상을 보여 준다(Doria et al., 2010; Fransson et al., 2009; Smyser et al., 2010). 예를 들어, 그림 2-7(70쪽)에서 보듯이 성인 두뇌에서 기본상태연결망은 후대상피질, 배쪽과 등쪽 내측전전두피질, 하부두정피질, 바깥쪽 측두피질과 해마를 포괄한다(Buckner et al., 2008; Buckner & Carroll, 2007; Raichle et al., 2001).

신경가소성 경험이나 후천적 환경에 따라 두뇌의 구조와 기능이 변화하는 것을 말한다.

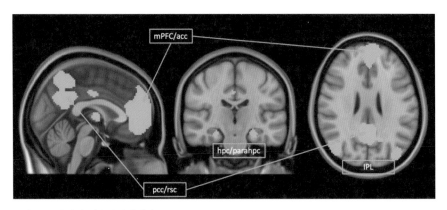

그림 2-7 **성인의 기본상태연결망**
성인의 두뇌에서 관찰되는 기본상태연결망의 모습. 내측전전두피질(mPFC)과 전측대상피질(acc, anterior cingulate cortex), 후측대상피질(pcc. posterior cingulate cortex), 팽대후피질(rsc, retrosplenial cortex), 해마(hpc, hippocampus), 해마옆이랑피질(parahpc, parahippocampal cortex), 두정피질 하부(IPL)를 포함한다.

그러나 신생아의 기본상태연결망은 내측전전두피질과 후대상피질을 포함하는 연합피질과 전두피질로만 구성되어 있으며(Doria et al., 2010; Gao et al., 2009; Gao, Alcauter, Elton, et al., 2015; Gao, Alcauter, Smith, et al., 2015), 임신 36주 태아는 내측전전두피질과 후대상피질만으로 구성되어 있다(Thomason et al., 2015, 75쪽 그림 2-10 참조).

(2) 태내 모듈성 발달

인지신경과학에서 모듈은 서로 연결되어 복잡한 신경망을 구성하는 노드들의 하위 집단을 뜻한다.[5] 인지신경과학자들은 노드와 그 사이를 연결하는 선을 기본 구성단위로 신경망을 분석한다. 이때 노드는 신경세포 단위가 아니라 주로 특정 두뇌 영역을 일컫는다. 대부분의 노드는 소수의 선과 연결되어 있으나, 다른 노드와 연결하는 선이 많은 노드는 허브(hub)라고 부른다(그림 2-8 참조). 서로 긴밀하게 연결된 노드의 집단을 모듈이라고 부르고, 다른 모듈에

5   인지심리학의 모듈(단원성) 개념과는 차이가 있다. 인지심리학에서 단원성(Foder, 1983)이란 인간 마음이 여러 개의 독립된 모듈로 구성되어 있고, 개개의 모듈은 각 기능에 전문화되어 있어 특정 종류의 입력만을 처리하여, 각 모듈별로 처리되는 정보들은 캡슐화되어 다른 모듈과는 상호작용하지 않는다는 가정을 가리킨다. 예를 들어 언어가 다른 인지기능과 분리되어 독립적인 모듈 형태로 처리된다고 보는 것이 언어의 단원성이론이다. 반면 인지신경과학에서 다루는 인간 두뇌에서의 모듈은 다른 모듈과도 리치클럽을 통해 활발하게 상호작용하며, 연령이 증가할수록 다른 모듈과 상호작용을 담당하는 노드의 강도가 더욱 증가하여 복잡한 정보처리가 가능해진다(Zhou & Mondragon, 2004).

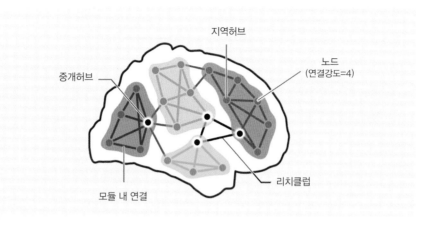

그림 2-8 **기능적 신경망 구조**

점은 노드, 선은 노드 사이의 연결을 보여 주며, 각각의 모듈이 각기 다른 색으로 표시되어 있다. 모듈은 내부 연결이 외부 연결보다 많은 국지적 신경망으로, 독립적인 기능을 가진다. 모듈 내 노드 연결이 많은 허브를 지역허브, 모듈 간 연결이 많은 허브를 중개허브라 하고, 중개허브 간 강한 연결을 리치클럽이라고 한다.

출처: Sporns & Betzel(2016).

속한 노드와의 연결은 모듈 내 연결보다 상대적으로 약한 특징을 가지고 있다.

모듈 내의 연결이 모듈 사이의 연결보다 긴밀한 경우를 모듈성이 높다고 말한다. 모듈화된 망조직은 내부에서 신호전달 비용이 적고 무작위 오류가 발생했을 때 영향을 덜 받기 때문에(Vertes & Bullmore, 2015), 관련된 입력 정보가 빠르고 손실 없이 처리될 수 있다. 태아의 뇌에서도 시각정보와 운동, 언어를 다루는 1차 감각피질 영역들로 구성된 모듈화된 조직이 관찰된다(Thomason et al., 2014). 이는 인간 두뇌가 두뇌 에너지 대사의 효율성을 보장하면서도 생애 초기 삶에 필수적인 정보처리를 오류 없이 이루어지도록 하는 기제이다. 신경세포의 분화와 시냅스 형성 그리고 출산 후 행동 발달의 양상과 마찬가지로 감각 및 운동을 담당하는 1차 피질 영역의 모듈이 먼저 발달하고, 이후 고차 인지 영역의 모듈이 발달한다. 또한 태아의 월령이 증가하면서 구조적 연결망에서 장거리 연결(백색질의 발달)이 발달하고 모듈 간의 연결도 강하게 나타나기 시작한다(Heuvel & Thomason, 2016).

요약하자면, 초기 두뇌의 기능적 신경망 발달은 특정 기능(언어, 감각, 운동 등)을 담당하는 상대적으로 독립적인 모듈이 먼저 생성되고, 이후 장거리 신호전달을 위한 구조적 연결망이 성숙하면서 각 모듈 사이를 연결하는 허브와 리치클럽이 증가하는 선분화 후통합의 방식으로 발달한다. 이와 같은 두뇌 신경망 발달의 양상은 에너지 소비를 최소화하면서 동시에 공간적 통합을 최대화하기 위한 적응적인 선택의 결과물이다. 구체적으로 보면, 소규모로 분화되고 전문화된(모듈화된) 국소신경망은 에너지 소비를 최소화하고 다른 모듈에서 발생한 오류에 영향을 받지 않는 장점이 있지만, 복합적이고 변이적인 정보처리를 위해서는 전문화된 국소신경망 간의 통합이 필요하다. 이에 따라 인간두뇌 신경망의 발달은 국소신경망에서 더 전방위적으로 분포된 거대 신경망으로의 전환을 포함하면서 전문화와 통합 간의 최적의 교환 방식을 찾아낸다(Vertes & Bullmore, 2015). 한편 태내 기능적 신경망의 발달 정도는 태아의 출생에도 영향을 미쳐서, 그 발달 정도가 낮은 태아일수록 임신 기간을 다 채우지 못하고 조기에 출생하는 경향이 있다(Heinonen et al., 2015).

(3) 태내 감각신경계의 발달

태내 감각신경계의 발달 중에서 가장 널리 알려진 것은 청각신경계의 발달이다. 청각 자극은 시각이나 촉각 자극에 비해 태내로 전달하기가 용이할 뿐아니라, 임신 29주에 이르면 달팽이관에 있는 청각 수용기가 정상적으로 기능하기 때문이다(Moore et al., 1995). 발달심리학의 고전 연구 중 하나인 DeCasper와 Spence(1986)의 연구는 임신 34주에 들은 이야기 소리를 출생 후신생아가 낯선 이야기 소리와 구분할 수 있다는 것을 보여 주면서 태내에서도청각신경계가 작동한다는 것을 유추하였다. 최근의 연구는 태아를 직접 촬영하여 임신 27~28주 태아의 청각신경계가 이미 기능하고 있으며(Draganova et al., 2007; Holst et al., 2005; Eswaran et al., 2002; Schleussner et al., 2001; Wakai et al., 1996), 34주에 이르면 낯선 사람과 엄마의 말소리를 구분할 수 있다는사실을 발견하였다. 엄마의 말소리와 낯선 사람의 말소리를 듣는 태아의 두뇌 fMRI를 보면 왼쪽 측두엽 상부는 낯선 사람의 말소리에 더 많이 활성화되는반면, 왼쪽 측두엽 하부는 엄마의 말소리에 선택적으로 활성화되었다(Jardri et al., 2012). 이는 태아가 단순히 말소리를 듣는 것을 넘어서 들은 말소리의 특성을 기억하고 이를 낯선 것과 구분하여 표상할 수 있다는 점을 보여 준다.

태아기 시각 기능은 청각 기능보다 늦게 발달한다. MEG 연구에 따르면 청각신경계가 임신 28주 정도에 기능하는 것에 비해, 시각신경계는 임신 32~36주에서야 빛과 같은 간단한 시각 자극에 반응하기 시작했다(Eswaran et al., 2004). 임신 36~40주 태아를 대상으로 한 fMRI 연구에서는 공간적인 위치나 방향 등 시각 자극의 특징을 지도화하여 표상하는 1차 시각피질 영역의 반응을 찾아내지 못했다(Fulford et al., 2003). 즉, 태내에서도 시각신경계가 발달하기 시작하지만, 청각신경계와 달리 임신 말기까지도 시각 자극의 여러 특징을 구분하여 표상하지는 못한다는 것을 보여 준다. 물론 시각 자극은 청각 자극에 비해 태내에서 제대로 전달되었는지 확인하기 어렵다는 방법론상의 한계일 수도 있지만, 태내에서 청각과 시각 경험 간의 양적 차이에 따라 발달 속도에 차이가 발생할 가능성을 배제하기 어렵다. 확실한 점은 인간의 시각체계는 태어나기 전에 이미 준비되어 있기는 하나, 생후 정교하고 규칙적인 시각 자극이 유입되면서 기능하기 시작해 급속도로 발달한다는 것이다(Bengoetxea et al., 2012).

태내에서 청각과 시각정보 처리의 속도 역시 태아의 월령이 증가할수록 빨라진다. 그에 대한 두뇌 반응을 측정한 MEG 연구에서는 임신 29주부터 MEG 정점(peak)에 이르는 반응 지연 시간이 짧아지는 것을 확인하였다(Holst et al., 2005; Lengle et al., 2001; Schleussner et al., 2001; Zappasodi et al., 2001). 이는 관련 정보처리 속도가 증가하고 있다는 것을 의미하며, 출생 이전에도 축삭의

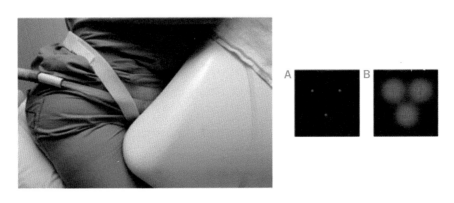

그림 2-9 **태아의 시각신경계 연구방법**
태아의 뇌자도 촬영 장면. LED 조명을 이용하여 임신부의 배 위로 태아에게 시각 자극을 전달한다. 오른쪽 A는 임신부의 피부 조직 통과 전의 시각 자극이고, B는 임신부의 피부 조직 통과 후 자궁 안에서 보이는 시각 자극이다.
출처: Eswaran, Lowery, Wilson, Murphy, & Preissl(2004); Reid et al.(2017).

살아 있는 두뇌의 작동 방식을 손상 없이 관찰하는 방법

양전자 방출 단층촬영(Positron Emission Tomography: PET)

PET는 방사성 동위원소 표지기법을 이용하여 인체 조직의 생리화학적 활동을 측정한다. 두뇌 조직에서 에너지원으로 사용되는 포도당 또는 산소 등의 대사물질과 결합된 방사성 동위원소의 상대적인 분포 변화를 추적하여, 어떤 곳에서 에너지 대사가 활발한지 확인할 수 있다. PET로 에너지 대사가 정상적으로 발생하는 뇌 영역과 비정상적인 영역을 구분할 수 있지만, MRI만큼 세부적인 정보를 제공할 수는 없다. 발달 연구에서는 아동의 포도당 대사율을 성인과 비교하여 두뇌 기능 효율성의 발달 정도를 추론하기도 하고, 생애 초기 사회적 접촉이 박탈된 아동과 정상적 환경이 제공된 아동의 대사율을 비교하여 어떤 곳에서 차이가 발생하는지 확인하기도 한다. 연구에 따르면, 4~9세 아동의 두뇌 포도당 대사율은 성인 대사율의 최대 2배로 나타났다가 8~10세에 감소하기 시작하여 16~18세에 성인과 비슷한 수준으로 회귀한다(Brown & Jernigan, 2012). 이는 MRI를 통해 확인된 대뇌피질 두께의 변화와 동일한 양상을 보인다.

뇌전도-뇌파(Electroencephalography: EEG)

EEG는 100년 이상 두뇌 활동 연구에 사용되어 왔다. EEG는 두피에 전극을 부착하여 뉴런의 활동으로 인해 파생된 전기 활동을 측정한다. 밀리초 속도로 두뇌 활동을 추적할 수 있어, 시간에 따른 두뇌 활동 패턴의 동시적 변화를 연구하기에 적합하다. 그러나 측정된 신호가 두뇌의 어디에서 발생했는지 정확하게 추정하는 것이 불가능하다는 단점이 있어, MRI이나 CT 같은 고해상도의 해부학적 영상기법으로 대체되고 있다. 하지만 MRI에 비해 아동의 머리 움직임에 영향을 덜 받기 때문에, 영아나 학령전기 아동의 연구에서는 여전히 활발하게 사용되고 있다(Brown & Jernigan, 2012).

뇌자도(Magnetoencephalography: MEG)

뉴런의 활성화에 의해 발생한 활동전위가 축삭을 따라 이동할 때 그 주위에 자기장이 생성된다. 이 자기장을 감지하여 두뇌 활동을 측정하는 것을 MEG라 부른다. 결국 MEG도 두뇌 활동의 전기신호 전달을 추적하는 것이기 때문에 EEG와 마찬가지로 빠르게 실시간으로 변하는 신호를 측정할 수 있다. 그러나 EEG에 비해서 신호 강도가 크고, 두피와 두개골을 통과할 때 신호의 왜곡이 덜 발생하므로 보다 높은 공간 해상도를 가진다. EEG는 시냅스 후 전위에 의한 세포 바깥의 전류 변화에 민감한 반면, MEG는 축삭을 타고 흐르는 세포 내 전류 변화에 더 민감하다.

기능적 자기공명영상(Functional Magnetic Resonance Imaging: fMRI)

fMRI는 뉴런의 활성화에 수반된 국소 뇌혈류량의 변화와 변화된 혈류량 중에서 산소를 포함한 혈류의 비율(BOLD 신호)을 측정하여 두뇌 활동을 측정한다. fMRI의 기본 원리는 자기공명영상 촬영기술을 이용하여 두뇌를 반복 촬영하면서 BOLD 신호 변화를 추적하여 신경 활동이 활발한 영역과 그렇지 못한 영역을 구분하는 것이다.

자기공명영상 촬영은 뇌영상 촬영기법 중에서 가장 좋은 공간해상도를 보유하여 두뇌 활동이 정확히 어디서 발생하는지 추적하기 유리하나, 피험자의 몸 움직임 정도에 따라 이미지의 질이 크게 좌우된다. 게다가 촬영 시간 역시 상대적으로 긴 편이라 학령기 초기 및 그 이전 시기 아동에게는 사용하기 어렵다. 최근 자기공명영상 촬영기술이 발전하면서 움직임에 영향을 덜 받는 새로운 스캐너와 보정기술이 등장하고 있어, 전 세계 아동 연구자들이 곧 학령전기 아동의 두뇌를 들여다볼 수 있기를 기대하고 있다. 태아나 영유아 실험은 주로 아이가 잠을 자서 움직임이 거의 없을 때 진행되고 있으며, 이를 휴지기 MRI 연구라 부른다(그림 2-10 참조).

기능적 근적외분광법(Fuctional Near-infrared Spectroscopy: fNIRS)

생체를 투과하거나 반사한 근적외선을 검출하여 조직 내 산소를 포함한 헤모글로빈 농도와 산소를 포함하지 않은 헤모글로빈 농도를 측정함으로써 뇌의 활성화 영역(산소를 포함한 헤모글로빈 농도가 높은 지역)을 추정하고 뇌 활동의 척도로 사용한다. 측정 장치의 이동이 용이해, 아동처럼 많이 움직이는 피험자에게 사용하기 편리하며, 준비 절차가 간단하고 준비 시간 역시 짧다. EEG, MEG와 마찬가지로 신호가 발생한 정확한 위치를 추정하기 어렵다(Hoshi, 2003).

확산텐서영상(Diffusion Tensor Imaging: DTI)

DTI는 두뇌에서 물분자가 확산하는 성질을 이용하여 대뇌 백색질의 구조적 연결성을 평가하는 영상기법이다. 두뇌 각 영역의 물분자가 교실 안 아이들이고, 주변의 축삭이나 신경섬유 다발이 아이들의 자유로운 이동을 방해하는 책상이라고 가정해 보자. 교실이 텅 비어 있다면 아이들이 자유롭게 뛰어다니겠지만(등방성 이동), 책상이 가득하다면 아이들은 책상 사이로 조심조심 걸어 다닐 수밖에 없을 것이다(비등방성 이동). 교실 안 아이들의 이동 속도와 양상을 기록하여 교실 내 구조를 추정하는 것처럼, 두뇌 영역 안에서 물분자의 확산 속도와 방향을 측정하여 주변의 축삭이나 신경섬유 다발의 존재를 추정할 수 있다. 아동이 발달함에 따라 뇌의 수초화가 진행되면서 비등방성은 증가하다가, 노화나 기타 질병으로 인해 탈수초화가 발생하면 비등방성은 다시 감소한다(Mukherjee & McKinstry, 2006, for a review). 특히, 아동의 연령 증가와 함께 나타나는 영역 간 비등방성의 차이는 두뇌 구조 발달의 다양성과 함께 기능 발달의 다양성과도 밀접한 관련이 있다(Lebel et al., 2008; Lebel & Beaulieu, 2011).

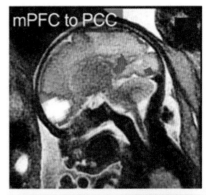
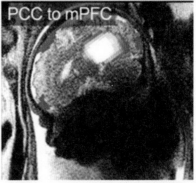
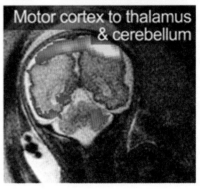

그림 2-10 임신 30~38주 사이에 촬영된 태아의 휴지기 MRI 사진

빨간색과 노란색으로 표시된 자동적으로 활성화된 연결망은 11명 태아의 활성화 평균을 계산하여 도출한 것이다. 내측전전두엽(mPFC) 신경망과 후대상피질 신경망(PCC), 소근육 운동(Motor) 신경망의 활성화가 관찰된다.

출처: van den Heuvel & Thomason(2016).

수초화 작업이 진행 중인 것과 밀접한 관련이 있다(Holst et al., 2005). 수초화의 진전은 신경전달 통로를 통한 신호전달을 촉진하고, 결과적으로 빠른 반응을 생성하기 때문이다. 요약하자면, 두뇌영상 기법을 활용한 최근 연구들은 최소한의 입력정보(예: 빛이 거의 없는 태내 환경, 노이즈가 많은 청각정보)를 가지고도 태아들의 감각 기능이 이미 태내에서 기능하고 변화하고 있음을 보여 주었다.

개념 체크 ▲

빈칸에 적합한 말을 써넣으시오.

1 신경세포가 분화되는 주요 장소는 .... 영역과 .... 영역이다.

2 가장 초기에 발생한 뉴런은 피질의 .... 층으로 이동하고, 가장 늦게 발생한 뉴런은 피질의 .... 층으로 이동한다.

3 대뇌 좌우 반구를 연결하는 2억 개가 넘는 축삭 다발의 이름은 .... 이다.

4 초기 두뇌의 신경망 발달은 독립된 모듈이 먼저 생성되고, 이후 각 모듈을 연결하는 허브와 리치클럽이 증가하는 선 .... 후 .... 의 방식으로 발달한다.

---

2. 태내 발달의 위험 요인

두뇌 활동의 기초가 되는 신경세포의 발생과 분화, 이동 및 구조적·기능적 연결망의 생성 등 두뇌 발달의 많은 부분이 태내에서 이루어진다. 즉, 태내기는 두뇌 발달의 중요한 시기이다. 이 시기에 질병이나 영양 공급의 부족 등 부정적인 외부 환경 요인으로 인해 일시적으로 문제가 발생하면, 그 영향이 평생에 걸쳐 나타날 수도 있다. 유전적 변이가 인간의 두뇌 발달에 큰 영향을 주는 시기도 태내기이다. 유전자는 인간 발달에 필수적인 정보를 담고 있으나, 직접적으로 발달 과정을 조정하지는 않는다. 인간의 발달은 유전자에 담긴 단백질 합성 청사진을 토대로 필요한 위치에서 적당한 시기에 적합한 단백질을 생성(유전자의 표현)하는 방식으로 진행된다. 즉, 유전자는 그 자체로 눈 색깔을 결정할 수 없고, 지능과 행동을 결정하지 않는다. 특정 시기, 특정 장소에서 환경신호에 따라 결정되는 유전자의 활성·비활성으로 인해 합성되는 단백질의 유형과 양이 달라지고, 인간의 두뇌 구조와 기능이 결정되는 것이다(Kang et al., 2011). 태내기는 이러한 유전자와 환경 간에 상호작용이 역동적으로 발생하는 시기이다.

1) 유전자 요인

자폐 스펙트럼 장애, 조현병, 지적 장애와 같은 아동발달 중에 발생하는 신경정신적 질환이 유전적 소인과 관련이 높다는 것은 널리 알려진 사실이다. 게다가 관련된 많은 유전자가 태내기와 두뇌 발달 초기에 발현한다는 사실로 인해(Birnbaum et al., 2014, 2015), 최근에는 정신질환 가족력이 있는 위험 집단 영아를 대상으로 유전적 요인이 어떻게 초기 두뇌 발달의 양상을 변화시키고 증상 발현으로 이어지는지를 밝히기 위한 많은 연구가 진행 중이다(Hazlett et al., 2017; Lewis et al., 2017; Shen et al., 2017; Wolff et al., 2015). 특히 문제행동의 관찰을 통해 임상진단이 내려지기 전, 두뇌 구조와 기능에서 발생하는 이상발달의 양상을 추적하는 연구가 이루어지고 있다. 예를 들어, 자폐 스펙트럼 장애를 가진 형제자매가 있는 생후 6~24개월 사이의 영아들 중 두뇌 부피나 표면적의 증가 정도가 정상 수준을 넘어서는 아이들이 그렇지 않은 아이들(고위험 집단이지만 두뇌 성장이 정상적인 아동)에 비해 이후 자폐 진단을 받은 비율이 높았다(Hazlett et al., 2017). 게다가 이들은 언어와 청각정보 처리의 중추인 측두엽 영역에 있는 신경망의 효율성이 생후 6개월에 이미 정상 아동에 비해 저하되었으며, 생후 24개월에 이르면 측두, 두정, 후두엽 등 두뇌 전반에 걸쳐 신경망 효율성의 감소가 관찰되었다(Lewis et al., 2017). 조현병 위험군 신생아의 경우에도 대뇌피질의 부피와 뇌척수액 부피의 비정상적인 증가는 물론 장거리 신경망의 신호전달 기능에서도 이상이 관찰되었다(Gilmore et al., 2010; Li et al., 2016; Shi et al., 2012). 아직까지 정확히 어떤 기제에 의해 이런 이상발달 양상이 초래되는지에 대한 합의된 결론은 없다. 대신 현재의 뇌영상 연구는 조현병과 같이 사춘기 이후에 증상이 발현하거나, 초기에 발견하여 적절히 개입할수록 예후가 좋은 정신과적 질환의 위험을 안고 있는 고위험 집단 아동들을 빠르게 판별해 내고 그 기저 원인을 찾는 다양한 가설 검증을 위한 증거를 제공하고 있다.

2) 환경 요인

태아는 임신부를 통해서 외부 환경과 접촉하고 임신부가 곧 외부 환경이 된다. 임신부의 정서상태 변화 또는 약물 섭취는 태아의 호르몬과 신경전달물질 체계를 변화시킬 수 있고, 그에 수반해 두뇌 구조나 기능적 연결망 역시 연쇄적인 영향을 받을 수 있다.

임신부의 정서장애는 태아의 호르몬 분비나 신경전달물질 체계를 변화시킨다(Van den Bergh et al., 2005). 예를 들어, 스트레스와 관련된 코르티솔 수준이 높게 나타난 임신부의 경우 태아 역시 높은 코르티솔 수준을 보여 주었고(Gitau et al., 1998), 우울한 임신부에게서 태어난 신생아 역시 현재 우울한 엄마에게서 양육되고 있는 영아와 비슷하게 높은 코르티솔 수준과 낮은 도파민 수준을 보여 주었다(Field et al., 2004). 즉, 양육자가 현재 겪고 있는 우울증이 부모자녀 상호작용에 영향을 미쳐 장기적으로 자녀의 인지·사회정서 발달에 악영향을 미치는 것처럼, 태내기에 겪었던 임신부의 우울·불안장애도 출생 후 영유아기까지 그 효과가 지속된다. 이는 임신부의 우울로 인해 신경세포의 생성과 분화·이동, 세포자멸사, 시냅스 생성과 수초화의 시기를 결정하고 유도하는 태아의 호르몬과 신경전달물질의 균형에 미묘한 변화가 발생하고, 이는 다시 태내에서 신경계 구성에 영향을 주어, 출생 후 아동의 행동에까지 장기적인 영향을 미치기 때문이다(Gao et al., 2019).

임신부의 정서장애는 태아의 기억, 사회적 정보처리, 정서적 정보처리와 관련된 두뇌 발달 양상에도 변화를 가져온다. 임신 동안 높은 수준의 불안을 보였던 엄마에게서 태어난 아이들은 생후 첫 6개월 동안 일화기억 능력과 관련된 해마 부피의 증가 속도가 일반 아동에 비해 다소 느렸을 뿐 아니라(Qiu et al., 2013), 이후에도 지속적으로 엄마의 우울 수준에 의해 해마의 성숙 속도가 영향을 받았다. 불안을 높게 경험한 엄마의 태아는 스트레스와 사회적 정보처리를 담당하는 영역의 신경망 성숙 속도가 다소 느렸으며, 생후 첫 1년에 사회적 접촉을 기피하고 우울감과 관련된 행동을 보였다(Rifkin-Graboi et al., 2015). 임신부의 우울은 신생아의 정서적 정보처리 중추인 편도체와 관련된 신경망의 구조적 연결성의 저하와 관련이 높았으며(Rifkin-Graboi et al., 2013), 4.5세 아이들을 대상으로 진행된 후속 연구에서도 임신 기간 동안 임신부의 우울 수준이 높았던 여아에게서 오른쪽 편도체 부피가 비정상적으로 크게 나타났다(Wen et al., 2017). 엄마의 산후 우울이 스트레스 반응을 증가시키고 높은 사회적 철회와 부주의 특성을 가진 양육 방식을 형성하여, 결과적으로 아동에게서 우울이나 문제행동 발생의 위험성을 높인다는 사실은 이미 널리 알려져 있다(Mars et al., 2015; Matijasevich et al., 2015). 그런데 위의 연구들은 아동이 태내에서 경험한 엄마의 우울 역시 태아의 호르몬 체계와 두뇌 구조 발달에 영향을 미쳐 장기적인 변화를 초래할 수 있다는 것을 보여 준다.

알코올이나 위험 약물의 태내 노출은 태아의 두뇌 발달에 직·간접적으로 영향을 미친다. 대부분의 약물이 모체로부터 태아에게 영양소를 공급하는 통로인 태반(placenta)을 통과하고, 혈뇌장벽(blood-brain barrier)도 통과하여 두뇌 발달의 결정적 시기에 직접 영향을 미칠 수 있다. 또한 태반을 통해 간접적으로 작용해 세포 간 신호전달 체계를 교란하기도 한다(Bhide & Kosofsky, 2009; Nowakowski & Hayes, 2002). 예를 들어, 마리화나는 정상 태아가 신경계의 기본 구조를 형성하는 데 악영향을 미치고(Gaffuri et al., 2012; Harkany et al., 2008), 코카인과 암페타민은 보상 시스템과 관련된 도파민 체계를 교란한다. 게다가 태내에서의 약물 노출은 백색질 미세구조를 손상시켜 태아기를 넘어 아동과 청소년기의 발달에도 지속적으로 흔적을 남긴다(Derauf et al., 2009; Warner et al., 2006). 태내에서의 코카인 노출은 생후 2일 된 신생아의 고위 인지기능과 관련된 전전두엽 및 전두엽의 부피를 비정상적으로 감소시켰고(Grewen et al., 2014), 구조를 변화시켰으며, 기능적 연결망에서도 정상적이지 않은 변화를 초래하였다(Salzwedelet al., 2015, 2016). 게다가 생애 초기 기능적 연결망의 비정상적 변화는 이후 인지 능력과 운동 능력에도 지속적으로 손상을 남긴다.

태반 임신 중 발생하는 조직으로, 모체와 태아를 직접적으로 연결하여 태아에게 필요한 영양소를 공급하고 임신부의 호르몬 조절 등 출산에 중요한 역할을 한다.
혈뇌장벽 뇌세포를 둘러싸 뇌혈관을 통해 외부 물질이 뇌로 들어가지 못하게 막는 역할을 하는 장벽이다.

3) 유전자와 환경의 상호작용

유전자와 환경이 아동발달에 미치는 영향에 대한 논쟁은 더 이상 어느 한 요인의 배타적 영향을 결정하는 데 시간과 노력을 낭비하지 않는다. 동물과 사람을 비롯한 다양한 피험자를 대상으로 진행된 연구가 축적된 결과, 유전적 차이로 인해 환경적 요인의 효과가 달라지고, 반대로 환경 노출에서의 개인차가 특정 유전자의 표현을 조절한다는 사실이 밝혀졌기 때문이다. 이렇게 환경과 유전자 발현의 상호작용을 연구하는 분야를 후생유전학(epigenetics)이라고 한다.

예를 들어, 아동기에 학대를 받았던 아동이라도 폭력행동과 관련된 MAOA 유전자의 차이에 따라 성인기에 공격성이나 반사회적 행동을 보일지 아닐지가 달라질 수 있다(Caspi et al., 2002). 태내에서 노출된 약물의 효과 역시 태아의 유전형질에 따라 그 정도와 회복성이 달라지며(Goodlett et al., 1989; Jacobson et al., 2006), 동물과 인간 모두에게서 특정 두뇌 유전자 표현을 변형시킨다(Gangisetty et al., 2014; Lester & Padbury, 2009; Luisser et al., 2015). 게다가 임신부의 우울 경험은 태아의 두뇌에서 정서적 정보처리의 중추인 오른쪽 편도체의 부피 변화와 관련이 높았는데, 그 정도가 태아의 우울과 관련한 유전형질에 의해서 조절되었다(Qiu et al., 2017). 미국에서는 우울 유전형질 점수가 낮은 신생아의 편도체 부피는 엄마의 우울 경험이 증가할수록 같이 증가한 반면, 우울 유전형질 점수가 높은 신생아의 편도체 부피는 엄마의 우울 경험이 증가할수록 감소하였다. 그런데 아시아에서는 그와 반대로, 우울 유전형질 점수가 낮은 신생아의 편도체 부피가 엄마의 우울 경험이 증가할수록 감소하고, 우울 유전형질 점수가 높은 신생아의 편도체 부피는 엄마의 우울 경험이 증가할수록 증가하였다. 즉, 동일한 생물학적 처리 과정에도 불구하고 생물학적 다형성은 인종-특이적 방식으로 작동하고 있으며, 이와 같은 양상은 다양한 유전형질에서 보고되고 있다(Woo et al., 2004; Serretti et al., 2007; Porcelli et al., 2012; Ming et al., 2013, 2015). 이제

MAOA 모노아민 산화효소-A(Monoamine oxidase A)를 말한다. 신경전달물질 대사 효소의 한 종류로, 보통 사람들보다 공격적인 행동을 자주 나타내거나 반사회적인 성격 특성을 가진 사람들에게서 MAOA 유전자의 변형이 관찰되었다. 그러나 이러한 공격성은 유전적인 영향만 받는 것이 아니므로 변형된 MAOA 유전자를 보유하고 있을지라도 어린 시절 학대나 방임을 경험한 사람들이 반사회적 행동을 하는 경향성이 더 크다.

유전자와 환경의 상호작용을 이해하기 위해 태아의 유전형질과 임신부를 거쳐 제공되는 태내기 환경, 그리고 이후 사회문화적 환경까지 다차원적이고 복합적인 요소를 고려하여 논의되어야 할 것이다.

개념 체크 ▲

다음 문장이 맞는지 틀리는지 ○, ×로 표시하시오.

1 (　　) 유전자는 눈 색깔과 지능, 기억력을 결정하는 생물학적 발달 주체이다.

2 (　　) 자폐 스펙트럼 장애, 조현병, 지적 장애와 관련된 많은 유전자가 태내기에 발현한다.

3 (　　) 임신부의 임신기 우울증상은 태아의 두뇌 발달에 영향을 미치지 않는다.

4 (　　) 임신 중에 복용한 약물은 태반은 통과할 수 있으나, 태아의 혈뇌장벽을 투과할 수 없으므로 태아 두뇌 발달에 직접적인 영향을 미칠 수 없다.

---

3. 생후 두뇌 발달

두뇌는 출생 이후에도 계속 발달한다. 영유아기 동안 두뇌의 크기는 출생 시보다 4배 증가하여 6세에 이르면 성인 두뇌 크기의 90%에 이른다. 회색질과 백색질의 구조적 변화 역시 아동·청소년기까지 계속되지만 변화의 내용은 태내기와는 확연히 구분된다. 두뇌의 구조적 변화와 기능적 변화가 동시에 일어나며, 그 변화의 결과를 실제 행동으로 확인할 수 있다. 아동기에 발견되는 가장 대표적인 두뇌 구조의 변화는 시냅스 연결과 가지치기이다. 초기 아동기에 두뇌 전체에서 발견되는 과도한 시냅스 연결은, 아동의 경험에 수반한 선택적인 가지치기를 거치면서 많이 사용되는 연결은 강화되고 적게 사용되는 연결은 퇴화한다. 여기에서는 경험(감각)-의존적 과정으로 잘 알려진 두뇌가 소성과 적응 능력이 두드러지게 발현하는 출생 후 두뇌 발달의 과정을 시기별로 자세히 논의해 보겠다.

1) 영아기

신생아의 두뇌와 성인의 두뇌 간 유사점 및 차이점에 대한 연구는 유전자와 환경의 상호작용을 설명하는 데 매우 중요한 증거를 제공한다. 출발점을 정확하게 인식하지 못한다면 변화의 모습과 방향, 속도를 가늠할 수 없기 때문이다. 그뿐만 아니라 교육 측면에서도 출발점을 정확히 인식해야 적합한 초기 교육의 형태를 결정하고 취약한 대상자를 선별하여, 실증적 증거에 기반한 도움을 제공할 수 있다는 점에서 중요하다.

(1) 구조 발달

① 피질 부피의 변화

태아기부터 이어진 대뇌피질 영역에서의 성장은 영아기에도 질적·양적 측면에서 다양성을 유지하면서 계속된다. 생후 2~3주 영아의 두뇌 부피는 성인의 35%인 반면, 한 살이 되면 처음 태어났을 때의 2배가 되고, 두 살이 되면 15%가 더 성장하여 성인 두뇌 부피의 80%에 이른다(Gilmore, Knickmeyer, & Gao, 2018). 피질 영역 안에서도 회색질은 출생 초기에 빠르게 성장하는 데 반해, 백색질은 느린 속도로 청소년기 후기까지 점진적으로 성장한다. 회색질은 출생 후 첫 1년 동안 가장 빠른 속도로 성장하고, 이후 점차 성장 속도가 느려지다가 2세부터 아동기 사이에는 아주 작은 부피 증가를 보여 주며, 그 이후 청소년기에는 오히려 회색질 부피가 감소하는 것을 관찰할 수 있다. 반면 백색질 부피는 생애 초기부터 점진적으로 증가하여 성인기까지 계속 성장하고 30세 정도에 최대에 이른다(Groeschel et al., 2010; Mills et al., 2016).

피질하 회색구조의 성장 속도는 회색피질의 성장과 유사하다. 정서정보 처리의 중추인 편도체, 대뇌피질과 신체 감각기관과 근육 조직 사이의 정보 전달을 담당하는 시상, 기저핵의 중요 구성물 중 하나인 꼬리핵, 조가비핵, 창백핵을 포함한 대부분의 영역이 생후 첫해에 성장을 마치는 반면(Gilmore, Knickmeyer, & Gao, 2018), 기억에 관여하는 해마는 다른 피질하구조보다 느리게 성장한다(Gilmore et al., 2012). 회색질 내 성장 속도 역시 두뇌 영역별로 다르다(Lyall et al., 2015). 영아기 초기에 발달하는 말소리와 언어 처리 관련 두뇌 영역의 피질 두께 성장이 가장 빠르고, 뇌섬엽(insula)과 대상피질(cingulate cortex)을 비롯한 몇몇 고차 연합 영역의 피질 두께도 상대적으로 빨리 증가한다. 이는 영유아기 언어 이해와 산출이 급속하게 발달하는 것과 연관이 있다. 반면 1차 감각 영역(postcentral gyrus)과 감각 연합 영역(superior parietal gyrus), 후두부의 1차 시각 영역(v1) 및 2차 (연합)시각 영역(v2) 등에서의 성장 속도는 상대적으로 느리다. 피질 주름구조 역시 출생 후 연령과 함께 계속적으로 발달한다(Lyall et al., 2014; Li et al., 2014).

② 구조적 연결성

두뇌 성장의 영역별 다양성은 구조적 연결성에서도 관찰되어 임신 27~45주 사이에 전두엽(주의, 실행기능)과 후두엽(시각정보 처리)에서의 연결성이 다른 영역에 비해 높게 나타나고(Brown et al., 2014), 출생 시에 효율적으로 모듈화된 신경망의 일부분이 보인다. 즉, 태내 발달에서 살펴본 것처럼, 두뇌의 구조적 연결통로는 이미 자궁 안에서 거의 완성된 상태로 삶을 시작하지만 출생 후 발달에 따라 효율성과 모듈성이 더욱 증가한다. 그러나 아동기를 거치면서 백색질 부피의 느리지만 꾸준한 성장을 통해 두뇌의 구조적 연결망이 더욱 강화되어 많은 신경신호를 측정 방향으로 빠르게 전달할 수 있는 백색질 통로가 생기게 된다(Huang et al., 2015).

다양한 연령의 아동을 대상으로 한 MRI 자료가 축적되면서, 이를 토대로 두뇌의 발달 정도를 수량화하는 지표가 제시되었다. 먼저, MRI를 이용하여 측정된 37개 영역의 부피를 토대로 5세에서 18세 사이의 생활연령(chronological age)을 정확하게 예측하는 두뇌 성숙지표(brain maturation index)가 개발되었다(Cao et al., 2015). 부피 성장과 구조적 연결성의 발달 정도를 고려하여 8세에서 22세 사이의 생활연령을 정확하게 예측하는 두뇌 발달지

뇌섬엽 측두피질 안쪽에 위치하며 정서 및 감각정보 처리와 관련되어 있으며, 통증과 위협에 반응하는 영역으로 알려져 있다.

1차 감각 영역 신체 말초 부위에서 시작된 감각신호가 시상-피질 연결을 거쳐 반대쪽(왼쪽 발의 감각은 우반구로, 오른팔의 감각은 좌반구로) 대뇌피질(중심 뒤쪽 피질) 영역에 전달되어 인식하고 일차적으로 처리하는 곳이다.

감각 연합 영역 1차 감각 영역 바로 뒤에 위치하며, 1차 감각 영역에서 전달받은 감각의 종류를 종합, 분석하여 모양, 크기, 구성 등을 판단하고 처리하는 곳이다.

1차 시각 영역 시신경을 통해 전달된 시각정보가 처음 도달하는 곳으로, 물체의 색, 크기, 모양 및 움직임을 인식한다.

2차 (연합)시각 영역 1차 시각 영역에서 처리된 정보를 과거의 경험을 바탕으로 통합하고, 이후 언어정보 처리 등의 고차정보 처리와 연결한다.

표(brain developmental index)도 있다(Erus et al., 2015; Walker et al., 2016). 이 지표에 기반한 연구에 따르면, 실제 연령보다 높은 두뇌 발달지표를 가진 아동은 회색질 부피의 감소가 더 일찍 관찰되는 반면(Erus et al., 2015), 낮은 두뇌 발달지표를 가진 아동은 회색질 부피의 감소가 더 늦게 관찰되었다. 이는 중기 아동기부터 전반적인 회색질 부피의 감소가 시작되고 백색질 부피는 계속 증가하는 발달 경향과의 일관성을 보여 준다.

(2) 기능 발달

① 휴지 상태 기능적 연결망

태아와 달리 영아를 대상으로 한 두뇌 기능의 측정은 휴식상태뿐 아니라 제한적이나마 의식적인 과제 수행상태에서도 가능하다. 휴지상태 측정은 태아와 마찬가지로 주로 영아가 자고 있을 때 자동적으로 활성화되는 연결망의 패턴을 측정하는 방식으로 이루어진다. 앞에서 기술했듯이 휴지상태의 신경망은 임신 26주 태아에게서 이미 관찰되는데, 특히 1차 감각·운동 영역을 포함하는 기본적인 신경망은 이 시기에 이미 성인과 흡사한 형태를 가진다(Smyser & Neil, 2015).

이후 출생과 생후 1년 사이에 1차 감각·운동연결망, 청각연결망이 가장 먼저 발달하고 그다음 시각, 주의, 기본상태연결망의 순서로 발달한다(Gao, Alcauter, Smith, et al., 2015; Smyser & Neil, 2015; Lin et al., 2008). 기본상태연결망은 두뇌의 기저상태로서, 주로 목표 지향적이고 인지적인 과제를 수행할 때에는 활성화 정도가 감소하고, 피험자가 깨어 있지만 눈을 감고 휴식하는 상태에서 더 높게 활성화되는 경향이 있다(Raichle et al., 2001). 실행기능과 관련된 연결망이 가장 마지막으로 발달하는데, 이는 실제 아동의 행동에서 반응 억제나 주의 통제 발달이 더딘 것과 연관이 깊다.

최근 연구에서는 머신러닝 분석기법을 활용해 6~12개월 영아의 휴지 상태에서의 기능적 연결망 데이터를 분석하여 생물학적 나이를 정확하게 구분할수 있었다. 이는 두뇌 구조 변화의 측정을 바탕으로 두뇌 성장지표나 발달지표를 만들었던 것처럼, 휴지상태 기능적 연결망 역시 종단적 두뇌 발달을 예측하는 중요한 생물학적 지표가 될 수 있다는 것을 보여 준다(Dehaene-Lambertz & Spelke, 2015).

② 사회적 두뇌 발달

생애 초기 영아가 세상을 배우는 중요한 통로는 양육자이다. 양육자는 생존을 위한 영양을 공급하고, 언어 습득을 위한 각종 자극을 제공하며, 영아가 태어나서 처음 만나는 사회 구성원이다. 따라서 양육자가 보내는 사회적 신호를 탐지하고 적절하게 반응하는 능력은 모든 발달의 디딤돌일 것이다.

실제로 태어난 지 1~4일 만에 신생아들은 사회적 자극의 중요성을 인식하는 것처럼 보인다. 측두피질 영역은 성인의 사회적 정보처리 영역으로 알려져 있는데, fNIRS 연구에 따르면 신생아의 경우에도 측두피질 영역에서 사회적 비디오 자극에 대한 반응이 기계적인 비사회적 비디오에 대한 반응보다 높게 나타났다. 특히, 사회적 자극에 대한 측두피질 영역의 선택적 반응은 신생아의 시간연령(태어난 지 몇 시간 되었는지로 나타낸 연령)이 증가할수록 강해지는 경향을 보였다(Farroni et al., 2013). 이는 인간이 태어나면서부터 사회적 두뇌의 일부분이 기능하지만, 더 정밀한 처리를 위해서는 경험이 필수적이라는 점을 보여 준다. 5개월 영아 역시 시각적으로 제시된 사회적 자극에 신생아와 비슷한 선택적인 반응을 보여 주었다. 또한 성인과 마찬가지로 타인의 마음 이해와 관련된 두뇌 영역인 후상측두고랑에서 사람 목소리를 다른 소리와 구분하며(Lloyd-Fox et al., 2013; Lloyd-Fox et al., 2009), 6~12개월 사이에는 사회적 자극에 대한 두뇌 활성화의 깊이나 넓이에 폭넓은 변화가 발생한다(Jones et al., 2015). 즉, 발달 초기부터 우리 두뇌는 사회적 자극을 선별하고 특정 피질 영역에 이 정보를 할당하여 처리하지만(전문화된 모듈 시스템), 여기에 경험의 효과를 더해 더 효율적이고 전문화되면서도 통합적인 사회정보 처리 시스템으로 변화할 수 있는 여유 공간도 미리 마련해 둔다.

③ 구조-기능의 관계

일반적으로 구조적으로 강하게 연결된 영역들은 기능적으로도 강한 연결성을 보인다(Bullmore & Sporns, 2009). 예를 들어, 대뇌 좌우반구를 연결하는 뇌량이 성장하면서 대뇌 좌우피질 영역들의 신호전달 역시 빠르고 효율적으로 진행된다. 그러나 휴지기 MRI 연구에서 발견한, 특정 과제를 수행하지 않을 때에도 활성화되는 두뇌 신경망은, 축삭 다발과 같은 확연한 구조적 연결성이 없이도 두뇌 영역 간의 강한 연결이 가능하다는 것을 보여 주었다. 즉, 모듈로 대표되는 국지적 연결망의 경우 구조적 연결(축삭을 통한 직접 연결)을 수반하고 있지만, 더욱 복잡하고 변이적인 정보처리가 필요한 상황에서는 다수의 독립된 모듈이 통합하여 새로운 하나의 기능적 연결망으로 기능한다(Park & Friston, 2013; Wang et al., 2014). 이런 광범위한 연결은 유동적이며, 과제의 종류와 어려움에 따라 통합의 정도가 결정된다. 게다가 활발하게 사용되는 기능적 연결망은 기저에 있는 신경구조를 바꾸기도 한다(Haartsen, Jones, & Johnson, 2016; Johnson, 2011). 예를 들어, 모듈구조의 발달이 늦은 임신 28~31주 사이 조산 영아는 2세 때 신경 기능에서도 낮은 발달 수준을 보이는 반면(Ball et al., 2013), 잘 발달한 기능적 신경망을 가진 임신 30주 조산 영아는 출생 이후 10주 사이에 더 빠른 두뇌 구조의 성장을 보여 준다(Benders et al., 2015). 즉, 두뇌 구조의 성장은 관련된 기능의 발달을 촉진하고, 이는 다시 관련된 구조의 성장을 견인하는 구조와 기능 간의 양방향 상호작용이 활발히 발생한다.

2) 아동기

아동기는 인지 및 사회적 행동의 많은 측면에서 급격한 변화가 일어나는 시기이다. 두뇌 발달에서도 구조와 기능의 측면에서 다양한 변화를 관찰할 수 있고, 실제 수많은 연구 결과가 보고되었다. 여기에서는 구조와 기능을 중심으로 대표적인 발달 패턴과 함께 실행기능의 발달을 살펴본다.

(1) 구조 발달

유아기 이후 아동기 동안 두뇌 구조에서 가장 대표적인 변화는 출생 후부터 지속된 백색질 구조의 성장과, 두뇌의 여러 영역에서 동시적으로 발생하는 회색질 구조의 쇠퇴이다(Giedd et al., 1996; Sowell et al., 1999a, 1999b, 2002). 여기서도 그 영역에 따라 감소 정도에 차이가 발생한다.

기념비적인 대규모 프로젝트인 PING(Pediatric Imaging, Neurocognition and Genetics)은 미국 국립보건원의 지원으로 3~20세 사이의 아동과 청소년 1,400여 명을 대상으로 두뇌영상 기법과 표준화된 행동 측정방법, 유전 정보를 활용해 진행된 두뇌 발달 연구이다(Jernigan et al., 2016). 이 연구 결과를 바탕으로 학령전기부터 청소년기까지 대뇌피질의 형태 발달 변화를 연 단위로 살펴보았다(Brown et al., 2012). 그 결과 4~6세에 피질 표면적의 급속한 팽창이 일어남이 관찰되었다. 4세에 이르면 전두피질과 측두엽 연합피질 등 고차 피질에서 급속한 표면적 증가가 나타나는 반면, 1차 감각 영역의 증가 속도는 고차 영역들에 비해 현저히 느렸다. 10세 정도에 이르면 후두 영역과 상부두정피질에서 표면적 감소가 나타난다. 20세에 이르면 전체 피질 영역에서 표면적 감소가 나타나서 성인기까지 지속된다(Brown & Jernigan, 2012). 표면적과 달리 피질 두께는 아동기 초기에 발달적 확장이 나타나지 않고, 오히려 아동기 초기부터 성인기까지 지속적으로 감소한다. 하지만 동일한 연령에서도 피질 영역별로 부피 변화의 정도와 양상이 매우 다양할 뿐 아니라, 연령에 따른 변화 속도 역시 차이가 난다. 피질 영역별 구조 변화의 다양성은 학령기 인지 발달의 주요 지표인 실행기능의 발달 양상에서 하부 요인들 간의 발달 차이와 깊은 연관이 있었다. 건강한 아동에게서 관찰된 하부전두피질이랑과 전대상피질에서 회색질 두께의 감소는 연령에 따른 인지적 통제 능력의 증가와 상관이 있었고, 상부두정피질에서 두께 감소는 작업기억 능력의 증가와 관련이 높았다(Kharitonova et al., 2013).

기본적으로 피질(회색질) 두께가 감소한다는 것은 피질의 심층부에 위치하는 백색질 통로가 수초화되면서, 이전에 어둡게 보였던 축삭 다발(회색질)이 밝은 색의 수초로 인해 흰색(백색질)으로 보이기 때문이다. 이로 인해 신경전달의 속도가 비약적으로 증가하는데, 특히 학령기 초기 2~4년 동안 백색질 통로의 발달로 인한 정보처리 속도의 증가가 확연하게 나타나고, 그 증가 속도와 수준에서 개인차 역시 뚜렷하다(Lebel & Beaulie, 2011).

(2) 기능 발달

신생아나 영유아에 비해 학령기 아동은 성인과 마찬가지로 다양한 종류의 인지·사회·행동 과제를 제시하고, 과제 수행 동안 동시적인 두뇌 활동을 관찰하기가 훨씬 용이하다. 따라서 EEG, fMRI 등 다양한 방식으로 학령기 아동의 두뇌 발달에 대한 많은 연구가 진행되었다. 여기에서 이 모든 연구를 다루기는 어려우므로 아동기 두뇌 발달 연구에서 공통적으로 관찰되는 기능적 변화를 간단히 논의해 보자.

① 정보처리 속도와 방법의 변화

아동기 두뇌의 기능적 발달에서 두드러지게 관찰되는 변화는 신경신호 전달 속도의 증가와 기능적 신경망의 전문성 및 통합성의 증가이다. 이는 구조 발달에서 이미 살펴본 것처럼 신경신호 전달 통로의 수초화와 시냅스 가지치기에 따른 신경망의 구조적 효율성 증가가 주된 원인이다.

밀리초 단위의 신경 변화를 탐지할 수 있는 EEG 방법을 사용한 발달 연구들을 먼저 살펴보자. 학령전기와 학령기 아동의 주의, 기억, 언어, 시공간 인지, 학습 능력에 대한 많은 연구가 사건관련전위(ERP) 기법을 활용하였다(Nelson & McCleery, 2008). ERP는 자극 제시에 의해 발생하는 전기적 신경활성화를 말한다. 일반적으로 학령전기 아동은 학령기 아동이나 성인에 비해 최고 반응까지 도달하는 데 걸리는 잠재 시간이 더 긴 ERP 반응을 보인다(Brown & Jernigan, 2012). 이는 학령전기 아동이 성인에 비해 정보처리 속도가 느리다는 것을 보여 주며, 동일한 반응을 끌어내는 내부 기제나 인지적 전략 사용에서의 효율성 차이를 반영한다. 그러나 모든 ERP에서 발달적 차이가 관찰되는 것은 아니다. 특히 일차적 감각 처리와 관련된 전위보다 고차적 지각/인지적 처리와 관련된 전위에서 더 확연한 발달 차이가 관찰된다. 이는 성인과 비슷한 수준으로 감각정보 처리가 가능하지만 의사결정이나 기억과 같은 고위 인지기능에서 확연한 차이를 보이는 학령전기 아동의 행동 특성을 잘 반영한다.

1990년대 중반에 아동 대상의 fMRI 실험이 시작된 뒤로 두뇌 기능 발달, 특히 정상적으로 발달하는 아동의 특정 인지기능의 신경정보 처리 발생 장소를 찾아내기 위한 수많은 fMRI 연구가 진행되었다. 학령기 아동을 대상으로 주의, 기억, 언어, 실행기능, 사회정보 처리, 정서인지, 도덕성 발달 등 이 책의 모든 장에서 다루어질 인간 발달의 전 분야에 대한 fMRI 연구를 찾아볼 수 있을 것이다. 이처럼 학령기 아동과 성인의 특정 인지 과제 수행 시의 뇌영상을 비교한 수많은 연구에서 공통적으로 발견되는 것을 매우 간략히 요약하자면, 정보처리에 관여하는 두뇌 영역의 수와 공간적 범위에서의 변화를 들 수 있다(Brown & Jernigan 2012). 즉, 어린 아동의 뇌영상에서는 동일 과제를 수행할 때 청소년이나 성인들에 비해 더 많은 수의 신경망이 관여하고 더 넓은 부위가 활성화된다. 또한 어린 아동일수록 1차·2차 감각지각피질 영역에서의 활성화 강도가 나이 든 집단에 비해 더 높게 나타난다(Booth et al., 2004; Brown et al., 2005; Casey et al., 1995; Durston et al., 2006). 이는 어린 아동일수록 비효율적으로 더 많은 노력을 들여 정보를 처리하는 반면, 발달함에따라 감각지각과 같은 기본적인 과정이 자동화되기 때문이다.

능동적인 과제 수행이 요구되지 않는 휴지기 fMRI에서 관찰된 어린 아동의 기능적 연결망은 대개 국소적 조직화(주로 모듈과 같은 짧은 거리 신호전달 체계의 발달)로 구성된 반면, 청소년과 젊은 성인에게는 동일한 기능적 연결망이 좀 더 분산된 동시에 더욱 유기적인 구조(리치클럽의 발달)로 나타난다(Fair et al., 2009; Dosenbach et al., 2010; Power et al., 2010). 또한 휴지기 다른 모듈 영역 간 활성화 패턴 역시 더욱 집중된 형태로 변화한다(Supekar et al., 2010; Uddin et al., 2010, 2011). 즉, 태내기부터 진행된 분화에서 통합으로의 기능적 신경망의 발달이 더욱 두드러져, 복잡하고 통합적인 정보처리가 가능해진다. 이는 동일한 문제 해결에도 다양한 요인을 고려할 수 있는 청소년 및 성인의 정보처리 발달의 생물학적 기저 원인이다.

② 실행기능의 발달

실행기능은 아동기에 중요한 인지적 발달지표의 하나로, 상황에 맞춰 목표 지향적으로 행동하기 위해 개인이 환경 제약이나 습관 또는 자동적인 반응을 넘어서 능동적으로 기존 행동을 바꾸는 적응 행위이다. 실행기능은 일반적으로 지속적 주의, 작업기억, 과제 전환, 억제 통제 과제의 수행을 통해 측정되며, 학령기 아동부터 청소년기까지 지속적인 변화가 관찰된다. 이러한 실행기능 발달의 신경생물학적 기저를 찾기 위해, 다양한 연령의 아동을 대상으로 실행기능 과제를 수행할 때 나타나는 두뇌 활성화 패턴을 fMRI로 측정하는 연구들이 진행되었다.

실행기능 자체의 복잡성으로 인해 실행기능과 관련된 영역은 물론 두뇌 활성화의 강도나 패턴의 변화가 각 하부 능력에 따라 다르게 나타난다. 예를 들어, 작업기억 과제의 경우 외측전전두피질에서 연령에 따라 활성화가 증가하였으나(Perman, Huppert, & Luna, 2015), 지속적 주의나 억제 과제와 관련된 영역에서 연령의 효과는 일관적이지 않았다(Valanova, Wheeler, & Luna, 2009; Burgund et al., 2006; Brahmbhatt, White, & Barch, 2010). 활성화 패턴의 경우, 복잡한 인지 통제 과제를 수행할 때 연령이 높은 아동일수록 활성화 강도가 컸고 더욱 응집된 형태의 영역 간 활성화 패턴을 보여 주었다(Durston et al., 2006; Casey et al., 2005). 특히 대규모의 아동·청소년 fMRI 연구는 실행기능 영역의 활성화 증가와, 이와 동시에 나타나는 기본상태연결망의 활성화 저하가 작업기억 과제에서의 수행 증진과 밀접한 연관이 있음을 보여 주었다. 이같은 실행기능 영역-기본상태연결망 사이의 상호작용 패턴은 아동의 연령에 의한 효과를 제거한 후에도 작업기억 과제 수행을 강력하게 예측하였다(Satterthwaite et al., 2013). 이는 실행기능 발달이 연령 증가에 따른 성숙뿐 아니라 두뇌 기능적 연결망의 성숙에 의해 진행된다는 것을 의미한다.

휴지기 fMRI 연구 역시 기능적 연결망들 사이의 상호작용 발달이 실행기능의 발달을 뒷받침한다는 가설을 지지하고 있다. 기본상태연결망 내부 영역들 간의 상관은 연령에 따라 증가하며(Fair et al., 2008; Sherman et al., 2014), 기본상태연결망 자체는 거대연결망을 구성하는 각각의 기능적 하부연결망들을 규합하는 '응집력 있는 연결자(cohesive connector)'의 역할을 하는 것으로 보인다(Gu et al., 2015). 결론적으로, 각기 다른 하위 능력의 발달 민감기 동안에 기능적 연결망 사이의 연결과 분포(topology) 역시 변화하며 이는 복잡한 성격을 띤 실행기능의 성숙 양상을 잘 설명한다(Shanmugan & Satterthwaite, 2016).

3) 청소년기

주로 사춘기에서 시작하여 사회적 역할의 습득과 함께 마무리되는 청소년기는 기억이나 문제 해결과 같은 고위 인지기능과 관련된 피질 영역에서 구조적·기능적 변화가 나타나는 시기이다(Fuhrmann, Knoll, & Blakemore, 2015).

백색질 구조의 부피는 생애 초기부터 청소년기를 지나 성인기까지 지속적으로 증가하는 반면, 회색질 부피는 청소년기부터 20대까지 감소한다. 이런 변화는 특히 전두엽, 두정엽, 측두엽에서 두드러지게 발견된다(Tamnes et al., 2014). 일반 지능을 비롯한 작업기억, 문제 해결 능력에서의 지속적인 변화는 물론, 사회 인지와 관점 변화, 정서 처리 능력 등의 변화도 동반된다. 따라서 최근 신경가소성이 향상되는 두 번째 시기로서 청소년기에 관심을 가지는 연구자가 증가하고 있다(Steingerg, 2014).

(1) 구조 발달

청소년기에 관찰되는 백색질 부피의 증가는 주로 수초화에 의한 축삭의 지름 증가 때문이다. 이는 빠르고 효율적인 정보전달을 이끈다. 시냅스 밀도는 생애 초반기에 증가했다가 청소년기 즈음에 감소하기 시작한다(Dumontheil, 2016). 시냅스 수의 감소는 불필요한 신경 연결을 제거하여 더욱 효율적으로 신경신호를 전달할 수 있음을 의미한다. 감각·운동 영역에서 시냅스 밀도가 아동기에 주로 감소한다면, 청소년기에는 전전두피질 영역에서 시냅스 밀도의 감소가 두드러진다(Huttenlocher, 1979; Petanjek et al., 2008). 이는 상대적으로 감각·운동 영역의 이른 성숙과 전전두피질에서의 느린 성숙을 나타낸다. 시냅스 가지치기의 결과를 반영하는 회색질 부피에서의 변화도 후두엽이나 두정엽보다 전두엽과 측두엽에서 늦은 발달을 보여 준다. 이는 곧 고차 연합 영역에서 두뇌 구조 발달이 늦는 것을 다시 한번 강조한다. 또한 피질 두께 감소 속도의 개인차는 관련한 능력에서의 개인차와 밀접한 관련을 보여 준다. 즉, 청소년기 후반 전전두피질 영역에서 관찰되는 피질 두께의 큰 변화는 높은 지능(Shaw et al., 2006) 및 언어작업기억(Tamnes et al., 2013)과 관련이 있었다. 이런 결과는 지적 능력이 높은 개인일수록 환경정보에 민감하게 반응하는 시기가 청소년기까지 확장된다는 유전형질 연구 결과와 일치한다(Brant et al., 2013).

2차 성징으로 대표되는 청소년기의 신체기관 발달과 정서조절에 미치는 성호르몬은 청소년기 두뇌 변화에도 영향을 미친다. 청소년의 연령과 사춘기의 진행 정도, 사춘기 성호르몬의 분비 수준은 정서정보를 처리하는 편도체와

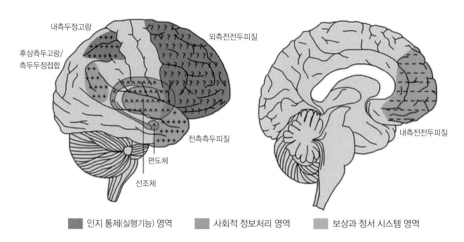

내측두정고랑   외측전전두피질

후상측두고랑/
측두두정접합

전측측두피질

편도체

선조체

■ 인지 통제(실행기능) 영역   ■ 사회적 정보처리 영역   ■ 보상과 정서 시스템 영역

내측전전두피질

그림 2-11 **청소년기 기능적 신경망의 발달**

인지 통제(실행기능) 영역: 외측전전두피질과 내측두정고랑. 청소년기부터 성인기까지 인지 통제 과제 수행 시 내측두정고랑에서 지속적으로 활성화가 증가한다(+ 기호로 표시). 그러나 배외측 전전두피질에서의 결과는 과제에 따라 상이하게 나타난다(? 기호로 표시). 복외측 전전두피질에서의 활성화 역시 연령과 과제에 따라 증가와 감소가 다르게 나타난다.

사회적 정보처리 영역: 내측전전두피질과 후상측두고랑과 측두두정접합, 전측측두피질(ATS). 사회인지 과제 수행 시 내측전전두피질에서의 활성화는 연령과 함께 감소하고(- 기호로 표시), 측두피질에서의 활성화는 연령과 함께 증가하는 경향을 보인다(+ 기호로 표시).

보상과 정서 시스템 영역: 피질하 영역 중 선조체는 보상, 편도체는 정서 자극과 관련. 그림에 표시된 모든 피질 영역은 청소년기 연령 증가와 함께 회색질 두께와 부피가 감소하나, 피질하 영역에서는 선조체는 부피가 감소하고 편도체는 부피가 증가한다.

출처: Dumontheil(2016).

기억을 담당하는 해마의 부피 증가와 깊은 연관을 보인 반면, 다른 피질하구조에서는 사춘기 진행에 따른 부피 감소가 관찰되었다(Goddings et al., 2014). 이는 사회적 정보에 민감하게 반응하고, 일화기억 능력의 발달이 두드러지는 청소년기 행동 변화와 부합한다.

(2) 기능 발달

아동기부터 시작된 실행기능의 발달은 청소년기에도 지속된다. 청소년기에 발생하는 전반적인 실행기능의 변화는 두정피질에서의 활성화 증가와 함께 외측전전두피질에서의 활성화 감소나 증가와 관련되어 있었다(그림 2-11 참조, Crone & Dahl, 2012; Luna, Padmanabhan, & O'Hearn, 2010). 수행감찰(performance monitoring), 반응학습(feedback learning), 관계추론(relational reasoning)과 같은 더 복잡한 실행기능 과제에서 기능적 변화도 관찰할 수 있었다(Crone & Dahl, 2012). 초기 아동기에는 실행기능의 하위 특질에 따른 분화 없이 전전두피질 전반에 걸친 활성화가 관찰되었다면, 청소년기를 거치면서 실행기능의 하위 세부 특질에 따라 공간적으로 분화된 전전두피질의 활성화가 나타난다. 즉, 내측전전두피질의 활성화는 반응 억제 능력의 변화와 관련이 있었던 반면(Tamm, Menon, & Reiss, 2002), 외측전전두피질의 활성화는 관계추론 능력의 변화와 밀접한 연관이 있었다(Dumontheil, 2014).

청소년기는 사회정보 처리 방식에 큰 변화와 혼란을 겪는 시기이다(Blakemore & Mills, 2014). 청소년의 사회적 관심은 배타적으로 또래에게 향하고, 또래의 존재 및 평가에 대해 행동뿐 아니라 신경생리 반응에서도 강한 민감성이 관찰된다(Blakemore & Mills, 2014). 청소년들은 타인의 관점을 수용하기 어렵다는 점에서 성인보다 좀 더 자기중심적이지만, 동시에 또래 집단에게 거부당하는 것에도 매우 민감하다(Dumontheil, Apperly, & Blakemore, 2010; Sebastian et al., 2010). 그로 인해 또래 앞에서는 평소보다 더욱 과장되거나 위험한 행동을 하기도 한다(Steinberg, 2008; Albert, Chein, & Steinberg, 2013). 사회적 맥락에 대한 정보처리뿐 아니라 정서와 감정, 보상과 관련된 맥락 역시 청소년기 의사결정에 중요한 영향을 미친다(Blakemore & Robbins, 2012).

이와 같은 청소년기 사회정보 처리와 정서적 민감성은 두뇌 활동에서도 여실히 드러나, 동일한 사회적 정보를 처리할 때(Blakemore, 2012; Crone & Dahl, 2012), 청소년기의 편도체는 분노나 행복 등 정서정보를 담고 있는 얼굴 자극에 대해 다른 연령 집단보다 훨씬 극대화된 반응을 보였고, 동일한 보상이 주어졌을 때 선조체에서의 활성화 증가 역시 컸다(Braams et al., 2015; Crone & Dahl, 2012). 각기 다른 연령 집단이 동일한 정보처리를 할 때 관찰되는 활성화 강도의 차이는 주로 인지적 전략 사용에서의 연령 차이나 관련 뇌 영역에 해당하는 정보에 대한 민감성으로 해석된다(Crone & Dahl, 2012). 즉, 내측전전두피질과 편도체에서의 강한 반응은 청소년 두뇌가 사회적 맥락에 대한 높은 민감성과 더불어 정서 자극과 보상에 대한 과민함을 보인다는 것을 의미한다. 반면, 후상측두고랑(pSTS)과 측두두정접합(TPJ), 전측측두피질(ATS) 등 타인의 관점 이해와 관련된 측두 영역에서의 낮은 활성화는 청소년의 두뇌가 성인과는 다른 방식으로 타인의 관점을 추론할 가능성을 보여 준다. 실제로 많은 청소년들이 타인의 관점에서 물건을 옮기는 간단한 행동실험에서 성인보다 낮은 정확성을 보여 주었고(Dumontheil et al., 2010), 이는 느리게 발달하고 있는 자기통제(예: 부적절한 정서, 동기, 행동의 억제) 능력과 더불어 청소년기 질풍노도와 같은 행동 문제의 원인으로 간주된다.

개념 체크 ▲

다음 질문에 적절한 답을 고르시오.

1 신생아~영아 시기 두뇌 발달에 대한 설명 중 옳지 않은 것은?

① 백색질의 부피는 생애 초기부터 점진적으로 증가한다.

② 영아기 동안 피질 두께와 표면적의 성장 속도는 영역에 상관없이 일관적이다.

③ 출생 시에 이미 전두엽과 후두엽에서의 구조적 연결성이 다른 영역에 비해 높게 나타난다.

④ 영아기 두뇌의 발달 정도를 수량화하기 위해 피질 두께와 구조적 연결성의 성장 속도와 양상을 이용할 수 있다.

⑤ 영아기 두뇌의 구조와 기능 발달 간의 관계는 양방향적이다.

2 아동기 두뇌 발달에 대한 설명 중 옳은 것을 모두 고르시오(3개).

① 아동기에는 대뇌피질과 심층핵 등의 여러 영역에서 회색질 구조가 쇠퇴하기 시작한다.

② 아동기에도 여전히 뇌실 영역에서 신경세포 분화를 관찰할 수 있다.

③ 대뇌피질의 영역에 따라 부피 감소 속도에 차이가 나는 것은 관련한 인지기능 발달의 시기적 다양성을 반영한다.

④ 피질 두께의 감소는 백색질 통로의 탈수초화가 진행되기 때문에 발생한다.

⑤ 아동기 두뇌 기능 발달에서 두드러지는 변화는 신경신호 전달 속도의 증가와 기능적 신경망의 전문성과 통합성의 증가이다.

빈칸에 알맞은 말을 써넣으시오.

3 청소년기 작업기억, 억제 통제, 과제 전환 등으로 측정되는 .... 의 발달은 두정피질에서의 활성화 증가와 함께 전전두피질에서의 활성화 변화와 관련이 있다.

4 두뇌는 외부 자극 없이도 자동적으로 활성화된다. .... MRI를 활용하여 자고 있는 영아의 자동적으로 활성화된 신경망을 관찰할 수 있다.

요약

- **태내 발달**
- 인간의 두뇌는 다양한 형태와 종류의 뉴런과 신경아교세포로 구성되어 있다. 뉴런은 신경정보 처리의 기본 단위로 세포체와 축삭, 수상돌기로 구성되어 있으며, 시냅스를 통해 다른 뉴런과 연결을 형성한다. 뉴런 한 개는 수천 개의 다른 뉴런과 연결을 형성한다. 신경세포의 분화와 마찬가지로 방사상/접선상으로 세포 간 연결이 증가한다.
- 대뇌 주름구조는 피질의 표면적을 넓혀 주어 제한된 부피의 두뇌가 복잡한 신호처리를 가능하게 한다. 신피질의 분화된 구조는 전문화된 정보처리를 가능하게 하고, 그 발달 양상과 속도 역시 영역에 따라 다르다.
- 배아기 초기(수정 후 5주): 뇌실과 뇌실하 영역에서 신경세포가 발생하여 표적장소를 향해 방사상으로 이동한다.
- 배아기 말(임신 7주): 방사상으로 이동하는 신경세포에 의해 피질판의 발달이 시작되고, 피질 뉴런은 발달 순서에 따라 안에서 밖으로 자리를 잡으며 피질층을 형성하기 시작한다.
- 초기 태아기(임신 9~18주): 표적장소에 먼저 도착한 뉴런은 성숙한 형태로 변화하고 다른 신경세포와의 연결을 생성한다. 뇌실 영역의 세포들이 모두 바깥으로 이동하면서 뇌실 영역이 쇠퇴하기 시작한다.
  중기 태아기(임신 19~34주): 대뇌 표면에 주름이 생성되기 시작하고, 피질 가장 바깥층의 발달도 완성된다. 접선상으로 이동하는 피질 뉴런들이 관찰되기 시작하고, 태아기 중기 말에는 축삭의 성장과 수초화가 진행되면서 백색질 조직이 발달한다.
- 세포자멸사는 유전적으로 프로그램된 세포의 소멸 과정으로, 세포 증식이 활발한 장소와 시간에 세포자멸사 역시 많이 관찰된다.
- 희소돌기아교세포는 축삭 주위에 수초를 형성하여 신경신호 전달의 효율성을 높인다. 시냅스 형성과 가지치기는 신경망을 정교화한다. 출생 이후 두뇌 구조의 변화는 축삭의 수초화와 시냅스 연결의 효율성 증

가로 이루어진다.
- 대뇌 주름의 발생: 피질 표면의 주름구조는 임신 중기에 시작되어, 접선 방향 기울기(1차 연합피질-2차 연합피질-고차 연합피질)를 따라 진행된다.
  대뇌 주름구조는 신경세포 및 아교세포 분화에서의 영역 간 차이와 피질 표층 뉴런의 늦은 이동에 기인한 대뇌 표면과 심층구조의 성장 속도 차이가 발생시키는 물리적 불안정성 때문에 발생한다.
- 두뇌 신경망은 외부 자극이 없이도 자동적으로 활성화되고, 태내에서 이미 기본상태연결망 등 성인에게서 발견되는 연결망의 원시적 형태를 발견할 수 있다. 태아 두뇌에서도 시각, 운동, 언어 등 정보 특성에 따라 모듈화된 연결망을 확인할 수 있다. 이 연결망은 내부에서 외부, 뒤에서 앞의 방향으로 생성된다.
- 청각신경계는 태내에서 가장 먼저 활성화되는 감각 신경계이다. 34주 태아는 이미 말소리의 특성에 따라 각기 다른 영역의 신경망을 활성화한다. 태아기 시각 기능은 청각 기능보다 늦게 발달한다.

- **태내 발달의 위험 요인**
- 생물학적 발달의 표현 주체는 단백질이다. 유전자에 저장된 단백질 합성의 설계도를 토대로, 적합한 시기에 적합한 태내환경이 주어졌을 때 특정 단백질이 생성되며, 그에 따라 두뇌 구조와 기능이 결정된다.
- 인지적·발달적 장애와 관련된 많은 유전자가 태내기에 발현한다. 유전적 위험이 높은 태아(형제자매가 이미 자폐 진단을 받은 경우 혹은 조현병 가족력 보유)는 발달 초기에 비정상적인 형태의 두뇌 성장 추이를 보인다.
- 산모의 정서장애는 태아 두뇌의 호르몬과 신경전달물질 체계를 변화시켜, 출생 후 인지, 사회, 정서 발달에 장기적으로 부정적인 영향을 남긴다.
- 임신 중 위험약물의 복용은 태아의 신경계 기본 구조의 형성을 위한 호르몬 신호체계를 교란하고, 이후 기능적 연결성에서의 이상도 초래한다.

- 유전자와 환경은 쌍방향적으로 상호작용한다. 유전자 구성에서의 개인차가 태내기 약물 노출의 위험에 대한 취약성을 조절하고, 아동기 학대 경험과 성인기 반사회적 행동 간의 관계를 조절한다. 산모의 불안이 태아의 피질구조 성장에 미치는 영향이 태아의 유전 형질에 따라 달라진다.

● **생후 두뇌 발달**
- 신생아~영아기: 태내에서의 발달 과정을 거친 인간의 두뇌는 외부 환경 자극을 받아들이고 처리할 수 있는 준비가 되어 있다. 신경세포들은 이동을 끝마쳐 적절한 장소에 자리 잡고 있으며, 시각·청각 자극 및 사회적 신호 등 필수적인 정보를 처리하는 신경망도 기본적인 형태와 기능이 출생 시까지 준비가 된다. 대뇌피질의 성장은 영아기까지 지속된다. 회색질의 빠른 성장과 백색질의 느리지만 지속적인 성장이 발견된다. 전반적인 피질 부피의 증가는 영역에 따라 그 속도가 현저히 다르다. 영아기 행동 발달에서 두드러지게 나타나는 언어 발달과 사회적 상호작용을 담당하는 영역에서의 성장이 특히 빠르다.
- 확산텐서영상기법(DTI)을 통해 영아 두뇌의 구조적인 연결성을 확인할 수 있다. 피질 부피의 성장과 마찬가지로 구조적 연결성도 영역에 따라 성장 속도가 상이하다. 대뇌피질의 부피와 구조적 연결성의 발달 양상을 토대로 두뇌의 성장 정도를 예측하는 다양한 지표들이 개발되었다.
- 기능적 연결의 발달은 대체적으로 구조적 연결망을 따라 형성된다. 태아기에 기초적인 형태를 갖추었던 기본상태연결망의 활성화가 더욱 두드러진 성장을 보인다. 신생아기부터 영아기까지 생애 첫 1년 동안 사회적 자극을 전문적으로 처리하는 시스템이 발달

한다.
- 아동기: 백색질 구조의 지속적인 성장과 더불어 회색질 구조의 쇠퇴가 관찰된다. 대뇌에 전반적인 피질 두께의 감소를 확인할 수 있고, 성장과 마찬가지로 쇠퇴 역시 영역에 따라 그 감소 속도에서 차이가 두드러진다. 피질 두께는 아동기 초기부터 지속적으로 감소하지만, 피질 표면적은 오히려 증가하고 20세 이후에 감소하기 시작한다. 피질 두께의 감소는 수초화를 거친 백색질 통로의 확장과 구조적 연결망의 효율성 증가와 관련이 깊다.
- 아동기에 기능적 두뇌 발달의 주요한 특징은 신경신호 전달 속도의 증가와 더불어 개별 신경망의 전문성 증가와 신경망 사이 통합 능력의 증진이다. 목표 지향적 행동을 위해 습관적이고 자동적인 반응을 능동적으로 통제하는 집행 기능의 발달이 아동기에 큰 변화를 보이기 시작한다. 집행 기능의 각 하위 요소들의 발달 속도가 다르고, 그에 따라 관련된 뇌 영역들의 활성화 패턴 역시 연령에 따라 다르게 나타난다.
- 청소년기: 고위 인지기능과 관련된 피질 영역(전두, 두정, 측두피질)에서 구조, 기능의 변화가 지속적으로 관찰된다. 수초화의 증가와 연결망의 효율성 증가로 대표되는 백색질 구조의 지속적인 성장이 청소년기에도 계속된다. 특히 고차 인지 영역에서의 변화가 청소년기 후반까지 관찰되는 개인은 일반적인 인지, 지적 능력에서 높은 성취를 보이는 경향이 있다.
- 사춘기 성호르몬은 청소년의 연령 효과를 통제하고도 피질과 피질하 영역의 성장에 유의한 영향을 미친다. 이는 청소년기의 특정적인 위험 추구 행위나 신경정신과 질환 발생의 기저 메커니즘을 밝히는 데 유용한 증거를 제공할 수 있을 것이라 예상된다.

1. 신경세포 발생(neurogenesis)이란 무엇을 의미하는가?

   ① 대뇌 양 반구의 분화된 발달
   ② 세포 분화를 통한 신경세포의 증식
   ③ 시냅스를 통한 신경세포 연결의 증식
   ④ 신경신호 전달 속도의 증가
   ⑤ 특정 기능에 전문화된 국소신경망의 생성

2. 시냅스 발생(synaptogenesis)이란 무엇을 의미하는가?

   ① 대뇌 양 반구의 분화된 발달
   ② 세포 분화를 통한 신경세포의 증식
   ③ 시냅스를 통한 신경세포 연결의 증식
   ④ 신경신호 전달 속도의 증가
   ⑤ 특정 기능에 전문화된 국소신경망의 생성

3. 태아기 두뇌 발달에 대한 설명 중 옳지 않은 것은?

   ① 배아기부터 지속된 신경세포의 생성 속도는 태아기 동안 점차 빨라져서, 임신 중기에 이르면 신경세포 성장 속도가 가장 빠르다.
   ② 태아기 막바지에는 시상-피질 경로를 비롯한 주요한 신경섬유 경로가 일차적인 완성을 마친다.
   ③ 태아기는 환경 변화에 매우 민감한 시기이고, 이후 출생 후 발달에도 장기적인 영향을 미친다.
   ④ 중기 태아기에 대뇌 주름구조의 발달이 시작된다.
   ⑤ 임신 28주에 이르면 피질 1층의 발달이 완료된다.

4. 다음은 피질 주름구조 형성의 원인을 기술한 것이다. 이 중 그 성격이 다른 하나를 고르시오.

   ① 가장 많이 접힌 피질 부분 아래 뇌실하 영역에서의 세포 증식이 가장 활발하다.
   ② 뇌실하 영역의 두께 역시 이랑이 자라는 곳에서는 두껍고, 고랑이 자라는 곳에서는 가늘다.
   ③ 세포자멸사는 고랑이 발달하는 장소에서 지속적으로 발생한다.
   ④ 표층 뉴런의 이동이 이랑 상층부에서 고랑 상층부보다 더 두드러지게 발생한다.
   ⑤ 회색질과 백색질 사이의 성장 속도 차이가 두뇌 구조의 물리적 불안정성을 증가시켜 대뇌피질이 접혀 들어가기 시작한다.

5. 두뇌에서 물분자가 확산하는 성질을 이용하여 대뇌 백색질의 구조적 연결성을 측정할 수 있는 두뇌영상 기법은 무엇인가?

   ① 기능적 근적외분광법
   ② 확산텐서영상
   ③ 기능적 자기공명영상
   ④ 뇌자도
   ⑤ 양전자 방출 단층촬영

"새들은 날아다니고,
물고기들은 헤엄치며, 아이들은 논다"

— 게리 랜드리스 Garry Landreth

신체 및 감각 발달

3

애니메이션 〈보스 베이비(The Boss Baby)〉를 보면 어른처럼 말하고 생각하고 몸을 움직이는 영아들이 등장한다. 현실에서 영아는 〈보스 베이비〉의 영아들처럼 어른스럽게 말을 하지도 못하고, 대뇌 발달도 완성이 되지 않았으며, 신체적 능력 또한 어른처럼 뛰어나지 않다. 그러나 영아는 우리가 생각하는 것보다 훨씬 많은 것을 할 수 있고, 적극적으로 반응하고 배우며, 어른 수준은 아니더라도 생존에 필요한 능력을 지니고 있다. 이 장에서는 신생아가 태어나면서부터 가지고 있는 지각 능력과 그 발달 패턴을 살펴보고, 이와 관련된 영아기의 초기 학습 능력을 알아본다. 이 시기에는 특히 신체적 성장과 운동 능력이 발달의 다양한 측면에 큰 영향을 미치므로 신체 및 운동 발달을 먼저 간단히 알아본 후, 여러 감각의 발달을 소개하고자 한다.

1. 신체 및 운동 발달

영아는 단순히 어른의 축소판이 아니며, 신체적 비율이나 운동 능력 등에서 어른과 질적 차이가 있다. 영아는 어른과 달리 몸에 비해 머리가 매우 크고, 그로 인해 신체의 균형점도 어른과 다르다. 또한 출생 직후 약 1~2개월 동안은 머리를 가누는 것조차 힘들어하며, 몸을 지탱할 수 있는 다리 근육 등도 아직 덜 발달하여 서기나 걷기를 시도할 수 없다. 그 대신 영아는 복잡한 운동 계산이 필요 없는 자동적 기제인 '반사'를 통해 생존에 필요한 최소한의 운동 능력을 갖춘다. 생후 초기 영아의 신체적 성장과 반사, 운동 발달을 알아보자.

1) 신체적 성장

아동의 신체적 성장은 대부분 키와 몸무게의 변화로 측정된다. 전 생애에 걸쳐 가장 빠른 속도로 신체적 성장이 일어나는 시기는 생후 첫 3년이며, 특히 생후 1년간 급격한 성장이 일어난다. 한국 질병관리본부에서 2017년에 발간한 『소아청소년 성장도표』에 따르면, 출생 시 한국 남아의 체중과 신장 중앙값은 3.3kg과 49.9cm이고, 여아는 3.2kg과 49.1cm이다. 영아의 월령별 체중, 신장 등은 나라와 출생연도, 인종별로 약간의 차이가 있을 수 있다. 일반적으로 첫 1개월 동안 영아의 몸무게는 하루 평균 30~40g씩 빠르게 증가하며, 평균적으로 출생에서 5개월까지 약 2배, 생후 1년까지는 약 3배로 증가한다. 이후로 몸무게 증가율은 서서히 감소하여 완만하게 증가하다가 사춘기 무렵에 다시 증가율이 높아진다. 신장의 경우도 출생에서 생후 1년간 약 1.5배, 생후 2년까지 1.7배 정도로 급속하게 증가하여 성인 평균 신장의 절반가량 (48~81cm)이 된다.

생애 초기 영유아의 경우, 어른보다 키와 몸무게만 작은 것이 아니라 신체 각 부분의 비율 또한 현저하게 다르다. 영아의 신체적 성장 순서를 살펴보면 이해하기 쉬운데, 대체로 머리, 가슴, 몸통 등 몸의 중심 부분이 먼저 자라고, 이후 팔과 다리 등이 자란다. 이러한 신체 발달 패턴은 '중심-말초 방향' 발달이라는 용어로 요약할 수 있다. 또한 상대적으로 큰 머리가 이 시기의 특징인데, 출생 시 신생아의 머리둘레는 가슴둘레보다도 크다. 이는 출산 시 산모의 몸에서 신생아의 머리가 먼저 나오면서 다른 부위가 쉽게 나오는 데 도움이 된다. 성인의 경우 머리의 비율이 약 1/8인 것을 고려하면 신생아에게 전체 신장의 약 1/4을 차지하는 머리가 얼마나 무겁게 느껴질지 상상할 수 있을 것이다. 생애 초기의 무거운 머리는 영아들이 걸음마를 배울 때 균형을 잡기 어려운 이유 중 하나이다. 시간이 지나면서 점차 머리의 상대적 비율이 줄어들고 팔다리의 비율이 늘어난다. 그러나 성인과 유사한 신체 비율이 되기까지는 상당한 시간이 필요하며, 아동기 후기에 이르러 엉덩이, 다리, 발 등이 자라면서 비로소 성인과 유사한 신체 비율을 보이기 시작한다.

영유아기의 신체적 성장 수치는 이 시기의 영양 공급, 정상적 발달, 그리고 뇌 발달 등을 간접적으로 추정하는 수단으로도 많이 사용되고 있다. 이러한 이유로 영유아 검진, 특히 3세 이전까지의 발달검사에는 신장 및 체중, 머리둘레 측정 등이 포함된다. 보통 출생 시 몸무게가 2.5kg 미만일 경우 저체중으로 분류하는데, 저체중은 특히 영아 사망률 및 합병증과 높은 상관관계를 보여 주의가 필요하다. 다행히 현대 의학의 발달로 예전에 비해 저체중 영아의 사망률이 많이 감소하고, 적절한 치료를 받는다면 정상발달을 따라잡는 경우도 많이 늘었다.

신생아의 체중은 이후의 지능과도 관련이 있다고 알려져 있는데 양자 모두 적절한 영양 공급을 필요로 하기 때문이다. 호주의 신생아 13,000명을 종단 추적한 연구 결과에 따르면, 평균적으로 생후 1개월간 체중이 약 40%가 늘어난 영아는 체중이 15%만 늘어난 영아에 비해 7세 무렵의 지능점수가 1.5점 이상 높은 것으로 나타났다(Smithers, Lynch, Yang, Dahhou, & Kramer, 2013). 이러한 신생아의 체중과 지능의 관계는, 아마도 생후 첫 한 달 동안 뇌 발달이 가장 급속하게 진행되기 때문인 것으로 보인다. 즉, 뇌 발달이 폭발적으로 일어나는 시기에 충분한 영양이 공급되는지 여부가 두뇌 발달에 장기적 영향을 미치는 것으로 해석할 수 있다. 물론, 이 연구는 실험연구가 아니었고 다른 요인의 개입 가능성도 있어 해석에 주의가 필요하다. 체중뿐 아니라 머리둘레를 통해서도 영아의 정상적인 두뇌 발달 여부를 간접적으로 측정할 수 있다. 머리둘레 크기나 체중은 뇌영상만큼 정확하게 두뇌 발달상태를 보여 주지는 못하지만 두뇌 발달 정도와 정적 상관을 보이는 경향이 있다.

마지막으로, 근골격 역시 영아기 때 급속하게 성장한다. 출생 직후에는 뼈가 말랑말랑하고 잘 휘어져 균형을 잡거나 앉기 등의 자세를 잡기에 적합하지 않다. 이러한 특징은 이후에 소개할 보행 운동 발달의 순서와도 직간접적으로 연관이 있다.

2) 반사 운동

우리가 몸을 움직일 때는 야구공을 던지거나 무용을 할 때처럼 의식적으로 어떤 움직임을 어떻게 할지 계획하고 움직이는 경우도 있지만, 강한 바람이 불거나 눈에 먼지가 들어갔을 때 자신도 모르게 눈을 깜빡이는 것처럼 무의식적으로 나오는 반응도 있다. 눈 깜빡임과 같이 배우거나 의식하지 않아도 자동으로 나오는 움직임을 반사(reflex)라고 한다. 신생아는 이러한 반사에 많이 의존하는데, 이는 신생아의 발달상태를 생각해 보면 쉽게 이해할 수 있다.

신생아는 대뇌 발달 및 근육 발달 등이 아직 미성숙한 상태이다. 그러므로 정교한 운동이나 의식적 노력을 요구하는 행동은 신생아에게 적합하지 않으며, 대신 더 간단하고 즉각적인 자동 반응 기제로서 반사를 가지고 태어난다. 반사는 후천적 학습에 의해 배우는 것이 아니므로 신생아는 태어나자마자 여러 종류의 반사를 보인다. 예를 들어, 태어난 지 얼마 안 된 신생아의 경우 잘 때 사랑스러운 미소를 보일 때가 있는데, 이 미소는 신생아가 기분이 좋아서 의도적으로 짓는 미소가 아니라 반사에 의해 입과 얼굴 근육이 자동으로 움직이는 것이다. 엄마와 눈을 마주쳐서 또는 기분이 좋아서 짓는 '사회적 미소'는 생후 1~2개월이 되어야 나타난다. 이외에도 빨기 반사, 모로 반사 등 여러 가지 반사가 있다(표 3-1 참조).

운동 능력이 부족한 영아에게 반사는 생존을 위해서 필요한 기제이다. 출생 후 영아는 걷지도 기지도 스스로 음식을 찾지도 못하며, 정교하게 얼굴 근육을 협응하여 움직이는 능력 등이 부족하다. 그럼에도 불구하고 영아는 엄마를 찾아 모유를 먹는데, 여기에는 근원 반사나 빨기 반사, 파악 반사가 큰 역할을 한다. 근원 반사(rooting reflex)란 뺨을 톡톡 치는 등 영아와 접촉하면 머리를 자극 방향으로 돌리는 현상을 의미하며, 이러한 반응은 엄마의 젖꼭지를 찾아 모유를 먹는 데 도움이 된다. 흥미롭게도 이러한 근원 반사는 모든 자극에 다 나타나는 것이 아니라 타인이 만지거나 영아가 배가 고플 때에만 나타난다. 다시 말해 영아가 스스로 버둥거리다가 자기 얼굴을 만질 때에는 근원 반사가 관찰되지 않는다. 이러한 차이는 반사가 생존을 돕기 위해 특정한 자극이

표 3-1 **신생아의 반사행동**

반사 명칭	특징	사라지는 시기
빨기 반사	입에 들어온 대상을 빨려고 한다.	생후 2~3개월경
근원 반사	입 주변에 자극이 닿으면 닿는 방향으로 고개를 돌리고 입으로 빨려고 한다.	생후 3개월경
파악 반사(잡기 반사)	손바닥에 사물이 닿으면 꽉 잡는다.	생후 3~4개월경
모로 반사	갑자기 큰 소리가 나거나 머리 위치가 바뀌면 두 팔을 앞으로 뻗고 손가락을 밖으로 펼쳤다가, 다시 무언가를 안듯이 몸을 구부리고 팔과 다리를 움츠린다.	생후 4~6개월경
수영 반사	물속에 넣으면 살아남기 위해 적절하게 팔과 다리를 움직이고 호흡을 멈추어 한동안 물에 떠 있을 수 있다.	생후 4~6개월경
걷기 반사	평평한 바닥이나 벽에 발을 닿게 하면 몸을 곧게 펴고 걷듯이 무릎을 구부리며 다리를 번갈아 움직인다.	생후 5~8개월경
바빈스키 반사	신생아의 발바닥을 발꿈치에서 발가락 쪽으로 간질이면 엄지발가락은 위로 치켜세우고 다른 네 발가락은 부채처럼 쫙 펴는 반응을 말한다.	생후 8~12개월경
삼키기 반사	입속에 음식물이 들어오면 삼키려고 한다.	사라지지 않음
동공 반사	밝은 빛 앞에서 눈을 감는다.	사라지지 않음
호흡 반사	들숨과 날숨을 반복한다.	사라지지 않음
눈 깜빡임 반사	무의식적으로 눈을 깜빡인다.	사라지지 않음

그림 3-1 **파악 반사**

나 상황에 적합하게 일어남을 보여 주는 좋은 예이다. 또한 빨기 반사(sucking reflex)는 입이나 혀, 뺨 등에 닿는 것을 본능적으로 빨려고 하는 반사로, 신생아가 고도의 운동 협응 능력 없이도 엄마의 젖이 얼굴에 닿는 순간 바로 빨 수 있도록 하여 생존을 돕는다. 또한 영아는 물건이나 어른 손가락 등이 손에 닿으면 꽉 쥐는 파악 반사(grasping reflex)를 보이는데, 이러한 반사는 영아가 어머니에게 안길 때 잘 붙잡을 수 있게 도와준다.

복잡한 운동기술 발달의 기초가 되는 반사도 있다. 예를 들어 신생아는 누워 있을 때 허공에 다리를 휘저으며 마치 걷는 것처럼 다리를 교대로 움직이는 반응을 보이는데, 이를 걷기 반사(stepping reflex)라고 한다. 생후 초기에는 걸을 때 몸을 지탱해 줄 다리 근육이 충분히 발달하지 않아 걷기 반사가 나타나지만, 대부분 생후 2개월 즈음에는 사라진다. 그러나 걷기 반사를 보이는 빈도가 줄더라도, 영아를 눕혀서 벽에 발을 대거나(Thelen & Fisher, 1982) 중력에서 상대적으로 자유로운 물속에 영아를 두면 걷기 반사가 다시 관찰되기도 한다(Thelen, Fisher, & Ridley-Johnson, 1984). 걷기 반사가 나타나는 시기에 영아의 두 다리를 잡아 교차시키면서 걷기와 같은 움직임을 할 수 있도록 꾸준히 도와주면, 영아의 근육 발달에 도움이 되고 다른 영아들보다 더 일찍 걷기도 한다. 신생아는 걷기 반사뿐만 아니라 수영 반사(swimming reflex)도 보인다. 수영 반사란 물에 들어가면 팔다리의 움직임을 멈추고 물에 뜨는 반응을 의미하며, 생후 4~6개월 즈음에는 대부분 사라진다. 수영 반사와 걷기 반사 등은 팔다리와 몸을 의식적으로 통제하여 수영을 하고 걷는 것과는 다른 기제이며,

생애 초기에 나타났다가 운동과 관련된 근육과 신체 능력, 대뇌 발달 등이 이루어지면서 걷기, 수영하기 등의 운동기술로 대체된다.

대부분의 신생아 반사는 생후 6개월 이전에 사라지는데, 이는 신경계의 발달과 관련된 것으로 보인다. 즉, 대뇌가 발달하고 스스로 운동하고 조절할 수 있는 능력이 발달함에 따라 원시적 자동 기제인 반사는 사라지는 것으로 보인다. 이처럼 반사 기제는 신경계의 발달과 관련된 것으로 여겨지기 때문에 반사 능력이 나타나고 사라지는 시기를 확인하고 다른 아동들과 비교하는 것은 정상적 발달 여부를 측정하는 중요한 기준이 된다. 실제로 출생 직후에 신생아가 제대로 숨을 쉬는지, 정상적 반사를 보이는지 등을 검사하고 있으며, 이는 이후 정기적으로 이루어지는 영아 발달검사에서도 사용된다. 물론 개인마다 반사가 사라지는 시기 등에 약간의 차이가 있으므로 조금 더 늦거나 일찍 사라진다고 과도하게 걱정할 필요는 없으나, 다른 아이들에 비해 너무 오랫동안 반사 활동이 관찰되거나 극단적으로 반사가 약하거나 관찰되지 않는다면 신경계의 이상을 의심할 수 있다. 이런 경우 전문가의 진단을 받는 것이 좋다.

3) 자발적 운동의 발달

신생아기에는 반사 반응의 비율이 높지만, 대뇌와 신체가 급속히 발달하면서 반사 반응의 비율은 점차 줄고 자신의 의지에 따라 몸을 통제하고 움직이는 자발적 운동의 비율이 늘어난다. 영아기의 운동기술은 단순히 몸을 통제하는 능력을 갖춘다는 것 이상으로 중요한 의미를 지닌다. 운동기술의 발달은 영아가 세상을 보는 관점 및 정보 습득 능력 등 지각과 인지 발달에 큰 영향을 미친다. 예를 들어, 영아가 혼자 앉지 못할 때에는 누군가 안아 주지 않는 한 누운 상태에서 눈앞에 있는 것들만 볼 수 있다. 그런데 영아가 스스로 앉을 수 있게 되면, 눈으로 볼 수 있는 반경이 더 넓어지고, 손으로 사물을 만지고 조작하는 것도 더 안정적으로 할 수 있다. 나아가 혼자 걸을 수 있게 되면, 행동반경과 눈으로 경험할 수 있는 환경이 훨씬 더 넓어진다. 또한 모빌과 같은 물건을 발로 차거나 손을 뻗어 만지는 등의 행동은 영아 자신의 행동이 사물에 미치는 영향을 경험하고 습득할 수 있는 기회가 된다.

영아의 운동 능력은 부모와의 관계에도 변화를 가져온다. 영아가 기거나 걷기 시작하면 고정된 자리에서 벗어나 이동할 수 있게 되고, 부모에게서 떨어져 환경을 탐색하는 자율성을 획득한다. 집안 곳곳을 돌아다니며 물건을 만지고 탐색의 즐거움을 느끼는 기회가 늘어나는 것이다. 또한 아직 언어 능력이 부족한 시기에 관심 있는 대상을 손가락으로 가리키는 것 같은 운동기술의 발달은 어른들과 효과적으로 의사소통하고 사회적 기술을 발달시키는 데 도움이 된다. 여기에서는 보행 능력의 발달을 중심으로 영아기 운동기술의 발달을 살펴보도록 하겠다.

(1) 보행 운동 발달

영아기 운동 발달은 크게 대근육 운동 발달과 소근육 운동 발달이라는 두 가지로 분류된다. 대근육 운동 발달은 기고 서고 걷는 행동과 같이 큰 움직임들을 말하며, 소근육 운동 발달은 손을 잡고 뻗는 행동과 같이 상대적으로 작고 정교한 움직임과 관련이 있다. 대근육 운동과 관련된 보행 운동 능력은 영아가 세상을 탐색하는 범위를 넓히고 자유롭게 이동하는 데 핵심이 되며, 영아의 정보 습득 및 학습 능력과도 관련이 있다.

영아 사이에 개인차가 크기는 하지만 대부분의 아이들이 일반적으로 보이는 발달 패턴이 있다. 이러한 일반적 발달지표를 기술한 발달이정표는 아이가 성장하면서 시기별로 기대할 수 있는 변화에 대한 정보를 제공해 주며, 특정 운동기술을 습득하는 평균 연령이 나와 있어 아이가 정상적인 발달을 보이는지 알아보는 데 도움이 된다. 표 3-2에 기술되었듯이 보행 능력의 경우 많은 영아들이 누운 자세에서 시작하여 앉기, 서기, 걷기의 순으로 발달하는 경향을 보인다. 태어난 직후에는 몸을 지탱하는 능력이 부족해 대부분 누워서 시간을 보내지만, 생후 4개월 즈음에는 다른 사람이 잡아 주면 혼자 앉을 수 있고, 6~7개월 즈음에는 도움 없이 혼자서 앉을 수 있다. 또한 11개월 즈음에는 혼자 설 수 있고, 12개월 즈음에는 혼자서 걸을 수 있게 된다.

그러나 보행 운동 능력에서 영아들 간 개인차는 매우 커서 어떤 영아는 9개월에 걷기도 하고 어떤 영아는 18개월이 되어서야 걷기도 한다. 그러므로 많은 운동기술이 심각하게 지연되는 경우가 아니라면, 약간의 지연 정도는 아동

표 3-2 생후 1년 발달이정표

월령	보행 관련 발달지표
1개월	턱 들기
2개월	가슴 들기
4개월	지지해 주면 앉기
5개월	무릎에 앉아서 물체를 잡기
6~7개월	도움 없이 혼자 앉기
7~8개월	잡아 주면 서기, 기기
8개월	가구 등의 모서리를 잡고 서기
11개월	도움 없이 혼자 서기
12개월	도움 없이 혼자 걷기

발달 측면에서 크게 걱정할 필요가 없다. 또한 어떤 영아는 앉기, 서기, 걷기의 발달 순서를 따라가는 반면, 어떤 영아는 기는 시기를 상대적으로 짧게 보내고, 비교적 일찍 앉거나 서는 단계로 들어가기도 한다(Adolph, Karasik, & Tamis-LeMonda, 2010).

물론 다른 아이들에 비해 심각한 수준으로 발달 속도가 늦거나 발달에 문제가 있는 경우에는 '발달 지연'이라는 용어를 사용하여 정상발달을 보이는 아이와 구분한다. 특히, 발달검사에 따라 기준이 다양하기는 하지만 전체 아동의 50%가 통과하는 발달 정도를 월령, 연령에 따른 평균점수라고 했을 때, 이보다 표준편차의 2배 이상 낮으면서 발달의 방향(순서)은 정상 아동들과 유사한 경우를 '심각한 발달 지연'으로 본다. 한편 정상적으로 적응하고 기능하는 데 문제가 될 정도로 지연이 심각하거나, 전체적 발달뿐만 아니라 뇌성마비에서 보이는 운동 발달처럼 특정 영역의 발달이 심각한 수준으로 뒤떨어지는 경우, 발달 순서가 바뀌어 정상적 발달에 저해가 되는 경우는 '발달장애'로 볼 수 있다.

(2) 역동적 체계 발달

앞에서 운동기술의 발달을 평균 연령별 단계적 발달로 기술하였으나, 최근 연구 경향은 "앉기 단계를 완전히 습득한 후 걷기 단계로 넘어간다"는 식의 단절적 관점을 취하기보다는 동일 연령 내에서도 눕고, 앉고, 잡고 서기 등이 다양하게 반복되는 것으로 본다. 또한 역동적 체계발달이론에 따르면, 운동 기술은 영아의 신경체계, 신체, 운동 능력 등 여러 요소들이 서로 조화를 이루어 통합되면서 발달한다.

예를 들어, 걷기를 배우기 위해서는 단순히 두 다리를 교차로 움직이는 것뿐만 아니라 몸의 여러 부위를 효과적으로 조절하기 위한 신경계 발달, 몸에 비해 크고 무거운 머리를 지탱하면서 몸을 가눌 수 있는 상체 및 하체 근육의 발달, 그리고 몸의 균형을 잡는 능력의 발달 등이 모두 조화롭게 이루어져야 한다.

또한 역동적 체계발달이론에서는 걷기라는 복잡한 동작을 배우는 데는 대뇌 발달, 근육 발달, 균형 잡기 능력의 발달 등 여러 개별 기술들이 각각 숙달되어야 할 뿐만 아니라, 이런 개별 기술들이 '걷기'라는 동작 속에서 조화롭게 작동할 수 있도록 통합하는 능력도 있어야 한다고 본다. 영아가 원시적 반사가 아닌 복잡한 협응 능력으로서 걷기 능력을 보이기 시작하기까지 생후 1년 정도의 시간이 걸리는 것은 이처럼 여러 요소들이 발달하고 통합되어야 걷기가 가능해지기 때문이다.

개념 체크 ▲

빈칸에 알맞은 말을 써넣으시오.

1 신생아는 간단하고 즉각적으로 반응할 수 있는 .... 라는 자동 반응 기제를 지니고 태어난다.

2 전 생애 중 신체적 성장 속도가 가장 빠른 시기는 .... 이다.

3 주변의 도움을 받지 않고, 혼자 걷는 능력은 평균적으로 생후 .... 년 정도에 나타난다.

4 대뇌 발달 및 근육 발달이 진행되면서, 영아의 운동 능력은 점진적으로 .... 위주에서 .... 으로 변화한다.

 ① 소근육 운동, 대근육 운동

 ② 반사 운동, 자발적 운동

 ③ 자발적 운동, 수의적 운동

2. 감각 발달: 촉각, 미각, 후각, 청각

아이가 아직 세상에 나오기 전에도 부모는 배 속의 아이에게 좋은 음악을 들려주거나 책을 읽어 준다. 이러한 부모의 행동은 단순한 자기만족일까, 아니면 실제로 태아에게 영향을 줄까? 세상에 태어나기 전에 태아는 이미 입, 코, 귀 등의 감각 수용기 및 뇌를 가지고 있다. 물론 엄마 배 속에 있기 때문에 외부 세상의 다양한 사물을 보거나 강한 빛을 볼 수는 없지만, 엄마의 배 속에서도 태아의 오감을 자극하는 경험은 가능하다. 귀를 통해 엄마와 아빠의 목소리 및 외부 소리를 들을 수 있으며, 탯줄을 통해 양수나 엄마가 마신 음료수의 맛을 느끼기도 한다. 신생아도 어른과 동일한 수준은 아니지만 어느 수준 이상으로 여러 감각을 느낄 수 있으며, 출생 후 환경과 상호작용을 통해 각각의 감각을 매우 빠르게 향상시킨다. 이러한 감각 능력의 발달은 특정 맛에 대한 선호도, 말소리 지각, 얼굴 지각 등에도 큰 영향을 미친다. 이 장에서는 초기 감각 발달을 개관하고 초기 지각 및 인지 발달에 미치는 영향에 대해 생각해 보고자 한다.

1) 촉각 발달

촉각은 가장 초기에 발달하는 감각이며, 촉각 관련 신경은 출생 전부터 이미 상당 부분 발달한다. 대략 임신 10주에 피부 신경이 만들어지고, 임신 4개월 즈음에는 촉각과 관련된 대뇌 영역이 어머니 태내에서의 촉각 자극들을 느끼기 시작한다. 태어나면서부터 촉각 능력이 있다는 것은 바빈스키 반사 반응을 통해서도 쉽게 알 수 있다. 신생아는 발바닥에 무언가가 닿으면 부채처럼 발가락을 쫙 펴는데, 이러한 반응은 신생아가 태어나면서부터 발바닥과 같은 피부를 통해 감각할 수 있음을 보여 준다.

촉각은 영아가 사물을 만지고 세상을 탐색하는 데 큰 역할을 한다. 정교한 운동 기능을 관장하는 대뇌 영역의 발달이 미성숙한 신생아에게는 손을 이용한 탐색이 너무 어렵기 때문에, 생후 초기에는 입을 이용하여 물체를 물고 빨면서 물체에 대한 정보를 학습한다. 앞에서 배운 생애 초기의 빨기 반사 등이 영아가 특별한 운동 능력 없이도 촉각을 사용하여 정보를 얻는 데 도움을 준다. 그러므로 신생아들이 모든 것을 입에 넣으려 하는 경향을 보이는 것은 놀랄 일이 아니다. 또한 입 안의 신경 수가 손끝보다 두 배가량 많이 분포되어 있기 때문에 영아는 물체를 입에 넣음으로써 물체의 크기, 질감, 모양 등의 다양한 정보를 얻을 수 있다. 이후 운동 능력과 대뇌 발달이 이루어지면서 손을 사용한 탐색이 점차 증가하고 입을 이용한 탐색은 감소하게 된다.

영아는 출생 시부터 통각도 가지고 있으며 고통에 민감하다. 오래전에는 신생아에게 고통에 대한 감각이 없다고 믿어 마취 없이 수술을 진행했다. 그러나 최근 연구는 이러한 속설이 잘못되었음을 보여 주고 있으며, 출생 전인 29주 즈음(Lee, Ralston, Drey, Partridge, & Rosen, 2005) 혹은 24주 즈음(Derbyshire & Bockmann, 2020)에도 고통을 느낄 수 있다는 연구 결과도 있다. 영아에게 주사를 놓거나 채혈을 하는 경우, 울면서 찡그리고 고통스러운 얼굴 표정을 보이며, 심장박동이 빨라지고 손과 팔다리를 움직여 버둥거린다. 또한 신생아기에 마취 없이 수술을 한 영아는 통증에 대한 기억을 오랫동안 유지하며, 이후에 예방주사를 맞을 때 마취를 하고 수술을 했었던 영아보다 더 심한 고통을 느낀다 (Taddio, Katz, Ilersich, & Koren, 1997). 영아는 고통뿐만 아니라 온도 변화에도 민감하여 체온보다 높은 온도와 낮은 온도의 차이를 구별할 수 있다.

촉각은 생존과 정보 탐색뿐만 아니라 부모와 영아의 상호작용에서도 중요한 역할을 한다. 영아가 보채거나 울 때 부모가 쓰다듬어 주거나 안아 주면 진정되는 것을 흔히 볼 수 있다. 또한 전신을 쓰다듬는 마사지를 규칙적으로 받은 영아는 그렇지 않은 영아에 비해 체중과 같은 신체 발달에서 더 나은 지표를 보였으며, 수면도 규칙적이었다(Bear & Mellor, 2017). 또한 부모와의 신체 접촉이 스트레스 저하, 면역력 상승, 인지 발달 등과도 관련이 있는 것으로 알려져 영유아 대상 마사지나 캥거루 케어와 같은 프로그램에 참여하는 부모들도 늘고 있다. 종합하면, 촉각은 생존 및 외부 정보 탐색을 도울 뿐만 아니라 부모 혹은 다른 어른들과의 접촉이라는 자극을 통해 신체, 사회정서 발달에도 큰 역할을 한다.

2) 미각과 후각 발달

영아는 태어나기 전부터 어느 정도의 미각과 후각 능력을 갖추고 있다. 임신 약 7~8주부터 혀의 미뢰가 발달하기 시작하며, 임신 14주 정도에는 성인과 유사한 형태로 발달한다. 미각 변별 능력은 생존과 관련된 중요한 기술로 여겨지는데, 그 이유는 독이 있거나 상한 음식은 쓴맛 혹은 신맛이 나고 모유나 기타 영양소를 가진 음식은 단맛이 나는 경우가 많기 때문이다. 신생아는 태어나면서부터 미각 변별 능력을 가지고 있어 별도의 학습 없이도 모유나 단 음식을 선호하고, 쓴맛이나 신맛이 나는 음식을 좋아하지 않는다. 그래서 단맛이 나는 물을 먹으면 편안하게 웃는 표정을 짓고, 신맛이 나는 음식을 먹으면 입술을 오므리는 반응을 관찰할 수 있다(Ganchrow, Steiner, & Daher, 1983).

후각 변별 능력도 유사한 양상을 보인다. 후각 변별 능력은 출생 후 며칠에 걸쳐 급격히 발달한다. 미각과 마찬가지로 후각 연구도 냄새의 종류에 따른 신생아의 표정을 관찰하는 방법을 통해 많이 이루어졌다. 예를 들어, 신생아는 썩은 달걀 냄새를 맡을 때에는 고개를 돌리거나 회피하는 반응을 보이고, 꿀이나 바닐라 향을 맡을 때에는 만족스러운 얼굴 표정을 보이는 것으로 알려져 있다(Mennella & Beauchamp, 1997; Steiner, 1977). 그러나 모든 영아가 동일한 선호도를 보이는 것은 아니며, 대부분의 발달에서 공통적으로 나타나듯이 영아기의 미각과 후각 발달 또한 태내기 환경의 영향과 출생 이후의 학습 모두에서 영향을 받는다.

영아는 어떤 맛이나 냄새를 선호할까? 영아는 친숙한 맛이나 냄새를 선호하는 것으로 보인다. 특히 임신 중 어머니가 먹은 음식에 따라 영아의 미각과 선호도 영향을 받는다. 예를 들어, 임신 중 당근 주스를 많이 마신 어머니가 낳은 아이는 다른 아이들보다 당근맛 시리얼을 더 선호하고(Mennella et al., 2001), 임신 중 4주 동안 일주일에 3~4끼씩 마늘을 섭취한 어머니가 낳은 아이는 다른 아이들보다 마늘 향이 나는 음식을 먹는 비율이 높게 나타났다(Hepper et al., 2013). 임신 중 태아가 겪은 경험이 출생 후에도 영향을 미치는 사례는 미각뿐만 아니라 후각과 관련해서도 보고되고 있다. 예를 들어, 출산 직후 어머니의 가슴을 씻어 냈을 때보다 씻지 않고 그대로 두어 어머니 고유의 냄새가 남아 있을 때, 혹은 어머니의 양수 냄새가 묻어 있을 때, 신생아는 더 선호 반응을 보인다(Varendi, Porter, & Winberg, 1994, 1996). 출생 후에도 어머니가 섭취한 음식이나 사용하는 향수 등은 영아의 선호도에 영향을 미친다. 예를 들어, 어머니가 바닐라와 같은 단맛의 음식을 섭취하는 경우 영아는 모유를 더 많이 먹으며, 어머니의 향수를 적신 패드를 다른 패드보다 선호하는 경향을 보인다(Schaal, Soussignan, & Marlier, 2002).

생애 초기에 경험한 맛과 냄새는 하루이틀의 단기적인 영향을 주는 것이 아니다. 경우에 따라 그 효과는 장기적으로 수년에 걸쳐 지속될 수도 있다. 예를 들어, 영아기에 두유를 원료로 한 분유(ePHF)를 먹은 아이는 우유로 만든 분유(CMF)를 먹은 아이보다 사과 주스와 브로콜리도 더 잘 먹는 것으로 나타났다(Mennella & Beauchamp, 2002). 이는 사과의 신맛과 브로콜리의 맛이 ePHF 분유의 맛과 비슷하기 때문이다. 생애 초기의 냄새에 대한 기억 또한 오랫동안 지속된다. 신생아기에 모유를 통해 카모마일 향기에 노출된 집단과 한 번도 노출되지 않은 집단을 종단 추적한 연구에서는 유아기에도 신생아기의 경험에 따라 카모마일 향에 대한 선호와 부정적 반응이 다르게 나타난다(Delaunay-El Allam, Soussignan, Patris, Marlier, & Schaal, 2010). 이러한 연구 결과는 신생아기의 경험이 적어도 유아기까지는 행동 과정에 영향을 줄 수 있으며, 따라서 생애 초기 경험이 중요하다는 것을 시사한다.

이처럼 생애 초기에 어떤 맛과 냄새를 경험하는가는 이후 아동의 미각 및 후각 선호도와 편식 경향에도 영향을 미치므로, 젖을 떼고 난 이후 이유식을 먹일 때에도 아동이 가능한 여러 맛을 경험할 수 있도록 다양한 재료를 사용할 것을 권장한다. 어린이집이나 학교에서는 급식에 항상 과일과 채소를 포함하여 편식을 고치려 하지만, 대부분의 경우 특정 맛에 대한 선호도를 바꾸기 위해서는 반복적인 경험이 필요하다. 한 연구에서는 적어도 8~10번은 꾸준히 섭취해야 그 음식을 먹는 빈도가 증가하는 것으로 나타났다(Forestell & Mennella, 2007). 종합하면, 미각 및 후각의 선호와 민감성은 유전 혹은 선천적인 요인과 환경과 개인적 경험 모두에 영향을 받으며, 타고난 선호도도 존재하지만 어떠한 맛과 향기를 경험하느냐에 따라 선호도가 달라지기도 한다.

3) 청각 발달

주변 환경을 탐색할 때 청각도 매우 중요한 기능을 한다. 특히 신생아는 시각 능력이 뛰어나지 않아, 상대적으로 더 발달한 청각 능력이 물체의 위치 파악에 중요한 역할을 한다. 영아는 출생 시에 이미 어느 정도의 청각 능력을 가지고 있으며, 대체로 임신 5~6개월 정도에 귀가 구조적으로 발달하기 시작하고 청각 관련 대뇌 부위가 발달하면서 청각 능력이 향상된다. 임신 7개월 즈음에는 자궁 밖의 소리도 들을 수 있으며, 낯선 사람의 목소리와 어머니의 목소리를 들을 때 각각 다른 심장 박동수를 보여 둘을 구별할 수 있음을 보여 준다. 그러나 신생아의 청각 능력은 아직 성인의 능력과 완전히 동일한 정도에는 이르지 못하며, 출생 후 몇 개월에 걸쳐 빠르게 향상된다(Saffran, Werker, & Werner, 2006; Tharpe & Ashmead, 2001).

신생아는 소리를 변별할 뿐만 아니라 소리가 나는 곳의 위치를 파악하는 능력도 갖추고 있어서, 생후 3일 즈음에 이미 소리가 나는 방향으로 눈과 머리를 돌릴 수 있고 이후 6개월에 걸쳐 소리의 위치를 파악하는 능력의 정밀도가 크게 향상된다(Litovsky & Ashmead, 1997). 생후 2주경에는 사람의 목소리와 다른 소리를 구분할 수 있고, 3주경에는 낯선 사람이나 아버지의 목소리보다 어머니의 목소리에 더 민감하게 반응한다.

특정 소리에 대한 선호도 일찍부터 나타나는데, 영아들은 다른 것이 섞이지 않은 순수하고 단조로운 음색보다는 소음이나 목소리 같은 복잡한 소리를 선호하는 경향을 보인다. 그래서 영아를 재울 때 백색소음 등을 조용히 틀어 주기도 한다. 신생아는 사람의 목소리가 있는 음악을 일반 악기만 연주하는 음악 소리보다 더 선호한다. 또한 낮은 소리보다는 높은 소리를 선호하며, 자연스럽게 어머니의 목소리를 아버지나 다른 남성의 목소리보다 더 선호하는 경향이 있다. 신생아를 대상으로 특수 젖꼭지를 입에 물려 주고 젖꼭지를 열심히 빨 때 특정 소리를 더 들려주는 조건화 실험을 했을 때, 녹음한 어머니의 목소리를 들려주면 특수 젖꼭지를 더 열심히 빨았다(Moon, Cooper, & Fifer, 1993; Spence & DeCasper, 1987). 그러나 흥미롭게도 아버지의 목소리와 낯선 이의 목소리를 비교했을 때에는 이러한 선호도가 발견되지 않았다. 또한 리듬감이 있고 반복적이며 규칙적인 소리를 선호하는 경향을 보이는데, 아마 태내에 있을 때 들었던 소리와 유사한 소리를 익숙하게 느끼기 때문인 것 같다.

영아는 태어나면서부터 언어를 이해하고 단어를 습득하는 것은 아니지만 말소리를 배우기에 적합한 능력을 태생적으로 타고난다. 출생 시에 이미 상당히 발달한 청각 능력과 말소리에 대한 흥미를 바탕으로 언어의 소리 재인 및 규칙성 등을 빠르게 습득해 나간다. 이러한 습득은 실제로 말을 하고 이해하기 훨씬 이전부터 진행되며, 모국어에 최적화된 뇌의 변화와 더불어 아동 언어 발달의 근간이 된다.[1]

개념 체크

다음 문장이 맞는지 틀리는지 ○, ×로 표시하시오.

1 (   ) 신생아는 손을 능숙하게 사용하기 전에도 입으로 물고 빨면서 사물을 탐색할 수 있다.
2 (   ) 임신 중 어머니가 어떠한 음식을 섭취했는가에 따라 영아의 미각 선호가 달라질 수 있다
3 (   ) 태아는 엄마 배 속에서도 외부의 소리를 들을 수 있다.

다음 질문에 적절한 답을 고르시오.

4 다음 중 특정 음식에 대한 선호도에 영향을 미칠 수 있는 요인들은?
   ① 엄마가 임신 중 섭취한 음식
   ② 엄마가 모유 수유 중에 섭취한 음식
   ③ 아이가 섭취한 이유식
   ④ 위의 ①~③ 모두 해당됨

....

1   좀 더 자세한 내용은 6장 언어 발달에서 다루고 있다.

3. 감각 발달: 시각

1) 기초 시각 능력 발달

인간은 환경을 탐색할 때 시각에 가장 의존하며, 인간의 감각 중 가장 정밀하게 발달하는 것 또한 시각이다. 그러나 아이러니하게도 시각은 신생아의 감각 중 가장 미숙한 감각이다. 신생아의 시각 발달이 미숙한 이유는 임신 중 태아의 환경을 생각해 보면 쉽게 짐작할 수 있다. 태아는 엄마의 자궁 속에 있으며, 자궁벽을 뚫고 들어오는 약간의 빛은 볼 수 있지만, 자궁 밖의 사람이나 사물은 자궁벽에 막혀 전혀 볼 수 없다. 그러므로 태아는 눈이 있어도 자궁 안에서 다양한 시각 자극을 받을 수 없다. 또한 시각 구조도 완전히 성숙되지 않았을 뿐만 아니라, 사물의 멀고 가까움에 따라 수정체의 두께를 조절해 주는 근육도 완전히 발달하지 못하여 물체에 초점을 맞추는 것이 어렵다. 따라서 선명하게 사물을 지각하지 못하고 멀리 있는 사물을 어른만큼 잘 볼 수 없다. 또한 신생아는 시각과 관련된 두뇌의 시냅스 연결 또한 완전히 발달하지 못한 상태로 태어나기 때문에 성인에 비해 시력, 안구 조절 능력, 색상 지각 능력이 모두 떨어진다(116쪽 그림 3-2 참조). 그러나 시각은 출생 후 가장 급격히 향상되는 감각이기도 하다.

먼저 신생아의 시력에 대해 살펴보자. 신생아의 시력은 어른에 비해 30배 정도 낮다고 알려져 있다. 그러므로 이 시기에는 가까운 물체는 어느 정도 구별이 가능하지만 멀리 있는 물체는 구별하기 어렵다. 생후 1주일 즈음에는 얼굴 바로 앞 또는 약 20~25cm 떨어져 있는 물체에 초점을 맞출 수 있는 정도가 되는데, 이는 모유 수유를 할 때 엄마 얼굴과의 거리와 비슷한 정도이다. 정밀한 차이를 구별하는 것은 아직 어렵지만 단순하고 대비가 뚜렷한 패턴 등을 볼 수 있으며, 이후 몇 달 사이에 영아의 시각은 매우 빠르게 발달한다. 생후 2개월 즈음에는 사물에 초점을 맞추는 능력이 어른과 유사할 정도로 향상되며, 생후 3~5개월을 전후해서 엄마의 얼굴을 낯선 얼굴보다 선호할 뿐만 아니라, 본 적이 없는 낯선 사람들의 얼굴 간 차이도 지각할 수 있다. 6개월 즈

신생아   생후 1개월   생후 2개월

생후 3개월   생후 4개월   비교 기준(성인)

그림 3-2 **아동의 시력 변화**

음에는 시각적 선명도가 성인의 5분의 1 정도로 향상되며, 생후 1년 즈음에는 성인과 유사한 시력을 갖는다고 한다. 정확히 언제 성인과 동일한 수준의 시력을 갖게 되는지에 대해서는 연구 결과마다 조금씩 차이가 있지만 대략 생후 1년에서 4~5년 사이로 알려져 있다(Leat, Yadav, & Irving, 2009; Lewis & Maurer, 2005; Sokol, 1978).

시각적 정보를 정확히 처리하려면 특정 위치에 고정되어 있는 사물을 보는 능력뿐만 아니라, 움직이는 공이나 사람처럼 동적인 시각 정보의 처리 능력 또한 필요하다. 그리고 이를 위해서는 시각적 선명도와 함께 우리 눈의 움직임을 자유자재로 통제하는 능력이 필요하다. 사물을 눈으로 따라가고 초점을 재빨리 이동시키는 등 안구의 움직임을 통제하는 능력은 막 태어난 신생아에게는 어려운 일이지만, 생후 6개월에 걸쳐 빠르게 향상된다. Haith 등(1993)의 연구에 따르면, 신생아는 두 눈으로 한 지점을 집중하기 어렵지만 생후 2일에는 움직이는 물체를 느리게라도 추적할 수 있게 되며, 생후 4개월에는 천천히 움직이는 물체의 이동 경로를 예측하여 예상 지점으로 눈을 미리 움직일 수 있다. 이러한 안구 움직임 통제 능력의 발달은 영아가 세상을 경험하는 데 도움을 주며, 영아의 지각 및 인지 발달에 크게 기여한다. 한편, 생후 4개월 전에는 영아에게서 사시가 보이는 경우가 많은데, 이것은 두 눈의 초점을 맞추는 능력이 아직 완전히 발달하지 않았기 때문이다. 그러나 이후로도 계속 사시가 나타난다면, 이는 주의가 필요하다.

신생아는 시력뿐만 아니라 색 구별 능력도 성인에 비해 매우 떨어지지만, 몇 달 안에 빠르게 어른과 유사한 색 지각 능력을 갖게 된다. 그러나 정확하게 생후 몇 개월에 어느 정도 수준으로 색을 구별하는가에 대해서는 연구방법에 따라 결과에 차이가 있을 수 있다. 가장 널리 사용되고 있는 연구방법은 새로운 정보를 선호하는 영아의 특성을 반영한 습관화 방법 및 시각적 선호도 검사이다(Bornstein, Kessen, & Weiskopf, 1976; Franklin & Davies, 2004, 2010; Saayman, Ames, & Moffett, 1964; Skelton & Franklin, 2020; Spears, 1964; Taylor, Schloss, Palmer, & Franklin, 2013 등). 이러한 검사기법을 사용한 연구들은 같은

더 알아보기   **영아가 선호하는 시각 자극**

시각 발달은 영아의 시각적 선호도를 이해하는 데에도 도움이 된다. 영아는 단순한 자극보다는 복잡한 무늬를 더 좋아하는 것으로 알려져 있는데(Fanz, 1961), 생후 1개월 미만에는 시력이 낮아 작은 무늬들이 다닥다닥 모여 있는 것을 잘 구별하지 못하기 때문이다. 이 시기에는 큼직하고 대비가 뚜렷한 검정과 흰색의 바둑판 무늬 등을 오래 주시하며, 이후 시력이 향상되면서 생후 2~3개월 즈음에는 더 복잡하고 작은 무늬들 간의 차이를 구별하고 오랫동안 바라보게 된다.

특정 시기에 적합한 장난감을 고를 때 이러한 영아의 시각적 선호를 참고할 수 있다. 사물을 흐릿하게 보고 색 구별이 뚜렷하지 않은 신생아에게는 작고 세밀한 인형 같은 장난감보다는, 큼직한 패턴이 있고 밝기나 색 대비가 뚜렷한 모빌 등의 장난감이 더 적합하다. 움직이는 물체를 눈으로 빠르게 추적하는 능력이 부족할 때는 너무 많은 정보를 빠르게 전해 주는 것보다 물체들을 하나씩 좌우로 천천히 흔들면서 물체의 움직임을 따라가는 연습을 하도록 도와주는 것이 좋다. 초점을 맞추는 능력에 도움이 되도록 큼직한 모빌을 달아 주는 것도 시력 발달에 도움이 된다. 기초 시각 능력이 눈에 띄게 향상되는 4개월 즈음에는 알록달록한 영아용 책이나 장난감을 보여 주어 색과 모양 등에 대한 자극을 주는 것 또한 영아의 두뇌 발달에 도움이 될 수 있다.

색 또는 유사한 색(예를 들어 녹색-녹색-… 또는 연두색-녹색-…)을 반복적으로 보여 주다가 새로운 색(예를 들어 파랑)을 제시했을 때, 새로운 색을 더 오랫동안 응시한다면 영아가 색을 구별하는 능력이 있다고 해석하였다. 이러한 기법을 사용한 연구 결과들에 따르면 영아가 색을 구별하는 능력의 발달 양상은 다음과 같다. 초기에는 검은색과 흰색처럼 매우 큰 차이는 구별할 수 있으나 녹색 및 노란색과 흰색의 구별은 잘 하지 못한다. 이후 망막에 이르는 빛의 파장이 상대적으로 긴 빨간색, 녹색, 노란색 등을 먼저 구별할 수 있게 되고, 파장이 상대적으로 짧은 파란색이나 보라색 등은 더 이후에 구별할 수 있다. 이러한 차이는 빛의 파장에 따라 색을 구별하는 시신경의 발달과 관련이 있는 것으로 보인다. 2~3개월 즈음에는 기본적인 색상을 구별할 수 있을 정도로 색지각 능력이 급격히 발달하고, 4개월 즈음이 되면 성인과 유사한 색 범주화 능력을 가지게 된다(Kellman & Arterberry, 2006).

한편, 습관화 및 시각적 선호도 검사기법을 사용한 기존 연구는 기법의 속성상 영아의 지각적 구별 능력과 특정 색상 선호도의 구분이 불분명하여 결과 해석에 제한점이 있다. 이러한 제한점을 보완하고자 최근 뇌 수준에서 영아의 색 구별 능력을 검증하는 연구들이 활발히 진행되고 있다. 아직 기존 행동연구만큼 연구 결과가 축적되지는 않았지만, NIRS 뇌영상 기법을 사용한 최근의 연구(Yang, Kanazawa, Yamaguchi, & Kuriki, 2016)에 따르면 적어도 생후 5~7개월에는 동일한 색 범주에 속하는 유사한 색들을 볼 때와 색 범주가 다른 색들을 볼 때, 색을 담당하는 것으로 알려진 뇌의 반응이 다르게 나타났다. 이러한 결과는 생애 초기 영아들도 성인처럼 색상을 구별할 수 있다는 기존 연구 결과를 지지한다. 이밖에도 기존 행동연구 중 다수가 색의 3요소(색상, 밝기, 채도)가 혼재된 채로 실험이 진행되어 실험 결과가 색상에 관한 것인지 밝기에 관한 것인지 명확하지 않은 문제가 꾸준히 제기되어 왔으며, 밝기나 채도 등에 따라 영아의 색상 선호도도 달라질 수 있다는 연구 결과가 보고되고 있다(Skelton & Franklin, 2020).

이상의 연구 결과를 종합해 보면, 출생 직후 영아의 색 구별 능력 혹은 선호도는 성인과 다르나, 월령이 증가하면서 빠르게 성인과 유사하게 발달하기 시작한다. 연구방법에 따라 해석의 제한점은 있으나, 적어도 생후 반년 이

내에 성인과 유사한 색 선호도 혹은 구별 능력을 갖추기 시작하는 것으로 보인다.

2) 항등성 및 깊이 지각 능력 발달

눈 구조의 발달만으로는 시각 정보를 정확하게 이해할 수 없다. 우리가 사물을 바라볼 때 마치 카메라의 필름에 이미지가 맺히듯 눈의 망막에도 이미지가 표상되는데, 동일한 사물이라도 카메라의 위치나 조명에 따라 필름에 맺히는 이미지의 크기와 색이 달라지듯이, 망막에 맺히는 이미지 또한 사물과 눈 사이의 거리 또는 태양광이나 조명 등에 의해 달라진다. 즉, 우리 뇌는 망막에 맺히는 이미지의 크기나 색이 달라지더라도 이를 그대로 해석하지 않고 이전과 동일하게 지각하는 추가적 처리 과정을 거친다. 이처럼 동일한 대상을 같은 것으로 지각하는 현상을 항등성(constancy)이라고 하며, 이는 시각 정보를 정확하게 처리하는 데 중요한 능력이다. 항등성에는 동일한 사물이라면 멀리 있든 가까이 있든 같은 크기로 지각하는 크기 항등성, 조명에 관계없이 동일한 사물은 같은 밝기와 색으로 지각하는 밝기 항등성과 색깔 항등성, 그리고 각도에 따라 망막에 맺히는 상의 모양이 달라지더라도 실제 사물의 모양은 동일하다고 지각하는 모양 항등성 등이 있다.

이러한 항등성은 영아도 어느 정도 가지고 있으나, 항등성 종류에 따라 획득 시기에는 차이가 있는 것으로 보인다. 생후 첫 주의 신생아도 어느 정도 수준의 크기 항등성 지각 능력을 보이는데, 친숙한 크기를 오랫동안 보여 주다가 다른 크기의 사물을 보여 주면 더 오래 바라보는 경향을 보였다(Slater et al., 2010). 그러나 신생아가 이러한 크기 항등성 능력을 가지고 있더라도 스스로 사용하는 데는 시간이 더 필요한 것으로 보이며, 연구에 따라 6~8개월 즈음에 크기 항등성 능력이 관찰되기도 한다(McKenzie, Tootell, & Day, 1980). 모양 항등성도 비교적 일찍 관찰되며, 생후 6시간에서 6일 사이에 형성되는 것으로 알려져 있고(Slater & Morison, 1985), 색깔 항등성은 색상 구별 능력이 크게 향상되는 생후 4개월경에 관찰된다(Bornstein, Kessen, & Weiskopf, 1976). 그러나 이러한 결과들은 연구에 사용되는 과제나 자극에 따라 차이가 있을 수 있으므로 해석에 주의해야 한다.

항등성 지각과 더불어 깊이 지각 능력도 생후 1년 사이에 급격하게 향상
된다. 망막에 맺히는 상에 근거한 기초적인 깊이 지각은 생후 2개월쯤에 이미
형성되는 것으로 알려져 있으며(Campos, Langer, & Krowitz,1970), 영아가 기
고 걷기 시작하는 6개월 이후에는 더 어려운 수준의 깊이 지각 능력도 갖추게
된다. 깊이 지각 능력의 발달은 고전적인 시각절벽 연구(Gibson & Walk, 1960)
를 통해 잘 알려져 있다. 이 연구에는 6~14개월 사이의 영유아와 엄마들이 참
가했다. 한 번에 한 명의 영아와 엄마가 참가했으며, 영아는 시각절벽 장치라
는 특수 제작된 탁자의 중앙에 놓이고 엄마는 장치의 끝에서 영아를 불렀다(그
림 3-3 참조). 이때 영아가 엄마에게 가기 위해서는 투명한 유리로 되어 있는 부
분을 지나가야 하는데, 이 유리는 두꺼워서 영아가 위로 지나가도 충분히 안전
했다. 투명한 유리 아래로는 바닥의 체크 무늬가 보였는데, 절반은 얕고 절반
은 높게 보여서 유리를 통해 보이는 바닥의 깊이감은 각각 달랐다. 엄마는 영

그림 3-3 **시각절벽 실험**
영아는 시각절벽 장치 중앙에 놓이고, 엄마가 장치의 반대편에서 영아를 부른다. 이때 영아가 엄마에게 가려면 장
치의 유리로 된 부분을 지나야 한다.

아를 한 번은 얕아 보이는 쪽에서 부르고, 한 번은 깊어 보이는 쪽에서 불렀다. 엄마가 어느 쪽에서 부르냐에 따라 영아의 반응은 다르게 나타났다. 깊이가 얕아 보이는 쪽에서 엄마가 불렀을 때는 대부분의 영아들이 유리를 지나 엄마에게 기어갔지만, 깊어 보이는 쪽에서 불렀을 때는 36명 중 3명만 주저하다가 기어갔을 뿐 대부분의 영아가 가지 않았다. 실제 유리의 높이는 일정하고 유리를 통해 보이는 시각적 깊이감만 달랐기 때문에, 이러한 영아들의 반응은 영아가 깊이 지각을 할 수 있다는 증거로 해석된다.

더 알아보기 · 시각절벽 실험에 대한 대안적 해석

Gibson과 Walk가 1960년에 진행한 이 시각절벽 연구는 반세기가 지난 최근까지도 깊어 보이는 쪽의 유리 위에 놓인 영아가 움직임을 주저한 이유에 대해 의견이 분분하다. 초기에는 영아가 높은 곳을 무서워하기 때문에 시각절벽 위에서 움직임을 멈추고 주저하는 행동을 보인다는 해석이 지배적이었다. 그러나 최근 연구에서는 깊이를 지각하는 능력이 곧바로 높은 곳에 대한 두려움으로 이어지는 것이 아니라 영아의 운동 능력 및 자세, 스스로 기고 걸어 다니는 경험 등이 복합적으로 영향을 미친다는 가설에 더 힘이 실리고 있다. 예를 들어, 이제 막 기어 다닌 영아는 주저 없이 시각절벽을 지나가는 반면, 기어 다닌 지 몇 주가 지난 영아는 시각절벽의 가팔라 보이는 부분에서 움직이기를 주저한다(Bertenthal & Campos, 1984). 이러한 결과는 스스로 기어 다니게 되면서 활동 반경도 넓어지고 경사에서 넘어지거나 미끄러지는 경험을 축적하면서 자신의 행동 결과를 예상하는 능력이 향상되었기 때문으로 볼 수 있다. Karen Adolph 교수 팀이 약 20년에 걸쳐 진행한 일련의 연구(Adolph, 1997, 2000; Adolph , Kretch, & LoBue, 2014; Adolph & Robinson, 2015; Franchak & Adolph, 2012; Kretch & Adolph, 2013a, 2013b)에 따르면, 이러한 변화와 재조정은 한 번에 끝나는 것이 아니라 새로운 운동 능력을

배울 때마다 반복된다. 기어 다닌 지 몇 주가 지난 영아는 경사가 가파른 곳이나 위험해 보이는 곳을 지날 때 조심스럽게 자신의 능력에 맞게 이리저리 시도를 하지만, 막 걷기를 시작할 때에는 다시 자신의 걷기 능력에 맞지 않는 무모한 움직임을 보이고, 시간이 지나면서 걷기에 능숙해질 무렵에는 자신의 능력에 비해 위험해 보이는 곳에서는 떨어질새라 조심스럽게 지나간다.

또한 영아는 자신의 경험뿐만 아니라 부모나 다른 이들의 눈빛이나 표정 등과 같은 사회적 단서도 함께 참조한다. 12개월 영아의 경우 동일한 높이의 시각절벽에 놓여 있더라도 엄마가 두려운 표정을 지으면 시각절벽 위를 지나가기를 주저하며, 엄마가 행복한 표정을 지을 때에는 더 적극적으로 지나간다(Sorce, Emde, Campos, & Klinnert, 1985). 이때 모든 영아들이 사회적 단서를 동일한 정도로 받아들이는 것은 아니며, 영아의 운동 숙련도와 경험 등에 따라 선택적으로 받아들인다(Karasik, Tamis-LeMonda, & Adolph, 2016). 이러한 복합적인 발달은 이 장의 앞에서 소개한 역동적 체계 발달의 좋은 예이기도 하다. 반세기에 걸친 시각절벽 연구를 통해서 우리는 영아의 지각 및 운동 능력 발달뿐만 아니라 사회적 단서 활용 능력과 새로운 기술 습득 및 적응 과정 등 여러 중요한 정보를 배울 수 있다.

3) 얼굴 지각 능력 발달

영아의 가장 중요한 시각 발달 중 하나는 얼굴 지각 및 인식 능력의 발달이다. 얼굴은 영아에게 여러 중요한 정보를 제공해 준다. 얼굴을 구별할 수 있는 능력은 앞에 있는 사람이 나를 보살펴 주고 모유를 주는 엄마인지 다른 사람인지 구별하게 해 주고, 얼굴 표정 인식 능력은 엄마가 기분이 좋아서 웃고 있는지 아니면 짜증이 나서 얼굴을 찡그리고 있는지 알 수 있도록 도와준다. 영아는 얼굴의 입, 눈 등을 하나하나 주의 깊게 바라보면서, 말을 하면 입이 어떻게 움직이고 중요한 정보가 어디에 있는지 등을 배운다. 그러므로 타인의 얼굴에 관심을 갖고 주의 깊게 바라보는 것, 얼굴과 관련된 여러 경험을 쌓는 것은 영아에게 매우 중요한 일이다.

다행히 얼굴과 유사한 자극에 대한 관심은 타고난 것으로 보인다. 영아는 단순한 자극보다는 복잡한 무늬를 좋아하고 움직이는 사물 등을 유심히 보는 특성이 있는데, 여러 다양한 선과 모양이 모여 있고 눈과 입 등이 시시각각 움직이는 사람의 얼굴은 이러한 영아의 특성과 맞물려 생애 초기부터 가장 선호하는 시각적 자극이 된다. 또한 영아의 이마에 소형 카메라를 장착하여 실제로 영아가 타인의 얼굴을 접하는 빈도를 측정한 최근 연구에 따르면, 영아는 생후 첫 1년 사이에 엄청난 양의 얼굴 정보를 접하며 월령별로 그 빈도 또한 달라진다(Jayaraman, Fausey, & Smith, 2017).

영아의 눈 움직임을 관찰할 수 있는 시선 추적 기술의 발전도 얼굴 탐색의 발달적 차이를 연구하는 데 많은 기여를 하였다. 영아는 처음에는 얼굴 부위 중 색이나 밝기 등의 차이가 커서 시력이 낮아도 잘 볼 수 있는 부위를 위주로 보기 시작하며, 1~2개월에는 머리카락이나 턱을, 2개월경에는 얼굴 내부의 눈, 코, 입, 머리 등을 중점적으로 본다(Maurer & Salapatek, 1976, 그림 3-4 참조). 초반에는 영아의 시력이 어른보다 훨씬 낮아 어른만큼 사물을 선명하게 보지 못하다가 시력이 발달하면서 얼굴 외곽에서 눈, 코, 입 등 얼굴 내부 특징으로 관심이 옮겨 가는 것으로 보인다.

물론 이러한 발달적 변화는 상황에 따라 달라지는데, 웃거나 말을 할 때처럼 눈이나 입이 많이 움직일 때는 그 부분을 보는 경향이 조금 더 빨리 나타

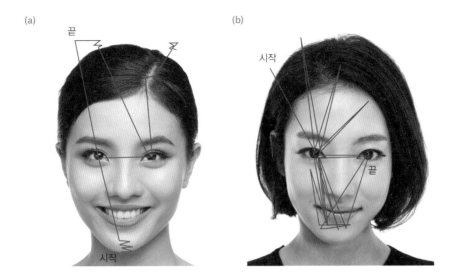

그림 3-4 **영아의 시선 움직임**
(a) 1개월 영아의 시선 움직임: 주로 얼굴 외곽 위주로 본다.
(b) 2개월 영아의 시선 움직임: 눈, 코, 입 등의 세부 특징을 더 중점적으로 본다.

나기도 한다. 또한 얼굴 주변에 아주 눈에 띄는 물건이 있으면, 그것을 먼저 보다가 천천히 얼굴로 시선이 넘어오기도 한다. 특히 생후 6개월 전에는 주변에 눈에 띄는 자극이 있으면 다른 자극에 먼저 시선을 뺏긴 후 그다음 얼굴로 시선을 돌리는 경향이 있는데, 일단 얼굴로 시선이 넘어온 후에는 얼굴을 다른 자극보다 더 오랫동안 바라본다. 생후 6개월 이후로는 주변 자극이 눈에 띄더라도 얼굴을 더 먼저 그리고 오래 보는 경향으로 전환된다(Di Giorgio, Turati, Alto, & Simion, 2012; Frank, Amso, & Johnson, 2014). 이 차이는 얼굴에 대한 선호도의 차이라기보다는 뇌의 발달로 시각적 주의를 통제하는 능력이 향상되었기 때문으로 보인다. 얼굴 선호도는 영아의 사회적 발달 및 인지적 발달에 중요한 영향을 미치며, 자폐 스펙트럼 장애와 같이 발달 문제가 있는 영아를 선별하는 기준으로 사용되기도 한다.

다른 사물보다 얼굴을 더 오래 보고 선호하는 경향은 대부분의 영아가 타고난 것으로 보이지만, 얼굴을 구별하는 능력은 생후 경험에 의해 발달하는 것으로 보인다. 우리는 보통 사람의 얼굴을 동물의 얼굴보다 더 정확하게 잘 구별하고 기억한다. 같은 종의 동물이 여러 마리 있을 때 그들 각각의 얼굴을 구별하기는 어렵지만, 사람이 여러 명 있을 때는 낯선 사람이라도 각각의 얼굴을 쉽게 그리고 더 정확하게 구별하고 기억할 수 있다. 이러한 능력은 영아에게도 일찍 발견이 되기는 하지만, 타고나는 것이 아니라 나이가 들면서 발달하는 것으로 보인다. 예를 들어, 6개월 영아, 9개월 영아, 성인을 대상으로 낯선 사람들의 얼굴이 같은지 다른지 구별하는 과제와 원숭이들의 얼굴을 구별하는 과제를 주면, 생후 6개월 영아는 사람의 얼굴을 구별하는 만큼 원숭이의 얼굴도 잘 구별하지만, 9개월 영아와 성인은 사람의 얼굴을 훨씬 잘 구별하고 원숭이 얼굴의 구별 능력은 현저히 낮게 나타난다(Pascalis, de Haan, & Nelson, 2002). 또한 동일한 결과가 원숭이 대신 양의 얼굴을 구별하는 과제에서도 나타났다(Simpson, Varga, Frick, & Fragaszy, 2011). 이상의 결과는 얼굴 자극을 구별하는 능력은 타고나나, 후천적 경험에 의해 자주 접하는 사람의 얼굴에 뇌가 더 특화되고 자주 접하지 않는 다른 종의 얼굴을 구별하는 능력은 낮아짐을 시사한다. 또한 어떤 경험을 하느냐에 따라 생후 6개월 이후에도 다른 종의 얼굴을 구분하는 능력을 더 유지할 수 있다. 가령 원숭이 얼굴을 볼 때 그냥 보는 것이 아니라 특정 이름을 얼굴마다 붙여 주면, 생후 9개월에도 원숭이 얼굴 간의 구별 능력이 유지되는 것으로 나타났다(Scott & Monesson, 2009).

어떤 인종의 얼굴을 많이 경험하는가에 따라서 특정 인종의 얼굴을 선호하는 경향이 형성되기도 한다. 자신과 같은 인종의 얼굴을 더 오랫동안 응시하고 빠르게 인식하며 더 잘 구별하는 능력은 첫돌이 되기도 전에 이미 빠르게 발달한다. 백인 영아를 대상으로 한 연구에 따르면, 자신이 속한 인종의 얼굴을 더 오랫동안 응시하는 선호 반응은 태어난 직후에는 관찰되지 않으나 생후 3개월경에는 뚜렷이 나타난다(Kelly et al., 2005). 또한 생후 3개월 영아는 다른 인종의 얼굴도 자기 인종의 얼굴과 유사하게 잘 구별하는 반면, 생후 9~10개월 영아는 자기 인종의 얼굴 구별을 훨씬 잘 한다(Kelly, 2007; Sugden & Marquis, 2017). 그러나 이러한 능력이 자신과 같은 인종을 선호하고 다른 인종을 배척하는 편견으로 발전하는 것은 유아기가 되어야 나타난다고 알려져 있다.

최근 유아를 대상으로 시행된 연구는 다양한 인종의 얼굴을 아동에게 여러 번 보여 주는 것만으로도 무의식적인 인종 편견을 어느 정도 예방할 가능성을 제시한다. Qian, Quinn, Heyman, Pascalis, Fu와 Lee(2017)는 4~6세의 중국 아동들에게 20분 정도 여러 얼굴을 보여 주고 그중 흑인 남성의 얼굴을 찾도록 하는 과제를 준 후, 다시 일주일 후에 유사한 과제를 주었다. 흥미롭게도 첫 번째 과제 후에 중국 아동들은 아시아계 얼굴이 나올 때는 더 긍정적으로 대답하고 흑인 얼굴이 나올 때에는 더 부정적으로 대답하는 인종 편견적 반응을 보였으나, 일주일 후에 두 번째 흑인 얼굴 찾기 과제를 마친 후에는 이러한 인종 차별 경향이 많이 사라진 것으로 나타났다. 물론 이러한 훈련이 모든 인종 차별을 완벽하게 차단하기는 힘들겠지만, 적어도 얼굴 지각 경험과 관련이 있는 무의식적 인종 편견에는 어느 정도 효과가 있는 것으로 보인다.

개념 체크 ▲
_____

빈칸에 알맞은 말을 써넣으시오.

1 촉각, 미각, 후각, 청각, 시각 중 가장 늦게 발달하는 감각은 .... 이다.

2 영아가 색상을 어른과 비슷한 수준으로 범주화하는 능력을 보이기 시작하는 월령은 .... 개월이다.

다음 질문에 적절한 답을 고르시오.

3 다음 중 시각 발달에 대한 설명으로 틀린 것은?
   ① 특정 인종의 얼굴을 선호하는 경향은 타고난다.
   ② 영아는 얼굴 자극을 선호하는 경향이 있다
   ③ 영아는 생후 1개월경에는 얼굴의 외곽을 위주로 보고, 2~3개월 무렵에는 눈, 코, 입 등을 중점적으로 본다.
   ④ 신생아의 시력은 성인보다 훨씬 떨어진다.

---

4. 감각의 통합

지금까지 촉각, 미각, 후각, 청각, 시각에 걸쳐 개개의 감각체계 내에서 발달 특성을 알아보았다. 출생 이전에 태아는 이미 여러 감각 능력을 가지고 있으며, 이러한 감각 능력은 출생 후 빠르게 향상된다. 영아의 감각은 촉각이 가장 빨리 발달하여 출생 직후의 탐색을 도와주며, 시각은 가장 늦게 발달한다. 물론 월령이 지나면서 감각기관 및 그와 관련된 뇌가 자연히 성숙되지만, 영아가 손과 눈, 귀, 혀로 느끼는 경험 또한 뇌의 발달에 도움을 준다. 그러므로 생애 첫 1년간 영아가 다양한 경험을 하는 것은 매우 중요하며, 부모와 기타 양육자들은 이 시기에 영아에게 다양한 경험의 기회를 줄 수 있도록, 그러나 발달 시기에 맞추어 너무 과하지 않도록 주의를 기울여야 한다.

한편 영아가 성인과 동일한 수준의 감각 능력을 가지고 태어나지 않는 것이 성인보다 불리하기만 한 것은 아닌 것으로 보인다. 영아의 미성숙한 감각 능력이 영아의 발달에 오히려 유리한 점도 있다. 영아는 대뇌 발달이나 여러 발달이 성인의 수준에 미치지 못하기 때문에 처음부터 너무 많은 양의 정보를 지각하는 것은 오히려 혼란만 가져올 수 있다. 영아의 미숙한 감각은 영아가 한 번에 처리해야 하는 정보의 양을 줄여 오히려 중요한 정보에 초점을 맞출 수 있도록 도와준다. 예를 들어, 신생아의 시력은 눈에서 20~25cm 정도 떨어진 거리에 최적화되어 있고, 더 멀리 있는 사물은 흐릿해서 잘 처리할 수 없는데, 이 거리가 생존에 중요한 역할을 하는 부모, 특히 엄마가 모유 수유를 하거나 우유병을 입에 물려 줄 때 영아와의 거리와 유사하다는 것은 매우 잘 알려져 있다. 이처럼 영아는 단순히 성인의 수준에 못 미치는 미성숙한 인간이 아니라 그 나이, 발달적 특성, 발달 과업에 맞는 능력과 특징을 지닌 존재이다. 영아는 이러한 감각적·신체적 특성을 바탕으로 매일매일 능동적으로 세상을 탐색하고 새로운 지식을 축적하며 빠르게 성장한다.

영아기에는 특정 감각 내 발달뿐만 아니라 두 가지 이상의 감각기관을 사용하는 감각 간 통합 능력도 빠르게 발달한다. 시각과 청각 정보의 통합 발달을 예로 살펴보면, 생후 3개월경에는 어두운 방에서 청각에 의지하여 소리가 들리는 쪽으로 고래를 돌릴 수 있으며, 4개월경에는 사람의 입 모양과 말소리가 일치하는 영상을 더 선호하여 오래 보는 경향을 보인다. 생후 5개월과 7개월 사이에 걸쳐서는 말하는 사람 얼굴의 눈, 코, 입 등을 주의 깊게 살펴보는 시간이 더 길어지고 관심을 보이며, 7개월 무렵에는 감정과 관련된 청각 정보와 시각 정보를 연결할 수 있게 되어, 화난 목소리와 즐거운 목소리가 들릴 때, 그에 해당하는 얼굴 모양을 바라본다(Soken & Pick, 1992).

영아가 시각과 청각 정보를 통합하는 능력이 있다는 증거는 맥거크 효과(McGurk effect)라는 착각 현상 연구에서도 잘 드러난다(Rosenblum, Schmuckler, & Johnson, 1997). 맥거크 효과란 시각 정보가 청각 정보에 영향을 미쳐 착각을 일으키는 현상으로, 입 모양과 말소리가 일치하지 않을 때, 실제 말소리와 다르게 지각을 하는 경향을 말한다. 예를 들어 성인을 대상으로 /가/라고 발음하는 얼굴 영상에 /바/라는 소리를 더빙한 비디오를 보여 주면, 눈을 감았을 때에는 물론 /바/라고 대답을 하고, 눈을 뜨고 영상을 볼 때는 실제 소리와 다른 /다/ 등으로 대답하는 경향을 보인다. 이러한 착각 현상은 성인이 청각 정보를 인식할 때, 입 모양과 같은 시각 정보를 동시에 처리해 그에 영향을 받음을 보여 준다. 맥거크 효과는 성인만이 아니라 아직 언어를 배우지 못한 5개월 영아에게서도 유사하게 발견된다. 이상의 결과는 언어를 배우기 훨씬 이전부터 영아는 언어적 소리와 입 모양의 시각 정보를 통합하여 처리하는 능력이 있음을 보여 주며, 이러한 통합 과정이 이후 언어 발달에 중요한 역할을 할 가능성을 시사해 준다.

앞서 소개한 감각 발달과 마찬가지로, 감각 간 통합 능력 또한 영아의 경험이 중요한 역할을 하는 것으로 보인다. 한 연구에 따르면, 부모가 다양한 소리, 냄새, 시각 정보 등을 경험할 기회를 제공할수록 영아는 정보를 더 빠르게 배우고 기억을 더 잘 하는 것으로 나타났다(Bahrick, 2010).

개념 체크 ▲

빈칸에 알맞은 말을 써넣으시오.

1 맥거크 효과란 ＿＿＿＿＿ 정보가 ＿＿＿＿＿ 정보에 영향을 미쳐 착각을 일으키는 현상을 말한다.

요약

- **영아기의 신체적 성장 및 운동 능력 발달**
- 전 생애에 걸쳐 가장 빠른 속도로 신체적 성장이 일어나는 시기는 영아기이다. 영아기의 신장과 체중은 영양 공급 및 정상적 발달, 그리고 뇌 발달 등에 대한 단서를 제공한다.
- 신생아는 대뇌 발달 및 근육 발달 등이 미성숙하지만, 대신 더 간단하고 즉각적인 자동 반응 기제인 반사 능력을 가지고 태어난다. 대뇌 발달 및 근육 발달이 이루어지면서 반사는 점차 자발적 운동으로 대체된다.
- 영아는 개월 수가 증가함에 따라 턱 들기, 앉기, 서기, 걷기 등의 보행 기술을 습득한다. 그러나 각 보행 기술 간에 완벽한 단절이 있는 것은 아니며, 동일 연령 내에서도 눕고, 앉고, 잡고 서기 등이 다양하게 반복된다.
- 역동적 체계발달이론에 따르면, 영아의 여러 요소들이 발달하면서 서로 조화를 이루어 운동기술이 발달한다.

- **감각 발달: 촉각, 미각, 후각, 청각**
- 태아기부터 어느 정도의 촉각, 미각, 후각, 청각 능력이 가능하며, 모든 감각이 출생 후 몇 개월에 걸쳐 빠르게 향상된다.
- 신생아는 손의 움직임이 능숙해지기 전까지 입을 사용해 물고 빨면서 사물을 탐색한다.
- 미각과 후각의 선호도는 태아기의 경험과 출산 후의 경험 모두에 영향을 받는다. 또한 영아기의 음식 섭취, 냄새 등의 경험은 장기적 영향을 미친다.
- 영아가 처음부터 말소리를 구별하는 것은 아니지만, 말소리를 배우기에 유리한 본능과 학습 능력을 가지고 태어난다.

- **감각 발달: 시각**
- 신생아의 오감 능력 중 시각이 가장 늦게 발달한다. 신생아도 어느 정도 빛의 감지나 가까이 있는 사물의 감지가 가능하나, 눈의 구조 및 시각 관련 대뇌 발달이 미성숙하다.
- 성인과 유사한 색상 구별 능력은 생후 3~4개월은 되어야 가능하다.
- 시각 정보를 정확히 이해하기 위해서는 눈 구조의 발달뿐만 아니라 항등성에 대한 이해도 필요하다. 영아도 어느 정도의 항등성을 가지고 있으며, 여러 경험을 통해 더 정교한 항등성 개념을 습득하게 된다.
- 얼굴과 유사한 자극에 대한 선호도는 타고나는 것으로 보이나, 출생 이후 경험에 따라 특정 인종의 얼굴에 대한 선호도나 처리 속도 등이 달라진다.

연습문제

1. 다음 중 영아기의 신체 발달에 대한 설명 중 틀린 것은?

① 성인보다 머리의 비율이 크다.
② 몸무게는 생후 5개월까지 2배, 생후 1년까지는 약 3배로 증가한다.
③ 생후 1년이면 성인과 유사한 신체 비율을 갖게 된다.
④ 전 생애에서 신체 발달 속도가 가장 빠른 시기이다.

2. 영아가 직립 자세를 배우기까지 시간이 많이 걸리는 이유로 가장 적절한 것은?

① 머리가 무거워 균형을 잡기 어려움
② 다리가 머리보다 길어 균형을 잡기 어려움
③ 머리보다 팔다리가 먼저 발달하여 균형을 잡기 어려움

3. 다음 중 가장 주의가 필요한 경우는?

① 걷기 시작한 10개월 영아

② 또래보다 기는 시기가 짧고 바로 서고 걷는 시기로 들어간 8개월 영아

③ 아직 혼자 걷지 못하는 36개월 유아

④ 바빈스키 반사를 보이는 6개월 영아

4. 영아의 반사 능력을 고려할 때, 영아는 태어난 후 언제부터 엄마 젖을 빨 수 있을까?

① 출생 당일

② 태어난 지 3~4일 후

③ 태어난 지 일주일 후

④ 태어난 지 한 달 후

5. 신생아의 시력이 미성숙한 이유로 적절치 않은 것은?

① 시각 담당 대뇌피질의 발달이 미성숙하기 때문에

② 수정체를 조절하는 근육의 발달이 성인만큼 잘 발달하지 않았기 때문에

③ 엄마의 자궁은 빛이 전혀 통과할 수 없는 환경이기 때문에 빛에 대한 경험을 하지 못해서

④ 움직이는 사물을 눈으로 따라가는 능력이 성인만큼 발달하지 못해서

6. 태어난 지 얼마 안 되는 신생아가 엄마의 모유를 먹는 데 도움이 되는 특징이 아닌 것은?

① 엄마의 양수 냄새를 기억하기 때문에 그와 유사한 엄마의 모유 냄새가 나는 쪽으로 입을 움직인다.

② 모유와 같은 단맛을 좋아한다.

③ 배가 고플 때 입 주위에 무언가가 닿으면 빨기 시작한다.

④ 익숙한 것을 지루해하고 새로운 맛을 선호한다.

7. 신생아가 선호하는 소리에 대한 설명으로 알맞지 않은 것은?

① 단조로운 음색보다 소음이나 목소리 같은 복잡한 소리를 선호한다.

② 사람의 목소리가 있는 음악을 일반 악기만 연주하는 음악 소리보다 더 선호한다.

③ 어머니의 목소리를 다른 여성이나 남성의 목소리보다 선호한다.

④ 아버지의 목소리와 낯선 이의 목소리를, 어머니의 목소리와 낯선 이의 목소리만큼 정확하게 구별한다.

8. 시각절벽 연구들의 결과에 대한 설명으로 가장 적절치 않은 것은?

① Gibson의 초기 연구에 따르면, 6~14개월 영아들은 유리를 통해 보이는 체크 무늬 바닥이 깊어 보이면 유리판 위로 기어가는 것을 주저하고, 얕아 보이면 대부분 주저 없이 기어갔다.

② Gibson의 시각절벽 연구 결과는 영아의 깊이 지각 능력을 보여 주는 예로 많이 사용된다.

③ Karen Adolph 교수 팀의 연구에 따르면 6개월 이하의 영아들은 깊이 지각 능력이 없다.

④ 시각절벽 연구에서 보이는 영아의 반응은 영아가 기고 걸으면서 얻게 되는 경험과 관련이 있다.

**"호기심 가득한 마음에
온 세상은 실험실이다 "**

— 마틴 H. 피셔 Martin H. Pischer

인지 발달:
Piaget와 Vygotsky의 이론

4

민지 아빠는 영아용 높은 의자에 앉아 있는 민지의 바닥 주변을 세 번째 닦아 내고 있다. 생후 14개월인 민지는 의자에서 음식을 먹다가 이를 떨어뜨리고는 무척 재미있어한다. 민지는 음식뿐만 아니라 장난감이나 숟가락 등 손에 쥔 물건들을 계속 떨어뜨린다. 마치 그런 것들이 떨어질 때 어떤 소리가 나고 어떻게 튀어 나가는지 실험하는 것처럼 보인다. 이런 실험을 하던 민지는 어느덧 세 살이 되고, 방에서 인형을 가지고 혼잣말을 하며 논다. 부모가 옆에서 들어 보니 인형은 상상 속 친구인 듯한데, 이들 중에는 나쁜 친구와 착한 친구가 있고 그 역할에 따라 목소리를 바꾸어 가면서 놀이를 한다. 또 민지

는 "빨강색과 주황색을 섞으면 갈색이 되는데 왜 그래요?", "내가 태어나기 전에 나는 어디에 있었어요?"와 같이 알고 싶은 것, 궁금한 것에 대해 부모에게 끊임없이 질문한다. 부모가 아이를 키우면서 공통적으로 경험하는 이러한 일화들을 통해 영아기부터 성인기까지 인지가 발달하는 여정을 엿볼 수 있다.

인지는 주의, 지각, 기억, 학습, 계획, 추론, 상징화, 범주화, 문제 해결, 상상력 등의 모든 정신 능력을 포함하며, 이러한 능력은 인간이 주변 환경을 이해하여 적응하는 데 도움을 준다. 이러한 정신 능력의 변화 과정인 인지 발달(cognitive development)은 흥미롭고 다양한 이론과 학설이 있는 주제 중 하나이다. 인지 발달 연구자들은 인간의 정신 능력이 변화하는 보편적 과정, 즉 전형적인 발달 과정에 관심을 갖는다. 그러나 이러한 전형적인 발달 과정에서도 개인마다 차이가 있어서 같은 연령에서 어떤 아동들은 다른 아동들에 비해 능력을 더 또는 덜 가지고 있거나 다른 생각을 보이기도 한다. 인지 발달 연구자들은 이러한 인지 발달의 개인차에 대해서도 연구하며 그 기제를 밝히고자 한다. 이 장에서는 이러한 인지 발달 과정 및 개인차에 어떠한 요소가 영향을 주는지, 또한 그 요소들이 어떻게 결합하여 인지 발달이 이루어지는지를 Piaget의 이론과 Vygotsky의 이론을 중심으로 살펴보려 한다.

1. Piaget의 인지발달이론

이 절에서는 스위스 학자인 Jean Piaget의 연구를 중심으로 아동의 인지 발달에 대해 알아보기로 한다. Piaget는 11세의 나이에 학술논문을 발표하며 어린 나이에 학자가 되었고, 일생 동안 60권 이상의 책과 수백 편의 논문을 남겼다. 그는 종종 심리학자로 소개되지만 실제로는 지식의 본질과 시작을 다루는 철학인 인식론(epistemology)을 연구한 학자였다(Mooney, 2013). Piaget는 원래 동물학을

▶ Jean Piaget(1896~1980)

전공했기 때문에 생물학적 특성을 바탕으로 이론을 전개하였다. 따라서 그는 인간이 처음부터 인지적인 존재로 출발한다고 가정하지 않고, 지각과 운동 활동을 통하여 심리학적 구조를 구성하고 발달시킨다고 보았다. 이러한 그의 이론을 발생학적 인식론(genetic epistemology)이라 하며, 이후 인간 지식의 근원에 대한 실험적 연구가 본격적으로 이루어졌다. 많은 인지 발달 학자들은 아동이 무엇을(what) 아는가 혹은 아동이 언제(when) 그것을 알게 되는가에 대해 연구했지만, Piaget는 아동이 어떻게(how) 앎에 도달하는지를 연구하였다. Piaget는 자신의 세 자녀를 주의 깊게 관찰하면서 그들이 새로운 놀잇감을 어떻게 탐색하는지, 제시된 문제들을 어떻게 해결하는지, 또 그들 자신과 주변 세계를 어떻게 이해하게 되는지를 연구하였다. 이후 게임 규칙에서 물리학의 원리에 이르기까지 다양한 문제들에 대해 서로 다른 연령대의 아동이 어떻게 생각하는지 알아내기 위해서, 개방적인 문답식 방법을 이용해 많은 아동을 연구하며 인지 발달에 대한 자신의 이론을 체계화하였다.

Piaget는 기본적인 생물학 원리인 조직화(organization)의 원리를 적용하여 아동이 발달하면서 어떤 인지적·심리적 구조를 구성하는지, 그리고 그 구조는 어떻게 변화하는지를 아래와 같이 설명하였다.

1) 도식

Piaget는 경험을 이해하는 조직화된 방식 또는 특정한 심리적 구조(psy-chological structure)인 도식(scheme)이 연령에 따라 정교화되고 변형됨으로써 인간의 인지가 발달한다고 보았다(Piaget & Inhelder, 1969). 도식은 하나의 생각 또는 행동 패턴이며, 아동이 자신의 세계를 해석하며 지속적으로 쌓아 온 기초 지식이라 할 수 있다. 초기의 도식들은 감각 운동적인 행동 패턴이다. 예를 들어 6개월 된 아기는 딸랑이 같은 것을 손으로 잡았다가 놓는 단순한 방식으로 반복해서 물체를 떨어뜨리며, 이를 흥미롭게 지켜본다. 18개월이 되면 이 아동의 '떨어뜨리는 도식'은 더욱 정교해지고 창의적이 된다. 아동은 아래층으로 물건을 던지거나 공중으로 던져 보기도 하고, 어떤 건 벽에 맞고 튕겨

> 도식 스키마(schema)라고도 한다. 외부 환경을 인식하는 사고의 틀로서 사물이나 사건에 대한 전체적인 윤곽을 잡아 준다.

나오도록 던지며, 어떤 건 부드럽게, 어떤 건 힘차게 던진다. 이러한 모습은 아동이 단순히 물건을 던진 뒤 바라보는 것을 넘어, 던지는 행동을 하기 전에 생각한다는 것을 보여 준다.

이처럼 아동은 자신의 도식을 통해 자신이 속한 세상을 알아 가고, 도식에 맞추어 자신이 경험한 것을 해석하고 조직화하는 한편, 기존 도식을 정교화하고 변화시켜 나간다. Piaget는 이러한 도식 또는 심리적 구조의 발달을 인지발달로 보았다.

2) 적응

적응(adaptation)이란 환경과의 직접적인 상호작용을 통해 도식을 형성하고 수정하는 것을 말한다. 주변 환경의 요구에 부합하는 적응은 동화(assimilation)와 조절(accomodation)이라는 두 가지 상호 보완적인 활동을 통해 이루어진다.

동화는 아동이 기존에 가지고 있던 도식에 근거하여 새로운 경험이나 환경을 해석하는 과정이다. 예를 들어, 영아가 처음으로 고양이를 보면 동물에 대해 가지고 있던 기존 도식 중 가장 비슷한 도식인 '개'라고 생각할 수 있다. 새로운 대상인 고양이를 해석하기 위해 동일하게 다리 네 개와 털이 있는 익숙한 도식을 활용함으로써 그것에 적응하려고 하는 것이다. 그러나 개라고 생각했던 고양이가 걷는 모습, 생김새, 우는 소리 등에서 개와 다른 특성이 있다는 것을 알게 된다면, 영아는 자신이 경험한 것을 다시 해석해 보려고 할 것이다. 조절은 기존 도식으로 새로운 경험이나 환경이 완전하게 해석되지 않을 때 새로운 도식을 만들거나 기존 도식을 수정하는 과정이다. 이 영아는 다리가 넷인 동물에 대한 도식을 조절 또는 수정함으로써 고양이라는 새로운 범주를 추가하며 그 차이를 배우게 될 것이다(Kovack-Lesh, Oakes, & McMurray, 2012).

Piaget는 동화와 조절이 항상 같이 발생하는 것은 아니지만, 인지 발달을 위해 동화와 조절이 모두 필요하다고 믿었다. 동화를 통해 기존 도식을 사용하여 새로운 경험을 수용할 수 있으며, 시간이 지나면서 이것이 기존 도식과 불일치하게 될 때 발생하는 인지적 갈등이 조절을 촉진하면서 아동의 인지 발달이 이루어진다는 것이다. Piaget는 이를 평형(equilibrium)이라는 개념으로 설명하였다. 아동은 조절보다는 기존 도식과 경험을 통합하는 동화를 더 많이 하여 인지적 평형을 이루지만, 자신이 가진 도식으로 이해할 수 없는 상황이 지속되면 인지적 불균형(disequilibrium)에 놓이게 된다. 아동이 현재의 도식을 수정하여 다시 경험을 동화할 수 있게 되면, 그 결과 아동은 적응상태, 즉 인지적 구조와 주변 환경 간의 평형상태가 되고, 다시 불균형 상태가 될 때까지 이 도식을 연습한다. 이렇게 인지적 평형과 불균형 사이를 오가면서 더욱 효율적인 도식이 만들어진다. 영아기는 조절을 가장 많이 하는 시기로서 Piaget가 제안한 단계 중 감각운동기에 해당하며, 발달적으로 가장 복잡한 시기이다.

3) 조직화

조직화(organization)는 아동이 새로운 도식을 형성하면서 서로 밀접하게 연관된 하나의 인지체계를 만들기 위하여 기존 도식을 다른 도식들과 연결하고 재배열하는 내적 과정을 말한다. 예를 들어, '새'나 '비행기'와 같은 개별 도식을 더 상위의 구조인 '하늘을 날 수 있는 것'으로 구조화하는 것이다. 조직화의 목적은 적응 과정을 촉진하는 것으로서, 아동은 기존 도식들을 환경의 요구에 맞추어 새롭고 더욱 복잡한 인지구조로 끊임없이 (재)조직해 나간다. 이렇게 조직화된 도식들이 다른 도식과 함께 네트워크의 일부가 되어 주변 환경에 적용되면 아동은 다시 평형상태에 도달한다(Piaget, 1952).

이처럼 Piaget는 아동이 새로운 경험을 탐색하며 이를 동화시키고, 이 경험을 바탕으로 인지적 구조를 조절하여 적응할 뿐만 아니라, 새로 알게 된 지식을 새롭고 더욱 복잡한 도식으로 조직화하는 적극적인 과정을 거치면서 인지 발달이 일어난다고 보았다.

다음 설명에 해당하는 개념이나 용어를 써넣으시오.

1 .... 사고 과정과 주변 환경 간에 조화와 균형이 잡힌 상태

2 .... 기존 도식에 근거하여 새로운 경험을 해석하는 과정

3 .... 기존 도식을 새롭고 더욱 복잡한 지적 구조로 통합시키는 내적 과정

다음 질문에 적절한 답을 고르시오.

4 Piaget에 따르면 조절은 ....
① 기존의 도식과 경험을 통합하는 것이다.
② 경험이 기존 도식으로 해석되지 않을 때 새로운 도식을 만들거나 기존 도식을 수정하는 것이다.
③ 경험을 기존의 다른 도식들과 연결하고 재배열하는 것이다.
④ 구조를 더 상위 구조로 통합하기 위한 것이다.

2. Piaget의 인지 발달 단계

Piaget는 아동이 세상을 탐구하고 도식을 조직화하면서 일어나는 심리구조의 변화가 단계적으로 이뤄진다고 보았다. 이러한 인지 발달 단계는 감각운동기(출생~2세), 전조작기(2~7세), 구체적 조작기(7~11세), 형식적 조작기(11세 이후)라는 네 단계로 구분된다. Piaget는 단계란 평형화 상태의 구조를 말하는 것으로, 단계가 변화했다는 것은 인지기능의 구조가 질적으로 달라진 것이라고 하였다. 또한 각 단계가 보편적이며 불변한다고 보았다. 모든 아동이 네 단계를 동일한 순서로 거친다는 것이다. 각 단계에서는 이전 단계를 바탕으로 현재 단계의 능력과 통합되고 변형되며, 다음 단계를 준비하게 된다.

1) 감각운동기

감각운동기(sensorimotor stage)는 영아가 눈, 귀, 입, 손, 코와 같은 감각을

통해 들어오는 정보들을 운동 능력과 통합하여 사고하고 행동하는 시기이다. 이 시기에 주변 환경을 알아가도록 하는 감각 운동 도식이 형성되며, 출생에서 걸음마기인 2세까지 지속된다. 이 시기의 발달은 매우 빠르고 진전이 크기 때문에 Piaget는 감각운동기를 6개의 하위 단계로 나누었다. 모든 신생아는 생존을 위한 반사(reflex)를 가지고 태어나는데, Piaget는 이를 감각 운동 지능의 구성요소로 보고 6단계에 걸쳐 반사적인 존재가 사고하는 존재로 성장하는 과정을 설명하였다. 이때 의도적 반복을 특징으로 하는 순환 반응(circular reaction)은 영아가 첫 도식에 적응하기 위한 특별한 수단을 제공하기 때문에 중요하다고 보았다.

(1) 감각운동기의 하위 단계

Piaget는 감각운동기를 6개의 하위 단계로 나누었지만 "감각운동기 동안 발달의 실제는 매우 복잡하고 그 연속성이 매우 빠르게 진행될 수 있기 때문에 하위 단계를 너무 많이 분리하는 것은 위험할 수 있다"(Piaget, 1952, p. 331)고 하였다. 아래에서는 감각운동기의 하위 단계별로 의도적(intentional) 혹은 목표지향적(goal-directed) 행동이 어떻게 나타나는지 살펴보고자 한다.

반사 도식(출생~1개월) 생후 첫 1개월간의 반사 도식(reflexive schemes) 단계에서 영아는 선천적인 반사 활동을 한다. 즉, 직면하는 경험이 무엇이든지 간에 빨거나 손에 쥐거나 쳐다본다. 이러한 반사 활동을 통해 새로운 물체를 반사 도식에 동화시키고, 이를 새로운 대상에 조절시키며 인지 성장이 시작된다.

1차 순환 반응(1~4개월) 1차 순환 반응(primary circular reaction)이란 자신의 몸으로 시도하고 통제하는 반응이 흥미롭거나 기분이 좋으면, 그 흥미나 기분을 얻기 위해 그러한 행동을 반복하는 것을 말한다. 1차 순환 반응은 다른 사물보다는 손가락 빨기, 시각적으로 사물 탐색하기, 자기 목소리 듣기 등과 같이 영아 자신의 신체에 국한된다. 다른 대상이 아니라 자기 자신의 신체에 대한 것이기 때문에 '1차(primary)'라고 하며, 반응이 반복적으로 나타나기 때문에 '순환(circular)'이라고 한다(Miller, 2016).

> 순환 반응 영아가 우연히 새로운 경험을 하게 된 후 그 경험을 하기 위해 감각 운동이나 사물의 조작을 반복하는 것을 가리킨다.

1차 순환 반응은 영아가 스스로 일어나게 할 수 있기 때문에 도식의 광범위하고 빠른 발달이 가능하다.

2차 순환 반응(4~8개월) 4~8개월이 되면 영아는 환경에 대한 관심이 증대한다. 우연히 고무 오리를 눌러서 '꽥' 소리가 나거나, 우연히 딸랑이를 흔들어 소리가 나면 자신이 사물을 갖고 재미있는 일을 할 수 있다는 것을 알게 된다. 영아는 이렇듯 우연히 일어난 흥미 있는 행동을 반복적으로 시도하는데, 이를 2차 순환 반응(secondary circular reaction)이라고 한다. Piaget에 따르면 2차 순환 반응은 영아의 관심이 외부 환경으로 확장되어 자신의 신체적 움직임이 외부 환경과 연결되는 것에 흥미를 느끼고 이를 반복하게 되는 것이다. 이는 자기 자신과 외부 물체를 구별하기 시작했다는 것을 보여 준다.

2차 순환 반응의 협응(8~12개월) 영아가 8~12개월이 되면 의도하거나 계획한 반응이 처음으로 출현한다. 이 시기의 영아는 주위에서 보이는 행동을 자발적으로 모방하고 목적을 이루기 위해 서로 독립된 두 개 이상의 행동을 연계 또는 통합하기 시작하는데 이를 2차 순환 반응의 협응(coordination of secondary circular reaction)이라고 한다. 예를 들어 놀잇감을 수건으로 가리면, 영아는 수건을 걷고 놀잇감을 찾아내어 잡는다. 즉 '수건을 걷는 것'과 '놀잇감을 잡는 것'은 놀잇감을 찾아낸다는 목적의 수단이 되는 행동이다. Piaget는 이와 같이 단순한 목적을 위해 행동을 조합하는 것을 최초의 의도적 또는 목표 지향적 행동이라고 보았다.

3차 순환 반응(12~18개월) 이 시기의 영아는 다양한 종류의 사물들이 어떤 소리를 내는지 알아보기 위해 눌러 보거나 던져 보고 위에서 떨어뜨려 보는 등 다양한 실험을 한다. 그러면서 솜으로 된 곰인형은 바닥에 떨어뜨려도 아무 소리가 나지 않지만, 공은 소리를 내며 튕겨 오르고, 무거운 장난감은 '꽝' 소리가 나기도 한다는 것을 발견한다. 이는 시행착오(trial and error)적인 탐색 도식이라 할 수 있고, 3차 순환 반응(tertiary circular reaction)의 두드러진 특징이다. 이제 적극적인 탐험가가 된 영아는 다양한 시도를 통해 주변 물체와 세상에 대해 탐구해 나간다.

정신적 표상(18~24개월) 감각운동기의 마지막 단계에서는 영아가 어떤 행동을 하기 위해 미리 행동 도식을 내면화하여 정신적 상징 또는 심상을 구성하기 시작한다. 이 시기의 영아는 정신적으로 실험할 수 있고, 문제를 내적·상징적 수준에서 해결할 수 있다. 또한 18개월이 되면 대부분의 영아들은 말을 하거나 제스처를 사용하는데, 이는 상징을 사용할 능력이 생겼음을 보여 준다. 말과 제스처는 다른 사물과 사건을 대신하는 상징이다. 또한 이 시기 영아들은 장난감 전화기를 귀에 가져다 대거나 장난감 컵을 입으로 가져가 마시는 등 가상놀이(pretend play)를 시작하는데, 이 역시 상징을 사용하는 것이다. 영아가 상징을 사용하고, 현재 눈앞에 없는 모델의 행동을 지연모방(deferred imitation)하는 것은 정신적으로 표상할 수 있다는 것을 뜻한다.

(2) 대상영속성

대상영속성(object permanence)에 대한 이해는 감각운동기에 두드러지게 발달한다. 대상영속성이란 말 그대로 대상이 계속 존속한다는 것, 즉 시각이나 촉각 등을 통해 직접 느끼고 있지 않은 동안에도 사물은 나의 감각과는 독립적으로 존재한다는 개념이다. 예를 들어, 대상영속성이 있으면 신고 있던 신발을 벗어 신발장 안에 넣어 보이지 않게 되더라도 신발은 여전히 존재한다는 것을 안다. 하지만 감각과 운동 능력에 의존해 대상을 파악하는 어린 영아는 대상을 감지할 수 없을 때는 그것은 없는 것이며, 감각적으로 파악될 때만 존재한다고 생각한다.

Piaget와 인지학자들은 다양한 연령의 영아들에게 대상영속성을 실험해 보았다. 영아가 관심 있게 지켜보던 장난감을 헝겊으로 덮은 뒤, 그 반응을 관찰하였다. 생후 1~4개월 된 영아는 장난감이 보이지 않게 되자마자 더 이상 찾지 않았다. 이들은 사라진 곳을 유심히 바라보기는 하지만, 곧 그 장난감이 이제는 존재하지 않는 것처럼 관심을 보이지 않았다. 생후 4~8개월 된 영아는 장난감이 부분적으로 가려져 있을 때에는 이를 찾으려 하고 찾아내기도 하지만, 완전히 가려진 대상을 찾는 것은 실패한다.

그러나 영아는 8개월이 넘으면 시야에서 완전히 사라진 장난감을 찾으려고 한다. 이는 대상영속성 개념의 출현에 대한 분명한 신호로 볼 수 있다. 8~12개월 된 영아는 어른이 헝겊으로 덮어서 눈에

가상놀이 가상의 상황이나 사물을 실재하는 상황이나 사물을 이용해 상징화하는 놀이이다.
지연모방 과거에 경험한 일을 시간이 지난 후에 자발적으로 재연하는 것이다.

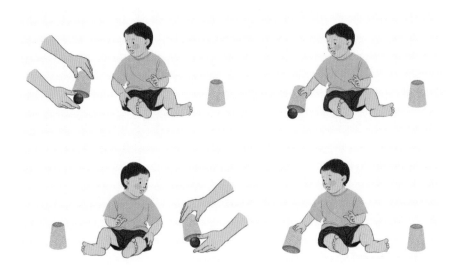

그림 4-1 A-not-B 오류
영아는 공이 다른 컵(B)으로 옮겨지는 것을 목격했음에도 처음에 자신이 공을 찾았던 컵(A)에서 계속 공을 찾는
행동을 한다.

보이지 않게 한 장난감을 찾아내는 놀이를 매우 즐거워한다. 영아는 헝겊에 덮여 있는 장난감을 향해 가면서 미소를 띠거나 헝겊을 휙 뒤집어 장난감을 찾으면 까르르 소리를 내며 웃기도 한다. 이전 시기에 비해 사물의 존재성에 대한 이해가 상당히 발달한 것이다. 하지만 이 시기의 영아가 지닌 대상영속성 개념은 여전히 불완전하다. 예를 들어 8~12개월 된 영아에게 A컵에 덮인 사물을 반복적으로 보여 준 후에 다시 그 사물을 B컵에 감추는 것을 보여 주면, 대부분 A컵을 뒤집으면서 그 사물을 찾는다(그림 4-1 참조). 숨겨진 대상을 마지막으로 본 위치가 아니라 예전에 있던 위치에서 찾는 반응은 생후 8~12개월 영아에게서 전형적으로 나타난다(Marcovitch & Zelazo, 1999). 이러한 A-not-B 오류(A-not-B error) 현상은 사물의 존재에 대한 영아의 이해가 단편적임을 보여 준다. 즉, 영아는 반복적으로 보았던 사물의 위치와 현재 위치를 구분하지 못하는 것이다.

　　12~18개월의 영아는 움직임을 시각적으로 추적할 수 있고, 마지막으로 본 곳에서 대상을 찾는다. 그러나 보이지 않는 이동(invisible displacement)을 이해할 수 없기 때문에 손 안에 동전을 숨기고 손을 쿠션 밑에 넣어 동전을 놓고

다시 빼면, 동전을 찾기 위해 쿠션 밑을 살피기보다는 그 동전을 마지막에 본 손 안을 들여다보려 한다. 18~24개월의 영아는 사라진 대상을 찾을 때 보이지 않는 이동도 표상하고 추론할 수 있다. 영아가 보지 않는 상태에서 대상을 숨겨도 탐색하며 찾아내고, 찾아냈을 때 무척 즐거워한다. 따라서 Piaget는 감각운동기를 지나야 대상영속성에 대한 이해가 완전하게 획득된다고 주장하였다.

2) 전조작기

표상적 혹은 상징적(단어와 심상) 능력을 갖게 되면 유아들의 사고 수준은 전조작기(preoperational stage)로 넘어간다. 전조작기는 2~7세까지의 시기로, 이 시기가 되면 사물과 사건을 상징으로 표상할 수 있게 된다. 상징이란 어떤 것을 통해 다른 어떤 것을 나타내는 것이다.

인간의 상징적 사고 중 가장 대표적인 것은 언어이다. 생후 1년을 전후로 첫 단어를 시작해서 두 단어 시기를 거쳐 점차 성인과 같은 언어를 획득하게 된다. 이처럼 전조작기 단계의 아동은 단어와 이미지를 사용할 수 있기 때문에, 현재 있지 않은 대상이나 과거의 사건에 대해 생각할 수 있게 된다. Piaget는 정신적 표상을 가장 융통성 있게 활용할 수 있는 수단이 언어임을 인정하면서도, 언어를 아동의 인지적 변화에서 중요한 요소로 보지는 않았다. 대신 감각운동기의 활동이 경험의 내적 이미지를 만들고 난 후에 아동이 이를 단어로 명명한다고 하였다(Piaget, 1952).

상징적 표상이 가능해지는 전조작기에 나타나는 또 다른 특징은 앞서 언급한 가상놀이이다. 이 시기 유아들은 자신이 TV 속 캐릭터인 것처럼 행동하거나 주위의 인물로 가장하여 역할놀이를 한다. 또한 특정 물체를 표상하여 보자기를 이불로 사용하기도 하고, 긴 막대기를 총이나 칼과 같은 무기로 이용하기도 한다. Piaget는 가상놀이가 새로 습득한 표상 도식의 연습이라고 보았다.

감각운동기에 비해 전조작기에는 상징을 사용하는 능력이 크게 발달한다. 그러나 이 시기 유아는 다음 단계인 구체적 조작기에 도달한 7~11세 아동에 비하면 상대적으로 논리적 사고 능력이 부족하다. Piaget에 따르면 구체적 조작기의 아동들은 문제를 해결하거나 이유를 추론할 때 좀 더 체계적이고 효율적인 책략과 논리적인 규칙을 따르는 행위인 정신적 조작(mental operation)을 할 수 있다. 하지만 아직 구체적 조작기에 도달하지 못한 유아 시기는 정신적 조작에 제한점이 있기 때문에 전조작기라고 명명된다. 이러한 제한점 때문에 전조작기 아동의 사고에는 몇 가지 특성이 나타난다. 이 특성을 자기중심성, 물활론적 사고, 보존개념의 결여, 위계적 분류 능력의 부족을 중심으로 설명하고자 한다.

(1) 자기중심성

전조작기 유아는 다른 사람들도 자신이 보는 것과 동일하게 세상을 본다고 생각한다. 이는 자신의 관점과 다른 사람의 관점을 분리하여 생각하지 못하는 자기중심성(egocentrism) 때문이다. 아동이 자신을 중심으로 생각하는 것은 단순히 고집스러운 성격 때문만은 아니다. 이것은 타인이 자신과 다른 의견과 감정을 가질 수 있다는 것을 이해하지 못하기 때문이다. Piaget는 유아의 자아중심성을 세 산 과제 실험을 통해 보여 준다. 유아에게 그림 4-2와 같은 테이블 위의 산 모형이 맞은편에 앉은 인형에게는 어떤 모양으로 보일지 물어보면, 대부분의 유아들은 첫 번째 그림을 선택한다. 다른 사람에게도 자신에게 보이는 모습과 똑같이 보일 것이라고 생각하기 때문이다(Piaget & Inhelder, 1956).

그림 4-2 **세 산 과제**
아이가 보는 관점에서 세 산은 (a)처럼 보이지만 맞은편에 있는 사람의 관점에서는 (c)처럼 보인다. 하지만 전조작기 아동은 이러한 관점의 차이까지 고려하지 못하고 자기중심적으로 생각해 모든 사람에게 (a)처럼 보일 것이라고 답한다.

(2) 물활론적 사고

전조작기 유아들은 무생물을 살아 있는 생물처럼 생각하는 물활론적 사고(animism)를 한다(Piaget, 1929). 비 오는 날 유아가 선생님과 나눈 아래의 대화는 물활론적 사고의 특징을 잘 보여 준다.

유아 　선생님, 오늘은 하늘이 슬픈가 봐요.

선생님 　왜?

유아 　왜냐하면 하늘에서 눈물이 나고, 해도 빛을 낼 수가 없어요.

선생님 　○○이도 슬픈가 보네.

유아 　네, 저도 바깥에서 못 노니까 슬프고요. 밖에 있는 자전거도 슬퍼요.

선생님 　그래? 자전거도 슬퍼?

유아 　네. 오늘 저랑 자전거랑 만나기로 했는데 제가 못 나가서 하루 종일 창고에 있어야 하니까요.

물활론적인 사고를 하는 유아는 하늘, 해, 자전거도 자기처럼 생각하고 느낀다고 믿는다. 즉, 물체가 작동하는 방식과 사람이 행동하는 방식을 명확히 구분하지 않고 생각을 전개한다.

(3) 보존개념의 결여

보존개념(conservation)이란 대상의 외양이 변했다 하더라도 부피, 길이, 면적, 무게, 수 등 본질적인 물리적 특성은 그대로 남아 있다는 것을 이해하는 능력을 말한다. Piaget는 여러 가지 보존 과제 실험을 통해 전조작기 유아의 사고의 한계를 보여 주었다.

대표적인 보존 과제는 액체의 부피 보존 실험이다. 유아에게 똑같은 모양과 크기의 컵 두 개에 같은 양의 주스를 담아서 보여 준다. 유아가 두 컵에 같은 양의 주스가 있다는 것에 동의하면, 유아가 보는 자리에서 한 컵의 주스를 길고 좁은 모양의 컵에 따라 붓는다. 이후 유아에게 주스 양이 같은지 다른지를 물어보면 대부분의 유아들은 길이가 길고 좁은 모양의 컵에 담긴 주스가 원래 컵에 담긴 주스보다 더 많다고 대답한다. 이외에 수, 부피, 무게에 대한 다른 보존 과제들 그림 4-3에 제시하였다.

　　그러면 왜 유아들은 이렇게 생각할까? Piaget는 직관적 사고를 극복하도록 도와주는 두 가지 인지적 조작이 이 시기 유아들에게는 결여되어 있기 때문이라고 하였다. 첫 번째 부족한 것은 문제를 한 가지 이상의 측면에서 동시에 고려할 수 있는 능력인 탈중심화(decentration)이다. 즉, 전조작기 유아는 한 가지 측면만 보고 다른 중요한 특성을 고려하지 못하는 중심화(centration) 특성을 보인다. 직관적 사고를 하는 유아들은 액체 보존 과제를 수행하는 과정에서 높이와 넓이 두 측면을 동시에 고려하는 인지적 조작이 어렵다. 유아들은 높이나 넓이 중 한 가지 측면에만 인지적 조작이 가능하여, 주스를 담는 컵의

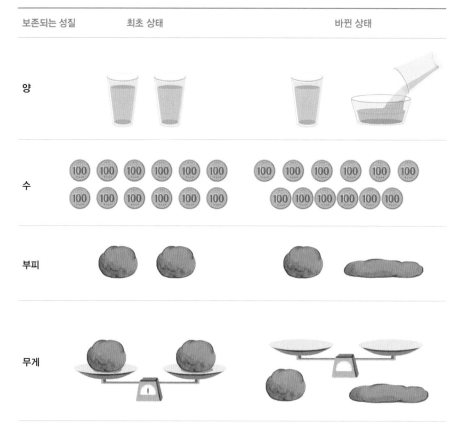

보존되는 성질	최초 상태	바뀐 상태
양		
수		
부피		
무게		

그림 4-3 **보존개념을 알아볼 수 있는 과제들**
아직 보존개념이 덜 발달한 전조작기의 아동은 동일한 물체들을 변형했을 때 그 물체의 부피, 수, 질량, 길이가 달라졌다고 판단한다.

너비가 좁아져서 주스의 높이가 높아져도 절대적인 양에는 변화가 없다는 점을 동시에 생각하지 못한다.

전조작기 유아에게 두 번째로 부족한 인지적 조작은, 어떤 일련의 단계를 가진 문제에서 처음의 상태로 되돌아가 생각하는 능력인 가역성(reversibility)이다. 액체 보존 과제의 경우 전조작기 유아는 주스를 본래 담겨 있던 컵으로 다시 붓는 것을 생각하지 못하기 때문에 물의 양이 똑같다는 것을 알지 못한다.

(4) 위계적 분류 능력의 부족

전조작기 유아들은 가역적인 사고가 어렵고 한 가지 차원에 주의를 기울이는 특성 때문에 비교를 통해 일반적인 그룹과 더 구체적인 그룹으로 나누는 위계적 분류(hierarchical classification)가 어렵다. 그림 4-4는 Piaget의 유목 포함 과제(class inclusion task)로, 유아에게 12개의 단추를 보여 주었는데 그중 4개는 파란 단추, 8개는 빨간 단추이다. 단추와 빨간 단추 중에 어느 것이 더 많은지 물어보면 전조작기 유아들은 빨간 단추가 더 많다고 대답한다. 왜냐하면 빨간 단추와 파란 단추 모두가 '단추'라는 유목에 포함되는 것을 인식하지 못하기 때문이다. 다시 말해 이 시기 유아들은 전체(단추)에서 부분(파란 단추, 빨간 단추)으로, 다시 이를 부분에서 전체로 전환하는 가역적인 사고 능력이 부족하다.

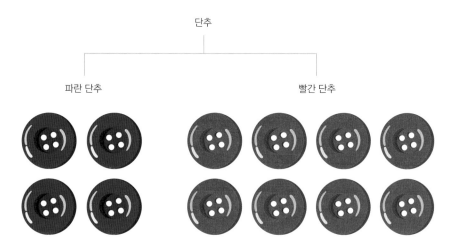

그림 4-4 **유목 포함 과제**

3) 구체적 조작기

구체적 조작기(concrete operational stage)에 들어선 7~11세 아동은 문제를 해결하거나 이유를 생각할 때 정신적 조작이 가능하다. 그러면서 전조작기에는 어려웠던 보존, 분류, 서열화, 공간추론과 같은 조작적 사고가 가능해지고, 이를 바탕으로 이전보다 더 논리적이고 융통성 있는 사고를 할 수 있게 된다.

(1) 보존 개념

구체적 조작기 아동은 Piaget의 여러 보존 과제를 성공하며 논리적 규칙에 따라 정신적 행동을 조작할 수 있다는 것을 보여 준다. 예를 들어 7세 아동에게 액체 보존 과제를 제시하면, 이 아동은 두 용기의 높이와 너비 모두에 동시에 집중할 수 있고(탈중심화), 머릿속으로 처음 용기에 액체를 다시 부어 볼 수 있다(가역성). 이러한 탈중심화와 가역성이 가능하기 때문에 아동은 "다른 용기에 부은 물의 높이가 더 낮지만 너비는 더 넓어요. 다시 부어 보면 똑같은 양이라는 것을 알 수 있어요"라고 말할 수 있다.

(2) 위계적 분류 능력

구체적 조작기 아동은 Piaget의 유목 포함 과제를 풀 수 있다. 이것은 아동이 위계적 분류 능력이 있으며 하나의 일반적인 것과 두 개의 특정한 유목 사이의 관계, 즉 동시에 셋 사이의 관계에 집중할 수 있음을 의미한다(Hodges & French, 1988). 또한 동전, 딱지, 카드, 스티커, 팽이 등 자신이 좋아하는 물건을 수집하는 것도 이 시기 아동이 보이는 보편적인 현상이다. 아동들은 이렇게 수집한 물건들의 범주를 나누고 다시 분류하는 데 시간을 보낸다.

(3) 서열화

서열화(seriation)란 양적 차원에서 일정한 기준에 따라 순서대로 배열하는 것이다. 구체적 조작기 아동은 양적인 관계와 관계적 논리를 더 잘 이해할 수 있다. 이것을 입증하기 위해서 Piaget는 아동에게 길이가 다른 막대를 가장

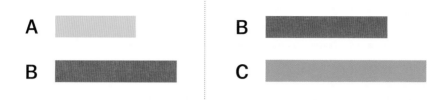

그림 4-5 **전환적 추론**
구체적 조작기 아동은 A와 B를 보고 B가 더 길다는 것을 안다. 그리고 B와 C를 보고 C가 더 길다는 것을 안다. 그리고 나면 A와 C를 직접 비교하지 않더라도 A보다 C가 더 길다는 것을 추론할 수 있다. 이는 이 시기 아동이 할 수 있는 전환적 추론의 대표적인 예이다.

짧은 것에서 가장 긴 것으로 배열하게 하였다. 전조작기 유아는 막대기를 배열하긴 하지만 특정한 규칙이나 기준이 없이 나열한다. 반면 구체적 조작기에 들어선 아동은 길이를 기준으로 가장 작은 막대기부터 가장 긴 것까지 규칙을 갖고 나열할 수 있다. "키 순서대로 줄을 서세요!"라는 선생님의 명령도 구체적 조작기 아동들은 쉽게 따를 수 있다. 이러한 수행은 관련 개념인 이행(transitivity), 즉 연속으로 배열된 요소들 간의 관계를 이해할 수 있기 때문이다. 이를 전환적 추론(transitive inference)이라고도 한다. Piaget(1967)는 이와 관련하여 아동에게 색이 서로 다른 막대의 쌍을 보여 주었다. 구체적 조작기의 아동은 막대 A보다 B가 길고, 막대 B보다 C가 길다는 것을 관찰한 후에, 이행관계를 발견하여 막대 C가 A보다 길다는 것을 추론해 낼 수 있다. 즉, 유목 포함 과제에서처럼 세 가지 관계를 한 번에 통합(A<B, B<C, A<C)하여 전환적 추론을 하는 것이다.

(4) 공간추론

구체적 조작기 아동은 공간에 대한 이해가 전조작기 유아들보다 정확하다. 전조작기 유아나 구체적 조작기에 들어선 초기 아동은 지도를 그리라고 하면 지도에 이정표를 넣을 수 있지만 배치가 항상 정확하지는 않다. 자신의 교실이 그려진 지도 위에 책상과 사람의 위치를 표시하는 스티커를 붙이라고 했을 때, 교실 지도의 방향과 실제 교실의 방향이 일치할 경우에는 스티커를 잘 붙이지만 교실 지도를 현재와 다른 방향으로 회전시킨 경우에는 스티커를 붙이기 어려워한다(Liben & Downs, 1993). 반면, 8~10세 아동은 체계화된 이동 노선에 따라 이정표를 나타내어 지도를 구성할 수 있다. 동시에 길을 따라 사람의 움직임을 상상하는 '정신적 걸음(mental walk)' 전략을 사용하여 한 장소에서 다른 장소로 이동하는 데 명확하고 잘 조직된 방향을 제시할 수 있다(Gauvain & Rogoff, 1989). 아동 중기 말에는 이정표와 길을 큰 공간의 전체 조망으로 결합할 수 있다. 아동은 의도적으로 지도에 부여된 의미가 속성의 유사성보다 더 중요하다는 것을 충분히 이해하고, 비상징적인(noniconic) 지도 기호를 올바르게 해석할 수 있다(Liben, 2009). 10~12세 아동은 실제 공간과 그것을 지도상에 표상한 것 간의 비율인 축척도 이해한다(Liben, 2006).

4) 형식적 조작기

약 11세 이후부터는 추상적·과학적 사고 능력이 발달하는 형식적 조작기(formal operational stage)에 들어선다. 형식적 조작기의 청소년들은 실제적이거나 유형적인 대상이 아닌 추상적인 개념에 대해서도 사고할 수 있으며, 가설적이고 연역적인 사고를 통해 상당히 논리적으로 추론할 수 있다. 즉, '조작에 대한 조작'이 가능하다. 형식적 조작 단계의 주요 특징인 가설-연역적 추론과 귀납적 추론에 대해 알아보자.

(1) 가설-연역적 추론

형식적 조작기의 청소년들은 논리적 추리 능력의 발달로 가설-연역적 추론(hypothetico-deductive reasoning)이 가능해진다. 연역적 추론이란 일반적인 사실들을 바탕으로 특수한 사실이나 원리를 끌어내는 것이다. 구체적 조작기 아동은 실재하는 구체적 사실에 한정하여 사고하지만, 형식적 조작기 아동은 실재하지 않는 가능한 사건에 대해서도 가설을 만들 수 있다. Piaget는 형식적 조작을 할 수 있는 사람은 이것이 현실에 맞지 않는다 하더라도 아래와 같은 논리적 과정을 따를 수 있다고 보았다.

전제 1　갈색 소는 초콜릿 우유를 만든다.

전제 2　이 소는 갈색 소다.

결론　　그러므로 이 소는 초콜릿 우유를 만든다.

분명히 위의 과정은 잘못된 전제에서 도출된 잘못된 결론이다. 그러나 논리적 과정은 그럴듯하다. 구체적 조작기 아동은 현실과 자신을 분리할 수 없으므로 구체적 경험에 의존하여 어떤 소도 초콜릿 우유를 만들지 않는다고 주장할 것이다. 그러나 형식적 조작을 하는 청소년들은 더 추상적이고 논리적인 방식으로 추론하기 위해 구체적 경험에서 벗어나 가설적 상황에서 다양한 생각을 하는 것이 가능하다. 이러한 사고는 수학이나 물리, 화학에서 다양한 문제를 푸는 것을 가능하게 한다. 예를 들어 미지수 x, y나 함수 f(x)와 같은 상징 체계가 결합된 방정식을 이해하고 풀 수 있다. 이런 문제는 논리적이고 추상적으로 접근해야 하는 가설적인 문제로, 형식적 조작기 단계가 되어야 해결할 수 있다.

(2) 귀납적 추론

형식적 조작기 청소년은 연역적 추론 능력과 더불어 특수한 것에서 일반적인 것을 추론해 내는 귀납적 추론(inductive reasoning) 능력도 갖게 된다. 귀납적 추론이란 가설이 설정되고 이를 실험을 통해 체계적으로 검증하는 과학자 같은 사고를 말한다.

형식적 사고를 잘 보여 주는 전형적인 과제는 진자 문제(pendulum problem)이다(Inhelder & Piaget, 1958). 아동에게 다양한 길이의 줄과 다양한 무게의 물체를 주고 진자가 얼마나 빠르게 움직이는지 살펴본 후, 진자의 주기에 영향을 미치는 요소가 무엇인지 찾아내도록 하였다. 형식적 조작기 청소년들은 줄의 길이, 물체의 무게, 물체를 미는 힘, 물체를 손에서 놓는 높이 등 네 개의 요소 중 하나 혹은 그 이상이 영향을 미칠 것이라고 가설을 세웠다. 이 가설은 네 가지 요소들 중 하나만 변화시키고 나머지는 일정하게 유지함으로써 각 요소와 진자의 주기 사이의 관계를 체계적으로 검증해야 해결할 수 있다. 각 가설은 '만약–그렇다면(if-then)'의 원칙으로 검증된다. 예를 들어 줄 끝에 달린 물체를 놓는 높이가 진자의 진동수에 영향을 준다는 가설을 검증하려면, 줄의 길이나 물체의 무게 등 다른 요소들은 모두 일정하게 유지한 상태에서 높이만 다르게 하여 비교해야 할 것이다. 이 과제에서 구체적 조작기 아동은 구체적인 실험을 해 보지만 다양한 가능성을 두고 체계적 검증을 하지 못하기 때문에 결론에 이르지 못한다. 하지만 형식적 조작기 청소년은 가설을 세우고 단계적으로 검증할 수 있기 때문에 물체를 놓는 높이가 아닌 줄의 길이가 진자의 주기에 영향을 미친다는 결론을 찾게 된다.

이처럼 형식적 조작기의 사고는 합리적이고 체계적이며 추상적이다. 또한 형식적 조작기의 청소년은 계획적 사고가 가능하며, 현실과 모순되는 가설적인 개념과 생각에 대해서도 조작할 수 있다. 중·고등학생이 대수학과 기하학에서 물체에 대한 답을 찾고, 물리에서 시간·공간·물질 사이의 관계에 대해 생각하며, 철학이나 사회학에서 정의와 자유, 권리와 같은 개념에 의문을 가진다는 것은 형식적 조작기 청소년이 이러한 추론의 방식으로 사고할 수 있음을 보여 준다.

개념 체크 ▲

다음 설명에 해당하는 개념이나 용어를 써넣으시오.

1 .... Piaget가 말한 감각운동기의 4번째 하위 단계로, 단순한 목표를 달성하기 위해 두 개 이상의 행동을 연계 또는 통합하는 행동

2 .... Piaget의 개념 중 자신의 지각이나 행동에 상관없이 물체가 영속적으로 존재한다는 지식

3 .... 대상의 외양이 변했다고 하더라도 물질의 본질이 변하지 않는다는 것에 대한 이해

다음 문장이 맞는지 틀리는지 ○, ×로 표시하시오.

4 (　　) 전조작기 아동의 사고 특성은 상징적이고 논리적이며 자기중심적이다.

5 (　　) 구체적 조작기의 아동은 '조작에 대한 조작'이 가능하므로 추상적·과학적 사고가 가능하다.

어떤 연구자들은 Piaget 이론은 영아의 타고난 인지적 능력을 과소평가하였다고 비판하며, 인지 발달에 대한 새로운 이론을 제시하였다. 즉, Piaget는 과제 해결을 위해 필요한 일반적인 추론 능력이 인간의 타고 난 인지 능력이라고 보았지만, 핵심지식이론을 제안한 연구자들은 영아들이 감각 운동이나 반사 능력보다 더 다양한 여러 영역의 기본 지식을 갖고 태어난다고 보았다.

핵심지식(core knowledge)에 대한 이론은 인간이 세상을 이해하기 위한 기본적 혹은 핵심적 지식을 제공하는 인지적 체계를 타고난다는 사상을 바탕으로 한다(Spelke & Kinzler, 2007). 이 핵심지식은 인간에게 내재되어 있는데, 새롭고도 연관이 있는 정보를 파악하도록 해서 인지의 특정 측면이 초기에 급속히 발달하도록 지원한다. 예를 들어 모국어를 배우는 것과 방정식을 배우는 것을 비교하면, 대부분의 아동은 모국어를 배우는 데 전혀 어려움이 없다. 반면 방정식은 많은 시간을 들여 여러 문제를 풀어야 습득이 되고, 모든 아동이 그 지식을 획득하는 것은 아니다. 핵심지식 이론가들은 언어는 인간이 살아가는 데 필수적이기 때문에 우리 뇌가 언어를 습득하는 데 용이하도록 진화했다고 설명한다.

영아의 핵심지식과 관련해 물리적 지식, 수학적 지식, 언어적 지식, 심리학적 지식, 생물학적 지식 등 여러 지식 영역이 다양하게 연구되어 왔다. 선천적인 물리적 지식을 통해 영아는 사물 자체와 각 사물들의 관계를 잘 이해할 수 있다. 수학적 지식이 있기에 사물의 다양한 속성을 보존하면서 양을 더하고 뺄 수 있다. 또한 유아는 기본적으로 살아 있는 것과 살아 있지 않은 것을 포함하여 움직임, 성장, 질병, 유전, 회복, 죽음과 같은 다양한 생물학적 지식을 갖고 있다.

핵심지식 이론가들은 각 핵심지식 영역이 독립적이고 영역 특정적(domain-specific)이기 때문에 모든 지식 영역이 고르게 발달하지 않을 수 있다고 본다. 영아는 순진한 이론가로서 자신의 일상 경험을 바탕으로 물리적 · 심리적 · 수학적 · 생물학적 영역의 현상을 설명하기 위해 핵심개념에 의지한다. 이러한 초기 지식을 선천적인 것으로 가정하지만, 아동이 탐색하고 놀이하고 다른 사람과 상호작용함으로써 지식은 더 정교해진다(Geary & Bjorklund, 2000; Leslie, 2004; Spelke & Kinzler, 2007).

영아의 물리적 지식에 대한 실험의 예로 영아들에게 물체가 구멍이 있는 용기 안으로 내려가는 것과 구멍이 없는 용기 안으로 내려가는 것을 보여 주는 실험이 있다. 구멍이 없이 막혀 있는 용기로 물체가 내려가는 것을 본 영아들은 그 장면을 더 오랫동안 응시하였다. 이는 2개월 반 된 영아들도 고체가 또 다른 고체를 통과할 수 없다고 생각한다는 것, 즉 자신이 알고 있는 물리적 지식에 위배된다는 것을 알고 있음을 시사한다(Hespos & Baillargeon, 2001). 그러나 이러한 흥미로운 결과들이 영아가 지식을 가지고 태어났다는 것을 의미하지는 않는다는 비판적 시각도 있다(Bremner, 2010; Cohen, 2009). 비판자들은 영아의 응시 행동이 개념이나 추론에 대한 가능성을 의미하는 것이 아니라 단순히 지각적인 선호 때문일 수도 있다고 주장한다.

핵심지식 관점은 본래의 타고난 지식을 강조하면서도, 이러한 초기 지식을 확장하기 위해서는 경험이 필수적이라는 것을 인정한다. 그러나 지금까지는 각각의 핵심 영역에서 어떤 경험이 가장 중요한지, 그리고 그 경험이 어떻게 아이들의 사고를 향상시키는지에 대해 거의 언급하지 않았다. 비판자들의 도전에도 불구하고 핵심지식 이론가들은 인간 인식의 출발점을 명확히 하고 그것을 기반으로 나타나는 변화를 신중하게 추적하는 데 초점을 맞추어 연구를 심화하고 있다.

3. Vygotsky의 인지발달이론

▶ Lev Vygotsky(1896~1934)

러시아 발달학자인 Lev Vygotsky는 Piaget가 이론을 정립하던 1920년대와 1930년대에 활발하게 활동한 학자였다. Vygotsky는 법학을 전공하였으며, 철학과 역사, 인문학을 같이 공부하였다. 졸업 이후 Vygotsky는 유아부터 현직 교사에 이르는 다양한 연령의 사람들을 대상으로 여러 교과목을 가르치는 교사가 되었다. 심리학을 전공하지는 않았지만 교육자로서 다양한 경험을 하면서 인간 발달에 대한 관심이 커졌고, 독학으로 심리학을 연구하며 '사회문화적 관점(sociocultural perspective)'이라고 알려진 인간 발달에 대한 종합적인 접근을 시도하였다. 안타깝게도 Vygotsky는 자신의 이론을 체계화하기 전인 37세의 이른 나이로 세상을 떠났다. 그러나 그는 Piaget의 이론이 가지고 있는 한계를 벗어나 사회와 언어에 기반을 둔 관점을 통해 인간의 인지에 대한 우리의 이해를 확장시켰다.

1) 인지 발달에서 문화의 역할

Vygotsky에 따르면 인간은 다른 동물과 마찬가지로 기본적인 감각, 주의 집중, 기억 능력을 가지고 태어난다. 이러한 능력은 환경과 직접적인 접촉을 통하여 생후 첫 2년 동안 발달하고, 그다음에는 언어의 급속한 발달이 사고의 큰 변화를 가져온다. 사고는 사회문화적으로 중요한 과업을 숙달하도록 격려해 주는 사람(부모, 교사, 손위형제 등)과의 상호작용을 통해 더 확장된다. 그 결과 아동의 기본적인 정신 능력은 고등 정신 기능으로 발전한다. Vygotsky는 사회적 상호작용을 통해 이루어지는 아동의 인지 발달은 그 아동이 속한 문화적 맥락 속에서 진행되기 때문에 인지 발달과 문화는 분리될 수 없다고 보았다.

(1) 발달에 대한 문화-역사적 관점
Vygotsky의 사회문화적 관점의 핵심은 아동 인지 발달이 그들의 문화와 밀접하게 관련되어 있다는 것이다. 세상의 모든 아동은 유형의 지능을 발달시키는 것이 아니며, 자신이 속한 문화의 특성과 환경의 요구를 이해하고 그 안의 문제를 해결하기 위하여 자신의 인지 능력을 이용하는 방법을 배운다. 즉, 인간의 사고는 기본적으로 사회문화적이며, 지적 적응을 위해 문화적으로 전수되는 믿음, 가치, 지적 도구의 영향을 받는다는 것이 Vygotsky의 생각이다.

Vygotsky와 그의 후계자들은 인간의 발달과 교육에 대한 자신들의 관점을 문화-역사적 관점(the cultural-historical view)이라고 명명하였는데, 여기서 역사(history)와 문화(culture)는 우리가 통상적으로 사용하는 용어와 다른 의미를 갖는다. 문화-역사적 접근에서 '역사적'이라는 용어는 아동의 정신작용이 형태를 갖추어 가는 과정을 의미한다. '문화'에는 두 가지 의미가 있는데, 하나는 인간 발달에 직접적인 도구로 기능하는 다양한 상징(symbol)이나 표시(sign)들, 즉 문화적 도구(cultural tool)를 가리키고, 다른 하나는 개인이나 특정 집단이 학습하고 발달하는 데 맥락을 제공하는 사회문화적 요소들을 의미한다(Vygotsky, 1997).

(2) 정신적 도구

Vygotsky에 따르면 인간은 감각, 지각, 반응적 주의집중, 기억과 같은 기초 정신 기능(lower mental function)을 지니고 태어난다. 영아는 이러한 기능들을 바탕으로 자기가 속한 문화를 학습해 가면서 점점 더 복잡한 행동에 참여할 수 있게 되고, 새롭고 더욱 정교한 고등 정신 기능(higher mental function)을 획득한다. 기초 정신 기능과 고등 정신 기능의 가장 큰 차이는 정신적 도구(psychological tools)를 사용한다는 것이다. 예를 들어, 신생아는 갑자기 나는 소리에 반응적 주의집중을 한다. 그러나 '숙고되고', '매개되고', '내면화된' 행동인 고등 정신 기능이 발달하면 의도된 주의집중이 가능해져 필요한 일에 집중할 수 있다. 아동의 고등 정신 기능은 기초 정신 기능의 바탕 위에 문화마다 각기 다른 방식으로 도구가 제공되어 적응적으로 발달한다. 예를 들어 사회문화적으로 전수

> 정신적 도구 기억, 지각, 주의 같은 정신 작용을 문화에 어울리는 방식으로 활용하는 것을 돕는 상징적이고 문화적인 도구를 가리킨다. 가장 대표적으로는 언어가 있으며, 여러 가지 신호, 상징, 공식도 이런 도구에 속한다.

된 기억 책략, 필기구나 사물을 활용한 기록 방식과 같은 문화적 도구들은 기억 용량을 증진시킨다.

정신적 도구는 아동이 더 유능한 사람들과의 상호작용을 통해 학습할 수 있도록 하고, 다양한 문제 해결 방식을 제공하여 아동의 인지 발달을 조직화한다. 이 과정에서 문화는 어떤 활동이 인지적으로 가치 있는 것인지, 어떤 방식으로 생각해야 하는지 등을 규정한다. 어떤 사회가 아동에게 책을 읽는 능력을 갖출 것을 기대하면서도 별을 보며 항해하는 능력을 익힐 것을 기대하지 않는 이유는 문화적 필요성에 의해 그렇게 규정되었기 때문이다(Gauvain & Munroe, 2012).

2) 인지 발달에 대한 사회적 기여

Vygotsky는 인지 발달이 사회적으로 이루어진다고 주장하며 다음과 같은 발달 메커니즘을 제시하였다.

(1) 근접 발달 영역과 비계설정

Vygotsky는 아동들의 학습이 근접 발달 영역(zone of proximal development: ZPD) 내에서 일어난다고 믿었다. 이 영역에서 섬세한 가르침이 있는 경우 새로운 인지 성장이 발생한다. 예를 들어, 자신의 방을 정리하려는 아동을 생각해 보자. 이 아동은 무엇부터 정리를 해야 할지 몰라 이것저것 만지다가 정리를 포기할 수 있다. 이때 부모가 옆에서 "책들 먼저 책꽂이에 꽂고, 그다음 자동차 장난감, 블록을 치워 보자"라고 말하며 정리하는 과정을 구조화해 주면, 이 아이는 스스로 할 수 없었던 것을 할 수 있게 된다.

아동이 스스로 과제를 해결하려고 할 때 아동의 현재 수행 수준에 맞추어 인지 발달을 촉진하기 위해 제공되는 지원을 비계설정(scaffolding)이라 한다.

비계설정이란 아동이 문제를 해결하는 데 필요한 도움의 양, 방법, 내용을 적절하게 조정하여 제공하는 교수행동을 지칭한다. 아동이 퍼즐을 맞출 때 힌트를 주거나 걸음을 이제 시작하는 걸음마기 아

근접 발달 영역 아동 혼자서 문제를 풀 수 있는 수준과 성인이나 더 유능한 또래의 도움을 받아서 문제를 풀 수 있는 수준과의 차이, 즉 현재 발달 수준과 잠재적 발달 수준 간의 영역을 말한다.

▶ 비계(飛階, scaffold)가 있으면 혼자서는 올라갈 수 없는 곳에도 올라가서 작업을 할 수 있다. 아동이 혼자서는 할 수 없지만 도움을 받으면 할 수 있는 수행에 대한 성인의 지원을 이러한 비계에 비유한다.

기의 손을 잡아 주는 것도 비계설정의 사례이다. 학생들이 새로운 과제를 배우는 초기 단계에는 교사가 직접적인 가르침을 많이 제공한다. 그러나 학생들이 차츰 과제에 익숙해지면 교사는 간헐적인 도움을 주기만 해도 된다. 기하학을 증명하는 문제를 푸는 고등학생을 지원하기 위해 처음에는 교사가 각 단계마다 하나하나 설명해야 하겠지만, 학생이 점차 그 과정에 익숙해지면 학생 스스로 할 수 있도록 교사는 도움을 점차 철회한다. 비계설정은 학교와 같은 형식적 맥락뿐만 아니라 가정이나 놀이터와 같은 비형식적 맥락에서 아동에게 기술을 전하는 데 중요한 방법이다(Bernier, Carlson, & Whipple, 2010).

또래 간 협력학습(cooperative learning)은 유능한 아동이 덜 유능한 아동의 근접 발달 영역에 맞추어 도움을 주거나 서로에게 비계를 설정하는 상호 교수(reciprocal teaching)를 사용하면서 공통의 목표를 위해 함께 과제를 수행하는 교수학습 방법이다. 이는 오늘날 교실에서 팀프로젝트 방식으로 많이 사용되고 있다. Johnson과 Johnson(1987)은 혼자 학습할 때와 협력학습했을 때의 수준을 비교한 378개의 연구를 분석했는데, 아동이 협력학습을 통해 함께 문제를 해결할 때 더 동기가 강화되고, 고도의 인지적 전략(예: 협상, 협의,

갈등 해결)을 사용하며, 자기개념이 향상되는 등(Ginsburg-Block, Rohrbeck, & Fantuzzo, 2006) 학습과 일상의 중요한 기술을 효과적으로 습득하게 된다고 하였다.

비계설정 방식은 문화의 영향을 받는다. 동아시아에서 미국으로 이주한 몽(Hmong)족 가족과 미국의 백인 가족 간의 비교연구(Stright, Herr, & Neitzel, 2009)에서, 부모의 비계설정과 인지적 지원은 아동의 추론 기술 증가와 관련이 있었다. 그러나 일반적으로 백인 부모들의 비계설정은 독립심을 강조하면서 자녀들에게 과제에 접근하는 방식을 스스로 생각하도록 격려하는 방식이었고, 몽족 부모들의 비계설정은 상호관계와 복종을 중요하게 여기며 자녀들에게 자주 무엇을 하라고 말하는 방식이었다(예: "이 블록은 여기에 두고, 저 블록은 그 위에 놔."). 백인 아동들에게 이런 지시적인 비계설정은 자기조절 부족 및 문제행동과 연관이 있었으나(Neitzel & Stright, 2003), 몽족 자녀들 사이에서는 규칙을 따르고 정리를 잘 하며 과제를 잘 마무리하는 등 높은 유치원 적응력과 관련이 있었다.

(2) 상호 주관성과 안내된 참여

인지 발달을 지원하기 위한 사회적 상호작용은 상호 주관성(intersubjec-tivity)과 안내된 참여(guided participation)라는 특징을 갖는다. 상호 주관성이란 서로 다른 주관이 상호영향을 미치면서 공통의 이해를 성립하는 과정, 즉 서로 다르게 이해하고 있던 사람들이 어떤 과제를 함께하거나 상황을 함께 경험하며 상호적으로 공유된 이해를 형성하는 것을 말한다. Trevarthen의 연구(1979, 1998)에 따르면 새로 태어난 영아들도 상호 주관성을 적용하여 매우 빠른 문화적 발전을 이룬다(Stone, Underwood, & Hotchkiss, 2012). 아동은 생물학적으로 '다른 사람들과 행동을 조정하고 동기화'하도록 되어 있고, 이러한 능력은 사회적 상호작용을 통해 인지적 · 정서적 학습을 촉진한다. 또한 아동과 어른 간 사회적으로 가장 생산적인 관계는 쌍방적이다. 성인은 아동이 이해할 수 있는 방식으로 자신의 통찰력을 해석해 줌으로써 아동의 이해를 증진하려 노력하고, 아동은 적극적으로 성인의 언어와 정서적 신호를 모방하고 행동의 의도를 추론하면서 공유된 문화를 얻게 된다.

▶ 아이는 안내된 참여를 통해 새로운 활동을 배울 수 있다.

그리고 언어가 발달하면서 상호 주관성이 촉진된다. 대화 기술이 향상되면 유아는 이익이 된다고 확신하는 사람의 도움을 찾고 요청한다. 3~5세 사이의 유아들은 또래의 메시지를 확인하며 새로운 생각을 추가하고, 친구들과 함께 놀이를 하면서 의미나 의도, 목표를 공유하는 상호 주관성을 지속하려고 노력한다. 예를 들어 놀이를 하면서 "나는 이렇게 했으면 좋겠는데, 너는 어떻게 생각해?"와 같이 말하는 것을 들을 수 있는데, 이것은 자발적으로 상호 주관성을 통해 성숙한 발달을 해 나가는 예라 할 수 있다.

놀이나 일상적인 활동은 성인의 계획적인 교수나 비계설정이 없어도 아동의 인지 발달에 중요한 맥락을 제공한다. Rogoff(1998, 2003)는 아동이 다른 사람의 참여를 통해 배우는 다양한 기회들을 아우르기 위하여 안내된 참여라는 용어를 제시하였다. 아동은 학교에서만 무언가를 배우는 것이 아니다. 안내된 참여는 성인이나 다른 유능한 또래가 일상적인 경험에 참여하면서 필수적인 도움을 제공하고 격려해 주는 것을 뜻하며, 인지 발달에서 '사고의 견습(apprenticeship in thinking)'을 제공한다. 아동은 친구에게 새로운 게임을 배우기도 하고, 문화권에 따라 부모에게 사냥이나 옷감 짜기 같은 것을 배우기도 한다. 안내된 참여는 의사소통뿐만 아니라 능숙하거나 덜 능숙한 참여자 간에 공유된 노력을 의미하는 것으로, 비계보다 더 넓은 개념이다. Rogoff는 이러한 비공식적인 성인-아동 간의 상호작용을 통해 이루어지는 인지 발달이 공식적인 교육을 통해 이루어지는 것 못지않게 크다고 하였다.

(3) 가작화놀이

Vygotsky는 인지 발달에 가작화놀이(make-believe play, 가상놀이라고도 함)나 상상놀이(imaginary play)가 매우 다양하고 가치 있는 기술들을 시도하며 아동 스스로 성장할 수 있는 독특하고 효과적인 근접 발달 영역으로서 기능한다고 생각했다. 이러한 놀이에는 Vygotsky가 강조한 사회적 상호작용과 언어가 사용된다.

그러면 가작화놀이나 상상놀이는 왜 아동의 인지 발달에 중요한가? 우선 아동이 상상을 하며 가작화 상황을 만들 때 외적인 것이 아니라 내적인 생각과 일치하여 행동하는 법을 배운다. 아동은 '~인 척'하는 동안 다른 대상을 상징하기 위하여 '사물의 대체'를 사용한다. 예를 들어 긴 막대기를 총이나 칼과 같은 무기로 삼기도 하고, 상자로 집을 만들고, 공룡 인형을 괴물이라고 설정하기도 한다. 이처럼 아동은 사물의 일반적인 의미를 바꾸고 그에 맞추어 놀이를 한다. 이를 통해 아동은 점차 생각이나 단어의 의미가 대상과 별도이며, 생각이 행동을 안내하기 위해 사용될 수 있다는 것을 알게 된다.

또한 가작화의 규칙에 근거한 특성은 아동이 행동하기 전에 생각하는 능력을 강화한다. Vygotsky가 설명한 것처럼, 가작화놀이에서는 아동이 놀이 장면의 규칙을 따라야 하기 때문에 충동적으로 나오는 행동을 억제하고 가작화 상황에 맞추어 행동하도록 요구한다. 예를 들어 소꿉놀이에서 저녁이 되었다고 가정하고 밥을 먹고 잠자러 가는 척하는 유아는 그 가작화 상황 규칙에 따라 행동한다. 또 소방관이 된 상상을 하는 유아들끼리는 그 가작화 상황에서의 사회적 역할과 기대에 맞추어 소방관의 행동규칙을 준수한다(Bodrova & Leong, 2007). 이런 가작화놀이나 상상놀이를 많이 할수록 사회적인 규범과 기대를 더 잘 이해하게 되고 이를 따르려고 노력한다. 이렇게 가작화놀이가 유아들이 많은 능력을 끌어내도록 요구하고, 이런 놀이가 유아의 인지적 기술이나

▶ 병원놀이 같은 역할극은 대표적인 가작화놀이이다.

능력을 정교화하는 근접 발달 영역으로서의 역할을 한다는 Vygotsky의 주장은 여러 연구들(Berk, Mann, & Ogan, 2006; Lemche et al., 2003)에 의해 지지되고 있다.

유아는 혼자일 때보다 같이 놀 사람이 있을 때 상상놀이에 더 많이 참여하며, 특히 엄마들은 아이를 더 높은 수준의 상상놀이로 이끌 수 있다고 보고되었다(Bornstein, Haynes, O'Reilly, & Painter, 1996; Damast, Tamis-LeMonda, & Bornstein, 1996; Youngblade & Dunn, 1995). 대부분의 엄마들은 21개월 된 자녀의 수준에 맞게 자신의 놀이행동을 조절하였고, 자녀의 현재 수준보다 높은 수준의 도전적인 놀이 환경을 제공하였다. 이는 Vygotsky의 근접 발달 영역의 비계설정 및 Rogoff의 안내된 참여 개념과 일치하며, 더 유능한 협력자와 놀이하는 아동은 사회적 상호작용을 통해 유능한 놀이 참여자가 됨을 보여 준다.

(4) 언어

Vygotsky에 따르면 언어는 인지 발달의 강력한 도구이면서 인지 과정 그 자체의 일부분이 되는 두 가지 역할을 한다. 언어는 수많은 문제 상황을 해결하는 데 보편적으로 사용되는 문화적 도구이다.

Vygotsky는 아동이 놀면서 스스로에게 말을 하는 것을 자주 볼 수 있다고 하였다. 이러한 언어는 타인을 대상으로 하는 것이 아니라 아동이 스스로 전략을 계획하고 자기 행동을 조정함으로써 목표를 달성할 가능성을 높이기 위해 사용하는 것이므로 사적 언어(private speech)라고 하였다. 이와 반대로 다른 사람을 대상으로 한 강의나 대화 같은 언어는 공적 언어(public speech)라고 하며, 사회적 전달 기능이 있다고 하였다. 사적 언어와 공적 언어는 서로 다른 시기에 생겨난다.

사적 언어는 사고와 언어가 합쳐진 특별한 형태의 언어이다. 아동이 처음 사적 언어를 쓸 때는 전체 문장을 말하다가 점차 그 형태가 단축되어 한 단어를 내뱉는다든지 간단히 입술만 움직이는 식으로 변화된다. 이러한 사적 언어는 성인이 되었다고 완전히 사라지는 것이 아니라 안으로 숨어들어 내적 언어(inner speech)가 되고, 그다음에는 언어적 사고(verbal thinking)가 되어 사고를 명료화하거나 재검토하는 역할을 한다. Vygotsky는 언어가 아동을 더 조직적이고 효율적인 문제 해결자가 되게 하여 인지 발달에 중요한 역할을 한다고 보았다.

Piaget(1962)도 유아들이 자신의 행동을 마치 생중계 하듯이 혼잣말을 하고 또래와 함께 놀 때도 서로 대화를 하기보다는 자신의 독백을 이어 간다고 하면서, 이러한 언어를 자기중심적 언어(egocentric speech)라고 하였다. Piaget는 자기중심적 언어란 단순히 아동의 정신 활동을 반영하는 것이므로 인지 발달에 거의 영향을 주지 않는다고 하였다. 그러나 아동이 다른 사람의 시각으로 볼 수 있는 능력이 발달해 상대방을 고려하여 자신의 언어를 조절할 수 있게 되면, 언어도 사회적이 되고 덜 자기중심적이 된다고 하였다. 즉, Piaget는 Vysotsky와 달리 인지 발달이 언어 발달을 촉진한다고 보았다.

사적 언어 자기 자신과 의사소통을 할 때 사용하는 언어이다. 문제를 해결하기 위해 자신의 행동을 지시하고 조절하기 위해 혼잣말 하는 것이 대표적이다. 사적 언어는 음성으로 표현되지 않는 내적 언어로 발달하게 된다.

다음 설명에 해당하는 개념이나 용어를 써넣으시오.

1 혼자 알아 가기엔 복잡하지만 더 유능한 협력자의 안내와 격려가
　　　　　　있으면 성취할 수 있는 과제의 범위를 이르는 Vygotsky의 용어

2 사회에서 자신보다 더 유능한 사람과 상호작용하여 사고방법과 문제
　　　　　　해결 전략을 내재화하는 것을 이르는 Vygotsky의 용어

4. Piaget와 Vygotsky 이론의 비교

아동발달 연구의 다양한 영역에서 Piaget와 Vygotsky는 매우 깊고 광범위하게 영향력을 끼친 이론가들이다. Flavell(1996)이라는 학자는 "인지 발달에 대한 우리의 지식과 관점에 미치는 Piaget의 영향은 너무나 광범위하여 실제 그 영향의 정도가 우리 눈에 감지되지 못할 정도"(p. 202)라고 하였다. Vygotsky의 사회문화적 관점은 Piaget와 다른 학자들이 간과했던 사회문화적 영향의 중요성을 강조함으로써 인지 발달에 대한 새로운 견해를 제공하였다. Vygotsky는 그의 저서 『언어와 사고(Langauge and thought)』에서 언어와 사고에 대한 Piaget의 관점을 비판하면서 자신의 생각을 밝혔다. Piaget도 Vygotsky의 비판을 수용하여 자신의 관점을 일부 수정하였다.

1) Piaget와 Vygotsky 이론의 유사점

아동발달 연구에서 Piaget와 Vygotsky 이론의 유사점을 다음과 같이 정리할 수 있다.

인지 발달에 대한 공헌　Piaget와 Vygotsky 두 사람 모두 사고를 아동발달의 핵심으로 보고, 사고 과정의 발달에 대한 통찰력을 보여 주었다. 또한 두 사람

은 지식이 구성되는 과정에 대해서도 설명하였는데, 아동은 성인의 지식을 불완전하게 복사하는 것이 아니라 그 나름대로 지식을 구성하며 아동이 성장함에 따라 연령과 경험이 더해지면서 이해력이 재구조화된다고 보았다.

아동에 대한 새로운 관점 제시 Piaget와 Vygotsky는 모두 아동이 지식 획득 과정에서 적극적이며 능동적인 역할을 한다고 보았다. 아동은 환경과 사물을 체계적이고 깊이 있게 이해하기 위해 스스로 탐구를 수행하면서 적극적으로 지식을 구성하는 존재라는 구성주의(constructivism) 관점을 강조하였다.

인지 발달의 질적 변화를 강조 Piaget와 Vygotsky는 아동의 인지 발달은 단순히 기술과 생각이 확대되는 것이 아니라 사고방식이 일련의 질적인 변화를 겪는 것이라는 점에 동의하였다. 다만 Piaget는 이러한 변화가 뚜렷이 구별되는 단계로 나타난다고 보았지만, Vygotsky는 Piaget에 비해 덜 개념화된 단계를 제시하였다. Vygotsky는 어떤 단계에서 다음 단계로 옮겨 가는 과정에서 일어나는 정신의 재구조화에 역점을 두었으며, Piaget처럼 각 단계가 갖는 특징에 대해서는 크게 강조하지 않았다(Bodrova & Leong, 2007).

2) Piaget와 Vygotsky 이론의 차이점

Piaget와 Vygotsky는 인지 발달에 대한 맥락, 언어, 학습과 발달 간의 관계 등에서 강조한 부분이 서로 다르거나 차이를 보였다.

인지 발달의 문화적 맥락 Piaget는 유아의 인지 발달은 문화적 맥락과 관계없이 보편적이라고 보았던 반면에, Vygotsky는 문화적 맥락이 인지 과정의 유형을 결정한다고 보았다. 예를 들어, Piaget는 어느 문화권에 있는 아동이든 열네 살 무렵에 이르면 형식적 조작 단계에 도달한다고 보았다. 하지만 Vygotsky는 형식적 조작이 필요한 사고를 많이 사용하지 않는 문화에 살고 있는 아동은 그러한 나이가 되었다 하더라도 형식적 사고를 발달시키지 않는다고 보았다. 이런 아이디어는 여러 사회를 비교문화적으로 고찰한 연구에서 입증되었다(Carraher, Schliemann, & Carraher, 1988; Laboratory of Comparative Human Cognition, 1983).

사회적 상호작용의 중요성 Piaget는 인지 발달에서 유아와 물리적 사물 간의 상호작용을 강조하며(Beilin, 1994), 주변 사람은 덜 중요하고 사물과 그 사물을 조작하는 아동의 행동이 가장 중요한 인지 발달의 요인이라고 보았다. 반면 Vygotsky는 사람과의 상호작용이 유아의 형식적 사고 발달에 많은 영향을 미친다고 보았다. 그는 유아가 사물과 상호작용하는 것이 인지 발달에 도움이 되기는 하지만, 이것은 사회적 맥락 속에 포함되고 다른 사람과의 의사소통에 따라 매개된다고 가정했다. 따라서 Piaget는 유아를 세상에 대해 스스로 학습해 가는 '독립적 발견자'로 보았지만(DeVries, 2000; Wadsworth, 2004), Vygotsky는 인간 사회에 완전히 독립적인 발견자와 같은 존재는 있을 수 없다고 보았다. 우리가 보고 경험하는 모든 일들이 문화적 맥락에서 일어나기 때문에 인간이 발견하는 대상과 수단은 모두 인류 역사의 문화적 산물이라고 본 것이다.

언어, 학습, 발달과의 관계 Piaget의 이론에서 언어는 인지 발달의 부산물에 불과하다(Beilin, 1994). 그는 언어가 행동을 표상하고 조직하며, 현재의 공간과 시간으로부터 생각을 자유롭게 만들어 줌으로써 사고의 힘을 증대시킬 수 있다고 하였지만(Piaget & Inhelder, 1969), 아동의 말은 현재 그 아동의 인지 발달 단계를 반영하는 것에 불과하며 인지 발달을 향상시키는 데는 영향을 미치지 못한다고 보았다. 하지만 Vygotsky는 앞에서 설명한 바와 같이 언어가 인지 발달의 핵심적인 도구라고 보았다. 학습에서도 Piaget는 아동의 현재 발달 수준이 그 아동의 학습 능력을 결정하며, 인지 발달 수준은 학습 자체에 의해 바뀔 수는 없다고 보았다. 따라서 교육은 아동이 갖고 있는 인지 발달 수준에 맞추어야 한다고 하였다. 그러나 Vygotsky는 다른 사람과 공유하는 경험 속에서 안내된 참여나 비계설정, 상호 교수와 같은 협력을 통해 문화적 지식을 학습하고 내면화할 수 있다고 보았다.

다음 문장이 맞는지 틀리는지 ○, ×로 표시하시오.

1 (   ) Vygotsky는 아동의 근접 발달 영역에서 사회적으로 의미 있는 활동과
가작화놀이의 기회를 풍부하게 제공하는 것이 중요하다고 보았다.

2 (   ) Piaget의 이론에 의해 오늘날 아동 인지 발달이라고 부르는 분야가
확립되었다.

3 (   ) Vygotsky의 이론은 아동이 혼자 과제를 수행할 때보다 또래 아동과 협력할
때 문제 해결 능력이 향상된다는 연구 결과를 지지한다.

4 (   ) Vyogtsky는 아동의 인지 발달에 미치는 생물학적인 영향에 대해
설명하였으며 이를 중요하다고 보았다.

요약

- **Piaget의 인지발달이론의 기초 원리**
- 아동은 세계에 대한 자신의 이론을 구성하는 존재이다. 아동의 이론은 경험이 누적되면서 계속적으로 변화한다. 동화란 현재의 이론에 새로운 경험이 통합되는 것이고, 조절이란 경험에 의해 기존 이론이 변화하는 것이다. 조절이 동화보다 더 자주 일어날 때 아동의 이론은 새롭게 조직된다. 이 새로운 재조직 혹은 구조화가 영아기부터 청소년기에 일어나는 네 개의 인지 발달 단계이다. 모든 사람은 인지구조 4단계를 거치지만 그 속도가 동일한 것은 아니다.

- **Piaget의 인지 발달 단계**
- 생후 2세까지 감각운동기의 영아는 자신의 환경에 적응하고 사물에 대한 지식을 쌓아 가며 상징을 사용하기 시작한다. 2~7세까지 전조작기의 유아는 상징을 사용할 수 있으나 자기중심성으로 인해 다른 사람의 관점을 고려할 수 없는 한계를 지닌다. 전조작기 아동은 문제의 일부분 또는 자신의 생각에만 집중하는 특징이 있다. 7~11세까지 구체적 조작기의 아동은 문제를 해결할 때 원위치로 되돌릴 수 있는 능력(가역적 사고 능력)이 있다. 청소년기에는 형식적 조작이 가능해지면서 문제를 가설적이고 추상적으로 생각할 수 있다. 또한 연역적 · 귀납적 사고가 가능하여 경험이 아닌 논리에 따라 결론을 내릴 수 있다.

- **Vygotsky의 인지발달이론**
- 인지 발달은 사회적 맥락에서 시작되어 점차 아동 개인의 독립적 조절력으로 완성된다. 타인의 도움으로 할 수 있는 것과 스스로 할 수 있는 것의 차이를 근접 발달 영역이라고 한다. 인지 발달은 과제의 목표에 도달하기까지 아동이 스스로 할 수 있도록 돕는 비계 설정에 의해 타인의 조절에서 시작하여 아동의 독립적인 조절력으로 변화한다.
- 아동은 안내된 참여를 통해 더 능숙한 협력자로부터 많은 것을 습득하는데, 독립적인 활동(예: 책 읽기, 수학 공부)과 일상적인 활동(예: 손 씻는 법, 물건 정리하기) 모두에서 안내된 참여를 통해 배우게 된다.
- 아동의 혼잣말 또는 사적 언어가 새로운 지식을 구성하는 데 거의 아무런 역할도 하지 않는다고 주장했던 Piaget와는 달리, Vygotsky는 아동의 사적 언어가 문제 해결 능력을 조정하며 결국 언어적 사고로 내재화되어 인지적 자기안내 체계로 변모된다고 주장하였다. 최근의 연구 결과들은 언어가 아동의 인지 발달에서 매우 중요한 역할을 수행한다고 주장하면서 Piaget의 이론보다 Vygotsky의 이론을 선호한다.
- Vygotsky에 따르면 인지 발달은 그것이 이루어지는 사회문화적 맥락에서 연구될 때 가장 잘 이해될 수 있다. 최근 그의 이론이 널리 지지를 받고 있지만 아직 Piaget 이론이 받았던 만큼의 검증을 거쳐야 할 부분이 남아 있다.

1. 인지이론을 배우기 전, '조절'이나 '비계설정'의 의미를 일상에서 사용하는 용어로 알고 있었다. 인지이론을 배운 후, 이 용어들이 인지 발달을 설명하는 용어라는 것을 이해하게 되었다. 이러한 새로운 이해에 가장 적절한 개념은?

① 조직화
② 동화
③ 조절
④ 평형화

2. Piaget 이론의 기본적인 가정은?

① 아동은 불변의 순서에 따른 발달적 단계를 거친다.
② 특정 연령에서 발달적 단계가 변한다.
③ 사회문화적 경험이 아동의 인지 발달을 가져온다.
④ 모방을 통해 새로운 발달 단계에 이른다.

3. 다음 중 Piaget의 전조작기에 획득되는 능력은?

① 상징적 기능
② 탈중심화
③ 가역성
④ 이행

4. 5세 아동 민지는 키가 170cm인 옆집 아줌마가 160cm인 엄마보다 나이가 더 많다고 생각한다. 이와 같이 나이를 개인의 신장에 근거해서 생각하는 방식은 아동의 어떤 사고방식과 관련이 있는가?

① 사건을 구체적인 상태로 인식하고 변형을 인지하지 못하는 것
② 자기중심성
③ 위계적 분류 능력의 부족
④ 중심화

5. 근접 발달 영역이란 .... 이다.

① 아동 스스로 도달할 수 있는 최고의 성취 수준
② 아동 스스로 할 수 있는 것과 타인의 도움을 받아서 할 수 있는 수준과의 차이
③ 아동 스스로 행동을 조절할 수 있는 범위
④ 아동의 필요에 맞추어 도와주는 교수방법

6. 정혁이는 가설적이고 연역적 사고를 하며, 부모나 사회가 정한 규칙에 대해서도 의문을 갖기 시작한다. 또한 추상적 사고의 발달로 문제 해결의 폭이 넓어졌다. 정혁이는 어떤 발달 단계에 있는가?

① 감각운동기
② 전조작기
③ 구체적 조작기
④ 형식적 조작기

7. Piaget와 Vygotsky 인지발달이론에 대한 공통점이 아닌 것은?

① 인지 발달에 대한 공헌
② 사회적 상호작용의 중요성
③ 아동에 대한 새로운 관점 제시
④ 아동의 사고방식 변화 과정에 대한 설명을 시도

8. 5세 아동 민지는 엄마와 보드게임을 하고 있다. 민지가 주사위를 굴려 2와 3이 나왔고, 캐릭터 모양의 작은 게임말을 옮기면서 이렇게 말을 한다. "이 사람을 두 칸 옮기고⋯ 다음에 세 칸 옮기고⋯." 다음 중 민지의 행동을 반영한 설명은?

....

① Piaget의 관점으로, 자기중심적 언어는 아동의 자기중심적 사고를 반영하며 사회적 말하기의 시도가 실패했음을 보여 준다.
② Piaget의 관점으로, 자기중심적 언어는 성공적인 사회적 의사소통을 위한 준비로서 사회적 말하기를 할 수 있도록 유도하는 데 필수적이다.
③ Vygotsky의 관점에서 사적 언어는 어린 아동들에게 인지적 자기안내 체계가 된다.
④ Piaget와 Vygotsky의 관점으로, 사적 언어는 상징적이고 외현적인 운동 활동을 시작 또는 중지시키며 인지에는 영향을 미치지 않는다.

9. 오늘날 의사소통을 위해 휴대전화를 이용하여 문자를 주고받는 것은 매우 일상적이 일이 되었다. Vygotsky의 이론에서는 이러한 현상을 무엇이라고 했는가?

① 근접 발달 영역
② 문화적 도구
③ 비계설정
④ 공적 언어

10. (　　　) 안에 들어갈 학자의 이름을 쓰시오.

(　　　)는 아동의 혼잣말이 자기중심적 언어라고 주장하였다. 반면 (　　　)는 아동의 혼잣말이 문제 해결 능력을 조절하는 인지적 자기안내 체계라고 주장하였다.

"좋음과 위대함의 차이는
세심한 주의력에서 나온다"
— 척 스윈돌 Chuck Swindoll

인지 발달: 정보처리 관점

5

"브라키오사우루스, 아파토사우루스, 트로오돈, 유타랍토르, 스피노사우루스, …" 다섯 살 경민이는 얼마 전에 구입한 공룡 카드를 보며 엄마와 공룡 이름 맞추기 게임을 하고 있다. 경민이는 카드에 있는 공룡의 이름을 막힘없이 대면서, 일부 공룡들의 싸움 전략에 대해서도 설명하다가 얼마 전 공룡 박물관에서 본 공룡 모형에 대해 묘사한다. 엄마는 공룡 이름들을 기억하고 그와 관련하여 다양한 이야기들을 끊임없이 늘어놓는 아들이 신기하면서도, 계속 보고 들어도 공룡 이름에서 첫 글자와 '사우루스'밖에 생각나지 않는 자신의 기억력에 회의가 든다.

18개월 태리는 동물들에 관심이 많은데 그중에서도 강아지에 대한 사랑이 각별하다. 차를 타고 가다가 밖에 강아지 사진이 붙어 있는 동물병원 근처를 지나거나 집에서 놀다가 창밖에서 개 짖는 소리가 들리면 "멍멍"하고 반응한다. 그림책을 보다가도 다시 강아지가 있는 페이지로 돌아가 손가락으로 가리키기도 한다. 책을 읽어 주던 엄마는 강아지에 유독 강렬한 반응을 보이는 딸을 보며, 주의의 폭이 너무 좁은 게 아닌가 하는 걱정이 든다. 그러면서도 "강아지가 있는 책을 찾아 주세요"라고 말하면 책장에 꽂힌 수많은 책들 중에서 강아지가 그려져 있는 책들을 꺼내 오는 딸을 보며 기억력이 비상하다고 생각한다.

인간은 살아가면서 눈, 귀 등과 같은 감각기관을 통해 수많은 자극과 정보들을 접하고 주의를 기울이며 기억하고 그것들을 활용한다. 즉, 인간은 정보처리 과정을 통해 경험을 조직화하고 지식을 축적하며 사용하는데, 이는 인간의 전반적인 발달과 성장에 중추적인 역할을 하며 생존을 위해서도 필수적이다. 만약 어린아이가 의사소통을 위한 언어를 기억하지 못한다면 자신의 필요와 욕구를 충족할 수 없고 세상과 단절된 채 고립된 생활을 하게 될 것이다. 한편 일부 기억상실증 환자들이 자신의 정체성을 잃어버리는 것 또한 축적된 경험에 대한 기억과 지식이 없어 초래된 결과이다(Reed & Squire, 1998). 이처럼 정보의 처리와 축적은 인간이 인간으로서 살아가기 위한 핵심적인 기능이다.

위에 소개된 18개월 태리가 자신이 좋아하는 대상에 주의를 기울이고, 그 위치를 기억하고 찾아내는 것을 보면 유아에게서도 수많은 정보처리가 활발히 이뤄지고 있다는 것을 짐작할 수 있다. 또한 엄마보다 다섯 살 경민이가 공룡에 관련된 정보를 더 많이 알고 있는 것은 특정 영역에 대해 기억할 수 있는 양이 단순히 연령이나 단계에 따라 증가하는 것은 아님을 보여 준다.

아동이 살면서 접하는 수많은 정보들은 어떠한 내적인 처리 과정을 통해 얻어지고 유지되며 소멸되는 것일까? 또한 아동이 정보처리를 위해 기본적으로 타고난 주의나 기억의 폭은 어느 정도이고, 어떠한 요인들에 의해 변화하는 것일까? 이 장에서는 정보처리의 일반 모형을 시작으로 정보처리 관점에 기반을 둔 발달이론과 주요 개념들을 간략히 개관하고자 한다. 또한 사고(thinking)의 중요한 측면인 주의 및 기억의 발달적 특징과 제한된 기억 용량을 극복하고 직면한 문제들을 효율적으로 해결하기 위한 아동의 인지적 처리에 대해 집중적으로 살펴보고자 한다. 정보처리 관점에 기반을 둔 아동의 인지 발달에 대한 기본적인 이해가 집이나 현장에서 적절한 교육과 치료적 중재를 제공하는 데 활용되기를 기대한다.

1. 다중저장 모델

정보처리 이론가들은 주어진 정보들을 기억하고 조작하는 데 필요한 기억 용량(저장 공간)과 이렇게 기억된 정보들을 얼마나 효율적으로 사용하는지가 인간의 사고에 핵심적인 역할을 한다고 본다. 다시 말해 인간은 제한된 용량체계로 수많은 정보를 처리해야 하기 때문에 전략이 필요하며, 이러한 점에서 인간과 컴퓨터의 정보처리 과정이 유사하다고 주장한다.

정보처리 관점을 바탕으로 1960년대 후반~1970년대 초반에 등장한 다중저장 모델(Atkinson & Shiffrin, 1968)은 인간이 어떻게 정보를 처리하고 사고하는지에 대한 이해를 돕는 데 핵심적인 역할을 하였다. 다중저장 모델(multi-

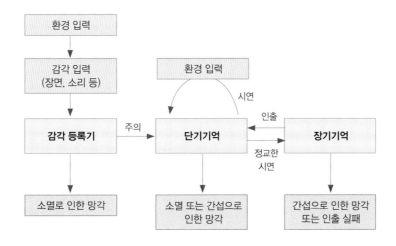

그림 5-1 **다중저장 모델**

store model)에서는 정보가 연속적인 세 단계(감각 등록기-단기기억-장기기억)를 거쳐 흘러가는 것으로 설명한다. 이 절에서는 다중저장 모델을 개관하고, 아동의 효율적인 정보처리와 밀접한 관련이 있는 개념들에 대해 소개한다.

1) 기억 저장소의 구성

다중저장 모델에서 기억 저장소는 감각기관으로부터 정보가 일차적으로 입력되는 감각 등록기, 감각 등록기 내의 자극 중에서 주의를 받은 대상이 저장되는 단기기억, 그리고 추가적인 작업을 거쳐 오랜 기간 저장되는 장기기억으로 구성된다.

(1) 감각 등록기

감각 등록기(sensory register)는 감각 저장(sensory store) 또는 감각기억(sensory memory)이라고도 하며, 인지체계에 처음으로 등록되고 이후의 처리를 위해 잠시 동안 이용 가능한 첫 번째 정보처리 저장소이다. 우리의 감각기관을 통해 들어온 광범위한 정보는 아주 짧은 시간 유지되는데, 주의를 기울이면 단기기억의 단계로 넘어가고 그렇지 않으면 즉시 소멸된다. 예를 들어, 지나가다 우연히 카페에 들러 커피를 마신다고 가정해 보자. 우리는 손으로 전해지는 커피의 무게감(촉각정보)이나 밖에서 들려오는 자동차의 경적 소리(청각정보) 대신 커피의 맛(미각정보)에 더 주의를 기울일 것이다. 그럼으로써 지금 마시고 있는 커피를 과거의 경험에서 비롯된 맛있는 커피의 기준과 비교하여 판단할 것이고, 이와 같은 과정을 거쳐 그 카페에 다시 갈지 말지를 결정할 것이다. 이렇듯 우리는 수많은 감각 자극들을 동시에 경험하지만, 그중에서 주의를 기울인 자극만이 정보처리를 위한 다음 단계로 넘어가게 된다. 그렇다면 감각 등록기에 잠시 머무르는 정보는 어떠한 형태일까?

고개를 돌려 친구를 10초간 본 뒤 눈을 감아 보자. 친구의 모습이 잔상으로 남아 있다면 그것이 감각 등록기에 저장된 정보이다. 하지만 친구의 모습을 기억하기 위해 특별한 노력을 기울이지 않는다면 그 잔상은 금세 사라질 것이다. 감각 등록기에는 주로 시각과 청각정보가 부호화되어 입력되는데, 시각정보(약 1초)보다는 청각정보(약 4초)가 조금 더 오래 기억된다.

(2) 단기기억

앞서 언급했듯이 정보에 주의를 기울이면 그 정보를 잠시 동안 유지할 수 있다. 예를 들어, 식당의 전화번호를 찾아 외운 뒤 바로 전화를 걸어 통화를 했는데 이후에 번호가 생각나지 않는다면 그 번호는 단기기억(short-term memory)을 스쳐 사라진 것이다. 이렇듯 단기기억은 제한된 양의 정보를 몇 초간만 유지할 수 있지만, 정해진 목적을 달성하기 위한 능동적인 작업(work)을 가능하게 한다는 점에서 의미가 있다. 단기기억의 용량은 주로 기억폭(memory span) 과제를 통해 측정된다. 기억폭 과제란 숫자나 단어 혹은 친숙한 사물 등을 나열하여 빠르게 제시한 뒤, 순서대로 정확히 기억해 낼 수 있는 항목의 수를 측정하는 실험이다. 이 과제에서 사람들은 평균적으로 7±2개의 항목을 기억한다(Miller, 1956).

단기기억과 유사하나, 단기기억이 단순히 정보를 저장하는 데 그치는 반면 저장된 정보를 능동적으로 처리하는 역할까지 하는 기억을 작업기억(working memory)이라고 한다. 학자에 따라 이 두 개념을 묶어서 하나로 간주하기도 하고 구별하여 분리하기도 한다. 단기기억과 작업기억이라는 용어가 여러분의 단기기억에만 머무르지 않기를 바라는 마음에서 예시를 들어 보겠다.

2, 5, 8, 1, 3, 6

(a) 위의 숫자를 본 뒤 눈을 감고 순서대로 나열해 보세요.
(b) 위의 숫자를 본 뒤 눈을 감고 역순으로 나열해 보세요.

(a)와 (b) 중 어떤 것이 인지적인 노력을 좀 더 필요로 하는가? 예상하는 것처럼 (a)는 단기기억을, (b)는 작업기억을 측정하기 위한 질문이다. 위의 숫자들을 모두 더해야 할 때에도 2, 5, 8, 1, 3, 6이라는 숫자를 단순히 순서대로 기억하는 것(단기

> **기억폭** 단기 저장소에서 유지할 수 있는 정보의 양에 대한 일반적인 측정치를 말한다.
> **작업기억** 능동적으로 정보에 주의를 기울이는 것뿐 아니라 정보를 수집, 유지, 저장, 처리하는 기억체계이다.

기억)을 넘어서 2+5=7…7+8=15…15+1…과 같이 숫자들을 떠올리며 조작을 해야 한다. 이렇듯 짧은 시간 동안 정보를 조작하여 처리할 때 관여하는 능력이자 '정신적 작업 공간'이 작업기억이다(Logie & Della Sala, 2003).

정보에 능동적으로 주의를 기울이고 수집, 유지 및 처리하는 역할을 하는 작업기억의 용량이나 속도는 연령에 따라 점진적으로 증가한다. 예를 들면, 작업기억 과제 수행 시 유아기에는 2개의 항목 정도를 기억하고, 성인기 초기에는 대략 4~5개의 항목을 기억할 수 있다(Cowan, 2005; Cowan & Alloway, 2009). 또한 기억해야 할 것이 많은 과제를 수행할 때 작업기억 용량이 작은 5~6세 아동들은 빈번히 실패하였는데, 이에 대해 연구자들은 아동들이 과제를 성공하기 위해 필요한 정보들을 충분히 유지할 수 없었기 때문이라고 설명한다(Gathercole, Lamont, & Alloway, 2006).

이러한 연령에 따른 작업기억 용량의 변화는 기억의 저장 및 인출에 중요한 역할을 하는 전전두피질(prefrontal cortex)(92쪽 그림 2-11 참조)의 성숙과 작업기억이 다루는 내용에 대한 지식의 증가로 인해 발생하고 청소년기까지 발달한다(Best & Miller, 2010; Nelson, de Haan, & Thomas, 2006). 작업기억 용량은 아동·청소년기의 학업 성취와도 밀접한 관련이 있는데, 작업기억 용량에 결함이 있는 아동은 읽기, 언어, 수학 등을 학습하는 데 어려움을 겪는 동시에 낮은 학업 성취를 나타낸다(Alloway, Gathercole, Kirkwood, & Elliott, 2009; Archibald & Gathercole, 2007; Gathercole & Alloway, 2008; Pimperton & Nation, 2014; Swanson & Ashbaker, 2000; Szucs, Devine, Soltesz, Nobes, & Gabriel, 2013).

아동의 지식과 작업기억의 관계에 대해 알아본 Chi(1978)의 연구에서는 일반 대학원생들과 체스대회 우승 경험이 있는 10세 아동들에게 체스판에 놓인 체스말을 1초에 하나씩 보여 준 뒤 그대로 기억하여 재연하게 했다. 그 결과 체스 전문가인 10세 아동들이 성인들에 비해 월등히 뛰어난 수행을 나타내었다. 반면, 숫자를 기억해야 하는 검사에서는 아동들의 수행이 성인들에 비해 현저히 낮게 나타났다(Schneider, Gruber, Gold, & Opwis, 1993). 이러한 결과들을 통해 어린 아동의 작업기억 용량은 성인에 비해 절대적으로 작은 것은 아니며, 특정 영역에 대한 아동의 지식에 따라 달라질 수 있다는 것을 알 수 있다.

전전두피질 대뇌 전두엽의 앞부분에 있는 피질을 가리키며, 의사결정, 호기심, 인성, 반성 등을 담당한다.

(3) 장기기억

정보처리의 세 번째 단계이자 가장 큰 저장소인 장기기억(long-term memory)은 개인의 영구적인 지식 기반을 형성한다. 장기기억은 오랜 시간 혹은 일생 동안 축적된 정보 및 지식들로, 개념적 지식(예: 우정, 사랑), 사실적 지식(예: 올림픽 종목, 각 나라의 역사), 절차적 지식(예: 자전거 타는 법, 라면 끓이는 방법) 등을 포함한다. 장기기억의 종류나 발달적 특징에 대해서는 이 장의 4절에서 자세히 살펴보고자 한다.

2) 실행기능과 처리 속도

(1) 실행기능

실행기능(executive function)은 목표를 달성하기 위해 바람직하지 않은 혹은 불필요한 행동이나 주의를 통제하고 다양한 전략을 사용하여 작업기억을 향상시키는 상위인지(metacognition) 능력으로, 계획하기와 인지적 유연성(congnitive flexibility) 등을 포함한다(Diamond, 2013; Rose, Feldman, & Jankowski, 2011). 실행기능은 정보를 처리하는 전반의 과정에서 핵심적인 역할을 하는데, 특히 자신의 사고를 검토, 평가 및 수정하는 메타인지인 자기조절 능력(Flavell, 1979)과 학습 능력에 중대한 영향력을 미친다(Calson, Moses, & Claxton, 2004; Zelazo, Carter, Reznick, & Frye, 1997).

유아기는 실행기능의 기초를 세우는 데 중요한 시기이다. 뇌 발달과 함께 인지적 유연성, 부적절한 반응을 억제(inhibition)하는 능력, 주의집중, 작업기억 능력이 3~5세에 가장 급격하게 증진된다(Carlson & Moses, 2001; Diamond & Taylor, 1996; Liebermann, Giesbrecht, & Muller, 2007). 그리고 이후 전두엽피질의 시냅스가 성인 수준과 비슷해지는 청소년기에 더욱 향상된다.

유아기 자기조절 능력의 발달은 타인의 지시에 따라 행동을 통제하는 능력과 밀접한 관련이 있다. 그런데 3세 아동은 자신이 좋아하는 캐릭터를 속삭여 말해야 하는 과제에서 크게 소리치거나(Kochan-

> 상위인지 자신이 무엇을 알고 모르는지에 대한 인지, 즉 지식에 대한 지식, 인지에 대한 인지를 가리킨다. 메타인지라고도 한다.
> 인지적 유연성 여러 다른 개념들을 동시에 사고하는 능력 또는 이 개념에서 저 개념으로 사고를 전환하는 능력을 말한다.
> 억제 인지적 혹은 행동적인 반응을 스스로 방지하는 능력을 가리킨다.

ska, Murray, Jacques, Koenig, & Vandegeest, 1996), 낮을 표현한 그림을 보고는 "밤"이라고 대답하고 밤을 표현한 그림을 보고는 "낮"이라고 대답해야 하는 낮과 밤 과제(day/night task)에서 실패하는 등(Diamond, Kirkham, & Amso, 2002; Gerstadt, Hong, & Diamond, 1994) 적절한 규칙을 따르기 위해 자신의 행동을 억제해야 하는 과제에서 어려움을 보인다. 최근 한 연구에서는 3, 4세 아동을 대상으로 작은 동물 장난감이 아닌 큰 동물 장난감에만 반응해야 하는 과제를 실시하였다. 실험 결과 3세 아동은 22%만 과제에 성공한 반면 4세 아동은 90%가 성공함으로써 억제 능력이 연령에 따라 증가한다는 것을 보여 주었다(Jones, Rothbart, & Posner, 2003). 비슷한 맥락에서 앞서 예시로 제시된 18개월 태리가 책을 읽다가 강아지가 있는 페이지로 계속 돌아가려 하고 밖에서 들리는 강아지 소리에 반응했던 것은 단순히 지속 가능한 주의 시간이 짧아서라기보다는 실행기능(특히 억제)의 미성숙에 기인한 것이라 생각해 볼 수 있다.

아동기에 측정된 실행기능에서 개인차는 학업 성취, 직업적 지위 등을 포함한 중요한 발달적 결과를 예측한다(Blair & Raver, 2015; Moffitt et al., 2011). 예를 들어, 만족 지연 능력을 평가하는 마시멜로 실험에서 만족 지연에 성공한 경험이 있는 아동들이 이후 청소년기에 부모나 동료들로부터 대인관계가 원만하다는 평가를 받았고, 집중력이나 자기통제, 적응 유연성 역시 더 우수하다고

"밤"   "낮"

그림 5-2 **낮과 밤 과제**
낮과 밤 과제에서는 낮 카드가 제시되었을 때는 "밤"이라고 외치고, 밤 카드가 제시되었을 때는 "낮"이라고 외쳐야 한다.

보고되었으며, 지능을 통제하고도 미국 수학능력시험(SAT)에서 높은 학업 성취를 나타내었다(Ayduk et al., 2000; Mischel, Shoda, & Rodriguez, 1989; Shoda, Mischel, & Peake, 1990).

아동의 실행기능에 대한 문화차를 보는 비교연구가 많지는 않지만, 존재하는 증거들은 아시아 문화권 아동들이 실행기능을 측정하는 낮과 밤 과제에서 서양 문화권 아동들에 비해 더 높은 수행을 나타낸다는 것을 보여 준다. 예를 들어, 3~4세 중국 아동들은 동일한 연령대의 미국 아동들에 비해 낮과 밤 과제에서 뛰어난 수행을 보였다(Sabbagh, Xu, Carlson, Moses, & Lee, 2006). 3~4세 한국 아동들 역시 낮과 밤 과제에서 영국 아동들의 수행을 뛰어넘었을 뿐 아니라 거의 최대치를 나타냈는데, 이에 대해 연구자들은 서양 문화권보다 아시아 문화권의 가정에서 충동 억제를 더 가치 있게 여기기 때문에 억제를 포함한 아동의 실행기능에 문화 간 차이가 발생하는 것이라고 설명했다(Oh & Lewis, 2008).

아동의 실행기능은 사회경제적 수준과도 밀접한 관련이 있다. 예를 들면 사회경제적 수준이 낮은 가정의 아동들은 높은 가정의 아동들에 비해 실행기능을 측정하는 과제에서 낮은 점수를 받고, 이러한 차이가 중기 아동기와 청소년기 동안 학업 성취에서 차이를 이끈다(Lawson & Farah, 2017). 연구자들은 사회경제적 수준이 낮은 가정에서는 부모의 비계설정이 적고, 부모자녀 간 부정적 상호작용이 많으며, 정보 학습 기회가 극히 드물기 때문에, 유아기에 실행기능이 잘 발달하지 못하고 문해 능력과 수학 기술도 저해되는 것이라고 설명한다(Devine, Bignardi, & Hughes, 2016).

(2) 처리 속도

정보를 처리하는 속도는 뇌 발달에 기인하여 연령과 함께 증가한다(Kail & Salthouse, 1994). 처리 속도가 증가함에 따라 청소년이나 성인은 아동에 비해 정보를 더 빠르게 확인 및 전환할 수 있고, 결과적으로 작업기억에 한 번에 보유할 수 있는 양이 늘어나게 된다. 연령에 따른 처리 속도의 변화는 캐나다와 한국, 미국과 같이 다양한 문화권에서의 연구들을 통해 검증되었고(Fry & Hale, 1996; Kail & Park, 1992), 연구자들은 뇌의 신경학적인 변화가 정보처리 체계의 효율성을 증가시키는 보편적이고 근본적인 요인이라는 결론을 도출하였다.

자동화(automaticity)는 처리 속도 상승에 기여한다. 자동화란 거의 노력을 기울이지 않고 빠르게 인지적인 처리를 할 수 있는 능력을 뜻한다. 반복이나 연습 등으로 정보를 잘 습득하여 자동화하면, 이 정보를 처리하는 데 별도의 작업기억 공간이 필요하지 않아 동시에 다른 정보에 주의를 기울일 수 있다.

개념 체크

빈칸에 적절한 말을 써넣으시오.

1 연령에 따른 작업기억의 용량과 처리 속도의 변화는 .... 피질의 성숙과 .... 의 증가에 기인한다.

2 .... 모델은 정보가 세 개의 저장고를 통해 흘러 다닌다고 설명한다.

3 책장에서 매일 강아지 책을 찾아 꺼내 읽은 경험이 있는 태리는 강아지 책을 찾아오라는 엄마의 지시에 책장으로 달려가 단번에 강아지 책의 위치를 찾아냈다. 이와 같이 잘 학습된 정보를 별도의 노력 없이 처리할 수 있는 능력을 .... 라고 한다.

다음 문장이 맞는지 틀리는지 ○, ×로 표시하시오.

4 ( ) 장기기억의 용량은 주로 기억폭 과제로 측정한다.

5 ( ) 실행기능은 3~5세에 급격하게 향상된다.

6 ( ) 인간의 사고 능력은 기억 용량과 경험에 달려 있다.

2. 정보처리 관점의 발달이론

앞서 제시된 다중저장 모델이 성인의 정보처리를 설명할 목적으로 만들어졌다면, 앞으로 제시될 신피아제이론과 전략 선택 모델은 아동의 인지 발달을 정보처리 관점에서 설명하고자 하는 이론이다. 인지 발달의 대표적 이론가인 Piaget는 아동이 질적으로 다른 단계들을 거쳐 발달한다고 주장한 반면, 정보 처리 이론가들은 다른 연령대에서 다른 유형의 과제를 통해 연속적으로 나타나는 작은 증가가 인지 발달이라고 설명한다. 정보처리 관점의 두 발달이론을 간략히 살펴보자.

1) Case의 신피아제이론

Jean Piaget는 한 단계에 속하는 아동은 여러 가지 영역에서 모두 동일한 이해 수준을 보인다고 주장하며 인지구조를 강조했다. 그러나 Robbie Case와 같은 신피아제 학파(Neo-Piagetian school)는 Piaget의 단계이론을 수용하면서도 인지가 발달하는 과정에 주의를 기울여 인지 발달의 구조적 관점과 과정적 관점을 통합하고자 하였다. 즉, 각 단계에서 다음 단계로 넘어갈 때뿐만 아니라 단계 내에서도 변화가 일어나며, 이 변화는 아동이 자신의 제한된 작업기억 용량을 효율적으로 사용하는 능력(실행 전략)의 향상에 기인한다고 보는 입장이다.

영아기에는 감각을 입력하고 신체 활동을 해 나가며, 유아기에는 사건과 활동에 대한 내적 표상을 세우고, 중기 아동기에는 간단한 표상 전환을 할 수 있게 되고, 청소년기에는 복잡한 표상 전환을 할 수 있는 인지구조가 형성된다(Case, 1992). 이러한 인지적 변화는 다음과 같은 발달 과정을 통해 일어난다.

수초화, 시냅스의 성장, 시냅스 가지치기를 포함하는 뇌 발달은 각 단계를 위해 특정한 정보나 개념들을 습득하도록 이끄는 사고의 효율성을 향상시킨다. 이 과정에서 아동은 도식을 반복적으로 사용함으로써 기존 도식과 새로운 도식을 결합하고 새로운 도식을 생성하기 위해 필요한 작업기억 용량의 제한으로부터 자유로워지게 된다. 이러한 신경학적인 변화와 도식들의 자동화는 정보의 처리 속도를 증가시킨다. 그 결과 작업기억 내에 충분한 공간이 생겨 기존에 갖고 있던 도식들이 더 개선된 표상의 형태로 통합된다. 이로써 아동이 지니게 되는 특정 개념에 대한 표상을 중심개념구조(central conceptual structure)라 한다. 중심개념구조는 잘 형성된 개념에 대한 정신적 도식을 말한다. 아동이 중심개념구조를 만들 수 있게 되면, 문제에 직면했을 때 문제의 본질과 해결 목표, 이를 위한 전략을 표상할 수 있다. 그리고 이러한 표상을 통해 아동은 문제를 다루는 습관적 방식과 절차를 발달시키며, 이를 실행제어구조(executive control structure)라 한다. 정리하면, 신피아제이론에서는 아동이 기존에 갖고 있던 개념과 새로운 개념을 연결하면서 좀 더 진보된 방식으

> **신피아제 학파** 피아제이론에 근거하면서도 정보처리 체계를 다르게 해석하는 학자들로, 성숙보다는 인지적 과정을 강조한다.

로 다양한 상황에 적용하고 사고할 수 있게 되며, 이러한 중심개념구조의 획득과 함께 다음 발달 단계로 넘어가게 된다고 본다(Case, 1998).

2) Siegler의 전략 선택 모델

Robert Siegler는 피아제의 단계이론을 반박하며 아동이 한 시점에서 동일한 유형의 과제들을 해결해야 할 때 다양한 전략들을 사용한다고 주장한다. 이러한 전략 선택 모델(model of strategy choice)은 '자연도태(natural selection)'라는 진화론적 개념을 사용하여 인지적 변화를 설명한다. 즉, 아동은 문제에 직면했을 때 다양한 전략들을 생성하고 사용해 보는데, 이러한 경험을 통해 빈번하게 사용된 일부 전략들은 '생존'하게 되고 문제 해결에 유용하지 않아 잘 사용되지 않는 전략들은 자연스럽게 소멸된다. 아동이 다양한 상황에서 전략들을 적용하는 과정을 거치면서 적절한 문제 해결 기술을 습득하게 된다고 보는 것이다.

아동은 문제를 해결하기 위해 전략들을 검토하면서 어떠한 것이 더 효율적인지(더 정확하고 빠른지)를 확인하고 더 효과적인 전략을 선택한다. 아동이 습득한 정확하고 효율적인 해결 전략은 문제와 좀 더 강하게 연합되고, 결과적으로 자동화된 답을 인출하는 것처럼 가장 효율적인 전략을 사용하도록 이끈다. 예를 들어, 5+2란 문제가 주어졌을 때 어린 아동은 손가락으로 하나씩 수 세기를 시작할 것이다. 때로는 높은 수인 5부터 세기 시작해서 올라가는(5-6-7) 전략을 사용해 보고, 때로는 낮은 수인 2부터 시작해서 올라가는(2-3-4-5-6-7) 전략을 사용해 볼 것이다. 전자는 문제 해결을 위한 작업을 최소화하는 전략(최소 전략)이다. 한편 어떤 아동들은 세는 작업을 하지 않고 이미 알고 있던 답을 얘기하기(사실 인출)도 할 것이다.

Siegler는 중복파장이론(overlapping waves theory)을 제안하며 아동이 발달 과정에서 다양한 정보처리 전략에 의존한다고 설명했다. 연령이 증가하고 경험이 축적됨에 따라 아동은 문제 해결을 위해 효율적이고 세련된 전략들을 주로 사용하지만, 친숙하지 않은 문제에 직면하면 어릴 때 사용하던 더 간단한 전략들을 사용한다(그림 5-3 참조). 따라서 전략은 단계적으로 발달하는 것이 아니라, 동일한 연령에서도 다양한 전략들이 동시에 활용되며 파장이 중첩되

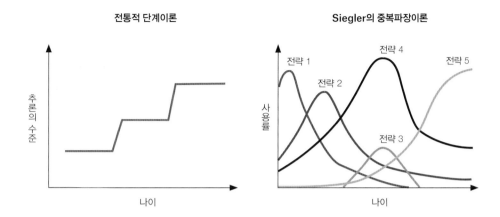

전통적 단계이론   Siegler의 중복파장이론

그림 5-3 **전통적 단계이론과 중복파장이론의 도식적 비교**
전략 1은 가장 간단한 전략, 전략 5는 가장 세련된 전략에 해당하며,나이에 따라 사용률이 달라진다.
출처: Siegler(1996).

듯 여러 전략이 동시에 존재하며 부침하는 것이다. 아동은 이렇게 계속 새로운
전략들을 찾아내고, 문제 상황에 직면했을 때 그에 더욱 적합한 전략을 선택함
으로써 기존에 갖고 있던 전략과 새로운 전략을 모두 효과적으로 사용하는 방
법을 학습한다(Miller & Coyle, 1999; Siegler, 2006).

3) 정보처리 관점의 이론들에 대한 평가

Piaget의 이론이 동화, 조절 등의 추상적인 용어로 아동의 인지 발달을 설
명했다면, 정보처리이론들은 단기기억, 장기기억, 기억 용량, 전략 등 더 명시
적이고 구체적인 개념들로 정보처리의 구성요소와 처리 과정을 소개함으로써
아동의 인지 발달 기제에 대한 이해를 도왔다. 또한 Piaget의 단계이론에서 설
명할 수 없었던 인지 발달의 비일관성(예: 특정 영역에서 어린 아동이 성인보다 더
잘 기억하는 것)과 아동들 간의 개인차를 이해하는 데 중요한 이론적 자료를 제
공하였다. 나아가 정보처리이론에 기반을 둔 연구 결과들은 아동의 발달을 촉
진하기 위한 방법을 제안하고 치료 및 교육적 중재와 관련해 유용한 자료를 제
시할 수 있다는 점에서 함의가 있다. 하지만 이러한 장점에도 불구하고 정보처
리 관점의 이론들은 몇 가지 한계점을 갖고 있다.

첫째, 정보처리이론은 인간의 인지적 처리 과정을 컴퓨터에 비유하는데, 인간은 상상, 창의성, 의도, 욕구, 흥미, 반성과 같이 컴퓨터로는 실행할 수 없는 인지의 또 다른 측면을 갖고 있다. 즉, 인간의 인지적 활동은 논리적이지 않거나 선형적이지 않은 측면들을 갖고 있는데, 컴퓨터에 비유함으로써 이러한 부분들을 간과하고 과소평가했다는 비판을 받는다.

둘째, 인간이 정보를 처리할 때 필요한 구성요소들을 분리하여 분석하는 데는 성공하였지만, 그것들을 다시 합쳐서 포괄적인 발달이론을 제시하는 데는 실패하였다. 다시 말해 인지의 일부 영역이 어떠한 요인으로 인해 어떻게 발달되는지에 대한 구체적인 설명은 가능하나, 이 이론을 적용하여 전반적인 인지 발달이나 다른 영역 발달과의 연결성을 설명하는 데는 제한이 있다.

셋째, 아동의 타고난 인지체계, 정보가 처리되는 과정 등을 잘 짚어 낸 데 반해 부모, 교사, 또래와의 경험 등 사회문화적 요인들이 아동의 인지 발달에 미치는 영향은 간과하였다.

개념 체크 ▲

빈칸에 적절한 말을 써넣으시오.

1 Siegler의 전략 선택 모형은 아동의 인지적 변화를 ....라는 진화론적 개념에 비유하였다.

2 4+8에 대한 답을 구하기 위해 9, 10, 11, 12로 올라가는 전략은 .... 이다.

다음 문장이 맞는지 틀리는지 ○, ×로 표시하시오.

3 (　　) 실행제어구조는 중심개념구조가 발달하는 데 중추적인 역할을 한다.

4 (　　) 정보처리이론에서는 인지 발달을 아동이 질적으로 다른 단계들을 거쳐 발달이 이루어지는 것으로 본다.

5 다음 중 중복파장이론에 대한 설명으로 옳지 않은 것은?

① Siegler의 전략 선택 모형에서 소개된 개념이다.

② Piaget의 단계이론을 반박한다.

③ 아동은 끊임없이 능동적으로 새로운 전략을 찾아낸다.

④ 연령이 증가하고 경험이 축적되면 어릴 때 사용하던 낮은 수준의 전략들은 소멸된다.

3. 주의

이 절에서는 아동의 정보처리 과정에서 핵심적인 역할을 하는 주의와 기억에 대해 자세히 알아보려고 한다. 주의는 생애 초기부터 나타나는 인지체계로, 생후 1년간은 주로 새로운 사물이나 사건에 영향을 받아 주의를 기울인다면, 그 이후로는 목표 지향적인 주의가 증가하기 시작한다(Ruff & Rothbart, 1996). 정보처리이론에서 주장하는 효율적인 정보처리는 궁극적으로 문제 해결과 같은 목표를 달성하기 위함이기에, 특히 목표 지향적 주의에 대해 집중적으로 살펴보려고 한다.

1] 주의의 종류

지속적 주의(sustained attention)는 주어진 시간 동안 무언가에 주의를 지속할 수 있는 능력을 의미한다. 예를 들어 어린 아동들은 좋아하는 캐릭터가 나오는 TV 프로그램이라 하더라도 몇 편을 연달아 보지는 못하는데, 이는 아직 지속적 주의 능력에 한계가 있기 때문이다. 아동이 지속된 주의를 유지하는 것은 무언가를 하는 시간을 지속할 수 있게 한다(Kannass, Oakes, & Shaddy, 2006; Ruff, Lawson, Parrinello, & Weissberg 1990).

어린 유아를 대상으로 한 연구에서는 아동의 지속된 주의가 2~3.5세 사이에 급격히 증가함을 보여 주었다. 연구자들은 이러한 발달이 전전두엽의 급격한 성장과 복잡한 놀이 목표들을 설정해 내는 능력의 증가, 주의를 지속하기 위한 성인의 비계설정에서 기인한다고 설명한다(Ruff & Capozzoli, 2003). 지속적 주의는 학교 생활 준비와도 밀접한 관련이 있다. 수업 시간에 정해진 시간 동안 자리에 앉아 선생님의 이야기를 경청하거나 시험공부를 할 때에도 지속적 주의가 기반이 되어야 하기 때문이다.

한편, 이러한 지속적 주의가 증가함으로써 아동들은 주어진 상황에서 자신의 목표와 관련된 측면에만 초점을 맞추어 집중할 수 있게 된다. 이와 같이 다른 자극들은 무시하고 한 가지 자극에만 주의를 기울이는 능력을 선택적 주의(selective attention)라 한다. 아동에게 틀린 그림 찾기를 위한 동물 그림 두 개를 주고, 아무런 지시를 하지 않았다고 가정해 보자. 아동은 아마 그림에 그려진 동물들의 생김새나 색깔에만 주의를 기울일 것이다(더 어린 유아라면 그림을 제시한 교사의 얼굴을 보고 있을지도 모른다). 하지만 두 그림의 차이점을 찾아보라고 지시한다면 아동은 동물들의 특징 대신 두 그림의 같은 부분에 주의를 기울이며 과제를 수행할 것이다.

최근 연구들은 아동의 선택적 주의를 확인하기 위해 과제에 부적절한 방해 자극을 함께 제시한 뒤 아동들이 얼마나 핵심 요소에 주의를 기울여 반응하는지를 측정하였고, 결과적으로 선택적 주의가 6~10세에 급격히 향상되고 청소년기를 통해 지속된다는 것을 밝혔다(Gomez-Perez & Ostrosky-Solis, 2006; Tabibi & Pfeffer, 2007; Vakil, Blachstein, Sheinman, & Greenstein, 2009). 아동의 연령이 증가함에 따라 한 과제에서 다른 과제로 의식적으로 주의를 돌릴 수 있게 되는 등 선택적 주의의 발달이 이루어진다. 이와 같이 선택적 주의에는 관계되는 정보에 주의를 기울이는 능력뿐 아니라, 과제를 수행할 때 방해가 되는 정보들을 억제하는 능력이 동반되어야 한다.

이외에도 분리 주의(divided attention)는 아동이 오디오에서 나오는 음악을 흥얼거리며 그림을 그리는 것과 같이, 두 개 이상의 자극에 동시에 주의를 기울이는 능력을 의미한다. 실행 주의(executive attention)는 의도적으로 주의를 통제하고 할당하는 능력으로, 계획하고 목표 정하기, 오류와 처리를 위한 자기 모니터링, 새롭고 도전적인 조건을 다룰 수 있는 능력 등을 포함한다.

2) 주의의 발달과 억제

목적을 달성하기 위해 익숙하거나 선호하는 반응 혹은 행동 습관을 억제하고 내적 · 외적으로 분산된 자극을 억제하는 능력은 실행기능의 하위 요인으로, 지속적 · 선택적 · 실행 주의를 기울이는 데 중요한 역할을 한다. 즉, 주어진 과제에서 성공하기 위해서는 규칙을 마음속에 기억하고 있어야 하고(작업기억) 똑같이 따라하고 싶은 충동을 억제해야 하는데, 이러한 능력은 3~4세경에 나타나기 시작해 8세까지 지속적으로 발달한다(Best & Miller, 2010). 다양

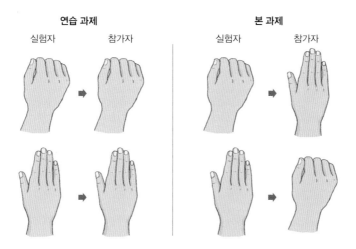

| 연습 과제 | 본 과제 |
| 실험자   참가자 | 실험자   참가자 |

그림 5-4 **손 모양을 이용한 반응 억제 과제**
연습 과제에서는 실험자의 손 모양을 따라하도록 요구한 후, 본 과제에서는 실험자가 주먹을 내면 보자기를, 보자기를 내면 주먹을 낼 것을 요구한다. 실험참가자가 이 과제를 잘 수행하려면 같은 손 모양을 내고자 하는 반응을 억제할 수 있어야 한다.

한 연구들을 통해 3세 유아는 익숙한 반응을 억제하고 규칙에 기반하여 행동을 실행해야 하는 과제인 낮과 밤 과제(Gerstadt, Hong, & Diamond, 1994), 노크/탭(knock/tap) 게임(Perner & Lang, 2002), 손 게임(Hughes, 1996; Hughes, 1998) 등에서 대부분 실패하였지만, 4세 유아는 대부분 성공함으로써 유아기에 억제를 조절하는 능력이 유의미하게 개선된다는 것이 밝혀졌다. fMRI와 ERP 연구들에서도 아동의 연령이 증가함에 따라 억제 조절 과제 수행 시 전전두엽피질의 활성화가 꾸준히 증가함을 보여 주었다(Bartgis, Lilly, & Thomas, 2003; Diamond, 2004; Luna et al., 2001).

Piaget의 A-not-B 연구(140쪽 그림 4-1 참조)에서 어린 영아가 물건이 B에 놓이는 것을 봤음에도 불구하고, 처음 있던 A에 손을 뻗는 것 역시 억제 능력의 부재로 설명할 수 있다(물론 인지적 유연성이 낮아 전략을 전환하지 못한 것이라고 볼 수도 있다). 또한 어른의 관점에서는 무계획적이고 즉흥적으로만 보일 수 있는 유아들의 다양한 행동들(예: 배고픈 아이가 다른 사물에 주의를 뺏겨 밥을 먹지 않고 노는 행동, 책을 가지러 방에 들어갔다가 인형을 가지고 나오는 행동) 역시 목표행동을 방해하는 자극을 무시하거나 억제하지 못해 나타나는 발달적인 특징이라고 볼 수 있다.

빈칸에 적절한 말을 써넣으시오.

1 아동의 연령이 증가함에 따라 한 과제에서 다른 과제로 의식적으로 전환할 수 있는
.... 의 발달이 이루어진다.

2 3세 유아는 낮과 밤 과제, 손 게임 등 익숙한 반응을 .... 해야 하는 과제에서
대부분 실패하지만 4세 유아는 성공한다.

4. 기억

앞서 설명했듯이 주의를 기울인 정보는 기억의 단계에 이르게 된다. 그리고
기억은 경험에 기반하여 정보를 저장하고 인출하는 과정을 통해 끊임없이 지
식을 축적할 수 있게 돕는다. 기억은 의식적으로 회상이 가능한 명시적 기억
(explicit memory)과 무의식적으로 별 노력 없이도 회상이 가능한 암묵적 기억
(implicit memory)으로 나뉘는데, 여기에서는 연령의 증가에 따른 변화가 분명
히 드러나는 전자를 중심으로 기억의 종류와 이를 증진하기 위한 전략들에 대
해 소개하고자 한다. 또한 아동의 기억이 나타내는 발달적 특징에 대해 알아보
고자 한다.

1) 의미기억

의미기억(semantic memory)이란 사실, 언어적 의미, 개념, 그리고 기억 전
략이나 계산 절차와 같은 규칙 등을 포함하는 세상에 대한 전반적인 지식이다.
'토끼는 귀가 길다', 두 자릿수 덧셈을 위한 절차 등과 같은 의미기억은 일화기
억에 비해 더 일찍 발달될 뿐만 아니라, 일화기억이 발달하는 데에도 중요한
영향을 미친다(Murphy, McKone, & Slee, 2003).
의미기억은 우리가 경험했던 것들을 기억하는 데 어떻게 영향을 미치는

것일까? 예를 들어, 친구를 만나러 가는 길과 관련하여 다음과 같은 기억을 떠올렸다고 가정해 보자.

> 약속 시간에 늦을까 헐레벌떡 뛰어간 지하철에는 사람이 많았고, 대부분의 사람들이 마스크를 쓰고 있었는데, 내 옆에 앉은 사람은 마스크를 쓰고 있지 않았다.

얼핏 보면 개인적인 경험을 시간의 순서대로만 회상한 예시 같지만, 자세히 들여다보면 "밀폐된 장소에서 마스크 착용은 코로나와 같은 비말성감염병을 예방할 수 있다"(사실), "코로나는 전염력이 강하기 때문에 위험한 질병이다"(개념), "뉴스 보도에 따르면 확진자와 동승했던 사람 중 마스크를 쓰지 않은 사람이 양성 판정을 받았다고 한다"(사실) 등의 의미기억이 일화기억에 스며들어 있음을 알 수 있다.

2) 일화기억

일화기억(episodic memory)[1]이라는 용어를 처음으로 만든 Endel Tulving (1972)은 일화기억을 사건에 대한 공간적(어디서), 시간적(언제) 요인들을 포함하는 기억이라고 소개하였다. 즉, 일화기억이란 일생 동안 개인적으로 경험했던 특정한 사건들에 대한 정보들이 저장되어 있고, 자각적 의식(autonoetic consciousness)이 반영되어 있으며, 구체적인 시공간적 맥락을 포함한다. 예를 들어, 자신이 지난 저녁에 무엇을 먹었는지, 생일날 친구와 만나 무엇을 하였는지 등의 기억과 관련이 있다. 일화기억은 앞서 제시한 의미기억과는 달리 경험한 사건들을 시간적으로 조직화하고 사건에 대한 상세한 부분을 산출해야하기 때문에, 사건에 대한 부호화가 가능한 영유아일지라도 도전적이고 제한적일 수밖에 없다. 이와 같은 특징은 일화기억이 의미기억보다 더 늦게 발달하는 현상에 대한 이해를 돕는다.

....

1 일화기억은 무엇이(what), 어디에서(where), 언제(when) 일어났는지에 대한 내용을 포함하기 때문에, www memory라고 불리기도 한다.

일화기억의 발달적 특징을 살펴보면, 4세 이전에는 '성인과 같은' 수준의 일화기억이 아동에게서 나타나지 않는다(Tulving, 2005). 또한 일화기억을 구성하는 사실적 내용(예: 밥을 먹었다)을 기억에서부터 산출하는 능력은 일찍이 나타나지만, 맥락적 정보(예: 언제 먹었는지)를 산출하는 능력은 청소년기까지 지속적으로 개선되고, 사실적 내용과 맥락적 정보를 결합하는 능력 역시 연령이 증가함에 따라 발달한다(Lloyd, Doydum, & Newcombe, 2009; Picard, Cousin, Guillery-Girard, Eustache, & Piolino, 2012).

최근에는 일화기억이 개인이 과거뿐만 아니라 아직 경험하지 않은 사건(에피소드)을 시뮬레이션하기 위한 미래로의 '정신적 시간 여행(mentally time travel)'이 가능하게 하는 의식의 형태—즉, 과거 경험에 기반하여 미래에 계획된 행동을 수행하기 위해 의식적으로 기억하는 것과 관련한—로 개념이 확장되었다(Turving, 2002). 이와 관련한 연구는 더 알아보기(189쪽)에 제시되어 있다.

3) 자전적 기억

자전적 기억(autobiographical memory)은 개인이 경험한 구체적이고 특별한 사건에 대한 기억을 의미한다. 아동이 특정 사건을 '나에게 일어났던 일'이라고 부호화하고 조직화하기 위해서는 우선적으로 자기(self)에 대한 개념을 가지고 있어야 하는데, 이러한 개념은 2세경에 나타난다(Howe & Courage, 1997). 이렇듯 유아기부터 출현하는 자전적 기억은 아동·청소년기를 거쳐 초기 성인기까지 발달한다. 그러면서 자전적 기억은 더 정교해지고, 종합적인 양상을 나타내며, '예/아니요' 질문에는 덜 의존하고, 개방형 질문을 통해 더 많은 정보들을 보고할 수 있게 된다(Ornstein, Haden, & San Souci, 2008).

부모와의 대화를 통해 아동이 지난 경험을 기억하는 능력은 2~4세 사이에 빠르게 발달하고, 이러한 아동의 자전적 기억 발달에는 부모나 다른 어른들과의 대화가 중요한 영향을 미친다(Schneider & Ornstein, 2015). 어린 아동이 처음 자신의 경험을 기억해 내서 이야기할 때에는 대부분의 내용과 구조(예: 누가, 어디서, 무엇을 했는지 등)를 어른들이 제공한다. 하지만 연령이 증가하

전통적으로 기억에 대한 연구들은 과거의 경험이나 사건들을 회상할 수 있는지 탐색해 왔다. 그러다 2000년대 들어 과거의 경험에 대한 기억이 미래의 계획 혹은 문제 해결에 어떠한 역할을 하는지, 그리고 이러한 인지적 과정이 언제부터 나타나는지에 대한 관심이 대두되었다. 이에 따라 일화적 미래사고(episodic future thinking)와 관련한 연구들이 인지심리, 발달심리, 신경과학 등의 다양한 분야에서 활발히 이루어지고 있다(Busby & Suddendorf, 2005; Hudson, Mayhew, & Prabhakar, 2011; Peters & Büchel, 2010; Schacter, Benoit, & Szpunar, 2017; Suddendorf, 2010).

일화적 미래사고란 미래에 일어날 사건을 미리 경험하기 위해 자신의 과거 경험들을 재수집하고(recollect), 미래에 자신을 투영하는 능력이다. 즉, 우리의 과거를 재경험(re-experience)하게 해 주는 일화기억을 활용하여, 우리의 미래를 미리 경험(pre-experience)할 수 있게 해 주는 것이 일화적 미래사고인 것이다(Atance & O'Neill, 2001; Atance & O'Neill, 2005). 일화기억과 일화적 미래사고의 이러한 인지적 관계는 과거를 회상할 때와 미래를 떠올릴 때 뇌의 동일한 영역에서 활성화가 이루어짐을 보여 준 다양한 신경학적 연구들에 의해서도 지지되었다(Addis, Wong, & Schacter, 2007; Buckner & Carroll, 2007; Schacter et al., 2012). 최근에는 의미기억이 일화적 미래사고에 미치는 영향력 등더욱 확장된 연구들이 이루어지고 있다.

일화적 미래사고의 발달을 탐구하기 위해 대체로 다음과 같은 언어적/비언어적 과제들이 사용된다. 언어적 과제는 아동에게 미래에 대해 직접적으로 묻는 과제이다. 아동에게 "내일 뭘 할 거니?"라고 추상적으로 물었을 때 4, 5세 아동들은 미래의 사건을 정확히 보고한 반면, 3세 아동들은 대답할 언어적 능력이 있음에도 불구하고 실패했다(Busby & Suddendorf, 2005; Suddendorf, 2010). 반면 "내일 아침 먹고 뭘 할 거니?"와 같이 미래에 일어날 구체적인 사건에 관한 질문을 했을 때 3세 아동의 60% 이상이 정확히 보고하였고, 연령이 증가함에 따라 수행 역시 개선되었다(Quon & Atance, 2010). 비언어적 과제로는 놀이 장소에서 핵심적인 물품(예: 보물상자를 여는 데 필요한 열쇠)이 없는 상황을 제시하고, 24시간 후에 핵심 물품을 포함한 몇 가지 사물들을 나열한 뒤 놀이 장소에 가져가고 싶은 사물을 선택하게 하고 그 이유를 묻는 과제 등이 사용된다(Scarf, Gross, Colombo, & Hayne, 2013; Suddendorf, Nielsen, & von Gehlen, 2011). 4세는 핵심 물품을 고르는 데 어려움이 없었으나, 3세는 그렇지 않았다. 연구 결과들을 종합해 보면, 일화적 미래사고는 3~5세에 나타나기 시작하지만(Russell, Alexis, & Clayton, 2010), 3세는 4~5세 아동에 비해 과거의 경험을 유지하는 데 어려움을 보인다.

하지만 연구방법론(예: 과제 유형, 장면과 장면 사이의 지연 시간 등)이 아동의 일화적 미래사고를 측정하는 과제 수행에 많은 영향을 미친다는 것이 연구자들의 공통된 주장인 만큼 연구 결과들을 신중하게 해석할 필요가 있다.

면서 경험이 쌓이면 자신의 경험을 부호화하고 회상해 내는 것을 학습하고, 그 결과 아동이 주도적으로 자신의 경험과 기억을 재구성하여 이야기할 수 있게 된다. 이러한 변화는 아동의 언어 발달과 내러티브 기술의 향상에 의해 촉진된다(Harley & Reese, 1999).

표 5-1 **정교한 양식과 반복적인 양식**

	정교한 양식	반복적인 양식
특징	아동이 사건과 관련하여 흥미로워하는 주제에 대해 함께 토론하고, 아동의 이야기에 다양한 질문이나 정보를 덧붙여 주며, 아동이 기억하고자 하는 사건을 스스로 평가할 수 있게 도와준다.	아동의 흥미는 고려하지 않고, 추가적인 정보를 거의 제공하지 않으며, 같은 질문을 반복한다.
예시	"우리는 어떤 식당에 갔었지?" "식당에서 우리는 무엇을 먹었지?" "우리가 왜 죽 대신 국수를 시켰지?" "엄마는 국수가 짜다고 생각했는데 넌 어떻게 생각했니?"	"우리가 식당에 갔던 거 기억하니?" "거기서 무엇을 먹었지?" "또 다른 건 무엇을 먹었지?"

부모가 어떠한 양식으로 아동과 대화를 하는지도 아동의 자전적 기억 발달에 중요한 영향을 미친다. 정교한 양식(elaborative style)을 사용하는 부모의 자녀들은 덜 정교하거나 반복적인 양식(repetitive style)을 사용하는 부모의 자녀들보다 자신의 경험에 대한 더 많은 정보를 기억할 수 있다(Fivush, Haden, & Reese, 2006). 또한 정교한 양식을 사용하는 부모를 둔 학령기 이전의 아동들은 전략 같은 행동들(예: 명명하기, 가리키기)을 더 많이 보였고, 잠깐 보여 준 사물들의 세트를 회상하는 기억 과제에서 높은 점수를 획득하기도 하였다(Langley, Coffman, & Ornstein, 2017).

자전적 기억은 문화 특수적인 측면도 갖고 있다. 예를 들면, 다른 사람의 역할을 강조하는 경향이 있는 동양 성인의 기억과 비교해 서양 성인의 자전적 기억은 자신의 역할에 초점을 맞추고 있으며 더 이른 시기의 사건들을 포함한다(Wang, 2008). 이와 비슷한 맥락으로 동아시아 아동들에 비해 서양 아동들은 자신의 주관적인 생각이나 감정에 대해 더 많은 내러티브를 산출하는데, 이러한 차이는 개인의 고유성보다는 타인과의 관계성을 중시하는 동아시아 문화권에서 대다수의 부모들이 자녀에게 상호 의존적인 자기(self)를 강조함으로써 그 자녀들이 자신을 잘 드러내지 않게 되기 때문으로 보인다(Wang & Fivush, 2005).

우리는 살면서 수많은 정보들을 지속적으로 경험하고 유지할 수 있음에도 불구하고, 생애 초기에 대한 기억은 꽤나 제한적이다. 어린 시절 걸음마를 떼기 시작했을 때의 기분이나 어린이집에 처음 등원했을 때 만난 선생님과 친구들의 얼굴을 우리가 기억하지 못하는 현상을 대부분의 성인이 겪는 아동기 기억상실증(혹은 유아기 기억상실증)으로 설명할 수 있다. 아동기 기억상실증이란 3세 이전에 일어났던 일들을 기억해 내지 못하는 증상인데, 이러한 증상의 원인에 대해 아동 초기에 경험한 외상들에 대한 기억이 의식화되지 못하도록 억압하려 해서 나타나는 현상이라고 주장한 Freud(1938)를 시작으로 다양한 의견들이 존재한다.

우선 인지적인 관점에서는 생애 초기 언어 능력의 한계로 인해 감각이나 물리적 행위 등과 같은 비언어적인 형태로 기억이 저장되는 반면, 연령의 증가와 함께 정보들이 언어로 부호화되고 저장되기 때문에 인출이 불가하고 그로 인해 아동기 기억상실증이 나타나는 것이라고 주장한다(Hayne, 1990; Simcock & Hayne, 2002). 그렇다면 정보를 비언어적 혹은 언어적 형태로 부호화하여 저장하는 게 인출 시 어떠한 차이를 유발하는 것일까? 어린 영아들과는 달리 3세 이후의 아동들은 종종 사건을 언어로 표상하는데, 언어적 형태로 한 사건을 부호화함으로써 경험에 대한 기억들을 산출할 때 언어 기반 단서들을 사용할 수 있게 되고, 이는 기억에 대한 접근성을 용이하게 한다(Hayne, 2004).

반면 아동기 기억상실증을 언어 능력의 부재보다는 명확한 '자기'개념의 부재로 보는 연구자들은 어린 아동은 경험하는 사건들을 자신에게 일어난 사건이라고 생각하기 어렵기 때문에 자전적 기억을 구성할 수 없고, 그로 인해 나타나는 현상이라고 설명한다(Howe, Courage, & Rooksby, 2009).

마지막으로, 사건의 시간적·인과적 순서를 기술한 추상적 지식구조와 스크립트(script) 형성의 발달이 이루어지지 않아 생애 초기의 기억이 결여된 것이라고 보는 관점도 있다(Fivush & Hammond, 1990; Nelson & Fivush, 2004). 이를 지지하는 연구자들의 공통적인 주장은 어린 아동들은 경험하는 사건들의 공통 요소(예: 일상적 일과)에 주의를 기울이면서 자신을 둘러싼 주변 세계를 탐색하고 이해하는데, 새롭거나 특별한 사건에서 이러한 공통 요소에 대한 기억은 이후 사건에 대한 회상을 해한다는 것이다. 이와 관련하여 Fivush와 Hammond(1990)는 2.5세 아동들에게 캠핑, 여행 등과 같이 특별한 사건들에 대한 회상을 하게 했을 때, 새로운 경험보다는 먹고 잠자는 것과 같은 일상적인 일과에 초점을 맞춰 기억을 산출해 낸다는 것을 밝혔고, 추후 연구들을 통해 연령의 증가와 함께 아동들이 비전형적인 정보에도 초점을 맞춰 기억해 낼 수 있음을 보여 주었다.

스크립트 친숙한 맥락에서 일어나는 사건의 전형적인 순서(언제, 무엇이 일어나는지 등과 같은)에 대한 보편적인 표상을 뜻한다.

4) 기억 전략

전략이란 문제를 해결하여 목적을 달성하기 위해 의무적이 아니라 의도적으로 사용되며, 정신적인 노력이 필요한 인지적 조작이다(Pressley & Hilden, 2006). 그렇기 때문에 주로 개인이 직면한 문제의 난이도가 낮을 때보다는 높을 때, 유지해야 할 정보의 양이 개인의 작업기억 용량을 초과할 때 전략을 사용하게 된다(Bjorklund, 2010). 기억 전략 발달은 전략의 획득뿐 아니라 효율성까지 포함한다. 한 가지 놀라운 점은 적절한 기억 전략을 사용하는 것이 늘 개선된 수행을 보장하지는 않는다는 것이다(Clerc, Miller, & Cosnefroy, 2014).

아동은 새로운 정보를 기억하기 위해 어떠한 전략들을 사용하고 연령의 증가와 함께 어떻게 변화할까? 또한 기억 전략들을 사용할 때 아동은 어떠한 한계를 경험할까?

(1) 기억 전략의 발달

학령기 이전의 어린 유아들도 무언가를 기억하기 위해 자발적으로 전략을 사용할 수 있지만, 나이가 많은 아동들이 사용하는 전략에 비해 단순하고 가끔은 비효율적이기도 하다. 예를 들면, 18~24개월 유아들에게 특정 장난감을 숨기는 장면을 보여 준 뒤, 숨긴 곳을 기억했다가 나중에 찾아야 된다고 알려 주고는 일정 시간이 흐른 뒤 목표 사물을 찾을 수 있는지 확인한 결과, 다수의 유아들은 성공적인 과제 수행을 위해 장난감이 숨겨진 위치를 응시하거나 가리키기, 숨겨진 장난감의 이름을 말하기 등의 간단한 전략들을 사용하였다(DeLoache, Cassidy, & Brown, 1985). 또한 일부 연구에서는 어린 유아들이 기억해야 할 사항들에 선택적 주의를 기울이는 전략을 사용하기는 했으나 해당 전략이 기억 수행에 도움이 되지 않았다(Bjorklund, Miller, Coyle, & Slawinski, 1997; Miller & Seier, 1994). 이는 어린 유아들이 사용하는 전략이 비효율적일 수 있다는 것을 보여 준다.

이와 같이 전략을 사용하긴 하지만 그에 따른 실질적인 이득이 없을 때를 활용 결함(utilization deficiency)이라고 한다. 활용 결함은 주로 전략 사용이 미숙하고 익숙지 않은 어린 유아들의 기억 수행에서 나타나지만, 나이가 많은 아동들에게서 나타나기도 하며, 전략이 점차 강화되고 수행을 위한 자원을 덜 요구함으로써 줄어든다(Miller, Seier, Barron, & Probert, 1994). 또한 기억 과제가 의미 있는 이야기의 맥락과 관련이 있거나(Miller et al., 1994), 아동이 충분한 작업기억 용량을 갖고 있을 때(Schneider, Kron-Sperl, & Hünnerkopf, 2009), 또는 아동이 과제를 수행하기 위한 상위인지를 갖고 있을 때(DeMarie, Miller, Ferron, & Cunningham, 2004) 덜 나타난다.

　학령기 초기의 아동들은 새로운 정보를 기억할 수 있을 때까지 스스로 정보를 되뇌는 시연(rehearsal)을 전략으로 사용할 수 있고, 연령이 증가하면서 더 효율적으로 사용할 수 있게 된다. 예를 들어, Ornstein과 동료들(1975)의 연구에서 학령기 초기 아동들은 일련의 단어들을 기억해야 할 때 한 단어만을 반복하였지만(예: 책상, 책상, 책상…), 초등학교 고학년 아동들은 앞서 제시된 단어에 새로운 단어를 추가하여 되뇌는 누적 시연(cumulative rehearsal)을 사용함으로써(예: 책상, 남자, 마당, 고양이, 남자…) 더 높은 기억 수행을 나타내었다.

　왜 어린 아동들은 누적 시연과 같은 효과적인 전략을 자발적으로 사용하지 못하는 것일까? 아동의 제한된 작업기억 용량은 고차원적인 전략에 대부분 사용되어, 정작 기억해야 할 항목들을 인출해 낼 공간이 부족해지기 때문인 것으로 추정된다. 이러한 한계점을 감안해 어린 아동들에게 누적 시연을 훈련시켰을 경우에는 기억 수행이 개선되었으나, 기억 과제 수행에서 연령에 따른 격차는 좀처럼 좁혀지지 않았다(Cox, Ornstein, Naus, Maxfield, & Zimler, 1989). 이와 같이 어린 아동들이 해당 전략을 사용하기 위해 필요한 능력은 갖고 있고 지시가 있으면 할 수 있지만, 스스로 전략을 산출하는 데는 실패하는 것을 산출 결함(production efficiency)이라고 한다(Flavell, 1970).

　기억해야 하는 항목들을 비슷한 주제나 범주로 묶어 회상을 용이하게 하는 조직화(organization)는 시연 전략보다 난이도가 높고 9~10세 이전에는 거의 사용되지 않는 전략이다(Hasselhorn, 1992). 예를 들어, '기린, 냉장고, 송아지, 라디오, 하마, 전자레인지, 원숭이, 청소기'라는 단어 목록이 있을 때 이를 동물과 가전이라는 두 개의 범주로 분류하여 조직화하면 더 쉽게 회상할 수 있다. 자발적으로 조직화하지 못하는 어린 아동들에게 조직화 전략을 훈련시키면, 훈련받은 전략을 새로운 과제에 일반화하지 못하는 활용 결함을 보이기도 한다(Schwenck, Bjorklund, & Schneider, 2007). 조직화와 같이 관계되는 항목들을 범주화하는 능력은 연령과 함께 증가하고, 이에 따라 기억 과제의 수행도 향상된다.

아동 중기 후반의 아동들은 같은 범주 안에 속하지 않는 두 개 이상의 정보들 간의 관계 혹은 공통된 의미를 창출해 내는 정교화(elaboration) 전략을 사용하기 시작한다. 정교화는 관련 없는 정보들 간에 연결고리를 만드는 고도의 기억 전략[예: 임진왜란-1592년 발발을 외우기 위해 '이러고 있(1592)을 때가 아니다'로 연결]이기 때문에 어린 아동들에 비해 상대적으로 지식이 풍부한 청소년기에 더 보편적으로 사용된다.

(2) 상위기억의 영향

상위인지의 하위 유형 중 하나인 상위기억(metamemory)은 자신의 기억 과정에 관한 지식을 의미한다(Flavell, 1971). 즉, 상위기억은 자신이 어떠한 것을 기억하기 어려워하는지, 한 번에 얼마만큼 기억할 수 있는지, 새로운 정보를 기억할 때 어떠한 전략을 사용하는 것이 효과적인지 등에 대한 지식들을 포함한다. 이러한 지식과 기억 수행은 연령과 함께 증가한다(Lockl & Schneider, 2002).

학령기 이전의 어린 유아들도 상위기억을 가지고 있다. 예를 들어 항목의 수가 많으면 기억하기가 더 어렵다는 것(Yussen & Bird, 1979), 기억을 더 잘하고 오래 유지하기 위해서는 그만큼 더 오랜 시간 공부해야 한다는 것을 안다(Kreutzer, Leonard, Flavell, & Hagen, 1975). 하지만 종종 유아들은 자신의 기억 능력을 과대평가하고, 자신의 기억 용량의 한계를 인식하지 못하며, 자신은 절대 망각하지 않는다고 믿는 경향이 있다(Kreutzer et al., 1975). 다시 말해 자신의 기억을 마음속 서랍에 정리해 놓은, 현실에 대한 '정신적 복사물'로 보고 언제든지 필요할 때마다 이용 가능하다고 생각하는 것처럼 보인다(Shaffer & Kipp, 2013).

학령기 아동은 어린 유아보다 기억 전략을 더

정교화 서로 같은 범주에 속하지 않는 둘 이상의 정보를 기억하기 위해 정보들 간에 관계를 형성하거나 의미를 부여하는 전략이다.

의식하고, 기억 전략에 대한 지식 또한 점진적으로 발달한다. 예를 들면 유치원 아동과 초등학교 저학년 아동은 기억 수행 시 시연이나 조직화 전략이 응시하기나 호명하기 같은 단순한 전략보다 효과적이라는 것을 아는 반면, 11세 이후의 아동들은 좀 더 세부적으로 시연보다 조직화가 더 효과적이라는 것을 안다(Justice, 1986; Justice, Baker-Ward, Gupta, & Jannings, 1997).

아동이 전략을 사용할 때 상위기억의 일부인 기억 모니터링(memory monitoring)이 영향을 미친다. 기억 모니터링은 자신의 기억이 어떻게 진행되는지 검토하는 것으로, 이는 이후의 기억 수행과도 관련이 있다. 학령기 이전의 유아들도 일부 기억 과제에서 자신의 정보처리 과정을 모니터할 수 있긴 하지만, 아동이 자신의 기억 수행을 추적하는 능력은 보편적으로 연령과 함께 증가한다(Schneider & Bjorklund, 2003). 훈련 연구들을 통해 아동의 기억 모니터링, 전략 사용, 기억 수행 간의 인과관계를 지지하는 증거가 제시되었다. 어린 아동들도 특정 상황에서 절차적 상위인지 능력을 나타내지만, 이들은 나이 많은 아동들에 비해 어떻게 자신이 과제를 수행하는지에 대한 인식, 기억 전략 사용과 기억 수행 간의 관계에 대한 이해가 적다. 예를 들어, Ringel과 Springer(1980)는 1, 3, 5학년 아동들을 대상으로 조직화 전략을 사용하는 법을 훈련시켰다. 그 결과 모든 그룹의 아동들에게서 기저선과 비교해 회상의 수준이 증가하였다. 훈련에 이어 아동들은 둘 중 하나의 교육 조건 아래에서 전환 시행에 참여하였다. 한 조건의 아동들은 과제에서 그들의 개선된 수행에 대한 명시적인 피드백이 주어진 반면, 다른 조건에선 피드백이 주어지지 않았다. 5학년 아동들은 두 전환 조건 모두에서 훈련받은 전략을 일반화하였지만, 1학년 아동들은 두 조건 모두에서 전략을 전환하는 것에 실패하였다. 3학년 아동들은 명시적 피드백이 없는 조건에서 전환에 실패하였다. 3학년 아동들 대부분이 조직화 전략을 사용하고 그로부터 이익을 얻었음에도 그들은 전략 사용과 과제 수행 간의 관계를 알지 못했다. 하지만 이러한 관계를 명시적으로 알려 주었을 때는 훈련의 전환이 나타났다. 5학년 아동은 자신의 기억 과정을 스스로 평가할 수 있기 때문에 피드백이 필요 없었고, 1학년 아동들은 피드백만으로는 충분하지 않았지만, 3학년 아동에게는 명시적 피드백이 효과가 있었던 것이다. 종합하자면 상위기억의 요소들이 훈련에 포함될 때 전략의 전

환 혹은 일반화가 가장 효과적으로 나타난다(Ghatala, Levin, Pressley, & Good-
win, 1986).

(3) 지식의 영향

앞서 설명한 바와 같이, 정보처리 관점에서는 충분한 작업기억 용량뿐만
아니라 상위인지 능력 같은 생득적인 인지체계를 갖추어야 아동이 효과적으로
기억 전략을 사용할 수 있다고 주장한다. 하지만 정보처리 이론가들은 아동이
보유하고 있는 지식이 기억 전략에 미치는 영향력에 대해서도 강조함으로써
경험의 역할 또한 간과하지 않았다.

특정 분야에 대해 숙련된 지식을 갖춘 아동은 그와 관련한 항목들을 기억
해야 할 때 더 효율적으로 범주화 및 조직화를 할 수 있고(Schneider & Bjork-
lund, 1992), 이렇게 새로운 정보를 기존 정보에 빠르게 연합시키면 특별한 노
력 없이도 많은 정보를 유지할 수 있다. 따라서 연령에 따라 기억 수행이 개선
되는 것은 나이가 들수록 전략을 더 잘 사용하게 될 뿐만 아니라, 기억해야 하

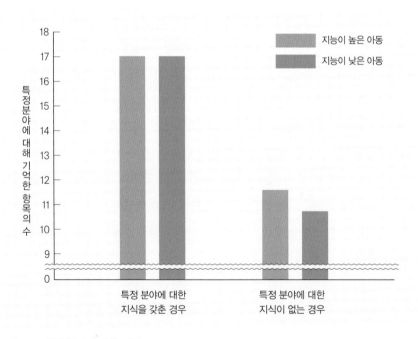

그림 5-5 **전문 분야에 대한 기억**
출처: Schneider, Körkel, & Weinert(1989).

는 정보에 대한 지식의 양이 늘어나기 때문이라고 볼 수도 있다(Schneider & Bjorklund, 2003). 또한 지능보다 지식 양의 차이가 기억에 더 중요한 영향을 미치기도 하는데, Schneider와 동료들(1989)은 지능이 평균보다 낮은데 축구에 대해 많이 알고 있는 아동이, 지능이 평균보다 높지만 축구에 대해 잘 모르는 아동보다 축구경기와 관련한 이야기를 더 정확히 기억해 낸다는 것을 밝혔다. 이러한 결과는 높은 수준의 지능이 무조건적으로 높은 수준의 기억 수행을 예측하는 것은 아님을 보여 준다.

개념 체크

다음 문장이 맞는지 틀리는지 ○, ×로 표시하시오.

1　(　　) 의미 기억은 일화 기억보다 늦게 발달한다.

2　(　　) 4세 이전에는 성인과 같은 수준의 일화 기억은 나타나지 않는다.

3　다음 중 자전적 기억에 대한 설명으로 옳지 않은 것은?

① '자기'에 대한 개념이 기반이 되어야한다.
② 부모의 반복적인 질문을 통해 아동은 경험에 대한 기억을 더 오래 유지할 수 있다.
③ 일화 기억의 하위 유형으로, 개인에게 일어난 특별한 사건에 대한 기억이다.
④ 유아기에 출현하여 초기 성인기까지 발달한다.

4　상위기억에 대한 설명으로 옳지 않은 것은?

① 기억 전략을 사용하는 데 핵심적인 역할을 한다.
② 연령과 함께 증가한다.
③ 11세 이후의 아동들은 조직화가 시연보다 기억 수행 과제에서 더 효과적인 전략이라는 것을 안다.
④ 학령기 이전의 유아들은 자신의 제한된 기억 용량을 인지하고 있기 때문에 적절한 기억 전략을 선택하고 사용하는 것에 어려움을 겪는다.

요약

- **정보처리이론의 관점 및 평가**
- 정보처리이론에서는 인간의 마음을 컴퓨터에 비유하며, 인간이 제한된 용량과 처리 속도를 극복하고 문제 해결을 위해 전략들을 사용한다고 주장한다.
- 정보처리이론은 인지 변화의 기제를 밝히고, 발달의 비일관성과 아동들 간의 개인차를 설명할 수 있는 이론적 근거를 제시하였다는 점에서 의의를 갖는다.
- 정보처리이론은 인간을 컴퓨터에 비유하면서 인간의 다양한 인지 능력들을 과소평가한 점, 아동의 인지 발달에 대한 통합적인 이론을 제공하지 못한 점, 인지 발달에 미치는 사회문화적인 영향을 간과하였다는 점 등의 한계점이 있다.

- **다중저장 모델**
- 정보처리이론에 기반을 둔 다중저장 모델은 정보를 다음의 세 단계를 거쳐 흘러가는 것으로 본다. 감각 등록기는 감각정보들이 인지체계에 처음으로 등록되는 곳인데, 이때 개인이 주의를 기울인 정보만이 단기기억의 단계로 넘어가게 된다. 단기기억은 정보를 수초 동안 의식 속에 유지하는 반면, 작업기억은 저장된 정보를 능동적으로 조작하는 역할까지 포함한다. 정보처리이론에서는 인간의 사고에 미치는 작업기억의 역할을 중요하게 다루고 있다. 장기기억은 정보처리의 세 번째 단계로 정보들이 영구적인 지식 기반을 형성하며, 필요시 인출되어 사용된다.
- 작업기억의 용량과 정보를 처리하는 속도는 뇌 발달에 기인하여 연령과 함께 증가하지만, 간혹 이러한 일반적인 변화에 아동의 지식과 같은 후천적 요인의 영향으로 발달의 비일관성이 나타나기도 한다.
- 실행기능은 정보처리 과정 전반에서 중요한 역할을 하는데, 목표 지향적으로 불필요한 주의나 행동을 억제하고, 사고나 주의를 유연하게 전환하며, 작업기억을 향상시키는 상위인지 능력이다.

- **기억의 종류**
- 기억은 명시적 기억과 암묵적 기억으로 나눌 수 있다. 명시적 기억은 세상에 대한 전반적인 지식인 의미기억과 개인이 경험한 사건들에 대한 일화기억으로 나뉜다.
- 자전적 기억은 개인이 경험한 특별한 사건에 대한 일화기억으로, 자기개념을 기반으로 부모와의 대화, 내러티브 기술의 발달 등의 영향을 받아 연령의 증가와 함께 더욱 정교하고 세련된 양상을 나타낸다.

- **기억 전략**
- 인간은 제한된 기억 용량을 갖고 있기 때문에, 효율적인 문제 해결을 위해 기억 전략을 사용한다. 예를 들어, 학령기 이전의 어린 유아들은 기억해야 할 사항들에 선택적 주의를 기울일 수는 있으나, 종종 전략 사용을 통한 이득을 얻지 못하는 활용 결함을 경험한다.
- 전략을 사용하기 위해 필요한 능력을 갖고 있고, 누군가의 지시를 통해서는 가능하지만, 자발적인 산출에 어려움을 보이는 산출 결함은 어린 아동에게서 많이 나타난다.
- 학령기 초기 아동들은 주어진 정보를 반복적으로 되뇌는 시연을 전략으로 사용할 수 있고, 학년이 높아질수록 누적 시연을 통해 기억 수행에서 향상을 나타내기도 한다.
- 기억해야 하는 항목들을 비슷한 범주로 묶는 전략인 조직화 전략, 그리고 같은 범주 안에 속하지 않는 두 개 이상의 정보들 간의 공통된 의미를 창출해 내는 정교화 전략은 아동 중·후기에 나타난다.
- 아동들은 연령의 증가와 함께 난이도가 높은 전략만을 사용하는 것이 아니라, 문제 해결에 더욱 적합한 전략들을 선택하고, 다양한 전략들을 함께 사용한다는 것이 정보처리 관점에 기반을 둔 Siegler의 중복 파장이론이다.

연습문제

1. 다중저장 모델에서 제시하는 인간의 정보처리 과정을 자세히 기술하시오.

2. 아동의 문제 해결 과정을 Piaget와 Siegler의 이론에 근거하여 비교 및 설명하시오.

3. 아동이 제한된 기억 용량을 극복하고 효율적으로 정보처리를 하는 데 필요한 능력 혹은 자원들에 대해 기술하시오.

4. 선택적 주의를 제외한 기억 전략 세 가지에 대한 설명과 함께 발달적 특징에 대해 간략히 기술하시오.

5. 이 장의 서두에 소개되었던 다섯 살 경민이는 어른보다 기억의 용량이 작음에도 불구하고 공룡의 이름과 싸움 전략들을 더 많이 기억하고, 공룡 박물관에 다녀온 경험을 구체적으로 떠올릴 수 있었다. 이러한 현상을 정보처리이론의 주요 개념에 근거하여 설명하시오.

6. 자전적 기억에 대한 정의를 서술하고, 아동의 자전적 기억 형성 및 발달에 미치는 요인들에 대해 기술하시오.

언어 발달

6

우리는 어떻게 모국어를 획득하는 것일까? 기억할 수 있는 가장 예전으로 돌아가 어떻게 모국어를 배웠는지 떠올려 보자. 주변의 성인이 여러분에게 모국어를 가르쳐 주기 위하여 해당 언어의 소리체계나 문법구조에 대해 가르쳤던 기억이 나는가? 예컨대 부모님이 한국어를 가르치기 위해서 "자, 이제 한국어를 배워 보자. 한국어의 어순은 주어, 목적어, 동사라서 '나는 밥을 먹는다'라고 말하는 거야"라고 이야기해 주신 기억이 있는가? 아마 어떤 양육자가 1세 아동에게 이렇게 이야기하는 것을 본다면, 우리는 그 광경을 매우 부자연스럽게 여길 것이다. 반면 청소년기 혹은 성인이 되어 외국어를 배웠던 경험에 대해 생각해 본다면 앞의 예와 유사한 기억을 어렵지 않게 떠올릴 수 있다. 이처럼 영유아는 우리가 성인이 되어 외국어를 배우는 방식과는 무언가 다른 방식으로 모국어를 습득한다.

우리는 어떻게 명시적인 가르침 없이도 모국어를 잘 배울 수 있는 것일까? 특히 성인이 된 이후 외국어를 배우기 위해 고군분투한 경험이 있다면 영유아의 모국어 습득이 더욱 신비롭게 느껴질 것이다. 3~4세 아동들만 해도 모국어를 사용하여 지난 주말에 있었던 일이나 자신의 생각과 느낌에 대한 이야기, 자기가 좋아하는 친구나 놀이에 대한 이야기 등 무궁무진한 주제에 대해 이야기할 수 있는 능력이 있다. 반면 우리 성인들은 몇 년 동안 외국어 공부를 하고도 외국어로 대화를 하는 것이 쉽지 않음을 종종 경험한다. 이 장에서는 이러한 영유아기 언어 발달의 신비에 대해 살펴보도록 하겠다.

1. 언어 발달의 준비

태어난 지 얼마 안 된 신생아도 말소리를 지각할 수 있으며, 다른 소리들보다 인간의 말소리를 선호한다. 심지어는 태아 시절에도 언어에 대한 처리가 이뤄짐을 시사하는 연구도 있다. 그리고 아동은 아직 말을 하기 전에도 양육자의 영아지향어를 들으며 언어적 소통을 학습한다. 이렇듯 아동의 언어 발달은 아동이 말문을 트기 훨씬 이전부터 시작된다.

1) 태아의 말소리 지각

영아는 언제부터 말소리에 노출되기 시작할까? 태아에게 책을 읽어 줄 때 태아는 과연 그 말소리를 들을 수 있을까? 임신 28주가 되면 태아의 청각 능력은 이미 상당히 발달한 수준에 이르며, 출산이 가까워지면 태아는 일상생활에서 이뤄지는 대화 소리 정도(60dB)를 들을 수 있다. 태아는 말소리를 들을 수 있을 뿐만 아니라 심지어 구별할 수도 있다. Lecanuet과 동료들(1995)의 연구에서는 임신 34~38주의 태아들에게 2음절의 "바-비([ba][bi])"라는 소리를 반복적으로 들려주면서 태아의 단위 시간당 심장박동을 측정하는 습관화(habit-uation) 과제 실험을 수행하였다. 태아와 영아는 특정 자극에 주의를 집중하면 심장박동이 느려지는 반응을 보이며, 이 연구에서 태아들은 "바-비"라는 소리를 처음 들었을 때 느려진 심장박동을 보였다. 그러나 "바-비" 소리가 반복되면서 태아들은 해당 자극에 습관화, 즉 반복되는 동일한 자극에 더 이상 흥미를 느끼지 않게 됨에 따라 다시 자신의 기본적인 심장박동 수준을 회복하였다. 그러자 연구자들은 동일한 두 음절의 순서만 바꾸어 "비-바([bi][ba])"라는 소리를 들려주었고, 이때 태아의 심장박동은 느려졌다. 이러한 연구 결과는 태아도 소리를 상당히 잘 들을 수 있으며, 매우 유사한 말소리 사이의 물리적 차이도 구별할 수 있음을 보여 준다.

　태아는 소리를 들을 수 있을 뿐 아니라 경험한 소리에 대한 장기기억을 형성할 수도 있다. DeCasper와 Spence(1986)의 연구에서 임신 후기의 산모들은 임신 기간 마지막 6주 동안 하루에 두 번씩 태아에게 특정한 동화책(예: Dr. Seuss의 *The Cat in the Hat*)을 소리 내어 읽어 주었다. 태아가 출생한 후 연구자들은 이 신생아들을 대상으로 빨기 과제(High-amplitude sucking method)를 사용하여 신생아들이 태아 때 들었던 이야기를 기억하는지 알아보았다. 빨기 과제는 컴퓨터에 연결된 공갈젖꼭지를 영아에게 물린 후 청각적 혹은 시각

그림 6-1 **빨기 과제로 실험을 하는 모습**
영아는 공갈젖꼭지를 문 채 헤드폰으로 소리를 듣는다. 영아가 공갈젖꼭지를 빠는 속도를 공갈젖꼭지와 연결된 컴퓨터로 측정한다.

적 자극을 제시하는데, 이때 영아가 시간당 공갈젖꼭지를 빠는 횟수를 측정함으로써 특정 자극에 대한 영아의 선호를 확인하는 연구방법이다. 연구자들은 신생아들을 두 집단으로 나누어 한 집단에는 공갈젖꼭지를 빨리 빨 때 태내에서 이미 들었던 이야기를, 느리게 빨 때 기존에 듣지 못한 새로운 이야기를 들려주었다. 다른 집단에는 반대로 빨리 빨 때 새로운 이야기를, 느리게 빨 때 태내에서 들었던 이야기를 들려주었다. 실험 결과 신생아들은 자신이 태내에서 들었던 이야기를 듣기 위해 빨기 반응을 조절하였다. 즉, 영아들은 태내에서 들은 이야기를 기억하며, 이 이야기를 듣는 것을 선호함을 알 수 있다.

비슷한 연구방법을 사용한 다른 연구는 신생아가 단일 언어 사용자인 생물학적 어머니의 모국어를 선호한다는 사실을 밝힌 바 있다(Moon, Cooper, & Fifer, 1993). 이 역시 신생아가 태내에서 들은 언어에 대한 기억을 가지고 있음을 보여 준다. 물론 이러한 연구 결과(DeCasper & Spencer, 1986; Moon et al., 1993)를 두고 태아가 이야기의 내용을 기억한다고 해석하기는 어려울 것이다. 아마도 태아들은 이야기의 억양이나 음고와 같은 언어 외적 정보(extralinguistic information)를 기억했을 가능성이 높다. 그럼에도 불구하고 태아가 말소리를 처리하고 기억하는 청각적 능력은 이후 영아의 언어 발달에 중요한 기초를 제공한다.

2) 신생아의 말소리 선호

눈을 감고 주변 소리를 들어 보면 사람의 말소리, 즉 언어 이외에도 다양한 종류의 소리가 들려온다. 신생아가 언어를 습득하려면 주변의 다양한 소리 중에서도 특히 인간의 말소리에 집중할 수 있어야 한다. 신기하게도 태어난 지 얼마 안 된 신생아도 사람의 말소리를 구별할 수 있을 뿐만 아니라 말소리 듣는 것을 좋아한다. Vouloumanos와 Werker(2007)의 연구를 살펴보자. 이 연구에서는 빨기 과제를 사용하여 신생아가 사람의 말소리를 선호하는지 알아보았다. 연구자들은 컴퓨터 프로그램을 사용하여 실험 자극에 사용된 말소리와 유사한 주파수(frequency)와 음높이(pitch)를 가진 전자음을 생성하고, 신생아들이 말소리와 전자음 중 어떤 소리를 더 선호하는지 빨기 과제를 통해 측정하였다. 연구 결과, 태어난 지 만 1일의 신생아들도 말소리와 유사한 전자음보다는 사람의 말소리를 더 듣기 위해 빨기 반응을 조절하였다. 이러한 연구 결과는 신생아가 말소리를 다른 소리와 구분할 수 있고 말소리를 듣는 것을 선호함을 보여 준다. 즉, 인간은 태어나면서부터 주변에서 들려오는 소리 중 언어적 자극에 집중할 준비가 되어 있는 것이다.

3) 영아지향어

앞서 살펴보았듯 영아는 인간의 언어를 좋아한다. 그러나 영아가 모든 말소리를 동일하게 좋아하지는 않는 것 같다. 주변에서 혹은 미디어에서 성인이 영유아에게 이야기하는 장면을 떠올려 보자. 성인이 영유아에게 이야기할 때는 방송에서 뉴스를 전달하거나 수업에서 강의를 하거나 성인끼리 전화통화를 하는 방식으로 이야기하지 않는다. 영아에게는 더 느리고 부드럽게 말을 건넨다.

그림 6-2(206쪽)는 성인이 성인을 대상으로 이야기하는 성인지향어(adult-directed speech)와 성인이 영아를 대상으로 이야기하는 영아지향어[1](infant-directed speech)의 파형을 나타낸 것이다. Y축은 기본 주파수(F0)를 뜻하며, 높을수록 소리의 음고가 높다고 이해하면 된다. 그림의 X축은 시간을 의미한다. 따라서 해당 그림은 화자가 이야기를 함에 따라 소리가 어떻게 분포되며, 어떠한 변화가 생기는지를 보여 준다. 그림의 위쪽(A)은 성인지향어의 파형이고 아래쪽(B)은 영아지향어의 파형인데, 두 파형은 확연히 다르다. 성인지향어의 경우 음고가 낮은 편이며 음역(pitch range)이 좁다. 즉, 성인끼리는 다소 낮으면서 음고의 변화가 크지 않은 말소리로 이야기를 한다. 반면 영아지향어의 경우, 전반적으로 느리고 음고가 높으며 무엇보다도 음역이 상당히 크다. 또한 단어의 끝이 늘어지고 단어가 서로 부드럽게 연결되어 발화된다. 즉, 영아지향어는 성인지향어에 비해 과장되고 부드러운 특성을 가지고 있다. 이러한 영아지향어의 특성은 흥미롭게도 일부 언어를 제외하고는(Schieffelin & Ochs, 1987; Watson-Gegeo & Gegeo, 1986), 독일어, 영어, 일본어, 이탈리아어, 중국어, 프랑

----

1   예전에는 영아지향어를 '엄마말(motherese)'이라고 부르기도 했지만, 이러한 언어 양식을 반드시 엄마만 사용하는 것은 아니기 때문에 현재 학계에서는 '영아지향어' 또는 '아동지향어'로 부르고 있다.

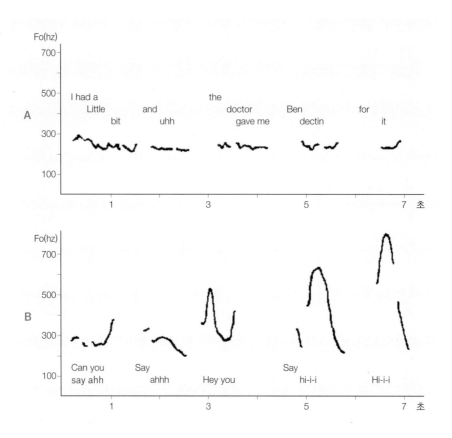

그림 6-2 **성인지향어와 영아지향어의 음성적 차이**
A는 성인에게 말하는 경우, B는 아기에게 말하는 경우이다.
출처: Fernald & Kuhl(1987).

스어 등 여러 언어에서 공통적으로 나타난다(de Boysson-Bardies, 1999; Fernald et al., 1989).

왜 전 세계의 많은 사람들은 아기에게 이야기할 때면 자연스럽게 영아지향어를 사용할까? 먼저, 영아들은 영아지향어 듣기를 좋아하는 것처럼 보인다. 영아지향어는 성인지향어보다 느리고 과장되므로, 성인지향어에 비해 더 애정이 담긴 말로 들릴 수 있다. 실제 만 4개월 영아들은 영아지향어를 성인지향어보다 선호한다(Fernald, 1985).

또한 영아지향어는 영아의 언어 획득을 촉진할 수 있다. 영아지향어는 음고가 높으므로 영아들이 말소리를 잘 들을 수 있도록 도와준다. 또한 성인지향어에 비해 부드럽게 연결되기 때문에 영아들이 연속된 말소리를 놓치지 않고 주의를 기울일 수 있도록 도와준다.

그뿐 아니라 영아지향어는 "우와~ 저 강아지 너~무 귀엽다~"와 같이 과장된 억양을 가지고 있기 때문에 언어의 의미를 아직 파악하지 못하는 영아들에게 억양으로 정서적인 메시지를 전달할 수 있다. 영아지향어는 대부분 온정적이고 애정 어린 메시지를 전달하지만(예: "오, 잘하네~", "맞아~", "옳지~"), 경우에 따라 영아에게 주의를 주거나 금지의 메시지를 전달해야 할 때에는 차갑고 단절되는 억양의 말투가 되기도 한다(예: "안 돼!", "만지지 마!", "앗, 뜨!"). 즉, 영아들에게 '허용'의 메시지를 전달하는 영아지향어와 '금지'의 메시지를 전달하는 영아지향어는 억양 혹은 음조에서 큰 차이를 보인다. 이러한 특성은 여러 언어에서 보편적으로 나타난다(Fernald, 1992).

그렇다면 영아들은 영아지향어의 억양에 깃든 '허용'이나 '금지'의 의미를 이해할 수 있을까? 이를 살펴보기 위해, 한 연구(Fernald, 1993)에서는 영어가 모국어인 5개월 영아에게 독일어 혹은 이탈리어 같은 외국어로 된 영아지향어 문장을 들려주었다. 영아는 해당 외국어를 모국어로 사용하는 양육자가 자신의 자녀에게 발화한 문장을 들었는데, 일부 문장은 허용의 문장(예: "So brav bist du! 너 정말 착하다!")이었고, 일부 문장은 금지의 문장(예: "So böse bist du! 너 정말 나쁘다!")이었다. 이때 5개월 영아는 자신이 한 번도 들어본 적 없는 외국어임에도 불구하고, 문장의 억양에 따라 반응하는 것으로 나타났다. 즉, 영아는 허용의 외국어 문장을 들은 경우 미소를 더 짓고 더 긍정적인 표정을 보인 반면, 금지의 외국어 문장을 들은 경우 더 찡그리고 더 부정적인 표정을 보였다. 이러한 결과는 영아들이 단어와 문장의 의미를 배우기 이전부터 음역이 넓고 과장된 영아지향어의 특성을 기반으로 문장이 자신에게 어떠한 메시지를 주고 있다는 것을 어느 정도 파악하는 것으로 보인다.

이처럼 영아지향어는 높은 음고를 가지고 있어 영아들이 듣기 쉬우며, 단어의 경계가 연결되어 있어 말소리를 따라가기 쉽고, 정서적 메시지를 전달하므로 양육자나 주변의 성인이 자신에게 무슨 메시지를 전달하는지 파악할 수 있도록 도와준다. 이러한 영아지향어의 특성은 영아들이 향후 모국어를 습득하는 데 도움을 줄 수 있다.

다음 설명에 해당하는 개념이나 용어를 써넣으시오.

1 　　　　　　　　영아가 시간당 공갈젖꼭지를 빠는 횟수를 측정함으로써 영아의 특정
.... 자극에 대한 선호를 알아볼 수 있는 연구방법

다음 질문에 적절한 답을 고르시오.

2 다음 중 영아지향어의 설명으로 맞는 것은?
　① 소리의 음고가 낮다.
　② 전반적으로 느리고 음역이 크다.
　③ 온정적이고 애정 어린 메시지만을 전달한다.
　④ 엄마가 아동에게 하는 말투만을 가리킨다.

2. 초기 언어 발달

1) 음소 지각

언어 발달 과정의 첫 단계는 음소를 지각하는 것이다. 음소란 단어의 의미를 구분하는 소리의 최소 단위를 뜻한다. 예컨대 한국어 단어 '물'과 '풀'의 경우 초성의 /ㅁ/과 /ㅍ/이라는 소리만 다르고 나머지 발음은 같다. 이때 /ㅁ/과 /ㅍ/의 차이만으로 단어의 의미가 달라지므로 이 둘은 한국어의 음소에 해당한다. 언어마다 음소체계가 다르기 때문에 어떤 언어에서는 음소에 해당하는 소리의 차이가 다른 언어에서는 그렇지 않기도 하다. 대표적으로 영어의 /l/과 /r/은 'light'와 'right'에서 보듯이 단어의 의미를 구분하는 음소이지만, 한국어에서 /l/과 /r/은 별개의 음소로 인식되지 못하여 /ㄹ/로 들린다. 즉, 물리적 차원에서는 서로 다른 음성(phone)이지만 언어적 차원에서 범주가 구분되

는 음소(phoneme)는 아닌 것이다.[2] 반대로 한국어에서 음소인 /ㅅ/와 /ㅆ/은 '살'과 '쌀'에서처럼 의미를 구분하는 음소이지만, 영어에서는 이런 소리의 차이가 의미를 구분하지 못한다.

모국어의 경우 어렸을 때 특별히 배우지 않아도 자연스럽게 음소를 잘 구별하여 들을 수 있게 된다. 반면, 낯선 언어의 경우 모국어와 음소체계가 달라 많은 어려움을 겪으며, 의식적으로 노력을 기울여야 익힐 수 있다.

(1) 말소리 범주 지각

음소를 지각한다는 것은 그 언어의 말소리 범주를 지각할 수 있다는 것이다. 예를 들어, 한국어에서 /ㄹ/은 초성에 등장할 때 물리적 차원에서는 서로 다른 소리값을 갖는다. 예를 들어, '라면'의 /ㄹ/은 [r]에 가깝고, '물'의 /ㄹ/은 [l]에 가깝다. 이러한 차이에도 불구하고 한국어 모국어 화자는 이 서로 다른 소리를 모두 /ㄹ/로 지각한다. 이와 같은 현상을 말소리의 범주 지각(categorical perception)이라고 한다. 범주 지각을 한다는 것은 범주 내 차이는 잘 구별하지 못하지만, 범주 간 차이는 잘 구별할 수 있음을 의미한다.

연구자들은 우리가 말소리를 범주로 지각한다는 것을 실험적으로 증명했다. 영어에서 /b/ 소리와 /p/ 소리의 경우 둘 다 입술을 닫아 만드는 양순음이라는 공통점을 가지고 있지만, /b/는 성대를 울리는 유성음이며, /p/는 성대를 울리지 않는 무성음이다. 유성화(voicing)가 무엇인지 간단히 경험해 보려면 목의 성대 부분에 손가락을 가볍게 올려 두고 "음~~~"이라는 소리를 내 보면 된다. 이때 손에 성대의 떨림이 느껴지는데, 이를 바로 유성화라고 부른다. 영어의 자음 중에서 성대의 떨림이 동반되는 /b/, /d/, /g/ 등이 유성음이며, 떨림이 동반되지 않는 /p/, /t/, /k/ 등은 무성음이다. 물리적으로 영어의 음성을 측정해 보면 'ba'라는 소리를 낼 때는 /b/ 소리가 만들어지자마자 거의 동시라고 볼 만큼 짧은 시간인 약 15ms 이후에 성대가 울린다. 한편, 'pa'라는 소리를 낼 때 자음은 /p/ 소리를 발음하는 동안에는 성대가 울리지 않다가 모음을 발음할 때가 가까워진 시점인 약 100ms 이후에 성대 진동이 시작된다. 이때

....

2   언어학에서는 이 둘을 구분하여 나타내기 위해 대개 음소는 / / 안에, 음성은 [ ] 안에 표기한다.

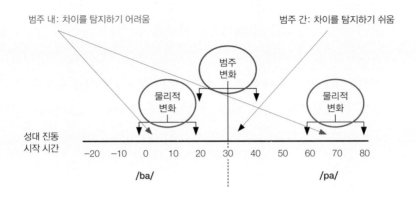

그림 6-3 **성인의 말소리 범주 지각**

자음을 소리내기 시작한 후 성대가 떨리기까지의 시간 간격을 성대 진동 시작 시간(voice onset time: VOT)이라고 부른다. 컴퓨터 프로그램을 이용하면 VOT에 미세한 차이를 두면서, 예를 들어 10ms 간격으로 VOT가 다르도록 조정하여 인공적인 소리를 만들어 낼 수 있다. 이렇게 VOT가 10ms 간격으로 변화하는 말소리를 성인 모국어 화자에게 순차적으로 들려주면(그림 6-3 참조), 사람들은 물리적으로는 다르지만 언어적으로는 같은 범주에 속하는 'ba' 소리들의 차이를 지각하지 못하다가(범주 내 지각은 잘 하지 못함), VOT가 약 30ms를 넘어가면 갑자기 'ba'가 아니라 'pa'가 들린다고 지각하게 된다(범주 간 지각은 잘할 수 있음). 그리고 다시 물리적으로 다른 'pa' 소리들끼리의 차이는 지각하지 못한다.

(2) 영아의 음소 지각

위에서 살펴본 것처럼 성인인 우리는 모국어의 음소의 범주를 지각한다. 그렇다면 영아도 성인처럼 말소리를 지각할 때 범주 지각을 할까? 이러한 질문에 답하기 위해 Eimas와 동료들(1971)은 습관화 과제를 사용하여 영어가 모국어인 1개월과 4개월 영아들이 말소리 범주 지각을 할 수 있는지 알아보았다. 먼저 연구자는 습관화 시행에서 영아에게 'pa' 소리를 반복적으로 들려주었다. 이후 영아가 해당 자극에 충분히 습관화되어 시간당 공갈젖꼭지를 빠는

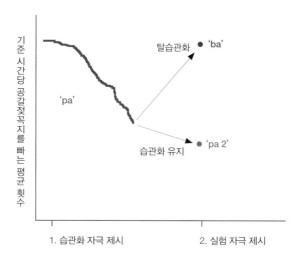

그림 6-4 영아의 음소 범주 지각
습관화된 자극과 물리적으로는 다르지만 같은 음소 범주인 소리를 들려주면 습관화가 유지되고, 음소 범주가 다른 소리를 들려주면 탈습관화가 일어난다.

횟수가 기준 이하로 떨어지면, 'ba' 소리(모국어 음소 분류상 다른 범주에 속하는 소리)와 'pa 2' 소리(습관화된 소리와 물리적으로는 다르지만 같은 음소 범주에 속하는 소리)를 제시하고 영아가 공갈젖꼭지를 빠는 횟수를 측정하였다. 연구 결과, 영아들은 습관화된 소리와는 다른 범주의 소리인 'ba'를 들었을 때에는 탈습관화되어 다시 공갈젖꼭지를 빨리 빨았지만, 동일한 음소 범주의 다른 소리인 'pa 2'를 들을 때에는 탈습관화를 보이지 않고 공갈젖꼭지를 여전히 느리게 빨았다(그림 6-4 참조). 이러한 연구 결과는 만 1개월 영아들조차 성인과 마찬가지로 말소리의 범주를 지각한다는 것을 보여 준다.

그런데 놀랍게도 어린 영아들은 성인보다 더 많은 말소리의 차이를 구분할 수 있다. 성인은 모국어에서 음소가 아닌 말소리의 차이를 (특별한 훈련 없이는) 구분할 수 없지만, 어린 영아들은 이를 구별할 수 있다. 대표적인 예로 영어의 /r/과 /l/의 경우 영어가 모국어인 화자는 이 두 말소리를 구분하지만 한국어나 일본어가 모국어인 성인 화자는 영어를 배우지 않으면 둘을 구분하지 못한다. 하지만 만 6~8개월 영아의 경우, 일본어가 모국어인 영아도 /r/과 /l/ 소리를 잘 구별할 수 있다(Kuhl et al., 2006). 그러나 영아의 이러한 능력은 빠르게 사라져서 만 10~12개월이 되면 성인과 마찬가지로 모국어의 음소가 아닌 말소리는 더 이상 구별하지 못하게 된다(Stager & Werker, 1997; Werker & Lalonde, 1988).

연구자들은 아마도 인간이 전 세계 모든 언어의 음소를 다 구별할 수 있는 능력을 가지고 태어나는 것 같다고 보고 있다. 이는 영아는 어떤 언어 환경에서 태어나더라도 그 언어를 배울 준비가 되어 있음을 의미한다. 하지만 영아는 빠른 속도로 모국어의 음소체계를 배워 나가며, 첫돌쯤이 되면 성인과 마찬가지로 모국어에서 구별하지 않는 말소리의 차이는 무시하게 된다.

2) 단어 인식

영아가 언어를 획득하기 위해 밟아야 하는 다음 단계는 단어 인식이다. 막연히 생각하면 영아에게 "이건 책상이고, 이건 의자야"라고 가르쳐 주면 될 것 같지만, 단어를 지각하는 것 자체가 영아에게는 큰 도전일 수 있다. 말을 할 때는 글을 쓸 때와 달리 단어마다 끊어서 이야기하지 않기 때문이다. 그림 6-5가 보여 주는 것처럼 실제 우리가 말할 때에는 단어와 단어 사이에 침묵이 없다. 따라서 영아들은 단어의 의미를 배우기 전에 연속된 말소리의 흐름에서 어디서부터 어디까지가 한 단어인지 단어 간 경계를 알아내어 단어를 추출해야 한다.

영아는 통계적 학습을 통해 말소리의 흐름에서 단어를 추출한다. 통계적으로 보면, 단어는 언제나 동일한 순서로 등장하는 말소리의 조합이라고 볼

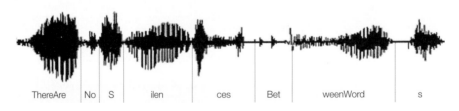

그림 6-5 **한 문장을 말하는 동안 음성을 측정한 그래프**
실제 발화에서는 단어와 단어 사이에 침묵이 없다.
출처: Saffran(2003).

수 있다. 예를 들어, 아래 연속된 말소리에 등장하는 '토끼'라는 단어를 생각해 보자.

"너토끼봤니?"
"저기멀리토끼가있네."
"토끼가어디로가는걸까?"
"너토끼좋아하니?"
……

여러 말소리의 흐름에서 '토' 다음에는 언제나 '끼'가 순서대로 등장하여 '토끼'라는 조합을 찾아낼 수 있다. 반면 '토끼' 앞뒤에 오는 말소리는 상황마다 다르다. '토끼'는 '너' 다음에 나오기도 하고, '멀리'라는 단어의 '리' 다음에 오기도 하며, '봤니'의 '봤' 이전, 혹은 격조사 '가' 이전에 등장하기도 한다. 즉, '토끼'라는 단어가 등장하는 여러 문장을 모아 보면 앞뒤에 다양한 말소리가 오더라도 항상 하나의 덩어리로 나오는 '토끼'라는 단어가 추출될 수 있는 것이다.

한 연구(Saffran, Aslin & Newport, 1996)에서는 머리 돌리기 과제(head-turn task)를 사용하여 8개월 영아들이 이와 같은 통계적 학습을 통해 단어의 경계를 인식할 수 있음을 밝혔다. 이 연구에서 영어를 모국어로 배우는 영아들은 먼저 2분 동안 새로운 무의미 단어(예: 'bidaku')가 무작위 순서로 쉼 없이 반복적으로 제시되는 소리를 들었다(예: bidakupadotigolabubidaku…). 단어의 경우에는 이를 구성하는 음절끼리 순서에 맞추어 등장할 확률을 100%로 설정하였다. 'bidaku'라는 단어를 예로 들면, 'bi' 다음에는 반드시 'da'와 'ku'가 순서대로 등장하였다. 한편 단어의 경계에 위치한 음절의 경우에는 등장 확률이 33%가 되도록 조작하여, 'ku' 다음에는 33%의 확률로 'pa'가 등장하였다. 이후 영아들은 실험 시행에서 좌우에 설치된 스피커에서 기존에 들었던 소리 중 '단어'(예: "bidaku! bidaku!")에 해당하는 소리와 '비단어'(예: "kupado! kupado!")에 해당하는 소리를 들었다. 이때 영아들은 단어보다 비단어를 듣는 것을 유의하게 더 선호하여 비단어가 들리는 스피커 쪽으로 머리를 돌리며 더 들으려는 반응을 보였다. 이러한 결과는 영아들이 연속된 말소리의 흐름으로부터 반복적으로 동시에 등장하는 말소리의 덩어리를 통계적으로 추출하여 단어로 인식할 수 있음을 보여 준다.

영아들이 몇몇 단어를 인식하기 시작하면 이에 따라 주변 단어를 인식해 내는 것도 점차 쉬워지게 될 것이다. 영아들이 가장 먼저 추출할 수 있는 단어 중 하나는 자신의 이름으로, 만 4.5개월의 영아들도 자기 이름을 인식할 수 있다(Mandel, Jusczyk, & Pasoni, 1995). 그리고 만 6개월 영아들은 자기 이름 뒤에 등장하는 단어(예: 자신의 이름이 가윤일 때, "가윤이의 자전거가…"라는 문장의 '자전거')를 낯선 이름 뒤에 등장하는 단어(예: "은우의 컵이…"라는 문장의 '컵')보다 더 잘 인식해 낸다(Bortfeld, Morgan, Golinkoff, & Rathbun, 2005). 다시 말해 영아들은 통계적 학습에 능하여 전혀 들어 보지 못한 단어의 연속에서도 단어를 추출할 수 있으며, 단어를 인식하게 된 이후에는 친숙한 단어 근처에 등장하는 단어를 더 쉽고 빠르게 인식해 낸다.

3) 옹알이

영아는 태어난 직후부터 많은 종류의 소리를 낸다. 신생아는 트림을 하고, 딸꾹질도 하며, 한숨을 쉬기도 한다. 또한 신생아는 하루의 많은 시간 동안 소리 내어 운다. 하지만 이러한 소리내기를 언어라고 볼 수 없다. 트림, 딸꾹질, 한숨 등의 행동은 대부분 반사적인 행동, 즉 신생아가 통제할 수 없는 행동이기 때문에 진정한 의사소통을 위한 행위라고 보기는 어렵다.

2개월경이 되면 영아는 좀 더 다양한 소리를 낼 수 있다. 이때 영아들은 쿠잉(cooing)을 시작한다. 쿠잉은 연속된 여러 모음(예: "아오아오아아~~")으로 이루어져 있다. 영아의 쿠잉은 신생아의 트림, 딸꾹질과 같은 소리에 비해 좀 더 언어적으로 들릴 수 있으나, 여전히 자발적이기라기보다는 자동적인 반응에 가깝다. 따라서 이 시기의 소리내기 역시 의사소통의 목적을 가진 언어 산출 행동으로 보기는 어렵다.

4개월에서 6개월경 영아는 드디어 본격적인 옹알이(babbling)를 하기 시작한다. 옹알이는 말소리로 이루어져 있지만 실제 단어는 아니다. 이때 영아들은 자신의 성도(vocal tract)를 통제해 보고 소리를 내 보는 연습을 한다. 즉, 자발적으로 여러 종류의 소리를 내기 시작하는 것이다. 이 시기에 청각장애를 가진 영아들도 소리 내는 것을 시도하기는 하지만(Lenneberg, 1967), 이후의 옹알이 발달은 정상 영아에 비해 뒤처지게 된다(Oller & Eilers, 1988).

7~8개월경이 되면 표준 옹알이(canonical babbling)가 나타난다. 표준 옹알이는 음절로 이루어져 있는데, 초기에는 같은 음절을 반복하는 경향을 보인다(예: "바바바바바!"). 이후 영아들이 자신의 성도를 더 잘 통제할 수 있게 되면 음절을 변화시키는 옹알이를 한다.

12개월경이 되면 영아는 모국어의 억양과 상당히 유사한 억양으로 다양한 음절의 옹알이를 하는데, 마치 모국어를 이야기하는 것처럼 들리기도 한다. 프랑스어 화자인 성인들이 서로 다른 언어권 영아들의 옹알이를 듣고 어떤 영아가 프랑스어를 모국어로 배우는지 맞출 수 있을 정도이다(de Boysson- Bardies, Sagart, & Durand, 1984).

4) 첫 단어

많은 사람들이 영아가 언제부터 말을 할 수 있는지 궁금해한다. 이러한 궁금증은 크게 두 가지 다른 질문을 내포한다. 영아들은 언제부터 단어를 이해할 수 있을까? 그리고 영아들이 언제부터 단어를 산출할 수 있을까? 언어 발달 연구가 어려우면서도 즐거운 이유 중 하나는 대부분의 영아들이 자신이 산출하는 것보다 더 많은 것을 이해하고 있다는 점이다. 즉, 영아들이 말을 못한다고 해서 실제로 말을 이해하지 못하는 것은 아니다.

먼저, 영아들의 첫 단어 산출에 대해 살펴보자. 영아들은 보편적으로 12개월에서 14개월경에 첫 단어를 말한다. 이 시기 영아들은 여러 단어를 조합하여 말하기보다는 한 번에 한 단어만 말할 수 있다. 예컨대 말을 막 시작한 영아라면 물을 먹기 위해서 "아빠, 저 물 한 잔 주세요!"라고 말하기보다는 "물!"이라고 한 단어로 말할 것이다. 이런 발화를 단일 단어 발화(holophrase)라고 하며, 언어 발달에서 이 시기의 영아들은 한 단어 단계(one-word stage)에 있다고 칭한다.

한 단어 단계의 영아들이 처음으로 말하는 단어는 무엇일까? 전 세계적으로 영아의 첫 단어는 '엄마' 혹은 '아빠'일 가능성이 크며, 흥미롭게도 두 단어는 여러 언어에서 비슷하게 발음된다. 예를 들어, 엄마를 가리키는 말은 엄마(한국어), mama(영어), mama(독일어), eema(히브리어), mama(중국어), anya(헝가리어)로 언어마다 비슷하고, 아빠를 가리키는 말 역시 아빠(한국어), dada(영어), papa(독일어), aba(히브리어), baba(중국어), apa(헝가리어)로 서로 비슷하다. 그런데 이러한 발음들은 앞에서 언급한 영아의 표준 옹알이, 즉 음절을 반복하는 옹알이의 형태와 상당히 유사하다. 다시 말해, '엄마'와 '아빠'의 발음은 영아들이 언어 산출 초기에 발음하기 쉬운 소리의 형태를 띠고 있다. 아마도 전 세계의 부모들은 공통적으로 7~8개월 자녀의 옹알이를 듣고 자신을 부르는 것이라고 믿고 싶어 하는 것 같다.

'엄마'와 '아빠'를 제외하면, 한 단어 단계의 영아들은 모국어가 무엇이든 대부분 기능어가 아닌 내용어를 말하는 것으로 나타났다. 내용어는 말 그대로 명사, 동사, 형용사와 같이 어떤 내용을 의미하는 단어이고, 기능어는 전치사, 접속사, 조사와 같이 대개 수반되는 내용어의 문법적 기능을 표시하기 위하여 쓰이는 단어이다. 한 단어 단계의 영아들은 내용어 중에서도 공, 까까(과자), 신발, 컵 등과 같이 사물의 이름을 지시하는 일반 명사를 이야기할 확률이 높다. Nelson(1973)은 한 단어 단계의 영아들의 발화를 분석하였는데, 단어의 절반 정도가 범주의 이름 즉, 일반 명사였다. 그리고 나머지 단어는 'up', 'gone'과 같이 행위를 표현하는 단어, 'bye', 'no'와 같이 사회적 의미를 표현하는 단어, 'bath', 'lunch'와 같이 영아의 일과와 관련된 단어, 'hot'과 같이 영아의 일상생활에서 양육자가 주로 사용할 것으로 추측되는 내용어였다. 한 단어 단계 영아의 이러한 산출 패턴은 여러 언어에서 공통적으로 나타난다(Tardif et al., 2008).

이 시기 영아들의 단어 산출에서는 과잉확장 오류(over-extension error)라는 흥미로운 현상이 나타난다. 예컨대 이 시기의 영아들은 길에서 처음 만난 성인 남성을 보고 "아빠"라고 부르기도 하고, 네 발 달린 동물을 모두 "강아지"라고 부르기도 한다. 그렇지만 영아들이 모든 성인 남성을 아빠라고 생각하고, 모든 동물을 강아지라고 생각하는 것은 아니다. 한 단어 단계의 영아들이 말할 수 있는 단어는 상당히 제한적이기 때문에 이미 알고 있는 단어로 표현하는 것이다. 한 연구(Thomson & Chapman, 1977)에서는 강아지와 송아지 그림을 함께 보여 주면 양쪽 모두 "강아지"라고 부르는 등 과잉확장 오류를 보이는 영아들에게 실험자가 "강아지를 찾아봐!"라고 했더니, 영아는 송아지가 아닌 강아지를 가리켜 단어의 지시체를 정확하게 찾는 모습을 보였다. 즉, 영아들이 과잉확장 오류를 보이는 것은 단어의 의미를 이해하지 못하기 때문이라기보다는 단어 산출에 어려움이 있기 때문이라고 해석할 수 있다(Naigles & Gelman, 1995).

또한 영아는 자신이 말할 수 있는 것보다 더 많은 것을 알고 있는 것처럼 보인다. 아직 언어적 의사 표현이 어려운 영아에 대해서도 아이트래커 (Eye-tracker)를 이용해 시선을 추적함으로써 무엇을 구분하고 이해하는지에 대해 측정하고 연구할 수 있다(그림 6-6 참조). 전통적으로는 만 1세가량부터 영아들이 단어를 이해할 수 있는 것으로 여겨졌지만, 영아 시선 추적 방식을 이용한 최근의 연구에서는 1세 미만 영아들도 몇몇 친숙한 단어(예: 바나나, 사과, 손, 코)를 이해할 수 있음이 밝혀졌다(Bergelson & Swingley, 2012, 2013).

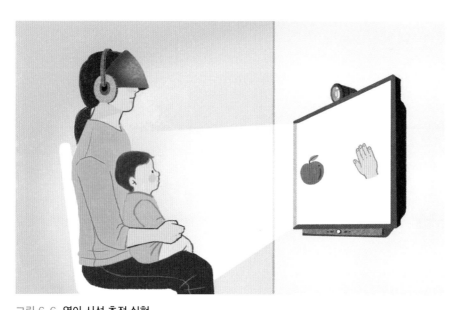

그림 6-6 **영아 시선 추적 실험**
아직 단어를 말하지 못하는 영아에게 특정한 단어를 언급하며 찾아보라고 하면 영아는 그 단어에 해당하는 대상을 좀 더 오래 주시한다.

5) 첫 문장

첫 단어를 산출하고 약 6개월 이후, 18개월에서 24개월 즈음에 아동은 두 단어 단계(two-word stage)에 진입한다. 즉, 한 번에 두 단어를 조합하여 문장으로 말할 수 있게 되는 것이다. 이때 영아의 문장을 전보식 발화(telegraphic speech)라고 한다. 전보는 과거 통신기술이 발달하기 전에 일반 편지보다 빠르게 메시지를 보내는 수단이었는데, 글자당 금액이 부과되었으므로 사람들은 필수적인 내용만 전보에 포함하곤 했다. "김철수 ○○대학 합격"과 같이 기능어는 모두 빼고 내용어만 넣어 간결하게 보냈던 것이다. 두 단어 단계의 영아들은 마치 예전 전보와 같이 의미 전달에 필수적인 두 단어만을 결합해 이야기한다. 예를 들어 영어가 모국어인 영아들의 경우 "mommy sock", "mommy throw", "more juice"라고 말하고 한국어가 모국어인 영아들도 "엄마 양말", "엄마 던져", "주스 더"라고 말한다. 그런데 한국어의 경우 언어의 특성상 영어에 비해 문장 성분의 생략이 자유롭다 보니 영아의 전보식 발화가 덜 어색하게 느껴질 수 있다. 흥미롭게도 이 시기 영아들은 전보식 발화를 할지라도 모국어의 어순에 맞게 단어를 결합하는 특성을 보인다. 또한 한 번에 두 단어를 이야기할 수 있을 뿐이지만 많은 의미적 관계(semantic relations)를 표현한다. 표 6-1에서처럼 아동은 주체와 행동(예: "mommy go"), 행동과 객체

표 6-1 **전보식 발화의 구조와 예**

단어 간 의미관계	예시
주체 + 행동	Mommy go
행동 + 객체	Push toy
주체 + 객체	Mommy milk
행동 + 장소	Come here
사물 + 장소	Toy box
사물 + 상태	Cup full
소유 + 사물	Mommy hair

출처: Brown(1973) 각색

(예: "push toy")를 포함하여 단어의 지시체 간 다양한 의미관계를 표현할 수 있는 능력을 이미 가지고 있다. 이 시기의 영아가 진보식 발화를 하는 것은 여러 언어에서 공통적으로 나타나는 현상이다(de Boysson-Bardies, 1999).

이제 두 단어 단계 혹은 그 이전 단계 영아들의 문장 이해 능력을 알아보자. 앞서 확인한 것처럼 한 단어 단계 혹은 그 전 단계의 영아들은 자신이 산출할 수 있는 것보다 더 많은 단어의 의미를 알고 있는 것으로 보인다. 그렇다면 두 단어 단계의 영아들은 자신이 산출할 수 있는 것보다 더 복잡한 문장의 의미를 이해할 수 있을까? 연구자들은 두 단어 단계의 영아들이 모국어의 어순에 알맞게 두 단어를 조합한다는 사실에 기반하여, 이 시기 혹은 그 이전의 영아들이 두 개 이상의 단어로 이루어진 문장의 어순을 이해할 수 있는지 실험하였다. 한 연구(Hirsh-Pasek & Golinkoff, 1996)에서는 영어를 모국어로 배우는 16개월에서 18개월 즉, 한 단어 단계의 영아를 대상으로 보기 선호 과제 (preferential-looking paradigm)를 사용하여 영아들이 영어의 어순을 이해하는지 알아보았다. 영아들은 좌우의 스크린에 제시된 영상을 보았는데, 한 화면에는 쿠키몬스터가 빅버드를 간지럽히는 영상이 나오고, 다른 화면에는 빅버드가 쿠키몬스터를 간지럽히는 영상이 나왔다. 즉, 두 영상은 동일한 등장

그림 6-7 보기 선호 과제를 이용한 어순 이해 실험 방식
이 예시에서는 곰과 강아지 캐릭터가 간질이는 동작을 보여 준다. 좌우 영상이 동일하게 간질이는 동작을 보여주지만 주체와 객체가 서로 반대이다. 영아에게 좌우 영상을 동시에 보여 주고, 둘 중 하나의 영상을 묘사하는 문장을 들려줄 때(예: "강아지가 곰돌이를 간지럽히고 있어!"), 영아는 자신이 들은 문장에 알맞은 영상(좌측 영상)을 알맞지 않은 영상(우측 영상)보다 더 오랫동안 바라보았다.

인물과 행위를 포함하였으나, 행위의 주체와 객체는 서로 달랐다(219쪽 그림 6-7 예시 참조). 영아들은 이 영상을 동시에 시청하면서 조건에 따라 "Cookie Monster is tickling Big Bird!(쿠키몬스터가 빅버드를 간지럽히고 있어!)" 혹은 "Big Bird is tickling Cookie Monster!(빅버드가 쿠키몬스터를 간지럽히고 있어!)"라는 문장을 들었다. 각각의 문장은 주어진 두 개의 영상 중 하나의 영상을 묘사하고 있었던 것이다. 이때 영아는 자신이 들은 문장에 알맞은 화면을 알맞지 않은 화면보다 더 오랫동안 바라보았다. 이러한 결과는 아직 한 단어밖에 이야기할 수 없는 영아들도 두 단어 이상의 문장을 이해할 수 있으며, 이미 모국어의 어순을 습득하였음을 보여 준다.

개념 체크 ▲

다음 설명에 해당하는 개념이나 용어를 써넣으시오.

1 .... 본격적인 옹알이를 하기 전 영아가 모음만으로 소리를 내는 것

2 .... 지시체에 해당하는 정확한 단어를 알지 못해 기존에 아는 단어를 이용해 여러 대상을 지칭하는 오류

3 .... 형식적 성분들을 생략하고 내용어 몇 개만으로 간단히 문장을 만들어 말하는 것

다음 질문에 적절한 답을 고르시오.

4 다음 중 음소 지각에 대한 설명으로 틀린 것은?

① 범주 내 지각은 잘할 수 없지만, 범주 간 지각은 잘한다.
② 같은 음소의 소리들은 물리적으로도 차이가 없다.
③ 무성음은 유성음보다 VOT가 길다.
④ 6개월 영아는 성인 모국어 화자가 구분하지 못하는 소리도 구분할 줄 안다.

---

3. 단어 학습 기제

지금까지 우리는 언어 발달의 준비 그리고 초기 언어 발달에 대해서 살펴보았다. 지금부터는 영유아들이 단어의 의미를 어떻게 배우는지 살펴보고자 한다.

아동이 어떻게 단어의 뜻을 배울지 생각해 보자. 아마도 아동들은 지시체를 눈앞에 둔 상황에서 단어를 듣는 경우가 많을 것이고, 이때 해당 단어를 지시체에 연결할 것이라고 짐작할 수 있다. 예를 들어, 눈앞에 과자가 놓여 있는 상황에서 "과자!"라는 말을 들으면, 아동은 '과자'라는 단어를 해당 지시체에 연결하는 것이다. 이를 연합(association)이라 하는데 오래전에는 이렇게 단어의 의미를 배울 수 있다고 추측하기도 했다.

하지만 실제 단어 학습은 그렇게 단순하지 않다. 예를 들어, 여러분이 어떤 지역의 언어에 대한 지식이 전혀 없이 그곳으로 여행을 갔다고 가정해 보자. 여러분 앞에는 그림 6-8과 같은 장면이 펼쳐져 있다. 이때 길을 지나던 마을 주민이 "Gavagai!(가바가이!)"라고 외쳤다. 자, 이 '가바가이'라는 외국어 단어는 무엇을 뜻할까? 이 상황에서 다른 정보가 없다면 '가바가이'라는 단어는 '토끼', '갈색', '귀', '봐봐', '귀엽다', '잘 뛴다' 등을 의미할 수 있다. '가바가이' 문제로 알려진 이 문제의 형식은 눈앞에 보이는 광경 중 지시할 수 있는 지시체의 후보가 논리적으로 무한하다는 것이다(Quine, 1960). 다시 아동의 단어

그림 6-8 **가바가이 문제**
토끼가 지나갈 때 한 외국인이 우리가 알지 못하는 언어로 "가바가이!"라고 외친다면 그 말은 무슨 뜻일까?

학습 장면으로 돌아가 생각해 보면, '가바가이 문제'가 아동의 단어 학습에도 존재한다는 것을 알 수 있다. 아동은 단순한 연합만으로는 단어의 의미를 배울 수 없다. 즉, 무한대인 지시체의 후보 개수를 좀 더 줄일 수 있는 제약 단서들이 필요하다.

1) 단어 학습 제약

앞서 언급한 '가바가이 문제'는 단어가 지시할 수 있는 지시체의 개수가 논리적으로 무한함을 지적한다(Quine, 1960). 그러나 아동은 단어가 의미할 수 있는 후보들을 모두 동일한 정도로 고려하는 것은 아니다. 아동은 새로운 단어의 의미 후보를 제한할 수 있는 인지적 제약(constraints) 혹은 가정(bias)을 가지고 있다.

전체 대상 가정 아동은 새로운 단어가 사물의 일부분, 속성, 행동, 혹은 다른 기타 특성이 아닌 사물 전체를 의미할 것이라고 가정하곤 한다(Markman, 1989; Woodward & Markman, 1998). 예를 들어 '가바가이 문제'(Quine, 1960)에서 전체 대상 가정(whole object bias)을 가진 아동은 '가바가이'라는 새로운 단어가 '귀', '갈색', '빠르다' 등 토끼의 일부분, 속성, 행동 등을 의미하기보다는 '토끼'라는 전체 대상을 의미할 것이라고 생각한다는 것이다. 즉, 아동들은 논리적으로 가능한 단어의 모든 지시체를 고려하기보다는 인지적 제약을 통해 지시체의 후보를 줄인다.

상호 배타성 가정 그림 6-9와 같은 상황을 고려해 보자. 여러분 앞에 이름을 아는 물체인 컵과 이름을 알지 못하는 낯선 물체가 놓여 있다. 이때 누군가가 두 물체를 보며 "모디 어디 있어?"라고 물어본다면 아마도 여러분은 컵이 아닌 낯선 물체의 이름이 '모디'라고 생각할 것이다. 마찬가지로 아동도 두 개의 사물이 주어진 상황에서 둘 중 한 사물의 이름을 이미 알 경우 새로운 단어는 자신이 이름을 알지 못하는 사물의 이름일 것이라고 가정하는데, 이를 상호 배타성 가정(mutual-exclusivity bias)이라고 부른다(Woodward & Markman, 1998). 만 3세 아동도 이와 같은 상호 배타성 가정을 보인다. 만 3세 아동에게

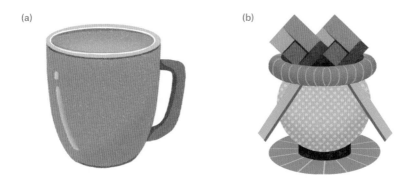

그림 6-9 친숙/비친숙 물체를 활용한 상호 배타성 가정 실험
아동의 눈앞에 친숙한 물체인 컵 (a)와 낯선 물체 (b)가 놓여 있다. 이때 누군가가 두 물체 중 '모디'가 어떤 것인지 물어본다면, 아동은 한 사물이 하나의 이름만 가지고 있다고 생각하여 '모디'가 이미 이름을 알고 있는 물체(컵)가 아닌 낯선 물체의 이름일 것이라고 생각한다. 즉, 아동은 그 물음에 (b)를 가리킬 것이다.

이미 이름을 알고 있는 친숙한 사물과 이름을 알지 못하는 비친숙 사물을 동시에 보여주며 무의미 단어의 지시체를 찾아보게 하면(예: "Where is the *blicket*? 블리킷 어디 있니?"), 아동은 비친숙 사물을 선택한다(Markman & Wachtel, 1988). 영아의 응시 시간을 측정한 더 최신의 연구(Halberda, 2003; Mather & Plunkett, 2011; Jin & Song, 2017)에서는 만 2세 미만 영아들도 상호 배타성 가정에 대한 민감성을 가지고 있음을 밝힌 바 있다.

2) 사회적 단서

아동들 스스로 가지고 있는 인지적 제약 외에 아동의 단어 학습 환경으로부터 주어지는 단서인 사회적 단서도 지시체를 한정하는 역할을 한다. 다음과 같은 상황에 대해 생각해 보자(224쪽 그림 6-10 참조). 아동의 주변에 이름을 모르는 여러 물체가 있는 상황에서 어린이집 선생님이 처음 듣는 단어를 말했다. 아동은 선생님이 무엇을 지시하는지 어떻게 알 수 있을까? 한 가지 가능성은 아동이 선생님의 의도나 마음을 추론해 보는 것이다. 어린 영아도 다른 사람의 행동을 보고 그 사람의 선호(Woodward, 1998; Woodward & Guajardo, 2002), 의도(Gergely, Nádasdy, Csibra, & Bíró, 1995), 그리고 믿음(Onish & Baillargeon,

2005)과 같은 마음상태에 대하여 추론할 수 있는 능력을 가지고 있다. 영아도 언어가 의사소통의 수단이라는 것을 알고 있으며(Martin, Onishi, & Voulouma-nos, 2012), 이에 따라 아동은 다른 사람이 새로운 단어를 말할 때 단순히 단어의 의미를 논리적으로만 추론하는 것이 아니라, 화자가 그 단어를 사용하여 무엇을 지시하고자 하는지 그 마음상태를 고려하고자 한다. 즉, 아동은 단어 학습에서 사회적 단서를 사용한다.

시선 단서 아동은 화자가 새로운 단어를 이야기하면서 바라보는 시선을 단서로 삼아 새 단어의 의미를 추론한다. 한 연구(Baldwin, 1991)에서 실험자는 18~19개월 영아에게 낯선 사물 두 개를 제시하였는데, 하나는 영아 쪽에 두었고 다른 하나는 실험자 쪽에 두었다. 공동 주의(joint attention) 조건에서 실험자는 영아가 보고 있는 물체를 함께 바라보며 무의미 단어가 포함된 문장을 발화하였다(예: "It's a *toma*. 그건 토마야."). 반면 분리 주의(discrepant attention) 조건에서 실험자는 영아가 보고 있는 물체가 아닌 자신 쪽의 물체를 바라보면서 동일한 문장을 발화하였다. 이후 실험 시행에서 영아에게 그 두 물체를 제시하며 실험자가 이전에 이야기한 새로운 단어의 지시체를 찾게 했다(예: "Where is the *toma*? 토마 어디 있니?"). 그 결과 공동 주의 조건의 영아는 자신과 실험자가 함께 바라보았던 물체를 택하는 반면, 분리 주의 조건의 영아는 실험자만 바라보았던 물체를 택하였다. 즉, 영아는 새로운 단어를 들었을

그림 6-10 **사회적 단서의 활용**
아동은 새 단어의 뜻을 유추할 때 사회적 단서를 활용한다.

때 자신이 보고 있는 물체에 단순히 연합하는 것이 아니라, 그 단어를 이야기하는 화자의 시선이 향하는 물체를 의미할 것이라고 가정한다.

화자의 의도 아동들은 시선 단서와 같이 행동으로 드러나는 단서뿐 아니라 화자의 의도나 화용적 정보를 사용하여 단어를 학습하기도 한다. 만 2세 아동들을 대상으로 한 Tomasello와 Barton의 연구(1994)를 살펴보자. 이 연구에서 실험자는 아동에게 인형을 특정한 방식으로 움직이는 행동을 보여 주며 무의미 단어가 포함된 문장을 발화하였다. 예를 들어, 실험자는 이름이 'Ernie'인 캐릭터 인형을 가지고 "Let's *dax* Ernie! Let's *dax* him! 어니를 댁스해 보자! 그를 댁스해 보자!"라고 이야기했다. 이는 'dax'라는 무의미 동사를 사용하여 인형을 객체로 어떤 행동을 취할 것임을 보인 것이다. 이후 의도 조건에서 실험자는 인형을 가지고 특정 행동(예: 인형을 가볍게 들어올리며)을 하며 "There! 그렇지!"라고 말한 반면, 실수 조건에서 실험자는 인형을 가지고 특정 행동(예: 인형을 아래로 내리며)을 하면서 "Whoops! 이런!"이라고 말했다. 이러한 실험자의 행동을 보여 준 후, 실험자는 아동에게 새로운 인형을 주면서 "Can you go *dax* Big Bird?" 너 빅버드를 댁스해 볼래?"라고 말하며 자신이 사용했던 무의미 동사를 이용해 아동에게 행동을 해 볼 것을 권유하였다. 이때, 의도 조건의 아동들은 실험자가 기존에 보여 준 행동을 그대로 따라 한 반면, 실수 조건의 아동들은 실험자의 기존 행동을 따라 하지 않았다. 즉, 아동들은 단순히 실험자의 행동과 새로운 단어를 무조건적으로 연합하는 것이 아니라, 실험자의 의도를 파악하여 새로운 단어의 의미를 이해할 수 있는 것으로 보인다.

화자의 신뢰도 아동은 단어 학습에서 화자가 얼마나 믿음직한 대상인지를 고려할 수 있다. Koenig와 Harris(2005)의 연구에서 연구자는 3세 아동들에게 두 명의 화자를 소개하며, 이들이 앞에 제시된 사물의 이름을 말할 것이라고 이야기해 주었다. 이때 신뢰 조건 화자의 경우 친숙한 사물들의 이름을 정확하게 이야기하였다(예: 공이 제시될 때, "That's a ball! 그건 공이야!"라고 이야기함). 반면 비신뢰 조건 화자의 경우 친숙한 사물들의 이름을 틀리게 이야기하였다(예: 공이 제시될 때, "That's a shoe! 그건 신발이야!"라고 이야기함). 이후 아동이 이름을 알지 못하는 비친숙 사물이 제시되고, 두 화자는 각기 다른 무의미 단어를 사용하여 비친숙 사물을 지칭하였다. 예를 들어 신뢰 조건 화자의 경우 "That's a *mido*! 그건 *미도*야!"라고 말하였고, 비신뢰 조건 화자의 경우 "That's a *wug*! 그건 *워그*야!"라고 말하였다. 이후 연구자는 아동에게 그 사물의 이름이 무엇인지를 물어보았고, 아동은 신뢰 조건 화자가 사용한 새로운 단어(예: *mido*)가 해당 사물의 이름이라고 반응하였다. 즉, 아동은 정보 제공자의 지식상태나 신뢰도를 고려하여 단어를 학습한다.

3) 통사정보 활용

앞에서 살펴본 것처럼 아동들은 인지적 제약 혹은 화자의 사회적 단서를 활용하여 단어의 의미를 파악할 수 있다. 그러나 이들 단서는 명사 학습의 경우에는 새로운 단어로 가능한 지시체의 후보를 상당히 줄여 주지만, 동사 학습의 경우에는 위의 두 단서만으로는 여전히 단어의 의미를 파악하기 쉽지 않다. 이는 동사가 명사와는 달리 추상적이며 동작이 끝나면 시각적 정보가 사라져 시각 단서를 활용하는 데 제한이 있기 때문이다. 이에 더해 동사는 명사와 달리 어떠한 장면을 단순히 지시하는 것이 아니라, 특정한 관점에서 그 장면의 일부 구성요소를 지시한다. 예를 들어, 한 양육자가 영아와 함께 텔레비전을 시청하면서 화면에 나오는 장면을 영아에게 묘사해 준다고 가정해 보자. 이때 양육자는 "우와! 토끼가 강아지를 간지럽히고 있네!"라고 묘사할 수도 있지만, "우와! 강아지가 웃고 있네!"라고 묘사할 수도 있다. 이 경우 영아가 '간지럽히다'와 '웃다'라는 동사의 의미를 모른다면 영아는 해당 장면을 관찰하는 것만으로는 두 동사의 의미를 구분할 수 없다. 즉, 동사의 경우, 새로운 동사가 제시되는 상황의 관찰만으로는 동사의 의미를 파악하기가 상당히 어렵다(Gleitman, Cassidy, Nappa, Papafragou, & Trueswell, 2005).

그렇다면 아동들은 어떻게 새로운 동사의 의미를 배울까? 아동의 동사 학습에 대한 주요 관점 중 하나인 통사정보 활용 가설(syntactic-bootstrapping hypothesis)은 아동이 새로운 동사가 포함된 문장의 문법구조를 통해 그 동사의 의미를 유추할 수 있다고 본다(Gleitman et al., 2005; Landau & Gleitman, 1985; Naigles, 1990). 이러한 학습이 가능한 이유는 동사의 통사구조와 의미 간에는 체계적인 상관이 있기 때문이다(Levin & Rappaport-Hovav, 2005; Pinker, 1989). 예컨대, 동사 중에서 한 참여자의 역할을 주로 강조하는 의미를 지닌 동사(예: 뛰다, 걷다, 웃다)는 하나의 명사구 논항의 자동사 문장(예: "강아지가 웃고 있네!")에 등장할 가능성이 높지만, 동사 중에서 두 참여자의 역할을 주로 강조하는 의미를 지닌 동사(예: 안다, 때리다, 간지럽히다)는 두 명사구 논항을 지닌 타동사 문장(예: "토끼가 강아지를 간지럽히고 있네!")에 등장할 가능성이 상대적으로 높다. 따라서 통사정보 활용 가설은 아동이 명사구의 개수와 같은 문장의 문법적 구조를 통해 새로운 동사의 의미를 유추할 수 있다고 본다. 아동은 새로운 동사가 명사구가 두 개인 문장에 수반되었을 경우, 두 참여자의 역할을 의미할 가능성이 높을 것이라고 유추함으로써 새로운 동사가 지시할 수 있는 의미의 후보를 더 제약할 수 있다는 것이다.

Yuan, Fisher, 그리고 Snedeker(2012)는 19개월 영아들을 대상으로 한 보기 선호 과제(preferential-looking paradigm) 실험을 통해 어린 아동들도 문장의 문법구조를 사용하여 새로운 동사의 의미를 배울 수 있음을 보여 주었다. 이 연구에서 영아들은 텔레비전 화면 좌우 양쪽에 제시된 두 종류의 영상을 보았다. 그림 6-11과 같이, 한쪽 화면에서는 두 참여자가 등장하는 인과적인 장면이 제시되었고(예: 한 연기자가 바닥에 앉아있는 다른 연기자의 등을 밀어 등을 굽

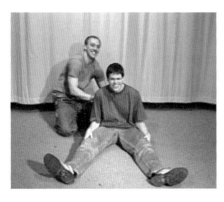

그림 6-11 **보기 선호 과제를 통한 영아의 통사정보 활용 실험**
두 참여자가 등장하는 장면과 한 참여자가 등장하는 장면이 동시에 제시되고, 새로운 동사를 포함한 문장을 들려준다. 이 때 새로운 동사를 타동사 구문(예: "He's kradding him!")에서 들은 영아들은 자동사 구문(예: "He's kradding!")에서 들은 영아들보다 두 참여자 장면을 더 오래 바라보았다.
출처: Yuan, Fisher, & Snedeker(2012).

히도록 함), 다른 쪽 화면에서는 한 참여자만 등장하는 비인과적인 장면이 제시되었다(예: 한 연기자가 양팔을 위아래로 움직임). 이 두 장면을 동시에 바라보면서 타동사 조건의 영아들은 새로운 동사가 두 개의 명사구와 함께 등장하는 타동사 문장(예: "He's *kradding* him! 그가 그를 크라디고 있어!")을 들었고, 자동사 조건의 영아들은 새로운 동사가 한 개의 명사구와 함께 등장하는 자동사 문장(예: "He's *kradding*! 그가 크라디고 있어!")를 들었다. 연구자들은 영아가 문장을 들으면서 어떤 장면을 더 오래 바라보는지를 측정하여 영아가 동사의 의미를 어떻게 추론하는지 살펴보았다. 연구 결과, 타동사 조건의 영아들은 자동사 조건의 영아들에 비해 인과적 장면(두 참여자가 등장)을 비인과적 장면(한 참여자가 등장)보다 더 오랫동안 바라보았다. 이러한 연구 결과는 영아들이 언어 자체, 즉 문장의 구조가 제공하는 정보에 기반하여 동사의 의미를 배워 나갈 수 있음을 보여 준다.

개념 체크 ▲

개념과 설명이 맞는 것끼리 연결하시오.

1 전체 대상 가정　·
· 새 단어가 사물의 일부분, 속성, 행동 등을 의미하기보다는 사물 전체를 의미할 것이라고 여긴다.

2 상호 배타성 가정 ·
· 화자의 시각적 주의가 어디로 향하는지를 활용해 새 단어의 지시체를 파악한다.

3 시선 단서　　·
· 새로운 단어는 이미 이름을 아는 사물을 가리키는 것이 아닐 거라고 가정한다.

---

4. 언어발달이론

1장에서 살펴본 것처럼 발달심리학의 매우 중요한 논제 중 하나는 천성 대 양육(생득론 대 경험론)이다. 언어 발달 분야에서도 생득론 대 경험론은 치열한 이론적 쟁점을 제기해 왔다.

먼저, 생득론적 입장에서는 인간은 보편적으로 모국어를 자유롭게 사용할 수 있게 발달하도록 생물학적으로 설계되어 있다고 본다. 언어 발달 분야에서 생득론을 주장하는 대표적 학자인 Chomsky(1957, 1988)는 인간의 모든 언어는 보편 문법(universal grammar)을 따르며, 영아는 언어의 기초를 지니고 태어난다고 본다. 이러한 주장에 따르면 영아는 어떤 언어권에서 태어나든 매우 적은 노력으로도 모국어를 습득할 수 있다. 또한 언어 발달 역시 여러 신체 성장과 마찬가지로 생물학적 시계에 따라 움직이므로 언어 발달의 결정적 시기(critical period)가 존재한다. Johnson과 Newport(1989)는 아동 및 성인의 외국어 습득을 비교함으로써 언어 발달에서 결정적 시기의 존재를 밝힌 바 있다. 이 연구에서는 한국어 혹은 중국어가 모국어인 미국 이민자들을 대상으로 영어 문장에 대한 문법성 평가 능력을 측정하였다(그림 6-12 참조). 측정 당시에 연구 참가자들은 모두 성인이었으나, 이들이 처음 미국에 이민을 온 시기는 3세부터 39세까지 매우 다양하였다. 연구 결과, 사춘기 이후(17세 이상) 이민을 온 이민자들은 사춘기 이전에 이민을 온 이민자들보다 문법성 평가 점수가 상당히 낮았다. 또한 사춘기 이후에 이민을 온 참가자 사이에서

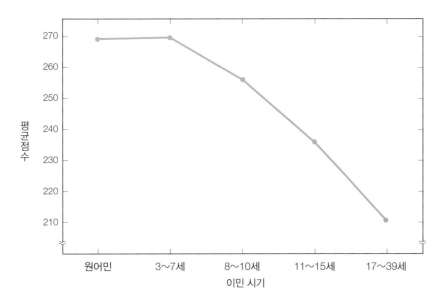

그림 6-12 **성인 참가자들이 미국에 이민 온 연령과 영어 문법시험 점수**
출처: Johnson & Newport(1989).

는 이민을 온 시점이 문법시험 점수에 영향을 미치지 않았다. 즉, 사춘기 이후에는 이민을 온 연령의 효과가 나타나지 않은 것이다. 반면 어린 시절에 이민을 온 참가자들의 경우, 가장 어린 시기(7세 이하)에 이민을 온 집단에서는 원어민과 거의 유사한 점수를 보였으며, 아동기 동안 연령 효과가 꾸준히 나타났다. 이러한 연구 결과는 언어 발달에서 생물학적인 시간표, 즉 결정적 시기가 존재한다는 것을 시사한다.

언어 발달의 생득론적 입장을 지지하는 또 다른 단서는 청각장애 아동의 가정 수화(Home Sign) 고안 및 사용이다. 많은 청각장애 아동의 부모는 청각장애를 지니고 있지 않다. 1970년대 미국에서는 역사적으로 청각장애 아동에게 수화를 가르칠 것인지, 아니면 다른 사람의 입 모양을 읽고 말하는 방법을 가르칠 것인지에 대한 논쟁이 있었다. 이러한 논쟁 속에서 많은 청각장애 아동들이 언어적 입력을 충분히 받지 못한 채 성장하였다. 그런데 이 아동들 중 상당수가 자발적으로 몸짓을 사용한 의사소통 체계를 고안하여 가정 안에서 사용하고 있었다(Goldin-Meadow & Feldman, 1977). 이와 같은 몸짓 혹은 수화를 가정 수화라고 부른다. 매우 흥미롭게도 연구자들은 청각장애 아동들이 스스로 발명한 가정 수화가 우리가 사용하는 언어와 상당히 유사하다는 것을 발견하였다(Feldman, Goldin-Meadow, & Gleitman, 1978; Goldin-Meadow & Mylander, 1998; Singleton & Newport, 2004). 예를 들어, 가정 수화를 개발하여 사용하는 청각장애 아동들도 정상발달 아동들과 유사한 시기에 단어를 결합하여 '이야기'하기 시작하며, 단어를 결합할 때 일반 음성언어와 마찬가지로 일관된 어순체계(예: 주체-행위, 객체-행위)를 갖추고 있었다. 연구자들은 또한 가정 수화 단어의 사용 및 단어 결합의 경우, 양육자보다 아동이 먼저 더 자주 사용하는 것을 발견함으로써 아동들이 이러한 언어체계를 양육자로부터 배운 것이 아님을 밝힌 바 있다.

이와 유사한 가장 극적인 예로 니카라과 수화(Nicaraguan Sign Language)를 들 수 있다. 1970년대 후반 니카라과에서는 각지에 흩어져 있던 청각장애 아동들을 최초로 모아 정규 교육 프로그램을 시작하였다. 이 아동들은 각자 가정에서 가정 수화를 사용했는데, 처음으로 모여서 함께 학습을 하면서 소통을 위해 피진(pidgin: 서로 다른 언어를 사용하는 사람들이 모여 의사소통을 위해 만든

▶ 수화 역시 자연 언어와 비슷한 특성을 지닌다.

혼성어) 수화를 사용하게 되었고, 그 아동들보다 더 어린 아동들이 학교에 입학하여 기존의 피진 수화를 더욱 발전시켜 나갔다. 이러한 과정을 거쳐 니카라과 수화는 복잡한 문법규칙을 가진 정교한 언어의 형태로 진화하였다.

가정 수화 그리고 니카라과 수화의 존재는 적절한 언어 입력이 주어지지 않은 언어적 환경에서도 인간이 언어의 기본적인 문법체계를 스스로 고안하고 발전시킬 수 있음을 보여 준다. 따라서 이는 언어 발달의 생득론적 입장을 지지하는 강력한 증거인 셈이다.

한편, 환경적 요인 또는 언어 경험이 아동의 언어 발달에 영향을 미칠 수 있다는 경험론을 지지하는 증거들도 존재한다. 경험론과 관련된 연구에서는 특히 언어 발달의 개인차를 살펴보았는데, 이러한 개인차 연구는 언어적 환경의 차이가 아동의 언어 발달에 어떠한 영향을 미치는지를 다루었다. 이 중 한 연구(Huttenlocher, Vasilyeva, Cymerman. & Levine, 2002)에서는 만 4~5세 아동의 문법 발달, 특히 아동이 얼마나 복잡한 구조의 문장을 산출 혹은 이해할 수 있는가를 살펴보았다. 여기서 복잡한 구조의 문장이란 두 개 이상의 절로 구성된 복합문을 의미한다. 연구자들은 아동이 전체 발화 중에서 복잡한 문장을 얼마나 많이 구사하는지, 그리고 복잡한 문장을 얼마나 잘 이해하는지 측정하였고, 이와 동시에 아동의 어머니 혹은 선생님의 발화 역시 분석하였다. 연구 결과, 어머니가 복잡한 문장을 많이 사용할수록 아동도 복잡한 문장을 더 많이 사용하였으며, 교사가 복잡한 문장을 많이 사용할수록 아동도 복잡한 문장을 더 잘 이해할 수 있는 것으로 나타났다. 이외에도 아동이 성장하는 가정의 사회경제적 지위와 아동의 어휘량과의 관계 등 환경과 언어 발달 개인차 간의 관련성을 밝힌 여러 연구가 존재한다(Hart & Risley, 1995; Hoff, 2003; 리뷰는 Hoff, 2006 참고). 이러한 연구들은 언어 발달의 생득론을 완전히 배제할 수는 없으나, 언어 발달에 영향을 미치는 환경 요인을 밝혀냈다는 점에서 경험론을 지지한다고 해석할 수 있다.

개념 체크 ▲

빈칸에 알맞은 말을 써넣으시오.

1 Chomsky는 인간은 모든 언어 습득의 공통적 기반이 되는 .... 을 지니고 태어난다고 보았다.

2 생득론적 관점에 따르면 인간은 언어 발달에 최적화된 .... 시기가 존재한다.

오늘날 세계 여러 나라의 아동들은 어린 시기부터 여러 언어를 배우며 성장한다. 가정에서 양육자가 주로 사용하는 언어와 보육 혹은 교육기관에서 사용하는 언어가 다른 경우, 양육자들의 모국어가 다른 이민 가정 아동들의 경우, 혹은 어린 시기부터 외국어 교육을 하는 경우 등 다양한 상황에서 많은 아동이 이중언어 사용자로 성장하고 있다.

많은 양육자들이 어린 시기에 이중언어에 노출되는 것이 아동의 언어 발달을 저해하거나 아동에게 혼란을 가져오지는 않을지 걱정을 한다. 그러나 이러한 우려와는 달리 이중언어를 습득하는 아동들이 어린 시기부터 두 언어를 배우더라도 두 언어가 각기 다른 체계의 언어임을 알고 있으며, 두 언어의 소리체계를 잘 구별할 수 있고, 언어 발달의 여러 중요한 이정표를 한 언어를 배우는 아동과 비슷한 정도로 성취해 나간다(Bosch & Sebastián-Gallés, 2001; de Houwer, 1995; Holowka, Brosseau-Lapré, & Petitto, 2002). 이중언어를 사용하는 아동들은 단일 언어를 사용하는 아동들보다 언어 발달의 몇몇 지표에서 잠시 동안 다소 뒤처질 수 있으나, 시간이 지남에 따라 발달의 속도를 회복한다(Oller & Pearson, 2002). 이중언어 사용 아동의 경우, 각 언어별로 알고 있는 어휘의 개수가 단일 언어 사용 아동의 어휘보다는 적을 가능성이 높은데(예: 한국어-프랑스어 이중언어 사용 아동의 경우, 한국어 단일 언어 사용 아동에 비해 한국어 어휘를 더 적게 알 가능성이 높음), 이러한 이유로 연구자들은 이중언어 사용 아동의 경우에는 각 언어별로 아동이 알고 있는 단어의 개수보다는 전체적인 개념적 어휘의 수준을 고려하여 어휘 발달을 평가하는 것이 더 타당하다고 본다(Pearson, Fernández, & Oller, 1993, 1995). 이중언어를 사용하는 아동들이 한 언어 기준으로는 단일 언어 사용 아동보다 단어를 더 적게 알 수 있지만, 두 언어에 거쳐 알고 있는 단어를 모두 합하면 단어들이 의미하는 개념의 개수는 단일 언어 사용 아동들이 알고 있는 단어의 개념 개수와 동일하거나 더 많을 수 있다는 것이다.

요약

- **언어 발달의 준비**
- 태아의 말소리 지각: 28주경 태아의 청력은 상당히 발달된 상태이며, 이후 태아는 소리를 들을 수 있을 뿐 아니라 태내에서 들은 이야기의 억양이나 음고를 기억할 수 있다.
- 신생아의 말소리 선호: 태어나자마자 신생아는 여러 소리 중에서 인간의 말소리를 듣는 것을 선호한다.
- 영아지향어: 영아는 특히 성인이 영아를 대상으로 이야기할 때 주로 사용하는 말소리인 영아지향어를 듣는 것을 선호한다. 영아지향어는 성인지향어에 비해 음고가 높고, 음역이 넓으며, 주로 과장되게 표현되고, 단어들이 부드럽게 연결된다. 이러한 영아지향어의 특성은 영아가 말소리를 추적하고, 화자의 정서를 이해하는 데에 도움을 준다.

- **초기 언어 발달**
- 음소 지각: 영아들은 말소리를 범주로 지각한다. 즉, 범주 간 소리의 차이는 잘 구별하지만 범주 내 소리의 차이는 잘 구분하지 못한다. 생애 초기 영아는 성인보다 더 많은 말소리의 차이를 구분할 수 있지만, 10~12개월경이면 성인과 마찬가지로 자신의 모국어의 음소의 차이만 구별할 수 있게 된다.
- 단어 인식: 영아는 통계적 학습을 통해 연속된 말소리의 흐름 속에서 단어를 추출해낸다. 영아는 언어 자극 중 반복적으로 연속하여 등장하는 말소리를 하나의 덩어리로 인식할 수 있다.
- 옹알이: 영아는 비자발적인 소리내기에서 나아가 점점 더 자발적인 옹알이를 산출하게 된다. 영아의 옹알이는 모국어의 억양과 유사해진다.
- 첫 단어: 보편적으로 영아는 12~14개월 경 첫 단어를 산출한다. 한 단어 단계의 영아는 대부분 기능어가 아닌 내용어를 말한다. 이 시기 영아들은 단어 산출에서 한 단어로 다양한 지시체를 부르는 과잉확장의 오류를 보이는데, 영아 대상 이해 연구는 이러한 과잉확장 오류는 영아가 단어의 의미를 이해하지 못

하기 때문이 아닌 단어 산출에 어려움이 있기 때문임을 밝힌 바 있다.

- **단어 학습 기제**
- 단어 학습 제약: 아동은 새로운 단어의 의미의 후보를 제한하는 인지적 제약 혹은 가정을 통해 단어를 학습한다. 전체 대상 가정을 통해 아동이 새로운 단어가 사물의 일부가 아닌 전체를 의미할 것이라고 가정한다. 또한, 상호 배타성 가정을 통해 새로운 단어가 아동은 이미 이름을 알고 있는 물체가 아닌 다른 물체를 지시할 것이라고 가정한다.
- 사회적 단서: 아동은 사회적 단서를 사용하여 단어를 학습한다. 아동은 화자의 시선 단서 및 화자의 의도를 고려하여 화자가 새로운 단어를 통해 의미하는 바를 파악할 수 있다. 또한, 아동은 화자의 신뢰도를 고려하여 누구로부터 새로운 단어를 배울 것인가를 결정할 수 있다.
- 통사 정보 활용: 아동은 문장의 통사 또는 문장 구조를 사용하여 새로운 동사의 의미를 파악할 수 있다. 영어를 모국어로 배우는 영아들은 타동사 문장에 포함된 새로운 동사의 경우, 자동사 문장에 포함된 새로운 동사에 비해 새로운 동사가 두 참여자가 관여된 행동을 지시할 것이라고 이해한다.

- **언어발달이론**
- 언어 발달의 주요 이론적 쟁점 중 하나는 생득론과 경험론의 논쟁이다. 먼저, 경험론적 관점을 지지하는 증거는 아동에게 주어지는 언어적 입력의 개인차와 아동의 언어 발달의 개인차의 연관성을 밝힌 연구 결과들이다. 반면, 외국어를 배우는 데 있어 결정적 시기가 있음을 밝힌 연구 결과들은 언어 발달의 생득론적 결과를 지지하는 결과라고 볼 수 있다. 또한, 청각 장애 아동들이 스스로 수화를 고안해내는 현상은 언어 발달의 생득론에 힘을 실어주는 결과라고 볼 수 있다.

연습문제

1. 아동의 언어 발달에 대한 설명 중 옳은 것은?

① 신생아의 트림, 딸꾹질 등의 소리는 의사소통의 목적을 가지고 있다.

② 쿠잉은 연속된 자음을 의미한다.

③ 청각장애를 가진 영아들은 소리 내는 것을 시도하지 않는다.

④ 12개월경 영아의 옹알이는 모국어의 억양과 유사하다.

2. 한 단어 단계의 가윤이는 "강아지"라는 단어의 의미를 알지만, 송아지를 지칭할 때도 "강아지"라고 부르는 과잉확장의 오류를 보인다. 만약 가윤이에게 강아지와 송아지 그림을 보여주고, 강아지를 손가락으로 가리켜보라고 하면 어떠한 반응을 보일 것을 예측하는가?

① 강아지를 가리킨다.

② 송아지를 가리킨다.

③ 강아지와 송아지 모두를 가리킨다.

④ 둘 다 가리키지 않는다.

3. 아동의 단어학습에 대한 설명 중 틀린 것은?

① 단순 연합은 아동의 단어학습을 잘 설명할 수 있다.

② 아동은 새로운 단어가 물체의 일부가 아닌 전체를 지시할 것이라고 가정한다.

③ 아동은 새로운 단어가 자신이 이름을 아는 사물이 아닌 이름을 모르는 사물을 지시할 것이라고 가정한다.

④ 아동은 화자가 이름을 모르는 물건을 바라보며 새로운 단어를 말할 때 이 단어는 화자가 바라보는 물건을 의미할 것이라고 생각한다.

4. 아동이 통사 정보를 사용하여 단어를 학습한다는 연구의 대상 연령, 절차 및 결과에 대해 기술하시오.

5. 언어 발달에 있어 이해가 산출보다 선행한다는 연구의 대상 연령, 절차 및 결과에 대해 기술하시오.

6. 언어의 생득론적 관점을 지지하는 증거가 무엇인지 기술하시오.

"무엇을 해야 할지 모를 때
우리가 이용하는 것이 바로 지능이다 "

— 장 피아제 Jean Piaget

지능

7

우리는 일상생활에서 지능이라는 단어를 자주 접하고 쉽게 사용한다. 이제 한 돌이 된 아들을 키우는 어머니는 동화책을 읽어 줄 때 아동이 그림을 유심히 쳐다보는 것을 보고 "집중력이 좋은 걸 보니 우리 아이가 지능이 높은 것 같은데…"라고 말한다. 어린이집에서 배운 노래를 외워서 부르는 아이를 본 할머니는 "기억력이 좋으니 분명히 지능이 높을 거야"라고 말한다. 수학 시간에 처음으로 이차방정식을 배운 학생은 "다른 애들은 다 알아들었는데 나만 모르는 것 같아. 나는 지능이 낮은가 봐"라며 실망한다. 이처럼 사람들은 타인이나 자신의 수행에 대해 지능과 관련지어 설명하거나 지능을 원인으로 생각하곤 한다. 또한 지능은 방송 매체에서도 흔히 언급되는 소재이다. 특정 연예인의 높은 지능점수나 학교 성적이 화제가 되기도 하고, 지능이 높다고 알려진 사람들이 모여서 매우 어려운 지적 과제를 해결하는 과정을 보여 주는 프로그램도 있다. 여기에서 사람들이 주로 관심을 갖는 것은 '높은 지능'이다. 사람들이 지능이 높으면 더 많이 배우고 보다 우수한 지적 성취를 이루어 원하는 목표에 쉽게 도달할 수 있을 거라고 예상하기 때문이다. 그러나 일상생활에서 통용되는 막연한 생각과는 달리, 지능은 실제로 명확하게 규정하거나 간단히 이해할 수 있는 개념이 아니다. 과연 "지능이 높으면 좋은 거야"라거나 "지능이 낮은 사람보다는 높은 사람이 성공하기 쉬워"라고 말할 수 있을까?

이 장에서는 지능의 개념에 대한 다양한 이론적 접근을 설명하고, 지능을 객관적으로 측정하는 방법과 결과 해석의 주의점을 소개하여 지능에 대한 과학적인 이해를 돕고자 한다. 또한 지능검사의 종류를 제시하고, 지능검사의 결과가 개인에게는 어떻게 적용되며 무엇을 주의해야 하는지 알아볼 것이다. 다음으로 지능의 개인차에 영향을 주는 요인들을 유전과 환경, 가정, 사회의 측면에서 살펴본 후에, 영재 아동의 정의와 판별 및 심리적 특성을 알아보면서 높은 지능과 관련된 논의로 마무리하고자 한다.

1. 지능에 대한 이해

지능에 대해 보편적으로 받아들여지는 하나의 정의란 존재하지 않는다. 다만 지난 100여 년간 지능에 대한 이론이 개발되고 연구가 수행되면서, 지능은 다음과 같이 정의되어 왔다.

> 지능에는 근본적인 능력이 있어서 이것이 변화하거나 부족하다는 것은 실제 삶에서 극도의 중요성을 가진다. 이 능력은 판단력, 실제적 감각, 결단력, 자신을 환경에 적응시키는 능력이다.
>
> — Binet & Simon(1916), pp. 42-43.

지능은 목적에 맞게 행동하고 이성적으로 사고하며 환경에 효과적으로 대처하는 집합적이거나 전반적인 개인의 능력이다.

— Wechsler(1940), pp. 444-445.

지능에는 개인차가 존재한다. 복잡한 사고를 이해하고, 환경에 효과적으로 적응하고, 경험으로부터 배우고, 다양한 방식으로 추론하고, 좋은 결정을 내리고, 문제를 해결하는 능력에서 사람들은 서로 다르다. 이러한 개인차가 상당히 클 수 있지만 결코 완전히 변함없으며 일관된 것은 아니다. 특정 개인의 지적 수행은 상이한 상황이나 영역에 따라 다양할 것이다. '지능'이라는 개념은 현상에 대한 이러한 복잡한 세트를 명확히 하고 조직화하려는 시도이다.

— Neisser et al.(1996), p. 77.

이처럼 지능에 대한 정의는 서로 다르지만, 지능이 새로운 개념을 배우고 개념에 따라 판단해 문제를 해결하는 능력과 관련된다는 생각은 공통적으로 나타난다(Sternberg, 1997). 지능에 대해 서로 다른 정의를 내린 것처럼, 학자들은 다양한 관점을 가지고 연구하면서 지능의 이론적 틀과 구성 요인을 제안하였다. 지능을 이해하기 위한 대표적인 관점에는 검사를 통해 지능을 측정한 결과를 분석하여 요인을 파악하고자 하는 심리측정 접근과 여러 가지의 지능이 존재한다고 생각하는 체계 접근이 있다. 이 두 접근에 대해 살펴보자.

1) 심리측정 접근

심리측정 접근(psychometric approach)은 지능에 대한 가장 오래된 과학적 접근 중 하나로, 지능검사 도구를 이용해 측정한 점수를 통계적으로 분석하여 지능을 이해하고자 한다. 이처럼 심리학적 근거를 지니며 측정을 강조하기 때문에 '심리측정' 접근이라고 부른다. 심리학자들은 지능을 측정하는 것으로 알려진 검사를 개인에게 시행하고, 검사를 받는 사람은 능력껏 최대한 많은 질문에 대답한다. 검사를 마친 후 질문에 대한 반응을 채점하여 결과를 산출하며, 이러한 지능검사 수행 결과들을 모아서 점수를 분석한다.

또한 연구자들은 발달심리학, 진화심리학, 인지과학, 인공지능을 포함한 많은 분야에서 제시된 경험적인 증거를 구성하여 유용한 지능이론을 개발하고자 한다. 인지적 능력 자체를 직접 관찰할 수는 없지만, 관찰 가능한 행동을 분석하여 추론할 수는 있기 때문이다.

한편 심리측정 접근에서는 지능의 구조를 파악하기 위해 다음의 두 가지 질문을 제기한다.

- 지능은 무엇으로 구성되어 있는가? 즉, 지능의 구성 요인에는 무엇이 있으며 얼마나 많은가? 이 요인들은 어떤 역할을 하는가?
- 지능의 구성 요인들은 적응적인 행동을 만들어 내기 위해 각각 어떤 기능을 하는가? 이 요인들은 서로 어떻게 상호작용하는가?

지능의 구성 요인을 연구하기 위해 학자들은 다양한 방법을 사용하며, 그 중에서 요인 분석(factor analysis)이라는 통계적 방법이 가장 많이 쓰인다. 요인 분석은 변수들의 유사성을 양적으로 나타내는 상관계수(correlation coefficient)라는 강력한 도구를 사용하여 관찰된 변수들에 공통적으로 영향을 미치는 요인들을 연구할 수 있게 해 준다. 요인 분석을 사용하면 많은 변수들을 동시에 연구하여 복잡한 자료 패턴의 기저에 있는 더 단순한 과정을 이해할 수 있다. 즉, 요인 분석을 사용하여 지능의 구성 요인을 밝히려 한 연구는 많지만, 여기에서는 Spearman을 비롯해 Thurstone, Cattell, Carroll 등이 주창한 이론들을 중심으로 살펴보겠다.

(1) Spearman의 2요인 이론

Charles Spearman은 여러 인지 과제들의 수행 결과를 요인 분석의 방법으로 연구하여, 지능에 대한 2요인 이론(two-factor theory)을 제안하였다(Spearman, 1904, 1927). 그의 모델에는 지적 능력 수행에 영향을 주는 두 종류의 요인인 일반 요인(general factor)과 특수 요인(specific factor)이 포함되었는데, 지능의 일반 요인은 모든 과제에 영향을 주는 요인이며, 특수 요인은 각각의 과제에만 특수하게 영향을 주는 요인이다. Spearman은 모든 과제와 상관 관계를 보이는 단일한 공통 요인인 일반 요인 'g'를 강조하며 이를 지능의 핵 심으로 보았다. 이로 인해 그의 2요인 이론은 'Spearman의 g이론(Spearman's g theory)'이라고 불리기도 한다.

(2) Thurstone의 1차 정신 능력

Spearman의 이론이 제안된 직후, 몇몇 학자들은 일반 요인으로 충분히 설명되지 않는 상관관계를 보여 주는 많은 자료를 제시하였다. Louis Thurstone (1931, 1938)은 지능의 근본적인 요소를 찾으려 하였고, 다양한 과제를 시행한 자료들을 분석하여 몇 개의 요인을 분리해 낸 뒤, 이를 1차 정신 능력 (primary mental abilities)이라고 이름 붙였다. 연구를 거듭하며 1차 정신 능력에 포함되는 요소들이 달라지기도 했지만, 그가 지속적으로 제시한 1차 정신 능력 7가지는 공간 능력, 지각 속도, 수 능력, 언어 이해 능력, 단어 유창성, 기억, 귀납적 추론이다(그림 7-1 참조). 그의 7가지 능력 요인은 현대적인 요인 분석 모델에 상당히 잘 들어맞는다.

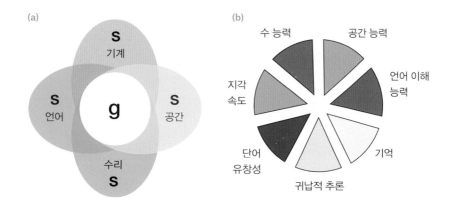

그림 7-1 Spearman의 이론과 Thurstone의 7가지 1차 정신 능력
(a) Spearman의 이론에서 일반 지능(g)과 특수 지능(s)의 관계
(b) Thurstone의 7가지 1차 정신 능력

(3) Cattell의 유동적 지능과 결정적 지능

Spearman의 학생이었던 Raymond Cattell은 지능의 일반 요인이 하나의
일반적인 능력이 아니라 그 이상일 수 있다는 아이디어를 발달시켰다. 그는 요
인 분석을 사용하여 지능의 일반 요인을 두 개의 지능으로 분리하였는데, 유동
적 지능(fluid intelligence)과 결정적 지능(crystallized intelligence)이 바로 그것
이다(Cattell, 1941, 1943). 유동적 지능은 새롭고 추상적인 과제에서 복잡한 패
턴과 관계를 지각하고 해결하는 능력이며, 결정적 지능은 학습이나 경험으로
얻은 지식을 근거로 과제를 해결하는 능력이다. Cattell(1963)은 결정적 지능
은 이전의 지식을 기반으로 하며 유동적 지능의 투입을 통해 확장된다고 설명
하였다.

결정적 지능은 생후부터 초기 성인기까지 연령의 증가와 함께 빠르게 발
달하다가, 중기 및 후기 성인기가 되면 완만하고 점진적으로 발달한다. 속도가
느려지긴 하지만 치매나 심각한 뇌손상이 없다면 대부분 일생 동안 발달이 지
속된다. 유동적 지능 역시 생후부터 꾸준히 발달하지만, 20대 후반 즈음 최고
조에 달한 뒤에는 점차 저하된다. 유동적 지능이 아동기에 손상되면, 결정적
지능은 온전한 잠재력에 이를 만큼 발달할 기회를 갖지 못한다.

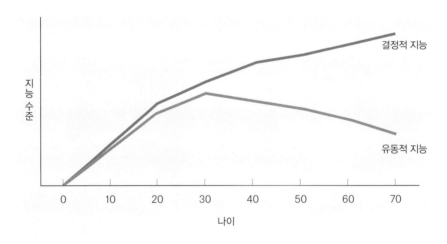

그림 7-2 **유동적 지능과 결정적 지능의 성장 곡선**

(4) Carroll의 지능의 3계층 이론

Cattell과 그의 제자 John Horn은 검사 자료를 직접 분석하여 유동적 지능과 결정적 지능 이외에 추가적인 일반적 능력들을 발견하였다. Horn(1985)은 이러한 일반 능력들과 이에 속하는 더 좁은 범위의 능력들 간의 구성을 밝혀 이론을 확장하고 정교화하였다. 이러한 모델을 기반으로 Carroll은 8가지 넓은 범위의 인지적 능력과 이 각각의 능력에 속하는 더 좁은 범위의 능력으로 구성된 모델을 제안하였다. 그림 7-3과 같이 이 모델에는 맨 위층에 모든 지적 과제의 수행에 영향을 미치는 일반적 능력(g)이 자리하고, 그 아래층에는 특정한 지적 영역에 영향을 미치는 넓은 범위의 능력이 있으며, 맨 아래층에는 좁은 범위의 능력이 있어 3개의 위계로 구성된다. 이처럼 이 모델은 모든 인지 과제 수행에 영향을 미치는 일반적 능력과 지능의 각 능력들이 위계적으로 구성되므로, 지능의 3계층 이론(three-stratum theory of intelligence)이라고 지칭된다(Carroll, 1993). Carroll의 이론은 최근 지능에 대한 심리측정 모델에서 주요한 위치를 차지하며, 인지적 능력의 Cattell-Horn-Carroll(CHC) 모델은 지능 검사 개발에 많은 영향을 주고 있다.

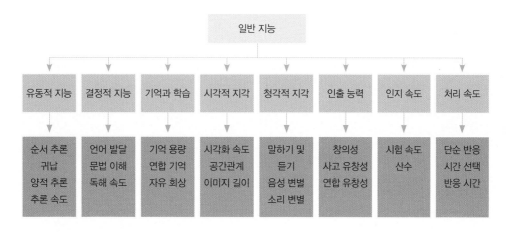

그림 7-3 **Carroll의 지능의 3계층 이론**
위에서 아래로 내려갈수록 한정된 영역의 특수한 능력을 가리킨다.
출처: Carroll(1993)의 재구성.

2) 체계 접근

체계 접근(systems approach)이란 지능이 여러 개의 체계로 이루어졌거나 혹은 지능 자체가 여러 개라는 관점에서 지능을 이해하려는 접근이다(Gardner, 2011; Sternberg, 2003). 이러한 이론들은 과거의 이론보다 좀 더 복잡하다.

(1) Gardner의 다중지능이론

Howard Gardner는 사람이 여러 개의 지능을 가지고 있다는 다중지능이론(multiple intelligence theory)을 제안하였다(Gardner, 1983). 그는 표 7-1과 같이 사람의 7가지 지능(음악, 공간, 언어, 논리-수학, 신체-운동, 개인 간, 개인 내)을 제시하였고, 이후 8번째 지능(자연친화 지능)을 더한 후 9번째 지능(실존 지능)도 존재할 수 있다고 보았다(Gardner, 1999). 이 중에서 언어, 논리 · 수학, 공간 지능은 심리측정 접근의 지능이론에도 나타나는 것들이지만, 나머지 6개의 지능은 Gardner의 이론에서만 제안되었다. 그는 각 능력이 뇌의 특정 영역과 관련되어 있고, 각기 다른 발달 경로를 가진다고 주장하였다(Shearer, 2004).

표 7-1 Gardner의 다중지능

지능의 종류	정의
음악(musical) 지능	소리, 리듬, 음조, 음악을 느끼고 표현하는 능력
공간(spatial) 지능	공간을 지각하고 시각화하는 능력
언어(linguistic) 지능	읽고 쓰기, 이야기하기, 단어 기억하기 등 언어와 관련된 능력
논리-수학(logical-mathematical) 지능	논리, 추상화, 추론, 숫자, 수학과 관련된 능력
신체-운동(bodily-kinesthtic) 지능	신체 움직임을 통제하고 물체를 잘 다루는 능력
개인 간(interpersonal) 지능	타인의 기분, 감정, 동기 등을 잘 파악하고 협력을 이끌어 내는 능력
개인 내(intrapersonal) 지능	자신을 관조해 깊이 있게 이해하고, 자신의 장단점과 개성을 파악하는 능력
자연친화(naturalistic) 지능	주위 자연환경을 잘 파악하고 가꾸며 이용하는 능력

출처: Gardner(1983, 1999, 2002)를 참고해 재구성.

이에 대한 근거로 뇌의 한 부분이 손상되면 특정한 능력은 영향을 받지만 다른 능력은 온전한 현상을 지적하였으며, 특수한 영역에서 탁월한 우수성을 보이지만 다른 능력에선 결핍을 보이는 서번트 증후군(savant syndrome)의 예를 들기도 했다. 하지만 다중지능의 독립성에 대해선 의문이 제기된다. 서번트 증후군에서는 특수한 능력 외에 다른 능력을 사용할 수 없으므로 관련된 분야에서조차 그 능력을 유연하고 생산적으로 발휘하지 못하는 반면, 특정 분야에서 탁월한 능력을 발휘하는 사람은 일반적으로 다른 능력들도 동시에 잘 사용하는 경향이 있기 때문이다(Piirto, 2007).

Gardner 이론은 타인과 좋은 관계를 갖는 능력(개인 간 지능)이나 자신에 대한 이해력(개인 내 지능) 등 지능검사로 측정되지 않아 지적 능력 연구에서 소홀히 다뤄졌던 몇 가지 능력에 대한 관심을 환기시켰다는 데 의의가 있다.

(2) Sternberg의 성공지능이론

Robert Sternberg의 성공지능이론(theory of successful intelligence)은 지능이 지능검사로 측정되는 분석적인 기술들로 이루어져 있다는 입장을 유지하면서도 창의적·실제적이며 지혜에 기반한 기술도 지능에 포함된다고 본다(Sternberg, 2003). 성공 지능이란 목표를 이루기 위해 자신의 능력을 효율적으로 사용하는 능력으로, Sternberg(1999)는 지능을 "한 사람이 살고 있는 사회문화적 맥락 안에서, 개인적 기준을 가지고 삶에서 성공하는 능력"(p. 4)이라고 보았다. 목표를 성취하기 위해 사용하는 능력은 분석적 지능(analytical intelligence), 창의적 지능(creative intelligence), 실제적 지능(practical intelligence)의 세 지능으로 이루어져 있으며, 이를 성공 지능의 삼원이론(triarchic theory)이라고도 한다. 분석적 지능은 문제를 분석하여 해결방법을 찾는 능력이다. 전통적인 지능검사에서 다루어지는 언어, 수학, 공간적 기술뿐만 아니라, 책략을 적용하거나 상위인지 지식을 획득하고 자기조절을 하는 자질까지 포함하는 더 넓은 범위의 능력이다. 창의적 지능은 새로운 환경과 문제에 유연하게 적응하며 유용한 해결책을 알아내는 능력이다. 즉, 새로운 과제에 대해 능숙하게 사고하고 효과적인 방법으로 기술을 적용하여 참신한 해결을 하는 능

서번트 증후군 자폐증, 지적 장애, 발달장애 등 정신장애를 지니고 있으면서도 특정 분야에서 특별한 능력을 보이는 현상을 말한다.

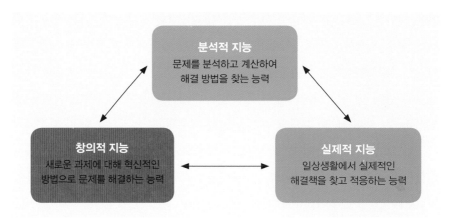

분석적 지능
문제를 분석하고 계산하여
해결 방법을 찾는 능력

창의적 지능
새로운 과제에 대해 혁신적인
방법으로 문제를 해결하는 능력

실제적 지능
일상생활에서 실제적인
해결책을 찾고 적응하는 능력

그림 7-4 **Sternberg의 성공지능이론**

력을 말한다. 실제적 지능은 실제적 요구에 적합하도록 효과가 있는 해결방법
을 판단하는 능력임과 동시에, 문제 해결을 위해 상황과 맥락을 조정하는 능력
이다. 실제적 지능이 높은 사람은 상황을 조성하거나 변화시킬 수 있으며, 자
신의 기술과 가치, 목표에 더 잘 맞는 새로운 환경을 선택할 수 있다.

Sternberg의 성공지능이론은 현대의 지능검사가 지능적 행동의 복잡성을
측정하는 데 상당한 한계를 갖는다는 점을 강조한다. 실제적 지능의 관점에서
지적인 행동은 문화, 시대, 생애주기와 같이 개인이 처한 맥락에 따라 다르다.
그러므로 지능적이라고 간주되는 행동도 인종이나 문화에 따라 달라질 수 있
는데, 이러한 차이는 지능검사에서 고려되지 않기 때문에 소수 인종의 지적 강
점이 과소평가될 수 있다. 또한 지능검사의 문화적 편향(cultural bias)은 검사
문항에 문화적으로 더 친숙한 주류 문화권의 수검자가 더 높은 지적 능력을 가
진 것으로 과대평가되는 경향을 낳을 수 있다.

개념 체크 ▲

빈칸에 적절한 말을 써넣으시오.

1 지능을 측정하는 검사 도구로부터 나온 점수를 통계적으로 분석하여 지능을
이해하고자 하는 관점을 .... 접근이라고 한다.

2 Spearman은 지능에 대한 2요인 이론을 제안하였고, 그의 모델에는 모든 인지 과제에 영향을 주는 지능의 .... 요인과 각각의 과제에만 특수하게 영향을 주는 .... 요인이 포함된다.

다음 문장이 맞는지 틀리는지 ○, ×로 표시하시오.

3 ( ) Cattell이 제안한 결정적 지능은 새롭고 추상적인 과제에서 복잡한 패턴과 관계를 지각하고 해결하는 능력을 의미한다.

4 ( ) Carroll의 3계층 이론에서 지능은 모든 지적 과제 수행에 영향을 미치는 일반적 능력과 특정한 지적 영역에 영향을 미치는 넓은 범위의 능력, 그리고 넓은 범위의 능력에 포함되는 좁은 범위의 능력이라는 3개의 위계로 구성된다.

---

2. 지능의 측정과 해석

우리는 나와 주변 사람들의 공식적인 지능점수를 알지 못해도 일상생활을 잘 해 나갈 수 있다. 그렇다면 지능검사는 왜 필요할까? 최초의 지능검사 개발의 기저에는 산업과 국가 행정의 규모가 확대되던 시대적 배경이 존재한다. 사회를 구성하는 여러 조직의 규모가 커지면서, 조직에 속한 개인에 대해 판단하고 결정하는 것이 이전에 비해 어려워졌다. 이에 따라 더 신속하고 비용이 적게 들면서도 과학적 근거를 갖춘 도구가 필요해졌다. 20세기 전반기에 만들어진 지능검사는 논쟁이 있기는 하지만 이러한 시대적 요구를 충족하는 도구였다.

주로 학교에서 시행하는 집단 지능검사는 적은 시간과 비용으로 한 번에 많은 학생들의 지능 수준을 파악할 수 있다. 이렇게 얻은 결과를 활용해 교사는 아동의 교육에 대한 개별적인 계획을 세우거나 아동의 학업 성취를 높이기 위한 방법을 고안할 수 있다. 이에 비해 개인 지능검사는 한 번에 한 명의 지능만 측정할 수 있는 대신, 아동의 인지적 능력 수준과 지적 영역별 발달 편차, 인지 능력을 발휘하는 개인의 성향 등 더 세부적이고 깊이 있는 정보를 제공한다. 개인 지능검사를 시행하고 해석하는 검사자는 상당한 훈련과 경험을 거쳐 자격을 갖추어야 한다. 검사자는 검사 결과 산출된 양적인 점수와 더불어 과제를 수행할 때 아동이 보이는 행동과 반응에 대한 질적인 분석을 통해 아동의 인지적 능력을 평가한다. 검사 결과는 인지적 능력뿐만 아니라 아동의 심리적 특성을 이해하고 부적응적 발달에 영향을 주는 요인을 파악하는 데에도 활용될 수 있다.

1) 지능검사의 종류

아동의 인지적 발달 수준을 객관적으로 측정할 필요성이 대두된 20세기 초부터 현재에 이르기까지 수많은 지능검사가 개발되었다. 이러한 검사를 통해 아동의 지적 능력을 측정한 결과는 아동의 교육과 직업, 나아가 인생 전반의 광범위한 선택에도 영향을 주고 있다. 그러나 현대에 개발된 더 정교화된 지능검사에서도 지능에 대한 다양한 이론적 접근이 모두 반영되어 있는 것은 아니다. 따라서 지능검사 결과의 해석에는 주의가 필요하다. 여기서는 지능검사를 이해하는 데 필요한 개념을 설명하고 대표적인 지능검사 도구를 소개하도록 한다.

(1) 정신연령 기반 지능검사

최초의 현대적인 지능검사는 20세기 초 프랑스에서 특수교육 서비스가 필요한 아동들을 식별하기 위해 개발되었다(Binet & Simon, 1905). 심한 지적 결핍을 가진 아동에게는 정규교육이 제공할 수 있는 것보다 훨씬 더 실제적인 교육이 필요하다. 당시 프랑스에서는 의무교육을 확대함에 따라 정규교육에 적합하지 않은 아동들을 선별하기 위한 도구가 요구되었던 것이다.

Alfred Binet와 동료인 Theodore Simon은 프랑스 정부의 의뢰로 지적 결핍을 가진 아동들을 선별할 수 있는 검사를 개발하였다. 그들은 정규교육이 어려운 아동과 그렇지 않은 아동을 구별하는 문항을 찾아내어 시행, 채점, 해석이 쉬운 진단검사를 고안하였다. 검사에는 신체 부분의 이름 말하기, 짧은 문장을 따라 말하기, 단어의 뜻을 말하기, 간단한 도형을 기억해서 다시 그리기 등의 문항이 포함되었다(Binet & Simon, 1905, 1916).

이 과정에서 Binet와 Simon은 정신연령(mental age)이라는 개념을 발명하였다. 검사 문항들에는 연령 등급이 있는데, 가령 대부분의 7세 아동은 성공하지만 6세 아동은 거의 성공하지 못하는 문항의 경우 전형적인 7세 아동의 지적 능력을 측정할 수 있는 문항으로 분류된다. 이런 방식으로 3세에서 13세까지의 연령 등급으로 구분된 문항들을 아동에게 시행하여 아동의 정신연령을 구하였다. 다시 말해 정신연령이란 아동이 수행한 과제에서 산출된 연령 수준을 뜻한다. 이는 아동의 실제 나이인 생활연령(chronological age)과 구분된다. 만약 8세 아동이 지능검사에서 10세 수준의 수행을 보였다면, 그 아동의 정신연령은 10세로 간주되며 생활연령에 비해 2년 앞선 것이다. 만약 8세 아동의 지능검사 수행이 6세 수준이었다면, 이 아동의 정신연령은 생활연령에 비해 2년 뒤져 있다고 본다.

Binet가 개발한 지능검사는 스탠퍼드 대학교 교수였던 Lewis Terman에 의해 미국판 지능검사인 스탠포드-비네 지능검사(Stanford-Binet Intelligence Scales)로 개정되었다(Terman & Merrill, 1937, 1973). 이 검사에서는 검사 결과 산출된 정신연령을 아동의 실제 나이인 생활연령으로 나누어 다음과 같이 지능지수(intelligence quotient: IQ)를 산출하였다.

$$\text{스탠포드-비네 지능검사의 지능지수(IQ)} = \frac{\text{정신연령}}{\text{생활연령}} \times 100$$

이 공식에서 나온 점수는 개인의 지능 수준이 자신의 실제 연령에서 예상되는 수준에 비해 높은지 혹은 낮은지(또는 동일한지), 그리고 얼마나 차이가 나는지를 나타낸다. 그러나 오늘날 지능지수를 계산하는 데 이 공식은 사용되지 않는다. 검사에서 산출 가능한 최대 정신연령이 16세이기에, 이후의 연령에서는 이 공식으로 지능지수를 계산하는 것이 적합하지 않기 때문이다.

(2) 전집 규준 기반 지능검사

정신연령이라는 개념에서 출발하여 이후에 심리학자들은 전집 규준을 사용하여 지능지수를 계산하는 혁신에 이르렀다. 현대의 지능검사에서는 개인이

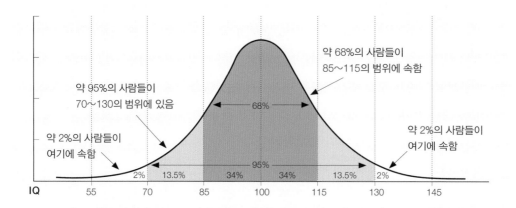

약 68%의 사람들이
85~115의 범위에 속함

약 95%의 사람들이
70~130의 범위에 있음

68%

약 2%의 사람들이
여기에 속함

약 2%의 사람들이
여기에 속함

95%

| 2% | 13.5% | 34% | 34% | 13.5% | 2% |

IQ   55   70   85   100   115   130   145

그림 7-5 **지능지수의 정상분포 곡선**

수행한 지능검사 원점수를 전집 규준과 비교하여 지능지수를 산출한다. 이는 개인이 동일 연령의 다른 사람들에 비해 지적 능력이 얼마나 높은지 혹은 낮은지를 보여 주는 점수로, 편차 IQ 점수(deviation IQ score)라고 한다.

오늘날 사용하는 편차 IQ 점수는 백분위(percentile rank)를 근거로 산출된다. 지능지수는 그 평균을 100으로 설정하므로 지능지수가 100이면 백분위로는 50에 해당한다. 개인의 지능검사 수행 결과에서 지능지수가 100보다 높을수록 지능이 동일 연령에 비해 높은 수준임을 의미한다. 동일 연령에서 지능지수의 분포는 정상 분포를 따르며, 이 분포의 전체 점수 중 대략 68%가 지능지수 85점에서 115점 사이에 분포하고, 95%가 70점에서 130점 사이에 분포한다(그림 7-5 참조). 지능지수에 상한선과 하한선은 없지만 40점보다 낮거나 160점보다 높은 점수는 매우 드물다.

미국의 심리학자인 David Wechsler가 개발한 지능검사는 위에서 설명한 현대적인 의미의 지능지수를 산출하며 최근까지 세계적으로 가장 널리 사용되는 지능검사이다. Wechsler는 자신이 개발한 지능검사에서 Binet의 전통에 따라 사고력, 문제 해결 능력과 같은 상위의 인지적 처리를 강조하는 한편(Wechsler, 1939, 1958, 1974), 개인이 인지적 능력을 사용하는 조건과 상황도 중시하였다. 성인용 Wechsler 지능검사의 초판 Wechsler Adult Intelligence Scale(Form I)은 Wechsler-Bellevue Intelligence Scale(1939)의 개

백분위 크기가 있는 값들로 이뤄진 자료를 순서대로 나열했을 때 특정 값의 위치를 백분율(%)로 나타낸 것이다. 낮을수록 0, 높을수록 100에 가까워진다.

정판으로 1955년 출판되었으며, 그의 사후에도 지속적으로 개정되어 미국 최신판은 2008년에 나온 4판이다. 더불어 6세에서 16세 아동 및 청소년을 위한 지능검사인 Wechsler Intelligence Scale for Children도 개발되어 1949년 초판이 출판되었으며, 이후 2014년 5판(WISC-V)까지 개정되었다. 유아용 지능검사인 Wechsler Preschool and Primary Scale of Intelligence(WPPSI)는 2세 6개월에서 7세 7개월 유아를 대상으로 하며, Wechsler가 1967년 초판을 개발하였고 최신판은 2012년 개정된 4판(WPPSI-IV)이다.

(3) 국내의 지능검사

국내에서 아동의 임상적 진단과 교육적 배치 및 진로 지도 등에 가장 널리 사용되는 지능검사는 웩슬러 지능검사이다. 지능검사 결과를 통해 아동의 현재 지적 발달 수준이 또래와 비교하여 어느 정도의 위치에 속하는지 알 수 있고, 지표 및 소검사 점수의 프로파일을 분석하면 아동의 인지적 잠재력과 특성을 파악할 수 있다. 또한 지능검사는 인지적 능력 발달에 특이성을 보이는 아동을 판별하여 경계선 지능, 지적 장애 혹은 영재성을 판단하는 데 사용된다. 그뿐만 아니라 지능검사는 다양한 정신적·신경심리학적 문제를 평가하여 임상적 진단에 필요한 자료를 제공한다. 지적 능력의 결함으로 인해 적응에 어려움을 보이는 아동의 임상적 평가 및 치료 과정에도 지능검사 결과가 핵심적으로 사용된다. 학교에서는 지능검사 결과를 근거로 학급 배치와 진로 상담이 이루어지기도 한다. 즉, 지능검사는 임상적 진단과 치료적 개입이 시행되는 임상 및 상담 장면과 더불어 학습 및 진로 지도가 이루어지는 학교 장면에서 널리 활용된다.

우리나라에서는 미국에서 개발된 성인용 웩슬러 지능검사 WAIS를 한국인에게 맞게 개정하고 표준화하여 사용하고 있다. 1963년에 처음으로 한국판 성인용 웩슬러 지능검사인 KWIS(전용신, 서봉연, 이창우, 1963)가 출판되었는데, 이는 1955년에 미국에서 출판된 WAIS를 표준화한 것이다. 이어서 WAIS-R(1981)이 한국판 K-WAIS(염태호, 박영숙, 오경자, 김정규, 이영호, 1992)로 표준화되었고, 현재는 WAIS-IV(2008)의 한국 표준화판인 K-WAIS-IV(황순택, 김지혜, 박광배, 최진영, 홍상황, 2012)가 쓰이고 있다. 아동용 웩슬러 지능검사는

1974년에 처음으로 K-WISC(이창우, 서봉연, 1974)가 표준화되었고, 이후 여러 판본을 거쳐 최근 미국의 최신판 아동용 웩슬러 지능검사 WISC-V(2014)의 국내 표준화판 K-WISC-V(곽금주, 장승민, 2018)가 발간되었다. 유아(만 2세 6개월~7세 7개월 대상)를 위한 유아용 웩슬러 지능검사는 미국판 WPPSI-R(1989)이 1996년에 K-WPPSI(박혜원, 곽금주, 박광배, 1996)로 표준화되었으며, WPPSI-IV(2012)의 한국 표준화판 K-WPPSI-IV(박혜원, 이경옥, 안동현, 2016)가 현재 최신판으로 사용되고 있다.

아동용 웩슬러 지능검사의 최신 표준화판 K-WISC-V는 총 16개의 소검사로 이루어져 있으며(표 7-2 참조), 모든 소검사를 시행하면 전체 지능지수와 5개의 지표점수 및 16개 소검사의 환산점수를 구할 수 있다. 검사의 원점수는 검사를 받은 아동이 속한 연령 집단의 규준에 따라 환산되는데, 전체 지능지수와 지표점수는 평균 100점(표준편차 15점), 소검사 환산점수는 평균 10점(표준편차 3점)으로 정상 분포를 이루는 표준점수로 산출된다. 그러므로 이러한 점수를 근거로 아동의 인지 능력에 대한 상대적 위치를 객관적으로 평가할 수 있다.

각 지표점수는 서로 완전히 독립적이지 않고 관련되지만(지능의 g요인과 s요인을 상기해 보자), 서로 다른 영역의 인지적 능력을 측정한다. 지표점수 간에 통계적으로 유의미한 차이가 나타난다면 아동의 인지적 발달이 영역 간 불균형적인 양상을 보인다고 추측할 수 있으며, 소검사 프로파일을 양적·질적으로 분석하여 이러한 양상을 초래하는 더 구체적인 인지적 발달 특성을 추론할 수 있다. 만약 지능검사에서 아동의 인지적 발달 수준이 또래에 비해 전체적으로 혹은 특정 영역에서 저하되어 있다는 결과가 발견되면, 이러한 발달적 문제

표 7-2 **한국 웩슬러 아동지능검사 5판(K-WISC-V)의 기본 지표와 소검사**

기본 지표	소검사
언어 이해	공통성, 어휘, 상식, 이해
시공간	토막짜기, 퍼즐
유동추론	행렬 추리, 무게 비교, 공통그림 찾기, 산수
작업기억	숫자, 그림기억, 순차 연결
처리 속도	기호 쓰기, 동형 찾기, 선택

에 기여하는 요인을 찾고 효과적인 개입 및 치료를 제공할 필요가 있다. 이 경우 아동의 심리적 특성과 장애 가능성을 평가하기 위해 추가적인 심리검사와 보호자 면담 및 다양한 상황에서의 행동 관찰을 포함한 종합적이고 자세한 임상적 진단이 이루어져야 한다.

2) 지능검사의 활용과 해석

아동에게 지능검사를 시행하고 그 결과를 심리학자나 교육학자들이 사용하는 것은 지능점수, 즉 IQ가 이후 아동발달의 여러 측면을 예측하는 데 좋은 지표가 된다고 판단하기 때문이다. 실제로 IQ가 학업 및 직업적 성취, 그리고 심리적인 적응과도 관련된다는 연구 결과가 지속적으로 보고되었다. 그러나 IQ와 이후 발달 결과 간의 상관이 실제로 의미하는 것이 무엇인지, 또한 이러한 연구 결과를 어떻게 해석하고 활용해야 할지에 대해 좀 더 세부적인 탐색이 필요하다.

(1) 학업적 성취

아동의 IQ와 학업 성적 사이의 상관은 평균적으로 .50이며(Neisser et al., 1996), IQ가 높은 학생들은 성적이 더 좋을 뿐만 아니라 더 오래 교육을 받는다(Brody, 1997). 이처럼 IQ가 학업 수행을 예측하는 이유에 대해 어떤 연구자들은 IQ와 학업이 모두 '일반 지능 g'에 달려 있기 때문이라고 설명한다(Jensen, 1998). 그들은 'g'에 기초한 추상적 추리가 IQ와 학업 모두에 영향을 미친다고 하면서, 여러 학과의 학업 수행 중 추상적인 학과인 영어, 수학, 과학에서의 수행이 IQ와 상관이 가장 높다는 것을 근거로 제시한다.

반면 다른 연구자들은 IQ검사의 문항과 학업 성취검사가 모두 문화적으로 특정한 같은 종류의 정보에서 나왔기 때문에 상관이 높은 것이라고 비판한다(White, 2000). 그들은 이러한 견해를 지지하는 증거로 결정적 지능이 유동적 지능보다 학업 성취를 더 잘 예측한다는 연구를 제시한다(Kunina et al., 2007). 그러면서 지능검사와 학업 성취검사는 사실상 동일하며, 아동의 과거 교육과 경험이 두 검사의 수행에 영향을 미친다고 주장한다.

그러나 더욱 주목해야 할 것은 IQ와 학업 수행 간의 높은 상관관계는 집단의 경향성을 보여 주는 것이며, 특정 개인의 IQ가 그의 학업 성취를 정확하게 반영하지 않을 수 있다는 것이다(Ackerman et al., 2001). 특히 학업 성취의 개인차를 설명하는 데에는 학업 습관, 흥미, 동기, 성격적 특성과 같은 다른 요인도 IQ만큼이나 중요하다(Neisser et al., 1996).

(2) 직업 획득과 성공

아동기 IQ가 성인기 직업 획득을 예측하는지 연구한 결과들은 둘 간의 높은 상관관계를 보여 준다. 가령 초등학교 2학년 때 높은 IQ를 기록한 아동들은 성인이 되어 공학, 법학, 의학, 과학 분야의 전문직을 가질 가능성이 높았다(McCall, 1977). IQ와 직업적인 계층 간에는 분명한 관계가 나타나서, 전문직을 가진 사람들의 IQ가 노동자들의 IQ에 비해 지속적으로 높았다(White, 2000). IQ와 직업 획득 간의 긴밀한 관계에는 교육이라는 요인이 큰 공헌을 한다. 교육적 성과는 IQ보다 직업적 성공과 소득 수준을 더 강하게 예측하였다(Ceci & Williams, 1997). 그러나 같은 직업군 내에서도 IQ는 사람마다 상당히 다르며, 낮은 계층의 직업을 가진 사람들 중에서 IQ가 높은 사람도 많다. 또한 IQ 이외에 부모의 격려, 직업적 성공의 모델로서의 부모, 부모 직업과의 연관성 같은 가족 배경도 직업 획득을 예측하고 있어(Kalil, Levine, & Ziol-Guest, 2005), IQ와 직업 획득과의 관계는 완전하지 않다.

IQ는 직장에서의 우수한 수행을 예측할까? 즉, 같은 직업을 가진 사람들 중에서 IQ가 높은 사람이 그렇지 않은 사람에 비해 더 성공적으로 자신의 일을 수행할까? 이에 대한 연구 결과는 긍정적이다. IQ와 상사의 직무 수행 평가 간의 상관은 평균 .50이었다(Neisser et al., 1996). 그러나 직장의 인사 담당자가 채용이나 승진을 결정할 때 고려하는 것은 IQ가 아닌 일상생활에서 문제를 파악하고 해결하는 능력이다. 이러한 능력은 보통 실제적 지능의 개념으로 설명되는데, 이는 IQ검사 수행과 밀접하게 관련되지는 않는다(Sternberg et al., 1995). 따라서 직업적 성과를 예측하는 데에는 IQ보다는 이전의 직업 수행, 대인관계 기술, 동기, 실제적 문제 해결 능력과 지식 등 다른 요인들이 더 중요할 것이다(Neisser et al., 1996).

(3) 심리적 적응

IQ와 정서, 사회적 적응 간의 상관은 중간 정도이다. 가령 IQ가 더 높은 아동들은 IQ가 낮은 아동들에 비해 또래에게 인기가 더 많았다. 그러나 또래에게 인기가 많은 것은 그 아동의 사교적인 성격, 부모의 단호하며 안정된 양육 태도와도 관련이 있었으므로(Hogan, Harkness, & Lubinski, 2000) 또래 인기의 원인을 IQ라고 단정할 수는 없다.

심리적 적응에 실패한 경우로 볼 수 있는 비행 청소년들을 대상으로 한 연구에 따르면 비행 청소년들은 다른 청소년들에 비해 IQ가 평균 8점 정도 낮았고, 특히 언어 능력이 결핍되어 있었다(Dodge, Coie, & Lynam, 2006). 또한 종단연구 결과, 아동기 초기와 중기에 IQ가 낮고 후기에 반사회적 행동을 보인 아동들은 지속적으로 정서 및 행동 문제를 보이는 동시에 지적 기능이 낮았다(Fergusson, Horwood, & Ridder, 2005). 이러한 결과로부터 다양한 설명이 가능하다. 먼저 아동의 유전적 또는 환경적 요인들이 낮은 IQ와 비행행동에 모두 영향을 미쳤을 가능성이 있다. 즉, 충동적인 기질이나 와해된 가족 기능과 같은 요인들로 인해 IQ가 저하되고 더 쉽게 비행행동을 저지르게 되었을 수 있다. 또는 행동의 결과를 예측하고 도덕적 판단을 내리며 자신의 정서와 행동을 통제하는 능력에 IQ가 영향을 주었을 수 있다.

아동기의 낮은 IQ가 청소년기와 성인기의 불안이나 우울 등 심리적 장애와 관련된다는 연구도 있지만(Martin & Strohmaier, 2014), 상관의 정도가 높지 않을 뿐 아니라 아동기에 가족의 불안정성과 저소득을 통제하면 더욱 관련성이 감소하였다(Gale et al., 2009).

(4) 지능검사 해석상의 주의

아동의 지능검사 결과를 해석할 때 우선적으로 염두에 두어야 할 사항은, 결과 수치는 절대적인 의미를 갖고 있는 것이 아니며 숫자 자체보다는 구간 혹은 범위의 의미로 이해해야 한다는 것이다. 검사 결과로 산출된 점수에는 아동의 인지적 능력뿐만 아니라 과제 수행에 대한 동기, 좌절 인내력, 성취 욕구 등의 다양한 심리적 요인이 영향을 미친다. 더욱이 검사를 받은 당일 아동의 신체적·심리적 상태도 결과에 영향을 주며, 모든 검사에는 측정과 관련된 오류가 포함될 수밖에 없다. 그러므로 지능검사 결과의 개별 점수 자체보다는 신뢰구간이나 점수가 속한 범위로 아동의 능력을 이해하는 것이 더 적합하다.

두 번째로 주의할 점은 아동의 지능검사 결과를 검사를 받은 연령과 내용에 국한해서 해석해야 한다는 것이다. 지능검사 점수는 단지 아동이 검사를 받은 그 당시에 측정된 해당 능력에 대한 지적 발달 수준을 나타낼 뿐이다. 이는 우선 어렸을 때 받은 지능검사의 결과를 근거로 나이가 든 후에도 유사한 지적 능력이나 특성을 보일 것이라고 예측할 수 없다는 것을 의미한다. 게다가 아동이 어릴수록 지능검사 점수에 대한 연속성이 낮은데, 여러 경험이 쌓이면서 아동의 지적 능력과 양상이 다양한 발달과 변화를 거치기 때문이다. 또한 지능검사는 다양한 분야의 인지적 능력이나 잠재력 등을 모두 반영하지는 못한다. 즉, 다양한 지능이론에서 주장하는 광범위한 능력을 모두 측정할 수는 없으며, 특히 Gardner의 다중지능이론이나 Sternberg의 성공지능이론에서 제시하는 지능의 개념을 측정하는 것은 현재의 지능검사에서는 불가능하다. 그러므로 지능검사의 점수로 아동의 능력이나 잠재력을 축소시키거나 아동이 흥미와 관심을 가질 수 있는 지적 영역의 범위를 제한하지 않도록 주의해야 한다.

개념 체크 ▲

다음 문장이 맞는지 틀리는지 ○, ×로 표시하시오.

1 (　　) 최초의 아동용 지능검사는 지적 결핍이 있어 특수교육이 필요한 아동들을 선별하기 위해 프랑스 정부의 의뢰로 Binet와 Simon이 개발하였다.

2 (　　) 아동의 지능검사 결과를 해석할 때에는 개별 점수 자체보다는 신뢰구간이나 점수 범위로 아동의 인지적 능력을 해석하는 것이 더 적합하다.

3 (　　) 지능점수와 학업 성취 사이의 상관이 평균적으로 .50이므로 개인의 지능점수는 그의 학업 성취를 정확하게 반영한다고 볼 수 있다.

4 (　　) 직업적 성과를 예측하는 데 중요한 실제적 지능은 지능검사 수행과 밀접하게 관련되어 있다.

5 (　　) 지능점수 외에 부모의 격려, 직업적 성공의 모델로서의 부모, 부모 직업과의 연관성 같은 가족 배경도 직업 획득을 예측한다.

6 (　　) 아동기의 낮은 지능점수와 청소년기 및 성인기의 심리적 장애 간의 상관은 높지 않았고, 아동기 가족의 불안정성과 저소득을 통제하면 관련성이 감소하였다.

3. 지능의 영향 요인

지능은 개인에 따라, 사회경제적 계층에 따라, 인종과 문화에 따라 차이가 나타난다. 이러한 차이를 설명하고 이에 기여하는 요인을 파악하고자 많은 연구가 지속되어 왔다. 유전 혹은 환경 요인을 각각 지지하는 많은 연구 결과들이 도출되었으며, 이 두 요인 모두 지능에 영향을 주는 것은 분명하다. 여기에서는 우선 유전과 환경이 지능에 미치는 영향에 대한 오랜 논쟁에 대해 다룰 것이다. 먼저 유전의 영향을 살피고, 환경의 영향을 가정의 영향과 사회의 영향으로 나누어 살펴보려 한다.

지능에 대한 유전과 환경 각각의 영향 및 유전과 환경 공동의 영향에 대한 연구들을 살펴보면서, 지능 발달에 이들이 어떤 방식으로 기여하는지 알아보자.

1) 유전의 영향

유전이 지능에 영향을 미치는지 알아보기 위해 연구자들은 유전자의 공유 정도를 조사하고 각 조건에서 가족 구성원들의 IQ 상관을 구하였다. 그림 7-6에 제시된 연구 결과에 따르면 일란성 혹은 이란성 쌍생아인지, 그리고 같이 양육되었는지의 여부에 따라 가족의 IQ 상관에 차이가 나타난다(Plomin & Petrill, 1997). 함께 양육된 일란성 쌍생아의 상관계수가 가장 높았으며, 따로 양육된 일란성 쌍생아의 상관계수가 함께 양육된 이란성 쌍생아의 상관계수보다 높았다. 즉, 유전적 유사성이 클수록 IQ도 더 비슷하였고, 서로 다른 환경에서 양육되었을 경우에도 환경보다는 유전적 유사성이 클 때 IQ가 더 비슷하였다. 이는 유전이 지능의 차이를 상당히 설명한다는 점을 보여 준다.

연령에 따른 일란성 쌍생아와 이란성 쌍생아의 IQ 상관관계 변화 양상도 IQ에 대한 유전의 기여를 지지한다. 그림 7-7을 보면 일란성 쌍생아의 IQ 상관관계는 성인이 되어도 지속적으로 높게 유지되는 반면, 이란성 쌍생아의 IQ 상관관계는 청년기에 이르면 이전보다 급격히 낮아진다(McGue et al., 1993).

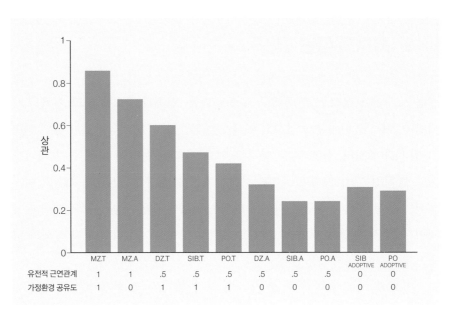

그림 7-6 **쌍생아, 형제자매, 부모자녀 간 IQ의 평균 상관**
MZ: 일란성 쌍생아, DZ: 이란성 쌍생아, SIB: 형제자매, PO: 부모자녀
T: 함께 자람, A: 따로 자람, ADOPTIVE: 입양
출처: Plomin & Petrill(1997).

이란성 쌍생아의 경우 청년기 전까지는 같은 환경에서 양육되기 때문에 IQ의 유사성이 유지된다. 그러나 나이가 들면서 가족 밖에서 더 많은 영향을 받게 되면 각자 자신의 독특한 유전적 소인에 맞는 경험을 선택하게 되므로 발달의 방향이 서로 달라져 IQ의 유사성이 줄어든다. 즉, 개인의 유전자형이 자신이 경험할 환경을 선택하는 데 영향을 주는 것이다(Scarr & McCartney, 1983). 반면 일란성 쌍생아의 경우 동일한 유전자를 공유하므로 서로 더 유사한 환경을 선택하고 경험하는 일이 지속되기 때문에 IQ의 유사성이 평생 유지된다. 정리하면, 유전자의 차이로 인해 각자의 선택이 달라지는 이란성 쌍생아나 형제자매들은 나이가 들면서 경험하는 환경도 일란성 쌍생아에 비해 많이 달라지므로 지적 유사성이 줄어들게 되는 것이다(McCartney, Harris, & Bernieri, 1990).

입양 아동의 IQ 연구도 지능에 대한 유전의 영향을 뚜렷이 드러낸다. 연구에서 입양 아동의 IQ는 아동을 입양하고 양육한 부모의 IQ보다는 아동의 생물학적 부모의 IQ와 상관이 더 높았다. 그리고 입양 아동이 성장할수록 생물학적 부모와의 IQ 상관이 더욱 커졌다(Plomin & Petrill, 1997, 그림 7-6 참조).

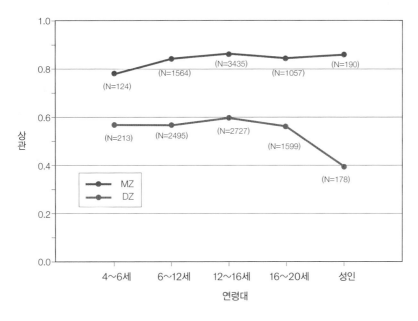

그림 7-7 **일란성 쌍생아와 이란성 쌍생아의 지능점수 상관의 연령 변화**
MZ: 일란성 쌍생아, DZ: 이란성 쌍생아
출처: McGue et al.(1993).

　지능에 대한 유전의 영향을 보여 주는 증거들은 개인의 유전자형이 환경까지 지배하며 유전이 지적 발달에 가장 큰 영향을 미친다고 주장하는 것은 아니다. 지적인 욕구가 강한 유전적 소인을 가지고 있더라도 지적 자극이 박탈된 환경에서 양육된다면 높은 IQ를 갖기 어렵다. 또한 앞서 보았던 그림 7-6에서 함께 살고 있는 쌍생아, 형제자매, 부모자녀 간 IQ의 평균 상관은 따로 살고 있는 가족의 경우보다 더 높았다. 이는 지능에 대한 환경의 영향도 있음을 보여 준다.

2) 가정의 영향

　지능에 대한 환경적 영향 중에서 아동에게 가장 근접하여 지속적으로 영향을 주는 요인은 가정이다. 사회경제적 지위나 인종이 같은 아동들도 다양한 IQ를 보이는데, 많은 연구들은 가정환경의 요인으로 인해 이러한 차이가 나타난다는 점을 지지한다. 가족환경과 보상 교육에 대한 연구를 보면 환경이 지능에 영향을 준다는 점이 분명히 나타난다. 부모가 아동과 대화를 많이 하고 지적 자극이 되는 체험을 많이 제공하는 경우 자녀의 IQ가 더 높았다(Nisbett et al., 2012). 또한 부모가 이러한 지적 자극을 제공하지 못하는 빈곤하고 열악한 환경에 놓인 아동들에게 지역사회에서 보상 교육을 시행한 결과, 보상 교육을 받지 못하고 학교에 입학한 빈곤층 아동들에 비해 인지검사에서 높은 점수를 받았다(Campbell et al., 2001).

아동에게 제공되는 가정환경의 영향에는 공유 환경의 영향(shared environmental influences)과 비공유 환경의 영향(nonshared environmental influences)이라는 두 가지 형태가 있다. 공유 환경의 영향은 그 가정 내의 모든 아동들에게 거의 동일한 영향을 주는 환경을 뜻한다. 가령 책과 장난감의 개수, 교육에 대한 부모의 태도, 인지적인 활동에 대한 부모의 모델링 등을 들 수 있다. 비공유 환경의 영향은 같은 가정 내의 아동들이 각자 경험하게 되는 독특한 환경적 영향을 말한다. 각 아동들은 출생 순서 및 손위·아래 형제 유무, 성별, 성격 등이 다르므로 이로 인해 부모의 대우나 관심이 달라지는 등 서로 다른 가정환경에 놓일 수 있다. 아동이 나이가 들면서 비공유 환경의 영향은 증가하고 공유 환경의 영향은 감소하는데, 이는 아동이 성장함에 따라 가정 밖에서의 활동이 늘어나고 친구를 스스로 선택할 수 있는 폭이 넓어지기 때문이다(Plomin & Daniels, 2011).

지능에 대한 공유 환경의 영향을 연구하기 위해서는 가정환경에 대한 평가가 필요하다. 복잡하고 다면적인 가정환경을 객관적으로 측정하기 위해 개발된 HOME(Home Observation for Measurement of the Environment)는 연구자의 관찰과 부모의 면담을 통해 아동의 가정생활의 질을 평가하는 체크 리스트이다(Bradley & Caldwell, 1979). HOME에서는 양육자의 반응성, 제한과 처벌, 자녀에 대한 개입, 가정에 구비된 장난감과 다양한 자극 및 물리적 환경의 조직화 등에 대한 항목을 통해 가정환경을 측정한다. HOME의 점수가 높을수록 아동이 가정에서 경험하는 자극 및 지원의 양과 질이 더 높은 수준이라는 것을 의미한다.

아동이 생후 6개월일 때 가정의 HOME 점수는 그 아동이 4세가 되어서 측정한 IQ와 정적인 상관을 보였다. 또한 아동이 2세일 때 HOME 점수는 그 아동이 11세일 때 IQ 및 학업 성취 수준과 정적인 상관이 나타났다(Olson, Bates, & Kaskie, 1992). 또한 아동기 동안의 HOME 점수와 아동의 IQ는 지속적으로 정적인 상관을 보였다(Bradley et al., 2001). HOME 점수가 비교적 변하지 않은 기간 동안에는 아동의 IQ도 안정적이었으나, HOME 점수가 변하게 되면 IQ도 같은 방향으로 변하는 경향도 관찰되었다(Totsika & Sylva, 2004). 그러므로 아동의 가족환경에 대한 평가가 아동의 IQ를 예측한다고 볼 수 있다.

HOME과 IQ의 관계는 아동 중기에 감소하며, 이는 나이가 들수록 가정 밖에서 지내는 시간이 길어지기 때문이다(Luster & Dubow, 1992). 그러나 HOME의 아동 중기 척도 중에서 '적극적 자극의 제공'과 '발달적 자극을 주는 경험에 대한 가족의 참여' 항목은 학업 성취에 대한 강한 예측치로 나타났다(Bradley, Caldwell, & Rock, 1988).

이러한 연구들로부터 가정환경의 질이 좋으면 아동의 지능 수준이 더 높다는 결론을 내리는 데에는 주의할 점이 있다. 지능에 대한 가정환경의 영향을 단순히 환경의 영향만으로 해석할 수는 없기 때문이다. 더 지적인 경험을 제공하는 가정환경을 만들어 내는 부모는 유전적으로도 더 지적이며, 이러한 부모는 유전적으로 더 지적인 아동을 낳고 그 아동들이 부모로부터 더 많은 자극을 끌어내게 되는 것이라고 볼 수도 있다. 그러므로 이러한 연구도 유전과 환경이 서로 교류하며 IQ에 영향을 준다는 유전-환경 상관(genetic-environmental correlation) 가설을 지지한다.

입양 아동에 대한 연구는 앞서 제시한 유전적인 증거뿐만 아니라 환경적인 증거도 제공한다. 입양을 통해 빈곤하고 불우한 가정환경을 벗어나 교육 수준이 높은 부모와 살게 된 아동들의 지적 성장을 연구한 결과, 이들은 4~7세에 평균 이상의 지능점수를 얻었다(Scarr & Weinberg, 1983; Skodak & Skeels, 1949). 연구는 입양 아동의 IQ와 생물학적 어머니의 IQ 간의 상관관계를 발견하였으나, 자세히 살펴보면 입양 아동의 실제 IQ는 생물학적 부모의 IQ 및 교육 수준을 근거로 기대되는 수준보다 10~20점 정도 높았으며, 학업 성취 수준은 청소년기까지 전국 규준에 비해서도 높았다(Waldman, Weinberg, & Scarr, 1994; Weinberg, Scarr, & Waldman, 1992).

유전-환경 상관 어떤 환경에 노출되느냐가 개인의 유전자형에 의해 영향을 받는 것을 의미한다.

3) 사회의 영향

아동의 지능 발달에는 아동이 가진 개인적 특성 및 아동이 근접하여 접촉하는 가정이나 학교뿐 아니라 아동이 속한 사회도 영향을 준다. 쉽게 눈에 보이거나 항상 피부로 느껴지지 않더라도 사회의 특성이 아동에게 주는 영향은 지속적이고 광범위하다. 이러한 사회의 영향을 보여 주는 연구를 살펴보고, 집단 간에 나타난 지능의 차이를 이해할 때 고려해야 할 문제도 알아보고자 한다.

가난은 다양한 방식으로 지적 발달에 부정적인 효과를 초래한다. 아동이 발달 초기에 지속적으로 영양이 부족한 식사를 하게 되면 뇌 발달에 문제가 생긴다. 또한 곤궁한 가정의 지적 자극이 부족한 환경은 아동이 학교 교육에 필요한 기본적인 능력과 배경 지식을 습득하는 데 어려움을 유발한다. 그리고 경제적 빈곤으로 적절한 의료 서비스를 이용하지 못할 경우 학교에 더 많이 결석하게 되어 충분한 교육을 받지 못할 수 있다. 연구된 모든 나라에서 빈곤한 가정의 아동들이 부유한 가정의 아동들보다 IQ 및 학업 성취검사에서 더 낮은 점수를 받았다(Ganzach et al., 2013). 또한 수입과 교육 수준이 낮은 가정의 아동들과 높은 가정의 아동들 간의 지적 능력의 차이는 유치원에 입학할 연령에서도 나타났다(Larson et al., 2015).

지능의 변화에 대한 시대적인 경향성도 나타난다. 20세기 동안 지능점수는 상당히 상승하였는데(Flynn & Weiss, 2007), 연구된 모든 나라의 평균 IQ가 1940년대부터 10년에 3점씩 높아졌다. 이 현상을 발견자의 이름을 따 플린 효과(Flynn effect)라고 하며, 유전으로는 이러한 급격한 변화를 설명할 수 없기 때문에 환경적인 요인을 검토해야 한다. 플린 효과의 유력한 원인으로는 교육 수준의 향상이 제시된다. 교육을 통해 사람들이 검사를 더 잘 수행하게 되었고, 더 많은 지식을 습득하였으며, 더욱 효율적인 문제 해결 책략을 사용하게 되었다는 것이다(Flieller, 1999; Flynn, 1996). 이와 더불어 20세기 들어 사람들의 영양상태 및 건강 관리 수준이 향상됨에 따라 뇌와 신경계의 발달이 더욱 최적화되어 지

플린 효과 20세기 동안 전 세계에 걸쳐 발견된 IQ 점수의 점진적 상승 현상을 가리킨다. 그래서 평균을 100으로 설정해 표준화한 검사라 해도 몇 년 후 검사에선 평균이 100을 넘는 현상들이 일어난다.

적 수행을 돕게 되었다는 주장도 있으며, 이 역시 또 다른 환경적 요인이라 볼 수 있다(Flynn, 1996; Neisser, 1998).

인종과 민족에 따라서도 아동의 평균 IQ에서 차이가 나타난다. 가령 유럽계 미국 아동들의 평균 IQ와 아프리카계 미국 아동들의 평균 IQ를 비교하면, 유럽계 아동들이 10점 더 높았다(Dickens & Flynn, 2006). 히스패닉계 미국 아동들과 미국 원주민 아동들의 평균 IQ는 아프리카계 미국 아동들의 평균 IQ 점수보다 몇 점 더 높았고, 아시아계 미국 아동들의 평균 IQ는 유럽계 아동들보다 몇 점 더 높았다(Nisbett et al., 2012). 이러한 차이는 부분적으로 사회경제적 계층으로 설명되지만, 같은 사회계층 내에서도 인종에 따른 평균 IQ 점수의 차이는 관찰된다.

서로 다른 인종과 민족 출신의 아동들이 IQ 점수의 차이를 보이는 이유를 설명하기 위한 대표적 가설은 문화적 검사-편향(cultural test-bias) 가설이다. 이 가설은 표준화된 지능검사의 문항과 시행방법이 중산층 주류 민족의 문화적 경험에 맞춰져 있어서, 사회경제적 지위가 낮거나 소수민족 집단 출신인 아동에 대해서는 지적 능력을 과소평가하게 된다는 것이다. 그러므로 평균 IQ의 차이는 검사 내용 및 절차의 문화적 편향 때문이라고 해석한다(Helms, 1992; White, 2000). 이러한 편향을 해소하기 위해 '문화적 편견이 제거된 지능검사(culture-fair intelligence tests)'의 개발이 시도되곤 했다. 지난 50년 동안 유럽계 미국 아동들과 아프리카계 미국 아동들의 성취검사 점수의 차이가 크게 줄어들었는데(Dickens & Flynn, 2006), 이는 사회적 차별과 격차가 줄어들고 검사 도구가 비편향적으로 개선된 것이 원인일 수 있다.

이상의 연구들은 지능의 발달에 유전과 환경의 영향이 둘 다 중요하다는 것을 보여 주며, 종합적으로 보면 유전과 환경 요인 중 어느 한 요인의 영향이 더 크다고 말할 수는 없다. 따라서 지능 발달에 어떤 요인의 영향력이 더 큰지 관심을 두기보다는 두 요인이 어떤 방식으로 함께 영향을 미치는지 밝히고 이해하여, 연구 결과를 발달적 취약 조건에 놓인 아동들을 위한 개입 프로그램이나 정책을 마련하는 데 잘 활용해야 할 것이다.

빈칸에 적절한 말을 써넣으시오.

1 지능의 변화에는 시대적인 경향성도 나타나서 연구된 모든 나라의 평균 지능점수가
1940년대부터 10년에 3점씩 높아졌는데, 이를 .... 라고 한다.

2 표준화된 지능검사의 문항과 시행방법이 중류층의 문화적 경험에 맞추어져
있어서 사회경제적 지위가 낮거나 소수민족 집단 출신 아동인 경우 지적 능력을
과소평가하게 된다는 가설을 .... 가설이라고 한다.

다음 문장이 맞는지 틀리는지 ○, ×로 표시하시오.

3 (　　　) 쌍생아와 가족에 대한 연구들에서는 함께 양육된 이란성 쌍생아의 IQ
상관계수가 따로 양육된 일란성 쌍생아의 IQ 상관계수보다 높았으며, 이는
지능점수에 대한 환경의 기여를 지지한다.

4 (　　　) 부모로부터 받는 지적 자극이 빈곤한 가정의 아동에게 시행된 지역사회의
보상 교육이 아동의 인지 발달에 효과를 주었다는 점은 지능에 대한 환경의
영향을 시사한다.

4. 영재 아동

지능점수의 분포 곡선을 살펴보면 평균의 양쪽으로 표준편차 2배만큼의 점수
내에 전체 인원의 95%가 포함된다. 즉 평균이 100점이고 표준편차가 15인 지
능검사의 경우, 전체 인원의 95%는 70점에서 130점 사이의 점수를 얻는다. 나
머지 약 5%는 양쪽 극단치의 점수를 보이는데, 점수가 높은 쪽에 속하든 낮
은 쪽에 속하든 상관없이 이처럼 매우 드물게 나타나는 특수한 경우에 해당하
는 아동을 특수 아동(exceptional children)이라고 간주한다. 지능점수가 극도
로 높거나 낮은 특수 아동은 지적 능력의 특이성으로 인해 대부분의 아동들과
다른 특별한 발달적 특징을 보인다. 그러므로 부모와 교육기관 및 사회의 이해
와 적절한 개입이 필요하다. 지능점수가 분포의 상위 극단치에 해당될 정도로
높은 경우 영재 아동(gifted child)으로 판별될 수 있다. 반대로 분포의 하위 극
단치 수준으로 지능점수가 낮고 적응 기능의 결함이 동반되면 지적 장애(intel-

lectual disorder)로 진단될 수 있다. 이 절에서는 영재 아동의 정의와 특성에 대해 알아보고자 한다.

1) 영재 아동의 정의와 판별

흔히 영재 아동이라고 하면 인지적 능력의 발달이 우수해서 가르치지 않아도 혼자 깨우치고, 항상 지적인 호기심이 많아 집중하며 스스로 알아서 공부한다고 생각하는 경우가 많다. 그래서 영재 아동을 위해 특별한 교육적 지원이 필요하다고 생각하지 않거나 학습을 쉽게 수행하므로 자신감과 자아존중감이 높고 심리적 적응이 더 수월할 것이라고 짐작하기도 한다. 또래 아동들보다 지능 수준이 높은 점은 아동의 발달에 대한 보호 요인이긴 하지만, 특별히 높은 특성은 영재 아동에게 심리적 자원인 동시에 스스로 감당하고 대응해야 할 자신의 모습이기도 하다.

20세기 초부터 프랑스의 Binet와 미국의 Terman 등의 심리학자가 아동용 지능검사를 개발하면서, 영재 아동에 대한 정의를 내리고 판별하는 데 지능검사의 IQ라는 객관적인 기준을 사용하였다. Terman은 스탠포드-비네 지능검사에서 135 이상을 획득한 사람을 영재로 분류하였다. 한편, Guilford와 Torrence는 창의성이라는 지적인 측면을 포함시켜서 영재의 개념을 확장하였다. 창의성은 새롭고 특이한 사고 특징을 나타내는 발산적 사고(divergent thinking)와 관련된다(Callahan, 2000).

Renzulli(1986)는 우수한 성취를 이루기 위해서는 세 가지 요소가 상호작용한다는 우수성 모델을 제안하여 영재 아동에 대한 이해를 넓혔다. 그가 제안한 우수성의 세 가지 요소는 ① 평균 이상의 일반 혹은 특수 능력, ② 열심히 오래 집중하는 과제 집착력(동기), ③ 새로운 생각을 만들어 내는 창의성이다. 그는 이 모델에서 세 요소의 조합을 강조하면서도 꼭 모든 요소가 높아야 영재 아동으로 판별될 수 있는 것은 아니라고 하였다. 이와 같이 Renzulli(1986)는 영재성의 한 요소로 비인지적인 측면인 과제 집착력을 포함시켜서, 영재 아동의 우수성에는 인지적인 측면 이외의 심리적 특성이 작용한다는 점을 부각시켰다.

Stankowski(1978)는 영재에 대한 5가지 범주의 정의를 제시하였다. 영재는 첫째, 가치를 부여하는 영역이나 전문 영역에서 이후의 업적에 대한 지속적이고 탁월한 수행을 보이는 사람이다. 둘째, 지능검사 점수에서 특정 점수 이상을 획득한 사람이다. 셋째, 학교 및 학군에서 능력에 근거하여 일정 비율에 해당하는 학생이다. 비율은 1~5%로 엄격하게 정하거나 15~20%로 폭넓게 규정할 수 있다. 넷째, 미술, 음악, 과학 혹은 기타 특정 예술이나 학업 영역에서 우수한 학생이다. 다섯째, 창의적 능력이 뛰어난 사람이다.

전통적으로 영재성은 IQ로 판정되었으며 대개 학업 성취와 높은 관련성을 보였다. 그러나 현대에 오면서 이러한 정의가 더 확장되어 음악, 미술, 춤 혹은 글쓰기 같은 분야에서 특별한 재능을 보이는 아동도 영재 아동으로 본다. 재능을 보이는 분야가 어떤 것이든 상관없이 영재 아동은 특정 영역에 비상한 관심을 가지며 자신의 관심사에 대해 정복하려는 욕구가 있다. 영재 아동이 자신의 능력을 펼칠 수 있는 교육 과정과 흥미를 공유하는 또래를 만나 충분한 지원을 받는다면 놀라운 성취를 이룰 수 있다.

우리나라에서는 「영재교육진흥법」 제1조에서 영재를 "재능이 뛰어난 사람으로서 타고난 잠재력을 계발하기 위하여 특별한 교육이 필요한 사람"이라고 정의하고 있다. 동법 제5조에 따르면 ① 일반 지능, ② 특수 학문 적성, ③ 창의적 사고 능력, ④ 예술적 재능, ⑤ 신체적 재능, ⑥ 그 밖의 특별한 재능에 대하여 뛰어나거나 잠재력이 우수한 사람 중 해당 교육기관의 교육 영역 및 목적 등에 적합하다고 인정되는 사람을 영재 교육 대상자로 선발한다.

영재 아동의 판별은 일정 기준 이상의 IQ로만 규정할 수는 없다. 표준화된 지능검사에서는 측정할 수 없는 창의성이나 과제 집착력 등에 대한 평가도 필요하다. 특히 영재 아동의 판별은 그 자체가 목적이 되어서는 안 되며, 아동의 인지적 능력을 포함한 전반적인 심리적 특성을 이해하여 필요한 교육과 개입을 결정하는 데 초점을 두어야 한다.

2) 영재 아동의 특성

영재 아동에게 특출하게 두드러지는 심리적 특성은 뛰어난 지적 능력에서 비롯된 인지적 특성이지만, 이외에도 영재성과 관련하여 나타나는 정서적·

사회적 특성이 있다. 영재 아동을 이해하기 위해서는 다양한 발달 영역의 특성에 대한 통합적인 관점이 필요하다. 이제부터 살펴볼 영재성에 대한 연구 결과가 모든 영재 아동에게 동시에 적용될 수는 없겠지만, 영재 아동의 다양한 심리적 특성을 보여 주어 이들에 대한 폭넓은 이해에 도움이 될 것이다.

(1) 인지적 특성

뛰어난 언어 능력과 사고력은 영재 아동의 특징으로 꼽힌다. 학자들은 이러한 높은 인지적 능력으로 인해 영재 아동이 발달의 불균형을 보인다고 언급하는데, 대표적인 불균형으로 신체 발달에 비해 인지 발달이 앞서는 것을 들 수 있다. 영재 아동은 말을 시작하는 시기나 글자를 읽기 시작하는 시기가 매우 빠른 경우가 많다. 또한 독해력이 우수하여 더 많은 어휘나 지식을 습득하고, 복잡하고 추상적인 개념이나 관계도 파악할 수 있다. 글자를 쓰기 시작하는 시기도 빠른데, 이는 글쓰기를 하고자 하는 욕구가 많고 학습에 대해 준비되어 있는 점과 관련된다.

영재 아동은 사고하는 속도가 빠르고 논리적인 사고 능력이 발달되어, 질문도 많고 질문에 대한 정확하고 논리정연한 대답을 원한다. 인과관계를 이해하는 능력, 수렴적인 문제 해결 능력, 통찰력이 뛰어나다.

(2) 정서 및 사회적 특성

Terman(1925)의 연구에서는 영재 아동의 정신 건강이 매우 양호하다는 결과를 보였지만, Hollingworth(1942)는 Terman의 연구 대상 선정에서의 오류를 지적하며 상반되는 연구 결과를 발표하였다. Hollingworth(1942)는 영재 아동이 일반 아동과 지적인 면에서 너무 차이가 나서 사회적 적응에 어려움을 겪기 때문에 반드시 상담이 필요하다고 지적하였다. 더 최근 연구인 Gross(2002)의 연구에서도 너무 높은 IQ는 오히려 사회성 발달에 불리한 영향을 미친다고 보고하였다. 연구에서 시행한 사회적 자아존중감 검사의 결과가 또래보다 유의미하게 낮았으며, 영재 아동들은 또래가 자신을 싫어하고 거부한다고 생각하고 있었다.

영재 아동은 주변 자극에 과도하게 민감하고 정서적으로 예민한 특징을 보이며 감정의 변화가 심한 경우가 있다. 긍정적인 정서상태일 때에는 기쁨과 생동감을 느끼며 많은 에너지를 내뿜지만, 부정적인 정서상태일 때에는 수줍음과 공포, 불안을 느끼며 의기소침해지기도 한다.

자신감과 독립심은 영재 아동의 성격 특성 중 하나이다. 내적 통제가 높고 책임감이 강하여 스스로 높은 목표를 설정하며, 실패의 원인을 자신의 노력이나 능력 부족에서 찾는다. 이러한 점은 영재 아동들이 열심히 노력하는 원동력이 될 수 있지만, 자신이 설정한 높은 목표에 도달하지 못했을 때 과도한 실망감과 좌절감, 무력감을 초래할 수 있다. 이로 인해 영재 아동들은 자기비판적인 성향을 보이기도 한다.

영재 아동들이 또래관계의 어려움이나 정서적 예민성을 겪기도 하지만, 일상생활에서는 보통 아동보다 잘 적응하고 자아존중감이 높으며 자아실현도 더 잘하는 것으로 나타났다(Pufal-Struzik, 1999). 다만 영재 아동에게서 종종 나타나는 사회적 거부, 고독, 우울, 지루함, 학교에 대한 실망, 강박적인 완벽주의, 모든 면에서 우수해야 한다는 압박, 형제자매 간의 불화 등을 인식하고 이에 대한 적절한 개입에 소홀해서는 안 된다.

개념 체크 ▲

빈칸에 적절한 말을 써넣으시오.

1 .... 은 영재 아동이 보이는 중요한 특성으로, 새롭고 특이한 사고 특징을 나타내는 발산적 사고와 관련된다.

2 Renzulli는 영재성의 한 요소로 비인지적인 측면인 .... 을 포함시켜서, 영재 아동의 우수성에는 과제에 열심히 오래 집중하는 동기가 작용한다는 점을 부각시켰다.

요약

- **지능에 대한 이해**
- 요인분석이라는 통계적 방법을 사용하면 많은 변수들을 동시에 연구하여 복잡한 자료 패턴 기저의 더 단순한 과정을 이해할 수 있다.
- Spearman은 지능의 일반 요인(g)과 특수 요인(s)이 포함된 지능의 2요인 이론을 제안하였다.
- Thurstone은 지능이 7개의 1차 정신 능력으로 구성된다고 보았다.
- Cattell은 지능의 일반 요인을 유동적 지능과 결정적 지능이라는 두 개의 지능으로 분리하였다.
- Carroll은 8개의 넓은 범위의 인지적 능력이 구분되고 이 각각의 능력에 좁은 범위의 능력이 속하며 맨 위 층은 일반적 능력으로 구성되는 위계적 모델인 지능의 3계층 이론을 제안하였다.
- Gardner의 다중지능이론에서는 사람이 적어도 9개의 서로 다른 종류의 지능을 가지고 있다고 주장한다. 전통적인 지능검사에서는 이들 중 일부 능력을 측정하지 못한다.
- Sternberg의 성공지능이론은 지능이 분석적 지능, 창의적 지능, 실제적 지능으로 이루어져 있다고 본다. 현대의 지능검사는 지능적 행동의 복잡성을 측정하는데 상당한 한계를 갖는다고 강조한다.

- **지능의 측정**
- 최초의 현대적인 아동용 지능검사는 정규 교육에 적합하지 않은 아동들을 선별하기 위해 프랑스 정부의 요청으로 Binet와 Simon이 개발하였다.
- Binet와 Simon의 지능검사에서는 정신연령을 산출하여 아동의 생활연령과 비교하여 지적 발달 수준을 평가한다.
- 현대의 지능검사에서는 정신연령을 구하여 지능지수를 계산하는 방법을 더 이상 사용하지 않고, 전집

규준에 근거하여 산출된 개인의 지능 수준을 동일 연령의 다른 사람들과 비교하여 보여 주는 편차 IQ 점수를 산출한다.
- 오늘날 교육과 임상 및 연구에서 가장 널리 사용되는 아동용 지능검사는 아동용 웩슬러 지능검사이다.
- 국내에서는 1960년대부터 성인용 웩슬러 지능검사가 표준화되기 시작하였고, 가장 최근 국내에서 표준화된 아동용 및 유아용 웩슬러 지능검사는 K-WISC- V(2018)와 K-WPPSI-IV(2016)이다.

- **지능검사는 무엇을 예측하는가?**
- 집단 전체에 대한 연구 결과에서 아동의 IQ는 이후의 학업 성취, 직업적인 성공, 심리적인 적응을 예측하였다.
- 특정 개인의 IQ는 그 사람의 학업 성취, 직업적 성공, 심리적 적응과의 상관을 높게 예측하지 않으며, 실제적 지능이나 동기, 흥미, 학업 습관, 가족 특성과 같은 요인이 성공과 적응에 영향을 미친다.

- **지능에 영향을 미치는 요인들**
- 지능에는 유전과 환경이 모두 중요한 공헌을 하며, 두 요인이 서로 교류하면서 지능 발달에 영향을 준다.
- 지능 발달에서 아동에게 제공되는 가정환경의 영향을 공유 환경과 비공유 환경이라는 두 가지 형태로 나누어서 살펴볼 수 있다.
- 플린 효과는 과거 80년 동안 전 세계 많은 나라에서 평균 IQ가 지속적으로 상승했다는 발견을 말하며 지능에 대한 사회의 영향을 보여 준다.
- 서로 다른 인종과 민족 출신의 아동들이 IQ의 차이를 보이긴 하지만, 이는 지능검사가 문화적으로 편향되어 있는 점에서 비롯된 결과일 수 있다.

- **지능과 관련된 특수 아동: 영재 아동**
- 영재의 정의는 높은 IQ뿐만 아니라 특별한 재능과 창의성을 포함하는 것으로 확장되었다.
- 연구에 따르면 영재 아동은 일반적으로 보통 아동보다 잘 적응하고 자기개념이 높으며 자아실현도 더 잘 하는 것으로 나타났다. 다만, 영재 아동은 종종 사회적 거부, 고독, 우울, 지루함, 학교에 대한 실망, 강박적인 완벽주의, 모든 면에서 우수해야 한다는 압박, 형제자매 간의 불화 등을 보이기 때문에 이에 대한 개입이 필요하다.

연습문제

1. 지능 이론의 설명과 이론을 제안한 학자가 맞게 짝지어진 것은?

① 지능은 일반 요인과 특수 요인이라는 두 종류의 요인으로 구성된다. - Thurstone

② 지능의 일반 요인은 유동적 지능과 결정적 지능으로 분리된다. - Spearman

③ 인간은 여러 개의 지능을 가지는데 여기에는 음악 지능, 신체 운동 지능, 대인 간 지능, 대인 내 지능과 같이 심리측정 접근에 포함되지 않는 영역도 있다. - Carroll

④ 지능에는 창의적·실제적이며 지혜에 기반한 기술도 포함된다. - Sternberg

2. 현대의 지능검사에서 사용하는 편차 IQ에 대한 기술로 옳은 것은?

① 정신연령을 생활연령으로 나누고 100을 곱하여 계산한다.

② 동일 연령 집단에서 개인의 지적 능력에 대한 상대적인 위치는 알려주지 않는다.

③ 원점수를 전집 규준에 비교하여 환산하는 방식으로 산출된다.

④ Terman이 개정한 스탠포드-비네 지능검사에서 산출되는 지능지수이다.

3. 한국 웩슬러 아동지능검사 5판(K-WISC- V)에 대한 설명으로 맞지 않은 것은?

① 미국에서 개발된 아동용 웩슬러 지능검사를 국내에서 표준화한 지능검사이다.

② 전체 지능지수와 지표점수의 평균은 100점, 표준편차는 15점이다.

③ 검사 결과에는 수행 동기와 좌절 인내력, 성취 욕구 등의 심리적 요인도 영향을 미친다.

④ 아동의 검사 결과는 성인기까지 점수의 연속성이 높다는 것이 연구로 밝혀졌다.

4. 따로 양육된 일란성 쌍생아의 지능점수 상관이 함께 양육된 이란성 쌍생아의 지능점수 상관보다 높다는 연구 결과가 뜻하는 바로 적절한 것은?

① 환경보다는 유전적 유사성이 클 때 지능점수가 더 비슷하다는 결과이다.

② 지능에 대한 영향이 유전보다 환경이 더 크다는 증거이다.

③ 유전과 환경은 서로 독립적으로 지능에 영향을 준다는 점을 시사한다.

④ 지적 수행은 유전과 환경 둘 다의 영향을 받지 않는다는 것을 지지한다.

5. 일란성 쌍생아의 IQ 상관관계는 성인이 되면서 지속적으로 높게 유지되지만, 이란성 쌍생아의 IQ 상관관계는 청년기에 이르면 이전보다 급격히 낮아진다는 연구 결과의 시사점으로 적절한 것은?

① 청년기가 되면 일란성 쌍생아는 IQ가 높아지고 이란성 쌍생아는 IQ가 낮아진다.
② 청년기에 일란성 쌍생아는 가정환경의 영향을 강하게 받는다.
③ 나이가 들면서 이란성 쌍생아는 유전적 소인의 영향이 줄어든다.
④ 개인의 유전자형이 자신이 경험할 환경을 선택하는 데 영향을 준다.

6. 같은 가정환경에서 경험하는 비공유 환경에 해당하지 않는 것은?

① 부모의 편애
② 출생 순위
③ 부모의 사회경제적 지위
④ 부모의 역할 부여

7. 현대의 지능검사에서 산출된 IQ는 정상 분포를 이루며, 평균의 양쪽으로 표준편차 2배 만큼의 점수인 _____점과 _____점 사이에 전체 인원의 95%가 포함된다.

① 90, 110
② 85, 115
③ 80, 120
④ 70, 130

8. Renzulli가 제안한 우수성 모델에 포함되는 요소가 아닌 것은?

① 평균 이상의 능력
② 예술적 재능
③ 과제 집착력
④ 창의성

9. 영재 아동의 사회적 적응을 방해하는 내적 특성이 아닌 것은?

① 학교에 대한 실망
② 강박적인 완벽주의
③ 모든 것을 잘 해내야 한다는 압박감
④ 과제 집착력

"아이가 안전하다고 느끼면 이런 것들을
할 수 있게 된다. 위험을 감수하고, 질문을
던지며, 실수를 하고, 신뢰하는 법을 배우고,
감정을 공유하며, 성장한다 **"**

— 알피 콘 Alifie Kohn

정서 발달

8

태우는 몇 주째 유치원에서 재롱잔치 연습을 했다. 태우는 맨 앞자리 가운데에서 노래를 부르는 역할을 맡았다. 태우는 유치원 선생님, 친구들과 함께 즐겁게 연습을 했고 드디어 재롱잔치 날이 되었다. 무대 위에 오른 태우는 재롱잔치를 보러 온 많은 부모님들을 보자 얼굴이 붉어지며 심장이 쿵쾅거렸다. 드디어 태우가 노래할 차례가 되었다. 하지만 갑자기 노래 가사가 생각나지 않아 얼음이 된 듯이 무대 위에 가만히 서 있었다.

지아는 생일선물로 강아지 인형을 받고 싶었다. 기다리던 생일날, 생일축하 노래를 부르고 케이크의 초를 불어 끄자, 할아버지와 할머니께서 지아에게 반짝이는 포장지로 덮인 선물을 주셨다. 지아는 신이 나서 선물을 뜯었지만, 선물은 강아지 인형이 아닌 크레파스였다. 실망한 지아는 얼굴을 붉히며 입을 삐죽거렸다. 할아버지와 할머니께서 선물이 마음에 드냐고 물으셨다. 곧 눈물이 쏟아질 것 같았지만 지아는 울지 않으려 애를 쓰며 아무 말 없이 고개를 끄덕거렸다.

독자는 아마도 태우와 지아가 느낀 정서와 유사한 정서를 겪어 본 적이 있을 것이다. 갑자기 자신이 많은 사람의 주목을 한꺼번에 받고 있다고 느꼈을 때 당황했던 적이 있는가? 마음에 들지 않는 선물을 받거나 원하지 않는 제안을 받았을 때, 상대방의 기분을 생각해 자신의 진짜 감정을 숨기고 사회적으로 적합한 감정을 표현한 적이 있는가? 유아도 비교적 일찍 성인들과 유사한 정서를 느끼며 자신의 정서를 통제하는 방법을 학습해 나간다. 이 장에서는 개별 정서들의 출현 순서와 정서 발달에 영향을 미치는 요인에 대해 다루고자 한다. 더불어 긍정적인 정서 발달을 도모할 수 있는 성인의 역할을 살펴봄으로써 건강한 아동의 발달을 돕는 방법에 관해 알아보고자 한다.

1. 영유아의 정서

Izard(1993; Abe & Izard, 1999)에 따르면 인간은 몇 가지 정서를 가지고 태어난다. 선천적으로 가지고 태어나는 정서들은 위험으로부터 영아를 보호하거나 사회적인 유대감을 형성하는 등 생존에 중요한 역할을 한다. 가령 기쁨과 같은 정서는 영아와 양육자 간에 친밀한 유대관계를 형성하도록 도와주며, 분노는 다른 사람의 상황을 이해할 기회를 줌으로써 사회적 규칙을 배울 수 있도록 한다. 정서 발달은 영유아가 자신의 정서를 표출하는 것뿐만 아니라, 다른 사람의 정서를 알아차리고 이해하는 것, 상황에 맞게 자신의 정서를 조절하는 것을 포함한다.

▶ 영아도 표정으로 다양한 정서를 표현할 수 있다.

1) 정서표현의 발달

영아들은 성인이 느끼는 모든 감정을 느끼고 표현하지는 않는다. 하지만 영아들도 기쁨, 슬픔, 분노, 공포 등과 같은 정서를 가지며, 이러한 정서는 비교적 생애 초반에 문화 보편적으로 나타나기에 기본 정서(basic emotion) 혹은 1차 정서(primary emotion)라 일컫는다. 기본 정서는 자기개념을 포함한 인지적 발달을 이루면서 차츰 분화되어 복합 정서(complex emotion) 혹은 2차 정서(secondary emotion)로 발달한다.

(1) 기본 정서

① 기쁨

비록 반사적이긴 하지만 출생한 지 하루가 되지 않은 신생아들도 미소를 보인다는 연구(Cecchini et al., 2011)에서 알 수 있듯이 영아는 생애 초반에 미소를 지으며, 출생한 지 3개월 이내에 기쁨의 정서가 출현한다(Lewis, 2000).

영아는 익숙한 사건이나 친숙한 얼굴 또는 통제 가능한 사건에 기쁨의 정서를 표출한다. 가령 다리를 움직이면 머리 위의 모빌을 움직일 수 있다거나 팔을 움직여서 흥미로운 영상을 볼 수 있다는 것을 알아차렸을 때, 영아는 기쁨의 정서를 표출한다(Lewis, Alessandri, & Sullivan, 1990; Sullivan & Lewis, 1988). 7개월 정도 되면 영아는 친숙한 사람들에게 미소를 짓는 선택적 미소를 보이는데, 이러한 선택적 미소는 주 양육자와 정서적 유대를 더욱 돈독히 해 준다(Weinberg & Tronick, 1994). 기쁨의 정서를 일으키는 자극은 영아의 월령에 따라 조금씩 달라지기도 한다(Sroufe & Wunsch, 1972, 그림 8-1 참조).

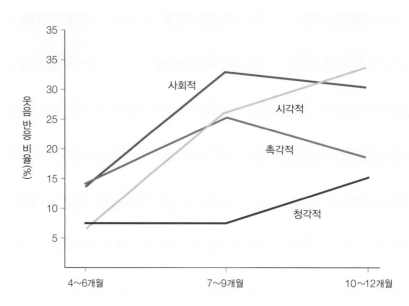

그림 8-1 자극의 종류에 따라 영아가 웃음으로 반응하는 비율
영아는 사회적 자극, 시각적 자극, 촉각적 자극, 청각적 자극에 대해 웃음으로 기쁨을 표현한다.
출처: Sroufe & Wunsch(1972).

② 슬픔

기쁨과 비슷한 시기에 슬픔의 정서 역시 출현한다. 영아들은 특히 긍정적인 자극이 사라졌을 때 슬픔을 표출한다. 예를 들어 3개월 된 영아들은 어머니가 상호작용을 멈추었을 때 슬픔의 정서를 표현한다. 슬픔의 표현은 양육자의 보호나 지지를 끌어내기 때문에 적응적인 반응이라 할 수 있다.

③ 분노

분노는 슬픔에 동반되어 나타나는 경우가 많다. 이는 영아들이 분노와 슬픔을 일으키는 원인을 구별하지 못하기 때문이라는 의견도 있다(Sullivan & Lewis, 2003). 분노는 4~6개월 사이에 확연하게 나타나며 어떤 사건이나 사물이 자신의 기대에 맞게 움직이지 않을 때 표출된다. 가령 어머니가 4개월 된 영아의 팔을 잡아 탁자 위의 장난감을 가질 수 없게 하면 영아는 분노를 표출한다(Braungart-Rieker et al., 2010). 영유아의 분노 표출은 18~24개월경 정점에 이르는데(Cole et al., 2011), 이는 영미권의 'terrible two', 한국 나이를 반영한 '미운 네 살'이라는 말과도 관련된다. 이 시기는 자율성이 발달하는 시기로, 스스로 무언가를 해 보려는 경험이 좌절되면 바닥에 드러누워 소리를 지르거나 물건을 집어 던지고 주변 사람을 때리는 등 분노를 강렬하고 공격적으로 표출한다. 이렇듯 분노 표출이 극에 달한 행동을 분노 발작(temper tantrums)이라고 한다.

④ 놀람

태어날 때부터 영아는 소음에 깜짝 놀라는 신체적 반응을 보이지만 인지적 이해를 포함하는 놀람은 6개월경 나타난다. 영아들은 기대했던 사건이 위배되는 상황에서 놀람의 정서를 나타낸다(Lewis, 2000). 가령 영아들은 소인(키가 작은 성인)이 다가왔을 때 두려움이나 흥미로움이 아닌 놀람의 정서를 보였다(Brooks & Lewis, 1976). 놀람의 정서는 기대에 반하는 상황뿐만 아니라 무엇인가를 발견하거나 터득하는 깨달음의 순간에서 나타나기도 한다(Lewis, Sullivan, & Michalson, 1984). 우울증이 있는 어머니의 영아는 우울증이 없는 어머니의 영아보다 놀라움을 덜 표출하는 것으로 나타났는데(Reissland & She-pherd, 2006), 이는 평소 양육자의 정서표현이 아동의 정서표현에 영향을 미침을 시사한다.

⑤ 공포

공포는 인지 발달이 수반되어야 하기 때문에 비교적 늦은 7~8개월경 발달한다. 가령 낯선 이에 대한 공포를 느끼기 위해서는 익숙한 얼굴을 기억할 수 있어야 하며, 새로운 얼굴을 기존에 알고 있는 얼굴과 비교할 수 있는 능력을 갖추고 있어야 한다. 낯선 사람에 대한 공포는 2세까지 지속되다가 낯선 상황에 대한 경험이 많아지면서 이후 거의 변화가 없거나 감소한다. 공포가 발달하는 시기와 비슷한 시기인 8개월경 분리불안(separation anxiety)이 나타나는데, 이는 친숙한 대상과 헤어짐으로써 발생하는 부정적인 정서이다. 분리불안은 15개월경까지 증가하다가 이후 감소한다.

(2) 복합 정서

앞서 살펴본 기본 정서도 일부 인지 발달을 필요로 하지만, 복합 정서는 자기인식(self-awareness)과 같은 고차원적인 인지 발달이 전제되어야 한다. 따라서 복합 정서는 2차 정서 혹은 자의식적 정서(self-conscious emotions)라 하며 질투, 당혹감, 자부심, 수치심, 부러움, 동정 등이 여기에 속한다.

① 질투

질투(jealousy)는 2차 정서이긴 하지만 비교적 일찍 출현한다. 가령 12개월 영아를 대상으로 한 연구에서, 어머니가 영아를 무시한 채 아기인형을 안아 줄 때 혹은 책을 읽을 때 영아들이 질투의 정서를 표출하는지 알아보았다. 12개월 영아들은 어머니가 책을 읽을 때보다 아기인형을 안아 줄 때 어머니에게 다가가거나 떼를 쓰고 우는 등 질투를 더욱 많이 표출하였다(Hart, Field, del Vale, & Letourneaum, 1998).

② 당혹감

당혹감(embarrassment)은 거울 속 자신의 모습을 인지할 수 있는 자기 참조적 지식이 생기는 시기와 비슷한 시기에 나타난다(Lewis, Sullivan, Stanger, & Weiss, 1989). 자기 참조적 지식은 대략 24개월 이후에 생기는 것으로 보인다. 가령 영아의 코에 립스틱을 묻힌 뒤 거울을 보여 주었을 때, 24개월 미만 영아들은 거울

▶ 24개월 이후 영아는 거울 속 자신의 모습을 인식한다.

에 비친 모습이 자신인지 알지 못했지만, 24개월 이상의 영아들은 거울을 보고 자신의 코에 묻은 립스틱을 문질렀다. 지나친 칭찬을 받거나 사람들 앞에서 춤을 춰야 하는 상황에서도 거울 속 자신의 모습을 인식할 수 있는 24개월 이후의 영아들만이 당혹감을 표출하였다(Lewis et al., 1989).

③ 자부심 및 수치심

주변 사람의 반응에 관심을 두게 되는 2세 후반에서 3세경에는 자부심(pride)과 수치심(shame)의 정서가 나타난다. 퍼즐 맞추기와 같이 주어진 과제에 성공하면 어른을 올려다보거나 미소 짓는 등 분명한 자부심의 정서를 나타내지만, 실패하면 고개를 숙이고 아래를 응시하는 등 수치심을 보인다(Lewis, Alessandri, & Sullivan, 1992).

아동의 성이나 기질과 같은 선천적인 요인이 자부심 및 수치심에 영향을 미치지만, 양육 방식이나 문화적 요소 역시 영향을 미친다. 선행 연구에 따르면 아동을 학대했던 이력이 있는 어머니들은 아동이 실패한 후에 더욱 강도 높게 비판하였으며, 아동은 실패한 후에 높은 수준의 수치심을 보이고 성공한 후에도 자부심을 적게 표현하였다(Alessandri & Lewis, 1996). 이와 유사하게 부모나 교사의 칭찬과 비판 역시 아동의 자부심과 수치심 발달에 직접적인 영향을 미친다. 예를 들어 아동이 실패했을 때, 아동의 고정된 능력에 대한 비판(예: "넌 수학적 능력이 없나 보다.")을 하면 아동은 높은 수치심 및 무력감을 보인다. 고정된 능력에 대한 칭찬(예: "너 정말 똑똑한데.") 역시 이후 아동이 실패를 경험하게 되면 아동의 수치심 및 무력감을 증가시키는데, 이는 어떤 고정된 능력으로 인해 성공했다고 칭찬하면 아동은 실패는 곧 고정된 능력의 부재 때문이라고 받아들이기 때문이다. 반면, 아동의 변화 가능한 요소에 대한 비판(예: "문제 풀이 방법이 잘못된 것 같구나.") 혹은 칭찬(예: "정말 좋은 방법으로 문제를 풀었네.")은 아동에게 자부심을 느끼게 하고 실패를 경험한 후에도 다시 도전할 수 있는 끈기를 길러 준다(Gunderson et al., 2013; Kamins & Dweck, 1999; Mueller & Dweck, 1998).

2) 정서이해의 발달

자신의 정서를 타인에게 표현하고 알리는 것만큼 타인의 정서를 이해하는 능력도 중요하다. 공감은 사회적으로 밀접하고 친밀한 관계를 형성하는 데 중요하다. 상대방이 느끼는 감정이 기쁨인지, 슬픔인지, 분노인지를 파악하고 이해하는 능력은 공감의 기초이며, 이를 통해 대인적·사회적으로 친밀하고 밀접한 관계를 형성할 수 있기 때문이다.

습관화 패러다임을 통해 영아는 3개월이 되면 타인의 표정에서 기쁨, 놀람, 분노 등의 감정을 구분할 수 있으며, 7개월경에는 공포, 슬픔, 흥미와 같이 더욱 분화된 감정을 구분할 수 있음을 발견하였다(Grossman, 2013). 더불어 영아는 친숙한 어머니의 표정을 낯선 사람의 표정보다 더 잘 구분하며(Barrera & Maurer, 1981), 5~7개월 영아는 얼굴에 나타난 정서표현과 목소리에 나타난 정서표현을 짝지을 수 있었다. 가령 명랑한 목소리를 들었을 때는 웃고 있는 얼굴을, 화난 목소리를 들었을 때는 화난 얼굴을 오래 응시하였다(Walker-Andrews, 1988; Walker-Andrews & Dickson, 1997).

타인의 정서를 이해하는 것은 사회적 참조(social referencing)에 매우 중요하다(Feinman, Roberts, Hsieh, Sawyer, & Swanson, 1992). 사회적 참조는 7개월경 시작되어 12개월 무렵 다양한 상황에 적용된다. 가령 12개월 영아는 어머니가 부정적인 감정표현을 하고 있을 때 시각절벽을 피하고, 새로운 장난감을 덜 가지고 놀았으며, 낯선 사람에게 덜 친절하게 행동한다(Sorce et al., 1985; Gunnar & Stone, 1984; Feinman & Lewis, 1983). 사회적 참조를 얼마나 자주 하는지는 애착과도 관련이 있다. 안정애착이 형성된 영아는 낯선 상황에서 회피애착이 형성된 영아보다 사회적 참조를 많이 하고(Baldwin & Moses, 1996; Dickstein, Thompson, Estes, Malkin, & Lamb, 1984), 6개월경 어머니가 많이 안아 주고 긍정적인 상호작용을 한 영아일수록 13개월이 되었을 때 사회적 참조를 더욱 많이 한다(Peebles, 1993).

사회적 참조에는 세 가지 기술이 필요하다(Baldwin & Moses, 1996). 첫째, 앞서 살펴본 바와 같이 타인의 정서에 대한 이해가 수반되어야 한다.

사회적 참조 낯설고 애매한 상황에서 부모나 다른 성인의 정서표현을 행동의 가이드로 삼는 것

둘째, 타인이 정서를 표현하고 있는 대상을 자신과 타인이 동시에 바라보고 있다는 것을 인식하는 공동 주의(joint attention) 능력이 필요하다. 마지막으로 타인이 제공하는 정서적 단서를 해석하고 이에 맞는 행동조절을 할 수 있는 능력이 있어야 진정한 사회적 참조가 일어난다. 가령 어머니가 뱀을 바라보며 공포스러운 표정을 짓고 있다면, 영아는 어머니의 표정에서 공포라는 정서를 읽어내고 어머니가 바라보고 있는 대상을 자신도 보고 있다고 인식하며, 따라서 그 대상인 뱀에게 가까이 다가가지 않도록 행동을 조절해야 한다.

3) 정서조절의 발달

정서조절(emotional regulation)은 자신의 감정을 모니터링하고 정서표현을 사회에서 수용 가능한 형태로 조절하는 능력을 뜻한다(Salovey & Mayer, 1990). 정서조절을 위해 사용하는 책략(strategy)은 의식적 혹은 무의식적으로 이루어진다.

Gross(1999, 2001)의 정서조절 모델에 따르면 성인들은 다양한 정서조절 전략을 사용하며, 이를 5개의 전략으로 구분할 수 있다(그림 8-2 참조). 첫 번째는 상황 선택(situation selection) 전략으로, 정서가 발생하기 전에 정서가 발생할 가능성에 대비하는 전략이다. 가령 헤어진 연인 때문에 괴롭다면 주말에 연인과 함께 갔던 장소에 가지 않고 집에 있는 방법을 택하는 것이다. 두 번째는 상황 바꾸기(situation modification) 전략으로, 주어진 상황을 바꾸어 정서가 발생하는 강도를 줄이는 것이다. 주말에 집에 있는데 헤어진 연인이 생각난

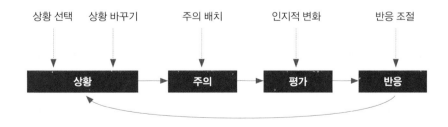

그림 8-2 **Gross의 정서조절 모델**
출처: Gross & Thompson(2007).

다면 집에 걸려 있는 사진이나 기념일이 적힌 달력들을 보이지 않는 곳으로 치우는 것이 상황 바꾸기에 속한다. 세 번째는 주의 배치(attentional deployment) 전략으로, 정서가 일어나지 않게 주의를 다른 곳으로 돌리는 것이다. 헤어진 연인을 생각하지 않기 위해 운동을 하거나 과제를 열심히 하는 것이 여기에 속한다. 네 번째는 인지적 변화(cognitive change) 전략으로, 정서를 유발하는 사건의 의미를 바꾸려는 노력이다. 가령 옛 연인이 처음부터 자신과 맞지 않았다고 생각을 하거나, 이별이 더 좋은 사람을 만날 수 있는 계기가 될 것이라고 해석한다. 마지막은 반응 조절(response modulation) 전략으로, 이미 감정이 발생한 후에 이를 억누름으로써 표현하지 않는 전략이다. 헤어진 연인 생각으로 눈물이 난다면 이를 막기 위해 즐거운 생각을 하거나 노래를 부르는 것 등을 들 수 있다.

이처럼 성인들이 사용하는 다양한 전략을 영유아들도 가지고 있을까? 영유아가 사용하는 정서조절 전략에는 어떤 것들이 있을까?

생의 초반 영유아의 정서조절은 양육자들에게 크게 의존하여 이루어진다. 첫 몇 개월 동안은 양육자들이 알아서 영아를 지나치게 자극하는 사건을 피하거나 통제하고, 울고 있는 영아를 안거나 다독이면서 영아의 정서를 조절해준다. 5~6개월경이 되면 영아는 자신의 부정적 정서를 줄이는 자기위로 행동(self-comforting behaviors)을 보이는데, 엄지손가락을 빨거나 불쾌한 자극으로부터 고개를 돌리는 행동들이 대표적인 예이다(Ekas, Lickenbrock, & Braungart-Rieker, 2013).

18~24개월 사이 걸음마기가 되면 그동안의 경험들을 바탕으로 정서조절 능력이 더욱 향상되고 자신의 정서를 조절할 수 있는 다양한 책략들을 발달시킨다. 24개월 영아들은 실험자가 돌아올 때까지 과자나 선물을 기다려야 하는 상황에서 주변 성인에게 말을 걸거나 주변에 있는 다른 사물을 가지고 놀면서 과자나 선물로부터 주의를 돌리는 책략을 사용한다(Grolnick, Bridges, & Connell, 1996).

4세 정도가 되면 유아들은 고무젖꼭지 혹은 종이 클립과 같은 실망스러운 선물을 받고도 자신의 손을 비비거나 머리를 꼬는 등 스스로를 위로하는 행동을 보인다(Liew, Eisenberg, & Reiser, 2004). 더불어 아동은 나이가 들수록 상황에 따라 자신의 실제 감정은 숨기고 사회적 혹은 문화 집단에 적합한 거짓 정서를 표현하는 능력이 높아지는데, 이러한 거짓 정서는 특히 여아들에게서 강하게 나타난다(Saarni, 1984).

물론 모든 유아가 좌절스러운 상황에서 정서조절을 잘하는 것은 아니다. "자식은 부모의 거울이다"라는 말에서도 알 수 있듯이 부모의 정서조절 능력은 영유아의 정서조절 능력과 밀접한 관련이 있다. 유아에게 긍정적 정서표현을 많이 하는 어머니의 자녀일수록 유아의 정서조절력은 높게 나타났으며 불안, 우울과 같은 부정적 정서는 낮게 나타났다(Eisenberg et al., 2001).

개념 체크 ▲

빈칸에 적합한 말을 써넣으시오.

1 생애 초반에 문화 보편적으로 나타나는 정서를 .... 또는 .... 라 하고, 자기개념을 포함한 인지적 발달을 이루면서 차츰 분화되어 나타나는 정서를 .... 또는 .... 라 한다.

2 .... 은/는 낯선 상황에서 부모나 다른 성인의 정서표현을 행동의 가이드로 삼는 것을 일컫는다.

다음 질문에 적절한 답을 고르시오.

3 다음 중 1차 정서에 속하지 않는 것은?
   ① 기쁨   ② 당혹감   ③ 분노   ④ 놀람

---

2. 애착

쥐 세 마리가 있었다. 첫 번째 쥐는 현대적인 편의시설이 갖추어진 편안한 집에 살고 있었다. 집 안 벽에는 버튼과 구멍이 있었는데, 쥐가 버튼을 누르면 구멍을 통해 맛있는 음식을 먹을 수 있었다. 음식이 나오는 버튼은 잘 작동했으며 쥐는 배가 고플 때마다 버튼을 누르고 꾸준히 음식을 받을 수 있다는 점을 인식했다. 쥐는 버튼의 예측 가능한 특성을 좋아했으며 실제로 음식이 필

요할 때만 버튼을 누르는 경향이 생겼다.

　　두 번째 쥐의 집에도 버튼이 있었으나 제대로 작동하지 않았다. 버튼은 예측 가능성이 없었다. 어떤 경우에는 버튼을 누르면 즉시 음식을 받았지만 다른 경우에는 10번 또는 20번을 눌러야 했다. 두 번째 쥐는 버튼에 대한 불신이 생겼고, 배가 고플 때 먹을 음식을 저장해 놓기 위해 배가 고프지 않을 때도 버튼을 계속 눌렀다. 이후 잘 작동하도록 버튼을 고쳤다. 그러나 둘째 쥐는 여전히 버튼을 믿을 수 없어 계속 눌러 음식을 받고 저장해 두었다.

　　세 번째 쥐는 작동하지 않는 버튼이 있는 집에 살았다. 세 번째 쥐는 버튼을 눌러도 음식을 받지 못했다. 세 번째 쥐는 버튼은 무용지물이며 음식을 받기 위해서는 다른 방법을 사용해야 한다는 것을 빨리 이해했다. 세 번째 쥐는 새집으로 이사를 했다. 거기에는 누르면 음식이 나오는 잘 작동하는 버튼이 있었음에도 세 번째 쥐는 버튼에 대한 믿음이 부족하여 버튼을 사용하지 않고 계속 음식을 찾아다녔다.

　　　　　　　　　　　　　　　　　　　— Pearce(2009), 「세 쥐 이야기」 중에서

　　위의 쥐 세 마리 이야기는 양육자(=버튼)가 제공하는 일관적인 양육(=먹이)이 영아(=쥐)의 신뢰 형성과 안정감에 미치는 영향성을 시사한다.

1) 애착이론

　　애착(attachment)이란 영아와 양육자 간의 친밀한 정서적 유대관계를 뜻한다. 영아는 애착이 형성된 대상이 부재할 때 슬픔을 느끼고 애착 대상과 함께 있으면 편안함과 안락함을 느낀다. 영아는 생후 6개월 이후부터 자신에게 반응적이고 친숙한 양육자에게 애착을 발달시킨다. 영아는 꼭 어머니가 아니더라도 안정적인 양육을 제공하는 양육자에게 애착을 발달시키며, 안정적인 양육을 제공하는 성인이 부재할 때는 심지어 또래에게 애착을 형성하기도 한다(Freud & Dann, 1951). 더불어 애착 대상은 여러 명일 수 있으며, 여러 명의 애착 대상 속에서도 위계가 존재하여 더 강하고 덜 강한 애착 대상이 있을 수 있다(Bowlby, 1969; Ainstworth, 1979).

(1) 정신분석이론

Freud에 따르면 영아기는 입에 들어오는 자극으로부터 성적인 쾌감을 얻는 '구강기'이며, 영아는 구강적 즐거움을 제공하는 대상에게 애착을 발달시킨다. 영아기에는 대부분 어머니 혹은 주 양육자가 수유를 하거나 음식을 제공하므로 영아는 자신의 배고픔과 구강의 즐거움을 충족시켜 주는 대상인 어머니나 주 양육자에게 애착을 형성한다.

(2) 학습이론

정신분석이론과 마찬가지로, 학습이론에서도 음식의 역할이 중요하다. 영아는 음식이라는 무조건적 자극에 의해 포만감, 기쁨이라는 무조건적 반응을 보인다. 무조건적 자극이란 학습의 과정 없이도 반응을 유발하는 자극을 뜻하며, 무조건적 반응은 무조건적 자극이 주어졌을 때 보이는 반응이다. 예컨대 누군가가 내 얼굴 앞에서 주먹을 휘두른다면 자연스럽게 눈을 깜빡이게 되는데, 여기서 주먹이 무조건적 자극이고 눈 깜빡임이 무조건적 반응이다. 영아는 음식이 주어질 때마다 주 양육자인 어머니가 함께 오는 경험을 축

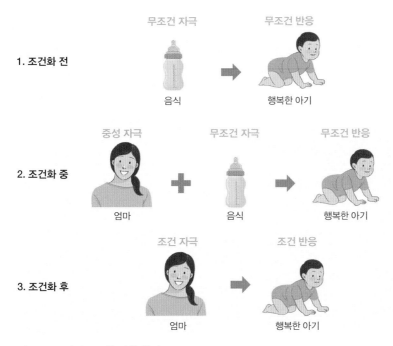

그림 8-3 **조건화를 통한 애착 형성**

적함에 따라 이를 학습하고, 어머니와 음식을 연합시키면서 어머니에게도 긍정적인 반응을 보이게 된다. 다시 말해 중성자극이었던 어머니가 조건자극이 되고 어머니가 있으면 기쁨이라는 조건 반응을 보인다는 것이다(Dollard & Miller, 1950).

(3) 접촉위안이론

앞서 살펴본 정신분석이론과 학습이론에 따르면 음식은 애착 형성에 필수적인 혹은 가장 중요한 요소라고 생각할 수 있다. 하지만 즐거움을 주는 음식보다 접촉이 애착 형성에 더욱 강력한 영향을 미친다는 것을 Harlow(1958)가 원숭이 실험을 통해 보여 주었다. 생애 첫날부터 어미에게서 분리된 새끼 원숭이들은 2개의 대리모에 의해서 길러졌다. 한 대리모는 스펀지 고무 위에 천으로 덮인 '헝겊 대리모'였고, 다른 대리모는 철사로 만들어진 '철사 대리모'였다. 새끼 원숭이의 절반은 헝겊 대리모가 먹이를 주었고 다른 절반은 철사 대리모가 먹이를 주었다. Harlow의 질문은 '새끼 원숭이들이 먹이를 주는 대리모에게 애착을 발달시킬 것인가' 아니면 '누가 먹이를 주느냐와 관계없이 신체적인 안락함을 주는 대리모에게 애착을 발달시킬 것인가'였다. 앞서 살펴본 정신분석이론과 학습이론에 따르면 음식이 애착 형성에 필수적인 요소이기에 헝겊 대리모에게서 먹이를 제공받은 새끼 원숭이는 헝겊 대리모에게, 철사 대리모에게서 먹이를 제공받은 원숭이는 철사 대리모에게 애착을 발달시켜야 한다. 하지만 흥미롭게도 헝겊 대리모에게서 먹이를 받은 원숭이뿐만 아니라 철사 대리모에게서 먹이를 받은 원숭이도 헝겊 대리모에게 애착을 형성하였다. 먹이를 먹는 시간을 제외하고는 두 집단의 원숭이 모두 헝겊 대리모에게서 대부분의 시간을 보냈고, 위협을 느끼는 상황에서도 헝겊 대리모에게 달려가 위안을 받는 모습을 보였다. 이러한 연구 결과는 애착 형성에 신체적 접촉이 음식보다 더욱 강력한 영향을 미친다는 것을 시사한다. 현대에 들어서는

▶ 철사 대리모와 헝겊 대리모

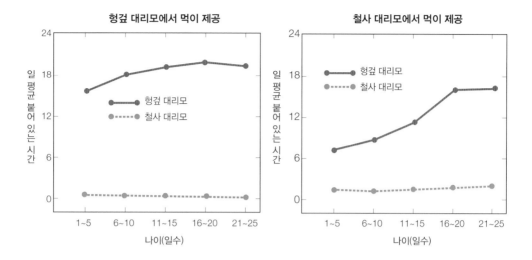

헝겊 대리모에서 먹이 제공

(세로축: 일평균 붙어 있는 시간)

헝겊 대리모
철사 대리모

(가로축: 나이(일수))
1~5   6~10   11~15   16~20   21~25

철사 대리모에서 먹이 제공

(세로축: 일평균 붙어 있는 시간)

헝겊 대리모
철사 대리모

(가로축: 나이(일수))
1~5   6~10   11~15   16~20   21~25

그림 8-4 **원숭이의 애착 실험**
어떤 대리모에게서 먹이가 제공되든 아기 원숭이는 지속적으로 헝겊 대리모와 더 오래 붙어 있으려는 경향을 보였다.
출처: Harlow(1958).

Harlow의 접촉위안이론에 착안하여 출생 직후 영아를 부모의 가슴에 올려 두어 영아에게 심리적·신체적 안정을 제공하는 캥거루 케어를 하고 있다.

(4) 동물행동학이론

동물행동학이론은 인간을 포함한 모든 동물은 종의 생존에 보탬이 될 수 있는 선천적인 행동 경향성을 가지고 태어난다고 전제한다. 동물행동학적 관점의 기원은 Lorenz(1937)의 동물 연구라고 할 수 있는데, 그중에서도 새끼 거위가 부화한 지 몇 시간 만에 움직이는 대상을 따라다니는 각인(imprinting)행동이 대표적이다. 각인은 새끼 거위가 생의 초반에 옆에 있는 대상(주로 어미)을 따라다님으로써 위험으로부터 자신을 보호하고 생존의 가능성을 높이는 적응적인 반응이다.

비록 인간이 태어난 지 몇 시간 만에 각인행동을 보이지는 않지만, 인간 역시 타인의 보살핌을 받음으로써 생존 가능성을 높이는 기제를 가지고 태어난다. 예를 들

▶ 큐피인형에서 강조돼 나타나듯이 아기들은 보살핌을 유발하는 외모를 갖고 있다.

어 아기들은 넓은 이마와 토실토실한 볼, 둥근 얼굴형 등 주변 사람에게 보살 핌을 유발하는 귀엽고 사랑스러운 형태로 태어나는데 이를 '큐피인형(kewpie doll) 효과'라고 한다(Lorenz, 1943).

Bowlby(1969) 역시 영아들이 귀여운 외모와 더불어 찾기 반사, 빨기 반사, 잡기 반사 등을 가지고 태어남으로써 부모와 더욱 밀접한 관계를 유지할 수 있다고 본다. 나아가 Bowlby는 영아뿐만 아니라 성인들도 아기들이 보내는 신호(예: 아이의 울음소리)에 민감하게 반응하는 생물학적 경향이 있기에 영아와 양육자는 애착을 형성하면서 종의 생존을 이루어 왔다고 주장한다.

표 8-1 애착이론의 종류

애착이론	애착 형성
정신분석이론	구강의 즐거움과 음식에 대한 욕구를 충족시켜 주는 대상에게 애착을 발달시킨다.
학습이론	'음식'이라는 무조건적인 자극과 '어머니'라는 중성 자극이 반복적으로 함께 제시되면서 '음식=어머니'라는 연합이 형성되어 어머니에 대한 애착을 발달시킨다.
접촉위안이론	접촉을 통해 신체적·정서적 안락감을 주는 대상에게 애착을 발달시킨다. 가령 새끼 원숭이들은 우유가 있는 철사 대리모보다 안락감을 제공하는 헝겊 대리모와 더 많은 시간을 보낸다.
동물행동학이론	인간을 포함한 모든 종은 생존을 보장하기 위한 기제를 타고나고 이러한 기제는 애착을 보장한다. 동물의 각인행동, 영아의 귀여운 얼굴 등이 생존을 위한 기제에 해당한다.

2) 애착 발달

Bowlby(1969)는 인간이 애착을 발달시키는 단계를 4단계로 나누어 설명한다.

1단계: 애착 전 단계(출생부터 6주) 이 시기의 영아는 반사적 미소, 울음 등 선천적인 신호체계로 양육자들을 곁에 둔다. 영아는 태어난 직후부터 어머니의 목소리와 냄새를 인식하지만 애착 형성 전 단계이기 때문에 어머니가 아닌

제3자에 의해서도 위로를 받는다.

2단계: 애착 형성 단계(6주부터 6~8개월) 이 시기에는 영아가 친숙한 대상에게 선별적으로 웃음과 옹알이로 반응하고, 친숙한 대상에 의해 더 쉽게 위로받는다. 하지만 애착 형성이 확고하게 이루어지지 않아 제3자에 의해서도 위로받으며, 애착 대상과 분리될 때 불안해하거나 저항하지 않는다.

3단계: 애착 단계(6~8개월부터 18개월) 명확한 애착이 형성되는 시기이다. 이 시기에 영아는 기거나 걸을 수 있게 되면서 애착 대상에 능동적으로 접근하며 함께 있기를 원한다. 애착 대상이 곁에 있으면 기뻐하거나 안락함을 느끼고, 새로운 환경에서 애착 대상을 안전기지(secure base)로 활용하면서 위안을 얻는다. 한편 애착 대상과 분리될 때 불안함과 고통을 느끼는 분리불안이 극에 달하는 시기이기도 하다.

4단계: 상호관계 형성 단계(18~24개월 이후) 인지와 언어 능력이 급격하게 발달하면서 애착 대상이 왜 잠시 자리를 비우는지 이해하고, 애착 대상이 곁에 없어도 어딘가에 존재하며 언젠가는 돌아온다는 것을 알게 된다. 이 시기의 아동은 부모가 자신을 떠나지 못하게 설득하거나 이를 부모와 협상하려고 시도하기도 한다. 영아-부모 간의 파트너십이 증가하면서 자신의 요구와 부모의 요구를 조절하기 시작하며, 분리될 때에도 고통을 덜 느낀다.

영아는 이러한 애착 발달 단계를 거치면서 애착 대상과 자신 간의 내적 표상을 형성하는데, 이를 내적 작동모델(internal working model)이라고 한다. 영아는 애착 대상과의 관계를 통해 이후 맞이할 타인과 환경에 대한 관계 양식 혹은 인지 양식을 형성한다. 다시 말해 영아는 생의 초기에 경험한 양육자와 자신의 관계를 기반으로, 자신이 힘들 때 애착 대상이 얼마나 안정감을 줄 수 있는지에 대한 기대나 신념을 형성한다. 가령 영아가 울음 등으로 도움을 요청하는 신호를 보낼 때 양육자가 일관성 있게 다가와 도움을 주었다면, 영아는 자신이 보살핌과 사랑을 받을 만한 사람이라고 느끼는 내적 작동모델을 구성하게 되며, 이는 이후의 대인관계에도 영향을 미친다. 반면 도움의 신호에 양육자가 반응을 보이지 않거나 비일관적으로 반응한 경우, 영아는 양육자에 대한 부정적인 혹은 불신의 내적 작동모델을 형성하고 자신에 대한 부정적인 지각을 발달시키게 된다(Bowlby, 1973; Bretherton & Munholland, 1999). 종
합해 볼 때 생의 초반에 양육자와의 관계에서 형성된 애착의 내적 작동모델은
아동의 자기인식, 타인에 대한 기대, 사회행동 전반에 영향을 미친다.

3) 애착의 측정과 유형

애착에는 개인차가 존재한다. 어떤 영아는 어머니가 주변에 있으면 새
로운 환경에서도 잘 적응하는 반면, 다른 영아는 어머니가 주변에 있어도 불
안해한다. Ainsworth(1978)는 낯선 상황(strange situation) 실험(표 8-2 참조)

표 8-2 애착 측정을 위한 낯선 상황 실험의 절차

일화	참여자	지속 시간	사건	평가 장면
1	영아, 어머니, 관찰자	30초	관찰자는 장남감이 있는 방을 영아와 어머니에게 소개하고 떠난다.	
2	영아, 어머니	3분	어머니는 상호작용을 시작하지는 않지만 아이의 요구에 적정한 반응을 보인다.	어머니를 안전기지로 삼고 새로운 환경을 탐색하는가?
3	영아, 어머니, 낯선 이	3분	낯선 이가 들어오고 1분 동안 조용히 앉아 있는다. 그다음 양육자와 1분 동안 이야기를 하고, 그 후 1분 동안 영아와 상호작용을 시도한다.	낯선 사람에 대한 반응은 어떠한가?
4	영아, 낯선 이	3분 혹은 그 이하	어머니는 영아를 낯선 이와 남겨 두고 방을 떠난다. 영아가 고통스러워하는 반응을 보이면 낯선 이는 아이를 진정시키는 행동을 할 수 있다.	어머니와 분리 시 분리불안을 보이며, 낯선 사람에 의해 위로받는가?
5	영아, 어머니	3분 혹은 그 이상	어머니가 방으로 들어와 필요하면 영아에게 위안을 제공한다. 낯선 이는 방을 나간다. 어머니는 영아가 놀이를 하도록 한다.	어머니와 재결합 시 영아의 반응은 어떠한가?
6	영아	3분 혹은 그 이하	어머니는 영아를 혼자 남겨 두고 방을 나간다.	어머니와 분리 시 분리불안을 보이는가?
7	영아, 낯선 이	3분 혹은 그 이하	낯선 이가 방으로 들어오고 영아가 보이는 행동에 따라 반응한다.	낯선 사람에 의해 쉽게 진정되는가?
8	영아, 어머니	3분	어머니가 방으로 들어오고 필요시에는 영아를 달랜다. 낯선 이는 방을 떠난다.	어머니와 재결합에 대한 반응은 어떠한가?

을 통해 영아와 양육자 간의 애착 유형을 살펴보았다. 이 실험에서는 12개월 이후 영아를 대상으로 새로운 환경에서 영아가 어머니를 안전기지로 삼는지, 어머니와 분리·재결합 시 반응이 어떠한지를 지켜보며 애착 유형을 구분하였다. 애착 유형은 애착의 질에 따라 안정애착(secure attachment), 불안정-회피애착(insecure avoidant attachment), 불안정-저항애착(insecure resistant attachment), 불안정-혼란애착(insecure disorganized attachment)으로 분류한다.

안정애착 미국에서는 1세 영아의 약 50~60%가 안정애착 유형에 속하며, 한국 영아 대상 연구에서는 57~67%가 이 유형에 속한다는 결과가 있다(최해훈, 이경숙, 김태련, 1988; 진미경, 2008). 안정애착이 형성된 영아는 낯선 환경이 주어지더라도 어머니와 있다면 주변을 적극적으로 탐색한다. 그리고 가끔씩 어머니를 확인하기 위해 돌아보거나 어머니에게 다가오는 등 어머니를 안전기지로 삼는다. 하지만 어머니와 분리되면 눈에 띄게 고통 반응을 보이며 불안해하고 어머니가 돌아왔을 때는 어머니를 반기며 신체 접촉을 시도하면서 위안을 받는다. 안정애착을 형성한 영아의 어머니는 영아의 요구에 적절하고 상호 동시적인 반응을 보이고 영아에게 일관되게 긍정적인 정서와 애정을 표현하는 양육 태도를 지닌 것으로 나타났다(De Wolff & van IJzendoorn, 1997; Nievar & Becker, 2008).

불안정-회피애착 미국 영아의 약 15%가 이 유형에 속하며, 국내에서는 2~3%가 속한다는 연구 결과가 있다. 회피애착이 형성된 영아들은 낯선 상황에서 어머니를 피하는 경향이 있다. 더불어 어머니가 방을 나가도 고통스러워하지 않고, 어머니가 돌아왔을 때도 반기지 않으며 오히려 무시하거나 회피하는 경향을 보인다. 회피애착을 형성한 영아 어머니의 양육 태도를 살펴보면 일관되게 영아의 요구에 반응하지 않는 경우가 많았다. 영아는 자신에게 도움이 필요할 때 위로받아 본 경험이 없기에 전략적으로 먼저 어머니를 회피하는 경향성을 보인다고 해석할 수 있다(Isabella, 1993; Leerkes, Parade, & Gudmundson, 2011).

불안정-저항애착 미국 영아의 약 10%, 국내 영아의 23~27%가 이 유형에 속한다고 한다. 저항애착이 형성된 영아들은 낯선 상황에 놓였을 때 탐색을 하지 않으며 어머니 곁에만 머무른다. 어머니와 분리될 때 매우 불안해하지만, 어머니가 돌아와도 적극적으로 반기지 않는다. 오히려 어머니가 자신을 두고 나갔다는 것에 화가 난 듯 큰 소리로 울며, 팔을 벌리고 다가가더라도 어머니가 안아 주면 몸을 뒤로 젖혀 몸부림을 치는 등 벗어나려 한다. 저항애착이 형성된 영아의 어머니는 비일관적으로 반응하는 양육 태도를 보인다. 즉, 자신의 기분이나 컨디션에 따라 어떤 날은 영아의 요구에 적극적으로 반응하고, 다른 날은 영아의 요구에 반응하지 않는 것이다. 영아는 언제 어떻게 해야 어머니로부터 반응을 끌어낼 수 있는지 알 수 없기에 과장된 울음과 행동을 보인다 (Isabella, 1993; Leerkes, Parade, & Gudmundson, 2011).

불안정-혼란애착 미국 영아의 약 15%, 국내 영아의 8~14%가 이 유형에 속한다. 낯선 상황에서 가장 높은 스트레스 반응을 보이는 애착 유형으로, 어머니에게 접근할 것인지 회피할 것인지 영아 스스로 혼란스러워하는 모습을 보인다. 어머니와 재결합 시 다가가다가도 어머니가 다가오면 뒷걸음질 치거나 안아 주면 얼어붙은 듯이 행동한다. 혼란애착이 형성된 영아들은 학대받은 경험이 있거나 부모 자신이 애착에 심각한 문제가 있는 경우가 많다(van IJzendoorn, Schuengel, & Bakermans-Kranenburg, 1999).

생의 초반에 양육자와 어떤 애착 유형을 형성했느냐에 따라 내적 작동모델이 상이하게 나타난다는 연구가 있다(Johnson, Dweck, & Chen, 2007). 이 연구에서는 안정애착과 불안정애착이 형성된 12~16개월 영아 21명을 대상으로 작은 동그라미와 큰 동그라미가 나오는 영상을 활용한 실험(그림 8-5 참조)을 진행하였다. 먼저, 작은 동그라미와 큰 동그라미 모두 언덕의 아랫부분에 있다가 몇 초 후 큰 동그라미가 언덕 중간까지 올라가고 작은 동그라미는 위아래로 움직이며 아기 울음소리를 내는 영상을 영아가 습관화될 때까지 보여 준다. 다음으로 두 가지 상반된 장면을 담은 영상을 영아에게 보여 준다. 하나는 작은 동그라미가 울자 커다란 동그라미가 작은 동그라미가 있는 언덕 아래로 내려오는 장면을 담은 영상이고(=반응적 보호자), 다른 하나는 작은 동그라미가 울자 커다란 동그라미가 언덕 중간에서 위로 올라가 작은 동그라미에게서 더욱 멀어지는 장면을 담은 영상이다(=비반응적 보호자). 영아가 기대하지 못했던 놀

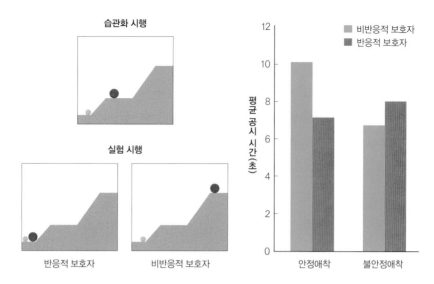

그림 8-5 **큰 동그라미와 작은 동그라미 실험**
출처: Johnson, Dweck, & Chen(2007).

라운 사건을 볼 때, 응시 시간이 길어지는 기대위반법을 떠올려 보자. 안정애착이 형성된 영아들은 큰 동그라미가 멀어지는 비반응적인 보호자 영상을 더욱 오래 응시하였다. 이는 안정애착이 형성된 영아는 아기가 울면 어머니가 와서 달래 줄 것이라는 내적 작동모델을 가지고 있기 때문이라 해석할 수 있다. 반면 불안정한 애착이 형성된 영아는 반응적 보호자와 비반응적 보호자 영상 간의 응시 시간에 통계적으로 유의한 차이가 나타나지 않았다. 이는 영아가 스스로 부모의 비일관적인 양육을 경험했기에 아기가 울 때 어머니가 다가올 수도 그렇지 않을 수도 있다는 내적 작동모델을 가지고 있기 때문이라 해석된다.

4) 아버지 애착

영아는 어머니뿐 아니라 아버지에게도 애착을 형성할 수 있다. 특히 아버지가 양육에 긍정적인 태도를 가지고, 영아와 많은 시간을 보내며, 영아의 요구에 민감하게 반응한다면 영아는 아버지에게 안정애착이 형성된다(Brown, McBride, Shin, & Bost, 2007; van IJzendoorn & De Wolff, 1997). 총 44명의 영아를 대상으로 한 낯선 상황 실험연구(Main & Weston, 1981)에서 12명은 부모 모두에게 안정애착을 보였으며, 11명은 어머니에게만 안정애착, 아버지에게는 불안정애착, 10명은 어머니에게 불안정애착, 아버지에게는 안정애착을 가지고 있었고, 11명은 부모 모두에게 불안정애착을 가지고 있는 것으로 관찰된 바 있다. 부모 모두에게 안정애착이 형성된 아동들은 모두에게 불안정애착이 형성된 아동들에 비해 불안감이 낮았으며 도전적인 상황에 더욱 잘 적응했다(Verissimo et al., 2011; Verschueren & Marcoen, 1999). 아버지에게 안정애착이 형성된 아동들은 정서적 자기조절을 잘했으며, 또래 사이에서 인기가 많았고, 문제행동과 비행 수준도 낮았다(Coley & Medeiros, 2007; Lieberman, Doyle, & Markiewicz, 1999; Pleck & Masciadrelli, 2004). 또한 2세 때 아버지와 안정애착이 형성된 아동은 5세가 되어서 또래에 비해 자존감이 높았다. 아버지 애착이 아동의 자존감에 미치는 영향은 특히 또래 수용이 낮은 아동에게서 더욱 강한 것으로 나타났다. 다시 말해 또래 수용이 낮은 아동은 자존감 역시 낮을 수 있는데, 아버지와 안정애착이 형성되면 또래 수용이 낮더라도 자존감이 높아질 수 있다는 것이다(Pinto, Verissimo, Gatinho, Santos, & Vaughn, 2015).

이러한 연구 결과를 종합해 보면 아버지와 아동 간의 애착은 아동이 발달하는 데 있어서 중요한 요소임을 알 수 있다. 특히 아버지 애착은 어머니와 아동 간 불안정애착의 부정적인 효과를 완화하는 역할을 할 수 있다.

5) 애착과 이후 발달과의 관계

영아기 안정애착은 이후 발달과 관련이 깊다. 가령 영아기에 안정적인 애착이 형성된 영아들은 걸음마기에 어휘력이 높았고(Meins, 1998), 유아기에 감정표현과 조절을 잘했으며(Erickson, Sroufe, & Egeland, 1985; Suess, Gross-mann, & Sroufe, 1992), 또래관계에서도 유능한 것으로 나타났다(Easterbrooks & Goldberg, 1990). 종단연구에 따르면 영아기에 안정애착이 형성된 아동은 청소년이 되었을 때 화가 나는 상황에서 자신의 감정을 인정하고 받아들이는 경향이 있었고 그의 어머니 역시 청소년 자녀들의 감정에 민감하게 반응하였다(Spangler & Zimmermann, 2014). 더불어 민감한 양육을 하는 부모를 둔 18개월 영아는 22살이 되어서도 부모나 가족보다는 친구관계나 애인과의 관계에서 더 안정감을 느끼는 것으로 나타나(Zayas, Mischel, Shoda, & Aber, 2011), 생의 초반에 주 양육자와 애착관계의 질이 중요하다는 것을 시사한다.

개념 체크 ▲

다음 빈칸에 알맞은 말을 써넣으시오.

1 어머니와 분리될 때 매우 불안해하지만, 어머니가 돌아와도 적극적으로 반기지 않는 애착 유형을 .... 애착이라고 한다.

2 .... 이론에 따르면 애착 형성에 신체적 접촉이 음식보다 더 강력한 영향을 미친다.

다음 문장이 맞는지 틀리는지 ○, ×로 표시하시오.

3 (   ) 영아의 애착은 어머니를 대상으로만 형성된다.

4 (   ) 절반 이상의 아동은 안정애착을 형성한다.

3. 기질

어린 영아들은 같은 자극에도 다른 반응을 보인다. 낯선 자극에 즐거워하거나 호기심을 보이는 영아도 있고, 울음이나 두려움을 표출하는 영아도 있다. 손이 닿지 않는 위치에 있는 장난감을 가지려고 지속해서 손을 뻗어 보다가 그래도 가질 수 없을 때는 스트레스 반응을 보이는 영아가 있는 반면, 한두 번 손을 뻗어 보고 장난감을 가질 수 없으면 쉽게 포기하는 영아도 있다. 이러한 영아의 개인적 차이를 기질이라 한다. 성인에게 성격적 특성이 있다면 영아에게는 기질이 있다. 환경적 영향을 많이 받는 성격과 달리, 기질은 타고난 정서, 운동, 주의, 자기조절에서의 개인차이다(Rothbart & Bates, 1998).

1) 기질의 차원

기질은 여러 가지 차원으로 이루어져 있다. 기질연구의 대표적인 학자인 Chess와 Thomas(1977)는 아동의 기질을 활동성, 규칙성, 접근/회피 성향, 적응력, 기분/정서, 지구력/주의력, 주의산만, 반응의 강도, 반응의 역치 등 총 9가지 차원으로 나눌 수 있다고 하였다(표 8-3 참조).

이외에도 Rothbart는 기질을 공포, 분노/좌절, 주의폭, 활동 수준, 미소와 웃음의 5가지 차원으로 나누었다(Gartstein & Rothbart, 2003; Rothbart et al., 2001). Rothbart는 부모, 교사 혹은 관찰자가 평가할 수 있는 영아용 행동질문지(Infant Behavior Questionnaire)와 아동용 행동질문지(Child Behavior Questionnaire)를 만들었다. 부모나 교사 등 관찰자는 아동의 행동을 묘사하는 문장(예: 지난주 동안 얼마나 자주 갑작스러운 소음에 놀랐는가? 원하는 것을 갖지 못할 때 짜증을 낸다.)을 보고 아동과 얼마나 비슷한지를 체크한다. 이밖에도 Buss와 Plomin(1984)은 기질의 차원을 활동성(영아의 활동이 얼마나 강렬한가?), 정서성(영아는 자극에 얼마만큼 쉽게 부정적인 반응을 보이는가?), 사회성(영아가 낯선 사람과 함께 있는 것을 즐기는가?)의 3가지 차원으로 나누었다.

표 8-3 Chess와 Thomas(1977)가 제시한 9개의 차원

차원	내용
활동성(activity level)	신체 활동의 양
규칙성(rhythmicity)	수면, 수유, 배변 등 신체적 리듬의 예측 가능성
접근/회피 성향(approach/withdrawal)	새로운 자극에 접근하는지, 회피하는지의 성향
적응력(adaptability)	변화에 대한 적응
기분/정서(quality of mood)	부정적 정서와 긍정적 정서 정도
지구력/주의력 (persistence and attention span)	활동 지속 시간 및 방해받았을 때 활동을 계속하는 정도
주의산만(distractability)	하고 있던 활동이 외부 자극으로 방해받는 정도
반응의 강도(intensity of reaction)	자극에 대한 긍정 혹은 부정적인 반응의 강도
반응의 역치(threshold of responsiveness)	반응을 유발하는 데 필요한 자극의 양

Chess와 Thomas(1977)는 부모들과 심층적인 인터뷰를 통해 앞서 언급한 9개의 차원을 근거로 영아의 기질을 크게 3가지로 분류했다.

쉬운(easy) 기질 수유, 배변, 수면 등의 생리적 리듬이 규칙적이고, 새로운 자극에 긍정적인 정서를 보인다. 평소에도 평온하고 긍정적인 기분을 유지하며, 좌절스러운 상황을 큰 저항 없이 받아들인다. 영아의 약 40%가 쉬운 기질에 속한다.

까다로운(difficult) 기질 생리적 리듬이 불규칙하며, 새로운 자극이나 사람에 적응하는 데 오랜 시간이 걸린다. 쉬운 기질의 영아와 비교해서 평소 강렬한 부정적 정서를 많이 느끼며 쉽게 달래지지 않는 특성이 있다. 영아의 약 10%가 까다로운 기질에 속한다.

느린(slow-to-warm-up) 기질 생리적 리듬이 쉬운 기질의 영아보다는 불규칙적이지만 까다로운 기질의 영아보다는 규칙적이다. 새로운 자극에 적응하는 데 다소 시간이 걸리며 새로운 상황이나 사람을 만났을 때 움츠러드는 경향이 있다. 영아의 약 15%가 느린 기질에 속한다.

나머지 약 35%의 영아는 여러 가지 기질이 혼합된 모습을 보인다.

2) 기질의 안정성

오랜 시간 같은 아동을 추적 조사한 종단연구에 따르면 영아기의 기질적 요소들은 유아기, 아동기를 거쳐 성인 초기가 될 때까지 안정적으로 유지된다(Caspi & Silva, 1995; Jaffari-Bimmel, Juffer, van IJzendoorn, Bakermans-Kranenburg, & Mooijaart, 2006; Lemery, Goldsmith, Klinnert, & Mrazek, 1999). 가령 새로운 사람이나 상황에서 쉽게 위축되는 경향이 있는 4개월 영아들은 모빌과 같은 흥미로운 사물에도 심장박동이 빨라지는 등 높은 신체적 활동성을 보였다(Kagan, 2003; Snidman, Kagan, Riordan, & Shannon, 1995). 이 영아들은 21개월이 되었을 때도 새로운 사람, 자극, 상황에 수줍어하거나 공포 반응을 보였으며, 4~7세가 되었을 때에는 또래에 비해 사교성이 낮고 도전적인 활동에 참여하는 것을 기피하는 성향이 있었다. 이와 유사하게 3세에 자리에 앉아 있지 못하거나 행동조절이 안 되며 불안정한 정서를 보이는 아동들은 18세가 되어서 충동적이며, 위험을 추구하고, 공격적이며, 사회적으로 소외될 경향성이 높은 것으로 나타났다(Caspi & Silva, 1995).

하지만 한 가지 유념할 점은 기질이 안정적이라고 해서 불변하는 것은 아니며, 환경에 따라 변화할 수 있다는 것이다. 다시 말해, 영아기에 까다로운 기질을 가진 아동이라 할지라도 환경에 따라서 새로운 곳에 적응하기 어려워하는 성격으로 자랄 수도, 사교성이 높은 성격으로 자랄 수도 있다. 기질에서 유전의 영향은 시간이 지남에 따라 증가하는가 또는 감소하는가? 직관적으로는 아동이 성장함에 따라 많은 환경을 접하게 되면서 환경의 영향성은 증가하고 유전의 영향성은 감소할 것으로 생각할 수 있다. 하지만 연구에 따르면 신생아 때는 기질에서 유전의 영향성이 미미하게 나타나다가(Riese, 1990), 영아기나 유아기에 유전의 영향성이 두드러지는 것으로 나타났다(Saudino & Cherny, 2001; Matheny, 1989).

3) 기질과 유전

유전의 영향성을 연구할 때 가장 빈번하게 연구되는 것이 쌍생아 연구이다. 일란성 쌍생아는 유전자가 100% 일치하는 반면, 이란성 쌍생아는 유전자가 50% 일치한다. 그 때문에 일란성 쌍생아가 이란성 쌍생아보다 행동적 유사

표 8-4 쌍생아들의 기질 유사성

기질 차원	일란성 쌍생아	이란성 쌍생아
12개월 분노(관찰자가 측정)	.38	.17
36개월 분노(관찰자가 측정)	.56	.41
36개월 억제 통제(관찰자가 측정)	.49	.33
12개월 분노(부모가 측정)	.62	.43
36개월 분노(부모가 측정)	.35	.28
36개월 억제 통제(부모가 측정)	.67	.21

출처: Gagne & Goldsmith(2011).

성을 높게 보인다면 유전의 영향이라 할 수 있다. 비록 여러 기질연구에서 유전의 영향성이 조금씩 다르게 나타나지만, 약 20~60%에 해당하는 기질적 측면은 유전에서 비롯된다고 한다(Saudino & Eaton, 1991; Saudino, 2005). 부모 또는 관찰자 보고에 따르면 일란성 쌍생아들의 기질 유사성은 이란성 쌍생아보다 높다(Gagne & Goldsmith, 2011). 가령 표 8-4와 같이 12개월 쌍생아들 간 분노의 유사성을 살펴보면 측정자가 누구인지와는 관련 없이 일란성 쌍생아의 유사성이 이란성 쌍생아의 유사성보다 높게 나타난다.

4) 기질과 양육

유전이 기질에 미치는 영향성은 크지만, 환경 역시 아동의 이후 성격 발달에 큰 영향을 미친다. 특히 어린 시기에 아동에게 가장 중요한 환경은 가정, 부모라 할 수 있다. 낯선 상황에서 적응하는 데 오랜 시간이 걸리는 영아 2명이 있다고 가정해 보자. 두 영아가 처음으로 어머니와 함께 키즈카페에 갔다. 이 아동들은 자신의 기질에 따라 새로운 환경에서 수줍음을 느끼거나 두려움을 느껴 어머니 곁에서 떨어지려고 하지 않는다. 한 어머니는 이러한 아이의 기질을 잘 이해하고 아이에게 적응할 수 있는 시간을 주면서 아이와 손을 잡고 키즈카페를 천천히 둘러본다. 반면 다른 어머니는 새로운 환경에서 스트레스를 받는 영아가 안타까워 아이의 행동 그대로를 수용하고 과보호한다. 두 영아는 3세 혹은 그 이후가 되었을 때도 비슷한 기질 혹은 성격을 가질 것인가? 연구에 따르면 어머니가 두려움과 행동 억제가 높은 남아에게 도전적인 환경을 제공하고 환경 탐색을 할 수 있도록 격려할 경우 3세 때 행동 억제가 낮게 나타났지만, 부모가 과보호했을 때는 3세 때도 여전히 행동 억제가 높고 새로운 환경이나 자극에 대한 두려움이 높았다(Park, Belsky, Putnam, & Crnic, 1997).

이러한 예는 기질과 환경이 조화 혹은 적합성을 이룰 때 긍정적인 발달을 가져온다는 조화 적합성(goodness of fit)과 관련된다(Chess & Thomas, 1977). 일반적으로 생리적 리듬이 규칙적이고 잘 웃는 쉬운 기질을 가진 영아의 부모들은 긍정적인 상호작용과 양육행동을 보이는 경우가 많다. 반면, 신체 리듬이 불규칙적이고 부정적인 정서 반응을 자주 그리고 강하게 표출하는 까다로운 기질을 가진 영아의 부모는 영아와 함께 있는 시간이 좌절스럽고 화가 나기까지 한다. 그러나 장난감을 사 달라고 계속 떼를 쓰거나 주변 자극에 의해 쉽게 산만해지는 특성을 가진 까다로운 기질의 영아를 부모가 끈기 있고 도전적인 아이로 인식해 긍정적으로 여기고 민감하게 반응한다면, 쉬운 기질의 영아보다 더욱 긍정적인 발달을 이룰 수 있다. Miner와 ClarKe-Stewart(2008)는 까다로운 기질의 영아도 부모의 양육 태도가 온정적이고 훈육이 엄격하지 않으면 이후 문제행동을 보이지 않는다고 주장한다. 가령 영아가 보내는 신호에 민감하게 반응하도록 교육을 받은 어머니의 자녀들은 출생 직후 까다로운 기질의 영아로 분류되었음에도 만 1세에는 안정된 애착을 형성하였다(Kochanska & Coy, 2002). 유사하게 쉬운 기질의 영아라 할지라도 부모의 양육 태도가 방임적이고 아동의 요구에 민감한 반응을 보이지 않으면 이후 문제행동을 보일 수 있다. 따라서 특정한 영아의 기질 유형이나 부모의 양육 태도가 무조건 긍정적인 발달로 이어진다고 단정할 수 없다. 영아 개개인의 기질적 특성과 그 특성에 맞는 부모의 양육 방식이 상호 조화를 이룰 때 긍정적인 발달이 이루어질 수 있다.

앞서 살펴본 예시들은 환경이 영아의 기질 및 성격 발달에 미치는 영향에 관한 것이지만 영아의 기질이 환경에 미치는 영향성도 간과할 수 없다. 영아들은 자신의 기질에 잘 맞는 환경을 선택하여 찾아가는데 이를 '적소찾기(niche picking)'라고 한다. 예컨대 음식에 관심이 많은 사람일수록 요리사가 될 확률이 높고, 가르치는 것에서 보람은 느끼는 사람은 교사가 될 확률이 높고, 이색적이고 새로운 경험을 좋아하는 사람들은 여행가가 될 확률이 높다. 이처럼 영아들 역시 움직임을 좋아하는 영아들은 활동적인 경험과 장소를 선호할 것이며, 수줍음이 많은 영아는 혼자 하는 조용한 놀이를 선호할 것이다. 양육자와의 관계도 마찬가지이다. 양육자의 양육 태도가 영아의 기질 발달에 영향을 미치기도 하지만 영아의 기질도 양육자의 양육 태도에 지대한 영향을 미친다. 가령 잘 웃거나 부모의 지시에 잘 따르는 순종적인 영아는 부모에게 긍정적인 반응을 불러일으킬 것이며, 기본 정서가 까다롭거나 강렬한 영아는 부모의 양육을 더욱 어렵게 하여 부정적인 양육 태도를 유발할 수 있다.

5) 기질의 문화적 차이

기질에도 문화적 차이가 존재한다. 일본 영아들은 미국 영아들보다 긍정적 정서의 강도와 접근 성향, 사회성이 높으며 더불어 두려움, 슬픔과 같은 부정적인 반응 역시 높은 것으로 나타났다(Slobodskaya, Gartstein, Nakagawa, & Putnam, 2013). 미국과 중국, 대만 영아를 비교한 연구에서는 중국, 대만 영아가 미국 영아들에 비해 지구력 및 주의력이 높게 나타났다(Hsu, Soong, Stigler, Hong, & Liang, 1981). 제한적이긴 하나 한국 영아의 기질을 다른 나라 영아와 비교한 연구도 존재하는데, 한국 영아들은 미국 영아들에 비해 기쁨의 정서를 표현하는 강도와 사회성은 낮은 반면 의식적 통제(effortful control)는 높은 것으로 나타났다(Krassner et al., 2017).

기질이 아동의 발달에 미치는 영향 또한 문화마다 상이하게 나타난다. 대표적으로 아시아 문화에서는 수줍음이 가치 있게 여겨지고 때로는 사회적 성숙의 표현이라고 받아들여진다(Chen, Rubin, & Li, 1995). 반면 서양에서는 수줍음이 많은 아동을 작은 자극에도 쉽게 놀라고, 또래에게 거부될 위험이 크며, 우울과 여러 적응 문제에 취약하다고 본다(Eisenberg et al., 1998; Feng, Shaw, & Moilanen, 2011; Fox, 1994). 더불어 서양에서는 수줍음이 많은 남아는 이후 또래에 비해 늦게 결혼하고, 자녀도 늦게 낳으며, 안정적인 직업을 늦게 가지는 것으로 나타났다(Caspi, Elder, & Bem, 1988). 스웨덴 아동을 대상으로 한 연구에서도 비슷한 결과가 나타났는데, 8~10세 때 수줍음이 많은 남아는 성인이 되었을 때 또래보다 늦게 결혼하고 자녀 또한 늦게 낳는 것으로 나타났으나, 경력에는 큰 차이가 없었다. 반면 여아들은 또래에 비해 늦게 결혼하지만 자녀를 낳는 나이에는 큰 차이가 없었으며, 고등교육을 덜 받는 것으로 나타났다(Kerr, Lambert, & Bem, 1996). 종합해 볼 때, 수줍음과 관련된 기질의 영향성은 문화마다 상이하다. 이러한 결과는 앞서 살펴본 바와 같이 무조건 긍정적이거나 부정적인 기질은 존재하지 않으며, 기질이 아동이 속해 있는 문화의 가치나 전통과 얼마나 잘 부합하는지에 따라 그 영향이 달라질 수 있음을 시사한다.

다음 질문에 적절한 답을 고르시오.

1 다음 중 Thomas와 Chess의 기질 유형에 속하지 않는 것은?

① 쉬운 기질　　② 까다로운 기질　　③ 느린 기질　　④ 적응적 기질

빈칸에 알맞은 말을 써넣으시오.

2 타고난 기질과 부모의 양육 태도가 잘 어우러져 조화를 이루는 것을 ....
이라고 한다.

4. 정서 발달을 위한 부모의 역할

아동은 양육자의 정서표현과 이해 방식, 정서조절 전략 등을 관찰하고 내면화
하면서 정서 발달을 이룬다. 부모가 자녀의 정서를 받아들이고 이해할수록, 부
모 자신이 정서를 많이 표현할수록, 부모가 아동과 정서에 관한 대화를 많이
할수록 아동의 정서 발달이 긍정적으로 이루어진다.

1) 자녀의 정서표현에 대한 부모의 반응

자녀가 장난감을 던지면서 화를 낼 때 "장난감 던지지 말라고 했지! 잘못
했으니까 벽 보고 서 있어!"라며 혼을 내고 벌을 주는 부모가 있는가 하면, "장
난감이 계속 쓰러져서 화가 났구나. 하지만 화가 난다고 장난감을 던지면 다
칠 수 있어"라며 먼저 화가 난 아이의 감정을 위로한 뒤 아이의 잘못된 행동이
불러올 수 있는 부정적 결과에 대해 알려 주는 부모도 있다. 아동의 부정적 정
서에 부모가 보이는 정서 반응은 아동의 정서 발달에 길라잡이가 된다. 아동
이 분노, 공포, 슬픔과 같은 부정적 정서를 표현할 때 부모는 아이의 정서표현
에 두 가지 방법으로 대처할 수 있다. 첫 번째는 부정적인 반응으로, 아동의 부

정적 감정을 축소하거나 부정하는 것(예: "그 일이 뭐가 슬프다고 그러니?"), 벌을 주는 것(예: "울면 혼난다."), 부모가 스트레스 반응을 보이는 것(예: "네 울음소리 때문에 나도 짜증이 나.")이 여기에 속한다. 두 번째는 긍정적인 반응으로, 아동의 감정표현을 독려하는 것(예: "슬프면 울 수도 있지. 충분히 슬픈 상황이야."), 감정 중심적인 대처(예: "울어도 괜찮아."), 문제 중심적인 대처(예: "어떻게 하면 네가 덜 슬플까?")가 여기에 속한다(Eisenberg & Fabes, 1994; Eisenberg, Fabes, Carlo, & Karbon, 1992). 만 3~5세 아동의 부정적인 감정표현에 그 감정을 인정하지 않고 스트레스 반응을 보이는 어머니일수록 아동이 자신의 감정을 억압하는 경향을 보였으며 사회적 유능성이 낮게 나타났다. 반면 아동의 부정적 감정을 인정하고 감정표현을 독려하는 어머니를 둔 아동일수록 사회적 유능성이 높게 나타났다(Eisenberg et al., 1992). 따라서 부모가 영유아의 정서를 인정하고 지지해 주는 것이 아동의 정서적 유능감을 발달시킬 수 있다.

정서에 관해 자녀와 직접적으로 나누는 대화도 아동의 정서 발달에 영향을 미칠 수 있다. 부모는 자녀와의 대화를 통해 정서란 무엇인지, 정서를 언제, 어떠한 방법으로 표현해야 하는지, 정서표현의 결과는 어떠한지 등에 관해 대화할 수 있다. 만 2~3세 때 가족들과 여러 가지 정서들에 대해 많은 이야기를 나눈 아동은 이르면 6세에 타인의 정서를 인식하는 능력이 뛰어났다(Dunn, Brown, & Beardsall, 1991). 이와 유사하게 아동이 만 2세 때 어머니와 정서를 포함한 정신적 상태(mental state)에 대하여 대화를 나누면 아동이 2, 3, 4세가 되었을 때 사회적 유능감이 높았으며(Ensor & Hughes, 2008), 아동이 40개월 때 어머니와 감정에 관한 대화를 많이 할수록 아동이 58개월이 되었을 때 스스로 감정에 대한 단어를 많이 사용하였다(Fivush & Kuebli, 1997). 더불어 정서 자체에 대한 가족 간의 대화는 아동이 자신의 문화에서 적절하다고 여겨지는 가치와 기준들을 습득하는 정서 사회화에도 도움이 된다.

2) 부모의 정서표현

어머니의 정서표현이 아동의 정서 발달에 미치는 중요성은 4개월 영아를 대상으로 한 무표정 패러다임(Still-face paradigm; Tronick, Als, Adamson, Wise,

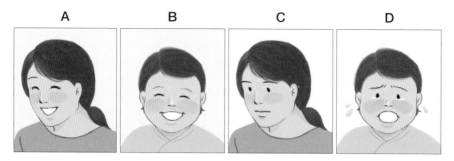

그림 8-6 **무표정 패러다임 실험**

& Brazelton, 1978) 실험에 잘 나타난다. 그림 8-6을 보면 어머니가 영아와 마주 앉아 즐겁게 상호작용을 하다가(A, B) 갑자기 무표정을 짓고 영아의 행동에 아무런 반응을 보이지 않는다(C). 영아는 어머니의 무표정에 처음에는 당황하다가 어머니의 반응을 끌어내기 위해 노력한다. 그래도 어머니가 반응이 없으면 영아는 소리를 지르거나 울면서 확연한 고통 반응을 보인다(D).

또한 내적 작동모델에서도 알 수 있듯이 아동은 부모의 행동을 기초로 자신과 세계에 대한 이해를 구축해 나간다. 부모가 분노, 좌절, 적대감과 같은 부정적인 정서표출을 많이 하면, 아동은 자신이 타인을 화나게 하는 존재라고 인식하게 될 뿐만 아니라 대부분의 사람이 부모와 마찬가지로 자신에게 적대적일 것이라고 믿게 된다. 반면 긍정적인 정서를 많이 표현하는 부모의 아동은 자신뿐만 아니라 타인에 대한 관점이 긍정적이게 된다. 따라서 행복이나 기쁨과 같은 긍정적인 정서표현을 많이 하는 가족의 아동은 긍정적인 감정표현을 많이 하고, 혐오나 분노와 같은 부정적인 정서표현을 많이 하는 가족의 아동은 부정적인 감정표현을 많이 한다(Halberstadt & Eaton, 2003). 더욱이 가족의 부정적인 감정표현의 대상이 아동이 아니라 하더라도 이러한 가족 분위기에서 양육된 아이들은 잦은 분노 표출, 행동 문제를 보였으며, 자기조절이 저하되는 것으로 나타났다(Grych & Fincham, 1997; Kouros, Cummings, & Davies, 2010; Rhoades, Greenberg, Lanza, & Blair, 2011).

마지막으로 부모의 정서표현 방식은 아동이 자신의 감정을 표현하고 대처하는 방법을 익히는 모델이 된다. 가령 부모가 자신의 부정적인 감정을 표현하지 않고 억제한다면, 아동은 자연스레 부정적인 감정은 표출해서는 안 된다고 학습하게 된다. 따라서 아동이 자신의 정서를 바르게 이해하고 올바른 방식으로 표현하며 대처하기 위해서는 부모의 성숙한 감정표현이 중요하다.

3) 양육 태도

영아의 애착 발달에서 가장 중요한 것은 부모의 민감한 양육 태도이다. 아이가 울 때, 잠이 올 때 보내는 신호, 배고플 때 보내는 신호, 놀이하고 싶을 때 보내는 신호에 부모가 민감하게 반응하면 아동은 "내가 도움이 필요할 때는 양육자에게 도움을 받을 수 있구나"와 같은 신뢰를 형성하게 된다. 부모의 일관성 있는 양육 태도 역시 중요한데, 부모의 기분에 따라 어떤 경우에는 영아가 보내는 신호에 민감하게 반응하고 때로는 영아를 무시하거나 방치하면 아동은 예측할 수 없는 부모의 태도에 불안함을 느끼게 된다. 또한 Harlow(1958)의 연구에서도 살펴보았듯이 잦은 신체 접촉과 사랑의 표현은 아동에게 안락감을 제공하기에 애착 형성에 매우 중요하다. 그렇다고 해서 부모가 24시간 아이 곁에 함께 있어야 한다는 것은 아니다. 영아와 함께하는 시간의 양보다는 함께 있는 시간 동안 얼마나 질 높은 양육을 제공하느냐가 더욱 중요하다. 상황에 따라서는 영아가 어머니가 아닌 양육자와 독립적인 애착을 형성할 수도 있고, 부모의 사정으로 어린이집 같은 기관에서 생활하며 보육교사와 친밀한 관계를 형성할 수도 있다. 아버지 애착에서도 살펴보았듯이 제3자와의 안정된 애착 형성은 부족한 어머니-영아 간 애착을 보완해 줄 수 있다.

부모의 양육 태도가 아이의 기질에 영향을 미치는 만큼 아이의 기질도 부모의 양육 태도에 영향을 미치기 때문에, 아이의 기질이 까다롭고 양육이 힘들다고 해서 부모가 지나치게 죄책감을 가질 필요는 없다. 다만, 기질은 선천적인 것이기에 어린 영아의 기질을 바꾸기는 어렵다는 것을 인정하면서, 긍정적인 발달을 위해 기질에 맞는 양육 환경을 제공해 주어야 한다. 가령 작은 자극에도 민감하게 반응하는 영아에게는 주변 소음과 산만함을 줄여 주고 새로운 자극이나 환경에 서서히 노출시킨다. 새로운 상황에 적응하는 데 시간이 걸리는 느린 기질의 영아는 다그치지 말고 아동을 믿고 기다려 준다. 더불어 일과를 예측할 수 있게 해 줌으로써 영아가 바뀐 일과에 적응해야 하는 수

고를 덜어 줄 수 있다. 한편 순하고 환경에 적응을 잘하는 영아의 경우 오히려 부모나 교사의 관심에서 멀어질 수 있는데, 이러한 쉬운 기질의 영아에게도 관심이 필요하다. 특히 부모나 교사의 요구에 순응하기만 하는 영아는 자칫 자율성이 낮아질 수 있으므로 영아의 요구를 수시로 점검하고 이를 표현하도록 독려해 준다.

개념 체크

다음 문장이 맞는지 틀리는지 ○, ×로 표시하시오.

1 (   ) 양육자는 영유아가 표현하는 부정적 감정은 인정하지 말고 억제할 수 있도록 돕는 것이 바람직하다.
2 (   ) 양육자가 영아와 함께하는 시간의 양은 절대적으로 중요하다.
3 (   ) 영유아의 기질과 부모의 양육 태도는 상호관계를 가진다.

요약

- **영유아의 정서**
- 영아는 생애 초반에 문화 보편적으로 나타나는 기본 정서 혹은 1차 정서를 표현하며, 이후 자기개념을 포함한 인지적 발달을 이루면서 복합 정서 혹은 2차 정서를 나타낼 수 있게 된다. 영아는 모호한 상황에서 주변 성인의 정서를 길라잡이로 삼는 사회적 참조를 한다. 사회적 참조에는 타인의 정서에 대한 이해, 공동 주의, 행동조절의 기술이 필요하다. 영유아기를 거치면서 아동은 자신의 감정을 조절하는 여러 가지 책략을 발달시킨다.

- **애착**
- 영아는 생후 6개월 이후부터는 자신에게 반응적이고 친숙한 양육자에게 애착을 발달시킨다. 애착 발달을 설명하는 이론에는 정신분석이론, 학습이론, 접촉위안이론, 동물행동학이론 등이 있다. 낯선 상황 실험을 통해 영아의 애착 유형을 안정애착, 불안정–회피애착, 불안정–저항애착, 불안정–혼란애착으로 나눌 수 있으며, 대부분의 영아가 안정애착을 형성한다. 영아기 애착은 이후 아동의 발달에 지대한 영향

을 미친다.

- **기질**
- 기질은 생의 초반부터 나타나는 자극에 대한 개인의 반응의 차이로, 쉬운 기질, 까다로운 기질, 느린 기질로 나뉜다. 기질은 유전의 영향을 크게 받으며 비교적 안정적이다. 하지만 절대적으로 좋은 기질은 존재하지 않으며 기질과 주변 환경이 잘 어우러지는 조화적합성이 형성될 때 영유아의 발달에 긍정적인 영향을 미칠 수 있다.

- **정서 발달을 위한 부모의 역할**
- 영유아의 정서 발달을 도모하기 위해서 부모는 자녀의 긍정적·부정적 정서를 인정해 준다. 더불어 부모의 정서표현 방식은 아동이 자신의 감정을 표현하고 대처하는 방법을 익히는 모델이 되기에 부모 스스로 성숙한 방식으로 감정표현을 하는 것이 중요하다. 부모의 양육 태도는 영유아의 기질과 성격 발달에 영향을 미치지만, 영유아의 기질 역시 부모의 양육 태도에 영향을 미친다.

연습문제

1. 해인이는 마시멜로 실험에 응하고 있다. 눈앞에 있는 마시멜로가 먹고 싶은 해인이는 마시멜로를 지우개라고 생각하며 선생님이 돌아올 때까지 먹지 않고 기다렸다. Gross의 정서조절 모델에 따르면 해인이가 사용하는 정서조절 전략은 무엇인가?
   ① 상황 선택
   ② 주의 배치
   ③ 인지적 변화
   ④ 반응 조절

2. 정신분석과 학습이론, 각각의 입장에서 Harlow의 아기 원숭이 실험 결과를 예측하고 그 이유에 대해 설명하시오.

3. 애착의 유형 4가지를 서술하고 각각의 애착이 부모의 양육 태도와 어떠한 관련이 있는지를 설명하시오.

4. 무표정 패러다임의 실험 결과를 토대로 영유아의 정서 발달을 위해 부모님들에게 해 줄 수 있는 조언을 간략하게 쓰시오.

5. 영아의 기질과 부모의 양육 태도 간의 연관성을 예를 들어 설명하시오.

" 당신 자신이 되어라.
다른 사람의 자리는 이미 차 있다 "

— 오스카 와일드 Oscar Wilde

자기개념과 성 역할 발달

9

'**나**는 누구인가?'라는 질문에 당신은 어떻게 답할 것인가? 당신이 평범한 성인이라면 아마도 자신의 외모, 성별과 나이, 가족관계, 직업, 취미 생활, 정치적 성향 등으로 자신을 정의할 것이다. 인간은 언제부터 이처럼 타인, 환경과 구분되는 존재로서 자기 자신을 인식하게 될까? 구체적으로 영아가 거울 속에 비친 자신의 모습이 자신임을 알 수 있는 것은 언제일까? 언제부터 자신의 이름을 알아듣고 고개를 돌려 반응할 수 있을까? 언제쯤 자신과 어머니가 서로 다른 존재라는 것을 인식할 수 있을까? 그리고 언제부터 자신이 남자 또는 여자라고 규정하게 될까?

이 모든 인식은 자기(self) 및 정체성과 관련이 있다. 자기는 스스로 만들어 나가는 것이지만 무로부터 만들어지는 것은 아니다. 부모, 또래, 사회의 가치관과 대중매체 등 주위 환경으로부터 많은 영향을 받는다. 이 장에서는 이러한 영향 요인들 속에서 아동이 어떻게 자기개념을 형성하고 자기존중감과 자기통제를 발달시키는지 살펴볼 것이다. 또한 아동의 자기에서 중요한 부분을 차지하는 성 정체성의 발달을 고찰하고 관련 이슈들을 검토할 것이다.

1. 자기개념

나는 세 살이고, 남자아이이고, 내 이름은 제이슨이야. 나는 나를 정말 사랑하는 엄마, 아빠와 함께 살아. 엄마는 내가 좋아하는 스파게티를 아주 맛있게 만들어 주셔! 나는 크리스마스 선물로 여동생을 가지게 될 거야! 나는 파란 눈이고 노란색 고양이를 가지고 있고 내 방에는 TV가 있어. 모든 게 다 내 거야! 나는 ABC를 알아. A, B, C, D, E, F, G, H, J, L, K, O, P, Q, R, X, Y, Z. 나는 정말 빨리 달릴 수 있고, 두 살 때보다 더 빨리 달릴 수 있어. 그리고 나는 축구공을 정말 멀리 찰 수 있어. 축구장 끝에서 반대편 끝까지 찰 수 있어. 나는 정말 많이 자랐어. 난 거울을 볼 때마다 내가 정말 많이 자랐다는 걸 느껴. 내가 얼마만큼 자랐는지 알 수 있도록 아빠가 거울에 표시를 해 주셨어. 난 정말 좋은 어린이집 선생님이 있어. 선생님은 내가 잘하는 게 많다고 생각하셔. …

— Harter(2012), p. 29

위의 글은 미국의 만 3세 아동이 자신을 묘사한 자기소개이다. 자기개념(self-concept)은 스스로가 생각하는 자신에 대한 생각과 태도로서, 아동이 가지고 있는 자기개념은 성인의 것과는 분명한 차이가 있다. 제이슨은 자신이 어머니, 아버지와 분리되어 있는 독립된 존재라는 걸 알고 있고, 자신에 대해 긍정적으로 평가한다. 그렇지만 분명 성인이 자신을 묘사하는 것과는 다를 것이다. 아동의 자기개념은 주변 환경과 사람들과의 상호작용을 통해 발달한다.

1) 영아의 자기개념

William James는 영아는 자신과 환경, 즉 자신과 자신이 아닌 것을 분리할 수 없다고 주장하였다. 하지만 현대 심리학자들은 영아가 신체에 대한 이해를 바탕으로 비교적 이른 시기부터 자신에 대한 이해를 구축한다고 주장한다. 영아는 주변 환경이나 다른 사람들과의 상호작용을 통해 손과 같은 자신의 신체 일부는 항상 자신의 곁에 존재하지만, 우유병이나 어머니는 자신과 항상 함께 있는 존재가 아님을 확인하게 된다. Jean Piaget 역시 생후 2개월 된 영아가 자신의 손가락을 빠는 행동을 하면서 자신의 신체를 통제하는 능력을 발달시켜 나간다고 보았다. 영아는 2~3개월이 되면 자신의 발에 실로 연결된 모빌을 움직이기 위해 발을 움직이고, 의도한 대로 모빌을 움직였을 때는 기뻐한다. 하지만 발을 움직여서 모빌을 통제할 수 없을 때는 스트레스를 받는 모습을 보인다. 이러한 반응은 영아가 자신의 신체 움직임을 지각하고 자신의 행동이 주변에서 일어나는 사건의 원인이 될 수 있다는 점을 이해하고 있음을 뜻한다(Lewis, Alessandri, & Sullivan, 1990; Lewis, Alessandri, & Sullivan, 1992).

3~5개월 영아를 대상으로 한 실험에서는(Rochat & Morgan, 1995) 영아들에게 줄무늬 양말을 신기고 모니터를 통해 두 가지 각도에서 찍힌 영아의 다리

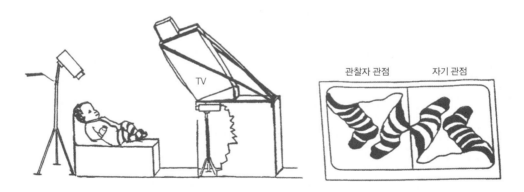

그림 9-1 **Rochat과 Morgan**(1995)**의 실험**
한 카메라는 영아의 머리 쪽에서 다리를 찍고(자기 관점), 다른 카메라는 영아의 맞은편에서 다리를 찍는다(관찰자 관점). 영아는 TV를 바라보고 누워 있는데 화면에는 다른 관점의 두 영상이 제시된다.
출처: Rochat & Morgan(1995).

화면 두 개를 보여 주었다(311쪽 그림 9-1 참조). 한 화면엔 관찰자 관점에서 촬영한 영아의 다리 영상(관찰자 관점)이, 다른 화면에는 영아의 시각에서 촬영한 다리 영상(자기 관점)이 나왔다. 영아는 익숙하지 않은 새로운 자극을 오래 바라본다는 사실에 기반한 탈습관화 방법을 떠올려 보자. 이 실험에서 영아는 자신에게 익숙하지 않은 새로운 자극인 관찰자의 시각에서 찍힌 다리 영상을 오래 쳐다보았다. 이러한 결과는 생후 3개월 된 영아도 자신의 신체를 지각할 수 있다는 것을 보여 준다. 영아의 자기개념은 성장함에 따라 더욱 명확해진다. 8개월경에 양육자와 분리될 때 나타나는 스트레스 반응 역시 자신과 양육자가 다른 존재임을 인식한다는 증거이며, 따라서 자기개념은 애착 발달에 필수적인 요소라 할 수 있다.

Lewis와 Brooks-Gunn(1979)은 영아가 거울이나 사진 속 자신의 모습을 알아채는지를 알아보는 자기인식(self-recognition)의 발달을 연구하기 위해 립스틱 실험을 제안하였다. 립스틱 실험에서 실험자는 아동이 알지 못하게 아동의 코에 립스틱을 묻힌다. 그런 다음 아동에게 거울을 보여 주고 아동이 거울을 보며 자신의 코에 묻은 립스틱을 문지르는지를 살핀다. 18개월 미만의 아동은 거울을 보고도 자신의 코를 만지지 않거나 거울 뒤에 누가 있는지 보기 위해 거울 뒤를 살피는 행동을 보인다. 이는 이 시기의 아동이 거울 속 아동이 자신임을 알지 못하기 때문이다. 반면 18개월 이상 영아들은 거울을 보고 자신의 코를 만지며 립스틱을 문지르는 행동을 보이는데, 이는 거울 속 아동이 자신임을 인지한다는 것을 나타낸다(Courage, Edison, & Howe, 2004). 8장에서 살펴보았듯이 이러한 자기인식은 당혹감이나 수줍음과 같은 자의식적 정서 발달에 필수적이다.

영아의 신체에 대한 인식을 알아보는 또 다른 방법으로 쇼핑카트 실험이 있다(313쪽 그림 9-2 참조). 15개월과 21개월 영아를 대상으로 쇼핑카트에 작은 카펫을 달고 그 위에 영아가 서게 한다. 그런 다음 어머니 혹은 아버지 쪽으로 쇼핑카트를 밀고 가도록 한다. 자신의 신체에 대한 이해가 발달한 21개월 영아의 대부분은 쇼핑카트를 몇 번 밀어 보다가 자신이 쇼핑카트에 달린 카펫 위에 서 있어서 카트가 움직이지 않는다는 것을 알아차리고 카펫에서 내려와 카펫을 말고 쇼핑카트를 밀었다. 하지만 15개월 영아의 절반 이상은 자기 때문

그림 9-2 **Moore 등(2007)의 쇼핑카트 실험**
카펫이 쇼핑카트와 연결되어 있기 때문에 영아가 카펫을 밟고 있는 한 쇼핑카트는 움직이지 않는다. 대부분의 21개월 영아는 카펫을 발 옆으로 밀어 낸 후 쇼핑카트를 움직이면 된다는 것을 알았지만, 15개월 영아의 절반 이상은 그렇게 하지 못했다.

에 쇼핑카트가 움직이지 않는다는 사실을 알아차리지 못했다(Moore, Mealiea, Garon, & Povinelli, 2007).

2) 유아·학령기 아동의 자기개념

영아기의 자기개념은 자신이 주변 사람이나 환경과 분리된 존재라는 점을 깨닫고 자신의 신체에 대해 인식하는 것이 주를 이룬다. 그러다 유아기가 되면 자기개념은 이보다 더 정교하고 풍부해진다. 유아기의 자기개념은 주변인의 평가에 기초해서 발달하기도 한다. 가령 양육자가 유아에게 그림을 잘 그린다는 칭찬을 할 경우, 아동은 자신이 그림을 잘 그리는 사람이라는 자기개념을 형성해 갈 것이다. 직접적인 양육자의 평가 외에도 아동은 주변의 타인이 자신을 어떻게 대우하는지를 기초로 자기개념을 형성하기도 한다(Harter, 2012). 주변의 타인이 아동에게 사랑, 배려, 보살핌을 충분히 주면 아동은 자신이 사랑받아 마땅한 존재라는 자기개념을 형성하게 되지만, 아동을 거부하고 처벌적으로 대하면 아동은 스스로를 사랑받을 가치가 없다고 생각하게 된다.

아동이 자신을 정의하는 방법은 연령에 따라 조금씩 다르다. 만 3~4세 아

표 9-1 **아동의 연령별 자기묘사의 예**

만 3~4세	만 5~7세	만 8~10세
나는 남자아이예요. 내 방에는 TV가 있어요. 나는 노란 고양이가 있어요.	나는 공부를 잘해요. 나는 서연이라는 친한 친구가 있고요, 학교 끝나면 항상 같이 놀아요.	나는 친절하고 친구들의 비밀을 잘 지켜 줘요. 나는 다른 친구들보다 인기가 많은 편이에요.

동들은 자신을 신체적 특징, 소유물, 선호 등에 대한 구체적인 범주로 묘사한다. "나는 파란 눈에 노란 머리예요", "나는 커다란 자동차 장난감이 있어요", "나는 피자를 좋아해요" 등이 그 예이다. 만 5~7세 아동은 눈에 보이지 않는 능력이나 심리적 특성, 사회적 관계들로 자신을 묘사한다. 예를 들면 "나는 달리기를 잘해요", "나는 용감한 아이예요" 등이 있다. 만 8~10세 아동은 더 추상적인 개념을 자기묘사에 사용하며, 초등학교에 들어가면서 주변 친구들과 비교하여 "나는 우리 반에서 수학을 제일 잘해요" 등과 같은 형태로 자신을 묘사한다.

3) 청소년의 자기개념

추상적 사고를 할 수 있는 인지 발달 단계에 이르는 청소년기에는 자기개념이 이전 단계와는 확연한 차이를 보인다. 청소년들은 '성실한', '외향적인', '친절한' 등과 같은 추상적인 특성을 사용해서 자기를 묘사하고 다중적인 측면에서 자신(multiple selves)을 정의한다. 다시 말해, 자녀로서의 자신, 학생으로서의 자신, 친구들 사이에서의 자신이 다를 수 있음을 안다. 이러한 다양한 사회적 역할로 인해 청소년들은 혼란을 겪기도 한다(Harter, 2012).

청소년기가 되면 아동들은 더욱 남의 시선을 의식하고 다른 사람들의 평가와 의견에 예민해진다(Vartanian, 2000). 또한 자신을 타인과 더 자주 비교하며 타인의 평가에 비중을 두어 자기개념을 발달시켜 나간다. 이러한 청소년의 특성은 모든 사람들이 자신의 외모나 행동을 지켜보고 있으며 자신에 대해서 이야기할 것이라는, '상상의 청중(imaginary audience)'이라고 불리는 자기중심성으로 표출된다. 실제로 타인은 자신에게 크게 신경을 쓰고 있지 않음에도 불구하고, 자신이 무슨 옷을 입었는지 어떤 화장을 했는지 유심히 살펴볼 것이라고 짐작하며 외출 전에 옷을 여러 번 바꿔 입고 화장을 하지 않은 날에는 모자와 마스크로 얼굴을 가리는 행동을 보이는 것이다.

상상의 청중과 더불어 청소년기 자기중심성을 잘 보여 주는 인지적 왜곡은 '개인적 우화(personal fable)'이다(Elkind, 1967). 개인적 우화는 자신의 경험과 감정들이 너무 특별해서 다른 사람은 절대 이해하지 못할 것이며, 자신은 특별한 존재이기에 삶에서 다른 사람이 겪는 시련이나 문제를 겪지 않을 것이라는 믿음이다. 이러한 개인적 우화는 청소년기에 나타나는 위험한 행동(risk taking)과 관련이 있는데, 이는 이후 자기통제와 관련된 주제에서 더욱 자세히 알아보도록 하겠다.

4) 자기개념의 문화적 차이

개인주의 사회(individualistic society)는 미국, 캐나다, 유럽 등과 같은 산업화된 서양 사회를 일컫는다. 개인주의 사회에서는 개인 및 그와 가까운 가족이 중심이 되며, 개인의 독립과 성취를 중요하게 생각한다. 따라서 개인의 자유로운 표현과 선택을 중시하는 경향이 있다. 반면 집단주의 사회(collectivistic society)는 한국, 중국, 일본 등을 포함하며, 개인보다는 집단의 요구와 목표 달성을 중요시하는 경향이 있다. 집단주의 사회는 집단의 규준을 중시하며 권위와 웃어른에 대한 공경에 가치를 둔다는 특징이 있다(Marcus & Kitayama, 1994).

이러한 문화의 차이는 자기개념에도 영향을 미칠 수 있다. 후기 청소년을 대상으로 한 연구(Cousins, 1989)에서 미국 청소년들은 "나는 호기심이 많다", "나는 진지한 사람이다"와 같이 스스로를 사회적 역할과 분리시켜 묘사하였다. 반면 일본 청소년들은 "나는 게이오(慶應) 학교에 다니는 학생이다"와 같이 스스로를 사회적 관계 속에서 묘사하는 경향성이 높은 것으로 나타났다. 우리나라 사람들도 자기소개를 할 때 "나는 엄격하신 아버지와 다정하신 어머니 밑에서 자란 2남 1녀 중 막내이다"와 같이 가족관계 속에서 자신을 소개하곤 한다. 이러한 소개 방식 역시 집단주의 사회에서 흔히 나타나는 자기 개념이다.

---

2. 자기존중감

자기계발서에서 심심치 않게 찾아볼 수 있는 단어 중 하나는 자기존중감, 즉 자존감이다. 아동이 자기개념을 형성하고 나면 자기 자신에 대한 평가가 가능해진다. 어떤 아동들은 자신을 긍정적으로 인식하는 반면 다른 아동들은 자신을 부정적으로 인식한다. 자존감이 높은 사람은 자신의 단점을 인정하고 그 단점을 극복하기 위해 노력하며, 스스로를 똑똑하고 매력적이며 인기가 많은 사람이라고 인식한다. 따라서 자존감이 높은 사람은 행복감이 높다. 간혹 부모와 교사는 아이의 자존감을 높이기 위해 아이들에게 성공 경험을 제공하고, 칭찬을 아끼지 않으며, 실패를 경험했을 때 따뜻한 위로의 말을 건넨다. 하지만 이 모든 부모와 교사의 노력이 의도한 대로 아동의 자존감에 도움이 되는 것은 아니다.

1) 자기존중감의 정의와 측정

아동은 자신이 남과 다른 존재임을 인식하고 자신을 정의하는 특성을 인지하면서 자신에 대해 평가를 할 수 있게 된다. 이러한 자기 평가적 측면을 자기존중감 혹은 자존감(self-esteem)이라 한다. 그림 9-3은 만 4~7세 유아를 대상으로 하는 자존감 질문지이며, 아동이 지각하는 자신의 신체 운동 능력, 학습 능력, 사회적 인정, 부모의 지지 등을 측정한다(Harter & Pike, 1984). 아동에게 두 가지 상반된 그림카드를 보여 주고 자신과 비슷한 그림을 가리키도록 한 뒤 이를 점수화한다.

자존감이 높은 사람은 행복감이 높고 낙천적인 데 반해 자존감이 낮은 사람은 우울하고 비관적이다(Harter, 2012). 특히 아동기의 낮은 자존감은 이후 성인기까지 이어져 약물남용, 정신건강 문제, 경제적 빈곤 등을 야기하고

> **자기존중감** 자신의 가치에 대한 주관적 평가. 자신이 사랑받을 만한 사람인지, 좋은 사람인지를 평가할 때 스스로의 느낌을 가리킨다.

질문 1: 왼쪽 아이는 퍼즐을 잘하고, 오른쪽 아이는 퍼즐을 잘하지 못합니다. 어느 쪽이 자신과 더 비슷한가요? (비슷한 쪽의 그림을 선택)
질문 2: 그 아이와 많이 비슷한가요, 아니면 조금 비슷한가요? (많이 비슷하면 큰 원, 조금 비슷하면 작은 원을 선택)

그림 9-3 자존감 질문지
위와 같이 상반된 평가를 받을 수 있는 그림 두 개를 보여 준다. 그리고 다음과 같이 질문하고 그림 아래의 네 원 중 하나에 표시하도록 한다.
출처: Harter & Pike(1984).

삶에 대한 만족도를 낮춘다(Boden, Fergusson, & Horwood, 2008; Orth, Robins, & Roberts, 2008; Trzesniewski et al., 2006). 하지만 높은 자존감이 항상 긍정적인 결과를 예측하는 것은 아니라는 연구도 있다. 가령 자존감이 높은 공격적인 아동들은 타인을 지배하는 행동을 통해 자신의 자존감을 높이고 보상을 받기 때문에 반사회적 행동을 지속할 확률이 높은 것으로 나타났다(Menon et al., 2007).

2) 자기존중감의 발달

유아기는 생의 다른 시기와 비교했을 때 자존감이 높은 편이다. 이는 유아들이 자기 자신에 대해 가지고 있는 자기상이 비현실적으로 긍정적이기 때문이다. 하지만 아동기 동안 인지적 발달을 거치고 사회적 비교와 외부로부터 피드백을 받게 되면서 자존감은 점차 낮아진다. 아동이 자신의 학업적 능력, 사회적 유능성, 신체적 매력도 등을 포함한 여러 특성에 대해 정확하게 인지해 가면서 자존감이 낮아지는 것이다. 예를 들어 아동은 초등학교에 들어가면서 유치원에서는 받아 보지 못한 부정적 피드백을 부모, 교사, 또래들에게 받게 되는데 이러한 피드백이 자존감을 낮추는 요인이 된다(Robins & Trzesniewski, 2005).

국내 아동을 대상으로 한 연구에서도 비슷한 패턴이 밝혀졌다. 유치원생, 초등학교 1, 3, 5학년, 중학교 1학년을 대상으로 한 연구에서(Lee, Super, & Harkness, 2003), 인지 능력(예: 수학을 잘한다), 신체 능력(예: 달리기를 잘한다), 또래관계(예: 친구가 많다), 단체생활(예: 이웃 어른에게 인사를 잘한다) 영역과 관련된 자존감을 측정한 결과, 학년이 올라갈수록 모든 영역에서 자존감이 낮아지는 것으로 나타났다. 더불어 인지 능력과 신체 활동과 관련된 부분의 자존감은 남아보다 여아들에게서 더욱 낮게 나타나 나이뿐만 아니라 성별 역시 자존감 발달과 관련이 있음을 시사한다.

청소년기에 자존감이 낮았던 청소년은 자존감이 높았던 청소년에 비해 성인이 된 후에도 자존감이 낮은 것으로 나타났다. 이는 청소년기의 자존감이 비교적 안정적이라는 점을 시사한다(Dusek, Flaherty, & Hill, 1981; Mortimer &

Lorence, 1981). 더불어 청소년기에 자존감이 낮았을 경우 성인기에 우울증에 걸릴 확률이 높은 것으로 나타났다(Trzesniewski et al., 2006). 또한 또래와 많은 시간을 보내는 청소년기가 되면 또래가 자존감에 미치는 영향성이 증가하게 되는데(Harter, 1999), 또래와 관계가 좋을수록, 부모와 관계가 좋은 청소년일수록 자기존중감이 높게 나타났다(Greenberg, Siegel, & Leitch, 1983). 청소년기 자기존중감은 소셜미디어 사용과도 관련이 있다. 소셜미디어를 많이 사용하는 청소년일수록 온라인상에서 괴롭힘을 당할 확률이 높으며, 자신의 신체에 대한 불만족이 높고, 이는 낮은 자기존중감과 높은 우울감으로 이어졌다(Kelly, Zilanawala, Booker, & Sacker, 2018).

3) 자기존중감의 영향 요인

자기 자신에 대한 긍정적인 생각을 가지는 것은 중요하다. 자기존중감은 전 생애에 걸쳐 변화, 발달하는데 가정의 경제 및 교육 수준, 부모, 또래, 그리고 문화는 아동의 자존감에 이바지하는 중요한 요인이다.

(1) 가정의 경제 및 교육 수준

빈곤하고 폭력성이 높은 지역에 사는 미국 청소년들은 그렇지 않은 청소년들에 비해 자존감이 낮은 것으로 나타났는데(Ewart & Suchday, 2002; Paschall & Hubbard, 1998), 이는 가정의 경제 및 교육 수준이 아동의 자존감과 관련이 있음을 의미한다. 실제 여러 연구를 종합해 보았을 때 가정의 경제 및 교육 수준이 높을수록 개인의 자존감이 높고, 반대로 수준이 낮을수록 자존감 역시 낮은 것으로 나타났다(Twenge & Campbell, 2002). 가정의 경제 및 교육 수준이 자존감에 미치는 영향은 초등학교 아동들에게는 미미하며 나이가 들면서 더욱 강력해진다. 이는 아동이 자신이 아닌 부모의 교육 및 경제 수준을 자신의 배경으로 인식하고 타인과 비교하는 데 시간이 걸리기 때문이다(그림 9-4 참조).

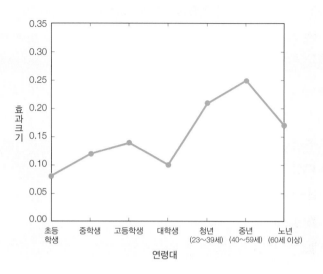

그림 9-4 **가정의 경제 및 교육 수준이 자존감에 미치는 영향**
Y축의 수가 클수록 가정의 경제 및 교육 수준이 개인의 자존감에 미치는 영향이 크다는 것을 나타낸다. 대체로
나이가 많을수록 영향이 크다.
출처: Twenge & Campbell(2002).

(2) 부모의 양육 태도

다른 발달 영역과 마찬가지로 자존감에도 부모가 미치는 영향력은 크다.
부모가 따뜻하고, 처벌적이지 않고, 일관되고 민주적인 양육 태도를 보일수록
아동의 자존감과 삶의 만족도는 높게, 우울감은 낮게 나타난다. 반면 부모가
따뜻하지 않고, 처벌적이며, 비일관적이고 권위적인 양육 태도를 가지고 있거
나 지나치게 허용적인 양육 태도를 가지고 있으면 아동의 자존감과 삶의 만족
도는 낮고 우울감은 높다(Milevsky, Schlechter, Netter, & Keehn, 2007).

부모가 아동에게 하는 칭찬이나 비난 역시 아동의 자존감에 영향을 미친
다. 아동이 수행한 결과에 대해 "넌 정말 똑똑하구나" 혹은 "넌 그림을 잘 못
그리는구나"와 같이 고정된 능력(인지 능력)에 기반을 둔 칭찬이나 비난은 아
동의 자존감을 낮춘다. 반면 "정말 좋은 방법으로 문제를 풀었구나" 혹은 "공
부하는 시간을 조금 늘려 보는 건 어때?"와 같이 변화 가능한 요소(노력 혹은 과
정)에 기반을 둔 피드백은 아동의 자존감을 높이고 도전적인 과제를 시도해 보
고자 하는 동기를 높인다(Cimpian, Arce, Markman, & Dweck, 2007; Gunderson
et al., 2013; Kamins & Dweck, 1999; Muller & Dweck, 1998). 때로는 아동의 실

패를 위로하기 위한 말들도 아동의 자존감을 낮출 수 있다. 가령 "괜찮아, 누구나 수학을 잘하는 건 아니야", "네가 풀 수 있는 조금 쉬운 수학 문제를 풀어 보자"라며 아동의 부족한 능력을 인정 혹은 위로하는 말은 아동의 자존감에 도움이 되지 않는다. 오히려 이런 종류의 위로는 아동 스스로 자신의 능력은 부족하며 발전 가능성이 없다고 믿게 하여 자존감을 낮추고 동기를 떨어뜨린다(Rattan, Good, & Dweck, 2012).

부모들이 하는 흔한 오해 중 하나는 아동의 작은 성공을 과하게 칭찬하거나 아동의 능력을 과대평가하는 것이 아동의 자존감을 높일 수 있다고 믿는 것이다. 자녀를 과대평가하는 부모는 자신의 아동이 다른 아동들보다 특별하고 대우를 받을 자격이 있다고 생각하지만, 부모의 기대와는 달리 아동을 과대평가하는 것은 아이의 자존감에는 영향을 미치지 않고, 오히려 아동의 나르시시즘을 높이는 것으로 나타났다(Brummelman et al., 2015). 따라서 부모가 민주적인 양육 태도를 갖고 과정과 노력에 기반한 피드백을 해야 아동의 자존감이 높아질 수 있다.

(3) 또래

아동은 어린이집이나 유치원에서 새로운 기술을 빠르게 배운다. 그와 동시에 자신의 능력이나 기술이 또래보다 낮은 경우도 경험하게 된다. 생의 어느 시기보다 자존감이 높은 유아기의 아동들도 또래 비교를 통해 자신에 대한 평가가 달라질까? 과거 연구자들은 만 7~9세 이전의 유아들은 자존감이 높아 실패해도 별로 슬퍼하거나 좌절하지 않는다고 보았다. 하지만 유아들 역시 또래보다 잘하지 못했다는 구체적인 피드백을 받으면 스스로 자신의 그림이 또래 것보다 못하다고 평가한다는 연구 결과도 있다(Butler, 1998). 이는 또래와의 비교가 아동의 자존감을 낮출 수 있다는 것을 시사한다.

Rhodes와 Brickman(2008)의 연구에서는 같은 성별 또래와의 비교와 다른 성별 또래와의 비교가 유아의 자기 평가 및 과제의 흥미도에 미치는 영향성을 탐색하였다. 만 4~5세 유아에게 여러 가지 모양 안에 동그라미를 최대한 빨리 그리는 과제를 주었다. 과제를 하는 유아가 동그라미를 얼마나 빨리 그리는지와 상관없이 모든 유아는 부정적인 피드백(예: "주어진 시간 동안 많이 그리지 못했네.")을 받았다. 그런 다음 어떤 유아는 자신과 반대되는 성별 또래와의 비교 피드백(예: 여아에게 "저 남자아이는 너보다 더 빨리 그렸네.")을 받았고, 다른 유아는 자신과 같은 성별 또래와의 비교 피드백(예: 여아에게 "저 여자아이는 너보다 더 빨리 그렸네.")을 받았다. 자신과 다른 성별의 또래와 비교를 받은 아동들은 자신과 같은 성별의 또래와 비교를 받은 아동들보다 자기 평가와 과제에 대한 흥미도가 낮게 나타났다. 즉, 이르면 유아기부터 또래와의 비교는 아동의 자존감을 낮출 수 있으며, 특히 반대되는 성별과의 비교가 더욱 부정적이라 할 수 있다.

(4) 문화

개인의 성취 및 자기 증진에 큰 가치를 두는 서양문화와 집단의 안녕과 행복을 중요하게 생각하는 동양문화 간에는 자존감의 차이가 존재한다. 동양문화에서는 자신의 단점을 인정하고 이를 보완하기 위한 노력을 중시하며 자신을 내세우지 않는 것을 겸손과 겸양이라 여기기 때문에 스스로를 덜 긍정적으로 묘사하는 경향이 있다(Schmitt & Allik, 2005; Suzuki, Davis, & Greenfield, 2008). 더불어 동양 부모들은 아이들의 성공보다는 실패를 더욱 강조하는 경향이 있기에 아동의 자존감이 서양보다 낮게 나타난다(Ng, Pomerantz, & Lam, 2007). 이러한 문화적 차이는 특히 인지적인 자존감에서 더욱 크게 나타나는데, 중국인과 미국인을 대상으로 한 연구에서 "나는 똑똑하다"와 같은 인지적인 측면의 자존감은 중국인이 미국인보다 점수가 낮게 나타났지만, "나는 자신을 사랑한다"와 같은 정서적인 측면의 자존감은 두 문화 간 차이가 나타나지 않았다(Cai, Brown, Deng, & Oakes, 2007).

개념 체크 ▲

다음 문장이 맞는지 틀리는지 ○, ×로 표시하시오.

1 (   ) 유아기에서 아동기를 거치면서 자기존중감은 높아진다.
2 (   ) 주변 성인의 칭찬은 항상 아동의 자기존중감을 높인다.

3. 자기통제

대부분의 사람들에게 삶은 자기통제의 연속이다. 아침에 알람이 울릴 때 당장 일어날 것인가, 아니면 5분만 더 누워 있을 것인가? 이 책을 계속 읽을 것인가, 아니면 책을 덮고 더 재미있는 무언가(컴퓨터 게임 혹은 친구와의 수다)를 할 것인가? 저녁으로 건강에 좋은 샐러드를 먹을 것인가, 아니면 맛있는 삼겹살을 먹을 것인가? 이처럼 우리는 흔히 현재의 보상과 미래의 더 큰 보상 사이에서 갈등한다. 미래에 올 보상을 위해 지금 당장의 유혹을 뿌리칠 수 있는 능력은 언제부터 발달하며 어떻게 측정할 수 있는가?

1) 자기통제의 정의와 측정

자기통제(self-control)는 미래에 다가올 더 큰 보상을 위해 현재의 충동을 억제하는 능력을 일컫는다. 자기통제는 주의(예: 수업에 집중할 것인가, 다른 생각을 할 것인가?), 감정(예: 화가 난다고 친구를 때릴 것인가, 참을 것인가?), 행동(예: 후식으로 초콜릿 케이크를 먹을 것인가, 사과를 먹을 것인가?)을 포함한다(Duckworth, Taxer, Eskreis-Winkler, Galla, & Gross, 2019; Mischel, Shoda, & Peake, 1988). 유아기에 자기통제력이 높은 아동은 청소년이 되어서 학업 성취도가 높았으며, 성인이 되어서 더욱 건강하고 자기존중감이 높았으며 직업적으로도 성공할 확률이 높고 범죄에 가담할 확률이 낮았다(Allemand, Job, & Mroczek, 2019; Credé & Kuncel, 2008; Daly, Delaney, Egan, & Baumeister, 2015; Duckworth, Tsukayama, & May, 2010; Duckworth & Seligman, 2005; Moffitt et al., 2011).

유아를 대상으로 자기통제를 측정하는 가장 잘 알려진 방법은 1960년대에 Walter Mischel과 동료들에 의해 고안된 마시멜로 실험이다. 실험자가 유아에게 마시멜로 하나를 주고 돌아올 때까지 주어진 한 개의 마시멜로를 먹지 않고 기다리면 두 개의 마시멜로를 먹을 수 있다고 이야기하고 나간다. 실험자는 15분 동안 자리를 비우고, 혼자 남은 유아가 그 시간 동안 마시멜로를 먹지 않고 기다리는지, 기다리는 동안 어떠한 전략을 사용하는지를 살핀다. 어떤 아동은 실험자가 나가자마자 하나의 마시멜로를 먹지만 다른 아동은 노래를 부르거나, 자신의 눈을 가리거나, 잠을 자려고 노력하는 등 다양한 기다리기 전략을 사용하면서 실험자가 돌아오기를 기다렸다. 이 실험에서 더 큰 보상(두 개의 마시멜로)을 받기 위해 실험자가 돌아오기를 기다렸던 만 4세 유아는 기다리지 않았던 유아에 비해 청소년기에 학업 성적이 우수하고, 성인기에 더욱 건강했으며, 직업적·경제적인 성공을 이룰 확률이 높은 것으로 나타났다(Mischel, Shoda, & Rodriguez, 1989).

최근 들어 마시멜로 실험의 예측력에 대한 의문이 제기되었다. 가령 최초 Mischel과 동료들의 마시멜로 실험은 미국의 스탠퍼드 대학교 부설 어린이집에 다니는 35~89명의 아동을 대상으로 하였기에 연구 결과를 일반화시킬 수 있는가에 대한 비판이 꾸준히 있었다. 이에 Watts, Duncan과 Quan(2018)의 연구에서는 900명이 넘는 아동을 대상으로 마시멜로 실험을 반복 검증하였다. 이 연구에서는 만 4세 때 측정한 마시멜로 검사가 이후의 학업 성취를 거의 예측하지 못하는 것으로 나타났다. 하지만 Watts와 동료들의 데이터를 더욱 정교한 통계 분석으로 살펴본 최근 연구(Michaelson & Munakata, 2020)에서는 만 4세 때 마시멜로 검사 결과가 이후의 학업 성취, 사회적 유능감, 문제행동

▶ 마시멜로 실험에서 아이는 두 개의 마시멜로를 보상으로 받기 위해서 눈앞의 한 개의 마시멜로를 보고도 먹지 않고 참아야 한다.

등을 예측하는 것으로 나타나 최초의 Mischel과 동료들의 연구 결과와 일치하였다. 이처럼 마시멜로 실험은 최근에도 많은 연구자와 교육자의 관심을 받는, 대표적인 자기통제 측정방법이다.

글을 읽고 쓸 줄 아는 학령기 아동을 대상으로는 자기보고식 설문을 통해 자기통제 능력을 측정한다. 더불어 부모나 교사들과 같은 주변인의 보고(informant rating)를 통해 학령기 아동의 자기통제 능력을 측정하기도 한다. 이처럼 주변인들이 측정한 학령기 아동의 자기통제 능력은 이후 아동의 학업 성취도와 교우관계를 예측하는 것으로 나타났다(Park et al., 2017; Tsukayama, Duckworth, & Kim, 2013).

2) 자기통제의 발달

순간의 충동이나 유혹을 억제할 수 있는 자기통제 능력은 생후 2년경 상당히 발달한다. 물론 만 2세 이전부터 영아는 주변 환경이 변화할 때 손가락이나 공갈젖꼭지를 빠는 행동을 하면서 자신을 진정시키는 것을 볼 수 있다. 하지만 생의 초반의 자기위로 행동은 반사(reflex)에 기반한 것이며, 인지 발달에 따른 내적 통제가 이루어지기 시작하는 시기는 생후 12개월이 지나야 가능하다. Kopp(1982)에 따르면 영유아의 자기통제는 3단계를 거치면서 발달한다.

통제(control) 단계 생후 12~18개월 이후에 해당한다. 이 시기의 아동은 "안 돼", "만지지 마" 등과 같은 주변 성인의 말에 복종하고 자신의 행동을 인지할 수 있게 된다. 비교적 간단해 보이는 이 단계에도 자신의 행동에 대한 인식과 자신이 남과는 다른 존재라는 이해가 선행되어야 한다.

자기통제(self-control) 단계 만 2세 이후에 해당한다. 이 시기의 아동은 양육자 없이도 사회적 기대나 주변인의 통제에 따라 행동할 수 있으며 주변인의 요구에 따라 기다렸다가 행동할 수도 있다. 더불어 이 시기의 아동은 타인의 요구나 규칙 등을 내면화하여 양육자의 요구 없이도 스스로 장난감을 치우거나 옷을 입는 행동을 보인다. 이러한 자기통제는 상징에 대한 이해나 표상적 사고가 가능하기 때문에 이뤄질 수 있다.

자기조절(self-regulation) 단계 만 3세 이후에 해당한다. 자기통제 단계와 비교하면 이 시기의 아동은 환경의 변화 및 주변 요구에 따라 유연한 자기조절이 가능하다. 따라서 자기통제와 자기조절은 질적인 차이가 아니라 자기통제를 얼마만큼 잘할 수 있는가와 같은 정도의 차이이다("a difference in degree, not in kind", Kopp, 1982, p. 207). 이 시기의 아동은 자신이 먹고 싶은 과자를 먹을 수 없을 때, 자신은 그 과자를 좋아하지 않는다고 혼잣말을 하거나 다른 과자를 먹는 행동을 보인다. 이는 아동에게 자신의 마음상태에 대한 이해가 생기고 그에 맞는 전략을 생성해 낼 수 있는 사고가 가능하기 때문이다.

3) 자기통제의 영향 요인

자기통제가 어떻게 작동하는가에 대한 학자들의 의견은 다양하다. Freud의 정신역동적 관점에서는 무의식적 기제가 자기통제의 기반이 된다고 본다. 다시 말해, "선생님이 먹지 말고 기다리라고 했지? 내가 만약 기다리지 않고 마시멜로를 하나 먹어 버리면 선생님은 실망할 거고, 그러면 나는 죄책감을 느낄 거야"라고 하는 초자아(super-ego)가 "지금 당장 마시멜로를 먹어. 얼마나 맛있겠어!"라고 아동을 유혹하는 원초아(id)를 이겨 내 마시멜로를 먹지 않게 되는 것이다.

반면 정보처리이론에서는 아동이 나이를 먹으면서 억제적 통제(inhibitory control) 능력이 발달하고 동시에 마시멜로로부터 주의를 돌려 노래를 부르거나 다른 곳을 쳐다보는 등의 전략을 사용할 줄 알게 되면서 자기통제를 잘할 수 있게 된다고 보았다. 가령 마시멜로 실험에서 기다리는 동안 장난감을 가지고 놀거나 재미있는 생각을 하거나 마시멜로가 보이지 않게 덮개로 덮어 두는 전략을 사용한 아동의 경우, 가만히 앉아서 기다린 아동들보다 오래 기다렸다(그림 9-5 참조, Mischel, Ebbesen, & Raskoff Zeiss, 1972; Mischel, Shoda, & Rodriguez, 1989). 여러분이 수업 시간에 핸드폰을 보지 않기 위해서 가방 속에 넣어 두거나 핸드폰을 엎어 두는 전략을 사용하는 것 역시 정보처리이론에 기반한 자신을 통제하는 능력이라 할 수 있다. 유아의 자기통제 능력을 도모하는 것 중의 하나는 가작화놀이, 즉 상징놀이이다. 가작화놀이(가상놀이라고도

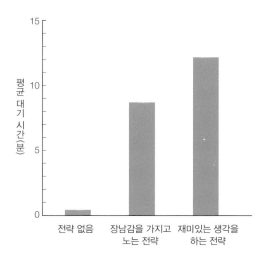

그림 9-5 **마시멜로 실험에서 통제 전략에 따른 차이**
아무 전략도 사용하지 않은 아동은 오래 참지 못하고 눈앞의 마시멜로를 먹어버렸지만, 마시멜로로부터 주의를
돌리는 전략을 사용한 아동은 훨씬 오랫동안 앞에 놓인 마시멜로를 먹지 않고 기다렸다.
출처: Mischel, Ebbesen, & Raskoff Zeiss(1972).

함)란 유아가 어떤 역할을 맡아서 마치 그 사람인 양 행동하며 모방하는 놀이
다(Smilansky, 1968). 슈퍼맨이 된 것처럼 망토를 입고 뛰어다니거나, 소방관이
된 것처럼 행동하며 불을 끄러 다니는 놀이가 여기에 속한다. 한 연구에 따르
면, 배트맨 망토나 라푼첼 드레스를 입고 배트맨이나 라푼첼이 된 것처럼 가작
화놀이를 한 5세 유아들은 가작화놀이를 하지 않은 유아들에 비해 자기통제를
요하는 과제에서 높은 성과를 보였다(White & Carlson, 2016). 이는 가작화놀
이가 나 자신이 아닌 타인이 되어 보는 경험을 통해 현재의 감정이나 욕구에서
한 발짝 떨어져서 생각할 수 있는 기회를 제공해 주기 때문이다.

　　사회학습이론에 따르면 아동의 자기통제는 주변 환경의 영향을 받는
다. 즉 눈앞의 충동을 이겨 내면 더 큰 보상을 받을 수 있는 환경에 있는 아동
은 기다릴 확률이 높은 반면, 현재의 충동을 이겨 내도 미래에 올 더 큰 보상
에 대한 확신이 없는 환경에 있는 아동은 기다리지 않을 것이다. 이와 유사하
게 Kidd와 동료들(Kidd, Palmeri, & Aslin, 2013)의 연구에서는 실험자가 약속
을 얼마나 잘 지키는 사람인가에 따라 마시멜로 검사에서 만 4세 아동이 기다
리는 시간이 달라질 수 있음을 보였다. 실험자는 마시멜로 실험을 하기에 앞

서 유아에게 그림 그리는 시간을 가질 것이며, 옆방에서 더 많은 색연필을 가지고 올 것이니 기다리라고 이야기하고 방을 떠난다. 몇 분 후 실험자가 돌아온다. 한 집단의 아동들에게는 약속한 대로 더 많은 양의 색연필을 가져다주지만 다른 집단의 아동들에게는 찾아보니 색연필이 없다고 이야기한다. 이후 모든 아동은 2분간 그림을 그리고 마시멜로 검사에 참여하였다. 그 결과, 실험자가 마시멜로 검사에 앞서 아동들과의 약속을 지켜 신뢰가 형성된 그룹의 아동들은 마시멜로 검사에서 평균 12분을 기다렸지만, 실험자가 약속을 지키지 않은 그룹의 아동들은 평균 3분을 기다렸다. 이러한 결과는 양육자를 포함한 주변 성인과 아동 간의 신뢰가 아동의 자기통제 능력에 미치는 영향이 크다는 것을 시사한다.

또래 그룹도 유아의 자기통제력에 영향을 미친다. 가령 자신이 속한 그룹의 또래가 두 개의 마시멜로를 보상으로 받았다는 이야기를 들은 만 3~5세 유아들은 두 개의 마시멜로를 보상으로 받지 못했다는 이야기를 들은 유아들보다 마시멜로 검사에서 더 오래 기다렸다(Doebel & Munakata, 2018). 또한 자신이 마시멜로를 먹지 않고 기다리면 자신뿐만 아니라 다른 친구도 마시멜로를 하나 더 먹을 수 있다는 이야기를 듣는 경우, 유아는 더욱 오래 기다리는 것으로 나타났다(Koomen, Grueneisen, & Herrmann, 2020).

청소년기에도 자기통제에 미치는 또래의 영향성이 나타나는데, 앞서 살펴본 유아기와는 반대로 그 영향성이 부정적이다. 앞서 살펴본 바와 같이 개인적 우화가 나타나는 청소년기의 발달적 특성은 청소년들에게 음주, 흡연, 결석 등 자기통제력과 관련된 문제를 일으킨다(Steinberg, 2004, 2008). 청소년들의 자기통제력은 또래와 함께 있을 때 더욱 낮게 나타난다. 가령 운전하는 게임에서 청소년들은 혼자 게임을 할 때보다 또래가 자신이 하는 게임을 보고 있을 때 더 위험하게 운전을 해서 사고를 발생시키는 경우가 많은 것으로 나타났다(그림 9-6 참조, Albert, Chein, & Steinberg, 2013).

이러한 결과들은 아동의 자기통제력이 주변 환경에 의해 얼마든지 변화 가능하다는 사회학습이론을 뒷받침함과 동시에, 교육을 통한 자기통제력의 발달 가능성을 시사한다.

개인적 우화 자신은 특별한 존재이기에 삶의 역경이 찾아오지 않을 것이라는 믿음을 의미한다.

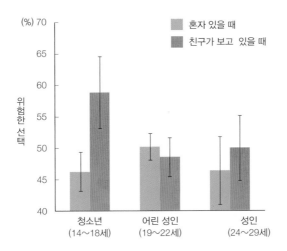

그림 9-6 **운전 게임에서 위험한 선택을 할 확률**
청소년은 혼자 있을 때보다 또래친구가 보고 있을 때 위험한 선택을 할 가능성이 높았다.
출처: Albert, Chein, & Steinberg(2013).

개념 체크 ▲

다음 문장이 맞는지 틀리는지 ○, ×로 표시하시오.

1 (　　) 인지 발달에 기반을 둔 자기통제 능력은 12개월 이전부터 발달한다.

2 (　　) Kopp에 따르면 자기통제는 통제-자기통제-자기조절 단계를 거치며
　　　　　발달한다.

3 (　　) 청소년기 자기통제에 또래가 미치는 영향은 부정적이다.

---

4. 성별과 성 정체성

사람들은 지인의 임신 소식을 듣게 되면 배 속에 있는 아기가 "여자래? 남자
래?"라고 물으며 세상에 태어나지도 않은 아기의 성별에 대해 관심을 갖는다.
이러한 남아, 여아에 대한 구분은 단순히 생물학적인 구분이 아니라 문화 속에
서 해야 할 사회적인 역할과도 관련되기 때문일 것이다. 아동들은 태어나기 전
부터 이미 성과 연관된 문화적 기준과 관련지어지기 시작하고, 자라면서 획득

한 문화적 기준은 아동이 성에 대한 정형화된 신념과 행동을 형성하게 만든다.

성차, 성 역할, 성 정체성의 발달에 대한 이해를 돕고자 다양한 용어와 성 정체성의 형성에 대해 알아보고자 한다.

1) 성별, 성, 성 정체성의 의미

일반적으로 성별(sex)은 사람들의 생물학적 정체성, 즉 신체적으로 표현된 성적 특징 및 염색체, 호르몬의 영향으로 인한 결과적 범주를 말하기 위해 사용되는 용어이다. 반면에 어떤 사람의 남성 또는 여성으로서의 사회적·문화적 정체성을 언급하는 경우에는 성(gender)이라는 용어를 사용한다.

아동의 성별은 발달 과정에 영향을 주기도 하고 받기도 하며 체화(embodying) 된다. 부모가 자신의 아기에 대해 제일 먼저 알게 되는 사실은 성별이다. 이러한 성별을 바탕으로 아이의 이름을 결정하고, 아기 옷과 장난감을 제공한다(Pomerleau et al., 1990). 부모들은 자녀의 성별에 따라 다른 방식으로 놀이에 참여하고, 놀이 자극과 환경을 다르게 제공하며, 다른 반응을 기대한다(Caldera, Huston, & O'Brien, 1989; Fausto-Sterling, Crews, Sung, García-Coll, & Seifer, 2015; Hsu & Fogel, 2003; Sung, Fausto Sterling, Garcia Coll, & Seifer, 2013). 예를 들면, 부모들은 아들과 놀 때보다 딸과 놀 때 더 가까이에서 더 많은 대화를 주고받는다. 또한 남아들에게는 신체적인 놀이를 자극하는 방식으로 소통하고, 여아들과는 정적인 놀이와 언어적인 상호작용을 더 많이 한다. 따라서 양육자들에게 자녀의 성별은 아동에게 어떻게 반응하고 돌볼지에 영향을 주는 중요한 속성이 된다.

이와 같이 아동은 자신을 둘러싼 환경에서 자신의 성별에 대해 반응하고 기대하는 것을 경험하면서 성 정체성을 발달시킨다. 성 정체성(gender identity)은 성의 개인적 측면으로 남성이나 여성 또는 대안적 성으로서 내적 또는 개인적 자기를 지각하는 것을 말한다(Huston, 1983; Ruble, Martin, & Berenbaum, 2006). 성 정체성은 아동 중기에 아동 스스로에 대한 성격 특성을 평정하도록 요구함으로써 측정한다. 보통 이 시기의 아동들은 구체적 행동에 대한 심리적 경향성이 생기고, 자기개념이 발달하기 때문이다. '여성적' 정체성을 가진 아동이나 성인은 전통적으로 여성성을 표현한 문항(예: 감정적, 친절한, 부드럽게 말하는)에 대해 높은 점수를 받고, 남성성을 표현하는 문항(예: 포부가 큰, 경쟁적인, 자기주장적)에서는 낮은 점수를 받는다. '남성적' 정체성을 지닌 사람은 그 반대다. 대부분의 사람들이 성 전형적(gender-typical) 정체성을 지니지만 일부(특히 여성들)는 남성과 여성의 성격 특성 모두에서 높은 점수를 보이며 양성성(androgyny)이라 불리는 성 정체성을 가지고 있다(Serbin, Powlishta, Gulko, Martin,& Lockheed, 1993).

2) 성 정체성의 형성

아동들이 자신의 성에 대한 개념과 성 정체성을 어떻게 형성하는지에 대해 여러 이론적 관점에서 설명이 가능하다.

인지발달이론 Lawrence Kohlberg(1966)는 인지발달이론을 바탕으로 성 정체성의 발달을 설명하였다. 아동의 성 정체성 발달은 인지 발달과 같이 단계를 거치며, 성 일관성에 대한 이해는 보존개념의 획득과 관련이 있다. 또한 아동은 사회적 영향을 능동적으로 받아들이며 정체성을 발달시킨다.

첫 번째 성 명명(gender labeling) 단계는 2세 무렵 시작된다. 이 단계에서는 "나는 여자, 너는 남자"와 같이 성별 명명을 하고, 점차 성 유형화된 놀이에도 참여하기 시작한다(Zosuls et al., 2009). 이 시기 아동들은 외적인 모습을 바탕으로 성별을 구분하기 때문에 남자아이가 머리를 기르면 여자가 될 수 있다고 생각한다(Chauhan, Shastri, & Mohite, 2005). 두 번째 성 안정성(gender stability) 단계는 3세쯤 시작되며, 유아는 성은 시간이 지나도 안정적인 것임을 이해한다. 그래서 남자아이는 나중에 남자 어른이 되고 여자아이는 여자 어른이 된다는 것을 알지만, 여전히 머리 모양이나 옷, 하는 일을 바꾸면 사람의 성도 바뀐다고 생각한다(Fagot, 1985). 예를 들어 트럭을 가지고 노는 여아는 남자가 될 수도 있다고 생각한다. 세 번째 성 일관성(gender consistency) 단계는 5세쯤 시작되는데, 자신의 성은 생물학적으로 결정된 것이어서 겉으로 보이는 것과 관계없이 안정적이라는 것을 이해하게 된다. 즉 외양을 남자처럼 바꾸거나 트럭을 가지고 노는 여아도 여전히 여성이며, 머리가 긴 남아도 여전히 남성이라는 것을 이해한다.

이후 여러 문화권에서 수행된 연구들은 Kohlberg가 설명한 성 정체성의 3단계를 아동들이 순서대로 거친다는 것을 확인하였다(De Lisi & Gallagher, 1991; Marcus & Overton, 1978; Munroe, Shimmin, & Munroe, 1984; Szkrybalo & Ruble, 1999). 또한 성 일관성을 획득한 초등학생 아동은 성 안정성 단계에 속하는 취학 전 유아보다 성 유형화된 행동이나 외모, 특성에서 더 유연한 사고를 보인다(Halim, 2016; Ruble, Lurye, & Zosuls, 2007). Kohlberg에 따르면 아동이 스스로를 사회화하려는 동기, 즉 동성의 모델을 찾아 남성과 여성처럼 행동하는 법을 배우고자 하는 동기는 아동이 성 일관성을 습득한 후에 시작된다고 하였다. 성에 대한 높은 이해를 성 유형화 강화를 위한 필수 전제로 본 것이다. 그러나 실제로는, 높은 성 일관성을 획득하기 전부터 2세 유아들은 성 유형화된 장난감을 선호하고, 3세 유아들도 동성 놀이 친구를 선호하며 성 유형화된 놀이를 한다.

사회학습이론 Albert Bandura(1989)는 사회학습이론의 관점에서 성 정체성은 성 역할과 활동에 대한 직접적 혹은 간접적인 강화의 결과로 형성된다고 보았다. 예를 들어, 부모들은 자신들이 아들과 딸을 차별하지 않는다고 여기며, 성별 간 차이점들은 모두 생물학적인 기원에 의한 것이라고 생각하곤 하지만, 실제로 많은 연구들은 부모들이 자녀들에게 성 유형화된 놀이 활동과 집안일을 강화한다는 것을 보여 준다(Berenbaum, Martin, Hanish, Briggs, & Fabes, 2008; Leaper & Farkas, 2014). 아버지들은 딸보다 아들과 신체적인 놀이를 더 많이 하는 반면, 딸과는 책을 읽거나 이야기를 들려주는 활동을 많이 하였다. 이렇게 자녀의 성별에 따른 아버지의 행동은 자녀가 한두 살 때부터 나타나며, 유럽계, 라틴계, 아프리카계 미국인 아버지 모두에게서 관찰되었다(Leavell, Tamis-LeMonda, Ruble, Zosuls, & Cabrera, 2012; Mascaro, Rentscher, Hackett, Mehl, & Rilling, 2017). 부모들은 자신의 행동이나 태도가 자녀에게 영향을 미치는 미묘한 방식을 깨닫지 못하지만, 아동들은 부모와 함께 있으면서 성 역할에 대한 부모의 무의식적인 태도나 기대를 찾아낸다(Freeman, 2007).

사회학습이론에서는 이렇게 아동들이 일상에서 수많은 성 역할과 활동의 예를 접하게 됨을 강조하고, 아동들이 동성 모델을 모방하거나 동일시하면서 안정된 성 정체성을 갖게 된다고 보았다.

성도식이론　성은 우리가 세상을 바라보는 하나의 중요한 도식이다. Carol Martin과 Charles Halverson, 그리고 Sandra Bem은 성도식이론(gender schema theory)으로 성 정체성 발달을 설명하였다(Bem, 1981; Martin & Halverson, 1981, 1987). 아동은 성 도식을 바탕으로 사회로부터 성에 대한 개념을 배운다. 성 도식은 어떤 사람, 장난감, 행동 및 역할을 남성적 범주와 여성적 범주로 조직화하는 사회적 정보의 처리 필터가 되고, 행동이나 사고를 할 때 필요한 상세한 정보들로 구성되어 있다. 아동은 성 도식을 바탕으로 여자 혹은 남자를 채택하고, 이 성 도식은 아동 자신의 성별과 관련된 정보에 더 많은 관심을 기울이게 한다. 여아는 새로운 디즈니 공주 인형의 TV 광고에 주의를 뺏기는 반

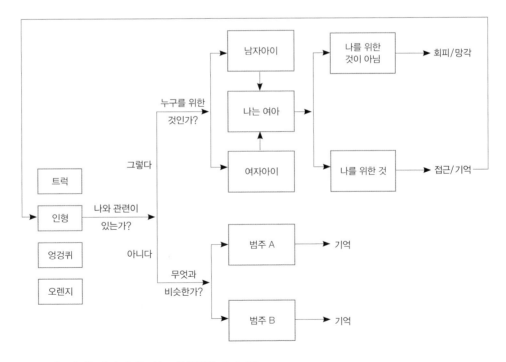

그림 9-7 **성도식이론이 가정하는 성 도식 형성의 메커니즘**
출처: Martin & Halverson(1981), p. 1121.

면, 남아는 새로운 액션 영웅 영화의 개봉을 알리는 광고에 더 매료되는 경우를 예로 들 수 있다. 또한, 성 도식은 아이의 자기조절 행동에 영향을 미친다. 예를 들어, 여아는 인형을 가지고 놀기로 결정하고, 남아는 축구를 배우러 가도록 자신의 행동을 성 도식에 맞추어 조절한다(Bem, 1993; Martin, 1993). 이처럼 성 도식과 일치하는 정보는 성 관련 지식으로 형성되고, 성 도식에 맞지 않는 정보는 기억하지 못하거나 왜곡하게 된다(Liben & Signorella, 1993; Martin & Halverson, 1983). 이와 같이 성도식이론은 성 정체성이 어떻게 생겨나고 유지되는지를 보여 줄 뿐만 아니라, Kohlberg와는 다르게 성 일관성 단계 아동이 성은 변하지 않는 속성임을 인식하는 단계 전부터 성 도식이 어떻게 성 역할 선호와 성 유형화된 행동 발달에 기여하는지를 보여 준다.

최근에는 성 정체성 발달 모델로 성 자기 사회화 모델(gender self-socialization model)이라 불리는, 남성성이나 여성성에 대한 사전에 정의된 특성을 없앤 모델이 있다. 이 접근에서는 성 일관성과 성에 대한 압박감에 대한 아동 자신의 개별적 경험과 생각을 바탕으로 성 정체성을 측정한다. 따라서 "본인이 전형적인 여자라고 생각하는가?" 혹은 "남자가 되는 것이 좋은가?"라는 질문들에 대하여 성 정체성의 5개 범주, 즉 자신의 성 범주에 속하는 구성원으로서의 지식, 자신의 성에 대한 만족감, 성 고정관념의 순응에 대한 압박감, 성 전형성, 성 중심성 범주 중 하나로 자신의 성을 바라보는 것이다.

3) 예외적 성

이러한 이론적 설명들은 아동이 자신을 태어난 성과 어떻게 동일시하는지를 이해하는 데 도움을 주지만, 트랜스젠더(transgender), 성전환자(transsexual), 그리고 성별에 따른 관행을 따르지 않는 아동과 청소년(gender nonconforming)들의 성 정체성은 어떻게 형성되고 표현되는지를 이해하는 데는 충분하지 못하다. 빠르면 2세부터 어떤 아이들은 다른 성별이 되고자 하는 욕구를 표현한다(Steensma et al., 2013). 이 아이들은 타고난 성별의 옷, 게임, 놀이 친구들을 피한다. 어떤 아이들은 자신의 성기에 대해 부정적인 감정을 표현하고 다른 성별의 성기를 갖고 싶어 하기도 한다. 이 아이들 모두가 나이가 들어서도 계속해서 같은 방식으로 느끼는 것은 아니지만, 그들의 초기 선호도가 극단적일수록 이러한 선호가 청소년기까지 계속될 가능성이 더 높다. 또한 여자아이들이 남자아이들보다 선호가 지속될 가능성이 더 크다(Streensma et al., 2013).

성 정체성의 발달은 청소년기의 중심 문제이다. 간혹 사람들은 성적 지향(sexual orientation)과 트랜스젠더가 같은 것이라고 생각하지만 그렇지 않다. 성적 지향은 동성에게 성적 매력을 느끼는지, 이성에게 성적 매력을 느끼는지, 혹은 양성 모두에게 매력을 느끼는지를 구분한 것으로, 다수인 이성애자(heterosexual) 이외에 여성 동성애자(lesbian), 남성 동성애자(gay), 양성애자(bisexual)가 있다. 여기서 이성애자를 제외하고 트랜스젠더(transgender)를 추가해서 이 단어들의 첫 글자들을 딴 'LGBT'라는 약어가 성소수자를 지칭하는 용어로 사용되고 있다. 이 중 트랜스젠더는 성적 지향이 아니라 성 정체성과 관련된 용어이다. 트랜스젠더란 타고난 성이 아닌 다른 성으로 자신의 정체성을 갖는 것을 뜻하며, 호르몬이나 외과적 개입을 통해 다른 성이 될 가능성이 있거나 그런 계획이 있는 사람을 가리킨다(American Psychiatric Association, APA, 2013). 성 불응자(gender nonconfroming)는 남성 또는 여성의 성 규범을 식별하거나 준수하지 않는 개인에게 사용된다. 이러한 대안적 성에 대한 개인의 정체성을 묘사하기 위해 제3의 성(genderqueer), 젠더플루이드(genderfluid)와 같은 용어들이 계속 생겨나고 있다. 반면에 자신의 타고난 성과 일치된 성 정체성을 가진 사람은 시스젠더(cisgender)라고 한다.

앞에서 기술한 바와 같이 타고난 성에 대한 불만은 일찍부터 시작될 수 있다. 비록 많은 트랜스젠더 청소년들이 사춘기 이전에 이런 정체성을 가지고 있지만, 어떤 사람들은 아동기에는 트랜스젠더 정체성에 대한 낌새를 보이지 않다가 청소년기에 나타나기도 한다(American Pschological Association, 2015; Clark et al., 2014). 10세에서 13세 사이의 기간이 불일치하는 성 정체성 발달의 주요 시기인 것으로 보인다. 사춘기에 몸이 바뀌기 시작하면서 트랜스젠더 청소년들은 원하지 않는 성으로 보일 수 있는 가슴이나 성기를 감추려고 한다. 또한 트랜스젠더 성 정체성을 인정하지 않는 청소년들의 상당수는 자신을 동성애자와 동일시하기도 한다(APA, 2013). 많은 트랜스젠더 아동과 청소년들은 그들의 특별한 정체성 자체보다는 주위의 또래나 어른들이 자신을 대하는 방식 때문에 고통받을 가능성이 높다(Grant et al., 2011).

아직까지 트랜스젠더 성 정체성이 왜 형성되는가에 대한 이유는 명확히 알려져 있지 않다. 다만 유전자나 태내기 동안 노출된 호르몬이 성적 지향이나 성 정체성 형성에 미치는 영향에 대한 설명은 있다. 태내기 호르몬은 태아의 뇌 조직과 생식기 발달에 영향을 미치는데 이 과정에서 성적 지향이 생긴다고 본다(Cahill, 2005; Meyer-Bahlberg, 1993; Reinisch, Ziemba-Davis, & Sanders, 1991). 또한 염색체에서 남성(XY)인지 여성(XX)인지, 선천적 부신과다형성(congenital adrenal hyperplasia, CAH)이나 안드로겐 둔감성(androgen insensitivity)과 같은 호르몬 불균형 상태에 노출되었는지는 개인의 성 관련 행동, 성격 특질, 성적 지향에 영향을 미칠 수 있다(Berenbaum & Snyder, 1995; Zucker et al., 1996). 예를 들어 CAH로 인해 높은 수준의 안드로겐을 생성하게 하는 유전적 결함이 있는 여성 태아는 남성화되고, XX 염색체와 여성 내부 기관의 존재에도 불구하고 남아의 생식기를 닮은 외부 생식기를 갖고 태어난다(Ehrhardt & Baker, 1974). 이들은 추후에 스테로이드를 사용하고 외과수술을 거쳐 여아로 양육되더라도, 다른 동성 또래 집단과 비교했을 때 남아들과 자주 놀고 전통적으로 남아용으로 분류되는 장난감과 활동을 선호하였고(Berenbaum & Snyder, 1995; Servin, Nordenström, Larsson, & Bohlin, 2003), 동성애나 양성애의 성적 지향을 보이는 경우가 많았다(Berenbaum, 1998, 2002; Meyer-Bahlberg et al., 1995). 그러나 모든 성소수자들이 위와 같은 원인에 의해 특정한 성적 지향이나 성 정체성을 갖게 되는 것은 아니다.

개념 체크 ▲

빈칸에 알맞은 말을 써넣으시오.

1 .... 성을 구분하는 용어 중 염색체, 성의 신체적 표현 및 호르몬의 영향으로 인한 결과적 용어

2 .... 성의 개인적 측면으로 남성 또는 여성으로서 내적 또는 개인적 자기를 지각하는 것

3 .... 성 정체성은 성 역할과 활동에 대한 직접적 혹은 간접적인 강화의 결과라고 보는 이론

4 .... 타고난 성이 아닌 다른 성으로 자신의 정체성을 갖는 것

5. 성차와 성 역할

남성과 여성은 해부학적으로 차이가 있다. 인지 능력이나 행동 경향성에서는 어떤 차이가 있을까? Eleanor Maccoby와 Carol Jacklin(1974)이 남성과 여성을 비교하는 1,500편 이상의 연구들을 요약하여 *The Psychology of Sex Differences*라는 책으로 발표하였다. Maccoby와 Jacklin은 단지 네 영역에서만 성차가 존재한다고 결론지었다. 여자가 남자보다 언어 능력이 뛰어나고, 남자가 여자보다 수리 능력과 시공간 지각력이 뛰어나며, 남자가 더 공격적이라고 하였다. 그러나 이들의 연구는 신뢰도가 낮은 연구들이나 행동을 다르게 정의한 연구들까지 포함하였기 때문에 비판을 받았으며, 이후 많은 심리학자들이 다양한 연구들을 진행하며 성차를 보고하였다. 여기에서는 지금까지 유의미한 성차를 보고했던 연구들을 중심으로 소개하고자 한다. 그러나 이 자료들은 어떤 특정한 개인의 행동을 특징지을 수 없는 집단 평균임을 이해해야 한다. 예를 들어, 성별에 따라 아동의 외현적 공격행동에 차이가 있다고는 하지만 성별이 공격행동을 설명하는 것은 변량의 약 5%만을 차지한다(Hyde, 1984). 나머지 95%는 사람들 간의 다른 차이에 기인하는 것이다. 그렇다면 우리는 보고된 성차에 대하여 어떤 결론을 내릴 수 있을까? 실제로 성별을 기준으로 개인의 심리적 특성이나 능력을 예측하는 것은 불가능하다. 남성과 여성은 차이점보다는 유사점이 더 많기 때문이다. 그럼에도 불구하고 사회적·문화적으로 남녀의 가능한 역할들, 즉 성 역할을 기대하는데, 이러한 성 역할과 성 역할 고정관념에 대해 논의하고, 성차 및 성 역할에 영향을 미치는 요인들을 설명하고자 한다.

1) 성차

성별에 따라 신체적·인지적 차이 또는 사회 및 성격 차이가 나타난 것으로 보고된 내용은 다음과 같다. 여기에 소개된 내용 외에도 보고된 성차는 다양하게 존재하지만, 그 원인이 성별 자체에 의한 것이기보다는 사회문화적인 성 고정관념이나 성 역할 기대로 인한 경험의 결과적 차이로부터 영향을 받는다는 것을 알 수 있다.

(1) 신체적 차이

남아는 태내기에서부터 여아보다 발달적으로 취약한 것으로 보고되었으며(Jacklin, 1989), 반사회적 행동, 자폐증, 읽기장애, 주의력결핍 과잉행동장애(ADHD), 인지 발달 지체와 같은 다양한 발달적 문제에서 여아보다 발병률이 더 높은 것으로 보고되고 있다(Holden, 2005; Thompson, Caruso, & Ellerbeck, 2003). 활동 수준도 남아가 여아보다 태내기부터 높고(Almli, Ball, & Wheeler, 2001), 이후 남아는 더 활동적이 되면서 차이는 더욱 증가한다(Alexander & Wilcox, 2012; Saudino, 2009). 종종 교실에서 남아는 여아보다 오래 앉아 있는 것을 어려워하며, 또래와 놀 때 거친 신체놀이를 시도하고 이를 서로 수용하면서 활동적으로 놀고, 여아는 조용히 앉아 있는 경우가 많다(Pellegrini & Smith, 1998).

청소년기가 되어 두드러지는 차이는 남아의 낮은 목소리와 수염, 여아의 가슴과 엉덩이의 크기 변화 등 2차 성징으로서의 신체적 변화이다. 성장호르몬은 성호르몬(sex hormones; 여성의 경우 에스트로겐, 남성의 경우 테스토스테론)과 함께 사춘기 성장 급등을 만들어 낸다. 여아는 평균적으로 약 9~10세에 성장 급등을 시작하고, 남아는 여아보다 평균 2년 늦게 시작하지만(Malina, Bouchard, & Bar-Or, 2004) 훨씬 더 빨리 성장해서, 약 16세 전후로 더 크고 강해지는 등 신체적인 기량에서 앞서게 된다. 사춘기 동안 남아는 여아에 비해 근육이 많아지고 지방은 줄어들면서 대근육 운동기술(예: 달리기, 던지기 등)이 더 뛰어나게 된다. 그러나 정교한 운동 협응이 요구되는 과제(예: 선 그리기, 그림 그리기)는 여아가 남아보다 더 잘한다(Thomas & French, 1985).

그러나 대근육 운동기술에 몸의 구성이 미치는 영향은 적으며, 아동의 경험이 더 큰 영향을 미친다고 보는 주장도 있다(Smoll & Schutz, 1990). 많은 부모들은 여아에게 스포츠와 신체적 건강이 남아보다는 덜 중요하다고 생각하는 경우가 많고, 결과적으로 여아는 남아보다 스포츠와 신체 활동에 덜 참여하고, 운동기술을 훈련할 기회를 더 적게 갖는다(Eccles & Harold, 1991). 사춘기

▶ 여아는 남아보다 스포츠 활동에 덜 참여하는 경향이 있고, 이것이 운동기술의 차이를 낳은 것일 수도 있다. 그렇다면 더 많은 참여가 차이를 줄일지도 모른다.

여아들은 휴식 시간 동안 여럿이 모여서 조용히 이야기하기 등을 자주 하지만, 남아들은 축구나 농구 등을 하는데, 이런 경험 차이는 운동기술의 차이를 가져올 수 있다.

(2) 인지적 차이

많은 연구들에서 여아가 남아보다 언어 능력이 뛰어나다고 보고하고 있다. 여아들은 남아들보다 더 일찍 언어를 습득하고 언어적 기술들이 발달하며(Bornstein & Haynes, 1998), 단어를 더 많이 알고 이야기를 더 잘한다(Feldman et al., 2000; Leaper & Smith, 2004). 학령기 여아는 남아보다 읽기 이해와 언어 유창성 검사들에서 작지만 일관성 있는 언어적 유능성을 보인다(Halpern, 1997; Miller & Halpern, 2014; Wicks-Nelson & Israel, 2006). 또한 남아는 특수한 언어 기능 손상 등 언어 관련 문제로 진단받는 경우가 많다(Halpern, 2012).

수리 능력에서도 성차가 보고되고 있다. 초등학교 여아들은 계산과 수학의 기본 개념에서 남아보다 더 높은 점수를 얻는다(Wei et al., 2012). 이러한 차이는 여아들의 더 뛰어난 언어 능력에 의한 것이거나 여아들이 남아들에 비해 학습 목표를 충실히 정하고 성적을 향상시키기 위해 더 열심히 하는 경향에 의한 것일 수 있다(Kenny-Benson et al., 2006). 그러나 고등학교 이후의 표준화된 수학 성취검사[예: 국제학생평가 프로그램(PISA), 학업 적성검사(SAT) 등]나 산술적 추론검사들에서는 남아들이 여아들보다 점수가 높았고, 수학 분야의 높은 성취자 중에서는 남성 비율이 높은 것으로 나타났다(Byrnes & Takahira, 1993: Halpern, 2004; Lips, 2006; Stumpf & Stanley, 1996).

국내에서도 2007년 국가 수준 학업 성취도 수학 평가 결과와 수학에 대한 태도를 초등학교 6학년, 중학교 3학년, 고등학교 1학년을 대상으로 조사한 결과, 세 집단에서 모두 남학생들의 수학에 대한 흥미, 자신감, 가치 인식이 유의미하게 높게 나타났다. 초등학교 6학년의 경우 여학생들의 수학 성취가 높았지만, 고등학교 1학년부터 남학생들의 수학 성취도가 유의하게 높아지는 현상이 나타났으며, 여학생들의 수학에 대한 태도에 긍정적 변화가 필요한 것으로 조사되었다(이봉주, 송미영, 2011). 최근 중학교 1학년을 대상으로 한 연구(송주연, 2018)에서는 수학 성취, 수학 수업 참여에서는 성차가 나타나지 않았지만, 여학생들의 수학에 대한 낮은 자기 효능감은 낮은 수학 성취에 영향을 미쳤으며, 수학에 대한 내재 가치를 낮게 지각하여 수학 관련 진로 선택을 남학생들보다 덜 하는 것으로 보고되었다.

인지 능력의 구성요소인 시공간 능력(visual/spatial abilities)은 어떤 물체가 공간 속에서 움직인 후 어떻게 보일지 상상할 수 있는 정신적 회전(mental rotation) 능력을 말한다. 시공간 능력에서의 성차는 유아기부터 관찰된다. 4세 남아들은 공간 변환 과제나 레고 모형을 복제하는 것과 같은 3차원 공간 과제에서 여아들보다 우수한 수행을 보였다(Alexander & Wilcox, 2012; Levine, Huttenlocher, Taylor, & Langrock, 1999; McGuinness & Morley, 1991). 그러나 2차원 공간 과제에서는 성차가 적었으며, 성차가 나타나지 않는 공간 과제도 있었다(Miller & Halpern, 2014). 아동기와 청소년기 동안에도 과제마다 차이의 정도는 다르지만, 그림 정보에 대해 추론이나 시공간 능력 검사들에서 남아들은 여아들보다 뛰어나다(Govier & Salisbury, 2000; Vasta, Liben, 1996; Voyer, Voyer & Bryden, 1995). 이러한 시공간 능력에서의 성차는 과제 특정적으로 나타나므로 성차의 성격을 해석하기 어려우며, 잠재적으로 정신적 회전 능력 이상의 여러 요소들이 관련되어 있다(Toth & Campbell, 2019).

한편 기억에서 여아와 여자 성인은 물건의 위치뿐만 아니라 물체가 무엇이었는지를 남아나 남자 성인보다 더 정확하게 기억한다(Miller & Halpern, 2014; Voyer, Postma, Brake, & Imperato-McGinley, 2007). 얼굴이 나와 있는 사

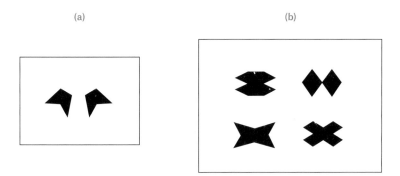

(a)   (b)

그림 9-8 공간 변환 과제의 예

유아들에게 (a)에 있는 2개의 조각을 합쳐서 하나의 조각을 만든다면 어떤 모양의 조각이 될지 (b)에 있는 4개의 조각 중 선택하도록 한다.

출처: Levine, Huttenlocher, Taylor, & Langrock (1999).

진을 보여 준 연구에서 여아들은 남아들보다 그 얼굴들을 더 정교하게 기억했고(Herlitz & Lovén, 2013), 과거의 사건을 묘사할 때 여아들은 더 정교하고 풍부하게 설명하는 경향이 있었다(Grysman & Hudson, 2013).

이처럼 언어 능력, 수리 능력, 시공간 능력, 기억과 관련하여 성차의 원인은 명확하진 않지만 뇌의 차이에 있다고 보는 연구들이 있다. 예를 들어, 읽기와 관련된 뇌 영역이 남아와 여아가 다르며, 여아의 뇌가 언어 처리 과정에 더 효율적이라는 의견이 있다(Burman, Minas, Bolger, & Booth, 2013). 시공간 능력은 뇌의 편재화(brain lateralization)라는 생물학적 차이로 설명할 수 있는데, 양적·공간적 과제에 특화되어 있는 우뇌의 발달은 남성 호르몬에 의해 촉진된다. 그리고 기억의 경우엔 기억에 결정적인 역할을 하는 해마가 여아들이 남아들보다 더 크기 때문에 이러한 성차를 가져올 수 있다는 것이다(Lenroot & Giedd, 2010).

한편 이러한 성차를 경험적 차이로 설명할 수도 있다. 예를 들어, 경험이 언어 능력의 성차에 미치는 영향에 대해서는 일관되게 보고되고 있다. 부모는 아들보다는 딸에게 언어적 자극을 더 제공하는 경향이 있다. 엄마는 아들보다 딸과 더 많은 이야기를 나누고(Fausto-Sterling et al., 2015; Fivush, Brotman,

Buckner, & Goodman, 2000; Sung et al., 2013), 초등학생 여아들이 남아들보다 더 많은 시간 읽기 활동을 하며 언어적 기술을 연마하기 위해 노력한다(Plante, De la Sablonnière, Aronson, & Théorêt, 2013). 교사 또한 여아들이 남아들보다 더 잘 읽을 것이라고 기대한다(Ready & Wright, 2011).

수리적 추론 능력, 시공간 능력 발달과 관련해 부모들은 남아에게 공간 능력을 기를 수 있는 퍼즐과 같은 과제를 더 제공하며, 남아가 퍼즐을 하는 동안 공간적인 언어, 즉 형태, 위치, 퍼즐 조각의 특성 등을 의미하는 용어를 더 많이 사용하는 것으로 나타났다(Levine, Ratliff, Huttenlocher, & Cannon, 2012). 또한 남아들은 축구나 야구와 같은 스포츠나 비디오 게임과 같이 공간 속에서 움직이는 물체의 경로를 예측하는 시공간 지각 능력을 촉진하는 활동에 더 많이 참여하는 경향이 있다. 한편 사회경제적 지위가 낮은 가정에서 자란 남아들과 여아들의 공간 기술은 비슷하게 나타나(Levine, Vasilyeva, Lourenco, Newcombe, & Huttenlocher, 2005), 중산층 부모가 제공하는 어떤 경험이나 자극이 성차를 가져올 수 있음을 시사한다. 이와 같이 인지 능력의 상당 부분은 경험, 훈련, 연습에 의해 영향을 받으므로, 부모나 교사는 남아와 여아 모두에게 언어, 수리, 시공간 능력을 촉진할 수 있다(Newcombe, 2002; Uttal, Miller, & Newcombe, 2013). 또한 다른 영역에서의 차이가 간접적으로 영향을 줄 수 있으므로, 능력에 대한 기대를 동등하게 갖고, 다양한 기회를 제공하는 것이 중요하다.

(3) 사회 및 성격 차이

남아가 여아보다 신체적으로 공격적이라는 것은 잘 알려져 있다(Maccoby & Jacklin, 1974). 남아의 신체적 공격성은 17개월부터 나타나며(Hyde, 2014), 청소년기에 남아가 반사회적인 행동이나 폭력에 가담할 가능성이 여아보다 10배 정도 높다고 보고되었다(Barash & Lipton, 2002; Snyder et al., 2003). 모든 문화에서 남자가 더 공격적이고 인간이 아닌 종에서도 수컷이 더 공격적이기 때문에, 과학자들은 공격성의 성차는 생물학적인 요인인 안드로겐(androgens) 호르몬에 기인한다고 본다. 안드로겐이 높은 남아는 더 경쟁적이며 쉽게 분노하고 감정을 잘 통제하지 못하게 되어 결과적으로 공격적이 된다는 것이다

(Archer, 2006; Dodge, Coie, & Lynam, 2006; Hay, 2007). 그러나 남아의 공격성은 신체를 사용하기 때문에 더욱 공격적으로 보이는 것이며, 여아도 비신체적인 방식으로 공격적이 될 수 있다는 주장도 있다(Ostrov & Godleski, 2010). 여아들은 유언비어로 타인의 관계나 사회적 지위를 손상시킴으로써 해를 끼치고, 타인을 냉대하고 무시하는 형태의 적대감을 보이면서 공격성을 나타낸다(Crick, Casas, & Mosher, 1997; Crick & Grotpeter, 1995). 생물학적인 영향이 크다고 보는 공격성의 성차 역시 경험의 영향을 무시할 수는 없다. 대중매체는 공격적인 모델로 가득하다. 또한 부모는 여아보다 남아의 공격적인 행동에 더 수용적이며, 딸보다는 아들에게 더 신체적인 처벌을 가하는 경향이 있다(Condry & Ross, 1985; Martin & Ross, 2005).

영아기 정서표현에서 성차는 걸음마기부터 나타난다. 남아는 분노의 빈도가 여아보다 높은 반면, 여아는 행복과 슬픔과 같은 정서들이나 부끄러움과 죄책감과 같은 복합 정서를 자주 표현하며 정서와 관련된 단어도 더 많이 사용한다(Cervantes & Callanan, 1998; Else-Quest, Higgins, Allison, & Morton, 2012; Chaplin & Aldao, 2013; Fabes, Eisenberg, Nyman, & Michealieu, 1991; Kochanska, 2001). 정서표현뿐만 아니라 타인의 정서상태를 인식하고 정서상태의 원인을 유추하는 데에도 여아는 남아보다 유능하다. 유아기, 아동기, 청소년기 동안 여아들은 남아들보다 얼굴 표정을 더 정확하게 인식한다(Alexander & Wilcox, 2012; Thompson & Voyer, 2014). 이러한 정서적 표현성과 민감성에서의 성차는 유전과 양육의 상호작용에 의한 결과라고 볼 수 있다. 유아기부터 부모들이 아들보다 딸과 함께 정서 혹은 기억할 만한 정서적 사건에 대해 더 많이 이야기하고, 감정표현에 대해 사회적 지지를 표한다(Brody & Hall, 2008; Chaplin, Cole, & Zahn-Waxler, 2005; Fischer, Rodriguez Mosquera, Van Vianen, & Manstead, 2004; Fuchs & Thelen, 1988; Kuebli, Butler, & Fivush, 1995; Saarni, 1999; Chang, Schwartz, Dodge, & McBride-Chang, 2003). 반대로 부모는 아들의 정서표현은 억제하는 경향이 있고, 아들이 정서표현을 하더라도 민감하게 반응해 주지 않는다.

생물학적으로 여아는 남아보다 자기조절에 더 능숙하도록 프로그램되어 있다. 주위에서 쉽게 볼 수 있는 예처럼 주어진 과제를 하는 동안 옆의 아동을 방해하고 산만한 행동을 하는 아동이 있다면 남아일 가능성이 높다. 여아는 남아와 비교할 때 자신의 부적절한 반응을 억제하고 주의집중하는 자기조절력이 강하고 의도적 통제를 더 잘한다(Else-Quest, Hyde, Goldsmith, & Van Hulle, 2006; Gagné, Miller, & Goldsmith, 2013). 반면 남아는 ADHD와 같은 장애로 진단받는 경우가 더 많다(Hyde, 2014). 자기조절에서의 성차 역시 양육이나 환경이 그 차이를 확대시킬 가능성이 있다. 예를 들어 남아가 공연이나 전시장과 같이 조용히 해야 하는 환경을 어려워할 경우, 부모는 남아를 그 환경에 데리고 가지 않아 아동이 자신의 행동을 통제하는 것을 배울 기회를 주지 않을 수 있다. 또한 부모들은 남아들의 위험 감수는 '본성'이라고 생각하고 여아들에겐 위험한 행동을 금지하는 규칙을 강조하는 경우가 더 많아, 결과적으로 남아들은 위험을 감수하는 행동을 더 많이 하게 된다(Blakemore, Berenbaum, & Liben, 2009; Morrongiello & Hogg, 2004).

2) 성 역할

남녀의 가능한 역할들에 대하여 인식이 다양해지고 있지만, 남자와 여자의 특성을 구분하는 신념은 여전히 고정관념으로 남아 있다(Ruble, Martin, & Berenbaum, 2006). 성 역할은 특정 성에 더 적절하다고 여겨지는 가치, 특징 및

더 알아보기   비언어적 정서표현을 인식하는 능력의 성차

Thompson과 Voyer(2014)의 연구는 비언어적 정서표현을 정확하게 인식하는 능력에서 성차의 크기를 수량화하는 것을 목표로 하였다. 관련 연구들은 시각적 또는 청각적 양상으로 제시된 별개의 여러 정서에 대해 명확한 분류를 요구하는 연구였다. 215개 표본에서 551개 효과 크기의 최종 세트를 다층 메타 분석에 포함하였다. 그 결과 정서인식 과제에서 전반적으로 여성이 우수함을 보여 주었다(d = 0.19). 그러나 그 성차의 크기는 구체적인 정서, 정서 유형(부정적·긍정적), 연기자의 성별, 감각 양상(시각, 청각, 시청각), 참가자의 연령 등 여러 가지 요인에 의해 조절되었다. 표시방법(컴퓨터, 슬라이드, 인쇄 등), 측정 유형(응답 시간, 정확도) 및 발행 연도는 효과 크기에 유의하게 기여하지 않았다.

행동으로서, 사회가 남성과 여성에게 기대하는 행동이나 가치를 범주화한 것이다. 이를 적절하다고 믿는 일반적 관념을 성 고정관념이라 할 수 있다. 성 역할에 대한 관념은 문화마다 차이가 있으며, 시간에 따라 변화한다.

성 역할 획득은 예상보다 빠르다. 12개월 남아와 여아는 성 유형화된 장난감을 동일하게 취급하지만, 18개월 이후 남아는 인형 그림보다 트럭 그림을 더 오랫동안 바라보고, 여아는 트럭 그림보다 인형 그림을 더 오랫동안 바라본다(Serbin et al., 2004). 24개월 유아들은 해당 성별에 전형적이지 않은 행동(예: 남성이 립스틱을 바르는 행동)을 더 오래 응시하며 차이를 인식하는 반응을 보였다(Poulin-Dubois, Serbin, Eichstedt, Sen, & Beissel, 2002). 2세에서 4세 사이의 유아들은 남성적인 것과 여성적인 것에 대한 행동 및 특성과 관련된 것들을 매우 빠르게 배운다. 4세가 되면 성 역할에 대한 지식이 넓어지며 여자는 쿠키를 굽거나 아기를 먹이는 일을 하고, 남자는 쓰레기를 버리거나 나무를 자르는 일을 한다고 생각한다(Gelman, Taylor, & Nguyen, 2004). 유아들은 장난감과 의류, 연장, 가사 도구, 게임, 직업, 색깔, 행동까지도 하나의 성과 연결시켰고(Banse, Gawronski, Rebetez, Gutt, & Bruce Morton, 2010; Poulin-Dubois et al., 2002), 남아가 신체적으로 더 공격적이며 여아는 언어적으로 공격적이라고 하였다(Giles & Heyman, 2005).

유아기 성 고정관념은 사회적으로 강화된다. 유아들은 성 고정관념을 융통성 있는 지침이라기보다 예외 없는 규칙으로 받아들인다. 3~4세 유아들에게 옷, 머리 모양, 특정 장난감(예: 바비인형과 G.I.Joe)에서 성 고정관념이 바뀔 수 있는지 물으면 절반 이상이 아니라고 답한다(Blakemore, 2003). 3~6세 유아들은 대부분 성 고정관념을 깨는 유아(예: 인형놀이를 하는 남아, 트럭을 가지고 노는 여아)와는 친구가 되고 싶지 않다고 말한다(Ruble, Lurye, & Zosuls, 2007; 최진아, 성지현, 2018). 이 시기 유아들은 놀이 친구로서 동성을 선호하며 이성 놀이 친구를 거부하기도 하는데(Leaper, 1994; Ramsey, 1995; Maccoby, 1998), 이러한 특성을 내집단 선호(ingroup preference) 경향이라고 한다.

초등학생 아동은 성 고정관념적 행동 및 특성에 대한 지식의 범위를 성격적인 특성(예: 남자는 강인하고, 여자는 상냥하다)과 학문적인 적성(예: 수학이나 체육은 남자에게 적합하고, 읽기와 미술은 여자에게 적합하다)에까지 확장한다

(Cvencek, Meltzoff, & Greenwald, 2011; Heyman & Legare, 2004). 그리고 중학교에 들어가기 전까지 성인이 가진 정도의 성 역할 고정관념을 형성한다. 이러한 고정관념은 아동들의 특정 과목에 대한 선호와 유능감에 영향을 미친다. 학령기 동안 아동은 남자와 관련된 직업이 여자와 관련된 직업보다 돈을 더 많이 벌고 더 권력이 있는 경향이 있음을 배운다(Liben, Bigler, & Krogh, 2001; Weisgram, Bigler, & Liben, 2010). 남자와 관련된 활동이나 직업을 사회적으로 더 특혜가 있는 것으로 평가하기 때문에 아동 중기 여아들은 남아의 장난감이나 활동에 관심을 보이고, 이성의 활동에 참여하는 것에 대해 남성보다 자유로운 편이다(Burn, O'Neil, & Nederend, 1996; Frey & Ruble, 1992). 그러나 남아는 여자이기를 희망하는 경우는 드물며, "여자 같다"고 평가되는 것을 거부한다(Blakemore, 2003; Martin, 1990).

한국청소년정책연구원에서 전국의 초등학생을 대상으로 2004년부터 추적 조사한 한국청소년패널자료 중 초등학교 4학년 시기부터 6학년 시기까지의 인식 변화 과정을 살펴본 결과, 성 역할 고정관념은 남아와 여아 모두 점진적으로 감소하는 것으로 나타났고, 성 역할 고정관념에 대한 성차에서는 학년과 관계없이 남아의 고정관념이 여아의 고정관념보다 높았다(양정혜, 2012). 국내 초등학교 5, 6학년 학생들에게 과학 관련 직업 포부를 조사한 결과 유의한 성차가 나타나 성 고정관념이 직업 포부 양상에 반영되었으나, 실제 과학에 대한 학습 동기와 성취도에는 차이가 나타나지 않았다(이민혜·신다정·봉미미, 2018). 그러나 과학적 직업 포부가 약한 경우 과학에 대한 학습 동기를 더 쉽게 상실하는 결과를 가져올 수 있다. 또한 여학생의 경우 과학에 대한 자기 효능감보다는 교사, 가족, 또래로부터 사회화된 암묵적 성 고정관념과 같은 외부 요인이 과학 관련 직업 포부에 영향을 주었으며, 주변 중요한 타인으로부터의 모델링이나 언어적 설득이 효과적이라고 보고되었다. 그리고 여대생의 성 역할 고정관념이 높을수록 여대생의 성취 포부, 리더십 포부, 교육 포부가 모두 낮음을 확인하였다(이의빈·엄명용, 2019).

그러나 아동은 성장하면서 성 역할 고정관념이 언제나 적용되는 것은 아니라는 것도 배우기 시작하고, 남성과 여성이 할 수 있는 일에 대해서 점점 더 유연하고 개방적인 관점을 발달시켜 나간다(Banse et al., 2010; Trautner et al.,

2005). 예를 들어 여아와 소꿉놀이하는 것을 좋아하는 남아에 대하여, 학령전
기 아동은 이 남아가 남성적인 장난감을 가지고 노는 것을 좋아하지만 현재
여아와 소꿉놀이를 할 뿐이라고 생각한다. 그러나 학령기 아동의 경우 이 남
아가 여성적인 장난감을 가지고 노는 것을 선호한다는 것을 이해한다(Blake-
more, 2003).

3) 성차 및 성 역할의 영향 요인

앞에서도 부분적으로 언급되었지만 성차와 성 역할 발달을 설명하는 데
유전자, 호르몬, 뇌의 편재화와 같은 생물학적인 요소들의 영향이 있을 수 있
다. 하지만 이러한 영향은 완전히 독립적으로 진행되는 것이 아니라 환경과
상호작용하며 영향을 미친다. 여기서는 성차(gender difference)와 성 역할의
발달을 주로 사회화(socialization)의 관점, 즉 환경적 영향하에서 살펴보고자
한다.

(1) 부모

부모가 자녀를 어떻게 사회화하는지를 살핀 한 메타 분석 연구(Lytton &
Romney, 1991)는 대부분의 부모들이 아들과 딸 양쪽에게 비슷하게 반응하고,
온정적으로 대해 주며, 성취와 독립을 격려한다고 보고했다. 그러나 성 역할과
관련된 행동에서 부모는 아들과 딸에게 다르게 반응하였으며, 나이가 많은 아
동보다 어린 아동에게 성 역할에 대한 직접적인 훈련을 하는 것으로 나타났다
(Golombok et al., 2008). 자녀가 자신의 선호가 생기기 전부터 부모들은 자녀
의 성별에 맞춘 옷, 침구, 장난감 등을 주면서 환경을 제공한다. 딸이 인형놀
이, 옷 입기, 가사일과 같은 행동을 하는 것에 대해 칭찬과 인정 등 지지하는
말을 더 자주하며 격려하였다(Clearfield & Nelson, 2006; Fagot & Hagan, 1991;
Kuebli, Butler, & Fivush, 1995). 부모는 딸과 아들의 공격성에 대해 다르게 반
응하는데, 아들이 다른 아동의 장난감을 뺏는 행동을 보이면 긍정적으로 반응
하였다(Martin & Ross, 2005). 또한 아동의 출생 순위에 근거하여 특히 첫째 아
이에게 성에 관한 보수적인 태도를 더 보여 주기도 한다(Katz-Wise, Priess, &

Hyde, 2010).

아버지는 어머니보다 아들과 딸을 다르게 취급하는 경향이 더 강한 것으로 알려져 있다. 아버지들이 보통 성 고정관념과 부합하는 방식으로 아동을 대한다. 아버지는 딸보다 아들에게 더 많은 신체적인 자극을 주는 경향이 있으며, 어머니들은 딸과 아들 모두에게 더 조용한 놀이를 격려하는 경향이 있다. 또한 아버지들은 딸보다 아들에게 더 성취를 강요한다(Snow, Jacklin, & Maccoby, 1983; Wood, Desmarais, & Gugula, 2002).

자녀의 성별에 따라 다른 부모의 반응과 기대, 언어는 자녀의 학업에 대한 능력이나 흥미, 자기 지각에 대한 성차에도 영향을 미칠 수 있다. 예를 들어, 아시아, 미국, 유럽 대부분의 국가에서 어머니들은 남아가 수학, 과학에 뛰어나고, 여아가 언어에 뛰어나다는 성 고정관념을 공통적으로 보였다(Bhanot & Jovanovic, 2005; Lummis & Stevenson, 1990; Kurtz-Costes, Rowley, Harris-Britt, & Woods, 2008). 또한 부모는 자녀의 성별에 따라 성취에 대해 다른 귀인을 했다. 예를 들어 비슷한 언어점수를 받아도 어머니들은 여아가 남아보다 언어를 좀 더 잘한다고 평가한다(Frome & Eccles, 1998). 또한 수학을 잘한 아들은 능력이 뛰어난 결과라고 하고, 수학을 잘한 딸은 노력의 결과라고 보았다(Parsons, Adler, & Kaczala, 1982). 부모의 이런 기대와 고정관념이 남아의 수학에 대한 자신감을 키워 수학 성적이 낮아졌다가도 빠르게 회복되는 경우가 많았다(Kowaleski-Jones & Duncan, 1999). 반면 여아는 꾸준한 노력을 통해서만 유능해질 수 있다는 신념이 생겨 자신의 능력을 과소평가하거나 불안감을 느낄 수 있다(Eccles, Freedman-Doan, Frome, Jacobs, & Yoon, 2000; Fredricks & Eccles, 2002; Pomerantz & Ruble, 1998; Stetsenko, Little, Gordeeva, Grasshof, & Oettingen, 2000).

(2) 또래

유아기부터 유아들은 동성 또래와 노는 것을 선호하기 시작한다(Fabes, Martin, & Hanish, 2003; La Freniere, Strayer, & Gauthier, 1984; Halim, Ruble, Tamis-LeMonda, & Shrout, 2013). 자발적으로 성에 의해 놀이 친구를 구분하고, 술래잡기나 색칠하기와 같은 성 중립적인 활동에서도 아동은 이성 또래와 노는

▶ 아동은 일찍부터 동성과 노는 것을 더 선호하는 경향을 보인다.

것을 선호하지 않는다(Maccoby, 1990, 1998). 유아들은 동성의 또래와 놀면서 성별에 적절한 놀이는 서로 모방하고 칭찬하면서 강화하고, 성별에 적절하지 않은 놀이를 하면 놀리거나 비난하고 행동을 바꾸도록 강요한다(Aspenlieder, Buchanan, McDougall, & Sippola, 2009). 특히 여아들보다 남아들이 성별과 맞지 않는 놀이(비남성적 놀이)나 행동에 대해 더 강하게 거부하며, 수용하지 못한다(최진아, 성지현, 2018; Fagot, 1984; Langlois & Downs, 1980; Levy, Taylor, & Gelman, 1995).

동성 집단과의 놀이 선호는 아동기 동안 꾸준히 증가하여 청소년기 초반에 가장 정점에 오른다. 남아는 자동차 장난감이나 영웅 캐릭터를 이용해 놀이를 하거나 운동을 하고, 여아는 미술, 공예를 하거나 애완동물과 논다(McHale, Kim, Whiteman, & Crouter, 2004). 많은 아동이 대부분 동성의 또래와 함께 놀기 때문에, 또래 맥락은 특히 성 역할 학습 환경의 중요한 자원이다. 대부분의 활동을 동성 또래와 하면서 아동은 성별로 구분된 놀이를 수용하는 것에 대한 믿음을 형성하고, 성 고정관념과 지식을 강화하며, 남성과 여성을 나누는 문화를 자연스럽게 받아들인다(Maccoby, 2002; Ruble, Martin, & Berenbaum, 2006). 유치원부터 학령기 아동의 동성 간 놀이를 종단적으로 연구한 결과에 따르면, 학기 초에 동성의 친구와 놀이를 하며 지낸 시간이 많을수록 학기 말에 성 유형화 경향이 더 크게 나타났다(Martin & Fabes, 2001). 예를 들어 남아들끼리 노는 데 가장 많은 시간을 보낸 남아는 더 활동적이고 공격적이 되었고, 여아들끼리 노는 데 가장 많은 시간을 보낸 여아는 덜 활동적이고 덜 공격적이 되었다. 반면에 이성 친구들과 많은 시간을 보낸 여아와 남아들에게는 이러한 변화가 나타나지 않았다.

(3) 미디어

성 역할 학습에 영향을 미치는 또 다른 요인은 TV 프로그램, 광고, 영화, 만화, 음악, 게임, 소설 등 다양한 미디어들이다. 이와 같은 대중매체는 지난 몇십 년 동안 남자와 여자를 성 고정관념적인 방식으로 묘사해 왔다(Calvert, Mahler, Zehnder, Jenkins, & Lee, 2003; Dietz, 1998; Kahlenberg & Hein, 2010). 남자는 고소득의 직업을 갖고 관리하는 역할을 맡으며, 논리적이고 활동적이며 강한 존재로 묘사되는 경향이 있고, 여자는 가족의 역할을 수행하거나 이타적 활동을 하는 직업을 갖고, 정서적이고 순종적·수동적인 약한 존재로 묘사된다(Kahlenberg & Hein, 2010; Leaper et al., 2002; Smith, Crittenden, & Caputi, 2012; Tepper & Cassidy, 1999). 대중매체에 등장하는 이러한 남성상과 여성상을 자주 접하게 되면, 남성과 여성에 대한 성 역할 고정관념을 가지게 된다(Oppliger, 2007; Signorielli & Lears, 1992).

한국의 방송에서도 아래처럼 같은 주제를 다루는 경우에도 남성 출연자는 능력에, 여성 출연자는 외모에 초점을 맞춰 대화를 진행하는 등 성 역할 고정관념을 강화시키는 경우가 자주 목격된다.

여행 베테랑 여러 명을 초대해 이야기 나누는 날. 다른 패널 소개에서는 여행을 하게 된 이유 등 다른 주제를 나누는 반면, 여행하면서 그림 그려서 전시를 준비하고 있는 김○○(20대, 여성)에 대한 소개에서는 여성 진행자가 칭찬한다는 뉘앙스로 "수지 닮았다는 얘기를 많이 듣고 계시다면서요"라는 등 좋겠

다, 예쁘다는 외모 이야기로 시작함.(KBS XX마당 2017년 6월 7일 방송)

내레이션, "소녀의 방답게 피아노에 핑크 포인트를 주었네요.", "꽃 모양의 아늑한 조명 아래에서 딸은 엄마를 따라하며 소녀가 돼 가네요.", "여고생 방의 핑크 포인트 의자", "여러분 지우는 평소 독서를 즐기는 지적인 여고생이랍니다", "외모만큼이나 성격도 엄마를 닮아 똑소리 나는 꼬마였는데요. 지금은 어느새 어엿한 숙녀가 되어⋯" 등 남성 내레이터가 여성을 지칭하는 한정적 언어를 반복적으로 사용함.(SBS 좋은 XX 2017년 6월 22일 방송)

— 국가인권위원회(2017), 「미디어에 의한 성차별 모니터링」,
pp. 141-142, 148.

Bandura(1986; Bandura & Walters, 1977)와 Mischel(1973)과 같은 사회학습 이론가들은 아동이 다른 사회적 행동과 마찬가지로 주변 세상을 관찰해 성 역할을 학습한다고 하였다. 즉, 아동은 어른과 또래의 행동을 관찰하고 미디어 속 남성과 여성의 이미지를 보면서 사회적·문화적으로 남아와 여아에게 적절하다고 생각되는 행동을 학습하고 모방한다.

(4) 문화권 차이와 시대별 변화

성차와 성 역할에 대한 고정관념은 부모, 또래, 미디어와 같이 아동의 주변 환경에 의해 영향을 받기도 하지만, 그 주변 환경이 속한 더 큰 문화에 따라 그리고 시대의 변화에 따라서도 달라진다. 예를 들어, 수학에서의 성차에 관한 비교문화 연구에서는 국제학생평가 프로그램(Program for International Student Assessment, PISA)을 바탕으로 여러 나라의 결과들을 비교하였다. 프랑스나 독일 등의 국가에서는 남아들의 수학점수가 여아들보다 조금 높았지만, 한국이나 슬로바키아에서는 남아들의 수학점수가 월등히 높았다. 반면 아이슬란드는 여아들의 점수가 더 높았다(Else-Quest, Hyde, & Linn, 2010). 이 연구에서는 학생들의 수학 성취가 성별에 따라 일관적이지 않은 이유에 대해 해당 나라의 교육 그리고 수학과 관련된 전문직의 기회 여부와 연관해 분석하였다. 이 연구에서는 수학에서 여아가 뛰어난 아이슬란드와 남아가 뛰어난 한국의 교육 및 전문직 기회를 비교하며, "여아가 성공을 격려받고, 필요한 교육을 제공받고, 수학에 뛰어난 여성 롤 모델이 있을 때 남학생들과 비슷한 성취를 할 수 있다"고 하였다(Else-Quest et al., 2010, p. 125).

또한 성 고정관념은 시대가 변하면서 바뀔 수 있다. 캐나다, 프랑스, 미국에서 시행된 최근 조사연구에 따르면 다수의 초·중등학생들이 수학이 '남성적' 과목이라는 생각에 동의하지 않았다(Martinot & Désert, 2007; Plante, Theoret, & Favreau, 2009; Rowley, Kurtz-Costes, Mistry, & Feagans, 2007). 성 역할이나 고정관념과 관련해 교육을 더 많이 받은 중산층 부모들이 저소득층보다 더 융통적인 사고를 하는 경향이 있는 것으로 나타났으며(Serbin et al., 1993), 맞벌이를 더 많이 하는 아프리카계 미국 아동은 유럽계 미국 아동보다 성 역할에 대해 더 유연하고 취업에 대해 더 열린 태도를 보이는 것으로 나타났다(Rowley et al., 2007). 교육을 통해 성 역할 고정관념에 대한 비판적 사고를 하도록 격려하고 사회적으로 가치 있는 특질(예: 독립적이고, 자신감 있고, 타인을 잘 돌보고 배려하는 것)을 학습하도록 한다면, 아동 자신의 능력과 흥미에 맞추어 직업적 목표와 삶을 향상시킬 수 있다.

개념 체크 ▲

다음 문장이 맞는지 틀리는지 ○, ×로 표시하시오.

1 (　　) 여아들은 남아들과 비교해서 읽기 이해에서 작지만 일관적인 우위를 보인다.

2 (　　) 남아들은 여아들과 비교해서 시공간 능력에서 작지만 일관적인 우위를 보인다.

다음 문장 뒤에 이어질 적절한 설명을 고르시오.

3 남아와 여아는 몇 가지 영역에서 평균점수에 차이가 있다.

① 그러나 남아와 여아 점수의 분포는 상당 부분 중첩되어 있다.
② 그리고 그 차이는 매우 크다.
③ 그러나 남아와 여아는 매우 높거나 낮은 점수를 비슷하게 받는 경향이 있다.

요약

- **자기개념**
- 기본적인 형태이긴 하지만 영아기에도 자기개념은 존재한다. 유아기를 거치며 아동의 자기개념은 더욱 정교하고 풍부한 형태로 발달한다. 청소년기 자기개념의 대표적인 특징은 모든 사람들이 자신의 외모나 행동을 지켜보고 있으며 자신에 대해서 이야기할 것이라는 상상의 청중과, 자신들은 특별한 존재이기에 삶에서 다른 사람들이 겪는 시련이나 문제를 겪지 않을 것이라는 믿음인 개인적 우화이다.

- **자기존중감**
- 자기존중감은 자신의 가치에 대한 주관적 평가를 말한다. 자신이 사랑받을 만한 사람인지, 좋은 사람인지를 평가할 때 스스로의 느낌을 가리킨다. 자기존중감은 유아기에는 높았다가 아동기, 청소년기를 거치며 낮아진다. 자기존중감이 높은 사람은 행복감이 높고 낙천적인 데 반해 자기존중감이 낮은 사람은 우울하고 비관적인 경향이 있다. 자기존중감은 가정환경, 부모의 양육 태도, 또래, 문화 등의 영향을 받는다.

- **자기통제**
- 자기통제는 미래에 다가올 더 큰 보상을 위해 현재의 충동을 억제하는 능력을 일컫는다. 마시멜로 실험은 유아의 자기통제 능력을 측정하는 가장 대표적인 방법이다. 정신역동적 관점에서는 초자아가 원초아를 이겨 내면서 자기통제가 발달한다고 본 반면, 정보처리이론에서는 억제 통제 능력의 발달로 자기통제가 높아진다고 보았다. 사회학습이론에서는 주변 환경의 영향으로 자기통제가 변화, 발달할 수 있다고 보았다.

- **성 정체성 발달**
- 기본적 성 정체성을 갖기 전에도 대부분의 걸음마기 유아는 성 유형화된 장난감과 활동에 대한 선호를 보인다.
- 2.5~3세 유아들은 스스로를 남아나 여아로 명명하며, 이는 성 정체성 발달의 첫 단계이다. 3세가 되면 유아들은 동성 놀이 친구와 함께 시간 보내는 것을 좋아하고 이성에 대한 분명한 편견을 발달시킴으로써 성 분리가 일어난다. 5~7세 아동들은 성이란 자기의 변하지 않는 속성임을 인식하게 된다.
- 아동들은 기본적 성 정체성이 형성되는 것과 동시에 성 역할 고정관념을 학습하기 시작한다. 남아는 여아보다 더 강한 성 유형화 압력에 직면하고 성 유형화된 장난감과 활동에 대한 선호를 더 빨리 보인다. 10~11세가 되면 남성과 여성의 성적 특질에 대한 고정관념이 강해지고, 고정관념을 의무 규정으로 생각한다.
- 아동 중기 동안 아동들의 성에 대한 생각은 더 유연해진다. 청소년기에 다시 한번 다소 경직된 성 고정관념을 갖게 되고, 자신의 성 정체성을 확립하게 된다.
- 성 정체성 발달을 설명하는 이론으로는 Kohlberg의 인지발달이론, 성도식이론, 사회학습이론, 성 자기 사회화 모델 등이 있다.

- **성차와 성 역할**
- 성차는 집단의 평균으로 실제 그 차이가 작으며, 전반적으로 남성과 여성들은 다른 부분보다 비슷한 부분이 더 많다.
- 집단 평균으로 볼 때 남아와 여아는 다음과 같은 차이가 있다. 남아들은 여아들보다 더 활동적이고, 신체적으로 더 공격적이며, 정서표현을 덜 한다. 여아들은 언어 능력 평가에서 남아들보다 뛰어나고, 남아들은 수리 추론과 시공간 능력 검사에서 여아보다 높은 점수를 받는다.
- 아동은 부모, 또래, 미디어를 통해 성 역할과 성 고정관념을 경험하고, 사회화된다. 성 역할이나 성 고정관념은 시대나 문화마다 다르다.

1. 열다섯 살인 미연이는 잠깐 집 앞에 심부름을 갈 때도 거울 앞에서 오랜 시간을 보낸다. 머리 가르마가 잘 타졌는지, 얼굴에 난 여드름이 잘 가려졌는지, 양말 색과 옷 색깔이 맞는지 등을 꼭 확인하고서야 문밖을 나선다. 미연이의 이러한 행동은 청소년기의 어떠한 사고를 대표하는가?

① 자기존중감
② 상상의 청중
③ 고정관념
④ 개인적 우화

2. 자기존중감에 영향을 미치는 요인을 서술하시오.

3. 마시멜로 실험 과정을 간략하게 설명하고 무엇을 측정하는 실험인지 쓰시오.

4. 시험 기간에 영화를 보러 가자는 친구의 유혹을 뿌리칠 방법 2가지를 정보처리이론의 관점에서 제시하시오.

5. 태내기 동안 남성 성호르몬에 대한 노출 때문에 여성에게서 남성의 외부 생식기가 발달하는 증후군을 _____ 라고 부른다.

① 안드로겐화된 여성 증후군
② 선천적 부신과다형성
③ 고환여성화증후군
④ 사춘기 타이밍 효과

6. 준범은 청소년기 초기에 들어서고 있다. 그동안 그는 어머니의 가사일을 많이 도왔음에도 불구하고, 이제 가사일을 거부하면서, 그것은 '여자 일'이라고 말한다. 그는 또한 경쟁적인 스포츠에 새로운 관심을 갖고, 친구들과의 상호작용에서 자기주장을 한다. 준범은 _____를 경험하고 있다.

① 성 강화
② 성 분리
③ 성 유형화
④ 사춘기 타이밍 효과

7. 성 정체성의 인지발달이론에 따르면 _____

① 유아기 남아는 남자 어른이 되고 여아는 여자 어른이 된다는 것을 의미하는 성안정성을 이해한다.

② 성이 고정화된 장난감으로 노는 것은 성 정체성을 학습하는 데 결정적이다.

③ 성일관성을 획득한 초등학생 아동은 성안정성 단계에 속하는 유아보다 성유형화된 행동을 보인다.

④ 남아와 여아가 함께 놀 때 남아는 여아에게 영향을 주지 않는다.

8. 활동 수준에 성차가 있다는 주제에 대한 연구에 따르면 _____

① 여아들은 남아들보다 활동 수준이 더 높다.

② 남아들은 여아들보다 활동 수준이 더 높다.

③ 활동 수준에서의 성차는 학령전기 동안 처음으로 발달한다.

④ 활동 수준에서의 성차는 청소년기 동안 처음으로 발달한다.

9. 아동의 성 역할 학습에 미치는 부모의 영향에 관한 연구는 _____ 는 것을 보여 주었다.

① 아버지는 어머니보다 아들과 딸을 더 동일하게 대하는 경향이 있다.

② 자녀의 성별에 따라 다른 부모의 반응이나 기대, 언어는 자녀의 학업에 대한 능력이나 흥미, 자기 지각에 대한 성차에 영향을 줄 수 있다.

③ 부모는 아들보다 딸과 더 많은 상호작용을 하지만 아들에게 성취를 더 강력하게 격려한다.

④ 부모는 여아의 공격적인 행동에 대해 더욱 수용적이다.

10. 우리는 성차에 대해 어떤 결론을 내려야 하는가?

① 남성과 여성은 다르기보다는 훨씬 더 유사하다.

② 성차는 주로 집단의 차이보다 개인의 행동을 예측하는 데 적용된다.

③ 대부분의 심리학자들은 성차가 가장 의미 있고 신뢰할 수 있다는 것에 동의한다.

④ 존재하는 성차는 생물학적 성차 때문이며 문화나 사회적 요인들에 의해 영향을 받지 않는다.

"아이들에게 무엇을 생각해야 하는지가 아니라
어떻게 생각해야 하는지를 가르쳐야 한다"

― 마가렛 미드 Margaret Mead

도덕성 발달

10

중 학생이 된 지연이는 친구들과 어울려 유행하는 물건을 사다 보니 항상 용돈이 부족하다. 어느 날 화장품 가게에 갔는데 신제품이 가득했다. 돈이 부족했던 지연이는 아무도 몰래 주머니 속에 화장품을 넣었다. 가슴이 두근두근하고 들킬까 봐 조바심이 났지만 애써 태연한 척하며 가게를 빠져나왔다.

우주는 교실에서 울고 있다. 주변에 있는 친구들은 왜 우는지 묻거나 달래지 않고 쳐다볼 뿐이었다. 지우는 우주에게 자초지종을 물었다. 준비물을 가지고 오지 않아 혼날 것이 두려웠다는 우주에게 지우는 "울지 마. 내 걸 같이 쓰면 되지. 울지 마, 울지 마"라고 말해 주었다. 우주는 지우의 도움과 위로 덕에 울음을 그쳤다.

이러한 예화를 통해 여러분은 무엇을 느꼈고 어떤 생각이 들었는가? 아마 이야기를 읽고 상상하는 것만으로 두려움 혹은 동정심이 생기거나, 마음에 갈등이 일어나 어떻게 해야 할지 고민이 되었을 것이다. 도덕성은 정의(justice), 공정성(fairness), 권리(right) 등을 두루 포함하는 개념이다(Killen & Rutland, 2011). 사실 도덕성의 구성요소가 무엇인가에 대해서는 다양한 견해가 있으며, 자신의 이론적 입장에 따라 도덕성의 중요 요소를 달리 생각하기도 한다. 예를 들어, 도덕성에 대해서 생물학이나 정신분석학은 정서적 요소에 초점을 두었고, 인지발달이론은 인지적 요소에, 사회학습이론은 행동적 요소에 더 주안점을 두었다(Berk, 2013). 한편 어떤 학자들은 도덕성의 구성요소로 도덕적 민감성, 도덕 판단, 도덕적 동기, 도덕적 인성을 제안하거나(Rest, 1984), 공감, 분별, 자제, 존중, 친절, 관용, 공정 등을 제시하기도 하였다(Borba, 2001). 이처럼 도덕성의 구성요소에 대한 논의는 아직 진행 중이나 대체로 인지적(cognitive) · 정서적(emotional) · 행동적(behavioral) 요인 세 가지로 구분할 수 있다(Shaffer, 2008). 각 요소는 서로 밀접하게 연관되어 있으며, 이 기능이 각기 조화롭게 작용할 때 전인적 인간으로서 기능할 수 있다. 이 장에서는 도덕성의 세 가지 요인을 중심으로 도덕성을 살피고, 이를 증진하기 위한 노력 역시 논할 것이다.

1. 도덕성의 인지 요인

도덕성의 세 가지 구성요소 중 가장 먼저 살펴볼 것은 인지적 측면이다. 전통적인 이론으로서 심리학 및 교육학 분야에서 널리 알려진 Jean Piaget와 Lawrence Kohlberg의 도덕 판단에 관한 이론에서 시작하여, 비교적 새로운 접근이라 볼 수 있는 Elliot Turiel의 사회영역이론을 소개하고, 인지 요인과 관련된 또 다른 몇 가지 흥미로운 개념을 다루고자 한다.

1) Piaget의 도덕판단이론

도덕성 발달에서 인지적 측면의 중요성은 발달심리학의 대가인 Piaget로 부터 시작되었다. Piaget는 아동의 인지 발달에 대한 여러 개념을 소개하면서, 도덕성도 자신의 이론에 포함하였다. 그는 도덕성에 대해 관찰하고 연구한 것을 정리하여 『아동의 도덕 판단(The Moral Judgment of the Child)』(1932/1965) 이라는 책을 출간하였다. 그는 연령의 증가와 함께 인지가 발달하면서 도덕성 역시 발달하는 것으로 보았다. Piaget는 도덕성 발달을 연구하기 위하여 규칙 개념 발달을 이해하고자 하였고, 나아가 몇 가지 도덕적 위반 사항이 반영된 시나리오를 사용하였다. 대표적인 예로 구슬치기 규칙, 그리고 컵을 깨뜨리는 시나리오가 제시되었다.

여기 구슬이 있는데⋯ 지금부터 이걸 어떻게 하는 것인지 나에게 알려 줘. 어 렸을 때 이 놀이를 하기는 했지만, 지금은 어떻게 하는 것인지 잊어버렸거 든⋯. 같이 해 보자. 규칙이 뭔지 나한테 알려 주면 같이 할게.

— Piaget(1965), p. 24.

아동 A는 저녁 시간에 식당으로 가다가 문 뒤에 컵이 담긴 쟁반이 있는 줄 모르고 문을 열었다가 컵 15개를 모조리 깼다. 한편, 아동 B는 엄마가 외출한 사 이 높은 곳에 있는 잼을 꺼내려다가 컵 하나를 깨뜨렸다.

— Piaget(1965), p. 122.

Piaget는 일련의 실험과 관찰을 통하여 아동의 도덕성 발달이 전조작기의 전도덕성 단계(premoral phase)로부터 구체적 조작기의 타율적 도덕성 (heteronomous morality)을 지나, 형식적 조작기에 이르러서는 자율적 도덕성 (autonomous morality)으로 이행한다고 소개하였다(Piaget, 1965).

전도덕성 단계 약 5세 이전의 아동이 해당되는데, 앞의 예시를 적용한 연 구에서 아동의 응답을 분석한 결과, 이들을 규칙, 도덕에 관한 이해가 없는 상태라고 보았다. 그렇기 때문에 놀이를 할 때 어떤 규칙에 근거하여 놀기보다는 자기중심적(egocentric) 방식으로 접근하였다. 구슬치기 인터뷰를 바탕으로 Piaget는 2~5세 아동 중 더 어린 아동은 규칙에 대한 이해가 전혀 없었으며, 놀이에 혼자 빠져들어 대부분의 시간을 보냈다고 보고하였다. 그리고 약 3~5세 아동은 규칙에 대한 이해가 다소 발전하여 또래를 따라 규칙을 모사하는 것처럼 보였으나 여전히 규칙에 대해 충분한 이해를 하고 있지는 않았다.

타율적 도덕성 이 단계는 구체적 조작기와 맞물려 등장하게 된다. 약 5~10세 아동이 이에 속하는데, '타율적'이라는 용어에서 알 수 있듯이 이 시기에는 권위 있는 성인에게 복종하는 것이 좋은 것이라는 신념을 가지고 행동한다. 그렇기 때문에 이 시기 아동들은 규칙을 절대적인 것이며 변할 수 없는 것으로 여긴다(예: 응급 상황에서조차 빨간 신호등에서는 정지해야 한다고 생각함). 구슬치기 게임에서 아동은 상호 협력을 보이며, 게임의 규칙, 승자 등에 관한 개념을 명확히 하기 시작하였으나 규칙의 내용은 단순하였다. 인터뷰 과정에서 Piaget는 아동에게 '규칙이 변화할 수 있는지', '새로운 규칙을 만들 수 있는지' 등에 관하여 물었다. 이 시기에 속하는 아동은 게임 규칙을 변화할 수 없는 절대적인 것으로 간주하였다. 또한 이 시기의 아동은 내재적 정의(immanent justice)를 믿는다. 이는 규칙 위반은 필연적으로 처벌받는다고 믿는 것이다. 동생의 장난감을 빼앗은 후 방을 나가다가 넘어지면 방금 전 자신이 저지른 잘못으로 인해 처벌받는다고 생각한다. 즉, 자신이 저지른 위반과 관계없는 처벌임에도 처벌은 그 자체로 의미를 갖는다고 여긴다. 나아가 도덕적 판단을 해야 할 경우에는 내적 의도보다는 겉으로 보이는 객관적 결과를 바탕으로 판단하는 경향이 있었다. 컵을 깬 아동의 시나리오에서 Piaget는 아동에게 아동 A와 B 중 누가 더 나쁜지 질문하였다. 이들은 컵을 깬 의도와 상관없이 컵을 여러 개 깬 아동 A가 컵을 하나 깬 아동 B보다 더 나쁘다고 판단하였다. 즉, 의도를 고려하기보다는 실제 결과에 초점을 두고 판단을 하였는데, Piaget는 이를 도덕적 사실주의(moral realism)라 하였다.

자율적 도덕성 외부에서 주어지는 규칙에 의존하던 타율적 도덕성에서 자신의 내적 기준에 의해 움직이는 자율적 도덕성으로의 이행은 약 11세경 일어난다. 이는 구체적 조작기에서 형식적 조작기로 이행하는 시기와도 맞물리며,

결국 인지 발달의 결과 도덕성에서도 더 유연한 관점을 취할 수 있게 되었음을 의미한다. 이 시기 아동들은 구슬치기 예시에서 Piaget가 아동에게 '규칙이 변화할 수 있는지', '새로운 규칙을 만들 수 있는지' 등에 관하여 물었을 때, 규칙은 상호 교류에 의해 형성된 것이므로 합의에 의해 바뀔 수 있다고 대답하였다. 그리고 컵을 깬 아동의 시나리오에서 의도를 가지고 행동하다가 하나의 컵을 깬 아동 B가 의도하지 않았으나 여러 개의 컵을 깬 아동 A보다 더 나쁘다고 생각하였다. 어떤 행위의 옳고 그름을 판단할 때, 결과뿐만 아니라 행위자의 의도를 고려해야 함을 알기 시작하는 것이다. 또한 이 시기의 아동은 도덕적 사실주의에서 벗어나 도덕적 상대주의(moral relativism)를 보인다. 즉 규칙이 절대적이지 않으며, 사회적 상호작용을 통하여 변화할 수 있음을 이해한다(예: 응급 상황에서는 빨간 신호등에서도 지나갈 수 있다고 생각함). 그뿐만 아니라 또래와의 사회적 상호작용이 증대됨에 따라 도덕적 상호성(moral reciprocity)을 보인다. "내가 너를 도와주면, 다음번에 너도 나를 도와주겠지"라는 믿음은 도덕적 상호성에 대한 아동의 이해를 잘 보여 준다. 처벌에 대한 믿음 역시 타율적 도덕성 단계와 다르게 변화한다. 처벌은 임의적으로 결정되기보다는 무엇을 잘못했는가에 기반을 두고 결정되는 것이며, 잘못했다고 해서 항상 처벌을 받는 것이 아님을 이해하면서 내재적 정의에 대한 믿음이 더 이상 나타

그림 10-1 **컵 시나리오의 예시**
아동 A는 문 뒤에 컵이 놓인 의자가 있는지 전혀 모른 채 문을 열다 컵을 깨뜨린다. 아동 B는 간식 옆에 컵이 위태롭게 놓여 있는 걸 아는 상태에서 무리하게 손을 뻗어 간식을 집으려다 컵을 깨뜨린다.

나지 않게 된다.

이처럼 발달 단계를 거치며 아동은 규칙의 상대성을 이해하고, 의도를 고려한 판단을 하며, 관계 속에서 상대방의 입장을 고려한 타협을 할 수 있게 된다. 또한 타인에 의해 규칙을 지키던 방식에서 자율적인 기준에 따라 규칙을 지키는 방식으로 확장하여 외부의 조절 없이도 스스로 양심에 따른 행동을 하게 된다.

Piaget의 도덕발달이론은 인지발달이론에서와 마찬가지로 아동의 능력을 과소평가한 것으로 여겨진다. 컵을 깬 아동 등에 관한 실험을 이야기가 아닌, 어린 아역 배우를 활용한 비디오로 제시한 경우 아동은 의도를 고려할 수 있었으며(Chandler, Greenspan, & Barenboim, 1973), 3세 이전에 이미 타인의 목적과 의도를 고려한다는 연구 결과도 있다(Yuill & Perner, 1988). 또한 피아제는 도덕 발달에서 문화와 교육의 영향력을 충분히 고려하지 못했다는 점에서도 비판을 받는다(Santrock, 2010).

표 10-1 Chander, Greenspan, & Barenboim(1973)의 **실험 결과**

방식	도덕적 판단	
	결과 중심 반응	의도 중심 반응
비디오	8	32
이야기	24	16

도덕적 딜레마를 영상으로 제시했을 때와 이야기로 제시했을 때 아동의 판단이 달라짐을 확인할 수 있다.

2) Kohlberg의 도덕판단이론

Kohlberg(1969)는 Piaget가 발견한 도덕 발달의 초기 이론에 기반을 두고 이를 더욱 확장하여 연구하였다. Kohlberg는 당시 시대적 상황을 고려하여 '정의(justice)'에 상당한 관심이 있었으며, 도덕성의 주된 요소를 도덕적 판단력으로 보았다. Kohlberg는 도덕적 딜레마를 제시하고 그 반응을 분석하여 도덕

판단의 발달 단계를 3수준 6단계로 구분하
였다(Colby, Kohlberg, Gibbs, & Lieberman,
1983). 연구 과정에서 사용한 대표적인 예시
인 하인츠 딜레마(Heinz dilemma)와 각 단
계에 관한 설명은 다음과 같다.

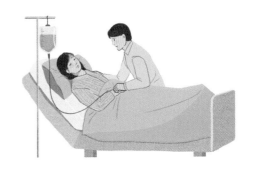

하인츠의 아내는 병으로 죽어 가고 있다.
이를 치료할 수 있는 약은 매우 값비쌌
다. 자신이 가진 돈을 모두 모아도 약값에

▶ 하인츠는 죽어 가는 아내를 살리려면 약을 훔쳐야 하는
딜레마에 처해 있다.

미치지 못하자, 하인츠는 약을 개발한 회사에 사정을 설명하고 약을 받고자
하였으나 회사는 이를 거절하였다. 당신이 하인츠라면 어떻게 하겠는가? 이
유는 무엇인가?

1수준: 전인습적 도덕 전인습적 도덕(preconventional morality) 수준에서는
옳고 그름을 내면화된 기준이 아닌 외부에서 주어지는 결과에 의해 판단하며,
이에 따라 행동을 결정한다. Kohlberg가 제안한 도덕 발달 단계 중 가장 낮은
단계인 1단계는 처벌 및 복종 지향(punishment and obedience orientation) 단
계로, 힘이나 권위 등에 복종하되 타인보다는 자기에게 초점이 맞춰져 있다. 이
단계에서는 물리적 결과에 초점을 두며, 문제 상황을 피하는 것을 목표로 한
다. 아동이 이 단계에 속할 경우 자신이 하인츠라면 약을 훔치지 않을 것이며
그 이유는 감옥에 가게 될 것이기 때문이라고 응답할 가능성이 높다. 다음 2단
계는 도구적 쾌락 지향(instrumental purpose orientation) 단계로, 자신의 욕구
를 도구적으로 만족시키는 행위를 옳다고 생각하며 행동하지만 때때로 타인의
욕구에 대한 상대적 가치를 의식하기 시작한다. 다시 말해 사람들이 각기 다른
관점을 가지고 있고, 이는 서로 간 갈등을 가지고 올 수 있다는 것을 초보적 수
준에서 이해하는 단계이다. 무엇이 옳은가는 상대적일 수 있다는 것을 알고 있
으나, 상대방에 대한 고려는 아직 미약하고 초보적인 평등, 상호성 등의 개념
만 존재한다. 하인츠 딜레마에 대하여 아내가 살면 내가 기쁘기 때문에 좋고,
그러니 훔쳐야 한다고 대답하는 것은 이 단계에 속한다.

2수준: 인습적 도덕 인습적 도덕(conventional morality) 수준에서는 옳고 그름을 외부 기준에 의해 판단하나, 이러한 기준은 집단의 규칙과 규준에 기반한다. 그리고 옳고 그름을 가르는 도덕 판단의 기준을 내면화하는 데 특정 집단을 참조 기준으로 삼게 된다. Kohlberg의 도덕 발달 단계 중 3단계와 4단계가 여기에 속한다. 3단계는 착한 소년 소녀 지향('good boy-good girl' orientation) 단계로, 이 시기의 참조 기준은 가까운 관계이다. 대인관계 기대, 대인관계에 대한 동조 등에 기반하여 행동하며, 아직까지 일반적 체계를 고려하지는 못하지만, 인지 발달 복잡성으로 인하여 신뢰, 충성, 감사, 관계 유지 등에 기초한 원칙에 높은 가치를 둔다. 즉, 타인을 기쁘게 하고 돕는 것이 목표가 되는 경우가 많다. 아동이 이 단계에 속한다면 하인츠 딜레마에서 어떤 응답을 할 수 있겠는가? 하인츠는 아내가 자신에게 기대하는 대로 좋은 남편이 되기 위해 약을 훔칠 것이라는 응답이 가능하다. 4단계는 법과 질서 지향(law and order orientation) 단계로, 이 시기는 아동의 물리적·사회적 환경이 모두 확장되는 때이기도 하다. 이에 따라 아동이 이해하게 되는 규준도 마찬가지로 확대되면서 의무, 권위에 대한 존중, 법과 규칙에 대한 복종에 초점을 둘 수 있게 된다. 즉, 아동이 규칙과 역할을 정의하는 시스템을 이해한다. 하인츠 딜레마를 예로 든다면, 하인츠가 타인의 재산을 훔쳐서는 안 된다는 법을 어기면서까지 약을 훔치지는 않을 것이라고 응답할 수 있다.

3수준: 후인습적 도덕 인습적 도덕 수준에서 후인습적 도덕(postconventional morality) 수준으로 이행하기 위해서는 정의나 개인의 권리, 그리고 사회 계약 등에 대한 이해가 필요하다. 여기서 개인의 도덕 판단은 더 이상 외부의 권위에 복종하는 형태가 아니며, 개인의 내적 원칙에 의한 선택이 된다. Kohlberg의 도덕 발달 단계의 5단계와 6단계가 3수준에 속한다. 5단계는 사회 계약 지향(social contract orientation) 단계로, 법과 질서는 존중하지만 그럼에도 상황에 따라 법이나 질서가 변경되거나 심지어 무시될 수도 있다는 것을 이해한다. 즉, 법적 측면에서 다툼의 소지가 있다고 하여도, 그러한 사회적 관계나 계약을 뛰어 넘어 우선시될 수 있는 가치나 권리가 있다고 여긴다. 하인츠 딜레마의 경우, 이 단계의 아동은 사람의 목숨이 법을 지키는 것보다 더 중요하기 때문에 하인츠가 약을 훔칠 거라고 하면서도, 훔친 결과 결국 기소될 것이라고 응답할 가능성이 있다. 6단계는 보편 윤리적 원리 지향(universal ethical princi-ples orientation) 단계로, Kohlberg는 이 단계에 들어서면 자신의 일신상에 미치는 결과를 떠나 최종적으로 시대, 사회, 법을 초월한 정의, 상호성, 존중 등의 보편적 원리를 추구하게 된다고 보았다. 예수, 부처, 간디 등의 인물이 이에 속할 가능성이 있다. 하인츠 딜레마에서, 하인츠가 약을 훔치더라도 이는 사람의 생명을 구하기 위한 것이므로 기소되어서는 안 되며, 기소된다면 법이 불공정한 것이라고 응답할 가능성이 있다. 그러나 Kohlberg는 이에 관한 자신의 연구에서 대부분의 사람이 2~4단계에 속하고 6단계는 찾아볼 수 없어 결국 이를 단계에서 제외시켰다(Lotfabadi, 2008; Vozzola, 2014).

표 10-2 **Kohlberg의 도덕 발달 단계**

수준	1수준: 전인습적 도덕		2수준: 인습적 도덕		3수준: 후인습적 도덕	
단계	1단계: 처벌 및 복종 지향		3단계: 착한 소년 소녀 지향		5단계: 사회계약 지향	
	2단계: 도구적 쾌락 지향		4단계: 법과 질서 지향		6단계: 보편 윤리적 원리 지향	

Kohlberg(1969)는 Piaget와 마찬가지로 도덕성 발달이 인지 발달에 기본 바탕을 둔다고 보았다. 그러나 인지 발달이 순차적으로 이루어진다 해도 도덕성 발달을 보장하는 것은 아니며(Rice & Dolgin, 2008), 개인에게 주어진 부담이 큰 경우 퇴행한다는 주장(Eisenberg & Fabes, 1998)도 제기되었다. 도덕적 위반 상황에 대한 아동의 사고에 관한 연구에서, 특정 주제에 가장 높은 수준의 도덕성 발달 단계를 보였던 아동이 다른 주제에서는 더 낮은 단계의 도덕적 사고를 보였다는 것이 이러한 주장을 반영한다(Russell, 2002). 또한 Kohlberg 이론은 단계적 발달, 문화 보편성, 성차별적 관점을 반영한다는 비판을 받아 왔다(Rice & Dolgin, 2008). 특히 Kohlberg 연구 참여자는 서구 사회의 남성 중심이었으며, 도덕의 내용 역시 서구 사회의 정의에 관한 부분을 다수 포함하고 있었다(Lotfabadi, 2008). 이에 Gilligan(1982)은 『다른 목소리로(In a Different Voice)』를 통하여 이를 비평하며, 여성의 도덕성은 돌봄(caring)을 포함하기 때문에 도덕성 연구에서 정의뿐 아니라 관계 역시 포함되어야 한다고 주장하였다. Kohlberg의 이론은 판단과 행동의 불일치 역시 문제가 되었다(Blasi, 1980;

Thoma, 1994). 실제 또래괴롭힘(bullying)을 다룬 연구를 보면 학생들은 또래괴롭힘 행위가 잘못된 것임을 인지하며 이를 해서는 안 된다고 판단하지만, 이러한 개인적 태도나 판단이 또래괴롭힘 방어행동으로 이어지지 않았다(Aboud & Joong, 2008). Kohlberg 이론은 이러한 판단과 행동의 불일치를 설명하지 못한다는 한계가 있다. 그럼에도 Kohlberg의 이론은 발달 시기에 걸친 광범위한 도덕성 발달을 단순하지만 전반적으로 잘 반영하였기 때문에, 이후 도덕성 연구의 바탕과 지침이 된 연구로 평가를 받는다(Turiel, 2008).

3) Turiel의 사회영역이론

Kohlberg 이론은 도덕 판단을 하나의 연속적 발달로 보았으나, 정말로 그러한지에 대한 의문이 제기되었다. 그리고 문화나 맥락에 상관없이 도덕 판단의 보편성이 존재하는가에 대한 연구들이 진행되면서 Kohlberg의 이론은 더 확장되기 시작하였다. 앞서 Kohlberg의 이론은 도덕과 인습을 별개의 것으로 구분하지 않고 '전인습, 인습, 후인습'의 위계적 단계로 도덕적 인지를 이해하였다. 그러나 이후 Turiel(1983)은 도덕과 인습의 영역은 별개이고, 어린 연령부터 이 두 영역을 별개의 것으로 구분하는 능력을 가지고 있다고 보았으며(Nucci & Turiel, 1978), 연령 증가와 함께 이를 더욱 세부적으로 구분할 수 있게 된다고 주장하였다. 이는 곧 도덕성이 아동이 성장하면서 발달시키는 사회적 지식의 여러 요소 가운데 하나라는 점을 의미한다(Smetana, 2006). 이러한 Turiel의 사회영역이론(social domain theory)은 사회적 지식이 도덕적 영역, 사회적 영역, 심리적 영역으로 구성되며, 이러한 영역에 대한 이해는 인지적 판단의 근거가 된다고 보았다(Smetana, Jambon, & Ball, 2014).

도덕적 영역 도덕적 영역(moral domain)은 공정성, 정의, 의도적인 해침을 도덕추론의 근거로 삼는 것이다(Smetana, Jambon, & Ball, 2014). 도덕적 영역은 다른 영역과 달리 문화 간 차이에 상관없이 일반화될 수 있으며, 개인은 특정 행동을 수행하거나 규칙을 따를 의무가 있다고 여겨진다. 또한 도덕적 규범은 절대적이고 변화하지 않으며, 명시적인 규칙이나 권위로부터 독립적인 것으로 간주된다. 따라서 명시적 규칙이 없거나 권위에 의해 용인되는 행위라 할지라도 어떤 특정 행동은 잘못된 것으로 인식된다. 이러한 도덕적 규범 위반에는 때리기, 나눠 쓰지 않기, 친구 밀치기, 다른 친구에게 물 뿌리기, 훔치기 등이 있다(Smetana, 1981). 도덕적 영역에 근거한 판단을 또래괴롭힘 현상에 적용해 보면, '친구를 따돌리고 괴롭히는 것은 친구를 불공정하게 대우하고 친구에게 상처를 주는 행위이기 때문에 잘못됐다'는 설명을 할 수 있다. 아동은 도덕적 영역의 규범 위반 행동을 사회적(인습적) 영역의 규칙 위반 행동보다 더욱 심각한 것으로 판단하는 경향이 있었고, 더 많은 처벌이 필요하다고 보았다(Nucci, 1981; Nucci & Turiel, 1978; Smetana, 1981; Turiel, 1978; Yau & Smetana, 2003).

사회적 영역 사회적 영역(societal domain)은 인습적 영역으로도 알려져 있는데, 이는 도덕적 딜레마에 대해 판단할 때 권위자, 사회적 기대와 규칙 혹은 사회 조직이나 질서를 우선으로 생각하는 것이다. 이 영역은 사회적 상호작용을 중요하게 생각하며 사회 질서 유지와 권위자의 명령에 대한 관심을 기반으로 도덕 판단을 정당화하는 것과 관련된다. 그렇기 때문에 이 영역의 도덕 판단은 상황의 사회적 맥락, 곧 상호 합의에 따라 달라지며, 도덕적 영역과 달리 상대적이고 변할 수 있는 속성을 지닌다. 예를 들어, 어린이집에서 아동이 활동에 참여하지 않는 것, 이야기를 나누는 시간에 돌아다니는 것, 간식 시간에 감사 인사를 하지 않는 것, 장난감을 제자리에 정리하지 않는 행동 등이 사회적 영역에서 위반행동에 속한다(Smetana, 1981). 도덕적 영역에서 위반행동은 이를 제재하는 규칙이 없어도 본질적으로 나쁘다고 판단되지만, 인습적 영역에서 위반행동은 전적으로 규칙에 의존하여 판단된다. 3~4세 아동을 대상으로 한 Smetana(1981)의 연구에 따르면, 74%의 아동이 '다른 아이를 때리는 행동'(도덕적 영역)은 규칙이 없어도 나쁘다고 대답한 반면, '장난감을 정해진 자리에 두지 않는 행동'(사회적 영역)에 대해 규칙이 없어도 나쁘다고 대답한 아동은 34%에 그쳤다. 또한 사회적 영역의 기준으로 또래괴롭힘 현상을 판단하는 예시로서, '우리 반에서는 애들끼리 서로 다 놀리고 때리기 때문에' 혹은 '서로 놀리는 것은 우리가 관계를 맺는 한 방법이기 때문에' 괴롭힘이 별로 나쁘지 않다는 인식을 또래 간 공유하는 경우를 생각해 볼 수 있다.

심리적 영역 심리적 영역(psychological domain)은 개개인이 각자 고유의 특성을 가지며 그에 따른 판단과 선택을 하는 구성체라는 점에서 출발한다. 이는 개인적 관계 맺음을 통해 자신 및 타인이 심리적 존재임을 이해하게 되는 것을 기반으로 한다. 그러므로 어떤 면에서 도덕 및 사회 관습과 연관된다. 그러나 심리적 영역은 자신의 신체에 대한 통제, 친구나 의복 선택 등을 포함한 개인적 영역에 대한 선호와 선택을 기준으로 삼는 것이다. 심리적 영역에 기반하여 판단을 내리는 개인은 또래괴롭힘 상황에서 '괴롭히는 건 그 아이의 선택이고, 전 별로 상관없어요. 제 일이 아니에요' 등의 정당화를 보일 가능성이 높다. 또한 심리적 영역은 자신에게 유익한가, 유익하지 않은가를 고려하는 자기 타산적 (prudential) 관심사를 포함한다. 즉 이는 자신의 안전, 심리적 편안함, 신체적 건강 등과 관련된 영역이다(Tisak & Turiel, 1984). 예를 들어 담배나 술을 마시는 것 등이 이에 속한다. 이 사안은 타인에게 영향을 미치지 않고 자신에게만 영향을 미친다는 점에서 도덕적 영역과 구분된다(Smetana, Jambon, & Ball, 2014).

사회영역이론에서 각 영역의 비중은 연령에 따라 차이가 나타난다. 아동은 청소년보다 도덕적 영역에 기반한 추론을 하며, 청소년은 사회적 영역이나 심리적 영역에 기반한 추론을 하는 경향이 있다(Smetana, 2006). 그리고 또래의 부정적인 행동에 관한 판단에서 어린 아동일수록 도덕적 영역에 기반한 판단을 하였고(Killen, 2007), 연령이 증가할수록 집단 역동을 이해하게 되면서 도덕 판단의 내용은 다양해졌다(Killen & Rutland, 2011). Palmer, Rutland와 Cameron(2015)의 또래괴롭힘 연구에서 8~10세 아동은 청소년에 비하여 도덕적 영역에 기반한 추론을 하여 자신의 개입행동을 결정하는 양상이 나타났다. 한편 13~15세 청소년의 경우 심리적 영역을 판단의 근거로 더 많이 사용하였다.

도덕추론에 관한 연구에서 맥락의 효과를 확인하기도 하였다. 도덕적 영역에 기반한 추론은 사회적 배제나 친사회적 행동 관련 시나리오에 비하여 명백하게 도덕적 원리를 위반한 의도적인 해침 시나리오에서 더 많이 나타났다. 사실 사회적 상황은 매우 복잡하므로 한 상황에 대해 특정한 영역만이 관여하는 것은 아니다. 여러 영역이 포함될 수 있는 다차원적 상황이 존재할 수 있는 것이다. 그러므로 개인이 어떤 판단을 내리는가는 맥락과 문화 등에 따라 달라질 수밖에 없다. 그리고 개인이 어떤 부분에 더욱 무게를 두느냐에 따라서도 판단이 달라진다(Richardson, Mulvey, & Killen, 2012). 특히 사회적 관계의 확장, 규칙과 관습에 대한 이해의 폭 확대 등으로 인해 같은 상황에서 개개인이 각각 다양한 판단을 내리는 경우도 증가한다.

4) 도덕적 이탈

도덕성 연구가 누적되면서 도덕 판단 및 추론에 영향을 미치는 또 다른 인지적 요인에 관한 관심이 늘기 시작하였다. 이 절에서는 최근 도덕성 관련 연구에서 자주 언급되고 연구의 주제로 활용된 개념으로 사회인지이론의 도덕적 이탈을 소개하고자 한다.

(1) 도덕적 이탈의 정당화 기제

Kohlberg가 도덕추론을 강조했다면, Bandura는 자기조절 기제(self-regulatory mechanism)를 강조하고 도덕적 행위자(moral agency)를 중요하게 생각하였다. 인간은 이미 3~4세경에 여러 사회적·도덕적 상황에서 옳고 그름에 대한 지식이 어느 정도 발달한다(Bussey, 2020). 그런데 잘못되었다고 판단하면서도 비도덕적 행동을 하는 경우는 무수히 많다. 이와 같은 판단과 행위의 불일치를 이해하기 위해서는 행위를 정당화하는 기제를 이해해야 한다. 이러한 정당화 과정의 하나로 도덕적 이탈(moral disengagement)이 주목받고 있다.

도덕적 이탈은 사회인지이론(Bandura, 1986/2002a)에서 발전된 개념으로서, 자기조절 체계를 가진 개인이 자신의 도덕적 규준에 일치하지 않는 행동임에도 이를 죄책감이나 후회 없이 행하기 위해 도덕적 규준과 행동을 선택적으로 분리하여 도덕에서 벗어난 행동을 쉽게 하는 것을 의미한다(Bandura, 2002b; Bandura, 2016). 즉, 자신의 도덕적 기준과 일치하지 않는 행동을 선택적으로 정당화하고 비도덕적 행위를 수용 가능한 것으로 재구조화함으로써 도덕적으로 어긋난 행동을 할 수 있게 된다는 것이다(Bussey, 2020). 이러한 인지적 왜곡은 심리적 긴장을 줄이고 정서적인 자기 평가를 피하고자 하는 데서 비롯되며(Paciello, Fida, Tramontano, Lupinetti, & Caprara, 2008), 자신의 비도덕적 행위를 인정하기보다는 자기 설득을 통해 합리화하는 인지적 왜곡 과정이다

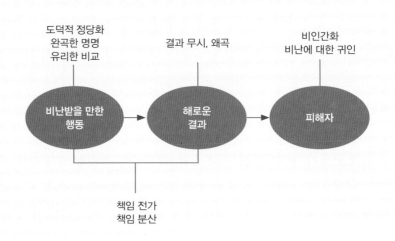

그림 10-2 **비도덕 행위를 합리화하는 인지적 처리 과정**
출처: Bandura(2002b).

(Bandura, 2002b). 도덕적 이탈은 비난받을 만한 행동, 해로운 결과, 피해자라는 세 가지 대상에 대하여 이루어지며 구체적 기제는 다음 8가지(①~⑧)로 명명된다(Bandura, 2002b). 이를 더 깊이 이해하기 위해 아동·청소년에게 빈번하게 발생하는 공격적 행동 중 하나인 또래괴롭힘과 연관시켜 살펴보도록 하겠다.

먼저 도덕적 이탈을 행한 개인은 자신의 '비난받을 만한 행동'에 대하여 도덕적 정당화, 완곡한 명명, 유리한 비교로 정당화를 한다. ① 도덕적 정당화는 자신의 행위를 사회적으로 가치 있고 도덕적인 목적을 위한 것으로 설명하여 수용 가능한 행동으로 정당화시키는 것이며(예: 가해 학생이 피해 학생의 귀중품을 훔쳤을 때, 그 행동이 잘못되었다는 걸 알려 주기 위해 가해 학생을 한 대 때리는 것은 괜찮다고 하는 것), ② 완곡한 명명은 비난받을 만한 행동을 완곡한 명칭으로 왜곡시켜 실제보다 심각성을 축소하고 보기 좋게 만드는 것이다(예: 피해 학생이 상해를 입었음에도 단순히 장난이었다고 말하는 것). 그리고 ③ 유리한 비교는 자신의 행동을 더욱 비인간적인 행동과 비교하여 나은 행동으로 보이게 하는 것이다(예: 옆 반 아이가 때린 것에 비하면 내가 한 욕은 별것 아니라고 말하는 것). 다음으로 '해로운 결과'에 대해서는 결과의 무시 혹은 왜곡, 책임 전가, 책임 분산의 기제가 작동한다. ④ 결과 무시 혹은 왜곡은 행동의 긍정적인 측면에만 선택적으로 주의를 기울이거나 해로운 결과에 직면하기를 회피하여, 결과 자체를 무시 혹은 왜곡하는 것이다(예: 피해 학생이 학교를 그만두지 않고 계속 나오는 것을 보면 별로 고통스럽지 않고 괜찮은 것 같다고 말하는 것). 한편 ⑤ 책임 전가는 자신의 비도덕적인 행동에 대한 책임을 타인 혹은 상황에 전가하는 것이며(예: 또래괴롭힘의 동조자가 괴롭힘은 가해 학생이 주도한 것이지, 자신이 한 것이 아니라고 말하는 것), ⑥ 책임 분산은 비윤리적인 행동의 책임을 자신이 아닌 자신이 속한 집단에 돌려 책임을 분산시키는 것을 의미한다(예: 반 애들이 전부 피해 학생을 싫어하는데 나라고 별 수 있냐고 말하는 것). 끝으로 '피해자'를 대상으로 이루어지는 도덕적 이탈을 비인간화와 비난 귀인으로 정당화하려 한다. ⑦ 비인간화는 피해자를 인격적으로 대우해 줄 필요가 없다고 보는 것이며(예: 피해 학생은 원래 성격이 나쁘기 때문에 친구로 대해 줄 필요가 없고, 괴롭힘을 당할 만하다고 생각하는 것), ⑧ 비난 귀인은 피해자가 자신이 해로운 행동을 하게끔 만들었다고 하며 피해자에게서 자신 행동의 원인을 찾는 것이다(예: 피해자가 자기 험담을 했기 때문에 괴롭히기 시작했다고 말하는 것).

(2) 도덕적 이탈의 발달

선행 연구에서 도덕적 이탈은 죄책감과 부적 상관이 있었으며(Mazzone, Camodeca, & Salmivalli, 2016), 도덕적 이탈의 정도가 심할수록 친사회성이 낮을 뿐만 아니라 더 공격적인 것으로 확인되었다(Paciello, Fida, Tramontano, Cole, & Cerniglia, 2013; Hyde, Shaw, & Moilanen, 2010). 도덕적 이탈과 공격성에 관한 메타연구 역시 8~18세 아동·청소년의 높은 도덕적 이탈은 높은 공격성과 관련되어 있다는 것을 보여 주었다(Gini, Pozoli, & Hymel, 2014). 도덕적 이탈의 발달 궤적에 관한 연구는 도덕적 이탈과 공격성의 정적 관련성이 아동보다는 청소년에게서 더욱 강력하게 나타난다는 것을 보여 준다(Paciello et al., 2008). 이러한 연구 결과는 국내에서도 동일하게 확인된 바 있다(이승은, 김은영, 김정민, 2014).

도덕적 이탈의 중요성이 증가하면서, 도덕적 이탈의 발달 과정에 관한 연구도 증가하고 있다. 도덕적 이탈의 등장 시기는 자기조절 기제가 외부에서 내부로 이동하는 시기와 관련된다고 알려져 있다. 즉, 초반에는 외부의 비판과 비난을 피하기 위한 방식으로 자기조절 기제가 작동하지만, 도덕적 기준의 내면화가 어느 정도 이루어진 후에는 자신의 내적 도덕 기준과 불일치하는 비도덕적 행동에 대한 정당화인 도덕적 이탈이 일어나게 된다(Bussey, 2020). Jambon과 Smetana(2014)의 연구에서 5~11세 아동은 의도적으로 행해진, 정당화할 수 없는 공격성의 경우 잘못된 것이며 처벌할 만한 것이라고 응답하였다. 그러나 연령이 증가할수록 공격성을 정당화하며 덜 나쁜 것으로 생각하는 경향이 나타났다. 이는 상황의 다양한 측면을 고려할 수 있는 인지적 특성이 발달한 결과라고 볼 수 있다. 도덕적 이탈 경향성이 높은 6~9세 아동은 거짓말을 더욱 많이 하는 것으로 나타났다(Houwing & Bussey, 2017). 이러한 선행 연구들을 고려하면 도덕적 이탈의 발달은 초기 아동기에서 중기 아동기에 현격히 일어나며, 청소년기에 정점을 이루는 것으로 보인다.

도덕적 이탈의 발달에 대한 부모의 역할 연구들은 부모가 아동의 도덕적 위반에 대해 어떻게 반응하는지, 그리고 도덕적 기준을 어떻게 내면화시키는지에 관한 내용을 다루고 있다. 예를 들어, 어떤 부모는 매우 엄격하게 도덕적 기준을 강조하고 이를 위반하는 것을 허용하지 않으나 어떤 부모는 잘못된 결과나 행동에 대해 축소하는 경향이 있다(Wainryb, Brehl, Matwin, Sokol, & Hammond, 2005). 우리나라에서도 심심찮게 이런 현상을 볼 수 있다. 이를테면 "맞지만 말고 너도 한 대 때려"라고 조언한다든가, 잘못한 행동에 대해 "애들이 그렇게 치고 박고 하면서 크는 거지"라고 정당화한다든가, "그 친구는 원래 좀 문제가 있으니까 끼워 주지 마"라고 대응하는 것은 아동·청소년 공격성의 부정적 효과를 축소하고 인지적 왜곡에 영향을 미칠 것이다.

한편 도덕적 이탈의 사회화 과정에 영향을 미치는 또 다른 요소로 또래 집단이 있다. 9~10세 아동 후기, 그리고 11~14세 청소년 초기에 해당하는 두 집단을 대상으로 한 종단연구(Caravita, Sijtsema, Rambaran, & Gini, 2014)는 사회적 네트워크 분석을 통하여 학기 초 도덕적 이탈을 측정한 후 1년 뒤 재확인하였다. 처음에는 도덕적 이탈 수준이 서로 다른 또래가 모인 집단이었을지라도, 도덕적 이탈이 높은 학생들이 집단에 포함된 경우 1년 뒤 도덕적 이탈 수준이 서로 유사한 정도로 상승하였다. 이는 사회화 과정을 통하여 서로 도덕적 이탈 수준을 강화시켰음을 의미한다. 한편 이러한 효과는 아동 후기에는 나타나지 않았는데, 연구자들은 아동 후기의 경우 또래의 영향력이 강한 청소년 초기에 비하여 부모의 역할이 더욱 강하기 때문일 것이라고 설명하였다. 또래 맥락이 청소년의 도덕적 이탈에 기여한다는 증거는 또 있다. 12~16세 청소년을 대상으로 학급 맥락을 고려한 다층연구에서(Gini, Pozzoli, & Bussey, 2015), 도덕적 이탈 수준이 높고 공격성이 강한 청소년이 자신이 속한 학급 집단의 도덕적 이탈 수준을 높게 지각할 경우 공격성이 더욱 증가하였다. 즉 개인의 공격성에는 개인 수준의 도덕적 이탈도 영향을 미치지만, 개인이 속한 집단 맥락의 도덕적 이탈 수준이 높을 때 이러한 관계성이 더욱 강력해진다.

5) 도덕적 정체성

그렇다면 도덕적 지식이 도덕적 행동으로 연결되기 위하여 필요한 요건은 무엇일까? 도덕 심리학자들은 도덕적 정체성에 주목하고 있다(Hardy & Carlo, 2011).

(1) 도덕적 정체성의 정의

도덕적 정체성(moral identity)은 일반적으로 '나는 얼마나 도덕적인 사람인가?'에 대한 개인의 지각이다. 즉, '나'를 정의할 때 도덕적 개념들이 얼마나 중요하게 작용하는지를 살펴보면, 그 사람의 도덕적 정체성을 이해할 수 있다. 도덕적 정체성은 개인을 구성하는 여러 차원의 정체성과 마찬가지로 개인의 신념, 태도, 행동 등에 영향을 미치며(Cheryan & Bodenhausen, 2000), 자기 자신을 정의 내리는 방식과 연관된다(Aquino & Reed II, 2002).

도덕적 정체성을 정의 내리고 이해하는 방식은 학자마다 다소 차이가 있다. 도덕적 정체성에 관한 초창기 이해(Blasi, 1984)에서는 이를 도덕적 행동을 동기화시키는 자기조절 기제로 보았다. 이 접근에 따르면 특정 상황에서 도덕적 행동을 하기 위해서는 행위의 도덕성을 판단함은 물론 해당 상황에 대한 책임이 자신에게 있음을 지각해야 한다. 도덕적 정체성이 중요한 핵심개념으로 자리 잡고 활성화된 개인은 자아 불일치를 줄이고 자아 해석의 일관성을 유지하기 위하여 도덕적 행동이 증가하게 된다고 보았다.

한편 도덕적 정체성의 발달이 개인 내적인 경험에서 비롯되기도 하지만, 다양한 사회적 맥락과 복합적으로 상호작용하면서 얻게 되는 도식이라는 설명도 있다(Aquino, Freeman, Reed II, Lim, & Felps, 2009). 이는 사회인지 모델(socio-cognitive model)로서, 이 모델에 따르면 개인의 도덕적 정체성은 도덕적 가치(value), 목적(goal), 특성(trait)과 행동 양식(behavioral script)으로 구성된 일종의 복잡한 지식구조로 저장된다. 이러한 도덕적 가치나 목적, 행동 등에 관한 도식을 얼마나 다양하게 가지고 있는지, 얼마나 쉽게 접근할 수 있는지, 세상에 대한 지식을 구성하는 여러 도식 중 도덕적 도식이 얼마나 중요한 위치를 차지하는지를 도덕적 정체성의 중심화(centrality)라고 하며, 이러한 중심화의 정도가 결국 개인의 도덕적 행동과 관련된다고 보았다.

두 관점은 다소 차이가 있지만, 인간을 자신이 규정하는 자기개념과 일치하는 방식으로 움직이고자 하는 존재로 본다는 점에서 맥을 나란히 한다. 결과적으로 도덕적 정체성이 확고하게 발달하였는지, 자신을 구성하는 개념 가운데 얼마나 중요한 요소인지 등이 도덕적 행동의 원천이라는 것을 알 수 있다.

(2) 도덕적 정체성의 발달

도덕적 정체성에 관한 연구는 주로 성인을 대상으로 이루어졌다. 그러나 발달적으로 도덕적 정체성의 발달은 아동·청소년기에 중요한 의미를 갖는다 (Hart & Yates, 1997). 왜냐하면 아동·청소년들은 자신이 경험하는 여러 사회적 상황에서 다양한 경험과 관계를 통해 정체성을 탐색하고 형성하기 때문이다. 특히 도덕적 정체성의 발달은 10세 이후 명시적으로 나타나기 시작하며 청소년 중기 이후에 자아와 도덕성이 개념적으로 통합된다는 연구 결과(Damon, 1979)를 볼 때, 결국 도덕성 영역 발달과 자아 발달 영역이 통합된 결과로 도덕적 정체성이 발달한다는 것을 알 수 있다. 아동·청소년기에 형성된 정체성은 이후 성인기 발달에도 지속적으로 영향을 미친다. 이러한 발달적 시기의 중요성에도 불구하고 아동·청소년기 도덕적 정체성에 관한 연구는 찾아보기 어렵지만, 발달상 이른 시기부터 도덕적 정체성이 발달한다는 연구들이 누적되고 있으며 발달적 전조에 대한 논의도 진행되고 있다.

예를 들어, 13, 34, 45개월 아동을 대상으로 한 연구(Kochanska, 2002)는 아동이 부모의 가치를 자신의 것으로 받아들이고 이를 준수하는 것에 전념한다면 이를 바탕으로 도덕적 자기를 발달시키게 된다는 것을 보여 주었다. 그리고 이러한 도덕적 자기는 규칙에 대한 순응과 내면화된 도덕적 행동의 관계를 매개하는 것으로 나타났다. 한편 Lapsley(2015)는 부모가 아동에게 도움을 주거나 이에 관한 이야기를 자주 할 경우, 이는 자서전적 기억으로 저장되어 결국 아동이 그러한 행동을 더 많이 하고, 습관화하며, 자동적으로 하도록 촉진할 것이라고 주장하였다. 다시 말해 도덕에 관한 감각은 아동의 자서전적 기억의 한 부분이 될 수 있으며, 이는 부모와의 대화 속에서 부모의 규준, 기준, 가치를 참조하게 만들어 지속적으로 접근 가능한 사회인지적 도식을 형성하는 것을 촉진하고, 결과적으로 도덕과 관련된 자신의 경험을 명료화할 것이라고 설명하였다. 청소년이 주말에 부모와 함께 많은 활동을 했거나(예: 함께 저녁 먹기, 함께 숙제하기, 함께 교회 가기, 함께 취미 활동하기, 함께 어울리기), 클럽이나 팀에 속해 활동한 경험이 있는 경우 2년 후 도덕적 정체성 형성에 긍정적 영향을 주었다(Hart, Atkins, & Ford, 1999). 이러한 연구들은 아동과 부모와의 상호작용이 도덕적 자기 발달의 강력한 원천이 된다는 것을 보여 준다.

앞에서 살펴본 것처럼 도덕적 정체성의 기원에 대한 탐색이 시작되고 중요성이 증대되고는 있으나, 이를 측정하는 방식이 암묵적 방식인지, 명시적 방식인지에 따라 결과가 달리 나타나는 경향이 있다. 또 메타연구(Hertz & Krettenauer, 2016)에서 도덕적 정체성이 친사회적 행동을 증가시키고 반사회적 행동을 감소시키는 효과가 확인되기는 하였으나, 그 효과의 크기가 다른 심리적 특성과 크게 다르지 않았다. 그러므로 도덕적 정체성을 더욱 명확히 이해하하기 위해서는 그 기원과 발달에 대한 더 면밀한 연구가 필요하다.

개념 체크 ▲

빈칸에 알맞은 말을 써넣으시오.

1 Kohlberg는 도덕 발달의 단계이론을 제시하였는데, 3수준을 순서대로 나열하면
.... – .... –
.... 이다.

2 사회영역이론은 사회적 지식이 공정성, 정의 등과 관련된 .... 영역, 조직 내지는 사람 간 기대와 기준을 반영하는 .... 영역, 개인이 고유한 속성을 가진 개체라는 것을 이해하는 .... 영역으로 구분된다고 보았다.

3 자기조절 기제를 가진 개인이 자신의 도덕적 규준에 일치하지 않는 행동을 죄책감 없이 행하도록 돕는 인지 왜곡 체계를 .... 이라고 한다.

4 도덕적 가치나 목적, 행동 등에 관한 도식에 다양하고 쉽게 접근할 수 있다면, 이 사람은 .... 이 높다고 할 수 있다.

2. 도덕성의 정서 요인

앞서 살펴본 도덕성의 인지적 요소는 도덕성의 기초이자 필요조건이기는 하지만, 이것만으로 도덕적 행동이 발현된다고 보는 데는 한계가 있다. 무언가 도덕적으로 잘못되었음을 '아는 것'과 도덕적으로 잘못되었음을 '느끼는 것'은 명백히 다르다(Baird, 2008). 그래서 온전한 도덕성을 이야기하기 위해서는 정서적 차원과 같은 또 다른 도덕성의 구성요소를 고려해야만 한다. 실제로 인지적 측면을 강조한 사회영역이론은 인지와 정서가 분리된 것이 아니라 깊게 연관되어 있다고 보았다(Turiel, 2010; Turiel & Killen, 2010). 여기에서는 공감, 죄책감, 그리고 수치심 등을 포함하는 도덕적 정서(Eisenberg, 2000)에 관한 이해의 폭을 확장하고자 한다.

1) 공감과 연민

공감(empathy)은 도덕성과 관련하여 가장 빈번하게 언급되고 연구된 개념이다. 특히 공감은 친사회적 행동이나 이타성과 관련하여 그 중요성이 논의되어 왔다(예: Li, Yu, Yang, & Zhu, 2019; Schoeps, Mónaco, Cotoli, & Montoya-Castilla, 2020). 공감은 관찰자의 정서상태가 관찰 대상의 정서상태로부터 영향을 받아 그의 내적 상태 혹은 상황과 일치되는 것을 의미한다(Eisenberg &

Strayer, 1987; Van Noorden, Haselager, Cillessen, & Bukowski, 2015). 공감은 인지적 공감(cognitive empathy)과 정서적 공감(emotional empathy)으로 구분되는데, 전자는 상대의 고통을 이해하는(comprehend) 차원을 의미하며, 후자는 상대의 고통을 경험(experience)하거나 느끼는(feel) 차원을 뜻한다(Jolliffe & Farrington, 2006). 공감은 때로 연민(sympathy)과 별다른 구분 없이 동의어로 사용되는 경향도 있으나, 연구자들은 연민의 경우 상대방의 정서상태를 똑같이 느끼는 것 이상으로 타인에 대한 염려와 걱정을 포함한다는 점에서 차이가 있다고 본다(Van Noorden et al., 2015). 물론 학자에 따라 두 요소 중 어떤 것이 친사회적 행동을 예측하는 데 더 강력한 요소인가에 대한 논쟁이 있다. 또 연구에 따라서는 공감, 특히 정서적 공감과 연민을 명료하게 구분하지 않고 혼용하기도 한다. 하지만 공감과 연민은 모두 친사회적 행동의 바탕으로 중요하게 다뤄져 왔으므로, 여기에서는 두 가지를 함께 고찰해 보고자 한다.

(1) 공감 및 연민과 아동의 사회적 행동

도덕 정서인 공감과 연민에 대해서는 아동의 사회적 행동, 특히 친사회적 행동 혹은 공격적 행동과 관련하여 많은 연구가 이루어져 왔다. 연민과 친사회적 행동에 관한 한 종단연구에서 6세 때 높은 수준의 연민을 보인 아동은 이후 도움, 협력, 나눔 등 모든 친사회적 행동의 증가를 보여 주었다(Malti et al., 2016). 공감이 친사회적 행동에 미치는 긍정적 효과는 아동뿐 아니라 청소년에게서도 나타났다. 13~17세 청소년을 대상으로 3년간 수행한 종단연구 결과, 1년차에 측정된 공감적 염려는 2년차의 친사회적 도덕추론을 정적으로 예측하였으며, 이는 3년차의 이타적 행동과 친사회적 행동 모두를 정적으로 예측하였다(Mestre, Carlo, Samper, Malonda, & Mestre, 2019). 한편 공격성과 연민에 관한 종단연구에 따르면 6세 아동의 높은 연민은 낮은 공격성과 관련되며, 이후 12세까지 증가한 연민은 외현적 공격성 감소와 연결된다는 사실을 확인하였다(Zuffianò, Colasante, Buchmann, & Malti, 2017). 또한 4~5세 때 타인에 대한 높은 염려를 보인 아동은 6~7세 때 외현화 문제를 덜 경험하며, 그 심각성 또한 낮았다(Hastings, Zahn-Waxler, Robinson, Usher, & Bridges, 2000).

이처럼 많은 연구들에서 공감과 연민이 높은 친사회성 및 낮은 공격성과 연관된다는 것을 반복적으로 보여 주고 있지만, 그렇지 않은 연구도 있다. 공감과 공격성에 관한 메타연구(Vachon, Lynam, & Johnson, 2014)는 기대와 달리 상당히 작은 효과 크기를 발견함으로써 공감과 공격성의 관계에 영향을 미치는 또 다른 요인들이 있을 가능성을 시사하였다. 그뿐만 아니라 공감이 친사회적 행동에도 큰 영향력을 갖지 못하는 것으로 나타난 연구도 있다(Wentzel, Filisetti, & Looney, 2007). 이는 위험하고 어려운 상황에 처한 타인을 볼 때 강력한 개인적 스트레스를 경험하는 공감적 반응의 과각성(over-arousal)과 연결해 생각해 볼 수 있다. 이는 자신이 경험하는 고통스러운 느낌을 감소시키려는 동기가 되며, 결과적으로 타인의 고통에 대해 공감적으로 반응하거나 친사회 행동을 할 기회에서 물러서게 한다(Hoffman, 2000). 예를 들어, TV에서 병으로 고통받는 사람에 대한 기부금을 모으는 광고가 나왔을 때, 공감적 과각성을 경험하는 사람은 기부행동을 하기보다는 고통스러움에 화면을 끝까지 보지 못하고 돌려 버릴 수 있다.

이처럼 공감이 자기초점적(self-oriented)이 되어 지나치게 개인적 고통(personal distress)을 유발할 때에도, 정서에 압도당하지 않고 친사회적 행동을 하기 위해서는 높은 정서조절 능력이 필요하다. 이와 관련된 영유아 대상 연구를 살펴보면, 공감을 유도하는 상황은 종종 정서적 도전상태인 공감적 고통(empathic distress)으로 이어지며, 이는 결국 자기초점적 반응을 하도록 이끌었다(Eisenberg, 2010; Hoffman, 2000). 그러나 2~3세경이 되면 정서조절, 자기와 상대의 변별, 관점 취하기 등이 발달하면서 자신이 경험하는 고통보다는 타인의 고통에 초점을 둘 수 있게 되고, 이는 결국 적절한 공감적 염려를 갖도록 돕는다. 실제로 정서조절은 연민을 정적으로 예측하였고, 연민은 다시 친사회적 행동을 증가시켰다(Song, Colesante, & Malti, 2018). 아동을 대상으로 한 실험연구(Benita, Levkovitz, & Roth, 2017)에서는 공감과 친사회적 행동의 연관성을 살펴보았는데, 이때 부정적 정서를 얼마나 잘 조절하는지가 이들이 경험하는 공감 수준의 변화와 친사회적 행동 수준의 변화를 모두 증가시켰다. 즉 정서조절을 잘하는 아동은 자신의 부정적 정서를 가라앉히고 공감적 정서를 더욱 잘 느끼며, 이는 곧 친사회적 행동 증가로 연결됨을 보여 준다.

(2) 공감의 발달

공감은 사회화나 교육을 통해 발달하는 것인가, 아니면 타고나는 것인가? 공감의 발달적 기원에 관한 연구 결과는 발달에서 강조하는 유전적 속성과 환경적 특성의 상호작용을 뒷받침한다.

먼저 공감의 선천적 측면을 보여 주는 연구들을 소개하자면, Knafo, Zahn-Waxler, Hulle, Robinson과 Rhee(2008)는 쌍생아 연구를 통하여 공감과 친사회성이 14개월에서 36개월까지 증가하는 것을 관찰하였다(그림 10-3 참조). 그리고 연령이 증가할수록 유전적 효과는 증가하는 반면, 가정환경 중 공유환경의 영향은 감소한다고 보았다. 또한 공감이 유전적 측면을 반영한다는 주장은 전두엽 운동피질에 존재하는 거울뉴런(mirror neuron)에 의해서도 뒷받침된다. 막 태어난 신생아가 다른 신생아의 울음에 반응하여 같이 울음을 터뜨리는 것 역시 공감의 초기 징조라는 것이 드러난 바 있다(Geangu, Benga, Stahl, & Striano, 2010). 또한 공감이 생물학적 특성에 기초를 두며, 시간의 흐름에도 안정적이라는 설명(van der Mark, van IJzendoorn, & Bakermans-Kranenburg, 2002)은 공감이 일시적인 정서상태 이상의 경향성임을 시사한다(Knafo et al., 2008).

동시에 공감은 여러 훈련과 교육 그리고 양육 과정을 통해서도 증진될 수 있는 속성으로 보인다. 예를 들어, Hoffman(2000)은 부모가 자녀를 강압적으로 다루거나 애정을 철회하는 경우에는 도덕 발달에 부정적 영향을 미치지만, 자녀의 행동이 타인에게 미치는 영향에 대해 부모와 자녀가 반복적으로 대화하는 경우에는 아동이 타인의 관점을 이해할 수 있는 기회의 장이 된다고 보았다. 그리고 그는 평가, 귀인, 관점 취하기 등이 공감 발달에서 중요한 인지적 기제라고 주장하였다. 이는 공감을 단순히 정서 발달의 일환으로만 볼 수는 없으며, 인지 발달 및 사회적 관계의 확장, 발달하는 개념이라는 상황에 대한 이해 등이 발달 과정에서 복합적으로 달성되면서 발달하는 개념이라는 것을 시사한다.

2) 죄책감과 수치심

도덕 정서 가운데 죄책감(guilt)과 수치심(shame)은 보통 자의식적 정서(self-consciousness emotion)

> 거울뉴런 자신이 특정한 행동을 할 때 발화하고, 다른 개체가 그 행동을 하는 것을 관찰할 때도 발화하는 신경세포를 가리킨다. 타 개체의 행동을 목격하는 것으로 자기가 행동하는 것처럼 발화하므로 '거울뉴런'이라 한다. 인간 및 영장류, 일부 조류에서 발견된 신경세포이다.

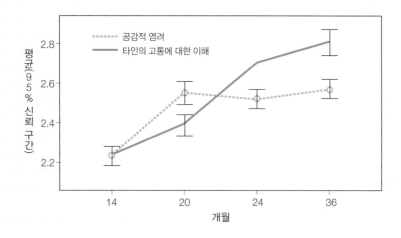

그림 10-3 **연령에 따른 공감의 변화**

출처: Knafo, Zahn-Waxler, Hulle, Robinson, & Rhee(2008).

혹은 자기 평가적 정서(self-evaluation emotion)로 분류되어 왔다(Tangney, Stuewig, & Masheck, 2007). 이는 죄책감과 수치심이 사회적 상황에서 발생하는 도덕 문제에 대한 자기 평가에 뒤따르는 정서이기 때문이다. 도덕적 판단을 하는 상황에서 예견되거나 경험하는 정서는 인지적 정보처리 과정에 영향을 미치며 결과적으로 행동을 예측한다. 이를테면 죄책감이 예견되면 도덕적 위반행동을 하지 않을 가능성이 높아지지만, 죄책감의 부재는 개인이 자신의 개인적 목적을 이루기 위해 전략적인 행동을 하도록 한다(Gasser & Keller, 2009).

Hoffman(2000)은 죄책감의 경우 도덕적 의무를 내면화한 개인이 타인을 해치고자 할 때 경험하는 정서로 보았다. 한편 수치심의 경우 부끄러운 감정으로 인해 자신을 비하하거나, 타인으로부터 경멸받을 것에 대해 두려움을 느끼는 것이다(Ferguson & Stegge, 1998). Tangney와 Dearing(2002)은 죄책감과 수치심이 구분되기 어려운 심리적 구인이기는 하나, 반드시 변별되어야 한다고 주장하였다. 이들의 설명에 따르면, 죄책감과 수치심은 대인관계 맥락에서 경험되는 부정적인 도덕적 정서이며, 자기 평가를 동반한다는 점에서 유사성을 갖는다. 그러나 수치심이 '자기'에 대한 평가라면, 죄책감은 '행동'에 대한 평가라는 점에서 다르다. 죄책감은 긴장이나 후회와 연결되지만, 수치심을 느끼면 자신이 가치 없다는 생각이 들면서 무력감을 경험한다. 또한 죄책감은 자신의 잘못을 고백하고 사과하며 바로잡는 것과 관련되며, 수치심은 숨기거나 피하고 싶은 동기로 이어진다. 그리고 죄책감이 특정 행동의 잘못된 측면에 초점을 두는 것과 달리, 수치심은 자기를 비하하고 종종 자신의 특정 측면을 바꾸고 싶은 욕망과도 연관된다(Eisenberg, 2000).

(1) 죄책감 및 수치심과 아동의 사회적 행동

이러한 정서적 특성을 바탕으로 먼저 죄책감이 도덕성과 어떻게 관련되는지 살펴보자. 죄책감은 자신이 잘못한 행동이나 결정에 대한 후회를 바탕으로 경험하는 정서이므로 자신의 행동에 대한 책임감을 느끼도록 한다. 그리고 이러한 책임감은 자신이 잘못한 것을 되돌리거나 자신을 처벌하는 것으로 이어진다(Eisenberg, 2000; Lindsay-Hartz, 1984). 이 과정에서 타인의 고통에 관심을 가지게 되고(Leith & Baumeister, 1998), 사과하거나 잘못된 행동을 바로잡는 등 타인 중심적(other-oriented) 행동을 촉진한다(Ghorbani, Liao, Çayköylü, & Chand, 2013). 즉, 자신의 잘못에 대해 반성하거나 다음번에 같은 일이 일어나지 않도록 하며 배상 및 보상행동을 하게 한다(Ferguson & Stegge, 1998; Ghorbani et al., 2013). Kochanska, Gross, Lin, 그리고 Nichols(2002)의 연구에 따르면 22~45개월에 높은 죄책감을 보고한 경우, 56개월에 규칙 위반과 같은 도덕적 위반을 덜 하였다. 흥미로운 것은 아동의 기질이 죄책감 경향성에 기여하였다는 점인데, 두려움이 많은 아동의 경우 더 많은 죄책감을 느꼈고, 결과적으로 규칙 위반을 억제하는 효과가 있었다. 그리고 같은 연구에서 죄책감은 56개월에 자신을 더욱 도덕적으로 보는 정체성 발달과 정적 상관이 있었다. 이러한 연관성은 연령이 더 높은 아동에게서도 확인되었는데, 적절한 수준의 죄책감은 친사회적 행동과 정적 관련성이 있었고(Eisenberg, 2000), 죄책감을 느끼는 개인은 덜 공격적임이 확인된 바 있다(Quiles & Bybee, 1997).

한편 수치심은 앞서 언급한 대로 부끄럽고 숨고 싶은 정서로서, 자신 혹은 경멸에 대한 두려움으로 연결되며, 이는 곧 자신이 평가의 대상이 되는 것에 대하여 창피함을 느끼고 타인으로부터 회피하거나 숨어 버리는 등의 자기중심적 행위로 반응하게 만든다(Orth, Berking, & Burkhardt, 2006; Tangney, 1991). 아동의 사회적 행동과 수치심의 관계를 다룬 선행 연구들은 수치심이 높은 개인이 상대적으로 공격적인 반면 친사회성은 떨어지는 것을 확인하였다. 예를 들어 5~12세 아동 대상 연구에서 공격성이나 폭력과 같은 외현화 증상은 성별에 상관없이 수치심 경향성과 정적 관련성을 보였다(Ferguson, Stegge, Miller, & Olsen, 1999).

많은 선행 연구들이 죄책감과 수치심을 동시에 연구하여 이 두 정서가 아동의 사회적 행동과 서로 다른 방식으로 연관된다는 것을 보여 주었다. 초기 청소년기(평균 연령 11.8세)를 대상으로 한 핀란드의 종단연구에 따르면, 수치심 경향성은 이후 친사회적 행동을 부적으로 예측했던 반면, 죄책감은 이를 정적으로 예측하였다(Roos, Hodges, & Salmivalli, 2014). 최근에는 이러한 패턴이 유아들에게도 나타난다는 것이 확인되었다. 28~32개월 영아를 대상으로 한 실험연구에서, 아동이 상대방의 장난감을 고장 낸 경우(사실 장난감은 이미 고장나 있는 상태였음) 아동의 행동을 관찰하였다. 자신의 잘못을 고백하고 장난감을 고쳐 보려고 노력하는 아이는 죄책감 경향성을, 상황을 피해 잘못을 고백하지 않고 장난감을 고치려 시도하지 않는 아이는 수치심 경향성을 가진 것으로 나타났다. 이후 상대를 도울 수 있는 기회가 제공되었을 때 죄책감 경향성을 느낀 유아는 수치심 경향성을 느꼈던 유아보다 공감적 도움행동을 더 많이 하였다(Drummond, Hammond, Satlof-Bedrick, Waugh, & Brownell, 2017).

이러한 연구들을 보면 죄책감은 아동의 사회적 행동에 더 순기능적으로 작용하고, 수치심은 그 반대인 것처럼 보일 수 있다. 물론 죄책감은 일반적으로 도덕성에 긍정적 영향을 미치는 것으로 밝혀졌으나, 최근에는 죄책감을 더 구체적으로 구분해야 할 필요성이 제안되고 있다. Malti(2016)는 죄책감이 발달에서 항상 순기능적이지 않다는 것을 지적하면서, 도덕적 죄책감과 신경증적 죄책감을 구분하였다. 신경증적 죄책감은 실제로는 잘못이 아님에도 죄책감을 느끼거나 자신이 잘못한 것에 비하여 과도하게 죄책감을 느끼는 것으로서, 이는 아동·청소년의 적응 문제를 낳을 수 있다고 보았다. 실제로 과도하고 부적절한 죄책감은 아동·청소년의 인지적 왜곡과 우울을 증가시키는 것으로 나타났으며, 연령이 증가할수록 그 강도가 더욱 증가하였다(Tilghman-Osborne, Cole, & Felton, 2012). 한편 수치심의 경우 자아존중감 손상을 초래하는 부정적 정서로 보이나, 오히려 수치심의 사회적 순기능을 강조하는 관점도 있다. 예를 들어, 자기보호이론(self preservation theory)에 따르면 수치심은 사회적 자기(social self)가 위협받을 때 이를 긍정적으로 유지하고 보호하는 데 근본적인 기능이 있다(Gruenewald, Dickerson, & Kemeny, 2007). 이러한 점에서 죄책감과 수치심에 대해 좋은 정서 또는 나쁜 정서라는 가치 판단을 하기보다는 발달 과정에서 가질 수 있는 장단점을 모두 잘 이해하는 것이 중요하다.

(2) 죄책감 및 수치심의 발달

죄책감과 수치심은 어떻게 발달하며 발달 과정에서 어떤 특성이 두드러지는가? 죄책감과 수치심은 생애 초반부터 등장하는 정서와 달리 자아의 발달과 밀접한 관련이 있다. Tangney와 Dearing(2002)은 죄책감과 수치심 발달을 위한 몇 가지 기본 전제가 있음을 설명하였다. 첫째는 자아의 발달이며, 둘째는 자기 행동을 평가하기 위한 기준의 이해를 획득하는 것이다. 또한 죄책감의 경우, 자신이 잘못한 행동에 대한 감정이므로 자기와 자신의 행위를 명확하게 구분할 수 있는 능력이 추가적으로 필요하다고 보았다. 그러므로 발달적으로 약 2세 후반에서 3세경 자아 발달이 비교적 명료하게 이루어진 이후 도덕적 정서가 등장할 가능성이 높다(Lagattuta & Thompson, 2007). 아동과 청소년은 죄책감을 느끼는 경험에서 차이를 보였는데, 이를테면 아동은 물건을 파괴하거나 규칙을 깨거나 싸우는 것과 같은 보다 현격한 사건에 대하여 죄책감을 더욱 많이 보고하였다. 반면 청소년은 책임을 무시했거나 해야 할 일을 충분히 하지 않은 것과 같이 보다 추상적인 사건에 대해 죄책감을 더욱 많이 보고하였다. 이러한 결과를 두고 연구자들은 연령이 증가함에 따라 추상적인 개념을 내면화하는 능력도 발달하는데, 이것이 죄책감에 반영되는 것이라고 보았다. 한편 8~12세 아동 대상 실험(Ferguson, Stegge, & Damhuis, 1991)에서 죄책감은 도덕적 규준(예: 물건 손상)을 위반하였을 때 뒤따르는 경향이 있었고, 피해자에 대한 존중, 후회, 바로잡고자 하는 마음, 처벌에 대한 두려움 등을 포함하는 것처럼 보였다. 한편 수치심은 도덕적 위반뿐 아니라 사회적 실수(예: 시험에서 형편없는 성적을 받는 것) 모두에서 기인하였다. 나아가 더 나이 든 아동은 수치심을 바보 같은 것, 옳은 일을 할 수 없는 것, 상대를 바라볼 수 없는 것 등으로 경험하였다.

빈칸에 알맞은 말을 써넣으시오.

1 ....은 고통받은 상대의 감정과 동일한 감정을 느끼는 것이지만, ...
은 이를 넘어 상대에 대한 염려와 걱정을 느끼는 것을 의미한다.

2 ....은 특정 행동의 잘못된 측면에 초점을 두어 추후 행동을 바로잡도록
돕지만, ...은 자기 자신에 대한 비난으로 이어져 숨고 싶게 만든다.

3 ....의 존재는 공감 능력이 생물학적 특성에 기초한다는 사실을 보여 준다.

3. 도덕성의 행동 요인

도덕적 정서는 도덕적 인지와 별도로 발달하기보다는 밀접하게 연관되어 있으
며(Malti & Ongley, 2013), 이는 도덕적 행동의 초기 발달에 중요한 역할을 한
다(Hoffman, 2000). 도덕적 인간에 대한 이해는 지금까지 살펴본 도덕적 인지
와 정서 외에 도덕적 행동까지 고려하여 총체적으로 이루어질 때 더 완전하다
고 볼 수 있다. 도덕행동은 크게 금지행동과 권장행동으로 구분된다. 금지행동
은 주로 해로운 결과를 초래하는 부정적 행동을 의미한다. 한편 권장행동은 하
지 않아도 큰 문제가 없으나 했을 때 긍정적 결과를 가져오는 행동을 뜻한다.
이 절에서는 금지행동과 권장행동을 구분하여 도덕적 행동에 관한 연구들을
살피고, 이러한 행동의 배경 요인으로 설명될 수 있는 다양한 요소에 관하여
언급하고자 한다.

1) 금지행동

금지행동(proscriptive moral behavior)에는 폭력, 도둑질 등 위법행동만 포
함되는 것이 아니다. 여기에는 거짓말, 속임수, 규칙 위반 등 아동의 일상생활에
서 일어나는 다양한 행위가 포함된다. 아동의 금지행동 발달은 언제부터 시작
되며, 아동의 어떤 인지적·정서적 특성이 도덕적 위반행동과 관련이 있는가?

▶ 도덕적 딜레마 상황에서 당신은 어떤 선택을 하며, 이는 무엇에 기반한 것인가?

(1) 거짓말

다양한 금지행동이 있지만 거짓말은 아동뿐 아니라 청소년과 성인에게도 만연한 행위 중 하나이다. Wilson, Smith, 그리고 Ross(2003)는 40가구를 대상으로 한 종단 자연관찰 연구에서 아동이 집에서 부모, 형제와 상호작용할 때 얼마나 자주 거짓말과 속임수를 사용하는지 관찰하였다. 첫 번째 관찰은 첫째 아동이 4세, 둘째 아동이 2세 때 이루어졌으며, 두 번째 관찰은 2년 뒤 첫째 아동이 6세, 둘째 아동이 4세 때 이루어졌다. 대부분의 아동은 2~4개의 거짓말을 했고, 첫째 아동은 동생보다 더 많은 거짓말을 했다. 또한 2세의 35%가 거짓말을 전혀 하지 않았으나 4세의 경우 15% 가량이 거짓말을 하지 않았고, 6세의 경우 단지 5%만이 거짓말을 하지 않았다. 이는 연령의 증가와 함께 거짓말이 증가함을 보여 준다. 거짓말을 하는 가장 많은 이유는 책임을 피하기 위함이었고, 형제보다는 부모에게 거짓말을 더 많이 하였다.

Evans와 Lee(2013)는 거짓말에 관한 선행 연구들에서 거짓말이 나타나는 평균 연령이 약 42개월이라는 점에 주목하고, 왜 더 이른 나이에 거짓말에 대한 이해가 나타나지는 않는지 호기심을 가졌다. 그들은 65명의 2~3세 아동을 실험실에 초대한 후, 아동에게 선물 가방을 주되 실험자가 돌아올 때까지 가

방을 만지지 말라고 하였다. 관찰 카메라가 아동의 행동을 기록하였고, 실험자는 3분 뒤 혹은 아동이 가방을 만졌을 때 실험실로 되돌아왔다. 실험 결과 약 80%의 아동(52명)이 가방을 만졌는데, 이들 가운데 40%는 가방을 만지지 않았다고 거짓말을 하였고, 연령이 증가할수록 더욱 거짓말을 하는 경향이 있었다. 그리고 연령의 효과를 통제한 후에도 아동의 실행기능이 높을수록 5배 더 많이 거짓말을 하였다. 이러한 실험을 바탕으로 보면, 확실히 연령이 증가할수록 그리고 인지 능력이 발달할수록 거짓말을 잘한다는 사실을 가늠할 수 있다.

Talwar와 Lee(2008)는 아동의 거짓말 발달 단계를 3단계로 제안하였다. 첫 단계는 사실이 아닌 것을 지속적으로 이야기할 수 있는 시점으로, 초기 거짓말이 등장하며 대략적인 연령은 2~3세이다. 그러나 이 시기는 거짓말을 듣는 상대의 내적 정신상태에 대해 충분히 이해하지 못한다. 두 번째 단계는 거짓말을 듣는 상대가 자신과는 달리 진실을 모를 수 있다는 것, 그러므로 틀린 신념(false belief)을 가질 수 있다는 것을 이해하게 되며 4세경에 시작된다. 마지막 단계는 자신의 첫 거짓말과 이후 거짓말에 대한 설명 간에 일관성을 유지하며 자신의 거짓을 숨길 수 있는 시기로, 7~8세경 이 단계에 도달한다. 즉 연령의 증가와 함께 거짓말의 질적 차원이 보완되면서 아동은 더욱 견고한 거짓말을 할 수 있게 되며, 이는 아동의 인지 발달에 기초한다. 타인의 마음상태에 대한 마음 읽기(마음이론, Theory of Mind) 능력이 높고(Polak & Harris, 1999) 실행기능이 뛰어난 경우 속임수에 더 능한 것으로 나타났다(Talwar & Lee, 2008). 특히 마음 읽기 능력 향상을 위한 훈련은 거짓말을 못하던 아이를 거짓말하게 만드는 효과까지 있었다(Ding, Welman, Wang, Fu, & Lee, 2015). 사실 거짓말에는 반사회적 거짓말뿐 아니라 선의의 거짓말도 포함된다. 보잘것없는 실망스러운 선물을 아동에게 제공한 뒤 아동의 반응을 살폈을 때, 선물이 마음에 든다고 선의의 거짓말을 보고한 53.2%의 아동 역시 더 높은 수준의 마음 읽기 이해와 더 나은 실행기능의 작동을 보였다(Williams, Moore, Crossman, & Talwar, 2016). 이러한 사실은 선의냐 악의냐에 상관없이 거짓말을 하기 위해서는 타인의 내적 상태에 대한 이해가 필수적임을 시사한다.

(2) 행복한 가해자

도덕적 위반에 관한 또 다른 흥미로운 발달 연구는 캐나다의 4~8세 아동 대상 연구이다. 연구자들은 도덕적 위반에 관한 일련의 시나리오를 제공한 후 아동의 반응을 살폈다. 시나리오의 예는 다음과 같다.

선생님이 학교에서 사탕을 간식으로 나눠 주고 있다. 친구들이 길게 줄을 섰는데, 접시 위에 사탕을 보니 개수가 모자라 Y 앞에서 바로 끊기게 되었다. 이때 Y는 마지막으로 남은 사탕을 갖기 위해 바로 앞에 있는 아동을 밀었다.

이와 같은 도덕적 위반 상황에서 아동은 어떻게 느낄까? 연구자들은 아동에게 자신이 만약 이런 행동을 했다면 어떻게 느낄지, 왜 그렇게 느낄지 물었다. 도덕적 위반 상황에 대한 아동의 응답은 발달 연령에 따라 차이가 확인되었다. 5~6세 아동의 경우 8~9세 아동보다 '행복하다(happy)'라는 정서를 더 많이 보고하였으나(Keller, Lourenco, Malti, & Saalbach, 2003), 연령이 증가할수록 행복과 같은 긍정 정서보다는 죄책감이나 슬픔 등 부정 정서를 보고하였다(Jansma et al., 2018). 어린 연령의 아동이 도덕적 위반 상황에서 행복과 같은 긍정 정서를 보고하는 이유는 무엇일까? 이러한 현상을 행복한 가해자(happy-victimizer)라고 부르는데, 이러한 아동의 경우 도덕적 규칙에 위배된다는 것을 이해하기는 하나, 긍정 정서를 보고한다는 점에서 독특한 양상을 보인다(Arsenio, 2014). 아직 쾌락 중심적 입장에서 벗어나지 못하고, 자신의 욕구에 충실한 상태이므로 도덕적 정서를 자각하지 못하는 상태라고 볼 수 있다(Arsenio, 2014). 실제로 행복한 가해자의 모습을 보이는 아동은 도덕적 위반 상황에서 타인의 얼굴이나 정서 신호보다는 자신에게 주어질 이득(예: 사탕)에 더욱 주의를 기울이는 것이 시선 추적 연구를 통해서도 확인된 바 있다(Dys, Zuffianò, Orsanka, Zaazou, & Malti, in press). 도덕규칙에 대한 이해는 3~4세경에 이미 발달하지만, 도덕적 정서에 대한 이해는 6~7세경 본격적으로 등장하기 때문으로 보인다. 연령이 증가하면서 행복한 가해자 현상이 줄어들고 도덕적 지식과 정서의 일관성이 증가하는 것은 발달과 함께 이 둘 간의 협응이 더욱 잘 이루어지고 있음을 의미한다(Krettenauer, Malti, & Sokol, 2008).

(3) 공격성

금지행동 중 아동 발달에서 관심을 가져야 할 또 다른 부분은 공격성이다. 공격성은 또래관계를 포함해 사회적 관계에 영향을 미치는 개인적 특성으로, 아동기 공격성은 정서사회성 발달에서 그동안 중요하게 다루어진 주제이다. 공격성은 성격에 따라 반응적 공격성(reactive aggression)과 주도적 공격성(proactive aggression), 혹은 신체적 공격성(physical aggression)과 관계적 공격성(relational aggression) 등으로 구분된다. 아동·청소년의 공격성 발달에서 가장 주목받고 있는 사회적 현상은 또래괴롭힘이다. 또래괴롭힘은 한 명 이상의 사람이 다른 한 명을 의도적으로 반복해서 괴롭히는 것으로 정의되며 (Olweus, 1978), 이는 공격성을 도구로 사용하는 대표적인 현상이다. 또래괴롭힘 현상에는 가해자와 피해자가 핵심에 있고, 그 외에 가해 동조자, 강화자, 그리고 방어자 및 방관자로 구성된 주변 또래가 존재한다(Salmivalli, Lagerspetz, Björkqvist, Österman, & Kaukiainen, 1996). 국내의 2019년 학교폭력 전수조사 자료(교육부, 2019)에 따르면 괴롭힘은 물리적인 폭력이나 금품 갈취와 더불어 소문 퍼뜨리기나 사회적 배제와 같은 관계적 공격성이 중첩되어 나타난다. 이러한 행동은 명백히 타인의 안녕을 해치는 것으로 금지행동에 속하나, 우리는 아동·청소년의 괴롭힘과 학교폭력에 대한 뉴스를 심심치 않게 접한다.

아동·청소년의 괴롭힘은 왜 나타나는가? 이를 도덕성과 관련하여 살펴보면 앞서 살펴본 도덕 판단, 도덕 정서 요소의 발달과 밀접한 관련이 있다. 예를 들어, 또래괴롭힘 가해자들은 피해자나 방관자보다 높은 도덕적 이탈을 보였고(Menesini et al., 2003), 도덕적 이탈은 방어행동은 감소시키는 반면 방관행동은 증가시켰다(Doramajian & Bukowski, 2015). 마음 읽기 능력은 어떠할까? 마음 읽기 능력이 발달한 아동은 상대방의 내적 상태를 더욱 잘 이해하므로 괴롭힘을 하지 않을 거라고 예상할 수 있다. 그러나 연구에서 가해 학생 중 공격성을 도구로 사용하는 학생들은 오히려 마음 읽기 능력이 우수한 것으로 나타났다(Caravita, Blasio, & Salmivalli, 2010). 즉, 마음 읽기 능력을 타인의 마음을 조작하여 이득을 취하는 데 사용하는 것이다. 그렇다면 인지적 특성 외에 도덕 정서가 이들의 행동에 영향을 미쳤다고 볼 수 있다. 이때 핵심으로 지목된 도덕 정서는 정서적 공감, 죄책감, 그리고 무감각-무정서(Callous-unemotional trait) 등이었다. 구체적으로 정서적 공감은 가해 행동과 부적 관련성이 있었고, 무감각-무정서 특성은 가해 행동과 정적 관련이 있었으며(Muñoz, Qualter, & Padgett, 2011; Zych, Ttofi, & Farrington, 2019), 죄책감은 가해 행동과 부적 관련이 있었다(Menesini & Camodeca, 2008). 이러한 연구 결과들을 종합하면 도덕성을 구성하는 다양한 요소들이 별개의 구분된 개념이 아니라는 것을 알 수 있다. 다시 말해 도덕적 인지와 정서 모두가 아동·청소년의 금지행동 중 하나인 또래괴롭힘과 관련이 있는 것이다. 그러므로 아동·청소년의 공격성을 이해할 때에는 도덕적 측면에서 통합적 관점을 적용하고 고려해야 할 것이다.

2) 권장행동

권장행동(prescriptive moral behavior)은 좋은 의도를 가지고 행해지며, 의무뿐 아니라 기꺼이 하고자 하는 동기에 의해 발생한다(Janoff-Bulman, Sheikh, & Hepp, 2009). 친사회적 행동과 이타적 행동은 권장행동에 속하는데, 두 행동모두 타인에게 이득을 제공하며 궁극적으로 긍정적 결과를 초래하려는 선한목적이 있다는 점에서 공통적이다. 그러나 다양한 동기에 의해 나타날 수 있는친사회적 행동과 달리, 이타적 행동은 돕고자 하는 순수한 동기를 바탕으로 한다. 즉, 이타적 행동은 사회적 승인이나 보상보다 개인이 지닌 도덕적 가치에기반한 행동으로 정의된다(Eisenberg, Fabes, & Spinard, 2006). 이렇듯 모든 친사회적 행동이 이타적 행동은 아니며, Hawley(2014)는 이 둘을 명확히 구분해야 한다고 주장한다. 진정한 의미의 이타적 행동은 친사회적 행동에 비하여 더욱 늦은 시기에 출현하기 때문에, 이 절에서는 친사회적 행동을 중심으로 살펴보고자 한다.

(1) 친사회적 행동의 시작

친사회적 행동은 많은 연구에서 도움(helping), 나눔(sharing), 사려 깊음(consideration), 염려(concern), 방어(defending) 등 다양한 형태를 포함한다(Grusec, Davidov, & Lundell, 2002). 예를 들어, 슬픈 친구를 위로해 주는 것,

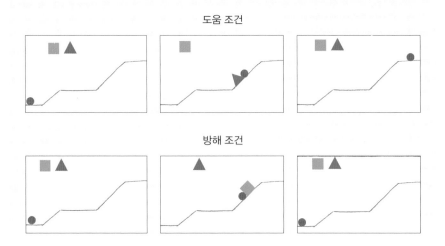

도움 조건

방해 조건

그림 10-4 **친사회적 행동 이해 판별 실험**
출처: Kuhlmeier, Wynn, & Bloom(2003).

자신의 물건을 선뜻 나눠 쓰는 것, 괴롭힘을 당하는 친구를 돕고자 가해자에게 맞서는 것, 길에서 물건을 떨어뜨린 낯선 이를 도와주는 것 등은 모두 친사회적 행동에 속한다. 이러한 친사회적 행동은 사회적 승인, 상대에 대한 정서적 염려, 쾌락주의적 이유, 사회 규준, 도덕적 가치 등 여러 행동의 준거가 되는 동기에 기반을 둔다(Eisenberg, 1986). 그렇기 때문에 최근 연구자들은 친사회적 행동의 다양한 양상과 대상뿐 아니라 동기 역시 고려해야 함을 주장한다(Padilla-Walker & Carlo, 2014).

친사회적 행동에 대한 이해는 언제부터 시작되는가? 5개월, 12개월 영아를 대상으로 한 실험(Kuhlmeier, Wynn, & Bloom, 2003)은 어린 영아조차 친사회적 행동 의도를 인식할 수 있다는 것을 보여 준다. 이 실험에서 연구자들은 영아에게 두 가지 조건의 비디오를 보여 주었다(그림 10-4 참조). 두 조건 모두에서 동그라미 모양이 언덕을 올라가려고 하나, 두 번째 언덕에서 어려움을 경험한다. 이때 도움 조건에서는 세모가 나타나 동그라미를 밑에서 받쳐 주어 동그라미가 성공적으로 언덕을 오르도록 돕는다. 방해 조건에서는 네모가 나타나 동그라미가 언덕을 오르는 것을 방해한다. 아동이 선호하는 대상은 무엇이었을까? 아동이 만약 친사회적 의도를 인식할 수 있다면, 네모보다 세모를 더욱 선호할 것이다. 비디오 관찰 후 아동에게 세모와 네모 중 하나를 고르도록 하였을 때, 네모보다 세모를 선택하는 경향이 있었다. 이는 곧 친사회적인 의도를 이해하는 뿌리를 영아 때부터 가지고 있다는 것을 의미한다.

그렇다면 영유아의 친사회적 행동은 언제부터 등장하는가? 18개월 아동을 대상으로 한 연구(Warneken & Tomasello, 2006)는 아동이 언어가 충분히 발달하지 않은 전언어적 시기 혹은 약간의 언어만이 가능한 시기일 때에도 특정 상황에서 행위의 의도를 이해하고 도움행동을 보인다는 것을 확인하였다. 이 실험에서는 아동에게 여러 과제를 주었는데 그중 한 가지 예를 들면, 실험 조건에서 연구자는 들고 있던 펜을 우연히 바닥에 떨어뜨리고 펜에 손이 닿지 않는다는 것을 보여 주었다. 한편 통제 조건에서는 의도적으로 펜을 바닥에 던졌다. 18개월 아동은 두 조건에서 달리 행동했다. 실험 조건에 속한 아동들이 통제 조건에 속한 아동보다 10가지 과제 중 6가지 과제에서 더 많은 도움행동을 보인 것이다.

(2) 친사회적 행동의 기제

단순한 도구적 도움행동에서 시작된 아동의 친사회적 행동은 이후 공감적 반응을 기반으로 한 도움행동으로 확장되며, 진실한 이타적 행동으로 이어지기 위해서는 더 많은 발달적 특성이 필요하다. 즉, 아동이 발달함에 따라 친사회적 행동 역시 복잡성이나 구체성이 더해진다. 이는 아동이 연민과 같은 정서적 특성을 발달시키는 것과도 관련이 깊지만(Carlo, Knight, McGinley, & Hayes, 2011), 사회적 집단이나 소속, 그리고 행동의 의도 등을 이해하는 것과도 관련이 깊다(Killen & Rutland, 2011). 친사회적 행동 발달의 경향성을 살펴보면, 일반적으로 연령 증가와 함께 아동기에서 청소년기까지 친사회적 행동은 증가하는 경향이 있는 것으로 알려져 있다(Fabes, Carlo, Kupanoff, & Laible, 1999). 이는 사회인지적 기능(예: 도덕추론, 관점 취하기, 사회적 문제 해결 능력)의 향상뿐 아니라 신체적 기능의 발달로 더 다양한 범위의 친사회적 행동이 가능해지는 것과 관련이 있다(Eisenberg & Spinard, 2014).

또한 아동은 발달하면서 친사회적 행동에서 대상에 따른 차이가 나타난다. 수혜자가 자신과 친밀한 관계를 맺고 있는지 아니면 낯선 사람인지에 따라 행동이 달라질 수 있다는 것이다. 3~8세 아동 대상 연구에서 외집단 소속 상대에 대한 친사회적 행동은 연령 증가에 따른 차이가 나타나지 않았지만, 내집단 소속 상대에 대한 친사회적 행동은 연령이 증가하면서 확연히 증가하였다(Fehr, Bernhard, & Rockenbach, 2008). 또 다른 연구(Yu, Zhu, & Leslei, 2018)는 3~9세 중국 아동을 대상으로 이루어진 것으로, 이 연구에서 3~4세 아동은 낯선 사람과 친구를 다르게 대하지 않았지만, 5~6세 아동은 친구에게 더 많은 친사회적 행동을 했다. 한편 캐나다 몬트리올의 저소득층 10세 남자 아동을 대상으로 한 5년간의 종단연구 결과, 나이가 들면서 전반적으로 교사 보고 친사회적 행동은 다소 감소하였으나, 부모 보고 친사회적 행동은 상당 수준으로 유지되었다(Nantel-Vivier et al., 2009). 이러한 결과에 대하여 연구자들은 아동기에서 청소년기로 가면서 학교 장면에서 친사회적 행동은 줄어들지만, 친밀한 가족관계 내에서는 친사회적 행동이 유지되는 것으로 설명하였다. 그리고 Eisenberg와 Fabes(1998)는 메타연구를 통해 7~12세 아동에 비해 청소년들은 도움이나 위로보다는 기부나 나눔 등을 더 많이 하는 것을 확인한 바 있다.

종합하면 친사회적 행동 수준의 발달적 차이는 친사회적 행동을 보고하는 출처에 따른 상이함 때문일 수도 있고(Jacobs, Vernon, & Eccle, 2004; Kokko, Tremblay, Lacourse, Nagin, & Vitaro, 2006), 연령에 적합한 친사회적 방식이 측정 도구에 잘 반영되지 않아서일 수도 있으며, 친사회적 동기나 대상 등에 따른 친사회적 행동 수준의 변화 같은 복잡성을 고려하지 않은 결과(Padilla-Walker, Dyer, Yorgason, Fraser, & Coyne, 2015)일 수도 있다. 그러므로 추후 연구에서 아동의 친사회적 행동에 관여하는 여러 요소를 고려할 필요가 있다.

(3) 친사회적 행동의 발달 양상과 심리적 특성

이러한 친사회적 행동의 복합성에도 불구하고 개인의 친사회적 행동 경향성은 안정적이라는 견해가 지배적이다. 약 9세 아동이 18세가 될 때까지 매해 추적한 연구(Flynn, Ehrenreich, Beron, & Underwood, 2015)에서는 세 집단을 발견하였다. 첫 번째 집단은 9세 때 친사회적이었던 아동들로, 이들은 이후 발달 과정에서도 안정적으로 친사회성을 보였다(19%). 두 번째 집단은 9세 때 친사회적 경향성이 낮았던 아동들로, 이들은 18세가 될 때까지 상대적으로 친사회성이 낮았다(19%). 마지막 집단은 9세 때 중간 정도의 친사회성을 보인 아동들로, 이들은 18세까지 중간 정도를 유지하였으며 대부분의 아동·청소년이 이 집단에 속했다.

나아가 높은 친사회성을 보이는 아동이 발달상 얻게 되는 이점을 보여 주는 연구들은 우리가 왜 친사회적 행동 발달을 촉진해야 하는지 잘 보여 준다. 예를 들어 친사회성이 높았던 집단은 낮은 집단에 비하여 외현화 문제와 경계선 성격장애 특성을 덜 보고하였으며, 여자 아동의 경우 내현화 문제 역시 낮았다(Flynn et al., 2015). Chen, Tian, 그리고 Huebner(2020)은 학령기 아동을 대상으로 3년간 종단연구를 한 결과, 이들의 친사회적 행동이 이후 주관적 안녕감(subjective wellbeing)을 증가시켰고, 이는 또다시 아동의 친사회적 행동을 증가시킨다는 것을 확인하였다. 메타연구(Curry et al., 2018)에서 역시 친절함, 기부, 친사회적 구매행동, 도움행동 등이 개인의 안녕감을 증가시키는 것으로 나타났다. 이러한 연구들은 아동발달에서 친사회적 행동의 힘과 가치를 보여 준다.

개념 체크 ▲

빈칸에 알맞은 말을 써넣으시오.

1 거짓말, 도둑질, 폭력 등은 도덕적 행동 가운데 .... 행동에 속한다.
2 협력, 물건 나눠 쓰기, 위로 등은 도덕적 행동 가운데 .... 행동에 속한다.
3 도덕적 위반 상황에서 정서와 판단의 불일치가 발생하는 현상을 .... 라고 한다.

---

4. 도덕성 발달을 위한 노력과 개입

앞서 살펴본 것처럼 도덕성의 어떤 한 가지 요소만으로 아동의 도덕적 행동을 보장할 수는 없다. 그러므로 전체로서의 도덕성 발달을 위해서는 인지, 정서, 행동적 측면이 균형 있게 발달할 수 있도록 개인적·환경적 특성을 촉진하는 것이 필요하다. 또한 이 각각의 요소를 별개의 구분된 것으로 여기고 그중 특정 요소가 도덕성의 전부인 것처럼 다루어서도 안 될 것이다. 실제로 도덕성에 관한 최신의 관점들은 어떤 특성 하나를 우선하거나 강조하기보다는 여러 구성요소가 유기적으로 관련되어 있다는 점을 이해하고 이 요소들이 어떻게 행동과 연결되는지를 분석하는 것이 도덕성 연구의 실천적 해석을 제공한다고 본다. 이 절에서는 도덕성 발달에 영향을 줄 수 있는 요인에 대해 이해하고자 한다.

1) 개인 요인

개인이 온전한 도덕적 인간으로서 기능하는 데는 개인의 정서적 반응, 사회적 상황에 대한 평가, 각성 및 조절 등을 포함하는 심리적 과정이 깊숙이 관여한다(Malti & Dys, 2018). 여기에서는 도덕심리학에서 강조하는 몇 가지 요소를 중심으로 도덕성 발달의 개인 요인에 대해 살펴보고자 한다.

(1) 도덕적 인성

최근 긍정심리학이 발전하면서 무엇이 옳고 그른가를 평가하는 것을 넘어 '좋은 인격'을 형성하는 데 도덕성 발달 개입의 초점이 맞춰지고 있다. 예를 들면, 대표적인 긍정심리학 연구자인 Martin Seligman은 인성을 구성하는 6가지 핵심(지혜, 용기, 인류애, 정의, 절제, 초월)을 강조하며 24가지 세부적인 요인을 소개하였다(Peterson & Seligman, 2004). 여기에는 정직, 친절함, 공정함, 자기조절 등 도덕성 발달에 중요한 요소로 지목되어 온 특성이 다수 포함되어 있으며, 이러한 인성의 발달이 개인의 강점으로 작용할 수 있음에 주목하였다.

이와 비슷하게 우리나라에서도 도덕적 인성을 포함하는 인성 교육을 강조하고 있다. 교육과학기술부(2012)는 인성 구인에 관한 연구에서 도덕성의 핵심으로 정직과 책임 있는 의사결정을 강조하고, 이와 함께 공감, 소통, 긍정적 자기인식, 자율적 자기관리에 대한 요인도 포함하였다. 한편 또 다른 연구(정창우, 손경원, 김남준, 신호재, 한혜민, 2013)에서는 관습의 도덕(효, 공경), 규칙의 도덕(정직, 준법, 책임), 봉사 및 협력, 공감, 자기조절 등을 인성에 포함함으로써 넓은 의미의 도덕성 발달을 지향한 것으로 보인다. 이러한 인성 교육은 전 생애에 걸쳐 이루어져야 한다(정창우, 2017). 특히 영유아기 인성 교육의 목표는 기초적인 상호 호혜성, 공감 능력, 자기조절, 가치 내면화 및 양심의 발달에 힘쓰는 것이어야 하며, 아동 및 청소년기에는 바람직한 정체성, 삶의 목적, 도덕적 추론 능력, 정서조절, 의사소통, 공동체 참여 등이 중요하다고 보았다. 앞서 살펴본 도덕성 발달 요소와 이를 연결해 생각해 보면, 개인적 차원에서 도덕성 발달은 인지적 요소인 도덕적 추론뿐 아니라 정서, 자기 발달 등을 모두 포함하고 있다.

(2) 도덕적 추론

개인적 차원에서 많은 경우 도덕의 기준점이 되는 도덕적 추론은 일상생활에서 발생할 수 있는 여러 갈등 상황이나 딜레마 등에 대하여 적극적으로 생각하고 토론하는 과정을 통해 발전할 수 있다. 대표적 방식으로 상호 교환적 토론(transactive discussion)을 들 수 있는데, 이는 한 아동의 두서없는 추론에 대하여 다른 또래가 명료화해 나가는 것으로, 재명명, 명료화, 대조 등의 낮은 수준에서 또 다른 수준으로 확장하거나 변형해 나가는 높은 수준까지 다양한 방식을 포함한다(Berkowitz, Althof, Turner, & Bloch, 2008). 실제로 이러한 방식이 청소년들의 도덕적 영역 및 사회 관습적 영역에 대한 정확한 추론을 증진시키는 것으로 나타났다(Nucci, Creane, & Powers, 2015). 도덕적 딜레마에 대한 추론과 토론은 아동의 연민 발달에도 영향을 주는데, 이를 위해서는 토론 과정에서 다양한 방식의 질문(개방형 질문, 가정적 질문 등)을 활용하는 것이 추천된다(Upright, 2002). 또한 토론 과정에서 아동이 선택한 답안과 반대되는 주장을 펼치도록 안내함으로써 아동의 도덕추론을 효과적으로 향상시킬 수 있다(Wong, 2020).

(3) 주의 및 정서 요인

주의 분배, 정서인식, 정서조절 등의 요인도 도덕적 행동을 촉진하는 데 중요한 역할을 하는 것으로 보인다. Roseman(1996)의 정서 재평가 모델(appraisal model of emotion)은 같은 상황에서도 정서적으로 달리 반응하는 이유에 대해 주의 분배 역할에 주목한다. 타인의 슬픈 얼굴 표정에 시각적으로 집중하도록 지시한 연구에서, 해당 아동들은 타인의 필요에 더욱 많은 염려를 느꼈으며 이러한 지시는 도움행동에 관여하는 동기를 자극하였다(Hoffman, 2000). 그뿐만 아니라 앞서 행복한 가해자 연구에서 살펴보았듯이, 도덕적 위반 상황에서 타인의 얼굴에 초점을 맞춘 아동과 원하는 대상(예: 사탕)에 초점을 맞춘 아동이 보고한 도덕적 정서는 달랐다(Dys et al., in press). 이러한 연구들이 시사하는 바는 아동·청소년이 특정 상황에서 어디에 주의를 기울이는가가 경험하는 정서에 영향을 주고 이는 다시 행동에 영향을 미칠 수 있다는 것으로, 개입 시 이를 적극 활용할 필요가 있다.

한편, 주의 분배와 비슷하게 정서인식에 대한 개입 역시 금지행동을 감소시키고 권장행동을 증진시키는 데 도움이 될 수 있다. 예를 들어 정서인식을 잘하는 아동은 공감을 더욱 잘 느꼈으며, 이는 곧 친사회적 행동으로 이어졌다. 반면, 또래괴롭힘 가해자들은 정서인식에서 어려움을 느꼈고, 피해자의 두려운 얼굴을 즐거운 얼굴로 잘못 오인하기도 하였다.

정서조절 역시 도덕성 발달에 매우 중요한 요인이 되는데, 앞서 살펴본 것처럼 공감적 과각성이 개인적 고통으로 작용하여 친사회적 행동을 방해하기도 하기 때문이다(Batson, 2014). 자신의 정서를 충분히 조절하고 타인 중심적 공감을 보일 때, 친사회적 행동 가능성은 증가하게 된다. 낮은 정서조절 능력은 개인이 자신의 분노나 슬픔에 압도당하도록 하여, 도움행동을 할 수 있는 가용성을 떨어뜨리게 된다(Eisenberg, Fabes, Guthrie, & Reiser, 2000). 그뿐만 아니라 정서조절을 잘하는 아동의 경우 연민 반응을 더 많이 보이고 개인적 고통을 덜 경험하였으나, 정서조절에 어려움이 있는 아동의 경우는 그 반대였다(Eisenberg, Wentzel, & Harris, 1998). 이러한 연구들을 바탕으로 본다면, 개인이 상대의 정서를 인식하고 민감하게 반응하도록 돕는 것, 그리고 정서적으로 가용한 상태로 도움행동을 하거나 반대로 자신의 충동을 억제하는 자기조절을 할 수 있도록 돕는 것이 개입의 핵심이 되어야 함을 알 수 있다.

2) 환경 요인

개인이 도덕적 인간으로서 기능하기 위해서는 개인적 준비와 더불어, 상황적 속성 및 사회화 과정, 그리고 도덕성을 강조하는 맥락도 뒷받침되어야 한다. 아동발달에 영향을 미치는 대표적 맥락 중 하나로 부모의 역할과 그 기제에 관하여 살피고, 나아가 공동체의 역할에 관한 연구들도 소개하고자 한다.

(1) 양육

도덕성 발달에 영향을 미치는 환경 요인 가운데 가장 가까운 맥락적 요소는 양육자 요인인데, 이는 양육 방식(parenting)과 밀접하게 연관된다. 선행연구들은 양육 방식에 대한 전통적인 접근을 바탕으로 이러한 양육 방식이 도덕성 발달에 미치는 영향을 연구하였다. 예를 들어, 권위 있는 양육 방식(authoritative parenting)은 청소년의 도덕적 정체성을 정적으로 예측하였고(Hardy, Bhattacharjee, Reed II, & Aquino, 2010), 어머니의 온정적 양육(warmth)은 친사회적 행동을 증진시켰으며(Carlo, Mestre, Samper, Tur, & Armenta, 2011), 부모의 허용적 양육 방식은 청소년의 도덕적 정체성 및 친사회적 행동을 부적으로 예측하였다(Fatima, Dawood, & Munir, 2020).

이처럼 양육 방식의 형태와 아동의 도덕성의 관계를 살핀 연구도 있지만, 여기에서 나아가 양육 방식이 아동의 도덕성 발달에 영향력을 갖는 구체적 기제에 더욱 주목하는 연구들도 있다. Carlo, McGinley, Hayes, Batenhorstr와 Wilkinson(2007)은 부모의 대화 방식 및 구체적 양육행동에 주목하였다. 구체적으로, 연민, 동정, 도덕적 가치에 대한 청소년과 양육자의 대화가 연민을 촉진하고, 이는 다시 친사회적 행동의 다양한 양상에 정적 영향을 주는 것을 확인하였다. 같은 연구에서 물질적 보상(예: 돈)은 연민을 촉진하지 않는 반면, 사회적 보상(예: 칭찬)은 연민을 촉진하여 친사회적 행동으로 이어졌다. 양육자의 역할에 대한 구체적 속성을 살핀 연구들은 아동 및 청소년기에 양육자가 도덕적 자기를 구성해 나갈 수 있도록 지지하는 것이 중요하다고 언급한다(Recchia & Wainryb, 2014). 이 과정에서 아동이 자신에 대한 긍정적인 관점을 유지하도록 돕되, 잘못한 행동에 초점을 두는 것이 처벌과 같은 부정적 결과에 초점을 두는 것보다 아동의 도덕적 자기를 활성화시키는 데 도움이 된다고 보았다.

이러한 측면에서 유도식 양육 방식(inductive

> 유도식 양육 방식 규칙이 무엇인지 스스로 상기하도록 돕고 도덕적 추론을 촉진하는 방식의 대화, 그리고 아동의 행동이 타인에게 미치는 결과에 대한 설명을 제공하는 양육 방식을 말한다.

parenting)(Hoffman, 1983)이 강조되고 있다. 이는 아동이 부모의 감독 없이도 도덕적으로 행동하도록 아동의 내면화를 촉진하며(Grusec & Goodnow, 1994), 아동의 도덕적 조절에 효과가 있는 것으로 확인되었다(Kerr, Lopez, Olson, & Sameroff, 2004). 그리고 유도식 양육 방식은 친사회적 행동을 직접 증가시킬 뿐 아니라, 공감을 증진시켜 결과적으로 친사회성에 영향을 미쳤다(Krevans & Gibbs, 1996). 또한 종단연구(Choe, Olson, & Sameroff, 2013)에서 아동이 3세 일 때 어머니가 유도식 양육 방식을 사용한 경우, 아동이 5.5세가 되었을 때 더 적은 외현화 문제를 보이는 것으로 확인되었다. 이러한 양육 방식은 아동이 인지적 준비가 되어 있을 때 가능하므로 학령기 아동에게 더 효과적이다. 그러나 학령기 아동 역시 타인의 관점에서 상황을 온전히 이해하고 받아들이는 확장된 관점이 아직 제한적이므로 연령에 적절한 방식을 적용할 필요가 있다(Recchia & Wainryb, 2014). 이를테면 4세 아동에게는 물리적으로 확실한 해로운 결과를 강조하는 반면, 더 나이 든 아동에게는 상대의 감정이 어떨지, 관계에 미치는 영향력은 무엇인지 등 더 추상적 개념에 초점을 맞출 수 있다.

(2) 사회적 맥락

개인의 도덕성 발달에 영향을 주는 더 큰 맥락으로 학교나 공동체의 역할에 대한 관심 역시 증가하고 있다. 지금까지 아동의 도덕행동, 특히 공격성이나 또래괴롭힘 같은 금지행동을 중단시키기 위한 여러 노력과 대책이 시행되어 왔으나, 이는 대부분 처벌과 보상 중심의 접근이었다. 이러한 대책은 실질적으로 큰 효과를 발휘하지 못하고 있으며 예방 차원에서 교육적 함의를 갖기 어렵다는 지적들이 국내외에서 이루어졌다(허경미, 2018; Hopkins, 2002). 이에 학교 교육이 아동의 도덕성 발달을 위해 지향해야 하는 바는 아동을 능동적 주체로 보고 교육적 피드백을 통해 상호작용을 하는 것이다(이정렬, 2013). 한 예로, 어떤 행위에 대하여 처벌 혹은 보상과 같은 이분법적 원리를 적용하기보다는 구체적인 피드백을 제공함으로서 배움의 기회를 제공하는 것이 필요하다.

인지 발달을 강조했던 Kohlberg 역시 공동체의 중요성을 강조하였는데 (Kohlberg, Kaufman, Scharf, & Hickey, 1975), 이들은 민주주의와 공정성을 도덕적 공동체의 중요 특성으로 지목하였다. 그뿐만 아니라 의사결정 과정에서 공정성을 바탕으로 모두가 참여하며 학생 개인과 집단이 공동체에서 발생하는 일에 대한 연대 책임을 갖는 것 등이 공동체의 도덕적 풍토를 설정하는 데 중요하다고 보았다. 실제로 학급의 공정성 수준은 또래괴롭힘 가해행동을 감소시킬 뿐 아니라(Lenzi et al., 2014) 친사회적 행동의 일환인 방어행동도 증가시키는 것으로 나타났다(송경희, 이승연, 2017). 이러한 연구들은 아동이 주체적 관점을 가지고 도덕성을 발전시켜 나가기 위해서는 자신이 속한 공동체가 도덕적 방식으로 운영되고 있음을 느끼고, 스스로 도덕적 행위를 결정하는 과정과 그 결과에 책임을 지는 방식을 배우는 기회를 제공하는 방식의 개입 또한 필요하다는 사실을 시사한다.

개념 체크 ▲

빈칸에 알맞은 말을 써넣으시오.

1 도덕추론의 발달을 위해서는 .... 토론의 중요성이 강조된다.

2 특정 상황에서 어떤 자극에 주의를 기울이는가는 우리가 어떤 정서를 느끼는지와 행동에 영향을 미치는데, 이를 설명한 이론은 .... 이다.

요약

- **도덕성의 인지 요인**
- Piaget는 인지 발달과 함께 도덕성이 전도덕기–타율적 도덕성–자율적 도덕성으로 이행해 간다고 보았다.
- Kohlberg는 도덕성을 3수준 6단계로 구분하였다.
- 사회영역이론은 도덕성은 사회적 지식의 일부이고, 이 사회적 지식은 위계적으로 발달하는 것이 아니며, 도덕적 영역, 사회적 영역, 심리적 영역으로 각기 구분된다고 보았다.
- 도덕적 이탈은 자신이 가진 도덕적 규준에 이탈되는 행동을 할 때 경험하는 부정적 정서로부터 벗어나기 위한 일종의 인지 왜곡 과정이다.
- 도덕적 정체성은 자기의 발달과 밀접하게 관련되어 있으며, 도덕적 가치를 중요하게 생각하는 개인이 자기 자신의 정체감에 일치된 방식으로 행동하는 것을 돕는다.

- **도덕성의 정서 요인**
- 공감은 타인의 정서상태 혹은 상황과 일치되는 정서 경험으로 상대의 고통을 이해하는 인지적 공감과 상대의 고통을 경험하거나 느끼는 정서적 공감으로 구분된다. 연민은 상대방의 정서상태를 똑같이 느끼는 것 이상으로 타인에 대한 염려와 걱정을 포함한다는 점에서 차이가 있다.
- 죄책감은 잘못한 행동 및 결정에 대하여 후회를 경험하는 것으로, 자신의 행동에 대한 책임감을 느끼도록 하여 사과 혹은 잘못된 행동 바로잡기 등 타인 중심적 행동과 연관된다. 한편 수치심은 숨고 싶은 정서로, 자신 혹은 경멸에 대한 두려움으로 연결되며 결국 타인을 회피하거나 숨어 버리는 등의 자기중심적

행위로 반응하게 한다.
- 도덕적 정서는 일반적으로 친사회적 행동, 공격적 행동과 밀접히 연관된다. 도덕적 정서가 제대로 기능하기 위해서는 적절한 수준의 정서적 경험과 더불어 정서조절이 중요한 요인이 된다.

- **도덕성의 행동 요인**
- 금지행동은 주로 해를 초래하는 결과를 가져오는 행동을 포함하기 때문에 해서는 안 되는 부정적 행동을 의미하며, 거짓말, 절도, 폭력 등이 이에 속한다.
- 권장행동은 하지 않아도 문제가 없으나, 해당 행위를 했을 때 긍정적 결과를 가져오는 행동을 포함한다. 친사회적 행동이나 이타적 행동이 대표적인 예이다.

- **도덕성 발달을 위한 노력과 개입**
- 개인적 차원에서 도덕성 발달을 위한 개입은 인성 교육을 중심으로 이루어지고 있다. 도덕추론을 촉진하는 토론에서 사회적 상황을 다각적으로 볼 수 있도록 촉진하는 방법 중 대표적인 것은 상호 교환적 토론이다.
- 특정 사회적 상황에서 도덕성이 발휘되기 위해서는 정서인식과 조절 역시 중요한 차원이 된다. 특히 타인의 정서적 어려움에 압도되지 않고, 자신의 정서를 잘 조절하는 것은 친사회적 행동의 뿌리가 되며, 금지행동을 조절하는 데에도 필요하다.
- 부모의 권위적인 태도, 유도식 양육 방식 등은 아동의 도덕성 발달에 긍정적 영향을 미친다. 아동의 연령에 따라 부모는 각기 다른 방식으로 도덕성에 대한 교육을 해야 한다. 그리고 도덕적 주제, 규칙, 그리고 가치에 대한 대화는 도덕성 발달에 도움이 된다.

연습문제

1. 도덕성 발달에 관한 다음 내용 중 가장 거리가 먼 것은?

   ① 옆반 아이가 때린 것에 비하면 내가 한 욕은 별것 아니라고 말하는 것은 도덕적 이탈 중 결과 무시 및 왜곡에 해당한다.

   ② 도덕적 인지와 정서는 별개의 독립된 것으로 도덕성에서 각기 기능한다.

   ③ Piaget에 따르면, 타율적 도덕성에서 자율적 도덕성으로 이행하게 되는데 이때 중요한 변화는 '행동의 의도'를 인식하여 결과를 판단한다는 점이다.

   ④ Turiel은 도덕 발달이 질적으로 다른 단계의 변화이기보다 연령 증가에 따라 도덕적·사회적·심리적 영역 등 각기 다른 영역으로 구분된다고 보았다.

2. 사회영역이론에서 타산적 영역은 도덕적 영역과 어떻게 다른지 설명하시오.

3. Kohlberg의 도덕 발달 수준 가운데 2수준–3단계의 특징을 간략히 설명하고, 이 단계에 속한 아동은 어떻게 하인츠의 행동을 정당화할 것인지 예를 들어보시오.

4. 도덕적 위반 상황에서 행복한 가해자 현상이 왜 일어나는지 설명하시오.

5. 도덕성 증진에서 환경의 영향력에 대해 설명하시오.

6. 도덕적 이탈의 개념을 쓰고, 구성요소 중 한 가지에 대하여 예를 들어 쓰시오.

" 우리 집이 얼마나 큰지는 중요하지 않다.
거기에 사랑이 있는지가 중요하다 "

— 피터 버펫 Peter Buffet

발달과 가족

영화 〈원더(wonder)〉의 주인공 어기(Auggie)는 얼굴 기형을 가지고 태어났다. 그는 기형으로 인해 어릴 적 27번의 수술을 거쳤다. 그의 어머니는 자신의 일을 잠시 내려놓고 어기가 열 살이 될 때까지 집에서 홈스쿨링을 하며 어기에게 헌신했다. 헌신적인 엄마뿐 아니라 친구 같은 아빠, 사랑하는 동생을 위해 모든 것을 감내하는 누나 등 어기의 가족은 저마다 크고 작은 고민들을 가지고 있지만 애정과 따뜻함으로 서로 연결되어 있다. 어기에게는 얼굴 기형과 수많은 수술로 인한 신체적 약점이 있지만, 어기의 가족은 어기를 정서적으로는 매우 탄력적이고 건강한 아이로 양육한다. 어기가 가족으로부터 도움만 받는 것은 아니다. 가족 역시 어기에 대한 주위의 시선을 마주하고 복잡한 감정을 경험하면서 나름의 방식으로 성장해 나간다.

이처럼 태어나면서 가장 먼저 접하게 되는 환경인 가족은 아동의 성장과 발달에 지대한 영향을 준다. 또한 가족관계는 일방적이지만은 않다. 가족 구성원들은 생활을 공유하는 하나의 체계로 묶여 서로 영향을 주고받으며 상호작용하고 성장, 발달한다. 이 장에서는 아동발달에서 가족의 영향에 대해 살펴보고자 한다.

1. 가족의 이해와 발달: 이론적 관점

가족이 발달에 미치는 영향을 이해하기 위해 가족과 가족 구성원을 설명하는 이론들에 대해 알아볼 필요가 있다. 우선, 생태체계이론(ecological systems theory)은 개인과 가족에 영향을 미치는 맥락 요인에 대한 이론이다. 이 이론은 가족에 대한 이해를 확장하기 위하여 가족과 가족 구성원에 영향을 미치는 다양한 외부 요인들(예: 지역사회 문화, 돌봄, 학교, 또래 집단, 경제 위기 등) 간의 상호작용을 설명하는 이론이다. 가족이 형성되고 가족 구성원이 서로 관계를 맺어 나가는 데 외부 요인은 빼놓을 수 없는 중요한 변인이므로 생태체계이론에 대해서 자세히 살펴보고자 한다. 다음으로 살펴볼 가족체계이론(family systems theory)은 가족의 내적 역동에 대한 이해를 도와준다. 생태체계이론이 가족에 영향을 주는 외부 요인을 설명하는 이론이라면, 가족체계이론은 가족 안에서 가족 구성원이 서로 어떠한 상호작용을 하며 어떠한 내적 역동을 가지고 있는지를 설명하는 틀을 제공하는 이론이다. 가족이 관계를 맺는 방식에 따라 아동발달 과정은 크게 영향을 받기 때문에 아동발달과 가족을 이해할 때 가족체계이론에 대해 학습할 필요가 있다. 마지막으로, 가족발달이론(family development theory)은 가족의 발달 과정에 대해서 설명한다. 개인이 발달 과정을 거치듯이 가족 역시 유동적으로 변화하며 발달 과정을 겪는다. 가족은 늘 정적인 상태로 머무르는 것이 아니라 가족 구성원의 성장과 발달에 따라 변화하기 때문에, 가족발달이론을 통하여 개인과 가족 발달이 어떻게 맞물리는지 이해할 필요가 있다. 이 세 가지 이론에 대해 살펴보자.

1) 생태체계이론

심리학자 Urie Bronfenbrenner가 제시한 생태체계이론에 따르면, 인간의 발달은 다양한 외부 환경에 의해 자연스럽게 영향을 받는다. 이는 인위적인 실험실 환경에서 실험을 통해 발달을 연구하는 학자들이 종종 간과하거나 초점을 맞추지 않았던 부분이다. 1940~1950년대 아동발달 연구에서 환경에 대한 고려는 한정적이었다. 이혼과 같은 생애사건을 겪은 가족을 대상으로 이혼가정에서 자란 자녀와 이혼하지 않은 가정에서 자란 자녀의 인지 발

▶ Urie Bronfenbrenner
(1917~2005)

달, 사회성 발달의 차이를 보는 등 하나의 맥락적 사건이 아동발달에 미치는 효과를 보는 연구들 정도로 한정되었다(Shaffer & Kipp, 2002). 하지만 생태체계이론이 나오면서 환경적 영향을 협소하게 이해하는 관점에서 탈피하여 여러 수준과 여러 유형의 요인을 함께 분석하며 이해하는 관점이 자리 잡기 시작하였다.

Bronfenbrenner(1979, 1992)의 생태체계이론에서는 인간의 발달을 개인의 내적 역동뿐만 아니라 그 개인이 속하는 다양한 환경과의 상호작용을 포함하는 복잡한 과정으로 보았고, 구체적인 생태체계(환경체계), 즉 개인에게 영향을 미치는 외부 환경의 맥락체계를 여러 수준으로 분석하였다. 예를 들어 청소년의 발달을 생각해 보자. 청소년은 사춘기를 거치며 여러 가지 변화를 겪는데, 그 질풍노도의 시기를 개인의 내적 심리상태, 인지, 사고, 정서, 성격, 감정 기복 등의 변화로만 설명하기에는 부족하다. 개인이 경험하는 내적 심리 역동의 변화에 더해 가족 요인과 다양한 외부 환경 요인들이 청소년기에 경험하는 변화와 발달에 영향을 준다. 그렇기 때문에 생태체계이론의 관점을 가진 연구자, 정책 입안자, 실무자들은 아동·청소년기의 발달이 어떻게 이루어지는지

설명할 때 또래관계, 학교, 부모와의 관계, 방과 후 프로그램, 지역사회 기반 단체 활동 등 다양한 발달 맥락을 고려한다.

(1) 생태체계이론의 환경체계

Bronfenbrenner의 생태체계이론에는 5가지 수준의 환경체계가 있다. 이는 ① 미시체계, ② 중간체계, ③ 외체계, ④ 거시체계, ⑤ 시간체계이다. 각 체계의 수준은 가까운 거리에서 개인과 직접 상호작용하는 것부터, 먼 거리에서 발달에 간접적으로 영향을 미치는 것까지 다양하다. 그림 11-1과 같이 개인의 주위에 중첩된 일련의 4가지 환경체계가 있고, 이에 더해서 시간 차원의 영역이 있다. 이렇듯 생태체계이론은 개인에게 영향을 미치는 생태학적 환경을 체계적이고 광범위하게 분석하고 있다. 이는 체계 간 관계가 아동의 발달 과정에 어떠한 영향을 주는지 설명하는 데 도움이 된다. 이와 더불어 간과해서는 안 될 점은 아동이 각 체계 내에서 정의하는 환경 맥락에 의해 영향을 받는 동시에 환경에 영향을 주고 이를 변화시키기도 한다는 점이다. 아동의 기질, 습관, 신체적 특성, 행동들은 각 생태체계에 있는 사람 및 환경에 영향을 준다. 즉, 인간의 발달은 환경으로부터 일방적인 영향을 받기만 하는 것이 아니라 환경과 상호작용하면서 이루어진다.

① 미시체계

개인에게 영향을 주는 환경에서 가장 내부의 환경층을 미시체계(microsystem)라고 한다. 미시체계는 개인에게 직접적으로 영향을 주는 환경 요인이다. 즉, 개인과 밀접한 관련을 맺으면서 직접 상호작용하는 활동, 환경, 맥락 등을 미시체계라고 한다. 아동이 어릴 때의 미시체계는 주로 가족관계로 한정된다. 주로 부모 혹은 부모와 가까운 가족 구성원이나 이웃과만 상호작용하기 때문이다. 자라면서 아동의 미시체계는 더욱 확장되는데, 어린이집, 유치원, 또래친구, 학교, 교회 등 가깝게 상호작용하는 환경이 더 넓어지기 때문이다. 청소년기에 접어들면서는 정규 학교 활동을 넘어 스포츠 활동, 스터디 모임, 종교 모임 등 다양한 유형의 활동을 포함할 수 있다. 개인과의 밀접한 관계를 바탕으로 하는 미시체계의 다양한 활동에 참여함으로써 아동은 더 긍정적인 사회

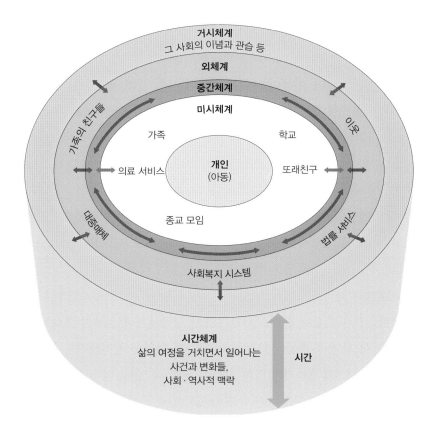

그림 11-1 Bronfenbrenner의 이론에서 상정한 환경체계

적 · 감정적 · 심리적 · 신체적 발달을 이룰 수 있다.

앞서 말했듯이 아동이 환경으로부터 영향을 받기만 하는 것은 아니다. 아동이 미시체계 안에 있는 사람들에게 영향을 줄 수도 있다. 가족관계를 생각해 보면 부모의 양육 태도, 행동, 신념 등이 자녀의 발달에 영향을 주는 동시에 자녀의 기질, 습관, 행동 역시 부모자녀 관계와 부모의 생활에 큰 영향을 미친다. 예를 들어, 기질적으로 어렵고 까다로운 아이는 다루기 쉬운 아이보다 부모와 애착관계를 형성하기 어려울 수 있다(Berk & Meyers, 2015).

② 중간체계

미시체계 바로 바깥쪽에 위치하는 중간체계(mesosystem)는 미시체계들 사이의 상호관계와 연결을 말한다. 가족, 학교, 또래 집단 등의 한 미시체계에서 일어나는 일은 다른 미시체계에도 영향을 주는데, 미시체계 사이의 이러한 상호작용과 연결을 중간체계라고 한다. 예를 들어, 학교, 교사, 가족 등은 아동의 미시체계에 속한다. 아동이 다니는 학교의 정책, 문화, 분위기, 지원 정도는 교사의 활동과 역량, 교사와 아동의 관계에 영향을 줄 수 있다. 또한 가족이 얼마만큼 자녀의 학습 활동 및 학교 활동에 관심을 보이는가에 따라서 학교 문화가 바뀔 수 있고, 반대로 학교 문화에 따라 가족의 자녀 학습 지원 및 관심 정도가 변화될 수 있다(Schulting, Malone, & Dodge, 2005).

미시체계들 사이의 촘촘한 연결과 지지적 관계, 즉 중간체계의 긍정적 강화는 아동발달에 긍정적 영향을 준다. 가령 좋은 학교 문화가 부모의 관심을 끌어내고 부모의 관심이 좋은 학교 문화를 만들어 나갈 수 있으며, 이러한 가족과 학교의 지지적 관계는 아동의 발달을 더욱 긍정적으로 촉진한다. 반면, 미시체계들 간의 연결에 갈등 요소가 있으면 중간체계에 문제가 초래될 수 있다. 예를 들어 학업에 관심이 없는 또래 집단과 학업을 독려하려는 부모와 교사가 있다면, 미시체계가 상충하여 갈등이 생길 수 있다. 이렇게 미시체계 사이의 서로 다른 방향 혹은 비지지적인 관계로 인해 중간체계에 갈등이 생기면, 아동은 중간에서 두 미시체계 중 하나와 갈등을 겪을 수밖에 없는 상황에 놓이게 된다. 이럴 경우 중간체계의 문제는 아동발달 과정에 부정적 영향을 미치게 된다(Steinberg, Dornbusch, & Brown, 1992).

③ 외체계

외체계(exosystem)는 세 번째 환경층으로, 중간체계 바깥쪽에 위치한다. 외체계는 아동의 환경 맥락에 영향을 주는 체계이다. 외체계에 속하는 요소들에는 지역공동체, 이웃 사람들, 가족의 친구들, 부모의 직장 등이 있다. 외체계의 요소들은 아동에게 주로 간접적인 영향을 준다. 아동은 외체계의 부분을 이루고 있지 않기 때문에 직접적인 영향이 제한되는 것이다. 예를 들어, 지역의 소득 수준이나 지역 주민의 연령대 등 지역공동체의 특성은 아동이 또래체계를 형성하는 데 영향을 준다. 또한 부모의 직장 역시 아동이 직접 상호작용하는 환경은 아니지만, 부모의 생활에 영향을 주기 때문에 아동발달에 간접적인 영향을 끼친다. 예를 들어, 직장에서 과도한 업무량으로 인해 늘 과로에 시달리는 부모가 있다면 자녀와 상호작용하는 시간이 그만큼 부족할 수밖에 없다 (Peppler, 2017). 또한 부모가 직장 혹은 직업에서 느끼는 만족감 역시 아동에게 간접적으로 영향을 미치는 요소인데, 부모가 자신의 일을 즐길수록 아동과의 상호작용에도 긍정적 효과가 나타난다(O'Neil & Greenberger, 1994).

④ 거시체계

마지막으로 가장 바깥쪽에 존재하는 환경층은 거시체계(macrosystem)이다. 이는 사회의 문화, 종교, 사회경제 조직, 신념과 가치관, 규범, 법, 관습 등을 포함한다. 거시체계는 다른 모든 체계 및 체계 간 관계에 영향을 미치며 개인의 경험에도 직·간접적으로 영향을 미친다. 이러한 요소들은 문화(culture), 하위 문화(subculture), 사회계층(social class)마다 다르게 나타난다. 예를 들어, 법적으로 아동 체벌을 금지하고 비폭력적으로 문제를 해결하는 문화를 가진 지역에서는 아동의 인권 수준이 높은 편이며 아동학대의 발생률이 낮다(Belsky, 1993). 아동에게 무엇을 전수해야 할지, 아동의 권리를 어떻게 보호해야 할지, 아동을 어떻게 다루어야 할지에 대한 사회의 신념과 가치관이 아동을 양육하는 부모체계, 교육하는 학교체계, 사회 구성원의 생각에 영향을 미치고 종국적으로 아동발달에 영향을 준다.

⑤ 시간체계

Bronfenbrenner는 자신의 모델에 앞의 4가지 체계에 더해서 시간체계라는 시간의 차원도 포함시켰다. 시간체계(chronosystem)는 사회·역사적 맥락을 비롯해 아동이 삶에서 경험하는 시간의 흐름에 따른 변화를 말하며, 이러한 변화는 발달에 영향을 준다. 대표적인 예는 부모의 이혼이라는 생애사건이다. 이혼은 부모의 부부관계에서 일어난 변화이나 아동의 행동, 인지, 정서에도 영향을 미친다. 연구에 따르면 아동들은 부모의 이혼 후 초반에는 부정적인 영향을 받지만, 가족체계에서 새로운 생활양식을 받아들이고 달라진 가족 내에서 상호작용하는 방법에 적응하면서 곧 안정적이 된다(Amato, 2001). 또한 부모의 이혼이 어느 시점에 일어났는가에 따라서, 즉 연령에 따라 변화의 영향은 달라진다. 아동이 영유아기 때 부모의 이혼을 경험하는 것과 학령기 때, 청소년기 때 경험하는 것은 변화와 적응 양상이 각각 매우 다르게 나타날 수 있다 (Montgomery, Anderson, Hetherington, & Clingempeel, 1992).

(2) 생태체계이론에 대한 비판

Bronfenbrenner의 생태체계이론은 아동의 발달에 영향을 미치는 다양한 수준의 환경 맥락 영역을 포함시키며 발달을 바라보는 관점을 확장시켰다. 개인의 기질, 성격, 인지, 정서, 행동에 초점을 맞추는 것에서 더 나아가 환경맥락의 영향을 고려함으로써 더욱 포괄적이고 통합적인 발달 연구를 할 수 있는 이론의 틀을 제공한 것이다. 이러한 기여에도 불구하고 생태체계이론에 대한 비판도 존재한다. Bronfenbrenner의 생태체계이론은 발달의 복합적인 맥락을 고려하였으나, 환경이 발달 변화에 영향을 미치는 실제적인 메커니즘을 설명하는 데에는 주목하지 않았다. 가족, 학교, 또래, 친척, 이웃 등이 아동의 삶과 발달에 영향을 주는 것은 직관적으로도 이해할 수 있다. 생태체계이론은 가족관계의 어떤 특징이, 학교생활의 어떤 요소가, 또래관계에서 어떤 역동이 아동의 발달에 영향을 주는지에 대한 구체적인 설명이 부족하다. 또한 영향을 주는 체계 간의 위계나 균형에 대한 설명을 간과하였다. 즉, 어떤 체계가 다른 체계에 비해 더 강력하고 중요한 맥락인지, 체계 간의 균형을 이루는 것이 중요한지 등 각 체계 사이의 관계, 위계, 균형, 영향의 차이 등에 대한 분석이 부족하다는 비판을 받는다.

2) 가족체계이론

가족체계이론은 생물학자 Ludwig von Bertalanffy의 일반체계이론의 영향을 받아 1940년대에 형성되었다. 일반체계이론은 기계나 물질 등 하나의 체계(system)는 외부 환경과 상호작용하면서 환경의 지속적인 입력과 출력을 통해 자신(체계)을 유지해 나간다고 주장하는 이론이다. 물리학, 화학, 생물학 등 어떤 영역의 체계든 그 체계를 유지하는 원칙이 있으며, 그 원칙에 의해 체계가 조직화된다고 본다. 이러한 일반체계이론은 자연과학 분야에서 시작되었으나 행동과학 및 가족관계학에도 적용되었고, 가족관계를 설명하는 가족체계이론의 탄생으로 이어졌다. 일반체계이론에서 주장한 것과 같이 가족체계이론에서 가족은 하나의 체계이며, 자신의 체계를 유지하는 규칙 및 원칙을 가지고 있다고 본다. 이러한 가족체계이론에 대해서 구체적으로 알아보자.

(1) 체계로서의 가족

가족체계이론은 가족을 유기적으로 상호작용하는 하나의 체계로 보는 관점이다. 가족 구성원은 서로 영향을 주고받는 관계이며, 가족은 전체성을 지닌다는 것이 기본 전제이다. 가족 구성원을 가족의 단순한 일부분으로 보는 것이 아니라 각 가족 구성원이 가족이라는 체계 안에 속하여 서로 연결된다고 보면, 가족은 전체성을 지니게 된다. 이에 가족체계이론은 '전체는 부분의 합보다 크다'고 가정한다. 가족이란 각 구성원을 단순히 합쳐 놓은 것보다 더 큰 상징, 특징, 이야기, 역사 등을 공유하는 하나의 체계라는 의미이다. 과거 아동발달 연구에서 가족관계를 다룰 때에는 어머니와 아동의 관계를 주로 연구하며, 어머니가 아동의 인지·정서·행동 발달에 미치는 영향에 대해서만 관심을 가졌다. 하지만 이후 가족체계이론을 통해 어머니-아동 관계뿐만 아니라 어머니-아버지의 부부관계, 아버지-아동 관계 등 다양한 관계가 아동발달에 미치는 영향을 연구하는 틀이 발전했다(Broderick, 1993).

가족체계이론은 순환적 인과론(circular causality)을 적용한다. 문제가 생겼을 때 원인과 결과를 분석하여 해결책을 마련하려는 선형적 인과론(linear causality)과 달리, 순환적 인과론은 가족에게 생긴 문제나 생애사건을 분석할 때 순환적 영향을 고려한다. 순환적 영향이란 가족 구성원의 행동이 다른 구성원에게 영향을 주고 영향을 받은 이는 다시 다른 가족 구성원에게 영향을 주는 방식으로 지속적이고 순환적으로 서로 영향을 주고받는다는 개념이다. 그림 11-2에서 보듯이 선형적 인과론의 A, B, C는 선행사건(원인)을 탐색하고 그에 따른 영향과 결과를 파악하는 것에 중점을 둔다. 반면 순환적 인과론의 A, B, C에서는 무엇이 선행사건(원인)인지는 관점에 따라 또는 개인에 따라 달라질 수 있다. 그리고 원인 혹은 선행사건이 무엇인지 파악하려는 노력이 문제 해결에 도움이 되지 않을 수도 있다고 본다. 따라서 문제의 원인을 파악하는 데 초점을 맞추지 않는다.

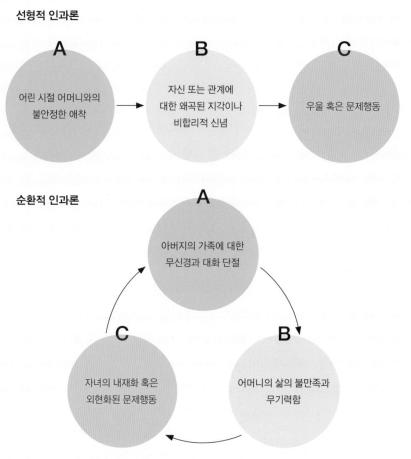

선형적 인과론

A
어린 시절 어머니와의
불안정한 애착

B
자신 또는 관계에
대한 왜곡된 지각이나
비합리적 신념

C
우울 혹은 문제행동

순환적 인과론

A
아버지의 가족에 대한
무신경과 대화 단절

B
어머니의 삶의 불만족과
무기력함

C
자녀의 내재화 혹은
외현화된 문제행동

(화살표의 방향이나 A, B, C의 순서가 바뀔 수도 있음)

그림 11-2 **선형적 인과론과 순환적 인과론의 비교**

이와 같이 순환적 인과론은 원인과 결과를 특정하는 것보다는 상호작용 패턴과 관계 역동을 파악하는 것에 더 중점을 두는 개념이다. 가족체계이론에서는 순환적 인과론을 전제로 하기 때문에 아동·청소년이 가족 전체 혹은 부모에게 영향을 받기만 하는 수동적 존재라고 보지 않는다. 부모가 아동에게 미치는 지대한 영향에 대한 연구가 훨씬 많기는 하지만, 아동이 가족구조, 가족관계, 부모 역할, 부모자녀 관계에 영향을 미치는 연구들도 진행되며, 이는 가족 구성원이 서로 영향을 주고받는다는 전제에 근거한다(White & Klein, 2008). 일례로 자녀가 태어나면 부모의 수면 시간, 경제 활동, 직업 활동, 여가 활동,

가사 분담, 시간 배분 등 일상의 모든 영역에서 변화가 일어날 수밖에 없다. 또한 자녀가 청소년기가 되면 독립의 의지가 생기기 시작하면서 부모자녀 관계에 변화가 일어난다. 이렇듯 가족체계이론에 근거하면 발달에서 가족의 영향, 가족 발달에서 아동의 영향을 쌍방향으로 고려할 수 있다.

(2) 가족체계이론의 주요 개념

가족체계이론은 가족 구성원 사이의 내적 역동을 다룬다. 이러한 가족의 역동은 아동발달에 영향을 미치는 관계적 메커니즘을 분석하는 데 설명력이 높다. 관련된 개념들을 알아보자.

① 전체성

앞서 간단히 언급했듯, 전체성은 가족을 체계로 보는 관점과 관련이 있다. 이에 따르면 가족이라는 전체는 가족 구성원들의 단순한 합 이상이며, 전체성에는 가족 구성원들이 공유하는 역사, 의미, 상징, 특성들이 존재한다. 이러한 전체성을 바탕으로 하여 각각의 가족은 '우리 가족은 이렇다, 이래야 한다'라는 가족에 대한 믿음이나 이미지가 존재한다. 그런데 가족에 대한 믿음이나 이미지가 가족 간에 일치하지 않으면 갈등이 나타날 수도 있다. 특히 가족 이미지가 왜곡되어 있거나 자녀에게 강요될 때에는 가족 간에 갈등이 생기고, 아동발달에 지대한 영향을 미친다. 반대로 가족 구성원이 건강한 가족 이미지를 공유하면 아동발달에 긍정적 영향을 미친다.

② 상호 의존성

가족은 하나의 체계 내에서 정서적으로 연결되어 있다. 연결된 정도에 따라 관계 설정 역시 변화한다. 적당한 수준의 연결감(친밀감)과 적당한 수준의 분리감(자율성)을 보장하는 가족체계가 가장 기능적이며, 아동발달에 건강하고 긍정적인 영향을 준다(Minuchin, 2018). 상호 의존이 너무 낮으면 애착관계를 형성하기 힘들고 관계가 소원해지며 분리된 상태로 발전하게 된다. 이러한 가족관계에서 아동들은 고립감을 느끼며, 문제가 발생했을 때 가족과 공유하기를 꺼려 한다. 반면 상호 의존도가 너무 높으면 개별화를 억누르는 방향으로 발달이 진행될 수 있다. 과잉 밀착된 상태로는 자율성과 자기주도성을 발달시켜 나가기 힘들기 때문이다.

③ 가족규칙

가족규칙은 가족행동을 제한하거나 규정하는 관계상의 합의이며 대개 오랜 시간에 걸쳐 만들어진다. 전형적으로 '해야 한다' 또는 '해서는 안 된다'와 같은 것들이다. 가족규칙은 명시적일 수도 있고 암묵적일 수도 있다. 부모는 아동의 나이에 따라 취침 및 수면 시간을 정해 주는데, '밤 9시에는 자야 한다', '하루에 9시간은 자야 한다', '낮잠은 1시간 이상 자서는 안 된다' 등이 명시적 가족규칙의 예이다. 암묵적 가족규칙은 누구도 명시적으로 규정하지 않았지만, 가족의 분위기에 의해 저절로 형성된 규칙이다. 유산이나 사업 실패 등 가족이 겪은 부정적인 생애사건이 있을 때 가족들이 그 주제에 대해서 이야기하지 않는 것을 암묵적 가족규칙으로 볼 수 있다. 가족규칙은 주로 권력을 가진 가족 구성원에 의해 형성되는데, 그가 가족규칙을 얼마나 유연하게 이해하고 다루는가에 따라 아동발달에 영향을 미칠 수 있다. 특히 아동이 자라면서 협상과 타협을 통해 가족규칙의 형성 및 수정에 관여하는 여지가 커지는데, 이 과정에서 아동에게 주어지는 권한과 자유의 정도가 자율성 발달에 영향을 준다.

④ 하위체계

가족체계 내의 세대, 성, 애정 등의 다양한 차원에 따라 구성된 하위 집단을 하위체계(subsystem)라고 한다. 가족의 핵심 하위체계로는 부부 하위체계, 부모 하위체계, 형제자매 하위체계, 부모자녀 하위체계가 있다. 이 중 부모자녀 하위체계는 세대가 상호작용을 바탕으로 아동의 발달에 영향을 미치는 체계이며, 부모의 역할은 지도, 교육, 결속, 모델링, 경청 등을 핵심으로 한다. 하위체계 역동의 구체적 양상은 시간의 흐름에 따라 변화한다. 자녀가 부모의 돌봄을 전적으로 필요로 하는 시기일 때와 청소년기에 접어들었을 때 부모자녀 관계의 역동은 달라질 수밖에 없다.

⑤ 상위체계

가족체계를 둘러싼 사회환경 또는 사회적 관계망을 상위체계(suprasystem)라고 한다. 이는 생태체계이론의 환경층과 비슷한 개념이다. 가족은 외부 체계와도 연결되어 끊임없이 상호작용한다. 확대가족, 직장, 학교, 종교기관, 친구, 이웃, 사회복지 서비스 등이 가족에게 영향을 미치는 상위체계의 예이다. 특히 하위체계가 역기능적인 가족환경에서 자라는 아동들에게는 상위체계의 역할과 영향이 매우 중요하다. 탄력성에 관한 연구에서는 아동이 자라면서 진정성 있는 보살핌을 제공하는 성인이 한 명만 있어도 회복탄력성 요인들을 갖출 수 있고 어려움을 극복할 수 있다고 밝힌다(Walsh, 2015).

⑥ 위계

가족체계에서 하위체계 간 혹은 하위체계 내에서도 위계(hierarchy)가 존재한다. 위계에 따라 가족체계 내의 권력이 나누어지고 가족규칙이 설정되며 유지된다. 또한 위계는 하위체계의 구성 및 기능과 관련이 있다. 보통 부모는 위계에서 우위에 있어 권위를 가지고 가족생활을 통제하며, 미성년 자녀는 부모에 의해 설정된 규칙들을 따른다(Minuchin, 2018). 이는 자녀가 어릴수록 더 선명하다. 부모가 자녀의 식사 시간, 취침 시간, 식사 종류, 간식 종류, 놀이 종류, 또래친구, 일상생활 등 거의 모든 영역을 통제한다. 하지만 시간이 지나 자녀가 성장하고 발달할수록 부모의 통제에서 조금씩 벗어난다. 청소년기 자녀는 자율성과 자기주도성을 강하게 추구하며, 이때 자녀를 관리·감독하려는 부모와 갈등이 생기기도 한다. 간혹 부모와 자녀의 위계가 바뀌어 부모 역할을 수행하는 미성년 자녀가 있는데, 이들을 부모화(parentification)된 자녀라고 한다. 부모화된 자녀는 어린 나이에 발달적으로 부적절한 수준의 돌봄을 가족에게 제공하는 과정에서 자신의 건강과 발달을 희생시킬 수 있다. 이들은 역기능적 가족 안에서 부모의 역할을 하며 성인처럼 행동하기 때문에 정체성, 성격, 대인관계가 왜곡된 방식으로 형성될 수 있어 주의 및 도움이 필요하다(Earley & Cushway, 2002).

⑦ 경계

경계는 가족체계 내에서 이루어지는 정보, 자원, 의사결정의 흐름 및 이동과 관련이 있다. 가족체계 내의 경계의 투과성(permeability)에 따라 관계가 형성 및 유지된다. 모호한 경계선(diffuse boundary)을 가진 가족에서는 가족 구성원 간의 경계가 분명하게 확립되어 있지 않아 과도하게 많은 정보, 자원, 의사결정, 정서 등이 이동한다. 따라서 가족 구성원 사이에 밀접한 관계를 유지하나 서로에게 지나치게 관심을 가지거나 간섭할 수 있다. 이러한 가족에서는 구성원의 개별성이 인정되지 않기도 한다. 반면 경직된 경계선(rigid boundary)을 가진 가족은 관계가 분리되어 가족 내에서 이동하는 정보나 자원, 정서가 부족하고, 서로 유리되어 있다. 이 경우 독립성과 개별성은 보장받지만, 친밀하고 지지적인 관계는 부족하다. 명료한 경계선(clear boundary)은 적절한 수준의 투과성이 보장된 건강하고 균형 잡힌 경계이다.

(3) 가족체계이론에 대한 비판

가족체계이론은 가족관계 연구를 확장시켜 가족과 작업하는 여러 발달 연구자, 실천가들이 가족을 더 잘 이해하는 데 큰 공헌을 하였다. 또한 가족이 아동에게 미치는 영향과 아동이 가족 전체에 미치는 영향에 대한 이해를 넓혔다(Broderick, 1993). 그럼에도 가족체계이론은 크게 두 가지 이유에서 비판받는다. 첫째, 가족과 발달을 이해하는 데 거시적인 시각이 부족하다는 점이다. 예를 들어, 가족체계이론은 성 역할 갈등 이슈를 충분하게 다루지 못했다는 비판을 받는다. 가족 규칙, 가족권력 등은 가족 구성원 간 관계를 맺는 방식(내적 역동) 또는 개인의 성격에 의해 정해지기도 하지만, 사회적인 영향도 작용한다. 성평등 수준이 높지 않은 사회라면 불평등 이슈가 가족관계에도 영향을 미친다. 이렇게 가족관계에 영향을 주는 힘의 불균형이 존재하는데도 가족관계를 기계적으로만 설명하는 것은 비판받는 부분이다. 둘째, 가족의 관계와 구성은 매우 다양하기 때문에 모든 가족에게 가족체계이론을 적용하기 힘들다는 점이다. 가족체계이론은 기본적으로 구성원이 가족으로 묶이고 연결되어 서로에게 영향을 주고받는다는 것을 전제로 한다. 이 때문에 가족 문제가 불거졌을 때 한 명의 가족 구성원을 비난하기보다는 가족 역동을 먼저 이해해야 한다고 주장한다. 그러나 가정폭력의 경우 가해자와 피해자가 분명히 존재하며 폭력이 정당화될 수는 없기 때문에 가족체계이론을 적용하기 어렵다(Murray, 2006). 이러한 점에서 가족체계이론을 적용하기 어려운 가족들이 존재할 수 있다.

3) 가족발달이론

가족발달이론에서는 개인이 자라면서 발달 단계를 거치듯이 가족도 발달 단계를 거치며 변화한다고 본다. 가족 생활주기(family life cycle)는 연구자에 따라 다르게 나뉘는데, Carter와 McGoldrick(2005)의 분류에서는 결혼전기, 가족형성기, 자녀학령기, 자녀청소년기, 자녀독립기, 노년기의 6단계로 구분하였다.

(1) 가족 생활주기

가족이 발달한다는 것은 안정성 단계와 변화 단계를 거친다는 것을 의미한다. 한 단계에서 다음 단계로 넘어가는 전이(transition)의 시기에 가족은 탄력적이 될 필요가 있다. 가족 구성원이 경험하는 세계가 달라지면서 가족관계에도 변화가 생길 수밖에 없는데, 이러한 변화가 늘 긍정적인 방향으로 흐르는 것은 아니기 때문이다. 전이의 시기에 전에 경험해 보지 못한 새로운 갈등이 생기면서 가족 문제가 불거질 수 있다. 이 시기를 지혜롭게 잘 극복하면, 새로운 주기에서 다시 안정성을 되찾을 수 있다. 가족 생활주기는 아동의 발달 과업과도 맞물려 있다. 아동이 성장하면서 각 시기에 성취해야 하는 발달 과업은 부모와의 관계 및 가족 역동과 밀접하게 연결되어 있다.

① 단계별 발달 과업

영유아기의 발달 과업으로는 부모(주 양육자)와의 애착 형성, 언어 발달, 자기와 환경의 구별, 자기통제력 발달, 규칙 준수 등이 있다(Masten & Coatsworth, 1998). 이러한 과업들을 성취한 후에 학령기로 접어들어 아동이 학교에 다니게 되면 사회성 및 인지 발달과 관련된 발달 과업이 있다. 학교에 규칙적으로 출

표 11-1 가족 생활주기 단계별 가족의 발달 과업

가족 생활주기 단계	가족의 발달 과업
결혼전기	**원가족으로부터 독립: 미혼 청년** • 원가족과의 관계에서 자기를 건강하게 분화시킬 필요가 있다. • 자신만의 사회망을 구축하기 위해 친밀한 또래관계를 발전 및 확장시킬 필요가 있다. • 일과 경제적 자립에 대한 자아를 확립할 필요가 있다.
가족형성기	**결혼 혹은 결합을 통한 가족의 형성: 신혼부부** • 결혼 혹은 결합을 통한 부부체계가 형성되는 시기이다. • 부부체계가 형성된 이후에는 확대가족 및 친구와의 관계에 배우자가 포함되도록 관계를 재정립할 필요가 있다.
자녀학령기	**어린 자녀를 동반한 가족** • 자녀 출산으로 인해 부부관계의 변화 및 조정이 불가피하다. • 육아, 경제 활동, 가사일 참여 및 분담에 대한 규칙을 세우고 새로운 역할에 적응할 필요가 있다. • 조부모의 역할이 포함되도록 확대가족 관계를 재조정하기도 한다.
자녀청소년기	**사춘기 자녀를 동반한 가족** • 사춘기 청소년들의 자율성 발달 과정에서 가족체계에 자유롭게 출입할 수 있도록 부모자녀 관계 및 경계에 변화를 줄 필요가 있다. • 부부체계에서는 중년기에 접어들면서 생기는 부부관계 이슈와 직장 문제에 대한 초점을 재조정할 필요가 있다. • 조부모의 신체적·심리적 건강의 변화로 인해 부부체계는 돌봄 혹은 부양을 시작하게 될 수 있다.
자녀독립기	**자녀의 독립** • 자녀의 독립 후에 부부체계에 변화가 오기 때문에 관계를 재협상할 필요가 있다. • 성인 자녀와 부모 사이 관계를 성인 대 성인으로의 관계로 발전시킬 필요가 있다. • 자녀가 혼인한 경우, 자녀의 배우자 가족과 손자녀를 포함하기 위한 관계의 재조정이 필요하다.
노년기	**노년의 가족** • 신체적 노화에 직면하여 자신의 기능, 역량을 어떻게 유지할지 고민하고, 새로운 역할을 탐색해야 한다. • 자녀 세대가 중심적 역할을 할 수 있도록 지지를 보낸다. • 삶의 지혜와 경험을 활용하여 가족 및 주변에 도움을 주면서도, 아랫세대가 할 수 있는 일을 과도하게 침범하지 않도록 해야 한다.

출처: Carter & McGoldrick(2005).

석하고, 선생님과 학급 친구들에게 적절한 행동을 하며, 또래관계에서 또래 수용을 경험하고, 친구를 사귀는 방법을 터득하는 등 학교 적응을 해야 한다. 또한 도덕적 행동과 친사회적 행동에 대한 기준을 체득하면서 규칙을 준수하는 행동을 해야 한다. 이와 같은 사회성 및 적응의 과업과 더불어, 읽기 능력과 산

수 능력 등 학업 성취도를 높여야 하는 발달 과업도 주어진다. 아동 학령기는 지적 호기심이 발달하는 시기로, 학교 및 가정환경에서 건강한 수준의 지적 자극을 제공하는 것이 중요하다. 청소년기에 들어서는 중등교육으로의 성공적인 전환이 필요하다. 이 시기에는 학령기 때 익혀야 하는 내용보다 훨씬 더 높은 수준의 교육을 받게 되어 학업 스트레스가 뒤따르기도 한다. 고등교육이나 직업에 필요한 학습 능력을 갖추어야 하는 발달 과업이 있고, 운동이나 동아리 활동, 종교 활동과 같은 과외 활동(extracurricular activities)에 참여하는 것도 중요한 요소이다. 사회성과 관련해서도 한층 더 성숙하여 학령기 시기보다 더 깊고 친밀한 우정을 만들어 나간다. 또한 청소년기에는 이렇듯 다양한 영역에서의 성장과 성숙을 통해 자아정체성을 확립해 나갈 필요가 있다.

② 가족 생활주기 단계

아동의 발달 과업을 이루는 데 가족과의 상호작용은 매우 큰 영향을 미치며, 가족은 가족 생활주기에 따라 변화를 겪는다. 각 단계별 가족의 발달 과업은 표 11-1에 제시되어 있는데, 가족 생활주기와 아동발달 과업이 맞물려서 같이 성장 과정을 거친다는 것을 알 수 있다. 가족체계는 시간의 흐름에 따라, 가족 생활주기의 특징에 따라, 그리고 발생하는 생애사건에 따라 확장되기도 하고 축소되기도 한다. 모든 가족체계는 가족 구성원 각각의 발달을 지지해 줄 수 있어야 한다.

(2) 가족발달이론에 대한 비판

가족발달이론은 생애주기별로 가족과 가족 구성원이 성취하는 발달 과업에 대해서 설명함으로써 가족에 대한 이해를 높여 주지만 제한점도 존재한다. 가족 생활주기의 각 단계를 보면 전통적인 가족의 모습을 묘사하고 있다. 즉, 가족의 형성은 결혼을 전제로 하며 이후의 가족 생활주기는 자녀의 존재를 전제로 한다. 그러나 현대사회의 다양한 가족 형태를 떠올려 보면 이러한 생활주기에 맞지 않는 가족이 다수 존재한다는 것을 알 수 있다. 이런 점에서 가족발달이론은 다양한 가족의 상황을 반영하지 못한다는 비판을 받는다. 다만 가족발달이론이 각 단계를 경험하지 않는 가족을 비정상으로 상정하는 것은 아니다. 가족발달이론의 기본 전제는 개인이 그러하듯 가족도 발달 과정을 거친다는 것이며, 그렇기 때문에 가족의 발달 과정에서 겪게 될 변화를 예상하여 문제를 예방할 수 있는 측면도 있다. 최근에는 이러한 비판에 대응하여 다양한 가족 형태에 적합한 가족 생활주기(예: 재혼가정을 위한 가족 생활주기)가 개발되기도 한다.

개념 체크 ▲

다음 빈칸에 들어갈 적절한 말은 무엇인가?

1 아동에 대한 체벌을 금지하는 법을 가진 국가의 경우, 아동학대 발생 건수가 낮다는 것은 .... 체계가 아동에게 영향을 미친다는 대표적인 예이다.
　① 미시　② 거시　③ 시간　④ 중간

2 .... 경계선을 가진 가족은 구성원들이 독립성과 개별성은 보장받지만, 친밀하고 지지적인 관계를 형성하지는 못한다.

다음은 가족 생활주기의 어떤 단계에 해당하는 과업인가?

3 자녀 출산으로 인한 부부관계 조정이 필요하다. 또한 부부 간의 육아, 경제 활동, 가사일 참여 및 분담이 필요하다.
　① 가족형성기　② 자녀학령기　③ 자녀독립기　④ 노년기

---

2. 가족환경과 발달

자녀가 학교, 또래관계, 지역사회 등 환경과의 상호작용이 더 활발해짐에 따라 부모자녀 관계를 비롯한 가족관계는 변화한다. 동시에 자녀의 건강은 가족 상호작용의 수준에 따라 달라진다. 아동이 가족과 맺는 관계가 아동의 발달에 어떤 영향을 주는지 알아보자.

1) 부모의 양육 태도

부모의 양육 태도는 아동의 성격 형성과 발달에 가장 큰 영향을 미치는 요소이다. Baumrind(1991)는 아동의 행동과 부모의 상호작용을 연구하였고, 자료를 분석한 결과 그림 11-3과 같이 애정(warmth)과 통제(control)라는 두 축을 기준으로 네 가지 유형의 양육 태도(parenting styles)를 발견하였다. 애정과 통제 모두 높은 집단은 권위 있는 부모, 애정은 낮고 통제만 높은 집단은 권위주의적인 부모, 애정은 높으나 통제는 낮은 집단은 허용적인 부모, 그리고 애정 수준도 낮고 통제도 낮은 부모는 무관심한 부모라고 명명하였다.

권위 있는 부모 권위 있는 부모(authoratative parents) 유형은 가장 이상적인 양육 태도라고 알려져 있다. 자녀에게 애정적·반응적이며 자녀와 항상 대화를 하면서도, 자녀가 좋은 일상습관을 만들고 엇나가지 않도록 통제와 훈육을 한다. 권위 있는 부모들은 의사결정 과정에 자녀를 참여시켜 그들의 요구와 의견에 귀를 기울이고, 그들이 자신의 의사를 합리적으로 결정하는 훈련을 하게 돕는다. 동시에, 필요하다고 판단될 때에는 부모가 자녀의 행동을 통제하여 자녀가 규칙을 따르도록 한다. 그렇기 때문에 권위 있는 부모에게서 양육된 자녀들은 책임감, 자신감, 사회성이 높다.

권위주의적인 부모 권위주의적인 부모(authoritarian parents) 유형은 아이에 대한 통제 수준은 매우 높고 애정 수준은 매우 낮다. 규칙을 많이 부과하고 아동의 행동에 제한을 많이 두면서도 애정 표현에는 인색하다. 자녀에게 엄격

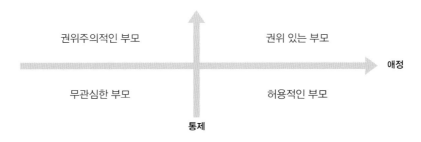

그림 11-3 **애정과 통제 두 차원에 의한 부모의 양육 유형**

하고 자녀는 부모를 따르는 게 당연하다고 여기지만 자녀가 규칙을 따라야 하는 이유를 합리적으로 설명해 주지는 않는다. 때로 목적이 없는 규칙을 강요하기도 하고, 규칙을 따르도록 하기 위하여 처벌과 강압적 방법을 사용하기도 한다. 이러한 권위주의적인 유형의 부모에게 양육된 자녀들은 수동적인 관계에 익숙해 비효율적이고 비합리적인 대인관계를 맺을 수 있고, 사회성이 부족할 수 있으며, 관계에서 의존적·복종적이 되거나, 오히려 반항적인 성격이 형성될 수도 있다.

허용적인 부모 허용적인 부모(permissive parents)는 따뜻하고 애정적·반응적이지만 통제 수준이 매우 낮기 때문에 자녀에 대한 통제가 거의 없다. 부모가 아동에게 요구하는 것이 거의 없으며 아이들이 자유롭게 행동하도록 허용한다. 아이가 문제행동을 나타낼 때에도 개입을 하지 않거나, 일관성이 없는 훈육을 하기도 한다. 이렇게 허용적인 부모에게서 자란 아동들은 자신감이 있고 적응을 잘하는 편이지만, 규칙을 따르는 데 익숙하지 않아 규율을 무시하고 제멋대로 행동하며 인내심이 부족할 수 있다.

무관심한 부모 무관심한 부모(uninvolved or neglectful parents)는 애정 수준과 통제 수준이 모두 낮은 유형이다. 부모가 자녀에 대하여 애정과 관심이 없고 냉담하며 엄격하지도 않다. 아이들이 자유롭게 행동하도록 내버려 두며 따뜻함이나 애정도 보이지 않는다. 아동방임의 모습과 비슷하다고 볼 수 있다. 무관심한 부모 아래서 자라난 아이들은 독립심이 없고 자기통제력이 부족한 상태가 될 수 있으며, 문제행동도 많이 보일 수 있다.

2) 부모자녀 관계

(1) 학령기 자녀

아동이 학령기에 접어들면 부모와 함께 보내는 시간이 줄어들고 독립심과 자율성이 발달한다. 그러면서 부모는 새로운 이슈나 갈등을 다루게 된다. 이 시기의 부모는 공부를 얼마나 시켜야 할지, 용돈을 얼마만큼 주어야 할지, 아이들의 친구가 좋은 영향을 끼치는지, 학교나 또래관계에서 생긴 작은 문제들에 대해 어느 정도로 개입해야 할지 등에 대하여 고민한다. 학령기에는 아동의 추론 능력이 발달하기 때문에 확장된 사고 능력을 바탕으로 부모와 전보다 깊은 대화가 가능해진다. 따라서 자녀와 함께 일상생활을 어떻게 할지에 대해 협상하고 논의할 수 있게 된다. 동시에 아이들이 아직 어린 나이이기 때문에 지속적으로 통제하고 관리, 감독해야 할 의무도 여전히 있다. 즉, 통제와 허용을 오가며 양육할 필요가 있다.

아이들이 일상생활에서 활동을 책임감 있게 잘 수행할 때, 효과적인 양육 및 온정적이고 지지적인 양육을 하는 부모들은 점진적으로 자녀에게 통제권을 이양한다. 이때 부모는 한꺼번에 결정권을 맡겨 버리는 것이 아니라, 아이들이 순간순간의 의사결정을 책임지도록 하는 동시에 자신이 전반적인 관리 감독을 행하는 공동조절(coregulation)을 실시한다(Maccoby, 1984). 공동조절은 부모와 자녀가 상호 존중을 바탕으로 협력적인 관계를 맺을 때 가능하다. 부모는 일정 거리를 두고 인내하며 아이들의 행동을 지켜봐야 하며, 부모의 기대를 아이들에게 효과적으로 전달해야 한다. 그리고 아이들은 부모가 걱정하지 않도록 자신의 친구, 활동 문제 등 생활 전반에 대해 부모에게 알려 주고, 필요할 때는 부모의 개입을 요청해야 한다. 학령기에 형성하는 공동조절은 아이들이 중요한 결정들을 직접 내리게 하면서도, 지지와 보호 속에서 관리되도록 한다. 이 과정을 거치며 아이들은 청소년으로 한 단계 성장하기 위한 준비를 하게 된다.

부모의 온정적이고 지지적인 양육 태도는 학령기 자녀의 사회성에도 영향을 미치는 것으로 나타났다. 초등학교 5, 6학년을 대상으로 부모와의 관계와 또래관계의 질을 살펴본 연구 결과, 친밀감을 바탕으로 한 부모의 지지와 허용적인 지원은 자녀의 긍정적 또래관계 형성에 영향을 주었다. 반면 부모의 권위주의적인 통제와 과잉 기대는 부정적 또래관계와 관련이 있었다. 그러므로 또래관계의 질을 향상시키기 위해서는 부모의 자애롭고 따뜻한 양육 태도가 중요하며, 부모의 권위주의적이고 통제적인 행동은 또래관계에 부정적 영향을 주기 때문에 지양해야 한다(양영화·정주리, 2017).

또한 부모와의 애착관계 역시 학령기 자녀의 사회성에 영향을 주었다. 초등학생 5, 6학년을 대상으로 부모와 형성된 애착관계가 사회적 맥락에서 나타나는 거부 민감성, 또래관계 수용 및 거부에 미치는 영향에 대한 연구 결과, 부모와 불안정한 애착을 형성한 아동들은 타인의 거부에 대해 민감성이 증가하여 관계에서 자신이 거부당했다고 더 민감하게 느꼈다. 이들은 불안과 분노로 과잉반응을 하게 되어 심리적으로 안정감이 낮은 것으로 나타났다. 반면 부모와 안정적인 애착을 형성한 아동들은 대인관계에서 긍정적 경험을 하고 자신에 대한 긍정적 관점을 갖게 되어 또래로부터 긍정적 반응을 끌어내는 경향이 있었고, 그렇기 때문에 대인관계에서 더 잘 수용되는 것으로 나타났다(이경숙, 서수정, 신의진, 2000).

(2) 청소년기 자녀

청소년기에는 스스로 통제력과 자율성을 성취하고자 하는 특징이 나타난다. 청소년기의 자율성은 정서적 · 행동적 측면에서 중요하다. 정서적인 측면에서는 일상생활을 하고 바른 결정을 내리는 것을 반복하면서 자기 스스로에 대한 믿음을 형성하게 된다. 행동적인 측면에서는 스스로 만족스러운 판단들을 내리며 그에 맞는 합리적인 행동을 하면서 성숙해 나간다. 보통 청소년기에는 또래관계에 많은 관심을 두며, 또래와 함께 새로운 행동들을 모색한다. 그렇지만 부모자녀 관계 역시 청소년이 더욱 자율적이고 책임 있는 성인으로 성장하는 데 매우 중요한 역할을 한다.

청소년기 자녀들은 부모와 심리적인 거리두기를 시작한다. 더욱 향상된 인지 능력을 바탕으로 문제 해결과 의사결정을 효과적으로 해 나가며, 부모를 더 이상 이상화하지 않는다. 결과적으로 어렸을 때처럼 부모의 권위에 무조건적으로 순종하지 않는다. 청소년들뿐만 아니라 부모 역시 어느 정도 거리두기를 시작하며 자녀들이 스스로 생각하고 결정할 자유를 더 준다. 그러면서도 아이들이 스스로 한 행동에 책임을 지도록 한다(McElhaney, Allen, Stephenson, & Hare, 2009). 청소년기는 사고하는 능력과 사회성이 아직 완숙된 단계가 아니기 때문에, 여전히 부모의 안내(guidance)를 필요로 한다.

부모와 청소년기 자녀는 크고 작은 많은 갈등을 경험한다. 그러나 청소년기 자녀는 이러한 갈등을 해결하는 법을 배우면서 정체성과 자율성을 더욱 발전시키기도 한다. 청소년기 때 건강한 부모자녀 관계를 형성하려면 부모와 자녀가 함께 시간을 보내고, 나아가 함께 무언가를 하는 것이 도움이 된다. 부모와 여가 시간을 함께 보내고 식사를 같이하는 것은 청소년기 자녀의 삶의 질을 향상시켰는데, 이러한 시간을 통해서 가족은 편안한 분위기에서 중요한 가치들에 대해 대화하고 공유된 가치들을 강조할 수 있었다(Offer, 2013).

부모와의 개방적인 의사소통은 청소년의 자신감, 자기통제, 긍정적 정서에 좋은 영향을 미치는 반면, 문제적인 의사소통을 하는 청소년들은 자신감과 행복감이 낮아지는 것으로 나타났다. 이는 청소년의 행복을 위해 부모가 가족 내 분위기를 화목하게 하고 자녀와 대화할 때 공감을 바탕으로 개방적인 의사소통을 하기 위해 노력해야 한다는 것을 의미한다(장영애, 이영자, 2015). 또한 부모가 함께 있어 주거나 필요한 것을 채워 주는 간접적 애정 표현이 청소년의 부정적 사고를 낮추는 것으로 나타났다. 부모의 간접적 애정 표현을 많이 느낄수록 자살 생각이 감소하는 등 부모와의 긍정적 관계가 우울, 자살 생각, 자살 행동에 보호 요인으로 작용하여, 결과적으로 자살 위험성을 낮추는 것으로 보고되었다(최진영, 김기현, 2019).

3) 형제자매 관계

아동은 형제자매 관계를 통해서도 많은 도움을 받는다. 건강한 형제자매 관계는 발달에 긍정적인 영향을 미친다. 하지만 동시에 형제자매 간에 라이벌의식(sibling rivalry)이 부각되기도 한다. 자녀들이 더욱 폭넓은 활동에 참여하게 되면서 부모들은 형제자매 각각의 성취와 특성을 비교하기도 한다. 부모가 각 자녀의 특징을 그저 언급했을 뿐일지라도, 자녀들은 이를 비교로 받아들일 수 있고, 그렇게 되면 형제자매는 더 많은 언쟁을 하며 서로에 대해 경쟁심과 적대감을 가지기도 한다. 형제자매들은 경쟁의식을 줄이기 위해 서로 다르게 행동하려고 노력하기도 한다(McHale, Updegraff, & Whiteman, 2012). 의도적으로 서로 다른 운동을 좋아하고, 서로 다른 악기를 선택하여 배우는 것이다. 만약 맏이가 어떤 활동을 눈에 띄게 잘한다면, 동생은 그 활동을 거부하기도 한다.

비록 갈등 상황이 존재하지만 대다수의 형제자매들은 동료애, 상호 도움, 정서적 지지를 주고받으며 서로 의지한다. 손위 형제는 학업이나 또래관계에서 어려움을 겪는 동생을 도와준다. 형제자매가 사이가 좋을 때, 손위 형제의 학업 성취와 사회적 유능성은 동생에게 긍정적인 영향을 주며, 동생은 손

▶ 사이가 좋을 때 손위 형제의 학업 및 사회관계의 유능성은 동생에게 긍정적 영향을 줄 수 있다.

위 형제를 좋은 롤 모델로 삼아 더 나은 성취와 또래관계를 형성할 수 있다(La-marche et al., 2006). 이런 경우 형제자매끼리 질투와 경쟁에 에너지를 쏟을 필요가 없이 서로에게 좋은 영향을 주고받는다. 또한 형제자매는 다른 가족 구성원이나 가족 전체에 문제가 생겼을 때에도 힘을 합쳐 가족 문제를 해결하려고 한다.

부모자녀 관계가 청소년기에 재구조화되는 것과 같이, 형제자매 관계도 청소년기에 변화한다. 동생들은 더욱 자기충족적(self-sufficient)이 되어 스스로 할 수 있는 활동들이 많아지고 손위 형제로부터의 지시를 덜 받아들이게 되어 형제자매의 영향력은 줄어드는 경향이 있다. 또한 청소년들은 또래관계에 관심을 쏟고 자율성을 획득하려고 노력하기 때문에 형제자매 관계에 시간과 에너지를 덜 쓰게 된다. 결과적으로 청소년기에 형제자매 관계는 긍정적일 때도 부정적일 때도 있으나, 서로에 대한 감정은 전반적으로 덜 강렬해진다(Kim, McHale, Wayne Osgood, & Crouter, 2006).

그럼에도 좋은 형제자매 관계는 여전히 발달에 긍정적인 영향을 준다. 긍정적이고 따뜻한 형제자매 관계를 가진 청소년들은 또래와 우정을 더 잘 형성하였다(Yeh & Lempers, 2004). 국내 연구에서도 비슷한 결과를 보고하였다(박진희, 박지선, 2016). 부모와 우호적이고 개방적인 의사소통을 원활히 경험한 자녀의 경우 온정적이며 긍정적인 형제자매 관계를 맺었으며, 긍정적 형제자매 관계를 형성한 청소년은 긍정적인 사회관계를 맺는 것으로 나타났다.

반면 좋지 못한 형제자매 관계는 아동발달에 부정적인 영향을 준다. 중학생을 대상으로 진행한 연구에서 형제자매 간 괴롭힘 경험이 또래괴롭힘 피해 경험에 영향을 주는 것으로 나타났다(윤정민, 이은주, 이승연, 2019). 형제자매 관계에서 괴롭힘을 경험한 청소년들은 자기비난을 하는 경향이 있었으며 스스로를 결함이 있는 부정적 존재로 인식했는데, 이것이 또래괴롭힘 피해 경험에 영향을 미친 것이다. 건강한 형제자매 관계를 위해서는 부모의 역할도 중요한데, 형제자매 간 갈등이 생겼을 때 부모가 무관심하거나 반대로 지나치게 통제적으로 중재할 경우 더 큰 갈등으로 이어질 수 있다. 따라서 형제자매가 서로의 감정을 이해할 수 있도록 부모가 도와주고, 문제 해결방법들을 제안하여 형제자매 간 갈등을 감소시킬 수 있도록 도와주는 것이 바람직하다.

4) 외동자녀

비록 형제자매 관계가 많은 이점을 가져다주지만 정상적인 발달을 위한 필수적인 요건은 아니다. 자기평정 성격 특성(self-rated personality traits)에서는 외동자녀이든 아니든 차이가 없다고 나타났다(Mõttus, Indus, & Allik, 2008). 즉 성격 특성은 형제자매의 유무에 따라 나타나는 것은 아니라고 볼 수 있다.

형제자매가 있는 자녀들과 비교했을 때, 외동자녀는 자기존중감과 성취 동기가 더 높고, 학교생활을 더 잘하며, 교육에서 더 높은 수준의 성취를 이룬다는 연구 결과도 있다(Falbo, 2012). 외동자녀의 부모는 자녀와 더 친밀한 관계를 맺을 수 있고, 숙달과 성취에 관해 더 밀도 있는 수준의 독려와 관리 감독을 할 수 있으며, 자녀의 교육적 경험에 더 많은 시간을 투자할 수 있기 때문이다.

외동자녀에 대한 긍정적인 연구 결과가 있는 반면, 그렇지 않은 결과도 존재한다. 외동자녀는 또래 집단에 덜 수용되는 경향이 있는데, 이는 형제자매 상호작용을 통한 효과적 갈등 해결 전략을 학습할 기회가 부족했기 때문이라고 해석된다(Kitzmann, Cohen, & Lockwood, 2002).

이와 같은 다양한 연구 결과는 형제자매의 유무를 바탕으로 자녀의 성격 혹은 역량에 대해 섣불리 판단하거나 예측할 수 없음을 시사한다.

다음 문장이 맞는지 틀리는지 ○, ×로 표시하시오.

1 (　　) 권위 있는 부모는 애정과 통제 모두 높은 집단이다.

2 (　　) 권위주의적인 부모는 애정은 높고 통제는 낮은 집단이다.

3 (　　) 허용적인 부모는 애정과 통제가 모두 낮은 집단이다.

빈칸에 적절한 말을 써넣으시오.

4 Baumrind에 따르면 가장 바람직한 부모의 양육 태도는 .... 유형이다.

더 알아보기　　　　　　　　　　　아동학대가 아동발달에 미치는 영향

아동학대는 아동발달에 매우 부정적인 영향을 미친다. 학대를 경험한 피해 아동은 자기 자신에 대한 가치를 매우 낮게 평가하며 때로는 파괴적인 행동을 하기도 한다. 즉, 내재화된 문제와 외현화된 문제를 모두 경험할 수 있다. 학대를 받은 경험으로 인한 정서적 문제가 내재화되면 우울, 불안, 슬픔, 무기력 등의 증상이 나타날 수 있으며 낮은 자아존중감을 경험하게 된다. 문제행동이 외현화되면 적개심과 분노 등을 바탕으로 공격적 행동을 보이거나 비행을 일삼기도 한다(Sousa et al., 2011).

또한 학교생활, 또래관계, 대인관계 등에 어려움을 겪으면서 사회성의 문제로 이어지기도 한다. 일반적으로 아동은 부모와의 애착과 상호작용에 기초하여 사회 구성원으로 성장해 가지만, 부모로부터의 학대를 경험한 아동은 사람들에 대한 믿음과 관계에 대한 신뢰가 손상되어 건강한 관계를 맺는 데 어려움을 느낄 수 있다. 부모로부터 학대를 경험한 피해 아동은 부모와 부정적인 혹은 왜곡된 관계를 맺게 되고, 이로 인해 자신에 대한 인식뿐 아니라 타인과의 관계도 왜곡되게 지각할 수 있다. 또한 피해의식과 경계심 때문에 타인의 말과 행동을 쉽게 의심하거나 왜곡하여 인식할 수 있고, 건강하고 안전하게 상호작용하는 방법을 학습하지 못하여 관계 자신감이 저하될 수 있다(Sousa et al., 2011).

방임된 아동의 경우, 일차적인 보호 환경과 관련한 경험이 부족하여 타인과의 관계에서 자신을 보호하는 방법을 배우지 못하고, 자신을 존중받을 가치가 없는 존재로 인식하기 쉬우며, 결과적으로 자아존중감이 저하될 수 있다. 또한 타인과의 관계에서 소외되는 데 익숙하여 관계에 대한 기대가 크지 않고, 관계를 쉽게 끝내 버리거나 공격적인 방법으로 형성해 가기도 한다(Sousa et al., 2011).

성 학대를 경험한 아동의 경우, 높은 수준의 두려움, 불안, 낮은 자아존중감 등의 문제를 보인다. 피해 아동은 자신을 나약한 존재라고 느끼며, 타인의 공격에 취약하고, 피해자인 자신을 오히려 문제가 있는 사람이라고 인식할 수 있다. 특히 타인과의 관계에서 과거의 성 학대에 대한 두려움과 공포로 인해 불신감, 분노, 적개심을 가질 수 있고, 자신과 타인에 대한 분노가 증가하면 공격성, 비행, 과잉행동 등 행동장애의 증상으로 표출되는 경우도 있다(김광혁, 2009; Sousa et al., 2011).

3. 가족의 다양성과 발달

현대사회에서는 전통사회와 달리 가족의 형태가 다양화되었다. 과거에는 규범적인 가족(예: 부모와 자녀로 이루어진 핵가족)의 모습에 부합하지 않는 가족들이 사회적 낙인이나 편견을 경험하였으나 현대사회에 들어서면서 가족을 보는 시각이 달라졌다. 급격한 사회적·경제적 변화를 경험하며 가족구조와 형태가 다양해졌고, 가족에 대한 가치관 역시 변화한 것이다. 이 절에서는 다양한 가족형태의 사례로 한부모가족, 재혼가족, 입양가족의 특징을 살펴보고자 한다.

1) 한부모가족

한부모가족이란 이혼, 별거, 사망 등으로 부모 중 어느 한쪽과 그 자녀로 이루어진 가족을 말한다. 여기에서는 특히 이혼으로 인한 한부모가족을 중심으로 살펴보고자 한다. 과거에는 이혼이 부정적으로 인식되어 가정 안에 매우 높은 수준의 갈등이 있음에도 이혼만큼은 하면 안 된다는 인식이 존재했다. 자녀가 있는 경우에는 부모의 이혼으로 자녀가 어려움을 겪을지도 모른다는 염려 때문에 더욱 그러하였다. 그러나 삶과 가족, 사랑과 애정에 대한 가치관이 변화하면서 이혼에 대한 인식도 변화하였다(430쪽 표 11-2 참조). 2008년에는 이혼에 대해 '이유가 있더라도 가급적 안 된다'라는 응답이 41.8%로 가장 많았던 반면, 2018년에는 '할 수도 있고, 하지 않을 수도 있다'라는 응답이 48.9%로 가장 많았다. 또한 '이유가 있다면 하는 것이 좋다'라는 응답은 2008년에 7.1%에 불과했지만 2018년에는 17.3%로 나타났는데, 이는 '어떤 이유라도 안 된다'의 응답이 2008년 16.8%에서 2018년 6.6%로 변화한 것과 대비되는 대목이다. 이와 같이 이혼에 대한 사회적 인식이 변화한 것은 삶과 가족에 대한 가치관이 달라졌기 때문이기도 하지만, 가족 역동 및 갈등이 아동발달에 미치는 영향에 대한 이해가 확장되었기 때문이기도 하다. 부모가 높은 수준의 갈등을 경험하는 경우, 그러한 갈등은 아동의 정서적·사회적 발달에 부정적 영향을 줄 수 있다(Emery, Fincham, & Cummings, 1992). 즉, 부모의 이혼보

표 11-2 이혼에 대한 인식의 변화

단위: 퍼센트(%)

	어떤 이유라도 안 된다	이유가 있더라도 가급적 안 된다	할 수도 있고, 하지 않을 수도 있다	이유가 있다면 하는 것이 좋다	잘 모르겠다
2008	16.8	41.8	31.9	7.1	2.4
2010	15.9	40.7	33.4	7.7	2.4
2012	10.1	34.7	41.9	10.4	2.8
2014	8.9	32.8	42.6	12.3	3.4
2016	8.5	28.1	44.7	15.1	3.6
2018	6.6	23.5	48.9	17.3	3.7

출처: 통계청(2008, 2010, 2012, 2014, 2016, 2018), 사회조사보고서.

다 부부 갈등이 자녀의 발달에 오히려 해를 끼칠 수 있음을 깨달으면서 인식의 변화가 나타났다고 볼 수 있다.

이혼에 대한 인식이 많이 변화했지만, 이혼이 쉬운 결정은 아니며 가족은 이혼으로 인해 많은 변화를 경험하게 된다. 이혼으로 인한 가족관계의 변화는 주거 공간, 수입, 가족 역할과 책임감 같은 다양한 영역에서 삶의 변화를 야기한다. 비록 이혼 후 대부분의 자녀가 잘 적응해 나가기는 하지만(Greene, Anderson, Forgatch, DeGarmo, & Hetherington, 2012), 그 과정에서 스트레스와 적응상의 문제를 겪는다. 자녀의 적응에는 양육권을 갖고 있는 부모의 심리적 건강, 자녀의 특성, 가족과 지역사회의 지지와 같은 많은 요인이 영향을 미친다. 이혼이 자녀에게 미치는 단기적·장기적 영향에 대해 더 구체적으로 살펴보자.

(1) 단기적인 영향

부모의 이혼은 즉각적으로 많은 부정적인 경험, 갈등, 어려움을 낳는다. 우선, 한부모가족은 일반적으로 가계 소득의 감소를 경험한다. 그림 11-4의 양육비 지급 실태에서 볼 수 있듯이, 상당수의 한부모가정이 양육비를 받지 못한다. 이들은 이웃 및 친구들과 지지적인 유대관계가 감소될 수 있음에도 불구하고, 현실적인 이유로 집값이 더 싼 곳 혹은 조부모의 집 근처로 이사를 가거나 조부모와 함께 살기도 한다. 한부모가족 중 모자녀가정은 양육자인 어머니의

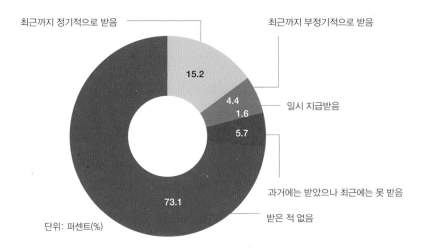

최근까지 정기적으로 받음

최근까지 부정기적으로 받음

15.2

4.4

일시 지급받음

1.6

5.7

73.1

과거에는 받았으나 최근에는 못 받음

받은 적 없음

단위: 퍼센트(%)

그림 11-4 **2018 한부모가족 양육비 지급 실태**
출처: 여성가족부(2019).

소득이 적은 경우가 많아 더 큰 경제적 어려움을 겪는다.

또한 일반적으로 이혼은 높은 스트레스와 우울, 불안을 유발하고 가족생활의 갈등과 어려움을 야기한다. 특히 삶의 질 감소는 어린 자녀를 양육하는 어머니들에게 두드러진다(Williams & Dunne-Bryant, 2006). 자녀들 입장에서 부모의 이혼은 자신이 통제할 수 없는 생애사건이기 때문에 불안정한 가정생활에 대한 고통과 분노를 느낄 수 있고, 이로 인해 어머니와 갈등을 겪을 수 있다. 혼자서 가족을 부양해야 하는 책임이 생긴 어머니는 예전보다 바빠진 생활에서 더욱 엄격한 양육을 하며, 비일관적 양육을 하기도 한다. 또한 자녀를 가끔 보는 아버지들의 허용적인 태도는 자녀를 직접 양육해야 하는 어머니를 어렵게 만들기도 한다(Troilo & Coleman, 2012).

미취학 자녀나 상대적으로 나이가 어린 학령기 자녀는 부모의 이혼을 자신의 탓으로 돌리며 죄책감을 갖는 경향이 있고, 부모들이 자신을 버릴 수도 있다는 두려움을 가지기도 한다. 학령기 자녀나 청소년 자녀 또한 부모의 이혼에 대해 우울감, 낮은 학업 성취도, 가출, 무단결석, 약물 남용 등과 같은 문제행동을 보일 수 있다(Arkes, 2013). 그런데 이는 이혼 자체가 자녀들에게 부정적인 영향을 준 것이 아니라, 부모의 이혼으로 인해 가족 갈등이 높아지고 동시에 부모의 관리 감독이 소홀해져서 발생한 것일 수 있다. 부모들이 자주 싸우고 자녀에게 따뜻함과 관심, 지속적인 안내를 제공해 주는 데 실패하면, 자녀들의 적응은 더욱 어려워진다.

이와 같이 이혼의 즉각적인 영향은 이혼 당사자와 자녀에게 어려움을 안겨 주는 경우가 많다. 그럼에도 불구하고 대부분의 가족은 새로운 가족 형태와 생활에 적응해 나간다.

(2) 장기적인 영향

보통 부모의 이혼이 2년 정도 지난 시점이 되면 대부분의 자녀들은 향상된 적응력을 보여 준다(Nunes-Costa, Lamela, & Figueiredo, 2009). 자녀의 긍정적인 적응과 관련해서 무엇보다 중요한 요인은 효과적인 양육이다. 이는 양육을 담당하는 아버지 혹은 어머니가 자녀의 스트레스를 얼마나 잘 관리하는지, 가족 갈등으로부터 자녀를 얼마나 잘 보호하는지, 각각의 부모가 권위 있으면서도 긍정적인 양육 방식을 얼마나 잘 사용하는지와 관련이 있다.

이와 같이 자녀의 적응에서 부모 역할의 중요성이 강조되면서 건강가정지원센터나 사회복지 관련 공공기관에서 한부모가족을 위한 가족생활교육 프로그램을 개발, 실시하고 있다(표 11-3 참조). 각 프로그램마다 초점은 조금씩

표 11-3 **프로그램의 예: 한부모가정을 위한 가족 레질리언스 증진 프로그램**

단계	회기	구성	목표
도입	1	라포 형성	한부모가정에 대한 편견 없이 자신을 있는 그대로 드러낼 수 있는 안전한 공간임을 경험
전개	2	신념체계	개인적 강점과 자원, 가족 내에 존재하는 강점을 찾아내어 강점을 하나의 가족 신념으로 재구성
	3	조직 유형	가족 구성원들의 강점을 탐색, 강화하며 외부 자원 탐색 과정을 통해 조직 유형과 체계를 강화
	4	의사소통	자신과 타인, 자녀와의 의사소통을 연습하며 의사소통 능력을 향상
마무리	5	가족 레질리언스 확대	한부모와 자녀가 함께 시간을 보내면서 서로를 알아 가고 애정을 확인하며 가족 간의 유대감을 강화

출처: 김명수 외(2014).

다르지만, 주로 한부모가족이 겪을 수 있는 어려움이나 특징적인 경험에 대해서 소개하고 대비할 수 있는 교육을 제공한다. 한부모가족이 더욱 친밀하고 건강하게 지낼 수 있도록 도와주는 다양한 강연이나 활동도 포함되어 있다(김명수 외, 2014). 이러한 부모교육 프로그램은 양육을 담당하는 부모가 자녀의 발달을 지지하는 데 도움을 준다.

부모의 이혼 후 한부모가족이 되더라도 적응 기간을 거치면서 안정화된다는 것은 한부모가정과 양부모가정을 비교한 연구(이경은, 이주리, 2008)에서도 잘 보여 준다. 초·중·고 학생을 대상으로 한부모가정과 양부모가정 자녀의 자아존중감을 비교한 연구 결과, 모든 연령에서 유의미한 차이가 없는 것으로 나타났다. 자아존중감에 경제 수준, 부모 애착, 학업 성취가 어떻게 영향을 미치는지도 연령별로 살펴보았는데, 한부모가정 자녀의 경우 초등학교 4학년 시기에는 부모 애착이, 초등학교 5학년 시기에는 가정의 경제 수준이 자아존중감에 영향을 미치는 것으로 나타났다. 그러나 중학생이 되면 학업 성취가 자아존중감에 가장 큰 영향을 주었고, 고등학생이 되면 학업 성취만 자아존중감에 영향을 미치는 것으로 나타났다. 이러한 결과로 볼 때 한부모가족 자녀들은 어린 연령에서는 경제 수준, 부모 애착 등 부모에 대한 영향력이 자아존중감에 영향을 주지만, 연령이 증가함에 따라 자신의 능력인 학습 능력이 영향을 미친다고 할 수 있다. 또한 한부모가정과 양부모가정 청소년의 자아분화(differenti-ation of self) 수준을 비교한 연구(정묘순, 2011)도 있는데, 두 집단에서 분화 수준의 차이는 유의미하게 나타나지 않았다. 이는 자아분화에 영향을 미치는 것이 한부모가족 여부, 즉 가족 형태에 따른 것이 아니며 그 밖의 다른 영향이 있는 것으로 볼 수 있다.

2) 재혼가족

어머니 또는 아버지의 재혼은 혼합 혹은 재구성된 가족(blended family)이라 불리는 새로운 가족구조를 탄생시킨다. 어떤 자녀들에게 이러한 확장된 가족관계는 성인들의 많은 관심을 받을 수 있

자아분화 미분화된 가족자아군(family ego mass)에서 자신을 분리, 독립시켜 정체감을 형성하는 것을 의미한다. Bowen(1975)의 가족체계 이론에서 제시된 개념이다.

기에 긍정적으로 작용하기도 한다. 특히 한부모가정에서 부족함을 느꼈던 자녀들은 부모가 모두 있다는 것으로 안정감을 느끼기도 한다. 하지만 재혼가족의 자녀들은 새로운 부모와 새로운 규칙을 따르며 관계를 형성해 나가는 데 적응상의 어려움을 겪을 수 있다.

연령은 자녀의 적응에 영향을 주는 요소이다. 사춘기에 접어든 학령기·청소년기 자녀들은 새로운 가족을 맞이할 때 분노 표출, 공격적 행동과 같은 외현화된 행동을 보이기도 한다(Robertson, 2008). 청소년들은 새부모를 자신들의 자유에 위협이 되는 존재로 보기도 하는데, 특히 한부모가정에서 부모의 감시와 통제를 거의 경험하지 못하고 자유롭게 생활했다면 더욱 그러하다. 한부모가정에서 어머니 혹은 아버지와 돈독하고 안정적인 관계를 유지한 자녀들도 새부모를 친부모와의 관계를 위협하는 존재로 볼 수도 있다. 또한 자녀들은 친부모와 새부모 사이에서 혹은 새부모와 함께 살고 있지 않은 부모 사이에서 '충성심 갈등'을 경험하기도 한다. 아버지나 어머니가 두 명이 된다는 사실을 받아들이기 쉽지 않은 측면이 있기 때문으로 해석된다. 이렇게 다양한 갈등 요소가 있으나, 이혼으로 인한 한부모가족과 마찬가지로 재혼가족 역시 적응 과정을 거치면서 안정화된다.

재혼가족의 성공적인 적응을 위한 다양한 개입방법들이 존재한다. 양육과 관련된 교육과 부부상담이 그 예이다. 교육 프로그램이나 부부상담은 부모와 자녀가 재혼가족의 복잡성에 적응하고 새부모가 자녀와의 따뜻한 관계를 형성함으로써 새로운 역할을 잘 감당할 수 있도록 돕는다. 상담가들은 부부에게 충성심 갈등을 제한하는 공동양육 지침과 자녀 양육을 일관성 있게 하는 방법에 대한 지식을 제공해 줄 수 있다. 또한 자녀가 빠르게 적응할 거라는 부모의 비현실적 기대감을 조정하도록 돕기도 한다. 이는 가족이 변화를 수용하고 성공적으로 적응하는 데 도움을 준다.

3) 입양가족

입양이란 혈연관계가 아닌 성인과 아동이 합법적인 절차를 거쳐서 부모 자녀 관계를 맺는 것을 말한다(김향은, 2002). 친부모로부터 분리될 수밖에 없거나 원가족에서 양육될 수 없는 아동이 시설이 아닌 가정환경에서 지속적인 보호를 받게 함으로써 아동의 복지를 지속적으로 보장하는 방법이다. 오랫동안 자연적이라고 여겨져 왔던 부모자녀 관계를 인위적으로 맺는 과정이기 때문에 입양 자격과 절차는 법적으로 엄격히 규정돼 있다. 정식 입양 절차를 거친 부모는 적극적인 부모라고 볼 수 있다. 입양가족의 삶에 대한 수많은 질문을 던지고 답을 찾는 심사숙고의 기간을 보내고 수개월에서 1년 이상 소요되는 입양 과정을 거친 부모인 것이다. 또한 입양을 하기 위해서는 자격 요건을 갖추어야 하기 때문에 입양가족의 부모는 어느 정도 부모 자격을 검증받은, 즉 선택된 부모라고 볼 수 있다(김외선, 2016).

입양을 통해 가족이 되는 법적 절차가 마무리되었다고 끝이 아니다. 오히려 시작일 수 있다. 입양부모는 아동의 성장과 더불어 지속적으로 입양이라는 이슈를 다루어 가야 한다. 입양은 입양아동 개인의 정체성뿐만 아니라 가족의 정체성과도 연결되어 있다. 입양 사실을 숨기거나 입양으로 인해 발생하는 문제를 외면한다면, 애정과 신뢰를 바탕으로 한 가족관계를 형성하고 유지하기 어려울 수 있다(기쁘다, 성미애, 이재림, 2020).

입양아동의 발달에 대한 연구를 살펴보면, 연구에 따라 다소 다른 결과들이 나타난다. 국내 초등학교 4학년 대상의 연구 결과를 보면, 입양아동과 일반 아동은 초등학생 때까지는 학업 성취도에서 큰 차이가 없었으나, 이들이 중학교를 진학한 이후부터는 입양아동의 학업 성취도가 일반 아동보다 낮은 수준으로 나타났다(안재진, 최운선, 변미희, 권지성, 2017). 또한 국내 공개 입양아동의 사회성 발달의 경우 대부분 정상발달 수준이고 문제행동의 수준 또한 일반 아동들과 차이가 나타나지 않았으며, 오히려 신체 증상의 경우 일반 아동에 비해 문제를 덜 보였다(최운선, 안재진, 변미희, 권지성, 2008). 국내 입양아동의 전체 학교 적응 수준은 일반 아동에 비해 유의미하게 높았으며, 학교 적응의 하위 영역 중 학습 활동은 유의미한 차이가 없었으나, 학교규칙, 교우관계, 교사 관계에서는 입양아동이 일반 아동보다 유의미하게 높게 나타났다(최운선, 안재진, 변미희, 권지성, 2019).

입양가족이 겪게 될 어려움을 돕기 위한 가족생활 교육 프로그램이 소수 존재한다. 변미희와 정혜선(2006)이 개발한 예비입양부모 교육 프로그램은 입양에 대한 이해, 입양부모의 상실과 성취, 아동의 발달 욕구, 자아정체감, 애착과 상실, 입양부모 되기, 입양의 결정과 준비 등으로 구성되어 있다. 이렇듯 입양을 준비하는 단계에서 진행되는 프로그램 외에도, 입양가족을 위한 사후지원 프로그램, 입양부모 교육 프로그램, 입양 정체성 확립 프로그램 등 더욱 다양한 프로그램의 개발 및 실시가 요구된다.

개념 체크

다음 문장이 맞는지 틀리는지 ○, ×로 표시하시오.

1 (　　) 미취학 자녀 혹은 나이가 어린 학령기 자녀는 부모의 이혼을 부모의 탓으로 돌리기 때문에 죄책감과 두려움을 형성하지 않는다.

2 (　　) 갈등 수준이 낮은 한부모가정의 자녀로 지내는 것이 갈등 수준이 높은 이혼하지 않은 가정의 자녀로 지내는 것보다 덜 해롭다.

요약

- **가족의 이해와 아동발달: 이론적 관점**
- 생태체계이론은 Urie Brofenbrenner가 제시하였으며, 환경체계들이 인간의 발달에 영향을 미친다는 기본 전제를 갖고 있다. 이 이론에서는 환경체계를 5가지 수준인 미시체계, 중간체계, 외체계, 거시체계, 시간체계로 구분하였다. 또한 이 이론은 한 개인의 기질, 행동, 신체적 특성 등이 그 개인을 둘러싼 생태환경에도 영향을 미친다는 것을 강조한다.
- 가족체계이론은 Ludwig von Bertalanffy의 일반체계 이론에 영향을 받아 탄생하였다. 이 이론은 가족을 하나의 체계로 보며, 전체성을 지닌다고 보고 있다. 또한 이 이론은 순환적 인과론을 강조한다. 이 이론의 주요 개념은 전체성, 상호 의존성, 가족규칙, 하위체계, 상위체계, 위계, 경계 등이 있다.
- 가족발달이론은 개인과 마찬가지로 가족 또한 일정한 발달단계를 거치며 변화한다고 본다. 가족이 일정한 단계로 발달하는 단계를 가족 생활주기라고 명명하며, 가족 생활주기는 학자들 마다 각자 다르게 나눈다. 이 이론은 한 단계에서 다른 단계로 넘어가는 전이 시기에 가족관계의 변화가 나타나기에 이를 잘 관리하는 것이 중요함을 강조한다.

- **가족환경과 아동발달**
- Baumrind는 애정과 통제라는 두 차원을 기준으로 부모의 양육유형을 권위 있는 부모, 권위주의적인 부모, 허용적인 부모, 무관심한 부모로 나누었다.
- 자녀가 학령기 때 부모는 자녀에게 온정적이고 지지적인 양육태도를 유지해야하며, 점진적으로 자녀에게 통제권을 이양해야 한다. 자녀가 청소년기가 되었을 때 부모는 자녀의 자율성과 통제력을 성취하여 자녀가 자율적이고 책임감 있는 성인으로 성장하는데 중요한 역할을 해야 한다.
- 형제자매 관계는 서로 간의 발달에 긍정적인 영향을 미치기도 하지만 경쟁의식을 가지게 되어 서로 간에 경쟁심과 적대감을 갖기도 한다. 하지만 대다수의 형제자매들은 동료애를 느끼며 정서적 지지를 주고받고 서로 의지하며 지내게 된다.
- 외동자녀에 대한 연구결과를 보았을 때, 정상적인 발달을 위해 형제자매 관계가 반드시 있어야 하는 것은 아니다. 즉, 형제자매 유무를 근거로 개인의 성격이나 역량을 쉽게 판단하거나 예측할 수는 없다.

- **가족의 다양성과 아동발달**
- 한부모가족은 가계 소득의 감소, 스트레스와 우울 및 불안의 증가 등을 경험한다. 특히 부모의 이혼으로 인한 한부모가족의 자녀는 적응 상의 어려움을 겪으나 2년 정도의 시간이 지나면 대부분은 향상된 적응력을 보여 준다.
- 재혼가족의 아동들은 성인들의 관심을 더욱 많이 받을 수 있는 기회를 가질 수 있으며 동시에 한부모가정에서 느끼지 못했던 안정감을 느끼기도 한다. 하지만 새로운 아버지 혹은 어머니와 규칙들에 적응을 하는 과정에서 어려움을 겪기도 한다.
- 입양가족의 부모들은 적극적인 부모들로 입양가족의 삶에 대해 심사숙고 하는 긴 시간과 법적 절차를 거친다. 또한 입양가족은 입양과 관련된 이슈들을 지속적으로 다뤄나가야 한다. 한편, 입양아동의 발달에 대한 연구들은 다소 상이한 결과들을 보여 주고 있다.

1. 다음 중 생태체계이론에 대한 설명으로 가장 거리가 먼 것은?

   ① 일반체계이론에 영향을 받았다.
   ② 환경체계의 수준을 미시체계, 중간체계, 외체계, 거시체계, 시간체계로 나누었다.
   ③ 한 개인의 발달은 환경체계에 영향을 받는다.
   ④ 아동발달에 영향을 미치는 다양한 수준의 환경맥락을 포함시키며 아동발달을 바라보는 관점을 확장시켰다

2. 다음 중 가족체계이론에 대한 설명으로 옳은 것은?

   ① 가족체계이론은 일반체계이론에 영향을 받았다.
   ② 가족체계이론은 직선적 인과론을 전제한다.
   ③ 가족체계이론은 가족원 개개인의 기질과 행동특성에 초점을 맞춘다.
   ④ 가족체계이론은 '전체는 부분의 합과 같다'고 전제한다.

3. 가족체계이론에서 정보, 자원, 의사결정의 흐름 및 이동과 관련된 개념은 무엇인가?

   ① 가족규칙
   ② 하위체계
   ③ 경계
   ④ 전체성

4. 가족발달이론에 대한 설명으로 가장 거리가 먼 것은?

   ① 개인과 마찬가지로 가족 또한 일정한 발달단계를 거친다는 이론이다.
   ② 가족이 거치는 발단단계는 학자들마다 일치된 의견을 보인다.
   ③ 전이 시기에 가족은 탄력성을 유지할 필요가 있다.
   ④ 가족은 각 발달 단계마다 독특한 과업을 갖게 된다.

5. Baumrind의 양육유형에 따르면 애정과 통제 수준이 모두 높은 양육유형은 무엇인가?

   ① 권위 있는 부모
   ② 권위주의적인 부모
   ③ 허용적인 부모
   ④ 무관심한 부모

6. 형제자매 관계가 아동의 발달에 미치는 영향에 대한 설명으로 거리가 먼 것은?

   ① 형제자매 관계는 청소년기를 거치면서 변화할 수가 있다.
   ② 형제자매 관계를 통해 갈등 상황을 잘 해결해 나갈 수 있는 방법을 학습할 수 있다.
   ③ 형제자매 관계는 경쟁의식만을 부각시키기 때문에 아동을 지나치게 경쟁적으로 만든다.
   ④ 형제자매 관계는 그 관계가 긍정적인지 부정적인지에 따라 아동의 발달에 서로 다른 영향을 미친다.

7. 이혼으로 인한 한부모가족이 경험할 수 있는 어려움에 해당하지 않는 것은?

① 자녀의 죄책감
② 소득의 증가
③ 높은 우울과 불안
④ 자신이 버림받을 수 있다는 것에 대한 자녀의 두려움

8. 입양가족에 대한 설명으로 가장 옳은 것은?

① 입양가족을 지원할 수 있는 가족생활교육 프로그램이 다수 존재한다.
② 입양가족은 정체성의 문제를 다룰 필요가 없다.
③ 입양부모는 소극적인 부모이다.
④ 입양부모는 부모 자격을 갖춘 선택된 부모이다.

"아이들은 교육되어야 한다.
하지만 또한 스스로를 교육할 여지가
주어져야 한다"

— 어니스트 딤넷 Ernest Dimnet

발달과 사회환경

12

이　장에서는 아동발달에 영향을 미치는 환경 요인들 가운데 또래 집단, 학교, 그리고 미디어의 영향에 대해서 살펴보고자 한다. 아동은 일정한 연령에 이르면 주변을 탐색하기 시작한다. 주변을 탐색하는 방식에는 직접적 경험과 간접적 경험이 있다. 직접적인 경험은 또래 집단 및 학교 구성원들과의 상호작용을 통해 이루어지며, 간접 경험은 미디어 이용과 같이 정서적 반응이 일어나는 도구들을 통해 이루어진다.

먼저, 직접적 경험으로 또래 집단 및 교육기관 참여자들과의 상호작용을 생각해 보아야 한다. 출생 후 대략 3세까지는 정서적·물리적으로 거의 부모에게만 의존하며 성장하지만, 그다음부터는 주변 타인들과 발달에 필요한 영향을 주고받기 시작한다. 이후 공동육아와 공교육의 구성원으로 참여하기 시작하면서 가정 밖에서 보내는 시간이 점차 늘어나게 된다. 이 시기부터 아동은 자신이 생각하는 것들을 부모의 울타리 밖에서 발전시키고 싶어 하며, 이것이 동기가 되어 수평적인 관계 형성이 가능한 또래와의 어울림 속에서 정서적 경험을 확장한다. 청소년기에 이르면 자신이 추구하는 모습을 가진 사람을 발견하고, 새로운 경험에 대하여 열린 태도를 갖게 된다.

다음으로, 아동이 주변을 간접적으로 탐색하는 방법에 미디어 경험이 있다. 뉴미디어의 발달로 아동들은 자신들이 원하는 미디어 콘텐츠에 쉽게 접근할 수 있다. 영유아 시기에는 부모가 아동의 미디어 사용을 통제할 수 있지만, 공교육 참여 시기 이후에는 아동이 스스로 미디어를 활용하여 자신의 필요를 채우고 타인과의 상호작용을 확장시켜 나간다. 또한 청소년기에 이르면 자신의 친구들과 어울리는 도구로 미디어를 사용하게 되어, 이 시기 정보 제공자로서 부모의 역할은 크게 줄어든다. 결국 현대 아동들은 자신의 고유한 정체성을 형성하는 데 미디어 이용의 영향을 많이 받고 있다고 할 수 있다.

1. 또래관계의 영향

Erik Erikson의 심리사회적 발달이론에 따르면, 아동은 자율성을 발달시킨 이후인 약 3세부터 가정 밖에서 타인과 상호작용하고 새로운 것에 더욱 많은 관심을 보이며 주도성을 획득하려고 한다. 아동은 또래를 만나기 시작하면서 수평적인 상호작용을 하게 되는데, 이는 부모의 통제를 벗어나 스스로 판단하고 행동하는 과정으로 이어진다. 아동은 이 과정에서 스스로 주도해 자아를 성장시키는 경험을 하고, 자신이 좋아하는 친구들과 반복적인 놀이를 수행하며 타인과의 관계가 형성, 발전, 종결되는 과정을 경험하면서 사회성을 키워 나간다. 이후 청소년기에 이르면 또래와의 상호작용이 종종 가족 구성원과의 상호작용보다 중요한 영향을 미치기도 한다. 이 시기 또래 집단과의 상호작용은 청소년의 자아정체성을 형성하는 중요한 경험 가운데 하나이다.

1) 학령기 이전

또래관계와 놀이 및 사회성에 대해 활발하게 연구한 Parten(1932)은 영유아의 놀이 유형을 단계별로 구분하였는데, 특히 아동이 2~5세가 되면 협동 및 상호작용 놀이를 시작하고 그 양이 점차 늘면서 사회성의 극적인 상승이 있다고 하였다(Bakeman & Brownlee, 1980). 학자마다 조금씩 다르지만 사회적 놀이는 크게 혼자놀이, 평행놀이, 연합놀이, 협동놀이의 4단계로 나눌 수 있다.

그림 12-1 **혼자놀이(A), 평행놀이(B), 연합놀이(C), 협동놀이(D)를 하는 아동의 모습**

혼자놀이(solitary play) 유아 시기 첫 번째 단계인 혼자놀이 단계이다. 이 단계에서는 혼자서 장난감을 가지고 놀거나 방관자적인 행동을 취한다. 아직 사회성이 발달하지 않은 상태이기에 타인에 대한 관심이 없고 혼자만의 놀이에 더 초점을 맞춘다.

평행놀이(parallel play) 이 단계에서 아동들은 같은 공간에 있어도 서로에 대한 관심이 크지 않다. 아동들은 각자의 장난감을 가지고 놀며 서로에게 영향을 미치려 하지 않는다. 다만 가끔씩 다른 아동의 장난감을 관찰하거나 만지려 하면서 제한적으로 관심을 보이기도 한다.

연합놀이(associative play) 아동들이 함께 놀이 활동에 참여하며, 서로 장난감을 교환하고 서로의 행동에 대해 코멘트를 하는 등 사회적 참여를 시작한다.

협동놀이(cooperative play) 더 발전된 형태의 상호작용이 나타나며, 소꿉놀이 같은 공동의 목적을 지향하는 활동을 한다. 이 과정에서 함께 목표를 설정하기도 하고 역할 분담을 하기도 한다.

한편 협동놀이의 발전된 형태로 사회극 놀이(sociodramatic play)가 있다. 사회극 놀이는 아이들이 또래와 상호작용할 때 공통적으로 나타난다. 아이들이 상황을 설정하고 그에 맞게 엄마, 아빠, 의사, 간호사 등 역할을 정한 뒤, 갈등 상황 혹은 도움이 필요한 상황과 관련된 에피소드를 만들며 대화를 주고받는 놀이이다. 이 과정에서 아이들은 상대방의 입장을 이해하려고 노력하고 타인이나 상황에 정서적으로 반응하는 경험을 할 수 있기 때문에, 사회극 놀이는 아동의 인지적·정서적·사회적 발달을 돕는다(Meyers & Berk, 2014).

이러한 상호작용을 통해 키워진 또래관계 역량은 아동발달의 다른 영역에도 영향을 줄 수 있다. 3~5세 유아를 대상으로 한 연구(김병희·황윤세, 2009)는 또래관계에서 주도성을 잘 발휘하는 아이가 창의적 행동 특성의 발현도 높다는 것을 발견하였다. 이 연구에서 주도성은 또래 유능성의 한 하위 요인으로서, 또래와의 관계를 효과적으로 형성 및 유지하는지, 또래관계 내에서 자신이 설정한 목표를 적합하게 달성하는지, 또래 집단에서 능동적으로 활동과 놀이를 제안하고 이끌 수 있는지, 자신의 의견을 효과적으로 주장할 수 있는지와 관련된 개념(박주희, 이은해, 2001)이다. 이러한 주도성이 높은 경우에는 창의적 행동 특성 및 이를 구성하는 하위 요인인 독특성, 개방성, 민감성, 놀이성, 과제 집중성에도 긍정적인 영향을 주었다. 또한 2세 영아들을 대상으로 한 연구에서 또래 상호작용이 빈번할수록 정서지능인 정서인식, 정서표현, 정서조절이 높아지며, 어린이집 교사와의 정서적·행동적 상호작용 또한 높아지는 것으로 나타났다(윤수정·박희숙, 2016). 이러한 결과들은 영아의 또래 상호작용 수준이 다양한 발달에 영향을 미치는 중요한 요인이라는 것을 보여 준다.

한 연구에서는 긍정적인 또래관계는 아동의 정서적·사회적 발달에 긍정적인 영향을 미칠 뿐 아니라 인지적 발달에도 영향을 준다고 밝혔다. 특히 또래 상호작용이 어린이집과 유치원에 다니는 유아의 언어 및 인지 발달에 영향을 미치는 것으로 나타났다(차인영·최미미·서영숙, 2016). 또래 상호작용은 아동이 또래와 얼마큼 친사회적이며 순조롭게 놀이를 이어나갈 수 있는지와 관련된 개념으로 아래 표 12-1에 나타난 문항들로 측정된다. 유아의 또래 상호작용 수준이 높을수록 유아의 언어·인지 발달에 긍정적인 영향을 준다는 것이다. 이처럼 아동은 또래와 상호작용을 많이 할수록 새로운 언어를 습득하고 새로운 상황을 마주할 기회를 더 많이 갖게 되어 발달이 촉진된다. 특히 유아들은 또래 상호작용을 통해 자신의 의견을 상대방에게 주장할 때, 자신의 진술에 대한 근거, 정당화, 대안적 가설을 제시하며 더 유연하게 사고하는 경험을 함으로써 한층 높은 수준의 언어·인지 발달을 이뤄 낸다(윤초희, 2004; 오문자, 2011; Mashburn et al., 2008).

언어 및 인지 발달은 학습 준비도의 기반이다. 따라서 좋은 또래관계의 형성은 아동의 학습 준비도에도 영향을 미친다. 5세 유아를 대상으로 한 연구 결

표 12-1 **유아의 또래 상호작용 측정 도구 문항 내용**

구분	문항 내용
문항 1	친구를 돕는다.
문항 2	친구 사이의 갈등이 해결되도록 돕는다.
문항 3	친구의 행동을 기분 나쁘지 않게 이야기한다.
문항 4	친구에게 함께 놀자고 한다.
문항 5	다치거나 슬퍼하는 친구를 위로한다.
문항 6	친구와 놀이하면서 이야기를 만들어 가며 말한다.
문항 7	친구와의 놀이에서 긍정적 감정을 표현한다(예: 미소 짓기, 웃기)
문항 8	친구와의 놀이에서 창의성을 나타낸다.
문항 9	놀이에서 순조롭고 융통성이 있다.

출처: 차인영·최미미·서영숙(2016).

과에 따르면, 유아의 긍정적인 또래놀이 상호작용은 유아의 학습 준비도를 높여 주는 것으로 나타났다(민미희, 2019).

이러한 연구 결과는 아동의 정서적·사회적·인지적 발달 및 학교 적응과 학습을 위해 또래 상호작용에 더욱 관심을 기울일 필요가 있다는 것을 의미하며, 동시에 또래놀이 상황에서 어려움을 겪는 아동들에게는 부모 및 교사의 적절한 개입이 필요함을 시사한다.

2) 학령기

학령기에 접어들면서 아동은 집단에 소속되는 것을 매우 중요하게 여기기 시작한다. 아동들은 또래 집단(peer group)을 만드는데, 이 집단은 독특한 가치와 행동 기준을 가지고 있고, 리더와 추종자라는 사회적인 구조를 갖춘 경우도 있다. 또래 집단은 같은 학급 등 근접성을 바탕으로 형성되기도 하고, 같은 성별, 비슷한 학업 성취도, 비슷한 사고방식 등 유사성을 바탕으로 형성되기도 한다. 또래 집단 안에서 아동들은 협력, 리더십, 우정, 집단에 대한 소속감, 충성심과 같은 다양한 사회적 개념들을 배우며 사회성을 발달시켜 나간다.

학령기에 맺는 또래관계를 토대로 형성된 사회성은 아동의 학업 성취도 및 학교생활에도 영향을 준다. 한 연구에서는 초등학교 고학년을 대상으로 학교 행복감이 학업 성취도에 미치는 영향에 대해 알아보았다(홍애순·조규판, 2012). 학교 행복감에는 또래관계, 교사관계, 환경 만족, 자기효능감, 학습 활동 즐거움, 심리적 안정이 있는데, 이 중 학업 성취도에 영향을 미친 요인은 또래관계와 심리적 안정이었다. 특히 또래관계가 학업 성취도에 가장 큰 영향을 미치는 것으로 나타났는데, 이는 관계가 원만하고 친구들과 잘 어울릴수록 학업 성취도 수준이 올라갔다는 것을 의미한다. 이러한 결과는 초등학생의 학업 성취도를 향상시키기 위해 또래와의 긍정적 상호작용 및 관계가 필요함을 보여 준다. 또한 건강한 또래애착을 가진 아이들이 학교생활을 더 잘하는 것으로 나타났다. 초등학교 5학년을 대상으로 아동의 또래애착 유형을 또래애착 안정형, 소통과 신뢰 부족형, 또래애착 소외형, 또래애착 불안정형으로 구분하고 이에 따른 개인 발달과 발달 환경의 차이를 살펴본 연구에서는 안정적인 또래애착을 맺은 아동이 그렇지 않은 아동에 비해 높은 수준의 학교생활 적응을 보여주었다(이유리·박은정·이성훈, 2016). 또한 자아존중감 등 정서적 발달과 성적 등 인지적 발달에서 매우 양호한 특성을 보였다.

3) 청소년기

청소년기에 접어들면서 아이들은 가족과 보내는 시간이 줄어들고 학교에서 또래와 함께 대부분의 시간을 보내게 된다. 따라서 청소년기에 또래관계는 더욱 중요해진다. 청소년들이 건전하고 건강한 또래관계를 형성하면 다양한 영역에서 긍정적인 발달을 경험할 수 있다.

고등학교 3학년 학생들을 대상으로 한 연구에서는 또래관계가 좋을수록 학교생활 적응을 더 잘하는 것으로 나타났다(백소영·이준우·임수정, 2018). 또한 학교생활 적응에 부정적 영향을 미치는 요인인 공격성, 사회적 위축, 우울의 영향력을 또래관계가 낮춰 주는 것으로 나타났다. 이는 또래와 잘 의사소통하며 신뢰관계가 형성되면 학교생활 적응을 더 잘할 수 있고, 동시에 학교생활 적응을 힘들게 할 수 있는 개인 위험 요인의 영향력을 낮춰 준다는 것을 의미한다. 즉, 공격적이거나 사회적으로 위축되거나 우울감을 느끼는 청소년이라 할지라도 좋은 또래관계를 갖게 되면 이러한 위험 요소가 심각한 문제로 발현되지 않을 수 있다. 부모보다 또래관계를 더 중시하는 청소년의 특성을 고려할 때, 친절하고 상호 의지할 수 있는 건강한 또래관계 형성을 지원하는 것은 청소년의 학교생활 적응에 특히 중요하다.

중학생을 대상으로 한 연구에서는 또래애착, 공동체의식, 학교생활 적응이 진로 정체감에 미치는 영향을 살펴보았다(권수정·박정령·김정예, 2017). 그림 12-2와 같은 연구 모형을 설정하였고, 이 가운데 또래애착이 진로 정체감에 직접적인 영향을 미친다고 나타났다. 진로 정체감이란 진로의 목적, 흥미, 역량에 대한 명확하고 안정된 이미지를 가지는 것을 의미한다(Holland, 1997). 이러한 결과는 또래와 긍정적인 관계를 맺으면 자신의 미래나 진로에 대해 진지한 대화를 할 수 있고, 진로에 대해 숙고하며 합리적인 의사결정을 내릴 수 있게 된다는 것을 의미한다. 또한 또래애착이 공동체의식과 학교생활 적응을 통

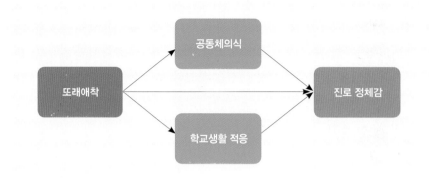

그림 12-2 **또래애착 관련 연구 모형**
출처: 권수정·박정령·김정예(2017).

해 진로 정체감에 간접적인 영향을 미치는 것으로도 나타났다. 이는 또래와의 긍정적인 관계가 사회적 소속감을 바탕으로 한 공동체의식과 학교에 대한 생활적응을 높여 진로 정체감의 수준을 높인다는 것을 의미한다. 이러한 결과는 청소년의 진로 정체감을 높이기 위해서는 또래와의 긍정적 애착관계 형성, 공동체의식 함양, 그리고 학교에 대한 적응 수준 향상이 필요함을 시사한다.

또한 또래애착은 학업 성취에 직접적으로 영향을 미치며, 동시에 학업적 자기효능감을 높여 학업 성취에 간접적으로도 영향을 미치는 것으로 나타났다(배현민·배천웅, 2018). 좋은 또래관계가 학업 성취라는 직접적인 결과물뿐만 아니라 자신이 학업을 잘할 수 있을 것이라고 인지하는 학업적 자기효능감에도 영향을 준 것이다. 이러한 결과는 청소년의 학업 성취 수준을 높이기 위해 학생의 학습 역량을 강화하는 학업 상담 및 교육 프로그램 제공도 중요하지만, 더 안정적이고 유대감 있는 또래관계를 형성하도록 도와줄 필요가 있음을 시사한다.

반면 또래관계는 아이들에게 부정적인 영향을 줄 수도 있는데, 이는 또래순응(peer conformity) 또는 또래압력(peer pressure)과 관련되어 있다. 청소년들은 입는 옷, 과외 활동 참여, 사회적 활동 참여 등 다양한 영역에서 또래문화에 순응하도록 압박을 느낀다. 비록 스스로 원하는 것이 아니라 해도 또래 친구들이 하는 것은 자신도 해야 집단에 소속될 수 있다고 느낀다. 청소년기는 자아를 탐색하고 확립해 가는 시기이므로 청소년은 자신이 원하는 게 무엇인지 정확하게 모를 수 있지만, 지나친 또래지향은 부정적인 결과를 초래할 수 있다. 특히 통제 수준이 지나치게 높거나 낮은 부모 밑에서 양육된 청소년들의 경우 가정에서 건강한 수준의 돌봄을 받지 못하기 때문에 매우 또래지향적일 수 있다. 이렇듯 가정에서 적절한 수준의 애정과 통제가 제공되지 않는 상황에서 또래에게 너무 쉽게 영향을 받게 되면 비행, 또래수용 거절, 우울 등 광범위한 정서적·행동적 문제행동에 노출될 수 있다(Allen, Porter, & McFarland, 2006).

그러나 또래압력이 부모와 좋은 관계를 유지하고 학업 성취를 이루며 책임 있는 성인으로 성장하려는 동기로 작용하면 긍정적인 영향을 주기도 한다. 이러한 방향성에 대해 긍정적 또래압력을 느끼고 이 압력에 기꺼이 순응하는 또래관계에서는 청소년들이 서로의 성장과 성숙을 돕고, 친구들이 반사회적 행동을 할 때 적극적으로 말린다. 이렇듯 긍정적인 또래관계와 또래순응을 형성하는 데 민주적인 자녀 양육 방식 또한 중요하다. 구체적으로 부모가 지지적이면서도 충분한 관리 감독을 시행할 때, 부정적 또래압력이 생길 경우 청소년들은 부모에게 요청하여 해결책을 강구하고 도움을 받는다(Dorius, Bahr, Hoffmann, & Harmon, 2004).

4) 또래괴롭힘

또래 집단에서 매우 파괴적인 상호작용 형태는 또래괴롭힘이다. 이는 특정한 아동이 언어적·신체적 공격이나 다른 형태의 학대 대상이 되는 걸 뜻한다. 또래괴롭힘은 아동의 사회성 발달에 매우 부정적인 영향을 미치며, 트라우마로 남아 장기적인 영향을 주기도 한다. 또래괴롭힘 피해 아동은 스트레스가 누적되어 학교 적응이 힘들어지고, 그에 따라 학업 성취에도 방해를 받는다. 건강한 또래관계는 정서적 지지를 제공하여 학업과 학교 적응을 성취하는 데 큰 도움이 되는데, 또래괴롭힘을 경험한 아이들은 이러한 자원이 한정되어 학교 적응과 학업 성취가 어려워진다.

학교폭력 피해에 영향을 미치는 요인을 알아보는 연구에서는 여학생보다는 남학생이, 연령과 자아존중감이 낮을수록, 부모학대를 경험할수록, 본인과 친구가 비행행동을 할수록 학교폭력 피해를 더 많이 경험했다고 보고하였다(정하은·전종설, 2012). 이 중 학교폭력 피해에 가장 큰 영향을 미치는 요인은 부모학대였으며 그다음은 본인의 비행 경험이었는데, 이는 이전의 폭력 피해 경험이 또 다른 폭력 피해 경험을 낳는 위험 요인이 될 수 있음을 보여 준다. 이러한 연구 결과는 청소년의 학교폭력 피해를 예방하고 이들을 치료하기 위해 어느 한 요인만이 아니라 개인 요인, 가정 요인, 또래 및 학교 관련 요인들을 다차원적으로 고려해야 함을 시사한다.

개념 체크

다음 문장이 맞는지 틀리는지 ○, ×로 표시하시오.

1 (　　) 2~5세에는 협동 및 상호작용 놀이를 시작하고 그 양이 점차 늘면서
　　　　 사회성의 극적인 상승이 있다.
2 (　　) 학령기에 맺는 또래관계를 바탕으로 형성된 사회성은 아동의 학업 성취도에는
　　　　 큰 영향을 미치지 않는다.
3 (　　) 청소년기의 또래관계는 학교생활 적응에는 도움이 되나, 진로 정체감과는 큰
　　　　 상관이 없다.
4 (　　) 또래괴롭힘은 트라우마로 남아 장기적으로 부정적인 영향을 주기도 한다.

---

2. 학교의 영향

학교는 아동이 가정을 떠나 생활하는 공식적인 기관으로, 아동발달에 지대한 영향을 미친다. 학생들은 학교에서 많은 지식과 정보를 배우며 인지적 발달을 이룰 뿐만 아니라 친구 및 교사와 함께 생활하며 사회성도 기르게 된다. 아이들이 학교에 다니면서 어떠한 발달을 경험하게 되는지 살펴보자.

1) 학령기

이 시기에 학교를 다니면서 학교규칙에 대해 이해하고 학교생활을 잘 영

위하는 것은 발달에 매우 중요하다. 초등학교 고학년 학생들을 대상으로 한 연구에 따르면 아동의 공격성에 영향을 미치는 학교 관련 심리 변인들 중 가장 강력한 요인은 학교규칙 준수인 것으로 나타났다(정현정·김경성, 2009). 이는 아동이 학교규칙을 준수할수록 공격성이 낮아진다는 것을 의미한다. 이러한 결과는 사회정보 처리적(social information-processing) 관점에서 이해할 수 있는데, 이 관점에 따르면 아동은 이미 본인이 갖고 있는 선행 지식에 따라 정보를 처리한다(Crick & Dodge, 1994). 주변 또래가 규칙을 지키지 않고 공격적 행동을 보일 때 불이익을 받는 상황을 관찰하게 되면, 이후에 또래가 받았던 처벌과 같은 불이익을 피하기 위해 규칙을 준수하고 공격성을 억제한다는 것이다.

학교규칙을 잘 지키는 것과 원만한 교우관계는 아동의 공동체의식 함양에도 영향을 주는 것으로 나타났다. 아동의 학교생활 적응을 구성하는 개념에는 학습 활동, 학교규칙, 교우관계, 교사관계 등이 있는데 이들 모두 공동체의식에 영향을 미치는 것으로 나타났으며, 그중 학교규칙과 교우관계의 영향력이 상대적으로 강하였다(강가영, 2014). 다시 말해 아동이 학교규칙을 준수하고 이에 따른 규칙 준수 만족감이 커지면, 공동체의식이 향상되고 더 큰 공동체 내의 질서 유지에 도움을 줄 수 있다. 원활한 또래관계 역시 공동체의 대인관계에 도움이 된다. 이렇듯 아동의 공동체의식을 강화하는 데 학교의 역할이 중요하다. 따라서 학교는 아동에게 학습 활동과 더불어 학교규칙 준수와 원활한 교우관계를 발달시킬 수 있는 기회를 제공해야 한다.

2] 청소년기

청소년기에도 학교 적응은 발달에 중요한 요인이다. 청소년기에는 추론 능력과 인지 능력이 나날이 향상되고 사회성과 정서적 역량도 변화하고 발달하기 때문에 학교 환경이 이러한 인지적·정서적·사회적 요구에 반응할 수 있어야 한다. 학교에서 적절한 학습 경험 및 지적 자극을 제공하고 원만한 적응을 지원할 때 학생의 인지적 능력이 더 잘 발현될 수 있고, 사회성과 정서적 역량도 함양될 수 있다. 학생의 종합적 역량 향상을 위해서는 이외에도 여러 요인이 뒷받침되어야 한다.

청소년들이 학교나 학급에서 따뜻함과 지지가 부족하다고 느끼면 학습이나 학교 활동 참여에 대한 동기가 약화될 수 있다. 교사의 지지가 높고, 수업 과제에 대한 학생들의 상호작용이 활발하며, 친구들 사이에 상호 존중을 장려하는 학급 분위기는 학업 동기와 인지적 자기조절 능력의 향상에 도움이 된다(Patrick, Ryan, & Kaplan, 2007). 반면, 경쟁을 강조하고 공공연하게 학생들 간의 비교를 일삼는 학급 분위기는 학생들의 동기 수준과 자기조절 능력 향상을 저해한다.

중학생들을 대상으로 한 연구에 따르면 교사의 직접체벌과 간접체벌의 수준이 높아질수록 청소년의 학교 적응 유연성이 감소하며, 특히 직접체벌이 상대적으로 더 큰 영향을 미치는 것으로 나타났다(도기봉·장승옥, 2014). 그런데 이 연구에서 직접체벌이 학교 적응 유연성에 미치는 영향은 친구의 지지에 따라 감소하였고, 간접체벌이 학교 적응 유연성에 미치는 영향은 가족의 지지와 교사의 지지 수준에 따라 감소하였다. 이는 교사의 체벌이 청소년의 학교 적응 유연성에 부정적인 영향을 미친다는 것, 그리고 교사의 체벌을 경험했다 하더라도 가족이나 교사, 친구의 지지 같은 사회적 지지가 부정적 영향을 줄이는 보호 요인으로 작용할 수 있다는 것을 보여 준다.

청소년들이 인식한 교사의 특성도 청소년 발달에 영향을 미치는 요소이다. 청소년들이 교사를 어떻게 지각하는지에 따라서 수업태도, 자기주도 학습, 학업 성취도가 달라지는 것으로 나타났다(김주영·장재홍·박인우, 2017). 학생들이 인식하는 교사 특성은 교사의 수업 전문성, 학생에 대한 교사의 기대 수준, 학생의 학습 활동에 대한 교사의 피드백으로 측정될 수 있는데, 청소년들이 교사 특성을 높이 인식할수록 수업태도, 자기주도 학습, 학업 성취도 또한 향상되었다.

학교에서는 봉사 활동과 같은 학업 외 활동도 제공하는데, 봉사 활동 참여는 청소년의 진로 성숙도와 공동체의식에 영향을 준다(안재진·김선숙·이경상, 2017). 연구 결과, 교내 봉사 활동(학습 부진, 장애인 등을 돕는 활동 등), 지역사회 봉사 활동(병원, 농어촌, 불우이웃 등을 돕는 활동 등), 자연환경 보호 활동(식목 활동, 환경 깨끗하게 만들기 활동 등)이 청소년의 진로 성숙도와 공동체의식 함

인지적 자기조절 자신들이 이해한 개념을 다시 생각해 보고 자신들의 과업을 확인해 볼 수 있는 능력

양에 긍정적 영향을 미치는 것으로 나타났다.

3) 학교-부모 파트너십

학교와 부모 사이에 건강한 파트너십을 형성하는 것은 아동발달에 긍정적인 영향을 미친다. 5세 유아를 대상으로 한 연구에 따르면 부모-교사의 파트너십이 원활할수록 유아의 학교 생활 준비에 긍정적 영향을 미치는 것으로 나타났다(최미숙·김보배, 2018). 이는 교사와 협력하고자 하는 부모의 노력과 유아에게 더욱 질적인 상호작용을 제공해 주고자 하는 교사의 노력이 시너지 효과를 발휘하여 유아의 학교 준비도에 긍정적인 영향을 미친 것으로 해석된다.

유아-교사 간의 상호작용이 유아의 긍정적 또래놀이 행동과 부정적 또래놀이 행동에 미치는 영향력은 부모-교사 협력 수준에 따라 달라지는 것으로 나타났다(김영희·박지현, 2014). 구체적으로 살펴보면, 부모-교사 협력 수준이 낮을 때는 유아-교사 간의 상호작용 수준이 높더라도 유아의 긍정적 또래놀이 행동 수준이 완만하게 증가하였으나, 부모-교사 협력 수준이 높을 때는 유아-교사 간의 상호작용 수준이 높을수록 유아의 긍정적 또래놀이 행동 수준이 크게 증가했다. 이러한 연구 결과는 또래관계와 같은 사회적 능력을 향상시키기 위해서는 유아에게 제공되는 교육의 질과 양뿐만 아니라 부모-교사의 협력 수준 또한 중요함을 뜻한다.

또한 부모-교사의 협력관계는 가정환경의 질을 통해 3세 유아의 인지 발달에 간접적인 영향을 주는 것으로 나타났다(배진희·김지현, 2017). 질적으로 높은 부모-교사 관계 경우, 유아에 대해 서로 정보를 얻고 공유하고자 한다. 이러한 노력으로 부모는 아이의 건강한 발달을 위해 필요한 지원을 얻고, 결과적으로 가정에서 좋은 양육 환경을 조성할 수 있게 되어 유아의 인지 발달에 긍정적인 영향을 미친다.

학교-부모 파트너십은 아동이 학령기 및 청소년기에 접어든 후 특히 학업 관련한 변인들에 영향을 준다. 성취 지향이 높은 아동의 부모는 자녀의 성장을 밀도 있게 지켜보고 자녀의 인지 능력 향상과 학교생활에 대해서 교사들과 지속적으로 의사소통한다. 또한 이러한 부모는 비단 학업과 관련된 이슈뿐만 아니라 자녀가 학교에서 어려운 문제를 만났을 때 도전의식을 갖도록 돕고 문제 해결을 할 수 있도록 독려하고, 학교는 이러한 과정을 적극적으로 돕는다.

4) 학교 환경

아동의 발달에 영향을 미치는 다양한 학교 환경이 있다. 표 12-2에 나타난 것처럼 여러 영역이 고려될 수 있다(Copple & Bredekamp, 2009).

학급의 크기는 아동발달에 영향을 주는 요소 중 하나이다. 학부모들이 학교를 선택할 때 교사 대 학생의 비율을 따지는 것도 이 때문이다. 학급 크기에 관련된 한 연구에서는 작은 학급일수록 학업 성취도가 높은 것으로 나타났다(Mosteller, 1995). 이 연구에서는 작은 크기의 학급(학생 13~17명과 교사 1명)과 보통 크기의 학급(학생 22~25명과 교사 1명), 그리고 전일제 보조교사가 있는 보통 크기의 학급(학생 22~25명과 교사 1명, 보조교사 1명)을 비교하였다. 작은 학급의 학생들이 읽기와 수학점수를 더 높게 받았으며, 보통 크기의 학급에 보조교사를 투입하는 것은 아이들의 학업 성취도에 큰 영향이 없는 것으로 나타났

표 12-2 **아동발달에 영향을 주는 학교 환경**

영역	아동발달에 긍정적 영향을 주는 요소
학급의 크기	• 작은 학급이 아동의 학습에 더 긍정적 영향 • 학령기 아동 기준 18~20명보다 많지 않은 것이 좋음
학급 활동	• 소그룹 활동과 개인 활동 균형 • 어느 정도 도전적인(과도하게 쉽거나 과도하게 어렵지 않은) 활동 • 아동의 학습 욕구에 맞는 맞춤형 활동 • 아이들이 협력하는 방법을 배울 수 있는 활동
교사와 학생의 상호작용	• 학생 각 개인의 향상을 고려하는 교사 • 직접 시범을 보이는 등 코칭의 방법으로 도움을 주는 교사 • 지적 호기심과 사고력을 자극하는 질문을 바탕으로 한 상호작용 • 문제 해결 능력의 향상을 위해 다양한 아이디어에 대해 논의할 수 있는 관계
평가	• 발전해 가는 과정을 조망할 수 있도록 돕는 정기적인 평가 • 서면으로 된 근거를 바탕으로 한 평가 • 학생이 자신의 수행을 스스로 반영하고 어떻게 향상할지 결정하도록 돕는 평가 • 학부모의 의견과 관점이 반영된 종합적 평가

출처: Copple & Bredekamp(2009).

다. 유치원부터 초등학교 3학년까지 작은 크기의 학급에서 학습하는 것이 4학년 이후의 높은 학업 성취도도 예측하였다. 이는 작은 학급에서 더 세밀한 돌봄을 받을 수 있고, 교사–학생 간 상호작용이 더 빈번하게 일어날 수 있기 때문인 것으로 해석할 수 있다.

어떠한 교육철학을 바탕으로 학습이 이루어지는지 역시 아동발달과 아이들의 학습 능력 향상에 중요한 요소이다. 교육철학에 따라 전통적 학급 (traditional classroom)과 구성주의적 학급(constructivist classroom)으로 나눌 수 있다. 전통적 학급에서는 교사가 권위를 가지고 주도적으로 학급을 운영한다. 학생들이 무엇을 배워야 하는지, 학급규칙은 어떻게 되는지 등에 대한 결정을 주로 교사 혼자 내리며, 학생들에게 해야 할 일들을 전달하고 학생들은 그 명령에 따르는 것을 당연시한다. 이러한 환경에서 학생들은 다소 수동적이 된다. 교사의 말에 순응해야 한다고 생각하며, 자유롭게 의견을 표현하기보다는 교사의 허락이 있을 때 의견을 표현하고, 교사가 시킨 과제를 수행한다. 이런 환경에서 학업 평가는 매년 완수해야 하는 과업을 얼마나 잘 따랐는지를 기준으로 이루어진다.

반면 구성주의적 학급은 학생이 주도적인 모습을 띤다. 학생들이 스스로 필요한 지식이 무엇일까에 대해서 고민하도록 장려한다. 구성주의적 학급의 모습은 전형적이지 않기 때문에 환경마다 다르게 나타날 수 있으나, 기본 전제는 Piaget의 이론에 기반한다. 즉, 아이들은 자기주도성을 가진 주체이며 스스로 생각할 수 있는 존재라고 본다. 구성주의적 학급의 특징은 소그룹 활동을 통한 학습, 논의 및 토의를 바탕으로 한 학습, 자기주도적 문제 해결 능력 향상, 학생의 요구와 필요를 채워 주는 교사 등으로 요약될 수 있다. 이런 환경에서의 학업 평가는 학생이 이전 평가보다 얼마나 향상, 발전했는지를 기준으로 이루어진다. 구성주의적 학급에서 학생들은 더 비판적인 사고를 키울 수 있으며, 학교에 대해 더 긍정적인 태도를 가지는 것으로 나타났다(Rathunde & Csikszentmihalyi, 2005).

여기에 새로 등장한 교육철학이 있는데, 아동들의 사회성 발달을 강조한 사회구성주의적 학급(social-constructivist classroom)이다. Vygotsky의 사회문화이론(sociocultural theory)에 기반한 이 교육철학은 아이들의 학습 능력 향상을 위하여 사회적 맥락의 중요성을 강조한다(Bodrova & Leong, 2018). 이러한 환경에서 아이들은 교사, 또래와 함께 상호작용하며 도전적인 그룹 활동에 참여한다. 그룹 활동의 목표를 달성하기 위해서 학생들은 자신이 가지고 있는 지식과 학습 전략들을 서로 공유하고, 이러한 과정을 통해서 집단지성을 창출하기도 한다. 사회구성주의적 학급에서 교사와 학생은 학습의 동반자로 인식되고, 학생들은 또래와 함께 활동을 수행하며 공동체를 형성하면서 인지적·사회적 발달을 이루어 간다.

개념 체크 ▲

다음 문장이 맞는지 틀리는지 ○, ×로 표시하시오.

1 (　　) 학교규칙을 잘 지키는 것과 원만한 교우관계는 아동의 공동체의식 함양에 영향을 주는 것으로 나타났다.

2 (　　) 청소년들이 학교나 학급에서 따뜻함과 지지가 부족하다고 느낀다면, 학습 동기, 학교 활동 참여 동기가 약화될 수 있다.

3 (　　) 학교와 부모가 아동발달에 주는 영향이 다르므로, 학교와 부모 사이 연계의 필요성은 낮다.

4 (　　) 작은 크기의 학급이 아니라 하더라도 보조교사가 투입되면 학업 성취도는 훨씬 높아진다.

---

3. 미디어 환경

플라톤이 기록한 대화록에는 새로 발명된 '글'이라는 기술이 젊은이들의 지적인 능력을 훼손할까 봐 소크라테스가 걱정하는 장면이 있다. 소크라테스는 젊은이들이 글을 많이 사용하게 되면 더 이상 중요한 내용들을 외우지 않아 사고력이 손상될 수 있다고 우려하였다. 소크라테스의 예상은 적중했을까? 인류의 사고력 변화를 직접 비교해 볼 수는 없지만, 글의 등장과 사용이 정보를 처리하고 관리하는 방식에 많은 변화를 가져왔다는 것은 충분히 알 수 있다.

그렇다면 최근에 인간의 생활방식과 사고방식에 영향을 미친 제도나 도구에는 어떤 것이 있을까? 아마도 많은 사람들이 컴퓨터와 스마트폰 같은 디지털 미디어를 떠올릴 것이다. 이러한 미디어의 사용은 아동발달에도 유의한 영향을 미쳤을까? 이 장에서는 텔레비전을 비롯하여 컴퓨터와 스마트폰으로 대표되는 디지털 미디어의 보급과 사용이 아동의 발달에 미치는 영향에 대해서 과학적으로 검증된 결과를 살펴보고자 한다.

1) 미디어 이용 양상

OECD(2019) 보고서에 따르면, 2015년 기준으로 전체 회원국의 15세 아동 중 95%가 집에서 인터넷 서비스를 이용하고, 93%가 컴퓨터나 태블릿을 사용 중이다. 디지털 미디어에의 노출은 청소년뿐 아니라 학령기 이전 아동에게까지 빠른 속도로 증가하고 있다. 한국정보화진흥원에서 매해 발표하는 인터넷 이용실태 조사보고서에 따르면, 2019년 기준으로 10대와 20대의 인터넷 이용률은 99.9%에 이르며, 3~9세 아동의 91.2%가 매일 평균 한 시간 이상 인터넷을 이용하고 있다. 대부분의 아동이 여가 활동을 위해 인터넷을 이용하지만, 3~9세 아동의 50%, 10대 청소년의 83.5%가 교육과 학습 장면에서도 인터넷

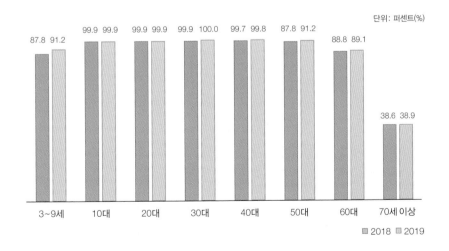

그림 12-3 **연령별 인터넷 이용률**
출처: 한국정보화진흥원(2020).

을 이용한다고 응답하였다. 모든 연령대에 걸쳐 가장 많이 이용하고 있는 인터넷 콘텐츠는 동영상과 메신저 서비스였으며, 소셜미디어의 경우 청소년기에 이용률이 급등하여 20대에 가장 높은 이용률을 보인다. 특히 우리나라 6~19세 아동·청소년의 96.6%가 스마트폰을 보유하고 있음을 감안하면 디지털 미디어 이용의 결정권이 상당 부분 개인에게 주어져 있을 것이다.

스스로 미디어 이용을 결정할 수 없는 2세 이하의 영아에게도 스마트폰과 태블릿을 통한 미디어 노출이 급속도로 증가하고 있다. 어린 아동의 스마트 기기 노출에 대한 전문가들의 일관적인 경고에도 불구하고, 미국에서는 2세 이하의 영아가 하루 평균 1시간 정도 미디어에 노출되고, 2~4세 유아는 하루 평균 2시간가량 미디어를 이용한다. 또한 2세 이하 아동의 반 정도가 이미 모바일기기 사용 경험이 있다(Rideout, 2017). 이경숙 외(2013)의 연구에 따르면 국내 0~3세 영유아 826명 중 98%의 영유아가 TV나 스마트폰을 통해 영상물을 이용하고, 그중 약 38%는 생후 11개월 미만부터 영상물 시청을 시작하였다. 즉, 대부분의 아이들이 생후 첫 일 년부터 미디어를 이용하기 시작하여, 학령기에 이르면 이미 성인과 비슷한 양과 종류의 디지털 미디어를 이용하고 있다. 이와 같은 광범위한 미디어 사용은 아동의 행동과 사고에 어떤 영향을 미칠까? 텔레비전과 영화 연구에서 출발한 미디어 효과에 대한 이론적 접근을 시작으로 그 가능성을 논의해 보자.

2) 미디어 효과에 대한 이론적 접근

미디어는 일반적으로 생각과 의견을 전달할 수 있는 모든 매체를 의미하지만, 여기에서는 현재 아동과 청소년이 이용하고 있는 텔레비전과 동영상 서비스, 컴퓨터 게임, 소셜미디어 등의 디지털 미디어 혹은 스마트 미디어를 중심으로 살펴보려고 한다. 이러한 미디어 이용의 결과로 인해 발생하는 개인의 인지, 정서, 태도, 믿음, 신체, 행동에서의 단기 혹은 장기적 변화를 모두 포괄하여 논의해보자. 최근 연구 경향은 사용자의 의도와 상관없이 다양한 미디어 유형(예: TV, 게임, 1인 방송)과 콘텐츠(예: 오락, 교육, 광고) 그리고 기술(예: 소셜미디어, 인스턴트 메시지)에 노출되는 것을 모두 미디어 이용으로 정의하고

(Valkenburg & Peter, 2013), 이러한 미디어 이용의 결과로 발생하는 개인의 단기적 혹은 장기적 변화를 모두 미디어 효과라고 본다. 미디어 효과에 대한 초기 접근은 미디어 효과가 존재하는지 여부를 확인하는 것에 그쳤다면 최근 연구들은 미디어 이용이 미디어 효과를 가져오는 메커니즘을 밝히려고 한다.

(1) 전통적인 시각

20세기 초 무성영화의 등장과 함께 미디어 효과에 대한 논의가 시작되었다. 초기 논의에서는 미디어 이용 그 자체가 모든 사람들에게 즉각적이고 일관적인 반응을 끌어낸다고 믿었다. 즉, 이용자는 미디어의 내용을 비판적인 사고 없이 그대로 흡수하는 수동적인 존재이므로 어린 아동처럼 미성숙한 인간은 더 즉각적이고 심각한 미디어 효과를 보일 것으로 예측하였다. 최근에는 이와 같이 단순한 자극-반응 식의 미디어 효과이론에 기반한 연구가 진행되지는 않는다. 동일한 미디어라 하더라도 받아들이는 사람의 성격 특성 혹은 사회적·문화적 맥락에 따라 다른 효과를 가져올 수 있다는 증거들이 많이 제시되었기 때문이다. 그런데 안타깝게도 최근의 미디어 효과 연구 결과를 전달하는 대중매체의 많은 논조가 여전히 자극-반응의 관점에 의존하고 있어서 과도한 미디어 사용을 중재하기 위한 방안으로 절대적인 사용량을 제한하거나 특정 미디어 콘텐츠 자체를 일괄적으로 검열하는 방식을 적용하려 한다.

(2) 현대적인 시각

심리학 전반의 인지혁명과 함께 시작된, 자극을 선택하고 해석하는 적극적인 주체로서의 인간에 대한 인식은 미디어 효과에 대한 연구에도 영향을 미쳤다. 미디어 효과에 대한 현대적 이론들은 적극적인 사용자로서의 개인의 역할에 집중하여, 미디어 효과의 매개 혹은 조절 변인으로 작용하는 비미디어 요인에 관심을 기울여 왔다. 그 결과 기존의 자극-반응 접근에서 간과하였던 미디어 효과의 중요한 특질을 발견하였다.

첫째, 미디어 효과는 조건에 따라 달라진다. 미디어는 모든 개인에게 동일한 영향을 미치는 것이 아니라 미디어를 이용하는 개인의 특성(예: 성별, 기질, 발달 수준)이나 사회적 맥락(예: 부모, 또래 집단, 학교, 문화)에 따라 그 효과가 증폭되거나 약화된다. 즉, 이용자의 내적 특성이나 이용자가 처한 사회적 맥락이 미디어 효과의 조절 변인으로 작용하여 미디어 이용에 따른 개인의 인지, 정서, 믿음, 건강, 행동 등에 나타나는 변화의 강도나 방향을 조절한다. 대표적으로 Bandura(2009)의 사회인지이론에서는 아동의 자기효능감이 미디어에 의해 유발되는 행동 변화의 방향과 강도를 조절하는 변인으로 작동하여, 자기효능감이 낮은 아동일수록 미디어 이용에 따른 부정적 효과를 경험한다고 설명한다. Slater(2007)의 강화나선형 모형(reinforcing spiral model)에서도 아동의 개인 특성과 사회적 맥락 변인 그리고 미디어 효과의 삼원 상호작용을 통해 효과가 발생한다고 본다.

둘째, 미디어 이용이 미디어 효과에 미치는 영향은 간접적이다. 앞에서 설명한 것처럼 성별이나 나이와 같은 개인 속성에 의해 동일한 미디어의 효과가 변화하기도 하지만, 선택하는 미디어의 종류나 콘텐츠가 달라지기도 한다. 십대 청소년들은 다른 연령 집단에 비해 감각 추구 성향이 강하기 때문에 폭력적인 미디어를 선호하고, 그들이 선호하는 미디어 내용에 의해 폭력적인 행동이 더욱 자극받을 수 있다. 결국 아동의 미디어 이용 패턴은 그들이 누구인지, 무엇을 원하고 추구하는지, 누구와 어울리고 싶은지 등을 반영하는 척도일 뿐 미디어 효과의 근본 원인이 아니다. 빠른 속도와 거친 움직임을 선호하는 아동들은 컴퓨터 게임이 없었더라도 자신의 성향을 만족시키는 다른 위험 활동을 찾아 몰입하였을 것이기 때문이다.

마지막으로 개인의 특성 및 미디어 이용과 미디어 효과는 양방향적이다. 개인이 경험한 미디어 효과는 이후에 그 개인의 미디어 이용에 영향을 미친다. 폭력적인 미디어에 자주 노출된 청소년은 폭력적 성향이 간접적으로 강화되고, 이는 다시 폭력적인 미디어를 더 찾게 만들 수 있다(Slater, 2007). 또한 아동에게서 특정 미디어에 대한 부정적인 결과를 관찰한 부모들은 그와 비슷하거나 관련된 미디어 사용을 제한하려 하며, 이는 제도적 혹은 법률적인 규제로 이어지기도 한다(Gentile, Nathanson, Ramussen, Reimer, & Walsh, 2012).

정리하면, 미디어 효과에 대한 현대적인 이론은 적극적인 미디어 이용자로서의 아동의 역할에 집중한다. 이에 따라 어떤 아동이 어떤 미디어를 선

감각 추구 성향 흥분을 불러일으키거나 강한 정서적 반응을 동반하는 자극과 행위를 선호하는 성향이다.

택하는지, 그리고 선택한 미디어 이용 중에 발생하는 아동의 인지적 정보처리 과정이 어떻게 미디어 이용과 효과 사이를 인과적으로 연결하는지를 고려하며 미디어 이용이 아동발달에 미치는 영향을 연구하고 있다. 이와 같은 접근에 기반한 아동 미디어 이용의 중재 방안은 대개 어떤 미디어를 선택하게 할 것인지에 대한 미디어 리터러시(media literacy) 교육에 중점을 둔다.

(3) 미디어 효과의 변별적 취약성 모델

Valkenburg와 Peter(2013)는 다양한 현대적 이론을 통합하면서 비미디어 요인이 미디어 이용과 효과 사이에서 하는 역할을 세분화 · 구조화하여 미디어 효과의 변별적 취약성 모델(differential susceptibility to media effects model: DSMM)을 제안하였다. 이 모델은 미디어 이용 이전에 결정되는 이용자의 기질, 성격, 발달상태, 사회적 맥락이 어떻게 미디어의 선택과 선택된 미디어의 반응성을 결정하는지(그림 12-4의 명제 1), 선택된 미디어 이용 중에 발생하는 인지적 · 정서적 · 각성적 반응상태가 어떻게 미디어의 효과를 조절하는지(그림 12-4의 명제 2) 보

> **미디어 리터러시** 모든 종류의 의사소통 수단(미디어)을 비판적으로 수용하고 사용하며 소통할 수 있는 능력. 예를 들어, 내일 날씨가 궁금하다면 이에 대한 정보를 찾을 수 있는 적절한 미디어의 종류를 선택하고(스마트폰이나 컴퓨터), 검색엔진이 이해할 수 있는 방식으로 검색어를 입력할 수 있으며, 나열된 다양한 웹사이트 중에서 기상청과 같은 신뢰할 수 있는 곳의 정보를 취사선택하여 수용하고, 이를 자신의 온라인 공간에 게시하거나 지인과의 인스턴트 메시지에 사용할 수 있는 능력을 통틀어 미디어 리터러시라고 한다.

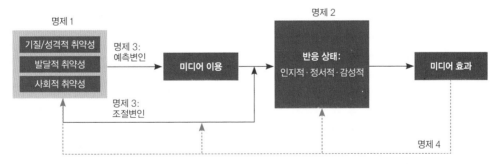

명제 1: 미디어 효과는 세 가지 취약성 변인에 따라 변한다.
명제 2: 세 개의 미디어 반응 상태가 미디어 이용과 효과 사이의 관계를 매개한다.
명제 3: 각 취약성 변인은 예측 변인 혹은 조절 변인의 역할을 한다.
명제 4: 미디어 효과는 양방향적이다.

그림 12-4 **미디어 효과의 변별적 취약성 모델**
출처: Valkenburg & Peter(2013).

여 준다. 또한 이용자의 기질, 성격, 심리사회적 맥락 등이 미디어 이용으로 인해 발생하는 반응 상태를 예측하거나 반응 강도를 조절할 수 있으며(그림 12-4의 명제 3), 이미 경험한 미디어의 효과가 이후의 미디어 선택과 반응성에 영향을 미친다는 것(그림 12-4의 명제 4)을 명세하게 보여 준다. 이 모델에 따르면, 학령전기 유아들은 작업기억능력이 덜 발달되었으므로 새로운 등장인물이 자주 나오는 콘텐츠보다 늘 동일한 인물이 숨바꼭질과 같은 일상적인 놀이를 하는 뽀로로와 같은 콘텐츠를 좋아한다. 반면, 작업기억이 충분히 발달한 초등학생은 매회 새로운 등장인물이 나와 새로운 모험을 즐기는 포켓몬이나 신비아파트와 같은 프로그램을 선호한다.

3) 디지털 미디어에 대한 아동의 이해

미디어 효과의 현대적 이론은 미디어 이용과 그에 대한 반응이 미디어 이용자와 관련된 개인적·사회적·문화적 특성들로 인해 달라질 수 있다는 점을 보여 주었다. 실제 아동들은 자기가 이해할 수 있고, 새로운 재미를 찾을 수 있는 미디어를 좋아한다. 이를 적절차이 가설(moderate discrepancy hypothesis)이라고 하는데, 연령이 변화함에 따라 미디어에 대한 아동의 인식과 이용 생태가 달라진다.

(1) 영아기

각국 소아의학회의 경고에도 불구하고, 2세 이하 영아의 많은 수가 이미 미디어를 접하고 이용하고 있다(Barr, 2019). 또한 미디어에 생애 최초로 노출되는 연령이 점점 어려지고 있기도 하다. 0~3세의 우리나라 영아는 하루 평균 2.4시간 동안 유아 프로그램, 교육용 프로그램, 스마트폰을 통해 동영상 콘텐츠에 노출되는 것으로 조사되었다(이경숙 외, 2013). 이 시기의 미디어 이용이 다른 세계와 구분되는 점은 주로 부모에 의해 미디어의 유형과 콘텐츠가 결정된다는 점이다. 그렇다고 영아의 미디어 사용이 수동적이라는 의미는 아니다. 영아들은 텔레비전이나 스마트 기기를 통해 동영상을 보면서 소리 내고 춤추고 손가락으로 가리키는 등의 활동을 하면서 자신이 좋아하는 콘텐츠에 대한

▶ 부모가 아동에게 미디어를 보여 주려는 의도가 없더라도 켜져 있는 TV와 같은 아동 주변의 미디어는 직·간접적으로 아동의 활동에 영향을 미친다.

선호를 보인다. 이를 본 부모들이 비슷한 영상을 더 자주 틀어 주고 주변의 다른 부모들에게 추천을 하면서「뽀롱뽀롱 뽀로로」같은 국민 애니메이션이 탄생하기도 한다.

특히 1세 이하의 영아들이 텔레비전 광고를 좋아한다는 것은 부모들 사이에 널리 알려져 있다. 이는 광고에 나오는 시청각 자극과 영아의 주의체계 발달에 필요한 자극의 속성이 일치하기 때문이다. 생애 첫 일 년은 주의(attention)의 지향 시스템이 발달하는 시기로, 신기하고 흥미로운 물체에 시선을 돌리고 따라가며 그 물체를 탐색한다. 이때 신기하고 흥미로운 자극이란 밝은 색상, 뚜렷한 대비, 자극적인 소리, 움직이는 물체, 그리고 사람의 얼굴을 말한다. 결국 사람들의 주의를 끌기 위해 자극적인 소리와 시각 요소를 사용하는 광고는 영아들의 주의체계가 선호하는 자극의 종합판이라 할 수 있다. 최근에는 많은 영아들이 일방향적인 시청을 넘어 터치스크린 기능을 활용해 실시간 양방향 소통을 할 수 있는 태블릿이나 스마트폰을 더 많이 선호한다. 이는 영아를 대상으로 한 베이비앱들이 영아가 선호하는 모든 시청각 자극을 제공하는 동시에, 누르면 화면이 바뀌고 새로운 소리가 나오는 등 영아의 행동에 따라 즉각적인 피드백을 제공하는 이유이다.

영아기 미디어 이용의 또 다른 특징은 비의도적인 미디어 노출에 의한 효과가 극명하다는 점이다. 부모가 아동에게 미디어를 보여 주려는 의도가 없더라도, 아동 주변에 존재하는 미디어가 아동의 행동을 직접적으로 바꾸거나, 간접적으로 양육자의 행동을 변화시켜 연쇄적으로 아동에게 영향을 미칠 수 있다. 영유아를 키우는 미국 가정의 42%는 누가 보든 말든 집에서 항상 혹은 거의 모든 시간 텔레비전을 켜고 산다(Rideout, 2017). 우리나라에서도 많은 부모들이 아이를 봐 주는 조부모나 베이비시터가 아이와 함께 있으면서 하루 종일 텔레비전을 켜 둔다며 우려한다. 이처럼 아동의 활동과 상관없이 노출되는 텔레비전이 미치는 영향을 배경 텔레비전 효과(background television effect)라 하는 데, 우리나라의 통계는 없지만, 미국 영유아기 아동의 경우 하루 평균 배경 텔레비전 노출 시간이 5.5시간에 이른다(Lapierre, Piotrowski, & Linebarger, 2012). 물론 아동은 주의폭(주의를 끄는 물체를 지속해서 따라가고 탐색하는 시간)이 짧기 때문에 실제로 영아의 주의를 끄는 시간은 전체 노출 시간의 5% 정도이다. 그러나 영아의 연령이 증가할수록 켜져 있는 텔레비전 화면과 소리에 더 자주 반응하게 되고 아동이 집중하고 있던 놀이 활동의 양과 질을 감소시킨다(Schimidt et al., 2008).

Setliff와 Courage(2011)는 6개월 영아 60명을 두 집단으로 나누어 흥미로운 장난감을 주고 그들의 탐색 활동을 관찰하였다. 한 집단은 조용한 공간에서, 다른 집단은 텔레비전이 켜져 있는 공간에서 놀이 활동을 진행하였다. 그들의 놀이 활동의 질과 양을 분석하였을 때, 배경으로 텔레비전을 켜 놓은 집단의 영아들은 10분 동안 평균 23번 텔레비전을 쳐다보면서 놀이 활동에 집중하지 못하고 주의를 빼앗겼다. 어떤 아동은 10분 동안 최고 61번 텔레비전 화면을 쳐다보기도 했다(Setliff & Courage, 2011). 가정 방문 설문조사 결과에서도 배경 텔레비전 노출이 많은 아동일수록 언어 발달, 인지 발달, 집행기능 발달에서 부정적인 영향이 나타났다(Barr et al., 2010; Linebarger et al., 2014; Wright et al., 2001; Zimmerman & Christakis, 2007).

배경 텔레비전의 존재는 아동뿐 아니라 상호작용하고 있는 부모의 반응을 느리게 하고 수동적으로 만든다(Kirkorian et al., 2009). 영아기는 영아가 주 양육자와의 사회적 상호작용을 통해 세상과 타인에 대한 내적 작동모델을 형성하는 중요한 시기이다. 따라서 양육자와 함께 있을 때 영아는 양육자에게 끊임없이 사회적 신호를 보내고 그 반응을 관찰한다. 그리고 양육자의 반응이 긍정적인지 부정적인지 등을 판단하여 자신의 사회적 유능성을 확인한다. 이는 8장에서 다룬 무표정 패러다임 실험을 통해 증명되었다.

Myruski와 동료들(2018)은 무표정 패러다임에 착안하여 7~24개월 영아 50명을 대상으로 자유놀이 상황에서 양육자의 짧은 시간 미디어 이용이 아동에게 미치는 영향을 관찰하였다. 이때 한 집단의 양육자에게는 놀이 중간에 휴대폰을 사용하여 아동의 기질에 대한 설문지를 2분 동안 작성한 후 다시 자유놀이 상황을 지속하게 하였다. 이 집단의 영아는 양육자가 휴대폰을 사용하는 동안 그 전보다 놀이공간을 덜 탐색하고 놀이에 덜 집중하였다. 그 대신 휴대폰에 집중하고 있는 양육자의 눈길과 반응을 다시 자신에게 끌어오려고 노력하는 모습이 보였다. 이 같은 양상은 양육자가 휴대폰으로 설문하는 것을 완료하고 다시 영아에게 주의를 돌린 후에도 지속되었다. 이런 경향성은 평소에 양육자가 아동과 함께 있을 때 휴대폰을 많이 사용할수록 더 강하게 관찰되었다. 결국 배경 미디어의 존재는 영아의 주의를 빼앗아 중요한 놀이 활동에 집중하지 못하게 할 뿐 아니라, 사회적 상호작용 대상(부모)의 주의를 영아로부터 빼앗아 영아의 인지 발달과 사회성 발달에 큰 장애물로 작용한다.

(2) 유아기

유아기 동안 단어 습득과 문장 구사력을 비롯한 언어 능력이 급속하게 발달한다. 이 시기 아동들은 미디어의 내용을 이해하기 시작하고, 스스로 미디어의 유형과 콘텐츠를 선택한다. 부모나 손위 형제의 미디어 기기를 함께 쓰는 것이 아니라 자신의 스마트폰, 태블릿을 가지고 싶어 하고, 미디어 기기의 새로운 기능을 적극적으로 탐색한다. 그리고 컴퓨터를 비롯한 인터넷 기반의 디지털 미디어 기기가 무엇이며 어떤 기능을 하는지를 이해하는 초보적인 미디어 리터러시 지식을 습득한다(Danovitch, 2019).

Eisen과 Lillard(2016, 2017)는 4~7세 아동에게 여러 가지 물건의 사진을 보여 주고, 그중에서 태블릿, 스마트폰, 책 등 7개의 사물을 골라내라고 하였다. 그리고 각각의 기기가 어떻게 사용될 수 있는지도 설명하게 하였다. 실험에 참가한 모든 아동들이 태블릿과 스마트폰의 사진을 정확하게 찾아냈고, 게임을 하거나 영화를 보고 사진을 찍는 데 사용할 수 있다고 답변하였다. 그러나 공부나 일을 하기 위해 디지털 미디어 기기를 사용할 수 있다는 것은 알지 못하였다. 미디어의 종류에 따라 제공되는 정보의 특성이 다르다는 사실도 인식하지 못했다. 예를 들어, 어제 방송된 축구경기의 결과나 내일의 날씨를 알아보기 위해 어떤 미디어 기기를 사용할 것인지 물었을 때 4~7세 아동은 대부분 책을 선택하였다. 이는 최신의 정보를 찾아내는 데에는 책이 유용한 도구가 아니라는 사실을 인식하지 못하고, 모든 정보는 책에서 가장 잘 찾을 수 있다고 믿고 있기 때문이다. 유아들은 스마트 기기를 많이 그리고 자주 사용하지만, 자신이 사용하지 않는 기능에 대해서는 잘 인식하지 못하였다.

　미디어 내용에 대한 이해 역시 이전 시기 영아들과 큰 차이를 보인다. 이 시기 아동들은 이야기의 서사를 이해하고 흥미를 보이기 시작한다. 짧은 이야기를 가진 영상물을 처음부터 끝까지 집중해서 시청할 수 있으며, 프로그램 내용에 대한 이해도 증가한다. 상징체계 발달과 함께 미디어에 등장하는 허구의 등장인물에 대한 선호가 증가한다. 즉, 말하는 펭귄 캐릭터를 좋아하지만, 실제 펭귄은 말을 하지 못한다는 것도 이해한다. 그러나 허구의 인물이 너무 사실적으로 무섭거나 징그럽게 생긴 경우 겁을 먹기도 한다. 이는 허구와 실재를 구분하는 능력이 여전히 발달 중이기 때문이다. 흥미롭게도 직접 참여하는 상징놀이 수준에 비해 미디어에 제시된 내용이나 등장인물의 허구 혹은 실재를 구별하는 능력의 발달은 다소 더디다. 생후 18개월 정도면 바나나를 전화기로 간주하는 놀이를 할 수 있고, 3~4세에 이르면 더욱 정교한 상징놀이가 가능하다. 그러나 4세까지도 거의 대부분의 아이들이 미디어에 나오는 내용이 모두 실재라고 믿는다(Valkenburg & Piotrowski, 2017).

　미디어 콘텐츠의 맥락과 이야기 구조를 이해하기 시작한 학령전기 유아들은 자신에게 익숙한 맥락을 담고 있는 텔레비전 프로그램을 좋아한다. 어른들보다 아이들이 등장인물로 나오는 만화를 즐겨 보고, 자기가 좋아하는 물건이나 익숙한 동물이 나오는 것을 더 좋아한다(Valkenburg & Piotrowski, 2017). 비록 이 시기에 아동의 인지적 정보처리 능력이 급격하게 발달하기는 하지만, 아직 미숙한 상태이기 때문에 너무 복잡하거나 새로운 내용보다는 익숙한 소재를 선호하는 것이다. 즉, 이 시기 아동들은 이미 가지고 있는 적은 양의 지식으로도 이해하기 쉬우면서, 익숙한 맥락(예: 학교, 놀이터 등)에서 느린 속도로 진행되고 반복을 통해 처리의 부담을 줄여 주는 내용의 미디어를 선호한다. 그러면서도 너무 익숙하거나 쉽기만 한 미디어에는 관심을 보이지 않는다. 아동은 적당히 익숙해서 아동의 인지체계에 부담을 주지 않으면서도 적당히 새로워서 흥미를 유발하는 미디어를 선호한다.

(3) 학령기

대부분의 문화에서 6~7세 정도에 제도 교육이 시작된다. 아동이 가정환경을 떠나 학교에서 또래, 선생님과 많은 시간을 보내게 되면서 많은 일을 스스로 하게 되고, 미디어를 선택하고 이용하는 방식에서도 부모에게 덜 의존하고 자율성이 증가한다. 독해 능력의 신장과 더불어 확장된 어휘력과 일상 경험의 증진으로 인해 다양한 미디어의 내용을 더욱 빠르게 이해할 수 있다. 주의 지속 시간 역시 증가하여 더 긴 시간 집중하여 미디어를 이용할 수 있다. 대개 이 시기에 많은 아동들이 게임을 하기 시작한다. 미디어 이용 시간의 전체적인 양에서는 남아와 여아 간에 차이가 없지만, 남아들이 여아들보다 게임을 더 좋아하는 경향이 있다(Twenge & Campbell, 2018).

수업 시간에 디지털 미디어 기기를 이용하는 경험이 늘어나면서, 아동들은 정보를 탐색하고 지식을 학습하기 위해 미디어를 사용할 수 있다는 것을 이해하기 시작한다. Dodge 등(2011)은 반구조화된 면접법(semi-structured interview)을 통해 유치원생부터 초등 2학년 아동들에게 인터넷과 컴퓨터를 어떻게 사용할 수 있는지 설명해 보라고 하였다. 실험에 참여한 5~7세 아동의 대부분이 아직 인터넷을 통해 정보를 찾을 수 있다는 것을 알지 못했고, 당연히 원하는 정보를 찾는 방법도 몰랐다(Dodge et al., 2011). 아동들은 나이가 들어 학교 경험이 늘어나면서 점차 성인들과 마찬가지로 검색엔진을 사용하여 정보를 찾을 수 있으나, 그때에도 정보를 찾는 과정은 물론 찾은 정보가 유용한지 아닌지를 평가하는 데 많은 어려움을 겪는다(Large, Nesset, & Beheshti, 2008). 예를 들어, 학령기 초기 아이들은 미국 부통령에 대한 정보를 애니메이션 「네모바지 스폰지밥」의 웹사이트 등 자신이 평소에 자주 가는 사이트에서 찾으려고 한다(Druin et al., 2010).

검색엔진이 이해하기 쉬운 방식으로 문장을 적절히 변환하지 못하는 것도 어린 아동이 인터넷을 정보의 출처로 이용할 수 없는 큰 이유로 꼽힌다(Danovitch, 2019). 그런데 최근 시리나 지니 등 음성인식 기술을 활용한 인공지능 프로그램이 등장하면서 음성언어로 검색하는 것이 가능해졌다. 이는 맞춤법 오류나 검색엔진에 적합한 문장 구성의 미숙함(Druin et al., 2009;

> **반구조화된 면접법** 미리 정해 놓은 소수의 질문들을 중심으로 면접을 진행하되 답변에 따라 자유롭게 질문하기도 하는 인터뷰 방식이다.

Duarte Torres et al., 2014) 때문에 발생하는 장벽을 줄여, 어린 아동들이 더 쉽게 정보를 검색하도록 도와줄 수 있다.

언어의 장벽이 해소된다 하더라도 어린 아동의 경우 인지 능력의 미숙함으로 인해 여전히 정보검색이 어려울 것 같다(Lovato & Piper, 2019). 검색엔진으로 정보를 찾기 위해서는 일단 검색엔진이 어떤 정보를 찾을 수 있는지, 그리고 어떻게 물어봐야 더 잘 찾을 수 있는지 알아야 하기 때문이다. 그러나 아동은 검색엔진이 어떤 질문에 대답할 수 있고 대답할 수 없는지를 구분하지 못하고, 적절한 대답을 듣기 위해 얼마나 많은 배경 정보를 제공해야 하는지 판단하지 못한다. 예를 들어 현재의 음성인식 시스템은 지금 현재 아빠가 어디 있는지 혹은 벗어 놓은 양말이 어디 있는지 대답할 수 없다. 그리고 아동이 자신의 손에 들고 있는 물건을 보면서 "이건 어디서 만들었어?"라고 물어본다면 "잘 모르겠습니다"라고 대답할 것이다. 사실 상대방을 파악하고 고려하여 적절한 방식으로 대화하는 것은 마음이론의 발달과 닿아 있는 어려운 문제이다. 마음이론은 특히 초기 학령기 아동에게는 아직 발달 중인 능력이기도 하다(Wellman & Liu, 2004). 그러므로 검색엔진의 자연어 처리 능력이 비약적으로 향상되고 음성인식 검색이 더 많은 영역으로 확장된 이후에도, 성숙한 마음이론이 발달하기 전에는 많은 아동들이 여전히 인터넷을 통한 정보검색을 어려워할 것이다(Wang, Tong, & Danovitch, 2019).

단어 지식과 언어 능력이 더욱 발달하면서 학령기 아동들은 미디어에 포함된 내용을 더 잘 이해한다. 그리고 똥이나 방구, 코딱지 등의 지저분하고 사회적으로 불쾌하다고 여겨지는 대상을 활용한 유머를 좋아하고, 그런 이야기나 영상물에 대한 선호가 매우 높아진다. 반면 교육적인 프로그램이 지루하다고 대답하는 아이들이 많아지는데, 특히 여아들에 비해 남아들이 더 어린 나이부터 싫어하기 시작한다(Rideout, 2014). 학령기 아이들이 좋아하는 미디어 콘텐츠 중에는 폭력적이거나 과도하게 모험적인 프로그램도 많다. 학령전기 아동들이 일관적으로 착하고 잘생기거나 매력적인 등장인물을 좋아한다면, 학령기 아동들은 덜 착하더라도 강력한 힘이나 지위를 가진 악역 캐릭터를 좋아하기도 한다. 그러나 청소년들과 달리 여전히 선악이 뚜렷이 구별되는 인물들을 좋아하고, 이를 토대로 자기 주위의 세상을 판단하는 경향이 있다(Martin, 2007).

정보처리 능력이 증가함에 따라 학령기 아동들은 빠르게 진행되고 복잡한 이야기 구조를 가진 미디어 콘텐츠를 선호한다. 외계 괴물의 침략에 맞서 싸우는 영웅물이나 유령, 요괴 이야기 등 낯선 상황에서 발생하는 모험물을 즐겨 본다. 부모나 학교의 통제로부터 자율성을 신장하려는 사회적 욕구 때문에 이 시기 아동들이 특히 좋아하는 영웅물의 주인공들은 대부분 부모나 양육자가 없는 환경에서 기성 사회가 허락하는 방법을 벗어난 방식으로 혼자 문제를 해결한다. 이는 아마도 학교생활을 시작하면서 겪게 되는, 당장은 해결할 수 없는 문제로 인한 좌절감을 영웅물 속의 주인공과 자신을 동일시하면서 해소하려는 욕구의 반영으로 보인다(Hoffner & Cantor, 1991).

(4) 청소년기

문화에 따라 약간의 차이가 있지만 대개 10세에서 22세 사이, 아동기와 성인기 사이의 전환 시기를 청소년기라 규정한다. 청소년기에는 아동기 후반부터 감소하기 시작한 부모의 통제력이 더욱 현저히 감소하고, 반대로 또래 집단의 압력이 청소년의 행동과 정서에 미치는 영향력은 크게 증가한다. 또래 집단에 속하고자 하는 강력한 열망으로 인해 또래에게 수용되는지 거부되는지가 청소년의 행동을 결정하는 강력한 원인이 된다. 따라서 청소년기 미디어 이용은 또래관계와 또래 집단의 문화를 고려해서 이해해야 한다.

소셜미디어는 글, 사진, 동영상 등 자신의 행위에 대한 또래의 피드백을 외현적인 방식으로 즉각 확인할 수 있어 청소년이 가장 선호하면서 또 가장 두려워하는 미디어 유형이다. 그들은 소셜미디어를 통해 다른 또래의 행동을 관찰하고, 그들의 피드백, 수용, 거부 등을 확인하면서 대중매체에 나타난 또래를 이상적인 이미지로 강화한다(Valkenburg & Piotrowski, 2017; Nesi & Prinstein, 2015). 청소년들은 학교에서는 또래와 생활하고 학교에 있지 않을 때에도 스마트폰을 통해 소셜미디어에 접속하면서, 거의 하루 종일 또래와 연결되어 있다.

청소년기에 발생하는 주요한 인지적·사회적 발달지표에는 추상적 사고의 발달과 메타인지 능력의 성장 그리고 정체성 확립이 포함된다. Piaget의 발달이론에서 형식적 조작기에 속하는 청소년기는 구체적 사물이나 예시가 없이

▶ 청소년들은 자신의 사진이나 동영상을 올리는 등의 활동을 통해 정체성 탐색의 공간으로 소셜미디어를 활용한다.

도 가설을 이용한 추론이 가능하고, 아직 발생하지 않은 미래에 대해 논리적인 예측을 할 수 있으며, 자신의 행동과 사고에 대한 반추가 가능하다. 이러한 인지적 특성은 청소년의 미디어 콘텐츠 선호에도 영향을 미친다. 여전히 청소년들도 허구의 이야기를 좋아하지만, 가설적 사고의 발달로 인해 어린 아동들이 좋아하는 허무맹랑한 이야기가 아니라 현실적으로 있을 법한 판타지를 더 좋아한다. 등장인물이 주어진 맥락 안에서 개연성을 가지고 있으며 사건의 발생과 연결이 논리적이고 인과적인, 다시 말해 현실적인 허구를 담은 미디어 콘텐츠를 선호하는 것이다. 선과 악으로 대표되는 이분법적 인물보다는 복잡한 내면과 과거를 가진 등장인물을 더 좋아하기도 한다.

한편 자신에 대해 객관적으로 사고할 수 있는 메타인지 능력이 증가하면서, 타인이 자신에 대해 가지는 이미지나 평가에 대해 예측하고 감지하는 경향이 증가한다. 자신이 타인에게 어떻게 보일지 끊임없이 질문하면서 자기 행동과 사고를 관찰하는 자기의식적인 사고에 매몰되기도 한다. 이 같은 인지적 특성으로 인해 청소년들은 소셜미디어와 인스턴트 메시지를 통해 또래로부터의 수용을 확인받고 싶어 한다.

'나는 누구인가'에 대해 고민하고 일차적인 답안을 완성하기를 바라는 사회적 압력 역시 청소년으로 하여금 소셜미디어와 오락적인 미디어 콘텐츠에 열중하게 한다. 청소년들은 영화나 텔레비전 프로그램에 등장하는 인물들의 삶을 관찰하면서 자신이 실험해 보고 싶은 정체성의 예시를 찾고 소셜미디어에서 탐색한 정체성을 실험해 본다(Valkenburg & Piotrowski, 2017). 셀카나 자신이 찍은 동영상, 공감이 가는 다른 사람의 게시물 등을 소셜미디어에 올려 또래와 사회로부터의 인정 여부를 살피고, 자신이 다른 사람에게 미칠 수 있는 영향도 확인한다. 어떤 콘텐츠를 언제, 얼마나 올릴지 생각하고, 게시물의 반응을 실시간으로 추적하여, 앞으로 어떤 메시지를 어떻게 전달해야 소셜미디어에서 더 많은 지지와 영향력을 확보할 수 있을지 확인하면서 또래가 선호하는 자기를 만들어 간다. 즉, 이전 세대가 오프라인에서 진행했던 정체성 실험이 온라인으로 무대를 바꿔 진행되고 있다. 게다가 온라인 환경의 익명성으로 인해 청소년들은 온라인 세계에서 진행하는 정체성 실험에서 자기를 더 과장하고 극단적으로 표현하는 경향이 있다. 온라인 정체성 실험의 절대적 양과 정도 차이에서 성별 차이는 미미하다. 그러나 여아들은 더 성숙하고 아름다워 보이는 것에 신경을 쓰는 반면, 남아들은 더 남성적이고 육체적으로 강력해 보이기 위해 노력한다(Valkenburg & Piotrowski, 2017).

개념 체크 ▲

빈칸에 적절한 말을 써넣으시오.

1 아동들이 자기가 이해할 수 있으면서, 동시에 이미 알고 있는 것이 아닌 새로운 재미를 찾을 수 있는 미디어를 선호하는 것을 .... 가설이라고 한다.

2 아동에게 보여 주려고 하는 의도가 없거나, 아동이 현재 집중하고 있는 활동과 상관없이 노출되는 텔레비전이 아동의 행동에 미치는 영향을 .... 텔레비전 효과라 한다.

다음 질문에 적절한 답을 고르시오.

3 학령전기 아동의 미디어 이용에 대한 설명으로 올바르지 않은 것은? ....
① 학령전기 아동의 미디어 이용 시간의 많은 부분을 게임이 차지하고 있다.
② 학령전기 아동들은 익숙한 맥락에서 느린 속도로 진행되면서 동일한 내용이 반복되는 미디어 컨텐츠를 좋아한다.
③ 학령전기 아동들은 대부분 미디어에 나오는 내용이 실재라고 믿는다.
④ 스마트 기기를 자주 사용하지만, 자신이 사용하는 기능 이외의 역할을 인식하지 못한다.
⑤ 짧은 이야기 구조를 가진 영상물을 시청할 수 있으며, 내용에 대한 이해가 증가한다.

4. 디지털 미디어 효과

1) 학습 도구로서의 미디어

인터넷을 기반으로 한 디지털 미디어의 등장은 전통적인 학습 도구의 한계를 보완하여 전 연령층에 더욱 효율적인 학습을 도와줄 수 있을 거라는 기대를 불러일으켰다. 인쇄물을 통해 문자의 형태로 제시되었던 정보들이 사진과 그림, 동영상 등 다양한 형태로 제시되면서 언어만으로 습득하기 어려운 개념과 과정의 이해를 증진시켰다. 또한 인공지능 기술을 활용하여 현재 학습자의 지식을 실시간으로 평가하고 그에 맞는 피드백과 학습자료를 실시간으로 제공할 수 있게 되었다. 이는 실제 아동의 학습에 어떤 변화를 가져왔을까?

(1) 학령전기

많은 발달심리학 연구들은 컴퓨터와 태블릿 화면을 통해 영아에게 다양한 자극을 제공하는 실험으로 영아들이 화면에 나타나는 수와 양을 구분하고 배울 수 있으며, 특정 정보를 더 오래 기억하고 잘 회상할 수 있다는 것을 발견하였다. 그렇기에 많은 사람들이 영아와 유아도 미디어를 통한 학습이 가능하다고 간주한다. 그러나 실험에 사용된 자극들은 대상 아동의 감각과 인지 발달 수준을 고려하여 다른 방해 요인을 완벽히 통제하는 등 특정 조건에서의 실험을 위해 제작된 것이다. 이러한 제한적 상황에서 도출된 결과들을 토대로 영유아가 일상에서도 미디어를 통한 학습이 가능하다고 결론 내리는 것은 성급해 보인다. 특히 아동 학습을 위해 만들어진 많은 상업적 프로그램의 내용은 아동이 2세가 되어야 이해할 수 있는 것들이다(Anderson & Subrahmanyam, 2017; Hipp et al., 2017; Pempek et al., 2010). 최신 연구들은 어린 아동이 미디어 내용을 이해했다 하더라도, 화면을 통해 배울 때보다는 직접 다른 사람 및 사물과 상호작용할 때 더 잘 배운다는 것을 발견하였다(Barr, 2019). 이렇게 온라인과 오프라인에서의 학습 효과에서 차이가 나타나는 현상을 전달 결핍(transfer deficit)이라고 한다. 화면을 통한 학습 상황에서는 일반적인 학습 상황(양육자와 면대면으로 상호작용하며 학습하는 경우)에서 기대하는 수준보다 학습 효과가 평균 50% 감소한다고 알려져 있다(Barr, 2013).

영유아 시기 미디어 학습에서의 전달 결핍은 모방, 언어 학습, 물체 회상 과제 등 많은 영역에서 발견된다. 예를 들어, 1세 영아는 실제 사람이 보여 준 행동에 비해 화면에서 제시된 행동을 덜 따라 한다(Barr & Hayne, 1999). 2세 유아에게 실험실 한구석에 숨겨진 장난감을 찾으라고 했을 때, 사전에 녹화된 비디오를 통해서 장난감이 숨겨진 장소를 가르쳐 주면 장난감을 찾지 못하였다. 그러나 그 장소를 앞에 있는 사람이 직접 알려 준 경우에는 손쉽게 숨겨진 장난감을 찾을 수 있었다(Troseth, Saylor, & Archer, 2006). 3세에 이르면 상호 작용이 어느 정도 가능한 터치스크린 기기를 이용해서 간단한 단어를 배울 수 있으나, 직접 손가락으로 그림을 가리키며 읽어 준 경우에 학습 효과가 더 크다 (Moser et al., 2015; Zack et al., 2009). 전달 결핍의 정도는 과제의 복잡성, 기억 강도, 내용의 반복 횟수에 따라 더 커질 수도 있다(Barr, 2013).

이러한 전달 결핍은 왜 발생하는 것일까? 연구자들이 처음으로 주목했 던 전달 결핍의 원인은 사회적 상호작용의 부재였다. 양육자가 그림책이나 모형을 가지고 아이들에게 단어를 가르치는 상황을 생각해 보자. 양육자는 아이의 시선이 가는 물체를 보고 이름을 말해 준다(주의). 아이가 관심을 가지면 이름을 여러 번 반복해서 말해 주기도 한다(리허설). 그리고 그 물체를 가지고 하는 새로운 놀이를 제시하여 흥미를 지속시키는데, 이는 아동이 나중에 그 물체를 다시 회상해야 할 때 사용할 수 있는 맥락 정보의 양을 늘리는 작업이다(확장 및 정교화). 혹은 양육자가 직접 사물을 들거나 손가락으로 가리켜서 아이의 주의를 끈 후 사물의 이름을 알려 주고, 아이에게 직접 건네주어 감각을 이용한 탐색과 그 결과의 저장을 촉진할 수도 있다(감각정보 통합). 이처럼 일상적인 사회적 상호작용은 아동의 주의가 학습 대상에 정확하게 안착할 수 있도록 하고, 만져 보는 기회나 양육자의 사회적 미소와 같은 시의적절한 보상을 제공한다. 그리고 학습한 정보를 여러 다른 상황에서 인출할 수 있도록 놀이 활동을 통해 입력 정보를 다양화할 수도 있다. 텔레비전이나 비디오 같은 전통적인 미디어 기기는 이러한 사회적 상호작용을 제공하기 어렵다.

그런데 전통적인 미디어 기기와 달리 태블릿은 아동이 직접 기기와 상호작용할 수 있는 기회를 제공한다. 예를 들어, 아동이 태블릿 화면의 특정 자극을 누르면 새로운 소리가 나오거나 예쁜 그림으로 바뀌면서 아동의 주의를 집중시키고 보상을 준다. 실제로 터치스크린 태블릿에서 제시된 상호작용 비디오를 통해 단어를 학습한 2세 아동은 동일한 태블릿에서 상호작용이 없는 비디오를 통해 학습한 아동보다 더 많은 단어를 기억하였다(Kirkorian, Choi, & Pempek, 2016). Roseberry 등(2014)의 연구에 따르면 2세 아동은 비디오채팅을 통해서도 직접 만나서 배우는 것만큼 새로운 단어를 잘 배울 수 있었다. 즉, 사회적 상호작용 요소의 투입은 미디어를 통한 학습 효과를 분명하게 증가시켰다.

그러나 미디어를 통해 배운 단어를 실제 생활에 적용할 수는 없었다. Troseth와 동료들의 2018년 연구에 따르면, 2~3세 유아들이 선생님과 배운 단어의 물건을 잘 찾았지만, 비디오를 통해 배운 단어의 물건은 찾을 수 없었다. 결론적으로 미디어를 통한 언어 학습에서 발생하는 전달 결핍을 줄이기 위해서는, 의사소통을 돕는 사회적 단서를 제공하는 것만으로는 충분하지 않고, 2차원에서 배운 지식을 3차원 물체에 적용하는 전환 능력을 증진시킬 필요가 있다.

마지막으로 공동 시청자의 존재가 여러 유형의 미디어—텔레비전(Strouse & Troseth, 2014), 태블릿(Zack & Barr, 2016), 비디오채팅(Myers et al., 2018)—

A
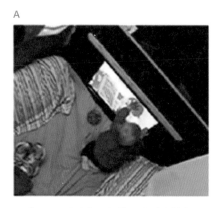

B

그림 12-5 **미디어 공유 활동과 언어 학습**
혼자서 교육용 비디오를 시청하는 경우(A) 보다, 또래 친구와 함께 시청할 경우(B) 9개월 영아의 외국어 단어 학습이 촉진되었다. 즉, 아동은 공동 시청자가 있을 경우 미디어를 활용한 학습 효과가 증진될 수 있다.
출처: Lytle, S. R., Garcia-Sierra, A. & Kuhl, P(2018).

를 통한 학습 효과를 증진할 수 있다. 일단 미디어를 같이 보는 부모들은 아이의 이해 수준과 반응을 실시간으로 관찰하면서 미디어에 제시된 정보를 더 확장하거나 축소하여 아동이 이해하기 쉬운 상태로 가공하는 언어적 비계(language scaffolding)를 제공한다(Strouse & Troseth, 2014). 또한 처음 만난 사이라 하더라도 같이 시청하는 또래친구의 존재가 교육용 비디오를 통한 9개월 영아의 외국어 단어 학습을 촉진하기도 한다(Lytle, Garcia-Sierra, & Kuhl, 2019, 474쪽 그림 12-5 참조).

(2) 학령기와 청소년기

2차원에서 습득한 정보를 3차원의 세계로 전환하는 것이 능숙한데다 사회적 상호작용 없이도 책을 읽으며 스스로 학습할 수 있는 연령의 아동·청소년이라면 미디어를 통해 더 효과적으로 학습할 수 있을까? 학령기 이후 아동을 대상으로 한 연구들은 미디어를 통한 학습이 전통적인 면대면 학습을 대체할 수 있을지에 집중하기보다는, 상당수의 학생들이 어려움을 겪고 있는 특정 과목의 학습에 미디어가 부가적인 이득을 줄 수 있는지에 관심을 가진다. 예를 들어, 미디어 학습이 대다수 학생들이 어려워하는 수학과 과학 공부 혹은 소수 학생들이 지속적으로 어려움을 겪는 읽기 문제를 어떻게 도울 수 있을지 연구해 왔다.

미디어를 보조자료로 활용하는 새로운 교수방법이 전반적으로 긍정적인 결과를 보고하고 있지만, 그 효과의 크기가 그리 크진 않다(Lewin et al., 2019). 미디어를 접목하여 학교 학습을 개선하고자 하는 시도들이 여러 나라에서 진행되고 있으나, 기존 교수진의 디지털 기술에 대한 이해 부족, 그로 인해 발생하는 교사 훈련 비용까지 고려하면 지금으로선 디지털 미디어를 도입한다고 해서 학교에서 학습 효과가 획기적으로 증진되지는 않는 것 같다(Higgins et al., 2012; Kulik, 2003; Means et al., 2013; Outhwaite et al., 2013). 그러나 특정 학습 영역이나 학습자의 개인 특성에 따라서 그 효과가 비용을 상쇄할 가능성이 존재한다. 예를 들어, 미디어 언어 학습 도구는 읽기 장애가 있는 아동이 문자를 음성으로 변환하는 능력을 향상시켰다(Abrami et al., 2015). 비슷한 활동을 면대면 수업 방식으로 제공한 경우와 비교하여 더 나은지는 확인할 수 없었으나(Kunkel 2015; McNally, Ruis-valenzuela, & Rolfe, 2018), 면대면 수업에 비해 비용이 적게 들고 장소에 구애받지 않는다는 점에서 모바일 기기 등을 활용한 읽기 프로그램은 유용해 보인다.

아동의 연령이나 특성도 디지털 기기 학습 효과의 조절 변인이었다. 대개 중학생보다 초등학생과 유치원 아동에게 더 효과가 높았고, 학업 성취 수준이 낮을수록 디지털 기기 사용의 이득이 더 크게 나타났다(Sung et al., 2016; Gerard et al., 2015). 외국어 학습에서는 온라인 커뮤니케이션을 제공하는 미디어 교육에서 다른 영역에 비해 더 안정적인 학습 효과가 관찰되었다(Lin, 2014; Means et al., 2013). 이는 모국어 학습에 비해 학교에서 제공되는 외국어 학습에서는 상호적인 활동이 더 제한적으로 이뤄지기 때문일 수 있다.

학년이 올라갈수록 개념에 대한 이해가 어려워지고 개별 학생의 성취 편차가 크게 나타나는 수학과 과학 학습의 증진을 위해, 여러 나라에서 시뮬레이션 등으로 추상적인 개념을 구체화하여 이해를 돕고, 개개인의 성취 수준을 실시간으로 평가하면서 그에 적절한 피드백과 보충 내용을 제공하는 인공지능 튜터링(tutoring)을 활용하려는 시도가 지속되고 있다. 일반적으로 수학보다는 과학 교과에서 더욱 효과를 발휘하며, 학생들의 성취도 수준에 따라서 그 효과가 다르다(D'Angelo et al., 2014; Steenbergen-Hu & Cooper, 2013). 평균적인 학업 성취도를 보이는 학생에 비해 성취도가 낮은 학생들에게 인공지능 튜터링의 효과가 낮게 나타나는데, 이는 학업 성취도가 낮은 학생들이 대개 컴퓨터 기술에 익숙하지 않고, 미디어에 오랜 시간 집중할 수 있는 자기통제 기술이 부족하며, 학습 동기와 내용 이해를 위한 사전 지식이 충분하지 못하기 때문이다. 인공지능 튜터링은 학습 내용의 이해를 돕는 발판을 제공하는 것보다는, 학생 자신이 어떤 부분을 알고 모르는지를 파악하고, 그를 토대로 어떤 노력이 더 필요한지 깨달으며, 지속적으로 학습 프로그램을 사용할 수 있도록 상위 인지나 학습 전략에 대한 발판을 제공하는 경우가 더욱 효과적이다(Kim, Belland, & Walker, 2017). 미디어 학습 프로그램은 개별 학습자의 동기와 전략을 적절하게 유지하고 향상할 수 있을 때 기존 교육방법을 적절히 보완할 수 있을 것으로 보인다.

2) 미디어와 아동발달

(1) 신체 발달에 미치는 영향

미디어의 과도한 사용이 아동의 신체 발달 및 건강에 부정적인 영향을 미칠 수 있다는 우려가 끊임없이 제기되고 있다. 특히 장시간 미디어 이용으로 인해 유발되는 수면의 양과 질의 저하 및 신체 활동 시간의 감소는 우울이나 행동 문제와 같은 심리사회적인 문제는 물론 소아비만의 증가와도 연관성이 있어 보인다. 실제로 발달 초기에 더 오랜 시간 미디어를 이용하고, 잠자는 공간에 모바일 기기를 두는 아동일수록 수면 시간이 적게 나타난다(Cespedes et al., 2014). 저녁 시간에 스크린 미디어를 이용하는 것은 2세 이하 영아의 수면 시간마저 줄인다(Vijakkhana et al., 2015).

미디어 이용이 수면에 영향을 줄 수 있는 원인으로는 화면에서 방출되는 청색광선 노출에 의한 멜라토닌 분비의 억제(Salti et al., 2006)와 미디어의 내용적인 측면에 의한 과각성 상태(Garrison, Liekweg, & Christakis, 2011)를 들 수 있다. 컴퓨터 게임이나 동영상은 빠른 속도로 움직이고 전환되는 등 각성을 유발하는 시청각 자극으로 구성돼 있기 때문에, 아동이 수면 전에 이를 이용할 경우 교감신경계가 과하게 활성화되어 잠들기 어렵고, 잠들었다가도 쉽게 다시 각성상태로 회귀한다. 또한 잠을 자야 하는 시간에 잠자는 공간에서 미디어를 이용하는 것은 수면 문제뿐만 아니라 그에 부수해 발생하는 다른 문제들 즉, 내현 혹은 외현 행동 문제, 우울과 자살 시도, 스마트폰 의존, ADHD 관련 행동 같은 문제의 발생과 관련이 높다(Lissak, 2018; Domoff et al., 2019).

그 외에 미디어 노출의 양이 아동의 신체 활동 시간을 줄인다거나 비만율을 높인다는 가설에 대한 실험 증거들은 일관적이지 않다. 텔레비전 시청 시에 음식광고에 더 자주 노출되고(Mazarello Paes, Ong, & Lakshman, 2015), 미디어 이용 중 음식의 양이나 질에 주의를 기울이지 않고 먹는 경향성(Bellissimo et al., 2007)으로 인해 체질량지수가 높아질 수 있다는 가능성이 꾸준히 제기되었다(Cox et al., 2012; Wen et al., 2014). 그러나 다양한 연령대의 많은 아동(16,376명)을 대상으로 종단적인 방식(5세의 미디어 이용 시간이 14세 때 체질량지수를 예측하는가?)으로 더 엄격한 통계 분석을 적용한 최근의 연구에 따르면 효과의 크기가 너무 작아서 실질적 효과라고 볼 수 없다(Goodman et al., 2020). 그리고 주로 좌식행동으로 분류되는 미디어 이용 행위로 인해 스포츠나 클럽 활동과 같은 신체 활동이 줄어들 거라는 예상도 있었지만, 오히려 실제 세계에서 신체 활동에 많이 참가하는 청소년이 미디어 활동도 더 많이 하는 것으로 나타났다(Romer et al., 2013; Gebremariam et al., 2013).

(2) 인지·정서·사회성 발달에 미치는 영향

과도한 미디어 이용은 아동의 인지·정서·사회성 발달에 부정적인 영향을 미칠 수 있다. 아동의 연령에 따라 그리고 영향받는 행동에 따라 그 메커니즘이 달라지기는 하지만 크게 과도한 자극(overstimulation) 가설과 기술 방해(Technoference) 가설을 통해 부정적인 미디어 효과를 설명할 수 있다.

과도한 자극 가설은 주로 연령이 어린 영유아의 행동 변화를 설명하는 데 적합하다. 미디어가 제공하는 자극은 어린 아동의 일상에서 흔히 발견되는 자극에 비해서 강도가 높고 속도가 매우 빠르므로, 발달하고 있는 두뇌가 이런 속성에 너무 익숙해지면, 결과적으로 약한 강도와 느린 속도의 자극에 덜 반응하게 된다. 즉, 미디어 자극이 두뇌의 활동 양상 자체를 변화시켜 아동의 행동에 영향을 줄 수 있다. 반면 기술 방해 가설에 따르면 미디어 이용이 간접적으로 면대면 상호작용의 양과 질을 감소시켜 어린 아동의 정서조절 능력과 사회성 발달을 저해한다(McDaniel & Radesky, 2017). 즉, 미디어 그 자체가 아니라 미디어를 사용하는 이용자의 반응으로 인해 정상적인 발달에서 기대되는 환경이 충족되지 못하고, 이것이 연쇄적으로 아동의 발달에 부정적인 효과를 가져온다.

과도한 자극 가설은 최근 급속도로 증가하고 있는 아동기 주의와 관련한 문제행동을 잘 설명한다. ADHD는 아동기에 가장 흔하게 진단되는 심리행동문제로 지난 20년간 30% 이상 진단율이 증가하였다. ADHD의 발생 원인으로는 유전적 요인이 크다고 하지만 최근의 급증 추세를 그것만으로 설명할 수는 없다. 유전자의 변화 속도는 20년으로 불충분하기 때문이다. 그 대신 디지털 미디어의 등장, 경제 침체 등 환경적 요인의 변화가 ADHD 진단 증가에 미치는 영향에 대한 관심이 높아지고 있다. 최근의 연구들은 주의결핍 가설에 따라 미디어의 자극강도가 커지면서 주의 문제에 미치는 영향도 커지는 것을 보여 주었다(Lillard, 2011).

1,400여 명에 이르는 국가 단위 종단연구(Christakis et al., 2004)에 따르면 1세와 3세 때 텔레비전 시청 시간이 더 길었던 아동일수록 7세가 되었을 때 더 많은 주의 문제를 경험하였다. 특히 빠른 속도의 미디어 콘텐츠를 많이 본 아동일수록 이후에 더 높은 비율로 주의나 행동 문제를 경험하였다(Zimmerman & Christakis, 2007). 쥐를 이용한 실험연구에서도 생애 초기 과도한 감각자극 노출이 이후 인지·행동 문제를 야기한다는 결과가 지속적으로 보고되는 것을 볼 때(Christakis, Ramirez, & Ramirez, 2012; Christakis et al., 2018), 영유아기 과도한 미디어 사용이 이후 아동의 주의 문제를 야기할 가능성에 주의를 기울여야 할 것이다.

기술 방해는 아동의 미디어 이용뿐 아니라 부모의 미디어 이용으로 인해서도 발생한다. 아동의 미디어 사용 시간 증가는 부모나 또래와의 사회적 상호작용 시간을 줄여 사회적 기술을 습득할 기회를 감소시킨다(Conners- Burrow, McKelvey, & Fussel, 2011). 부모의 미디어 이용은 부모의 주의를 아동에게서 철회하고 부모의 관심을 끌려는 아동의 사회적 시도를 좌절시킴으로써 부모자녀 관계에 악영향을 미친다. 또한 짜증을 내거나 과도하게 흥분하는 학령전기 아동을 진정시키기 위해 부모가 휴대폰을 건네주거나 게임을 하게 하는 경향이 있는데, 이는 부모나 아동 모두에게서 다른 방식의 자기통제 전략을 개발할 수 있는 기회를 박탈함으로써, 결과적으로 아동의 실행기능 발달에 악영향을 미칠 수 있다.

아동은 학교나 유치원에 들어가면서 시작하는 단체 생활을 통해 많은 도전을 겪고 성공과 실패를 경험한다. 학교에서는 모든 공간과 자원을 또래와 공유해야 하므로 개인의 욕구가 즉각적으로 원하는 방식으로 충족될 수 없는 상황도 많이 발생한다. 이때 아동이 좌절과 부정적인 정서를 스스로 통제하지 못한다면 학업 성취는 물론 또래 및 교사와의 관계에서도 부정적인 영향이 나타날 것이다. 그런데 가정이라는 안전한 공간(학교보다 사적이고 허용적인 관계로 구성된 공간)에서 자기통제 전략을 개발하고 훈련해야 하는 학령전기에 부모가 아이의 좌절 상황마다 휴대폰을 허용한다면, 이 아동은 미디어 이용 이외의 자기통제 전략을 습득하기 어려울 것이다.

김지선, 이강이(2019)는 부모의 미디어 중재가 5세 아동의 미디어 사용 시간을 조절할 수 있다는 것을 보여 주었다. 스크린 사용 빈도가 높은 부모를 둔 경우 자녀들도 스크린 사용 빈도가 높았다(Beyens & Eggermont, 2014). 즉, 자녀의 미디어 이용에 부모의 영향이 막대한 것이다. 현재 진행되고 있는 많은 연구들은 부모들이 발달 초기(특히 학령기 이전)에 아동을 미디어에 노출시킬 경우 발생할 수 있는 위험은 물론, 자신들이 왜 자녀에게 미디어를 허용하는지에 대해 인식해야 한다고 경고한다. 즉, 단순히 시간의 제한이 아니라 미디어 허용이 아동발달을 위해 필수적으로 요구되는 다른 활동을 저해할 가능성까지 고려한 미디어 중재 방안이 절실히 필요하다.

개념 체크

빈칸에 적절한 말을 써넣으시오.

1 영유아는 동일한 내용을 미디어 화면을 통해 배울 때보다 다른 사람이나 사물과의 직접적인 상호작용을 통해 배울 때 더 잘 학습한다. 이렇게 차이가 나타나는 현상을 .... 이라 한다.

2 미디어의 과도한 이용이 수면의 질에 영향을 줄 수 있는 가능성으로는 청색광선 노출에 의한 .... 분비의 억제와 미디어의 내용적인 측면에 의한 .... 상태의 오랜 유지가 제시되고 있다.

3 다음 중 전달 결핍과 관련된 설명으로 옳지 않은 것은?

① 영유아 시기 전달 결핍 효과는 언어 학습의 영역에서만 발견된다.

② 3세 아동은 터치스크린을 활용하여 간단한 단어를 배울 수 있다.

③ 결핍의 정도는 과제가 복잡할수록 더욱 커진다.

④ 전달 결핍이 발생하는 주요 원인 중 하나는 사회적 상호작용의 부재이다.

⑤ 부모와의 미디어 공유 활동을 통해 15개월 영아도 미디어를 통한 학습이 가능하다.

요약

- **또래관계의 영향**
  - 아동은 2~5세가 되는 시점에 상호작용 놀이를 시작하고 그 양이 늘어나 높은 사회성의 향상을 보인다.
  - 사회적 놀이는 일반적으로 혼자놀이, 평행놀이, 연합놀이, 협동놀이의 4단계로 구분 할 수 있다.
  - 학령기 아동은 집단 소속감에 대해 매우 중요하게 여기며 이 시기에 또래 집단이 형성된다. 이때 학령기 아동들은 또래 집단 안에서 리더십, 우정, 소속감 등과 같은 다양한 사회적 개념들을 배우며 사회성을 발달시킨다.
  - 청소년 시기가 되면 가정보다는 학교의 또래친구들과 대부분의 시간을 보냄으로써 또래관계가 더욱 중요해진다. 청소년의 좋은 또래관계는 적응적인 학교생활, 진로 정체감, 학업 성취 등에 긍정적인 영향을 미치는 것으로 나타났다.
  - 또래괴롭힘이란 특정 아동이 언어적·신체적 공격이나 다른 형태의 학대 대상이 되는 걸 의미하는데, 피해아동은 부정적인 사회성 발달과 트라우마를 경험하게 된다.

- **학교의 영향**
  - 학령기 아동들의 학교 규칙 준수는 발달에 중요한 영향을 미친다.
  - 청소년들의 학교 적응은 발달에 중요한 요인이며, 적절한 학교 환경은 청소년들의 인지적 능력과 사회성 및 정서적 역량을 함양시킬 수 있다.
  - 학교와 부모 간의 파트너십은 아동의 학교 생활 준비도, 또래놀이 행동, 인지발달, 학업 등에 영향을 미친다.
  - 아동의 발달에 영향을 미칠 수 있는 학교 환경에는 학급의 크기, 학급 활동, 교사-학생 간의 상호작용, 평가 등이 있다.
  - 전통적 학급에서는 교사의 주도하에 학급이 운영되고 구성주의적 학급에서는 학생들의 주도하에 학급이 운영된다. 한편, 사회구성주의적 학급에서는 아동들의 사회성 발달을 강조한다.

- **미디어 환경**
  - 아동과 청소년의 90% 이상이 매일 인터넷을 이용하고, 스마트미디어 기기를 사용한다. 만 2세 이하 영유아의 스마트 기기 이용률도 증가 추세이다.
  - 전통적인 미디어 효과 이론은 자극-반응 이론에 기초하여 이용하는 미디어의 내용에 따라 이용자가 즉각적이고 일관적으로 반응한다고 간주하였다. 현대적인 시각의 이론들은 미디어의 적극적인 사용자로서의 개인의 역할에 집중하고, 미디어 효과의 매개변인으로서의 비미디어 요인의 역할에 관심을 기울인다.
  - 미디어 효과의 변별적 취약성 모델은 미디어 효과에 영향을 미치는 취약성 변인을 규명하고, 미디어 이용으로 인해 발생하는 이용자의 반응상태에 따라 미디어 효과가 결정되는 복합적인 과정을 구체화하였다.
  - 적절차이 가설에 따르면 아동들은 자신이 현재 이해할 수 있으면서 동시에 새로운 재미를 찾을 수 있는 미디어를 좋아한다.
  - 텔레비전 광고는 1세 이하 영아의 주의를 끄는 자극을 제공한다. 배경 텔레비전의 존재는 영아들의 놀이 활동을 방해하고, 부모와의 상호작용의 질을 감소시킨다.
  - 학령전기 아동은 미디어의 내용을 이해할 수 있고, 능동적으로 미디어의 유형과 내용을 선택한다. 그러나 스마트미디어 기기의 다양한 기능을 전부 이해하지는 못한다. 학령전기 아동들은 처리 부담을 줄이기 위해 익숙한 맥락을 담은 콘텐츠를 좋아한다.
  - 학령기가 되면 미디어 이용과 선택에 대한 자율성이 높아지며, 더욱 다양한 상황에서 미디어를 이용한다. 학령기 아동은 정보처리 능력이 비약적으로 증가하면서 복잡한 이야기 구조와 비전형적인 캐릭터를 포함한 미디어 콘텐츠를 선호한다. 하지만 아직 마음이론 발달이 미성숙해 미디어를 이용한 정보 탐색에서 어려움을 겪는다.
  - 청소년기 미디어 이용은 또래와의 애착관계 형성과 또래 집단 문화를 고려해서 이해해야 한다. 청소년은

정체성 탐색의 실험공간으로 소셜미디어를 적극적으로 활용하지만, 그로 인한 심리사회적 어려움을 겪기도 한다.

- **디지털 미디어 효과**
  - 영유아들은 미디어를 통해 배우는 것보다 상대방과의 직접적인 상호작용을 통해 더 잘 배운다. 미디어를 통한 학습에는 면대면 학습에 비해 그 효과가 50% 정도 감소하는 전달 결핍이 존재한다.
  - 부모와 또래와의 공동미디어 활동을 통해 영유아 미디어 학습의 전달 결핍을 줄일 수 있다.
  - 학령기 아동에게 미디어를 보조자료로 활용한 교수방법은 전반적으로 긍정적인 효과가 있지만, 새로운 시스템 구축과 이용자 교육을 위한 비용을 고려하면 효율이 높지 못하다. 미디어 학습 프로그램은 개별 학습자의 동기 수준을 유지하고, 개인 역량에 맞춘

전략의 제시와 훈련을 통해 기존 교수방법을 보완할 수 있다.
  - 과도한 미디어 사용은 수면을 질과 양을 저하하여 아동의 신체적, 심리적 건강에 악영향을 미친다. 그러나 신체활동을 줄이거나 비만율을 높인다는 가설에 대한 증거는 부족하다.
  - 미디어는 영유아에게 일반적으로 기대되는 것보다 훨씬 더 강도 높은 자극을 제공하여 영유아 두뇌 활동양상 자체를 변화시킬 수 있고(과도한 자극 가설), 이는 주의, 인지, 행동의 측면에서 장기적으로는 부정적 영향을 미친다.
  - 미디어 이용 시간의 증가로 인해 또래와 부모와의 상호작용을 통한 사회적 기술 습득이 방해를 받을 수 있고, 좌절 상황마다 미디어를 이용하여 자기통제를 시도하는 것은 결과적으로 아동의 실행기능 발달에 악영향을 미칠 수 있다(기술 방해 가설).

연습문제

1. 다음의 설명에 해당하는 사회적 놀이는 무엇인가?

> 요즘 준서와 민아는 병원놀이에 심취해 있다. 민아는 의사 역할을 하고 준서는 간호사 역할을 하며 가상의 상황을 설정하여 논다. 때로는 환자 역할을 하는 다른 친구에게 준서와 민아는 깊은 공감을 보이기도 한다.

① 평행놀이
② 연합놀이
③ 협동놀이
④ 사회극 놀이

2. 다음 중 청소년기 또래관계에 대한 설명으로 거리가 먼 것은?

① 청소년기의 원활한 또래관계는 학교생활 적응에 긍정적인 영향을 미친다.
② 청소년기의 또래관계 형성은 청소년 본인들의 과업이기 때문에 부모가 이를 지원할 시에 청소년의 독립성을 저해할 위험이 있다.
③ 청소년기는 또래순응 혹은 또래압력에 민감한 시기이다.
④ 부모의 지지적이고 충분한 관리 감독은 청소년들의 부정적 또래압력에 대한 보호 요인으로 작용할 수 있다.

3. 다음 중 학교가 아동발달에 미치는 영향에 대한 설명으로 거리가 먼 것은?

① 교사와 부모 사이의 건강한 파트너십은 유아의 학교 생활 준비도에 긍정적 영향을 미친다.

② 아동이 학교 규칙을 잘 준수 할수록 아동의 공동체의식은 향상된다.

③ 청소년기의 추론능력과 인지능력은 자연적으로 향상되기 때문에 학교의 적절한 환경은 중요하지 않다.

④ 학교에서 시행하는 봉사활동은 청소년의 진로성숙도에 영향을 미친다.

4. 다음의 설명에 해당하는 교육철학은 무엇인가?

> A 학급의 학생들이 공부하는 방식은 독특하다. 이들은 교사의 수업을 일방적으로 듣는 것이 아닌 소그룹을 만들어 토론 및 논의를 주로 한다. 물론 또래들과의 토론 및 논의를 통해서도 알 수 없는 내용은 교사에게 물어보기는 하지만, 교사가 주도적으로 이끌어 학생들의 토론 및 논의에 관여하지는 않는다. 이 교육철학의 특징은 소그룹 활동을 통한 학습, 논의 및 토의를 바탕으로 한 학습, 자기주도적 문제 해결 능력 향상, 학생의 요구와 필요를 채워주는 교사 등으로 요약될 수 있다.

① 전통적 학급

② 구성주의적 학급

③ 발달중심적 학급

④ 과외활동중심 학급

5. 미디어의 과도한 이용이 아동에게 미칠 수 있는 영향에 대한 설명이다. 다음 중 옳은 것을 모두 고르시오(3개).

① 미디어 노출의 양이 많은 아동일수록 비만일 확률이 높다는 가설에 대한 일관적인 실험 증거가 존재한다.

② 수면 공간(침실)에서의 미디어 이용 여부는 청소년의 높은 우울과 함께 외현적인 행동 문제와도 깊게 연관된다.

③ 저녁 시간에 스크린 미디어를 이용하는 것은 2세 이하 영아들의 수면시간에도 영향을 미친다.

④ 미디어가 제공하는 자극은 어린 아동의 일상 자극 수준과 비슷하므로, 더욱 빠르고 효율적인 두뇌 시스템의 발달을 돕는다.

⑤ 최근 20년간 급속하게 증가된 아동기 주의 관련 문제행동의 원인으로서 디지털 미디어의 등장 등 환경적 요인 변화에 대한 관심이 증가하고 있다.

6. 미디어 이용이 아동기 실행기능 발달에 미칠 수 있는 영향으로 옳지 않은 것은?

① 흥분상태의 어린 아동을 진정시키기 위해 휴대폰을 건네주는 것은 아동과 부모 모두에게 자기통제 전략을 개발할 수 있는 기회를 박탈할 수 있다.

② 부모의 미디어 이용은 아동에게 아무런 영향을 미치지 못한다.

③ 생후 4개월 때 미디어를 사용했던 영아의 10개월 후 억제 통제 과제의 수행이 사용하지 않았던 아동에 비해 현저하게 낮았다.

④ 부모의 미디어 중재 전략은 아동의 미디어 사용 시간을 조절할 수 있다.

⑤ 부모의 스크린 사용 빈도가 높을수록 자녀들의 사용 빈도도 높다.

"살아가는 지혜의 절반은
회복력이다"
— 알랭 드 보통 Alain de Botton

이상발달

13

앞 장들에서는 아동발달의 다양한 분야에서 정상발달에 대한 연구들을 자세히 살펴보았다. 이 장에서는 아동의 발달이 정상적인 발달 경로를 따르지 못하는 것, 즉 이상발달(atypical development)에 대해 다룰 것이다. 이상발달에서는 대부분의 아동들에게 나타나는 발달 과정 혹은 결과와 다른 모습을 보이는 현상에 주목한다. 아동의 발달이 정상적인 경로를 이탈하는 경우는 크게 두 가지로 나눌 수 있다. 첫째, 발달이 대부분의 아동들보다 심하게 빠르거나 느리게 진행되는 경우이다. 이러한 이상발달은 정상적인 발달에 대한 개인차에서 극단의 형태를 보이는 경우이다. 둘째, 정상발달과 질적으로 다른 발달 양상을 보이는 경우이다. 가령 타인의 시선을 피하고 눈맞춤을 하지 않으며, 반짝거리는 불빛이나 회전하는 물체를 쳐다보는 것에만 몰두하는 아동을 떠올려 보자. 정상적인 발달 경로에서는 거의 나타나지 않는 이러한 행동을 과도하게 보이는 아동은 사람에 대한 관심과 상호작용이 결핍되며 대인관계를 맺는 데 질적인 결함을 나타낼 수 있다. 여태까지 이러한 이상발달의 양상과 원인 및 예후에 대한 연구는 치료와 개입을 통해 '장애' 아동의 이상행동을 줄이고 정상적인 발달을 촉진하는 데 주된 목적을 두었다. 그러나 이상발달 혹은 발달정신병리 관점에서는 '장애' 혹은 '정신병리'의 영역으로 구분했던 아동의 행동을 발달적 맥락에서 파악하고 이해하고자 한다. 이를 통해 아동이 정상적인 발달 과정을 따르지 못하게 하는 비정상적인 경로를 찾아내고 기술하여 관련된 요인들을 파악할 수 있다. 이상발달에 대한 연구는 비정상적인 경로를 밟고 있는 아동들에게 적절한 개입방법을 제안할 뿐 아니라, 개인 혹은 집단이 비정상적인 경로를 따를 가능성을 예측하고 조절하며 예방하는 데 필요한 이론적·실제적 정보를 제공한다. 더불어 정상발달 과정에 대한 이해가 정상적인 경로를 이탈한 발달 과정의 핵심적인 문제를 찾아내는 데 도움을 주는 것과 마찬가지로, 이상발달의 본질과 발달 경로를 밝히는 것은 정상발달 과정과 기제를 파악하는 데 중요한 역할을 한다.

1. 이상발달의 핵심 개념

여기서는 아동의 이상발달에 관한 논의에서 핵심적인 개념들을 다루고자 한다. 즉, 정상과 이상의 정의, 발달의 연속성과 불연속성, 발달 경로 등 발달을 바라보는 관점에 대해 고찰하고, 위험 요인, 취약성, 적응 유연성, 보호 요인 등 발달에 영향을 미치는 요인들의 의미를 개괄한다.

1) 정상과 이상

아동의 발달에서 정상적인 경로를 벗어난 상태를 주로 '아동 정신장애' 혹은 '아동 정신병리'라고 명명한다. 아동 정신장애는 적응적 기능이 붕괴된 경우, 대부분의 아동이 보이는 성향에서 통계적으로 이탈된 경우, 또는 생물학적인 손상이 일어난 경우와 같은 의미로 개념화되어 왔다. 그러나 정상과 비정상의 경계를 정의하는 것이나 정상적인 변이와 장애의 차이를 구분하는 것은 임의적인 과정이기에 상당히 논쟁적이다. 이처럼 둘 사이에 분명한 경계가 있는 것이 아니라 하더라도, 어떤 아동이 '장애'를 가지고 있다고 진단되고 이에 필요한 특수한 교육이나 치료를 제공받아서 정상발달 경로를 따르는 데 이익을 얻을 수 있다면 정상과 비정상 간의 구분은 유용하다고 볼 수 있다.

이상발달을 정상발달 경로에서 벗어난 발달이라고 규정하기는 쉽지만, 여기에는 몇 가지 유의할 점이 있다. 첫째, 아동의 발달 수준이 또래 아동들의 일반적인 양상과 규준적 발달 기능에서 벗어난 것인지 알아보아야 한다. 둘째, 단순히 장애의 증상이 없으면 적응했다고 보거나 장애의 증상이 있으면 무조건 부적응이라고 보아서는 안 된다. 장애의 증상이 나타나지 않더라도 심리적·신체적·지적으로, 그리고 대인관계의 측면에서 자원을 가지고 있지 않다면 충분히 적응적인 발달을 보인다고 말할 수 없다. 또한 장애의 증상이 나타난다고 해서 그 증상이 반드시 아동의 발달에 전반적으로 부정적인 영향을 미치는 것은 아니다(Barkley, 2012; Gorden et al., 2006). 셋째, 장애를 보이는 아동은 진단된 장애의 핵심적인 문제 이외에 다른 측면에서도 적응의 어려움을 보일 수 있다. 가령 ADHD로 진단된 아동은 과잉행동/충동성과 부주의라는 핵심 증상 이외에도 의사소통, 학습 및 대인관계에서 저조한 기능을 보이는 경우가 많다. 넷째, 장애가 있는 아동들도 잘 기능하는 영역이 있으므로 아동의 장점을 이해하고 이를 활용한 치료적 개입방법을 찾는 것이 중요하다. 다섯째, 아동은 발달과정에서 잘 기능하다가도 역기능적인 모습을 보이는 변화가 나타난다. 즉, 발달의 상승과 하락을 보인다. 여섯째, 특정한 발달 시점에 아동이 부적응을 보이지 않는 것으로 분류되더라도, 아동은 덜 심각한 수준으로 부적응을 보이고 있는 것일 수도 있고, 진행될 장애의 초기 상태에 있는 것일 수도 있다.

아동의 발달 과정 및 정신병리를 이해하기 위해서는 아동발달의 정상과 비정상적 기능 모두를 연구해야 한다. 즉, 정상발달 과정에 대한 연구(Lewis, 2000), 규준적인 발달 표본에 대한 조사(Ialongo, Kellam, & Poduska, 2000), 그리고 다양한 역경을 딛고 적응적 발달에 이른 아동의 적응 유연성(resilience)에 대한 연구(Masten & Cicchetti, 2010)가 종합적으로 필요하다.

2) 발달적 연속성과 불연속성

정신병리에 대한 발달적 관점에서는 비정상적인 발달 경로가 한번 시작되면 이후의 발달 과정에서도 지속되는지, 아니면 시간이 지나면서 발달 경로가 달라질 수 있는지에 관심을 가진다. 이러한 관심은 장애의 지속성에 대한 연구, 아동기와 청소년기 및 성인기에 나타나는 장애들 간의 관계에 대한 연구로 이어졌다(Caspi, 2000; Rutter, Kim-Cohen, & Maughan, 2006; Schulenberg, Sameroff, & Cicchetti, 2004). 이러한 연구들에서 아동기에 나타난 장애가 성인기까지 이어진다는 연속성을 지지하는 증거는 불분명하며, 연구 대상과 측정 도구 및 장애의 유형 등 여러 요인에 따라 연구 결과에서 차이가 있었다(Garber, 1984). 여러 문헌에서는 아동기에 나타난 정신병리가 일부 장애에서는 성인기로 연속되지만 모두 연속되지는 않는다고 시사한다.

그러나 발달적 연속성이 드러나는 사례도 확인된다. 발달 초기의 이상인 다운증후군이나 지적 장애 등은 영아기나 아동기의 발달 문제가 이후의 발달 시기까지 지속되는 대표적인 예이다. 또한 발달 초기에 아동이 환경에 적응하기 위해 습득한 행동 양식이 나이가 들어 환경이 바뀌면서 부적응을 초래하는 경우도 있다.

부적응이 발달 초기부터 이후까지 연속되더라도 그 증상이 항상 동일하게 나타나는 것은 아니다. 이에 대해 연구자들은 시간이 지나면서 개인의 행동 표현은 달라지지만 사람이 자신의 경험을 구조화하고 환경에 반응하는 적응적 혹은 부적응적 패턴은 일관적일 수 있다고 설명한다(Garber, 1984). 즉, 특정한 증상보다는 행동 패턴이 연속되는 것이 일반적이다. 예를 들어 내적 작동모델의 발달을 살펴보면(Bowlby, 1988; Goldberg, 1991), 발달 초기에 경험한 애착과 대인관계를 통해 형성되는 아동의 내적 작동모델은 인간관계를 해석하는 방식으로서 이후에도 비교적 안정적으로 작동하지만, 타인에 대한 행동 표현은 나이가 들면서 달라진다. 즉, 겉으로 드러나는 행동은 다를지라도 그 행동에 영향을 미치는 내면의 패턴은 유지되는 것이다.

결론적으로 발달에는 연속성과 불연속성이 모두 존재하며, 그 정도는 환경의 변화 그리고 환경과 아동 간의 교류에 따라 달라진다고 볼 수 있다.

3) 발달 경로

부적응적인 행동은 한순간에 갑자기 나타나는 것이 아니라, 아동과 환경의 상호 교류 과정에서 서서히 생겨난다. 적응과 부적응이 나타난 발달 경로를 설명할 수 있으면 아동의 이상발달을 더욱 잘 이해할 수 있다. 발달 경로를 직접 관찰할 수는 없지만 시간에 따라 반복해서 평가하는 방법으로 추론하는 것은 가능하며, 이러한 발달 경로는 발달 과정을 종합하고 통합하기 위한 틀로 사용될 수 있다(Loeber, 1991; Pickles & Hill, 2006). 발달 경로는 행동의 연속성과 변화에서 순서와 시기를 보여 주며, 이상적으로는 행동들이 연속적으로 일어날 확률에 대해 알려 준다(Loeber, 1991). 즉, 발달 경로라는 것은 앞서 일어난 일로 이후의 발달 결과가 확정된다는 것이 아니라, 그러한 결과를 만들어 내거나 제한하는 데 영향을 미친다는 관점에서 이해해야 한다. 그러므로 아동들이 이전에 같은 사건을 경험했다고 해서 이후에 모두 같은 결과에 다다를 것이라고 예상할 수 없고, 같은 발달 결과를 보인 아동들이 이전에 동일한 사건을 경험했을 것이라고 볼 수도 없다.

이렇듯 교류적이고 확률적인 발달의 성격을 동일결말(equifinality)과 다중결말(multifinality)이라는 원리로 설명할 수 있다(490쪽 그림 13-1 참조). 동일결말은 발달 경로의 출발점이 다양하지만 같은 결과에 도달한 것을 의미한다. 가령 동일하게 비행행동을 보이는 청소년들의 경우에도 그 원인은 유전적 영향, 가족 간의 관계, 또래와의 경험 등 서로 다를 수 있다. 다중결말이란 유사한 경험이나 현상이 상이한 발달 결과로 이어지는 것이다. 이는 발달 초기에 출발선이 비슷했던 아동들이 나중에 적응을 보이기도 하고 부적응을 보이기도 하는

그림 13-1 **동일결말과 다중결말의 경로**

상황을 설명한다. 예를 들어, 아동학대를 경험한 아동들이 성인기에 다양한 정신병리를 나타내기도 하지만 건강한 적응을 보이기도 하는 경우가 해당된다.

동일결말과 다중결말의 원리는 행동 발달에 대한 복잡성을 보여 준다. 이 때문에 발달 경로에서 어떤 결과가 발생할지 알아내는 것은 매우 어려운 일이다. 다음에서 설명하는 발달의 위험 요인 및 보호 요인과 취약성 및 적응 유연성 개념은 발달 문제가 나타나는 과정을 이해하는 데 도움이 된다.

4) 위험 요인과 보호 요인

위험 요인(risk)은 부적응에 선행하거나 부적응의 발생 가능성을 높이는 요인을 말한다. 발달에 대한 위험에는 흔히 부정적인 결과를 이끄는 것으로 알려진 아동 개인의 특성과 극단적이고 해로운 환경이 있으며, 여기에는 아동의 까다로운 기질(Ingram & Price, 2001; Rothbart, Ahadi, & Evans, 2000), 극심한 가난 또는 학대 등 다양한 요인들이 포함된다.

발달의 보호 요인은 아동 내적 요인, 가족 요인 및 지역사회 요인으로 나누어 볼 수 있는데(Osofsky & Thompson, 2000; Werner & Smith, 1992), 우선 아동의 내적 보호 요인으로는 순한 기질, 자율성, 효율적인 대처 전략, 높은 지능과 학업 능력, 의사소통과 문제 해결 기술, 높은 자존감, 긍정적인 정서, 높은 자기효능감, 유전적 요인 등이 있다. 가족 보호 요인으로는 아동의 요구에 민감한 가족 구성원과 안정되고 신뢰로운 관계를 형성하는 것, 긍정적인 양육, 보육과 같은 가용한 자원 등을 포함한다(Werner & Smith, 1992). 지역사회 보호 요인에는 아동을 염려해 주는 이웃과 지역사회의 어른, 친밀한 또래관계, 지지적인 교사와 효과적인 학교 환경 등이 있다.

5) 취약성과 적응 유연성

위험 요인을 많이 가졌거나 그 수준이 높아 부정적인 발달 결과를 보이는 경우 또는 정신병리를 발달시킬 것으로 예상되는 고위험 조건의 아동을 취약한 아동이라고 한다(Rutter, 1985). 취약성(vulnerability)은 유전적 상태와 같이 선천적인 것도 있고, 경험을 통해 습득된 부정적인 대응 방식처럼 후천적인 것도 있다.

이상발달에 대한 연구는 주로 정상발달에서의 이탈과 부적응을 초래하는 발달 경로 및 위험 요인들을 밝히는 데 초점을 두었다. 이로 인해 적응적이거나 유능한 발달 결과와 이에 이르는 발달 과정에 대한 연구는 덜 중요시되었고, 특히 발달에 해로운 환경이나 사건을 경험하고도 건강한 발달을 이룬 아동들을 이해할 기회를 충분히 갖지 못하였다. 이러한 아동들을 통해 불우한 생활환경, 발달 초기의 대인적 갈등, 외상적 사건 등이 반드시 부정적인 발달 결과를 초래하는 것은 아님을 알 수 있다. 이는 발달 경로를 거치면서 많은 요인들이 전환점을 제공할 수 있고, 우호적인 또래관계나 우수한 학업 수행 등의 발달 과업 성공을 통해 아동이 더 적응적인 궤도로 이동할 수 있다는 것을 보여 준다. 그렇기에 이제는 부정적인 발달 결과에 이르는 위험 요인을 경험하고도 성공적인 적응을 이룬 아동들이 가진 조건이나 보호 요인, 발달 경로를 연구해야 한다는 인식이 많아지고 있다(Cicchetti & Garmezy, 1993; Masten & Wright, 2010).

발달 과정에서 심각한 역경과 위험을 경험한 아동이 성공적인 발달적 적응을 이루는 것을 적응 유연성 혹은 탄력성(resilience)의 개념으로 설명할 수 있다. 적응 유연성이란 '높은 위험에 처해도 긍정적 적응을 하게 하는 역동적 과정(Luthar, Cicchetti, & Becker, 2000, p. 543)'이라고 정의되며, 발달에 큰 위협을 초래하는 사건을 경험했음에도 불구하고 성공적 적응을 하는 일련의 현상(Masten et al., 1999)을 의미한다.

적응 유연성이라 일컬어지는 특성은 일반적으로 다음과 같은 작용을 한

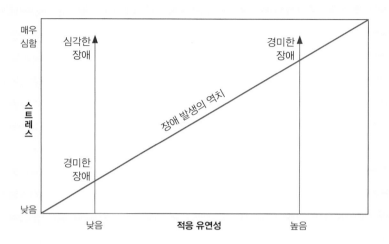

그림 13-2 **스트레스와 적응 유연성 수준과의 관계**
출처: Ingram & Luxton(2005).

다(Werner, 1995). 첫째, 정신병리를 일으킬 만큼 심각한 위험에 처했지만 부정적 결과가 아닌 긍정적인 발달 결과를 성취한다. 둘째, 스트레스를 겪고 있음에도 불구하고 지속적으로 유능성을 발휘한다. 셋째, 외상적인 경험을 극복한다.

적응 유연성은 취약성과 반대되는 것으로 볼 수 있으며, 이 둘은 연속선의 양 끝에서 다양한 스트레스와 상호작용한다(Ingram & Luxton, 2005). 적응 유연성이 높으면(즉, 취약성이 낮으면) 스트레스를 심하게 받을 경우에 심리적 장애가 발생한다. 반대로 적응 유연성이 낮으면(즉, 취약성이 높으면) 약간의 스트레스를 겪어도 경미한 장애를 보일 수 있고 심하게 겪게 되면 장애의 심각성도 커진다(그림 13-2 참조).

적응 유연성에 대한 연구는 용어, 개념적 틀, 방법론적 접근에 대한 일치가 부족하다는 한계를 갖고 있다(Luthar et al., 2000; Masten, 2011; Rutter, 2000). 적응 유연성은 모든 아동에게 보편적이고 고정된 속성으로 정의될 수 없으며, 오랜 시간 작용하는 다양한 유형의 역동적 과정으로 보는 것이 중요하다. 한 아동이 특정한 스트레스에 대해서는 탄력적이지만 다른 스트레스에 대해서는 적응 유연성을 보이지 않을 수 있으며, 적응 유연성이 시간과 맥락에 따라 다르게 나타날 수도 있다(Rutter, 2012). 하지만 적응 유연성 개념은 아동과 환경 간의 역동적 관계를 설명하고, 정상발달 및 이탈과 관련해 다양한 요인을 보여 준다는 점에서 발달적 의미를 갖는다(Rutter, 2006; Shiner & Masten, 2012).

개념 체크 ▲

빈칸에 적절한 말을 써넣으시오.

1 .... 는 아동발달에서 행동의 연속성과 변화에 순서와 시기를 보여 주며, 이상적으로는 행동들이 연속적으로 일어날 확률에 대해 알려 준다.

2 아동발달에서는 이전 사건이 이후의 발달 결과에 영향을 미치는 경로를 두 가지 원리로 설명한다. .... 이란 발달 경로의 출발점이 다양하지만 같은 결과에 도달한 것을 의미하며, ... 이란 유사한 경험이나 현상이 서로 다른 발달 결과에 이른 것을 말한다.

3 발달 과정에서 심각한 역경과 위험을 경험한 아동이 성공적인 발달적 적응을 이룬다는 의미를 .... 의 개념으로 설명하며, 이와 반대되는 개념으로 아동이 위험 요인에 처하여 부적응적인 발달 결과나 정신병리를 보일 경향성을 .... 이라고 한다.

다음 문장이 맞는지 틀리는지 ○, ×로 표시하시오.

4 (   ) 장애의 증상을 보이지 않으면 적응적인 발달이며, 증상이 있으면 무조건 부적응적인 이상발달 상태이다.

5 (   ) 발달의 어느 한 시점의 적응 수준은 이후의 적응 수준을 항상 예측해 준다.

6 (   ) 다운증후군이나 지적 장애는 발달 문제가 지속되는 발달의 연속성을 보이는 예이다.

---

2. 발달의 위험 요인

발달의 위험 요인은 개인, 가족, 또래, 학교, 지역사회, 자연 및 사회적 환경에서 일어날 수 있는 부정적인 조건이나 사건을 포함한다. 표 13-1은 아동발달의 위험 요인에 대한 목록이다. 이러한 위험 요인으로 인해 아동은 자신의 신체를 보호하고, 정서적으로 안정되며, 양육자와 애착을 형성하고, 긍정적인 사회적 상호작용을 나누는 데 결핍을 겪고 발달에 위협을 받는다. 위험 요인에 노출되

표 13-1 **아동발달에 대한 위험 요인의 예**

영역	요인
아동 특성	유전자 이상, 태아기와 출산 시의 합병증, 까다로운 기질, 낮은 지능과 학습장애, 사회성 부족
부모 특성	정신병리, 물질 남용, 낮은 소득과 교육 수준
가족 특성	부부 불화와 이혼, 부모의 사망, 가혹한 양육, 학대, 빈곤
또래	또래 거부, 비행 친구
학교	교사의 자격 미달, 학교 자원의 결여
지역사회	무질서, 괴롭힘, 빈곤, 범죄, 폭력, 사회적 차별, 인종차별, 편견
스트레스 생활사건 및 비극적 사건	좌절 경험, 이사, 전쟁, 자연재해

면 그 당시뿐만 아니라 발달의 전 과정에서 적응의 어려움을 경험할 수 있다. 이 절에서는 아동이 경험할 수 있는 발달 위험 요인의 종류와 영향에 대해서 알아보고자 한다.

위험 요인의 영향은 발달 시기에 따라 달라진다. 발달 초기에는 생존을 위해 가족에게 절대적으로 의존하고 있으므로 부모와 양육자, 가족과 관련된 위험 요인에 매우 취약하다. 반면 청소년은 가족 외의 다른 사회적 환경과 관련된 위험 요인, 가령 또래와 학교 및 지역사회의 위험 요인에 더 영향을 받을 수 있다.

1) 부모 및 가족 특성

부모와 관련된 위험 요인의 영향을 알아보기 위해 부모의 불화와 이혼, 부모의 사망, 아동학대, 부모의 심리적 장애, 그리고 사회경제적 수준과 관련한 발달 연구를 살펴볼 수 있다.

(1) 불화와 이혼

부모의 이혼으로 인한 가족의 붕괴는 아동이 심리적 · 행동적 · 학업적 · 사회적 문제를 나타낼 위험성을 증가시킨다. 한부모가정에서 자란 아동이 두 명의 부모가 있는 가정에서 자란 아동보다 광범위한 영역에서 덜 성공적이고 평균에 머무르는 성과를 보였다는 연구가 있다(Hetherington & Kelly, 2002). 또한 부부 간 불화로 인해 심한 갈등을 경험하고, 한쪽 부모와 만나지 못하며, 부모가 정신건강의 문제가 있고 경제적으로 불안정하며, 여러 번의 결혼 경험이 있는 이혼한 부모의 자녀들이 발달상 위험이 가장 컸다(Hetherington & Elmore, 2003). 이혼가정과 재혼가정의 자녀들은 시간이 지나면서 정도가 줄긴 했지만 청소년기와 초기 성인기까지 적응에 어려움을 겪었다(Hetherington, 1989; Hetherington & Kelly, 2002). 특히 부모의 갈등과 이혼을 경험한 사람들은 타인과의 관계에서 어려움의 세대 간 순환(intergenerational cycle of difficulties)을 보이는데, 이들은 가족, 대인관계, 결혼, 직장 문제를 가질 가능성이 더 많았다. 가족 붕괴로 발생하는 가정의 경제적 악화가 반드시 정서 및 행동 문제를 야기하는 것은 아니지만, 이러한 경험을 했던 아동들이 저조한 능력과 성취를 보이는 점에 대한 설명으로 가정 내 문제가 핵심적이었다(Duncan et al., 1998).

(2) 부모의 사망

부모의 사망은 아동에게 가장 즉각적인 외상이 된다(Ribbens & McCarthy, 2006). 부모와 이별하는 과정은 가족의 재구성, 아동에 대한 새로운 기대, 남은 부모의 슬픔, 죽음에 대한 상기 등의 부가적인 스트레스 요인으로 인해 악화될 수 있다(Haine & Ayers, 2003). 그러나 부모의 사망은 부모의 이혼보다 아동에게 부정적인 영향을 덜 준다는 연구가 있으며(Biblarz & Gottainer, 2000), 일반적으로 장기적인 면에서는 아동의 적응에 비교적 크지 않은 영향을 준다.

(3) 아동학대

부모에 의한 아동학대는 아동발달에 심각한 위험을 준다. 학대는 아동의 성공적인 발달에 필요한 기본적인 환경에서 극심하게 벗어난 상태이며, 학대받은 아동은 적응 유연성을 갖기가 매우 어렵다(Cicchetti & Lynch, 1995). 더욱이 아동학대는 부부의 불화와 갈등, 부모의 정신병리, 부모의 물질 남용, 빈곤과

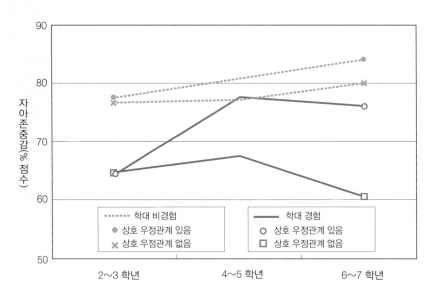

그림 13-3 긍정적인 또래관계 유무에 따른 학대 아동의 자아존중감 발달 비교
출처: Bolger & Patterson(2003).

같은 다른 환경적 위험을 동반하는 경우가 많다(Lynch & Cicchetti, 1998). 학대
받는 아동의 생활에는 좋은 양육과 같은 보호 요인이 없다(Bolger & Patterson,
2003). 학대를 받았음에도 불구하고 적응적인 발달 결과에 도달하는 아동들이
있는데, 학대가 시작되었을 때 나이가 많고 학대받은 기간이 상대적으로 짧으
며 덜 심각하고 덜 광범위한 학대를 경험한 아동들이 적응 유연성을 보일 가능
성이 더 많다(Bogler & Patterson, 2003). 연구에 따르면 학대받은 아동들도 '절
친(Best Friend)'이 있는 경우 학년이 올라갈수록 자아존중감이 크게 상승하는
반면, 그렇지 않은 경우는 하락하였다(그림 13-3 참조). 즉, 가정에서 학대를 받
은 아동들도 가정 밖에서 상호 호혜적인 대인관계를 갖는 경험을 통해 적응 유
연성을 키우며 긍정적인 발달 결과를 보일 수 있다.

(4) 부모의 정신건강 문제 및 약물 남용

부모의 정신건강 문제와 약물 남용도 아동의 다양한 발달적 어려움과 관
련을 보인다(Luthar et al., 2003; Rutter, 1979; Sameroff & Seifer, 1987; Sameroff
et al., 1993; Werner, 1993). 특히 이 문제는 다른 위험 요인들이 함께 나타나는

경우가 많아 아동에게 직접적인 영향을 주는 것이 무엇인지 구분하기 어렵다. 가령 약물을 남용하는 부모는 더 심각한 수준의 심리적 장애, 스트레스, 경제적 문제를 보고하는 경향이 있으며(Luthar, D'Avanzo, & Hites, 2003), 심리적 장애를 가진 부모는 가족 내의 대인관계를 손상시킨다. 이러한 부모의 문제를 경험한 아동들은 외상적인 경험을 겪으며 심리적 문제에 대한 취약성이 증가하게 된다(Luthar et al., 1998).

우울한 어머니의 자녀를 대상으로 한 연구 결과, 이들은 부모가 우울증이 아닌 아동보다 주요 우울장애의 위험이 두 배 이상 높았다. 이러한 결과는 유전적 영향의 중요성을 나타내는 것처럼 보이지만 유전자뿐만 아니라 환경 요인들(양육의 질, 생활 스트레스, 결혼 상태 등) 자체가 유전될 수도 있으므로(Goodman & Gotlib, 1999), 부모의 우울증이 아동에게 미치는 영향은 유전과 환경에 걸쳐 광범위하다.

(5) 사회경제적 문제

가족의 수입이 기초 소비 아래로 떨어지는 빈곤은 아동에게 부정적인 발달 결과가 나타날 위험을 증가시킨다. 빈곤이 극단적이고 만성적일수록 아동의 발달에 더 유해한 영향을 미친다. 아동발달에 대한 빈곤의 부정적 효과는 신체적 건강 문제, 낮은 학업 수행과 성취, 정서 및 행동장애 등을 포함한다(McLoyd, 1990, 1998). 빈곤으로 인한 발달적 위험이 가장 심각하다고 말할 수 있는 결정적인 시기는 따로 없지만(Duncan et al., 1994), 초기 아동기에 겪은 가난이 중기 아동기나 청소년기 동안의 빈곤보다 장기적으로 더 해로운 결과를 보인다는 연구가 있다. Duncan 등(1998)의 연구에서 빈곤한 가정의 평균 가족 소득이 1만 달러 증가하는 것은 그 가정의 0~5세 아동의 학교 교육이 1년 증가하는 만큼의 연관성이 있었지만, 아동기 이후에 가족 소득이 증가한 것은 아동에게 통계적으로 유의미한 영향을 미치지 못했다. 1958년, 1970년 출생한 두 집단에서 수집한 자료를 사용한 Schoon 등(2002)의 연구에서도 경제적 빈곤이 학업 성취 및 사회계층 획득에 주는 영향은 초기 아동기에 가장 컸다.

부모의 낮은 사회경제적 지위와 교육 수준은 아동의 인지 및 사회적 발달에 위험 요인이 될 수 있다. 부모의 교육 수준은 자녀가 중요한 교육 자원과 기회에 접근하는 데 영향을 준다. 가족의 크기가 크거나 자녀의 수가 많은 것도 부정적 발달 결과의 위험을 증가시키는데(Rutter, 1979; Sameroff et al., 1987, 1993), 이는 가정 내에서 각각의 가족 구성원이 쓸 수 있는 자원의 양이 감소하기 때문일 것이다.

아동발달에 대한 가정의 사회경제적 문제의 위험성은 집단 특성에 따라 다르고, 발달 결과도 세부적으로 살펴보아야 한다. 백인 아동들에게는 낮은 가정 소득 수준이 신체적 건강에 대한 일관적인 위험 요인으로 작용한 반면, 흑인 아동들에게는 낮은 소득 하나만으로는 위험 요인이 되지 않았고 어머니의 낮은 교육 수준 등 다른 사회적 위험이 동반될 때 아동 건강 문제의 가능성을 증가시켰다(McCauhey & Starfield, 1993). 또한 미국에서 진행한 연구에서는 시골 지역의 빈곤 가정에 대한 소득 중재를 통해 아동의 외현화 문제는 좋아졌지만 내현화 문제는 나아지지 않았다(Costello et al., 2003). 이와 같이 빈곤, 사회경제적 지위, 부모의 교육 수준 등 가정의 사회경제적 문제는 위험 요인이 무엇인지에 따라 아동의 발달 결과가 달라질 수 있고, 같은 위험이라도 대상에 따라 상이한 영향을 줄 수 있다.

2) 지역사회 문제 및 사회적 맥락

가난한 도시에 사는 아동들은 여러 가지로 힘든 상황에 처할 위험이 크다. 이들은 비위생적이고 거주에 부적합한 집에 살고, 좋은 학교와 사회적 자원에 접근하기 어려우며, 비행행동을 보이는 또래나 폭력적인 사건에 노출되기 쉽다. 또한 지역사회의 경제적 결핍이 심리적·행동적 문제 및 낮은 학업 성취와 관련된다는 연구가 증가하고 있다(Gorman-Smith & Tolan, 2003). 가령 가족의 인구학적 특성, 어머니의 우울, 아동의 초기 정신건강 문제를 통제하고 나서도 불리한 지역사회 조건은 내현화 문제 및 더 많은 수의 임상적 문제를 보이는 아동들과 관련되었다(Xue et al., 2005). 영국 아동을 대상으로 한 McCulloch(2006)의 연구에서

외현화 문제 과잉행동과 충동성을 나타내고 타인에게 적대적이거나 공격적인 행동을 보이는 등의 행동적 문제를 가리킨다.
내현화 문제 불안하고 우울하며 위축되고 겁을 내는 등 정서적인 어려움을 나타내는 상태를 의미한다.

도 경제적 빈곤 지역에 거주한다는 점이 가족 요인만큼 외현화 문제 수준을 예측하였다. 지역사회의 경제적 결핍이 아동발달에 영향을 주는 기제를 밝히고자 한 연구에서는 빈곤한 지역에서는 가능한 자원 및 서비스가 제한되고, 긍정적인 역할 모델을 제공하지 못한다는 점을 지적하였다(Leventhal & Brooks-Gunn, 2000). 이에 더하여 범죄율이 높고 위험한 지역에서 성장하는 아동들이 더욱 심한 비행 집단에 노출된다는 점도 부정적인 발달 결과를 야기하는 요인이다(Wikstrom, 1998).

차별이나 인종적 편견과 같은 더 광범위한 사회적 맥락의 위험 요인도 고려할 필요가 있다. 인종차별은 낮은 통제감, 불안, 좌절 같은 많은 심리적 증상과 관련된다(Simons et al., 2002; Szalacha et al., 2003). 인종적 편견과 차별은 아동의 내적 자원에도 영향을 줄 수 있는데, McLoyd(1998)의 연구에서 교사들은 소수민족 아동들에게 더 낮은 기대를 하며 덜 긍정적인 반응을 보였고 이러한 경험이 아동들의 낮은 학업 성취에 영향을 주었다.

3) 스트레스를 유발하는 생활사건과 비극적 사건

스트레스를 주는 생활사건은 사소한 것부터 심각한 것까지 넓은 범위에 걸쳐 있다. 일상적인 대인적 갈등이나 거의 매일 발생하는 좌절 경험도 스트레스를 심화시킬 수 있다. 이러한 생활사건들은 부모에게 많은 영향을 주지만 아동들의 심리적 안녕에도 변화를 초래한다(Ford et al., 2007; Wells & Evans, 2003). 13~17세의 여자 청소년 125명을 대상으로 한 미국의 연구에서 스트레스를 유발하는 생활사건이 정서적 문제에 대한 중요한 예측치로 밝혀졌는데, 이는 인구통계적 특성, 학업 수행, 지각된 안전, 이웃의 질, 종교, 가족 기능, 자존감 같은 많은 변수들을 통제했을 때에도 유의미하였다(Armsrong & Boothroyd, 2007).

자연재해, 전쟁, 기아와 같은 비극적인 사건들은 아동의 발달을 붕괴시킬 수 있다. 이러한 사건으로 인해 아동은 심한 정신적 외상을 겪고 심리적으로 황폐해진다. 가족들의 죽음이나 잔학 행위를 목격하거나, 생존에 필요한 기본적인 조건을 빼앗긴 아동들은 이를 극복하여 정신적으로 건강한 발달을 이루는 데 어려움을 겪는다. 하지만 이러한 아동들이 비극적인 삶의 상태에서 벗어나서 새로운 환경에서 살게 되면 정상적이고 성공적인 발달에 이를 수 있다 (Betancourt et al., 2010).

 더 알아보기

위험 요인의 유형 vs 위험 요인의 개수

발달의 위험 요인에 대한 초기 연구들은 빈곤 혹은 학대와 같은 대표적인 위험 요인 한 가지만을 연구 대상으로 하였으나, 실제 생활에서 아동들은 한 가지 위험만을 경험하지 않고 여러 가지 위험에 동시에 노출되는 것으로 나타났다(Masten & Coatsworth, 1988). 가령 아동학대를 당하는 아동은 동시에 부모의 정신병리, 물질 남용, 빈곤, 부부 불화, 지역사회의 폭력 등 다른 환경적 위협도 함께 경험하는 경향이 있다. 한 가지 위험 요인의 효과는 대단히 크지 않다는 증거가 많으며, 부정적인 발달 결과는 다양한 맥락적 위험 요인이 결합되었을 때 발생한다. 따라서 특정 위험 요인의 노출이 부정적인 발달 결과나 심리적 장애를 가져오는 것이라기보다는 가족 문제, 경제적 곤란, 지역사회 문제, 스트레스를 유발하는 생활사건 등이 누적되면서 아동발달의 유능성이 감소된다고 보아야 한다(Sameroff et al., 2003).

다양한 위험 요인들의 영향을 연구하기 위해 누적 위험모델(cumulative risk model)을 사용한다. 누적 위험모델에서는 각각의 위험 요인을 존재(1) 혹은 부재(0)로 표시하고 이들을 더해서 계산한다. 누적 위험모델을 사용한 연구들은 일반적으로 아동이 경험하는 위험 요인의 수가 많을수록 아동의 발달 결과가 더 나빠진다는 것을 보여 주었다. Rutter(1979)는 정신병리를 보이는 어머니의 10세 자녀들을 대상으로 6개 요인(부모의 심한 불화, 낮은 사회경제적 지위, 큰 가족 크기, 부모의 범죄, 어머니의 정신병리, 자녀를 위탁가정에 맡긴 것)에 근거한 누적 위험점수를 계산하여 연구하였다. 연구 결과에 따르면 특정 위험 요인이 아니라 위험 요인의 수가 아동의

정신적 장애에 영향을 주었다. 위험 요인이 없거나 하나인 가족의 자녀는 심리적 장애 위험이 2%였으나, 네 개이상의 위험 요인이 있는 가족의 자녀는 심리적 장애 위험이 20%까지 증가하였다.

누적 위험모델은 각 위험 요인들이 아동에게 같은 정도의 영향을 준다고 간주하지만, 아동의 발달 결과에 대한 각 위험 요인의 영향력은 서로 다르다. 그러므로 여러 위험 요인을 조사할 때는 개별 위험 요인의 특이성을 고려해 각각의 영향력을 측정해야 한다. Ackerman 등(1999)은 11개 위험 요인과 아동의 행동 문제 간의 관련성을 연구하였는데, 위험 요인들 중에서 부모의 약물 남용이 유일하게 설명력이 높아 다른 위험 요인보다 행동 문제에 대한 영향력이 컸다. 또한 행동 문제의 종류마다 그 행동과 관련된 위험 요인도 다르게 나타났다. 그러므로 특정한 개별 위험 요인의 특이성이 어떤 종류의 행동문제에 특히 더 큰 영향을 미칠 가능성도 중요하게 탐구되어야 할 것이다.

아동의 발달 결과를 더 잘 설명할 수 있는 것이 위험 요인의 특이성인지 전체 위험 요인의 개수인지에 대한 질문에 대해 여러 연구가 진행되었다. Rochester의 종단연구(Sameroff, Seifer, Zax, & Barocas, 1987)에서는 서로 다른 위험 요인을 가지고 있더라도 위험 요인의 총 개수가 5개 이상인 아동들은 이보다 더 적은 개수의 위험 요인을 가진 아동들에 비해 사회정서적 능력의 발달이 더 저조하다는 결과가 나타났다. 연구자들은 아동의 발달 결과를 예측하는 데 중요한 것은 위험 요인의 구성이나 조합이 아니라 위험 요인의 개수라고 결론지었다.

빈칸에 적절한 말을 써넣으시오.

1 발달의 .... 은 개인, 가족, 또래, 학교, 지역사회, 자연 및 사회적 환경에서 일어날 수 있는 부정적인 조건이나 사건을 포함한다.

2 특정한 하나의 위험 요인보다는 여러 가지 위험 요인이 누적되면 아동발달의 유능성이 감소되어 부정적인 발달 결과를 초래할 가능성이 커진다. 다양한 위험 요인의 영향을 연구하는 데에는 .... 모델을 사용한다.

다음 문장이 맞는지 틀리는지 ○, ×로 표시하시오.

3 (　　) 아동이 경험하는 발달의 위험 요인이 결과에 미치는 영향은 아동의 발달적 시기와 크게 상관없이 유사하다.

4 (　　) 정신병리를 가진 부모는 가족의 대인관계를 손상시키므로 아동은 이러한 가족 경험으로 인해 대인적 외상을 갖게 되어 심리적 문제에 대한 취약성이 커진다.

5 (　　) 빈곤으로 인한 부정적인 발달 결과는 빈곤을 겪고 있는 사람과 가정의 특성에 따른 차이가 거의 없이 비슷한 양상을 보인다.

6 (　　) 위험 요인의 유형 혹은 특이성보다는 위험 요인의 전체 개수가 아동의 발달 결과를 더 잘 설명할 수 있다.

3. 발달의 보호 요인

건강한 발달을 위협하는 위험을 겪었음에도 불구하고 성공적인 발달 결과를 나타낸 아동들에 대한 관심이 높아지면서 이를 적응 유연성으로 설명하는 연구가 많이 이루어졌다. 연구에 따르면 이러한 아동들은 자신이 가진 위험 요인을 상쇄할 수 있는 보호 요인을 가지고 있다. 보호 요인은 발달적 역경의 조건에서도 긍정적인 적응을 하는 데 관련되는 사람, 환경, 상황, 사건의 속성들을 말한다(Garmezy, 1983). Garmezy(1993)는 보호 요인을 ① 성별, 지능, 성격과 같은 아동의 개인적 특성, ② 온정, 응집력, 구조와 같은 가족 특성, ③ 또래, 학교와 같은 사회적 지원체계라는 세 가지 부류로 나누어 확인하였다(표 13-2 참조). 이처럼 아동 자신의 특성을 비롯해 가족 특성, 주변 환경의 지원체계 등이

표 13-2 **아동발달에 대한 보호 요인의 예**

영역	요인
아동 특성	높은 지능, 쉬운 기질, 사회적 반응성, 유머, 높은 내적 통제 소재 수준, 긍정적 자기감, 문제 해결 능력, 성별
가족 특성	안정애착, 권위 있는 양육, 부모자녀 긍정적 상호작용, 높은 가족 응집력 및 지원, 부모의 경제적 소득 및 교육 수준
사회적 지원체계	우정, 교사의 지지적 태도 및 지원, 좋은 학교 환경 및 보육시설 환경, 사회적 과정(예: 지각된 사회적 지지, 지역사회 소속감)

보호 요인으로 작용할 수 있다.

발달의 보호 요인을 이해하고자 할 때, 모든 아동들을 항상 긍정적인 발달 결과로 이끌어 주는 보호 요인들을 나열해 특정할 수는 없다는 것을 유념해야 한다. 아동의 연령, 아동이 도달하고자 하는 발달의 목표, 또는 아동이 처한 사회적 맥락 등에 따라 아동의 긍정적인 발달 결과를 촉진하는 요인들은 각기 다르다(Sameroff & Gutman, 2004).

1) 아동 특성

적응 유연성 연구에서 가장 많이 연구된 개인적 특성 변인은 아동의 지적 능력이다. 지능이 학업 성취에 대한 보호 요인이라고 밝힌 연구도 있었지만(Easterbrooks et al., 1993; Garmezy et al., 1984), 다른 연구들에서는 여러 위험 요인을 가진 아동들에게 높은 지능이 학업 성취에 대한 보호 요인이 되지는 못했다(Gutman et al., 2003; Luthar, 1991). 또한 높은 위험 수준에 처한 아동이 청소년이 되면 높은 지능을 학업 성취가 아닌 다른 영역에서 사용한다는 연구도 있다(Luthar, 1991). 그러나 학업 성취가 아닌 사회적 · 정서적 · 행동적 적응을 포함하는 다른 발달 결과들을 조사하면, 지적 능력은 높은 위험 수준을 가진 어린 아동(Flouri et al., 2010) 및 나이 든 아동(Flouri et al., 2011; Flouri & Kallis, 2007; Luthar, 1991) 모두에서 보호 요인으로 작용하였다.

기질과 성격 특성도 아동의 발달에 보호 요인이 될 수 있다. 쉬운 기질, 사회적 반응성, 유머 등의 긍정적인 특성을 가진 아동들은 다른 사람에게 긍정적인 반응과 지원을 끌어내는 경우가 더 많고, 이는 다시 위험 요인을 줄이는 역할을 한다. 아동의 기질은 기분상태, 활동 수준, 산만함, 적응력, 정서적 반응성으로 측정하는데, 쉬운 기질의 영아들은 수줍거나 까다로운 기질의 영아들보다 양육자에게 긍정적인 반응을 끌어내기 쉽다(Werner & Smith, 1992). 반면, 까다로운 기질은 가족 불화를 겪는 가족에게 스트레스를 가중시킴으로써 아동에게 위험 요인으로 작용할 수도 있다(Rutter, 1987). 즉, 갈등이 심하거나 고통을 겪고 있는 부모들이 까다로운 기질의 영아를 양육하는 상황에서는 부모가 자신의 부정적인 정서를 자녀에게 발산할 가능성이 더 많아진다.

자신의 성공과 실패의 원천에 대한 신념을 나타내는 통제 소재(locus of control)도 중요한 보호 요인이다. 지각된 내적 통제 소재 수준이 높은 아동은 자신의 성공과 실패가 자신의 속성과 행동의 결과라고 믿지만, 외적 통제 소재 수준이 높은 아동은 타인이나 운, 운명을 자신의 성공과 실패의 주된 원인으로 생각한다. 높은 수준의 위험을 경험하는 아동이 높은 수준의 지각된 내적 통제 소재를 가진 경우 지각된 외적 통제 소재 수준이 높은 아동보다 정신적으로 더 건강하고 양호한 기능을 발휘하였다(Luthar, 1991; Seifer et al., 1992; Werner, 1993). 또한 낮은 수준의 지각된 내적 통제는 아동에게 우울증과 불안을 증가시켜서 취약성 요인으로 작용할 수도 있다(Peterson & Seligman, 2004).

자신에 대한 긍정적인 이미지, 즉 긍정적 자기감(sense of self)은 스트레스를 경험하는 아동에게 긍정적인 영향을 주며, 지각된 내적 통제와 같이 위험 요인의 효과를 완화하는 다른 특성들의 발달을 촉진한다. 문제 해결 기술과 사회적 지원을 찾는 능력 또한 보호 요인으로 작용하여 이를 가진 아동들은 자신에게 닥친 어려운 상황을 더 적절하게 다룰 수 있다. 반면 스트레스를 극복하는 방법을 배우지 못하고 회피와 같은 비효과적인 대처 기술을 사용하는 아동들은 해로운 상황에 압도되기 쉽다.

2) 가족 특성

영아기와 초기 아동기에 형성되는 부모자녀 애착은 이후 발달 결과에 영향을 주는 중요한 요인이다. 특히 아동과 어머니 사이의 애착 안정성은 위험을 경험하는 아동의 발달에 많은 영향을 준다(Masten & Coatsworth, 1998). 부모와 안정애착을 형성한 아동은 애착 대상을 통해 부정적인 정서를 효과적으로 조절할 수 있으며, 자기가치감, 변화하는 환경을 긍정적으로 극복할 전략, 문제 해결 기술, 사회적 능력 등을 더욱 잘 발달시킬 수 있다. 즉, 안정된 부모자녀 애착은 위험에 노출된 아동에게 보호 요인이 될 뿐만 아니라 미래의 적응 유연성 발달을 촉진한다(Masten & Coatsworth, 1998).

부모의 양육방법도 스트레스에 대한 아동의 반응에 중요한 영향을 준다. Baumrind(1989)는 아동의 발달에 가장 유익한 환경을 제공하는 양육 방식은 권위 있는 양육(authoritative parenting)이라고 보았다. 권위 있는 양육이란 적절한 수준의 구조를 갖추고 일관적인 훈육을 제공하면서 따뜻하고 지지적인 환경을 만드는 방식을 뜻한다. 이는 특히 스트레스를 유발하는 사건과 상황을 겪고 있는 아동들에게 보호 요인이 된다. 가족 해체 같은 가족 스트레스에 노출된 아동들은 권위 있는 양육을 제공하는 부모가 줄 수 있는 부가적인 정서적 지지와 구조를 더 많이 필요로 한다(Hetherington, 1999).

가족 자원인 응집력, 긍정적 상호작용 및 지원 등도 보호 요인으로 작용한다. 부모의 이혼이나 부모와의 사별 같은 심한 스트레스를 겪은 아동들은 더욱 이러한 가족 자원이 필요하다(Haine & Ayers, 2003). 이러한 가족 자원은 아동의 심리적 적응과 부모자녀 상호작용에 영향을 주어 보호 효과를 발휘한다. 가령 가족 응집력은 아동의 지각된 내적 통제 소재와 문제 해결 능력을 강화한다.

가족의 경제적 소득은 특정한 발달적 역경에 대해 보호 요인으로 작용할 수 있다. 예컨대 이혼한 어머니와 함께 사는 자녀들이 아버지에게 재정 지원을 받는 경우 아버지와 더 좋은 관계를 유지하며 더 긍정적인 발달 결과를 보이는 경향이 있었다(Emery, 1999). 부모의 교육 수준도 풍부한 교육 자원 및 기회의 접근을 증가시켜서 아동에게 보호 요인을 제공한다(Masten & Coatsworth, 1998).

3) 사회적 지원체계

사회적 지원체계는 아동이 발달하면서 더욱 중요한 역할을 한다. 또래와의 긍정적인 관계와 우정은 위험 수준이 높은 아동들에게 특히 중요한데, 가족과 긍정적인 상호작용을 하지 못하는 아동이 호혜적이고 긍정적인 우정을 통해 자존감과 정서적 지원을 얻을 수 있기 때문이다. 학대받은 아동은 가정에서 사회적 기술을 배우고 연습할 기회가 없으므로 또래와의 우정이 더욱 중요하다(Bolger & Patterson, 2003). 반면 또래로부터의 거부는 부모의 이혼과 같은 생활 스트레스로 인한 부정적 결과를 더욱 악화시키곤 한다(Hetherington & Elmore, 2003). 또한 비행 친구와 관련되는 것은 취약성 요인으로 작용하여, 비행 친구와 더 많은 시간을 보낼수록 반사회적 행동과 학업 문제를 보일 위험이 더 커진다(Dryfoos, 1991).

위험 수준이 높은 아동에게 좋은 학교 환경은 보호 요인이 된다. 아동기 초기에 경제적 소득이 낮은 환경의 아동들에게 양질의 보육 환경을 제공하는 것은 보호 요인이 된다. 첫돌 전부터 보육시설에 다니기 시작한 가난한 가정의 아동들은 보육시설에 전혀 다니지 않은 비슷한 경제 수준의 아동들보다 읽기 검사 점수가 높았다. 또한 학교에 있는 보육시설에 다니는 것은 빈곤한 환경에서 생활하는 아동들이 우수한 수학 수행을 보이는 경우와 관련이 있었다(Caughy et al., 1994). 교사의 지지적인 태도도 아동발달에 중요한 영향을 준다(Rutter, 1987). Crosnoe 등(2002)은 교사와 가깝고, 성취 동기가 높으며, 학업 성취 수준이 높은 청소년은 비행 친구를 사귈 위험이 적다는 결과를 발견하였다.

지역사회도 위험 수준이 높은 아동들에게 보호 요인이 될 수 있으며(Garbarino, 2001; Gorman-Smith & Tolan, 2003), 이는 사회적 과정을 통해 작용한다. 사회적 과정이란 지각된 사회적 지지와 응집성, 지역사회 내 성인의 아동 및 청소년 지도, 자원봉사기관 참여, 지역사회에 대한 소속감을 말한다(Gorman-Smith & Tolan, 2003). 지역의 사회적 과정은 경제적 수준이 낮은 지역사회에서 빈곤이나 폭력과 같은 구조적인 해로움을 막아 주는 것으로 나타났다(Furstenberg et al., 1993).

빈칸에 적절한 말을 써넣으시오.

1 자신의 성공과 실패의 원천에 대한 신념을 나타내는 .... 는 발달에서 중요한
보호 요인으로 작용한다.

2 .... 은 발달적 역경의 조건에서도 긍정적인 적응을 하는 데 관련되는 사람,
환경, 사건의 속성들을 말한다.

3 부모의 양육방법 유형 중에서 .... 이란 적절한 수준의 구조를 갖추고
일관적인 훈육을 제공하면서 따뜻하고 지지적인 환경을 만드는 방식이며, 스트레스를
경험한 아동에게 발달의 보호 요인이 된다.

다음 문장이 맞는지 틀리는지 ○, ×로 표시하시오.

4 (   ) 쉬운 기질의 영아들은 수줍거나 까다로운 기질의 영아들보다 양육자에게
긍정적인 반응을 끌어내기 쉽다.

5 (   ) 발달에서 고위험에 처한 아동은 내적 통제 소재보다 외적 통제 소재 수준이
높은 경우 정신적으로 더 건강하고 양호한 기능을 발휘하였다.

6 (   ) 학대받은 아동들은 가족에게 사회적 기술을 배우고 연습할 기회가 없으므로
또래와의 긍정적인 우정이나 정서적 지원과 같은 보호 요인을 얻을 수 없다고
예측된다.

4. 아동의 발달정신병리

이 절에서는 발달 결과로 정신병리를 보이는 아동들에 대해 앞서 다룬 이상발
달의 핵심개념을 적용해 연구된 내용을 살펴보려 한다. 아동기 정신장애의 진
단과 평가, 치료에 대한 내용은 이 책의 범위와 주제를 벗어난 내용이기 때문
에 다루지 않는다. 발달심리 연구에서는 정신병리를 아동발달의 연속성과 경
로라는 측면에서 이해하고자 하며, 이 과정에서 발달 결과에 영향을 주는 위험
요인과 보호 요인 및 이러한 요인들의 상호작용에 초점을 두는 것이 중요하다.
발달적인 관점에서 정신병리는 정상 궤도에서 이탈된 발달의 결과이며, 이전
발달 과정에서 비롯된 현 시점의 결과로 간주된다. 그러므로 이탈된 발달 결과
는 당연히 다른 방향으로의 변화 가능성을 내포하고 있다. 이러한 변화는 정상

적인 발달 궤도로 향할 수도 있고 혹은 부정적인 발달 양상의 악순환을 되풀이할 수도 있는 것이다.

여기에서 구체적으로 살펴볼 아동의 정신병리는 적대적 반항장애와 품행장애, 아동기 우울증, 아동기 외상후 스트레스장애, 그리고 신경발달장애인 자폐 스펙트럼 장애와 주의력결핍 과잉행동장애이다. 아동이 어른의 지시를 따르지 않고 고집을 부리거나 반항하는 행동은 발달 과정에서 충분히 예상 가능한 자연스러운 반응이므로 정상발달로 이해할 수 있지만, 이러한 행동을 보이는 상황과 방식이 부적절하거나 그 정도가 심한 경우에는 이상발달의 관점에서 파악하고 적절한 치료를 제공할 필요가 있다. 마찬가지로 발달 과정에서 직면한 좌절이나 상실의 경험으로 인해 아동이 일시적으로 우울감과 무기력감을 느낄 수는 있으나, 이러한 부정적인 감정이 지나치게 심하고 오래 지속된다면 발달의 정상적인 경로를 이탈한 상태인지 파악할 필요가 있다. 이렇듯 발달 과정에서 흔히 보이는 아동의 행동적·정서적 상태가 아동기 품행장애나 우울증으로 이어지는 데에는 여러 위험 요인이 영향을 미쳤을 수 있다. 이러한 아동기 발달 문제에 영향을 주는 위험 요인과 보호 요인을 구체적으로 살펴보면서 발달의 측면에서 아동의 정신병리를 이해해 보고자 한다. 더불어 아동기 외상후 스트레스 장애를 통해 아동기에 충격적인 심리적 외상을 겪게 되었을 때 발달의 경로가 어떻게 달라질 수 있으며, 이때 영향을 주는 요인들은 무엇인지 알아볼 것이다.

마지막으로 신경발달장애 중에서 자폐 스펙트럼 장애와 주의력결핍 과잉행동장애를 살펴볼 것이다. 신경발달장애는 장애의 발현 기저에 신경생물학적 이상이 존재하고 증상이 일생 동안 지속되며 아동기에 진단되는 장애이다. 이러한 두 장애에 대해서는 신경생물학적 기저에서 발현된 장애의 증상과 경과를 더 자세히 알아보면서, 아동의 발달 과정에서 유전과 환경이 상호작용하는 양상을 알아보고자 한다.

1] 적대적 반항장애와 품행장애

적대적 반항장애(oppositional defiant disorder, ODD)와 품행장애(conduct

disorder, CD)는 보통 아동기나 청소년기에 처음 진단된다.『정신질환의 진단 및 통계 편람』제5판(DSM-5, APA, 2013)에서는 파괴적 충동조절 및 품행장애 범주에 포함되어 있다. 이 범주에 속하는 장애들에서는 정서와 행동조절 문제가 주로 나타나며, 타인의 권리를 침해하는 행동을 보이거나 사회적 규준 및 권위적 인물과 심각한 갈등을 보인다(APA, 2013).

진단 기준에 따르면 분노/과민한 기분, 논쟁적/반항적 행동, 보복적 특성이 적어도 6개월 이상 지속되어 나타나는 경우 적대적 반항장애로 진단된다. 품행장애에서는 타인의 기본 권리나 사회적 규준을 어기는 행동이 지속적으로 나타나며, 사람과 동물에 대한 공격성, 재산 파괴, 사기 또는 절도, 심각한 규칙 위반의 증상이 있는지가 진단 시 고려된다.

(1) 위험 요인: 아동의 특성

① 유전적 요인

행동유전학 연구에서 품행 문제에 대한 유전의 영향은 중간 정도로 나타났다(Bornovalova et al., 2010; Gelhorn et al., 2005). 품행 문제를 공격적 행동 유무로 구분했을 때, 공격적 행동을 동반한 품행 문제가 공격적 행동을 보이지 않는 품행 문제보다 유전의 영향이 더 컸다(Eley, Lichtenstein, & Stevenson, 1999). 또한 청소년기에 발병한 품행장애보다는 아동기에 발병한 품행장애에서 유전의 영향이 더 크게 나타났는데(Moffitt, 2003, 2006), 이 결과는 청소년기에 발병한 품행장애가 유전적 요인보다 환경적 요인과 더 관련된다는 점을 보여 준다.

② 인지적 결함

품행장애가 아동기에 발병했을 때는 실행기능과 언어적 능력에 결함을 보이는 경우들이 있었다(Kratzer & Hodgins, 1999; Piquero, 2001; Raine et al., 2002). 품행장애의 인지적 결함을 더 자세히 알아보기 위해서는 품행장애와 관련된 '제한된 친사회적 정서(limited prosocial emotions)'의 개념을 이해할 필요가 있다. DSM-5에서는 품행장애 진단에서 제한된 친사회적 정서를 보이는 경우 별도로 명시하도록 기준을 제시하고 있다. 이 기준에서는 ①후회나 죄책감 결여, ②냉담, 즉 공감의 결여, ③수행에 대한 무관심, ④피상적이거나 결여된 정서 중에서 2개 이상의 특징을 12개월 이상의 기간 동안 대인관계나 사회적 장면에서 보일 경우, 아동이 제한된 친사회적 정서를 나타내고 있다고 판단한다.

품행장애 아동이 제한된 친사회적 정서를 보이는지 여부에 따라 인지적 결함의 유형이 달라진다는 연구 결과가 있다. 제한된 친사회적 정서를 보이지 않는 품행장애 아동은 그러한 특성을 보이는 품행장애 아동에 비해 언어적 능력 발달이 더 저조하고(Loney et al., 1998), 또래의 행동에 대한 적대적 귀인 편향이 더 강하였다(Frick et al., 2003). 한편 제한된 친사회적 정서를 보이는 품행장애 아동은 강화와 처벌과 관련된 학습에 인지적 결함을 보여 역전학습(reversal learning)을 잘하지 못하였다(Fisher & Blair, 1998). 이렇게 강화유관성이 변화하는 학습에 어려움이 있는 아동은 처벌을 받더라도 바람직하지 못한 반응을 중단하지 못하고 지속하기 쉽다. 이 연구는 제한된 친사회적 정서를 보이는 아동들이 단순히 처벌에 반응이 없는 것이 아니라, 이전과 달리 자극에 대한 자신의 반응을 중단해야 처벌을 피할 수 있다는 새로운 강화유관성을 배우지 못한다는 점을 시사한다.

③ 생물학적 요인

품행장애로 진단된 아동과 청소년은 제한된 친사회적 정서를 보이는지에 따라 자극에 대한 심장박동의 변화 혹은 코르티솔 반응과 같은 생물학적 반응에 차이가 나타났다. 제한된 친사회적 정서를 보이는 품행장애 아동은 이러한 특성을 보이지 않는 품행장애 아동에 비해 정서적으로 자극적인 영화를 볼 때 심장박동의 변화가 더 적었다(de Wied et al., 2012). 또한 제한된 친사회적 정서를 보이는 품행장애 아동은 그러한 특성이 없는 품행장애 아동에 비해 실험적으로 유도된 스트레스에 대해서 코르티솔 반응이 둔화되었다(Stadler et al., 2011). 기능성 뇌영상 연구에 따르면 제한된 친사회적 정서를 보이는 품행장애 아동과 청소년은 무서운 얼굴을 보았을 때 우측 편도체의 활동이 통제 집단보다 적었고(Jones et al., 2009; Marsh et al., 2008), 자신이 처벌받는 동안

역전학습 이전에는 강화를 받아 반복해 왔던 반응이지만 현재는 오히려 처벌을 받게 되어 반응을 중지해야 함을 학습하는 것을 말한다.

통제 집단보다 복내측 전전두엽피질에서 비정상적 반응이 나타났다(Finger et al., 2008). 이러한 연구는 제한된 친사회적 정서를 보이는 품행장애 아동과 청소년의 인지 및 정서적 특성 기저의 신경학적 지표를 밝히는 데 도움이 된다.

(2) 위험 요인: 환경적 요인

① 태내 및 초기 아동기에 미치는 요인

어린 시절의 위험 요인 연구에서는 임신 중인 어머니의 흡연이 아동기 품행 문제와 관련된다는 결과가 항상 나타나지만, 어머니에게 물려받은 반사회적 경향성이 이 관계를 얼마나 설명하는지는 밝혀지지 않았다(Latimer et al., 2012; Murray et al., 2010). 적대적 반항장애 및 품행장애와 관련되는 태아기 및 출생 후 첫 5년간의 위험 요인으로는 임신 중 어머니의 흡연 및 음주, 스트레스와 바이러스성 감염, 납 노출, 영양 부족 그리고 입양이 포함된다(Barker & Maughan, 2009; Marcus, Fulton, & Clarke, 2010; Murray et al., 2010; Peticlerc et al., 2009).

② 부모 및 가족 요인

적대적 반항장애 및 품행장애와 관련 있는 가족 요인으로는 낮은 사회 계층, 부모 별거와 어머니의 우울증 등 상당히 많은 위험 요인이 밝혀져 있다(Averdijk et al., 2012; Goodman et al., 2011; Lavigne et al., 2012). 가족 내의 높은 스트레스와 갈등은 품행 문제를 발생시킬 뿐만 아니라 계속되는 스트레스로 품행 문제가 지속되게 한다(Lavigne et al., 2011, 2012). 더욱이 이러한 요인은 다른 요인과 상호작용하여 품행장애를 야기한다. 어머니의 우울증은 과잉행동을 보이는 유아의 이후 적대적 반항장애 발생을 예측하였다(Harvey et al., 2011).

품행 문제가 시작되고 지속되는 데 가장 중요하고 일관적인 영향을 미치는 가족 요인은 역기능적 양육 방식이다. 자녀에 대한 부모 관여의 부재, 지도와 감독의 부족, 부모의 애정 결여, 정적 강화 사용의 실패, 가혹하고 비일관적인 훈육의 사용이 적대적 반항장애 및 품행장애의 발생과 관련된다(Chamberlain et al., 1997; Frick, 2006; Loeber & Stouthamer-Loeber, 1986; Patterson, 1986). 이러한 연구들에서 중요하게 살펴볼 점은 역기능적 양육으로 이어져 아동기 품행 문제를 야기하는 다른 환경 요인(예: 빈곤, 어머니 우울증, 빈번한 가족 갈등)이 많았다는 것이다. 즉, 가족이 처한 환경적 요인이 부모가 적절한 양육 방식보다는 역기능적 양육 방식을 사용하도록 영향을 미쳐서 아동의 품행 문제를 발생시켰을 가능성이 크다.

③ 또래관계

적대적 반항장애나 품행장애로 진단된 아동과 청소년은 또래관계에서 문제를 보이는데, 또래 거부(Dodge, Bates, & Pettit, 1990; Price & Dodge, 1989) 및 비행행동을 보이는 또래와 어울리는 것(McCabe et al., 2001)이 가장 흔하다. 또래관계 문제는 품행장애 아동이 제한된 친사회적 정서를 보이는지에 따라 다른 양상을 보였다. 즉, 제한된 친사회적 정서를 보이지 않는 품행장애 청소년과 비교해서 이러한 특성을 보이는 품행장애 청소년은 집단으로 범죄를 저지를 가능성이 더 컸고 비행을 보이는 또래와 어울릴 가능성도 컸다(Goldweber et al., 2011; Kimonis, Frick, & Barry, 2004; Munoz et al., 2008; Pardini & Loeber, 2008).

집단 괴롭힘 문제를 일으키는 아동·청소년들에게 가장 많이 진단되는 장애가 적대적 반항장애나 품행장애이며, 이들은 주도적 공격성과 반응적 공격성을 모두 보였다(Camodeca et al., 2002; Salmivalli & Nieminen, 2002). 제한된 친사회적 정서를 보이는 품행장애 청소년은 특히 집단 괴롭힘을 주도하거나 이에 가담할 위험이 높다. Viding 등(2009)의 연구에서는 제한된 친사회적 정서와 품행 문제를 둘 다 보이는 11~13세 청소년의 경우 어느 한쪽만 보이는 청소년에 비해 집단 괴롭힘을 더 잘 예측하였다. Fanti와 Kimonis(2012)의 종단연구에서도 품행 문제와 제한된 친사회적 정서 특성을 모두 보이는 청소년이 두 가지 특성이 모두 낮거나 중간 정도인 청소년에 비해 집단 괴롭힘에 관여할 가능성이 가장 높다는 사실을 밝혔다.

(3) 보호 요인

많은 경우에 보호 요인은 위험 요인의 반대이다. 보호 요인은 사회적 지지체계, 긍정적인 기질적 특성 및 좋은 가정환경이라는 세 가지 중요한 범주로 나눌 수 있다(Masten et al., 1999). 발달 과정의 후반부에는 초기의 부정적 영향을 단절시키고 성인기에 새로운 기회를 제공하는 요인(예: 직장, 결혼)이 청소년의 문제행동을 중단시키는 보호 요인이 될 수 있다(Rutter, 2012).

품행 문제의 발생을 막기 위한 중요한 보호 요인으로 어머니의 지지와 반응성 및 어머니-아동 간의 안정애착을 들 수 있으며(Shaw et al., 2003), 이는 특히 제한된 친사회적 정서의 발달과도 관련이 있었다. 처벌을 통해 아이가 부모의 규준을 내면화하도록 하기보다는 자녀와의 긍정적 관계에 집중하는 양육방법이 더 효과적이었다(Kochanska et al., 1997). 이 연구에서는 겁이 없고 외부의 위험한 자극 탐색을 추구하는 기질이라는 위험 요인을 지닌 아동이 따뜻하고 깊이 관여하는 양육을 받았을 때 1년 후에 제한된 친사회적 정서를 덜 보였다. 즉, 아동의 위험 요인이 제한된 친사회적 정서 특성으로 이어지지 않도록 하는 데 양육방법이 중요한 역할을 한 것이다. 이러한 연구는 기질적인 위험 요인으로 인해 심각한 품행 문제를 발달시킬 수 있는 아동을 돕기 위한 보호 요인 연구가 얼마나 중요한지 잘 보여 준다.

2) 아동기 우울증

DSM-5(APA, 2013)에서 제공된 주요 우울장애(Major Depressive Disorder)의 진단 기준은 성인과 아동에게 동일하지만, 아동과 청소년의 진단을 위한 세부 사항이 별도로 제시되어 있다. 주요 우울장애 진단을 위한 주요한 증상 중 하나인 우울한 기분은 아동과 청소년의 경우 과민한 기분(irritable mood)으로 나타날 수 있다. 또한 성인에게 나타나는 체중 감소의 증상은 아동의 경우 체중 증가가 기대치에 미달하는 증상으로 나타날 수 있다.

(1) 위험 요인: 아동의 특성

① 유전적 요인

과민한 기분 DSM에서 사용하는 개념 중 하나로, 쉽게 짜증을 내거나 분노를 표출하는 정서상태를 가리킨다.

우울증은 증상, 심각도, 발병 연령, 진행 경과 및 손상이 매우 다양하며, 아동·청소년기에 나타나는 우울증은 그 자체로 많은 논쟁점이 있어 유전의 영향력에 대한 연구에서 신중한 해석이 필요하다. 우울증이 가계로 유전이 된다는 사실은 선행연구에서 밝혀져 있지만(Rice, Harold, & Thapar, 2002), 우울증은 유전과 환경 모두에서 영향을 받기 때문에, 이 두 요인은 서로 뒤얽혀 있다. Rice(2010)는 아동과 청소년의 쌍생아 연구에서 아동의 경우 환경의 기여가 더 크고 유전의 영향력이 적지만, 청소년은 유전의 영향력이 성인 우울증 정도로 높다고 지적하였다. 우울한 아동을 성인기까지 추적한 종단연구에서도 우울증의 연속성이 비교적 낮다는 것을 발견하여 아동기 우울증에서 유전의 영향력이 적다는 다른 연구 결과와 일치하였다(Harrington et al., 1990; Weissman et al., 1999). 이와 같이 우울증에 대한 유전 가능성은 연령에 따라 차이가 나타날 수 있다.

② 기질

청소년기에 높은 부정적 정서성(negative emotionality)은 우울증상과 직접적인 연관성을 보였다(Krueger, 1999). 또한 기질은 환경 요인이 우울증에 미치는 영향력을 조절하는 것으로 나타났는데, 부정적 정서성이 높은 기질적 취약성이 있는 경우 부정적인 양육 방식(Kiff, Lengua, & Bush, 2011)이나 또래 괴롭힘(Sugimura & Rudolph, 2012)이 우울증에 미치는 영향을 더 크게 만들었다. 한편, 기질은 적응 유연성을 증진할 수도 있어, 부정적 정서성이 낮은 유아에게서는 어머니의 우울증과 자녀의 우울증상 간의 관련성이 약화되었다(Gartstein & Bateman, 2008).

③ 인지적 결함

선택적 주의와 기억에 대한 연구에서 우울한 청소년들은 우울하지 않은 청소년들에 비해 슬픈 얼굴에 주의를 더 많이 기울이고(Hankin et al., 2010), 부정적인 자극을 더 많이 처리하거나 긍정적 자극을 더 적게 처리하는 편향을 보였다(Jacobs et al., 2008). 또한 능력에 대한 자기 평가를 알아본 연구에서 우울한 청소년은 객관적 평가에 비해 자신의 능력을 과소평가하였는데(Brendgen et al., 2002), 이는 자기 평가에 우울증적 편향이 작용했다는 것

> 부정적 정서성 빈번하고 강렬하게 부정적 감정을 경험하는 기질적 경향성을 가리킨다.

을 보여 준다. 일상적인 생활사건에 대한 우울한 청소년의 평가를 알아본 연구에서도 이들은 사건의 부정적 영향력과 사건 발생에 자신이 기여한 정도를 실제보다 과대평가하였다(Krackow & Rudolph, 2008). 이러한 결과는 우울한 청소년이 자신이 경험한 사건의 의미, 원인, 결과를 평가할 때 우울증적 편향이 작용하여 객관적이고 공정한 관점을 갖지 못한다는 인지적 결함을 보여 준다.

이상의 연구들에서 나타난 우울한 청소년의 정보처리 편향은 연구의 방법론적 제약으로 인해 설명에 제한이 있다. 즉, 연구들은 정보처리 편향과 우울증을 동시에 측정하므로 인지적 취약성이 우울증보다 시간적으로 앞선다는 결론을 내리기 어렵다. 그러므로 우울증을 예측하는 스트레스 생활사건과 정보처리 편향이 상호작용한다는 관점에서 우울증의 인지적 취약성에 대한 이해를 넓히는 것이 바람직하다.

(2) 위험 요인: 환경적 요인

① 부모 및 가족 요인

가족 내 스트레스가 많고 지지가 부족한 가정환경을 경험한 청소년들은 우울증이 생길 위험이 높다. 우울한 청소년의 가족은 우울하지 않은 청소년의 가족에 비해 응집력이 떨어지고 갈등이 많으며 부모와 자녀 간 상호작용이 더 부정적이다(Abaied & Rudolph, 2014). 부모자녀 간 높은 갈등, 가족 구성원 간의 강압적이고 부정적인 상호작용, 냉정하고 적대적이며 통제적인 부모는 우울증의 발생을 예측하였다(Schwartz et al., 2011; Soenens et al., 2008).

한편, 청소년의 우울증상이 가족환경을 파괴할 수도 있다. 우울한 청소년은 부모의 지지를 더 적게 받는다고 지각할 가능성이 높고(Needham, 2007), 부모가 적대적이고 가혹하며 일관성이 부족하다고 느낀다(Kim et al., 2003). 우울한 아동과 부모 간에는 부정적인 교류가 많으며 긍정적인 상호작용이 적고(Abaied & Rudolph, 2014), 우울한 아동의 증상과 역기능적인 행동은 부모의 부정적 반응을 불러일으키고 부정적인 부모자녀 관계를 지속시킨다. 결국 가족관계는 청소년 우울증의 예측 요인일 뿐만 아니라 결과라는 것을 많은 증거가 지지한다.

② 또래관계

또래와 긍정적 관계를 형성하고 유지하는 방법을 배우는 것은 아동기의 핵심적 발달 과업이다. 또래관계는 아동기에서 청소년기로 가면서 자신에 대한 가치와 정서적 행복을 느끼는 데 더욱 중요한 요인이 된다(Laursen, 1998). 연구자들은 사회적 위축, 또래로 인한 스트레스 사건에 대한 비효율적인 반응과 같은 또래관계의 어려움이 이후 우울증 발생에 기여한다는 것을 증명하였다(Agoston & Rudolph, 2011; Borelli & Prinstein, 2006; Prinstein et al., 2005). 또한 또래 거부, 따돌림, 빈약한 우정 등의 사회적 어려움을 경험하면 우울증상이 증가하였다(Burton, Stice, & Seely, 2004; Nolan, Flynn, & Garber, 2003; Rudolph et al., 2011).

우울증은 아동의 대인관계 기능을 저하시키는 역할을 한다. 우울한 아동은 또래 간에 갈등이 생겼을 때 협상을 하기 어렵고, 친하지 않은 또래에게 부정적 감정과 불쾌한 반응을 불러일으킨다(Rudolph, Hammen, & Burge, 1994). 이는 우울한 아동의 특성이 또래관계의 상호작용을 어렵게 한다는 것을 보여 준다. 우울증상을 가장 많이 보이는 아동들이 시간이 지나면서 친구를 잃을 가능성이 가장 높게 나타나는 등(van Zalk et al., 2010) 우울증상은 아동의 불안정한 우정관계를 예측하였다(Prinstein et al., 2005). 이러한 연구들은 또래관계의 어려움이 아동과 청소년의 우울증에 대한 선행조건과 결과 둘 다일 수 있음을 보여 준다.

(3) 보호 요인

발달 초기에 부모의 우울증과 같은 불리한 조건을 경험한다고 해서 모든 아동이 건강한 발달 결과에 이르지 못하는 것은 아니다. 어머니의 우울증으로 인해 우울증을 보일 위험이 높은 아동들에 관한 연구를 살펴보면, 긍정적인 양육이 15세의 적응 유연성을 예측하는 중요한 요인임을 나타낸다(Brennan, Le Brocque, & Hammen, 2003). Pargas 등(2010)도 어머니의 긍정적 양육 방식 또는 높은 지능, 높은 자아존중감, 또래관계에서의 사회적 유능감 같은 아동의 개인적 자질들이 20세 때의 적응 유연성을 예측하는 보호 요인이라는 것을 발견하였다.

3) 아동기 외상후 스트레스장애

외상후 스트레스장애(post-traumatic stress disorder, PTSD)는 외상적인 사건을 직접 경험하거나 타인에게 일어난 것을 목격한 후 침습 증상, 회피, 인지와 감정의 부정적 변화, 그리고 각성과 반응성의 변화와 같은 증상을 보이는 장애이다. DSM-5(APA, 2013)에서는 6세 이하의 아동에게 해당하는 진단 기준을 따로 제시하고 있으며, 7세 이상의 진단 기준에도 성인과 달리 아동에게 나타나는 증상의 양상을 세부적으로 설명하고 있다. 가령 외상적인 사건에 대한 고통스러운 기억을 보이는 성인의 증상이 7세 이상의 아동에게는 외상적 사건을 주제로 한 반복적인 놀이 형태로 나타날 수 있다고 명시하였다.

(1) 위험 요인: 사건 관련 요인

① 근접성
외상성 사건의 노출 정도는 유병률과 증상에 영향을 미치는 요인이다. 즉, 사건 노출에 대한 근접성은 높은 수준의 외상후 스트레스와 관련이 있다. 학교 운동장에서 총격 사건이 일어나는 동안 같은 운동장에 있던 아동들은 사건 당시 학교 건물 내부에 있던 아동들에 비해 PTSD 발생률이 더 높았고, 장소에 상관없이 학교에 있던 아동들은 당시 학교에 있지 않았던 아동들보다 PTSD 발생률이 더 높았다(Nader et al., 1990; Pynoos et al., 1987).

② 유형 및 정도
외상성 사건의 유형(Nader, 2008; Brier et al., 2001), 외상의 기간 및 정도(Briere et al., 2001; Clinton & Jenkins-Monroe, 1994), 그리고 외상 발생 당시의 연령(Herman, 1992)이 PTSD 증상에 영향을 미친다고 보고되었다. 통제 불가능한 것으로 지각하는 사건은 더 심한 스트레스 반응을 초래하며(Weigel,

Wertlieb, & Feldstein, 1989), 외상성 사건의 영향이 개인적일수록 아동의 반응이 더 부정적이었다. 예를 들어, 허리케인으로 자신의 집에 큰 피해를 입은 아동들은 이후에 PTSD 증상을 보일 가능성이 더 높았다(Shannon et al., 1994). 또한 위기 동안 아동을 가정에서 분리하면 심각한 결과를 가져올 수 있고(Yule & Williams, 1990), 부모나 형제의 죽음이나 상해도 파괴적인 결과를 초래할 수 있다(Pfefferbaum et al., 1999).

③ 누적 외상

한 가지 이상의 외상성 사건을 경험하는 경우 다양한 범주의 외상을 보고한다(Finkelhor et al., 2007; Green et al., 2010; Martin et al., 2013). 한 유형의 피해(예: 폭행)를 겪은 사람이 추가적으로 다양한 형태의 피해(예: 폭행뿐 아니라 절도, 괴롭힘, 또는 외상 목격)를 다수 경험하는 것을 누적 외상 또는 중복 피해라하며, 아동학대, 가정 내 폭력, 집단학살, 전쟁과 같은 외상의 생존자들에게서 자주 보고된다(Cloitre et al., 2009).

복합적인 외상을 겪은 사람들, 특히 아동기에 가정 내 폭력과 같은 외상을 경험한 경우 단일한 외상에 노출된 사람들에 비해 만성적인 정신 및 신체적 건강 문제(예: 공격성, 불안, 우울, 수면장애, 신체화, 물질 남용)를 겪기 쉽다(Anda et al., 2006; Finkelhor et al., 2007; Green et al., 2010). 또한 중복 피해 경험은 불안, 우울증, 분노/공격성의 수준을 매우 잘 예측하는 것으로 보고되었다(Finkelhor et al., 2007). 아동과 청소년의 경우 부정적 생활사건의 수가 우울증 및 품행장애와 정적 상관을 보였다(Haine et al., 2003).

(2) 위험 및 보호 요인: 아동의 특성

스트레스에 대한 아동의 반응은 아동 개인의 특성과 발달력에 따라 다르게 나타날 수 있다. 외상성 사건에 대한 아동의 위험 및 보호 요인에는 자존감, 통제 소재, 신뢰, 애착, 대처 전략 등이 있다(Nader, 2008).

① 대처 전략

대처는 개인이 스트레스에 반응하는 방법으로 의도적인 반응과 불수의적 반응을 모두 포함한다(Compas, 1998). 대처방법은 정서 중심 반응(예: 회피, 도피, 싸움)과 인지 처리 반응(예: 문제 해결, 예기편향, 부인, 주지화)을 포함한다 (Lazarus & Folkman, 1987; Mello & Nader, 2012). 여러 연구들에서 회피적 대처가 외상성 사건에 대한 부정적인 결과와 관련된다고 보고하였다(Mello & Nader, 2012; Min et al., 2007). 또한 아동과 청소년에 대한 적극적인 대처는 외상성 사건에 대한 더 나은 결과와 관련되었지만, 증상의 증가와 관련된다는 연구도 보고되었다(Brown et al., 2008). Abdeen과 동료들(2008)은 도움 구하기와 같은 적극적인 대처 전략이 어린 아동에게는 긍정적인 대처방법일 수도 있지만, 청소년의 경우에는 외상후 고통 및 신체적 호소와의 관련성이 크게 나타났다고 보고하였다. 그러므로 다양한 유형의 대처행동을 알고 이를 유연하게 적용하는 능력이 도움이 될 수 있다(Bonanno, Pat-Horenczyk, & Noll, 2011). Cole과 동료들(2009)의 연구에서 아동은 분노와 슬픔에 대한 대처 전략을 더 많이 알고 있을수록 더 많은 대안적 해결방법을 시도하였고 지지를 덜 구하였다.

② 유전적 요인

쌍생아 연구에서 유전은 PTSD의 중요한 요인으로 나타났다(Koenen, 2007). 유전의 영향은 PTSD 위험에 대한 총 변량 중 약 1/3을 설명하였다 (Stein et al., 2002). 외상성 사건과 같은 촉발 요인이 없다면 유전자와 관련된 역기능의 가능성은 감소하지만(Lau & Pine, 2008), 특정 유전적 구조가 특정한 환경을 직접 찾거나 그러한 환경에 노출될 때에는 유전자와 환경의 상관관계가 분명하게 드러난다(Arseneault et al., 2011; Bouchard, 2004). 그러므로 특정한 유전자를 가진 집단(예: 감각을 추구하는 사람들)은 위험이나 외상에 노출될 가능성이 높고(Cisler, Amstadter, & Nugent, 2011), 이에 대한 반응으로 특정 장애를 발달시키기 쉽다(Arseneault et al., 2011).

(3) 위험 및 보호 요인: 환경적 요인

외상적 경험은 부모의 양육방법이나 개인의 역량과 외상에 의미를 부여해 주는 사회적 환경에 따라 다른 의미가 될 수 있다.

① 부모 요인

자녀를 대하는 어머니의 행동이 스트레스에 대한 아동의 반응에 장기적인 변화를 가져온다는 점이 동물과 인간 연구에서 나타났다. 부모의 양육은 스트레스에 대한 아동의 생리적 반응에 영향을 준다(Moss et al., 2012). 사회적 스트레스와 부정적 생활사건은 부모의 민감한 양육 그리고 아동과의 안정애착과 관련된다(Del Giudice et al., 2011). 부모와 불안정애착을 형성한 아동과 청소년은 안정애착을 형성한 또래들에 비해 인지적·행동적 회피 전략을 더 자주 사용하는 경향을 보였다(Mikulincer & Florian, 1995). 불안정-회피애착을 형성한 아동에게서 나타나는 회피적인 대처 전략은 결과적으로 괴롭힘 피해(Ozen & Atkan, 2010)와 PTSD 증상(Nader, 2008)을 증가시켰다.

② 사회적 지지

외상성 사건의 경험 후에 가족이나 또래에게 바람직한 형태의 사회적 지지(예: 온정, 친절, 근접성과 관련된 요구의 존중)를 받는 경우 외상 증상이 감소한다는 보고가 있다(Jaycox et al., 2010; LaGreca et al., 2010; Nader, 2012). 부모의 지지와 자녀의 외상후 스트레스 반응 간에는 유의미한 역상관이 나타났다(Thabet et al., 2009).

4) 자폐 스펙트럼 장애

자폐 스펙트럼 장애(Autism Spectrum Disorder, ASD)는 언어, 사회성 및 정서 등의 전반적인 영역에서 발달에 질적인 결함을 보이는 장애로『정신질환의 진단 및 통계 편람』제5판에서는 신경발달장애 범주에 포함된다. 이 범주에 속하는 장애들은 발달 문제 기저에 신경생물학적인 이상이 존재하며, 발달 초기부터 정상적인 발달 경로에서 이탈된 발달 과정을 보인다.

(1) 핵심 증상

자폐 스펙트럼 장애의 두 가지 핵심 증상은 사회적 의사소통 및 상호작용의 손상, 그리고 제한적이고 반복적인 행동과 관심이다. 이러한 두 가지 증상이 DSM-5에서 제시된 ASD의 진단 기준이며, 각 증상에 해당되는 구체적인 행동들이 아래에 기술되어 있다. 주의할 점은 ASD 아동이 아래 기술된 모든 행동들을 보이는 것은 아니라는 점이다.

사회적 상호작용이 손상되어 있다는 것을 보여 주는 것으로 생후 12개월 전에 나타나는 대표적인 특성은 공동 주의(joint attention)의 부재이다. 생후 6개월경부터 아동은 자신의 경험을 타인과 공유하기 위해 손으로 가리키고 눈맞춤을 하며 시각적 주의를 함께하는 공동 주의 상호작용을 보이나, ASD 아동들은 공동 주의 상호작용을 거의 보이지 않는다. ASD 아동은 사회적 자극인 타인의 얼굴을 볼 때 비정상적인 방식으로 쳐다보며 처리한다는 점도 밝혀졌다(Chawarska & Shic, 2009). 또한 감정과 사고, 의도 등의 정신적 상태를 인식하는 데 결함을 보여서 타인과 정서적인 교류를 하고 공감을 하는 데 어려움이 많다. ASD 아동은 사회적 상호작용에 필요한 비언어적 행동이 특이하거나 부적절하고, 타인의 사회적 행동을 모방하기 어렵다. 이러한 모습은 ASD 아동이 타인에게 관심이 별로 없고 관계를 맺지 못하는 점을 나타낸다. 사회적 의사소통의 손상은 상호작용의 어려움과 분리된 것으로 볼 수는 없지만, 언어 발달의 지연, 반향어와 대명사 역전과 같은 비정상적인 언어 사용 및 언어의 사회적 활용 결함으로 나타난다. ASD 아동은 사회적 맥락이나 의사소통 맥락에 맞게 언어를 사용하며 대화를 나누기가 어렵고, 실제 상황과 연결되지 않는 부적절한 말을 하기 때문에 의미 있는 대화를 주고받지 못하는 경우가 많다.

제한적이고 반복적인 행동과 관심은 영아기에 고정된 방식으로 행동을 반복하고 특정한 물건에 집착하는 모습으로 나타나다가, 아동기와 청소년기에는 제한적인 관심사와 흥미에 몰두하는 행동으로 양상이 달라지기도 한다. 연구자들은 ASD 아동의 제한적이고 반복적인 행동을 두 가지 범주로 나누어 설명한다. 첫 번째 범주는 '반복적인 감각과 운동행동'으로 손이나 몸을 흔들고 제자리에서 돌거나 물체를 반복해서 사용하는 등의 행동을 말한다. 두 번째 범주는 '동일성에 대한 집착'으로 숫자나 지하철 노선 등의 주제에 몰두하여 자신만의 관심사 이외에는 흥미를 보이지 않고 특정 주제에 매우 깊이 빠져드는 것이다. 일상생활에서 자신만의 의식을 만들어 강박적으로 이를 지키고, 환경 변화에 저항을 보이는 행동도 나타난다.

자폐장애는 임상적 증상의 표현에서 상당한 차이를 보이기 때문에 DSM-5에서 자폐 '스펙트럼' 장애로 개념화되었다. 즉, 핵심 증상은 공유하지만 증상의 심각성, 연속성, 인지와 언어 및 정서 발달 수준, 치료에 대한 반응 등에서 상당한 개인차가 나타난다. 스펙트럼의 한쪽 끝에는 반복적인 행동에 집착하며 타인과 전혀 교류하지 않고 언어를 거의 사용하지 못하는 등 심각한 증상의 ASD 아동이 있고, 다른 한쪽 끝에는 높은 인지와 언어 능력으로 자신이 깊이 몰두한 주제에 대해 전문성을 발휘하는 ASD 성인이 있을 수 있다. ASD를 가진 사람들은 핵심 증상은 유사하지만 증상의 표현과 심각성의 측면에서 차이가 상당히 크기 때문에, 자폐 스펙트럼 장애는 단일한 표현을 보이는 장애가 아니라 연속선상에서 실제 장애의 표현 양상의 변이가 매우 큰 발달장애이다.

(2) 위험 요인

① 유전적 요인

ASD 아동의 형제를 대상으로 한 대규모 연구에서 형제들 중 20%가 ASD를 보였고, 남자 형제에서 ASD를 보인 경우가 여자 형제에 비해 3배 더 많았다(Ozonoff et al., 2011). 이러한 결과는 ASD 발현에 유전적인 요인이 영향을 준다는 것을 나타낸다. 쌍생아 연구도 유전적 영향을 강하게 시사하는데, 이란성 쌍생아(0~23%)보다 일란성 쌍생아(60~96%)의 발병 일치율이 훨씬 높았다(Bailey et al., 1995; Steffenburg et al., 1989).

ASD와 관련된 대표적인 유전적 질환으로 취약 X증후군[1]과 다발성 경화증을 들 수 있다. 취약 X증후군은 X염색체에 위치한 유전자에서 이상성이 나타나며, ASD 아동의 약 2~3%에서 취약 X증후군이 발견되었다(Turk & Graham, 1997). 또한 취약 X증후군을 가진 남성과 여성의 1/3에서 자폐 증상을 보이고 절반 가까이는 ASD 진단 기준을 충족한다(MaCary & Roberts, 2013). 이런 연

....

1   1969년 Lubs가 X염색체에서 취약 부위를 처음 관찰하며 명명되었고, 1977년 Sutherland가 특수한 염색체 검사로 X염색체의 끝 부위가 끊어져 있는 것을 밝혔다. 유전으로 전달되는 이러한 X염색체를 가진 사람은 지적장애나 자폐적 행동 또는 과잉행동을 보여서 치료가 필요한 경우가 흔하다.

구들이 ASD에 상당한 유전적 요인이 작용함을 시사하고 있지만, 그 기전은 아직 많이 밝혀지지 않았다.

② 부모 요인

태내 및 임신기에 ASD에 대한 위험이 될 수 있는 요인에는 어머니의 감염, 어머니의 의학적 상태, 출산 전의 처방 약물 노출, 출산 문제가 포함된다(Gardener, Spiegelman, & Buka, 2009, 2011). 당뇨, 만성 고혈압 또는 임신 전 비만 등의 의학적 상태 중 한 가지를 어머니가 가지고 있는 경우 ASD 위험이 60%, 발달 지연의 위험은 150% 증가한다는 연구결과가 있다(Krakowiak et al., 2012). 중추신경계 기능과 발달에 영향을 주는 저산소증과 같은 출산 시 발생할 수 있는 문제들도 ASD와 관련된다(Gardener, Spiegelman, & Buka, 2011).

출산 전 어머니가 약물에 노출되는 것도 ASD의 위험을 증가시킨다. 출산 전 해에 어머니가 세로토닌 재흡수 억제제(SSRI) 치료를 받은 경우 ASD 위험을 두 배로 증가시킨다는 것이 발견되었는데(Croen et al., 2011), 이 연구는 ASD에서 세로토닌과 세로토닌성 경로의 비정상성을 보여 준 선행연구들을 지지한다(Murphy et al., 2006).

(3) 유전-환경 상호작용

ASD에 대한 발달적 모델을 제안한 Dawson과 Faja(2008)는 유전적 요인과 이에 영향을 주는 환경 요인으로 인해 비정상적인 뇌의 발달이 이루어진다고 설명한다. 더 나아가 비정상적인 뇌는 아동과 환경 간의 상호작용에 영향을 주어 뇌 발달에 필요한 자극을 차단하고 이는 더욱 비정상적인 뇌 발달을 유발하여 자폐 증상을 발현시킬 수 있다. 이 모델에서 발달 경로는 다양하고 변화될 수 있지만, 부적응적인 발달 경로에 오래 머물수록 정상 궤도로 돌아올 가능성은 더 작아진다.

5) 주의력결핍 과잉행동장애

주의력결핍 과잉행동장애(Attention Deficit/Hyperactivity Disorder, ADHD)

는 앞서 살펴본 자폐 스펙트럼 장애와 마찬가지로 DSM-5의 신경발달장애 범주에 포함되는 장애로, 아동기에 증상이 나타나서 일생 동안 영향을 미친다.

(1) 핵심 증상

주의력결핍 과잉행동장애는 주의력결핍과 과잉행동/충동성을 핵심 증상으로 하며, 두 증상의 진단 기준을 모두 충족시키면 복합형, 어느 한 가지 증상의 진단 기준만을 충족시키면 주의력결핍 우세형 또는 과잉행동/충동 우세형으로 명시된다. ADHD의 두 가지 핵심 증상은 다음과 같은 구체적인 행동으로 표현된다.

주의력결핍
- 세부적인 면에 주의를 기울이지 못하거나 부주의한 실수를 저지른다.
- 과제나 놀이에 지속적으로 집중을 하지 못한다.
- 다른 사람의 말을 잘 듣지 않는 것처럼 보인다.
- 과제나 활동에 꼭 필요한 물건들을 자주 잃어버린다.
- 외부 자극으로 인해 쉽게 방해를 받고 산만해진다.

과잉행동/충동성
- 손발을 가만두지 못하고 몸을 계속 움직인다.
- 부적절하게 뛰어다니거나 기어오른다.
- 지나치게 수다스럽고 말이 많다.
- 자신의 차례를 기다리지 못한다.
- 다른 사람의 활동을 방해하거나 침해한다.

ADHD와 관련된 특성이나 증상들이 시기 별로 나타나는 양상은 다음과 같다.

① 영아기
ADHD로 진단된 아동의 부모가 자녀의 영아기를 회상한 내용에 따르면,

발달 초기부터 까다로운 기질을 보였으며, 3~4세경 일반적인 아동들보다 더 활동적이고 덜 순응적이었다고 보고하였다(Sanson et al., 1993). ADHD의 초기 지표는 영아 및 걸음마기에 나타나긴 하지만 3세 이전에는 ADHD 판별이 어렵다(Arnett et al., 2013). 또한 기질이 까다로운 아동들이 모두 ADHD를 가지고 있는 것은 아니다.

② 학령전기

취학 전 시기에 ADHD 아동은 생각보다 행동이 앞서고 갑자기 활동을 전환하며, 즉시 보상을 받고자 하고 일상생활에서 쉽게 부정적으로 반응한다(Campbell, 2000). 자녀의 과잉행동과 불복종을 부모가 다루기 어렵고, 아동은 반항적이거나 공격적인 행동을 보이기도 한다. 또래관계에서도 다른 아동의 활동을 방해하여 친구를 잘 사귀지 못하고, 교사의 지시나 규칙도 잘 따르기 어렵다. 이 시기 아동이 만족 지연과 행동억제에 어려움을 보이는 것은 초등학교 3학년 시기의 ADHD 진단을 예측한다는 연구도 있다(Campbell & von Stauffenberg, 2009).

③ 초등학교 시기

학교에 입학하면서 아동에게는 활동에 주의를 기울이고 목표 달성을 위해 지속적으로 노력하며, 자신의 행동을 조절하여 타인과 어울리고 학급의 규칙을 따라야하는 과업이 부여된다. ADHD 아동은 이러한 과업을 수행하는 것이 매우 힘들고, 대부분 이 시기에 진단 및 치료를 위해 기관에 의뢰된다. 특히 부주의 증상이 분명해지는데, 과잉행동/충동성은 나타나더라도 학년이 올라가면서 점차 감소하는 반면 부주의 증상은 계속 유지된다. 이로 인해 학업 성취, 계획 수립과 실행, 자기 관리 및 사회적 관계 유지에서 어려움을 겪게 된다.

④ 청소년기

청소년기가 되면 과잉행동/충동성 증상이 상당히 감소하긴 하나 ADHD가 아닌 또래에 비해서는 높은 수준의 증상을 보이며, 청소년 중 대략 40~80%에서는 장애가 여전히 나타난다(Hansen, Weiss, & Last, 1999; Smith, Barkley,

& Shapiro, 2006; Willoughby, 2003). ADHD 청소년은 행동, 정서, 사회적 기능의 결함을 지속적으로 나타내면서, 학업 부진, 읽기 문제, 내재화 문제, 품행장애, 반사회적 행동, 약물 사용, 사회적 문제 및 사고, 섭식 문제, 10대 임신 등의 다양한 문제를 일으킬 수 있다(Hinshaw et al., 2006; McGee et al., 2002; Smith, Barkley, & Shapiro, 2006).

⑤ 성인기

ADHD는 성인기까지 지속되며 성인 ADHD의 특징에 대해서도 많은 연구 결과가 축적되었다. ADHD 아동의 성인기 추적연구에 따르면 40~60%까지 성인기에도 ADHD 핵심 증상을 보였으며(Hechman, 2011), 우울증, 반사회적 행동과 성격, 낮은 자기개념, 약물 사용, 사회적 관계 손상 및 직업 문제와 같은 어려움을 나타냈다(Barkley, 2014). 성인이 되어 ADHD가 나아지거나 이에 대처하는 법을 배우는 등 더 긍정적인 발달 결과를 보이기도 하는데, 이는 증상의 정도가 덜하거나 부모 및 교사에게 좋은 양육과 감독 및 지지를 받은 경우, 그리고 교육과 정신건강 서비스를 받을 수 있는 경제적·사회적 자원을 가진 경우일 가능성이 크다(Kessler et al., 2005).

(2) 위험 요인

① 신경생물학적 요인

ADHD 아동의 두뇌 이상에 대한 연구가 지속되면서 신경생물학적 원인에 대한 실질적인 증거가 상당히 많이 발견되었다. 뇌 연구 결과가 누적되면서 ADHD는 전두엽, 두정엽, 대상회, 편도체, 선조체, 시상, 소뇌를 포함하여 많은 뇌 구조들과 관련이 있다고 알려지고 있다. 특히 전전두엽-피질하 회로(전두-선조체, 전두-소뇌)와 ADHD의 연관성이 주목을 받고 있다(Dickstein et al., 2006; Bush, 2010). 전전두엽과 선조체 및 소뇌의 크기가 평균 이하인 경우 ADHD와 관련이 있었고(Aguiar et al., 2010; Barkley 2006; Yeo et al., 2003), ADHD 아동과 청소년에게서 선조체와 소뇌 연결 경로에서의 혈류 감소, 포도당 사용 감소, 느린 뇌파가 발견되었다(Dickstein et al., 2006). 전전두엽과 선조체는 억제, 작업기억, 실행기능을 담당하는 뇌 영역이라는 점에서 ADHD에서 발견되는 뇌 구조 및 기능의 이상과 ADHD의 핵심 증상 간에 관련성이 드러난다.

뇌의 생화학 연구는 ADHD에서 도파민과 노르에피네프린이 부족하다는 증거를 보여 준다(Aquiar et al., 2010). 이러한 신경전달물질은 실행기능, 보상, 동기와 관련된 뇌 영역에 작용하고 있어 ADHD의 증상과 관련되며, ADHD의 치료를 위한 약물은 시냅스 내의 도파민과 노르에피네프린을 증가시키는 작용을 하여 증상을 완화한다. 그러나 이외에 세로토닌과 아세틸콜린 등 여러 신경전달물질의 상호작용도 ADHD에 관련되는 것으로 보인다. ADHD는 여러 뇌 영역이나 연결망에 이상을 보이는 복합적인 장애로서 그 신경학적 기전에 대해서는 아직 밝혀지지 않은 부분이 많다.

② 유전적 요인

ADHD에 대한 유전적 영향을 여러 연구에서 지지하고 있다. ADHD 아동의 직계가족 중 10~35%에서 ADHD를 보였으며(Barkley, 2006), 부모 중 한 명이 ADHD인 경우 자녀가 ADHD를 갖게 될 위험이 거의 60%에 이르렀다(Biederman et al., 1995). 쌍생아 대상 연구들에서도 ADHD 유전 가능성의 추정치가 평균 .80 정도였으며(Elia et al., 2010; Smith, Barkley, & Shapiro, 2006), 일란성 쌍생아의 ADHD 일치 비율은 65% 정도로 이란성 쌍생아의 대략 두 배로 나타났다(Levy & Hay, 2001).

③ 부모 및 가족 요인

출생 전후에 신경계 발달의 위험을 초래하는 요인들이 ADHD와 관련되며, 임신과 출산 합병증, 모체의 환경 독소 노출, 임신 중 심각한 스트레스, 출산 시 저체중, 영양 결핍, 외상 등이 있다(Lindström, Lindbald, & Hjern, 2011; Linnet et al., 2003; Martel et al., 2007). 핀란드에서 시행된 대규모 연구에서 산모의 흡연과 자녀의 과잉행동 간의 상관이 나타났고(Kotimaa et al., 2003), 임신부터 아동 14세까지의 종단연구에서도 임신 중 음주가 아동의 활동성, 주의력결핍 등과 관련된다는 점이 밝혀졌다(Streissguth et al., 1995). 출생 시 부상을 입거나 미숙아로 출생한 경우 ADHD 위험이 높아진다는 연구도 보고되었다(Smith, Barkley, & Shapiro, 2006).

가족이나 학교 등의 심리사회적 요인은 ADHD의 원인은 아니지만 ADHD와 함께 발생하는 다른 심리적 어려움과 관련이 있으며, ADHD 증상의 양상이나 지속성 등에 영향을 미친다. 특히 ADHD 아동의 증상과 발달 경과에 대한 가족의 영향이 중요한데, 부모의 행동은 아동의 ADHD 증상 발달에 영향을 미칠 수 있고 아동의 ADHD는 부모의 양육행동에 영향을 미친다는 증거가 발견되었다(Johnston & Mash, 2001). ADHD의 위험성이 있는 아동이 가족 갈등을 경험하게 되면 과잉행동/충동성 증상의 정도가 임상적인 수준까지 상승되었고(Barkley, 2003), 약물 치료를 통해 아동의 ADHD 증상이 감소되자 부모의 부정적이고 통제적인 양육행동도 이전보다 줄어들었다(Barkley, 1998).

(3) 유전-환경 상호작용

가족의 영향은 유전적 요인과 상호작용을 일으킬 수 있는데, 가령 아동과 부모가 모두 충동적 성향을 보이는 동일한 유전자를 공유하고 있어서 부모의 충동성이 아동의 행동조절 능력 발달에 영향을 주고, 아동의 행동조절 문제가 다시 부모의 부적절한 양육 방식을 유발할 수 있다(Nigg, 2006). 또한 ADHD의 유전적 위험이 있는 아동이 가족 갈등을 겪는 경우, 적대적 반항장애 및 품행장애가 ADHD와 동시에 발병하는 비율이 증가하였다(Beauchaine et al., 2010). 이러한 현상은 유전과 환경 간의 상호작용이 일어난 것으로 볼 수 있으며, 이러한 작용이 ADHD 아동에게 미치는 영향에 대한 더 깊이 있는 연구가 필요하다.

빈칸에 적절한 말을 써넣으시오.

1 주요 우울장애 진단에서 주요한 증상인 우울한 기분은 아동과 청소년의 경우
.... 으로 나타날 수 있다.

2 외상적인 사건을 직접 경험하거나 타인에게 일어난 것을 목격한 후 침습 증상, 회피,
인지와 감정의 부정적 변화, 각성과 반응성의 변화와 같은 증상을 보이는 장애는
.... 이다.

다음 문장이 맞는지 틀리는지 ○, ×로 표시하시오.

3 (　　) 연구에 따르면, 청소년기에 발병한 품행장애는 유전적 요인과 덜 관련되고
환경적 요인과 더 관련되었다.

4 (　　) 자폐 스펙트럼 장애는 DSM-5의 신경발달장애 범주에 포함되며, 발달문제의
기저에 신경생물학적 이상이 존재한다.

5 (　　) 주의력결핍 과잉행동장애의 핵심증상은 주의력결핍과 제한적, 반복적
행동이다.

요약

- **이상발달의 핵심개념**
- 아동의 발달이 정상적인 발달 경로를 따르지 못하는 것을 이상발달이라고 한다.
- 이상발달과 발달정신병리 관점에서는 '장애' 혹은 '정신병리'의 영역으로 구분했던 아동의 행동을 발달적 맥락에서 파악하고 이해하고자 한다.
- 아동의 정상발달과 여기에서 벗어난 이상발달을 이해하기 위해서는 정상발달 과정에 대한 연구, 규준적인 발달 표본에 대한 조사, 그리고 다양한 역경을 딛고 적응적 발달에 이른 아동의 적응 유연성에 대한 연구가 종합적으로 필요하다.
- 부적응적인 행동은 한순간에 갑자기 나타나는 것이 아니라 아동과 환경 간의 상호 교류 과정에서 서서히 생겨난다.
- 발달 경로에서 앞선 사건이 이후 발달 결과에 영향을 미치는 원리를 동일결말과 다중결말이라는 개념으로 설명한다. 동일결말은 발달 경로의 출발점이 다양하지만 같은 결과에 도달한 것을 의미하며, 다중결말이란 한 가지 경험이나 현상이 상이한 발달 결과로 이어지는 것이다.
- 발달 과정에서 심각한 역경과 위험을 경험한 아동이 성공적인 발달적 적응을 이룬다는 의미를 적응 유연성 혹은 탄력성이라고 한다.
- 적응 유연성은 취약성과 반대되는 것으로 볼 수 있으며, 적응 유연성과 취약성은 연속선의 양 끝에서 다양한 스트레스와 상호작용하여 심리적 문제의 발생에 영향을 준다.

- **발달의 위험 요인**
- 위험은 부적응에 선행하거나 부적응의 발생 가능성을 높이는 요인들을 말한다.
- 아동발달의 위험 요인으로 아동의 특성, 부모의 특성, 가정 문제, 또래와 학교, 지역사회 및 스트레스 사건의 측면에서 여러 요인이 밝혀졌다.
- 아동들은 한 개의 위험만을 경험하지 않고 여러 개로 이루어진 일련의 위험에 동시에 노출되는 경향이 있다.
- 특정 위험 요인의 노출이 부정적인 발달 결과나 심리적 장애를 가져오는 것이라기보다는 가족 문제, 경제적 곤란, 지역사회 문제, 스트레스를 주는 생활사건 등이 누적되면 아동발달의 유능성이 감소된다.
- 연구들에서는 위험 요인의 유형보다는 수가 발달 결과를 결정하는 데 일관성 있게 중요하다는 결론을 내렸다.

- **발달의 보호 요인**
- 발달의 보호 요인이란 발달적 역경의 조건에서도 긍정적인 적응을 하는 데 관련되는 사람, 환경, 상황, 사건들의 속성을 말한다.
- 발달의 보호 요인으로 볼 수 있는 아동의 개인적 특성에는 높은 지적 능력, 쉬운 기질, 사회적 반응성, 높은 수준의 내적 통제 소재, 긍정적 자기감 등이 있다.
- 발달의 보호 요인이 되는 가족의 특성에는 부모자녀 간 안정된 애착 형성, 부모의 권위 있는 양육 방식, 가족의 응집력, 긍정적 상호작용 및 지원, 부모의 경제적 소득 등을 들 수 있다.
- 발달의 보호 요인을 제공하는 사회적 지원체계에 또래와의 우정, 좋은 학교 환경, 교사의 지지적인 태도, 지역사회 내 성인의 지도, 소속감 등이 있다.

연습문제

1. 아래 문장이 설명하는 발달의 개념은 무엇인가?

> 발달 초기에 경험한 애착과 대인관계를 통해 형성된 아동의 내적 작동모델은 인간관계를 해석하는 방식으로서 이후에도 비교적 안정적으로 작동하지만 타인에 대한 행동 표현은 나이가 들면서 달라진다.

① 발달의 보호 요인
② 발달의 연속속성과 불연속성
③ 동일결말
④ 다중결말

2. 발달에 대한 위험 요인과 취약성 및 적응 유연성에 대해 맞는 설명은?

① 적응 유연성이란 부적응적 발달 결과의 발생 가능성을 높이는 요인을 말한다.
② 취약성은 아동이 선천적으로 타고나는 발달의 위험 요인을 지칭하는 용어이다.
③ 적응 유연성과 취약성은 연속성의 양 끝에서 다양한 환경적 스트레스와 상호작용한다.
④ 적응 유연성이 높은 경우 약간의 스트레스를 겪어도 경미한 심리적 장애를 보일 수 있다.

3. 부모의 학대로 인한 아동발달의 위협에 대한 연구를 고려할 때 적절한 설명은?

① 학대가 시작되었을 때 나이가 적을수록 아동이 적응 유연성을 보일 가능성이 더 많다.
② 학대받는 아동들의 생활에도 좋은 양육과 같은 보호 요인이 공존한다.
③ 아동학대는 부부의 불화, 부모의 정신병리, 물질 남용, 빈곤과 같은 다른 위험을 동반하는 경우가 많다.

④ 아동학대는 아동이 발달에 대한 적응 유연성을 갖는 데 큰 영향을 주지 않는다.

4. 아동의 품행 문제가 시작되고 지속되는 데 가장 중요하고 일관적인 영향을 미치는 가족 요인은?

① 낮은 사회 계층
② 어머니 우울증
③ 부모의 별거
④ 역기능적 양육 방식

5. 품행장애 발생의 보호 요인에 해당되지 않는 것은?

① 겁이 없고 위험을 추구하는 아동의 기질
② 양육자의 지지와 반응성
③ 부모자녀 간의 안정애착
④ 발달 과정 후반에 제공되는 새로운 직업적 기회

6. 아동기 우울증의 위험 요인에 대한 설명으로 빈칸에 들어갈 적절한 용어는?

- 빈번하고 강렬하게 부정적 감정을 경험하는 기질적 경향성, 즉 (   )이/가 높은 청소년은 우울증상과 직접적인 연관성을 보였다.
- 우울한 청소년은 자신이 경험한 사건의 의미, 원인, 결과를 평가할 때 (   )이/가 작용하는 인지적 결함을 보인다.

① 만성적인 공허감, 과대이상화
② 낮은 긍정정서, 외적 귀인 성향
③ 파괴적 기분조절부전, 해리 증상
④ 부정적 정서 성향, 우울증적 편향

7. 가족과 또래관계는 아동과 청소년의 우울증에 대한 예측 요인일 뿐만 아니라 결과이기도 하다. 이에 대한 연구 결과에 해당되지 않는 것은?

① 우울한 아동을 성인기까지 추적한 종단연구에서 우울증의 연속성은 비교적 낮았다.

② 우울한 아동과 부모 간에는 부정적인 교류가 더 많고 긍정적인 상호작용이 적었다.

③ 또래 거부, 따돌림, 빈약한 우정을 경험한 아동은 우울증상이 증가하였다.

④ 우울한 아동은 또래와의 갈등에서 협상이 어렵고 부정적 감정을 불러일으켰다.

8. 외상후 스트레스장애(PTSD)의 발생 가능성을 높이는 사건 관련 요인에 대한 맞는 설명은?

① 외상성 사건의 노출 정도는 유병률과 증상에 크게 영향을 미치지 않는다.

② 통제가 불가능하다고 지각한 사건보다 통제 가능한 것으로 지각하는 사건에 대한 스트레스 반응이 더 심하다.

③ 아동학대, 가정 내 폭력, 집단학살, 전쟁과 같은 외상을 경험한 생존자들에게 누적 외상이 자주 보고된다.

④ 복합적인 외상을 겪은 사람들에 비해 단일한 외상에 노출된 사람들이 만성적인 정신건강 문제를 겪기 쉽다.

9. 스트레스에 대한 개인의 의도적인 반응과 불수의적 반응을 모두 포함하는 대처방법에 대한 여러 연구들에서 _____ 대처가 외상성 사건에 대한 부정적인 결과와 관련된다고 보고하였다.

① 인지적
② 회피적
③ 지지적
④ 신체적

10. 외상후 스트레스장애의 위험 및 보호 요인에 대한 설명으로 맞지 않는 것은?

① 쌍생아 연구에서 유전은 PTSD의 중요한 요인이 아닌 것으로 나타났다.

② 자녀를 대하는 어머니의 행동이 스트레스에 대한 아동의 반응에 장기적인 변화를 준다.

③ 스트레스에 대한 다양한 대처방법을 알고 유연하게 적용하는 능력이 보호 요인이 된다.

④ 청소년의 경우 정서적 도움을 많이 구하는 것은 외상후 고통과 관련성이 컸다.

개념 체크 및 연습문제 정답

1장

16쪽 **1.** ○ **2.** ×

20쪽 **1.** × **2.** ○ **3.** ×

24쪽 **1.** × **2.** ○ **3.** 천성 대 양육

34쪽 **1.** × **2.** ○ **3.** 동화, 조절 **4.** 관찰 **5.** 동물행동학적 관점

46쪽 **1.** × **2.** × **3.** 구조화된 면접 **4.** 관찰자 영향 **5.** 상관연구

48쪽 연습문제 **1.** ④ **2.** ① **3.** ③ **4.** ③ **5.** ③ **6.** ③

7. ② **8.** ③ **9.** 생태학적 관점

10. 이 박사는 아마 단기간 내에 많은 양의 자료를 수집하고 개인 및 집단 간 자료 비교를 손쉽게 하기 위해서 구조화된 면접법을 선택했을 것이다. 하지만 이 박사는 구조화된 면접법만으로는 개별 연구 대상에 대한 깊이 있는 정보를 얻기는 어렵다는 점을 염두에 두어야 한다.

2장

76쪽 **1.** 뇌실, 뇌실하 **2.** L6, L2 **3.** 뇌량 **4.** 분화, 통합

81쪽 **1.** × **2.** ○ **3.** × **4.** ×

94쪽 **1.** ② **2.** ①③⑤ **3.** 실행기능 **4.** 휴지기

96쪽 연습문제 **1.** ② **2.** ③ **3.** ① **4.** ⑤ **5.** ②

3장

108쪽 **1.** 반사 **2.** 신생아기 **3.** 1 **4.** ②

114쪽 **1.** ○ **2.** ○ **3.** ○ **4.** ④

125쪽 **1.** 시각 **2.** 4 **3.** ①

127쪽 **1.** 시각, 청각

128쪽 연습문제 **1.** ③ **2.** ① **3.** ③ **4.** ① **5.** ③ **6.** ④

7. ④ **8.** ③

4장

136쪽 **1.** 평형 **2.** 동화 **3.** 조직화 **4.** ②

150쪽 **1.** 2차 순환 반응의 협응 **2.** 대상영속성 **3.** 보존개념 **4.** × **5.** ×

161쪽 **1.** 근접 발달 영역(ZPD) **2.** 안내된 참여

164쪽 **1.** ○ **2.** ○ **3.** ○ **4.** ×

166쪽 연습문제 **1.** ① **2.** ① **3.** ① **4.** ④ **5.** ② **6.** ④

7. ② **8.** ③ **9.** ② **10.** Piaget, Vygotsky

5장

178쪽 **1.** 전전두, 지식 **2.** 다중저장 **3.** 자동화 **4.** ×

5. ○ **6.** ×

182쪽 **1.** 자연도태 **2.** 최소전략 **3.** × **4.** × **5.** ④

186쪽 **1.** 선택적 주의 **2.** 억제

197쪽 **1.** × **2.** ○ **3.** ② **4.** ④

199쪽 연습문제 **1.** 기억 저장소의 구성 요소(감각 등록기, 단기기억, 장기기억)와 정보처리에 핵심적인 역할을 하는 실행기능에 대한 전반적인 설명(정의 및 발달적 특징 등)이 포함되어야 한다.

2. Piaget의 전통적인 단계이론과 Siegler의 중복파장 이론을 비교하고 이에 근거하여 아동이 문제 해결 시 전략을 사용하는 방법에 대해 설명해야 한다.

3. 전략 사용, 정보처리 시 상위기억과 아동이 갖고 있는 지식의 역할에 대해 설명해야 한다.

4. 시연, 조직화, 정교화를 정의하고 발달적 특징에 대한 설명이 포함되어야 한다.

5. 정보처리 시 아동이 갖고 있는 지식의 역할에 대해 설명해야 한다.

6. 아래 (1), (2), (3) 내용이 필수적으로 포함되어야 하고, 문화적인 영향에 대해서도 부연 설명할 수 있다.

(1) 자전적 기억의 정의

(2) 자전적 기억의 형성에 미치는 요인: 자기에 대한 개념

(3) 자전적 기억의 발달에 미치는 요인: 부모와의 대화 양식(정교한 양식, 반복적인 양식), 아동의 언어발달, 내러티브 기술의 향상

6장

208쪽 **1.** 빨기 과제 **2.** ②

220쪽 **1.** 쿠잉 **2.** 과잉확장 오류 **3.** 전보식 발화 **4.** ②

228쪽 **1.** ① 새 단어가... **2.** ③ 새로운 단어는... **3.** ② 화자의 시각적...

232쪽 **1.** 보편 문법 **2.** 결정적 시기

235쪽 연습문제 **1.** ④ **2.** ① **3.** ①

4. 연구의 대상 연령(19개월), 절차(어떠한 실험 방법을 사용하였으며, 영아들은 어떠한 문장을 들으며 어떠한 장면을 제시받았는지), 결과(어떠한 문장을 들었을 때 어떠한 장면을 더 오래보았는지)를 설명해야 한다.

5. 첫 단어 산출 전에 몇몇 단어를 이해한다는 연구, 과잉확장을 보이지만 해당 단어의 의미는 이해한다는 연구, 한 단어 단계이지만 여러 단어로 이루어진 문장의 어순을 이해한다는 연구 등에 대해 기술해야 한다.

6. 결정적 시기에 대해 설명할 수 있거나 가정 수화나 니카라과 수화에 대해 설명할 수 있어야 하며, 왜 이러한 현상이 생득론을 지지하는지 설명해야 한다.

7장

246쪽 **1.** 심리측정 **2.** 일반, 특수 **3.** × **4.** ○

256쪽 **1.** ○ **2.** ○ **3.** × **4.** ○ **5.** ○ **6.** ○

264쪽 **1.** 플린 효과 **2.** 문화적 검사–편향 **3.** × **4.** ○

268쪽 **1.** 창의성 **2.** 과제 집착력

270쪽 연습문제 **1.** ④ **2.** ③ **3.** ④ **4.** ① **5.** ④ **6.** ③ **7.** ④ **8.** ② **9.** ④

8장

283쪽 **1.** 기본 정서, 1차 정서, 복합 정서, 2차 정서

2. 사회적 참조 **3.** ②

295쪽 **1.** 불안정–저항 **2.** 접촉위안 **3.** × **4.** ○

302쪽 **1.** ④ **2.** 조화 적합성

306쪽 **1.** × **2.** × **3.** ○

307쪽 연습문제 **1.** ③

2. 정신분석이론에 따르면 구강의 만족을 주는 철사대리모에게 애착을 형성한다. 학습이론에 따르면 중성 자극이었던 철사 대리모가 무조건적 자극인 우유와 조건화가 이루어져 철사 대리모가 조건 자극이 되어 철사 대리모에게 애착을 형성한다.

3. 안정애착: 일관성 있는 반응적인 양육태도

불안정–회피 애착: 영아의 요구에 반응하지 않는 양육태도

불안정–저항 애착: 영아의 요구에 비일관적으로 반응하는 양육태도

불안정–혼란 애착: 학대를 하거나 부모 스스로 자신의 애착에 심각한 문제가 있는 경우

4. 부모가 영아의 정서표현에 반응적으로 대응할 필요가 있다는 내용을 중심으로 서술한다.

5. 영아의 기질과 부모의 양육태도는 서로서로 영향을 미치는 양방향적 관계임을 서술한다.

9장

316쪽 **1.** ○ **2.** × **3.** 상상의 청중

322쪽 **1.** × **2.** ×

329쪽 **1.** × **2.** ○ **3.** ○

336쪽 **1.** 성별 **2.** 성 정체성 **3.** 사회학습이론 **4.** 트랜스젠더

352쪽 **1.** ○ **2.** ○ **3.** ①

354쪽 연습문제 **1.** ②

2. 가정의 경제 및 교육수준, 부모의 양육태도, 또래, 문화를 중심으로 서술한다.

3. 두 개의 마시멜로(보상)를 얻기 위해 하나의 마시멜로를 먹지 않고 기다린다는 내용을 기술한다. 자기통제를 측정하는 실험이다.

4. 자기통제를 높이는 전략을 서술한다(예: 친구 전화 받지 않기, 영화가 재미가 없을 거라고 생각하기, 시험을 잘 보는 자신의 모습 상상하기 등).

5. ② **6.** ③ **7.** ① **8.** ② **9.** ② **10.** ①

10장

375쪽 **1.** 전인습적 도덕, 인습적 도덕, 후인습적 도덕

2. 도덕적, 사회적, 심리적 **3.** 도덕적 이탈 **4.** 도덕적 정체성

384쪽 **1.** 정서적 공감, 연민 **2.** 죄책감, 수치심 **3.** 거울 뉴런

393쪽 **1.** 금지 **2.** 권장 **3.** 행복한 가해자

399쪽 **1.** 상호 교환적 **2.** 정서 재평가 모델

401쪽 연습문제 **1.** ①

2. 도덕적 영역은 공정성, 정의, 의도적 해침을 중심으로

행위를 판단하나, 타산적 접근은 타인에게 미치는 영향력보다는 자신의 안전, 심리적 편안함 등을 위주로 행위를 판단, 선택한다는 요지로 정리한다.

3. 2수준–3단계는 인습 도덕–착한 소년 소녀 지향 단계로, 행위의 근거로 자신과 친밀한 사람들의 관계를 고려한다. 신뢰, 충성, 감사, 관계 유지 등이 중요하며, 타인을 기쁘게 하는데 초점을 두어 서술한다. 엄마를 기쁘게 하려고 거짓말을 하는 경우가 하나의 예에 속한다.

4. 도덕적 규칙의 위반을 인식하기는 하나, 아직 쾌락 중심적 입장에 충실, 자신의 욕구에 충실한 상태이므로 도덕적 정서를 자각하지 못한다. 즉 도덕적 지식과 정서가 충분히 통합되지 못하였기 때문이다.

5. 개인 중심의 처벌과 보상은 효과성을 발휘하는데 한계가 존재. 공동체 의식, 공정성 등을 강조하는 맥락은 개인의 행동 규준으로 작용할 수 있고, 이에 도덕적 행동인 금지행동이나 권장행동이 강화되거나 약화될 수 있다.

6. 죄책감을 느끼지 않고 비도덕적 행동을 하기 위하여 일어나는 인지적 왜곡 과정이다. 370쪽에 언급된 8가지를 참조해서 쓴다.

11장
420쪽 **1.** ② **2.** 경직된 **3.** ②
428쪽 **1.** ○ **2.** × **3.** × **4.** 권위 있는 부모
436쪽 **1.** × **2.** ○
438쪽 연습문제 **1.** ① **2.** ① **3.** ③ **4.** ② **5.** ① **6.** ③
7. ②. **8.** ④

12장
450쪽 **1.** ○ **2.** × **3.** × **4.** ○
456쪽 **1.** ○ **2.** ○ **3.** × **4.** ×
471쪽 **1.** 적절차이 **2.** 배경 **3.** ①
480쪽 **1.** 전달 결핍 **2.** 멜라토닌, 과각성 **3.** ①
482쪽 연습문제 **1.** ④ **2.** ② **3.** ③ **4.** ② **5.** ②③⑤
6. ②

13장
493쪽 **1.** 발달 경로 **2.** 동일결말, 다중결말 **3.** 적응 유연성(또는 탄력성), 취약성 **4.** × **5.** × **6.** ○

501쪽 **1.** 위험 요인 **2.** 누적 위험 **3.** × **4.** ○ **5.** ×
6. ○
506쪽 **1.** 통제 소재 **2.** 보호 요인 **3.** 권위 있는 양육
4. ○ **5.** × **6.** ×
528쪽 **1.** 과민한 기분 **2.** 외상후 스트레스장애 **3.** ○
4. ○ **5.** ×
530쪽 연습문제 **1.** ② **2.** ③ **3.** ③ **4.** ④ **5.** ① **6.** ④
7. ① **8.** ③ **9.** ② **10.** ①

찾아보기

저자 소개

송현주(1장) 연세대학교 심리학과 교수

서울대학교 심리학과 학사, 석사
미국 일리노이 대학교(University of Illinois) 심리학과 박사(발달심리)
(전) 미국 일리노이 대학교(University of Illinois) 박사 후 연구원
(전) 연세대학교 성평등센터장
(전) 한국발달심리학회 학술위원장, 편집위원장
한국발달심리학회 자격관리위원장

이새별(2장, 12장) 충북대학교 심리학과 조교수

서울대학교 심리학과 학사, 석사
미국 오하이오 주립대학교(Ohio State University) 심리학과 석사, 박사
(전) 한국뇌연구원 연구원
한국발달심리학회 평이사
한국아동학회 평이사
교육부 중앙교육연수원 뇌기반학습 원격교육 강사

권미경(3장) 서울여자대학교 아동학과 조교수

연세대학교 심리학과 학사, 석사
미국 시카고 대학교(University of Chicago) 심리학과 박사
(전) 미국 캘리포니아 대학교 데이비스(University of California, Davis) 박사후 연구원
(전) 미국 캘리포니아 대학교 샌디에이고(University of California, San Diego) 박사후 연구원
(전)한국발달심리학회 학술위원장
한국심리학회 발달심리사 1급

성지현(4장, 9장) 성균관대학교 아동청소년학과 교수

성균관대학교 아동학과 학사, 연세대학교 아동 · 가족학과 석사
미국 조지아 대학교(University of Georgia) 인간발달및가족학과 박사
(전) 미국 브라운 대학교(Brown University) 박사후 연구원
한국보육진흥원 어린이집 평가위원회 종합평가위원
한국유아교육학회 편집위원

이윤하(5장) 연세대학교 심리학과 박사졸업(발달심리)

미국 미네소타 대학교(University of Minnesota) 심리학과 학사, 연세대학교 심리학과 석사
인간발달복지연구소 인턴 수료
(전) 마인드케어 의원 놀이치료사
(전) 발달심리학회 편집간사
한국심리학회 발달심리사 2급, 임상심리사 2급

진경선(6장) 성신여자대학교 심리학과 조교수

연세대 심리학과 학사, 석사
미국 일리노이 대학교(University of Illinois) 심리학과 박사(발달심리)
(전) 미국 일리노이 대학교(University of Illinois) 박사후 연구원
(전) 연세대학교 박사후 연구원

박혜근(7장, 13장) 이화여자대학교 아동발달센터 심리치료실 실장

이화여자대학교 교육심리학과 학사, 심리학과 석사
이화여자대학교 심리학과 박사(발달 및 발달임상심리)
서울대학병원 소아정신과 임상심리전문가 수련과정 수료
(전) 사단법인 인간발달복지연구소 부소장
한국심리학회 임상심리전문가, 한국발달지원학회 놀이심리상담사 수련감독자

박다은(8장, 9장) 성균관대학교 심리학과 부교수

덕성여자대학교 유아교육과 학사
미국 컬럼비아 대학교(Columbia University) 심리학 석사
미국 시카고 대학교(University of Chicago) 심리학 박사(발달심리)
(전) 미국 펜실베이니아 대학교(University of Pennsylvania) 박사후 연구원
(전) 충북대학교 아동복지학과 조교수

송경희(10장) 우석대학교 상담심리학과 조교수

이화여자대학교 심리학과 학사, 석사
이화여자대학교 심리학과 박사(발달 및 발달임상심리)
(전) 캐나다 토론토 대학교(University of Toronto) 박사후 연구원
(전) 연세대, 이화여대, 명지대, 경희사이버대 강사

기쁘다(11장, 12장) 한국방송통신대학교 생활과학부 조교수

캐나다 토론토 대학교(University of Toronto) 사회학과 학사, 연세대학교 심리학과 석사
미국 코네티컷 대학교(University of Connecticut) 인간발달및가족학과 박사
(전) 미국 코네티컷 대학교(University of Connecticut) 초빙교수
미국 워싱턴주 가족치료사(Licensed Marriage and Family Therapist)
한국가족관계학회 가족상담사 슈퍼바이저